国家出版基金项目　"十三五"国家重点图书出版规划项目

主 编 石 斌

新兴大国崛起与全球秩序变革

第六卷 /

国际秩序的法治化进阶

肖冰 等 著

南京大学出版社

图书在版编目(CIP)数据

国际秩序的法治化进阶 / 肖冰等著. —— 南京：南
京大学出版社，2023.3
（新兴大国崛起与全球秩序变革 / 石斌主编；第六卷）
ISBN 978 - 7 - 305 - 22819 - 3

Ⅰ. ①国… Ⅱ. ①肖… Ⅲ. ①国际法－研究 Ⅳ.
①D99

中国版本图书馆 CIP 数据核字（2019）第 299712 号

出版发行	南京大学出版社		
社　　址	南京市汉口路 22 号	邮　编	210093
出 版 人	王文军		

丛 书 名　**新兴大国崛起与全球秩序变革·第六卷**
丛书主编　石　斌
书　　名　**国际秩序的法治化进阶**
本册主编　肖　冰
本卷作者　肖　冰　赵　洲　陈　瑶　于文婕　叶　泉　张　华　罗　超
责任编辑　潘琳宁　　　　　　　　编辑热线　025 - 83592401

照　　排　南京南琳图文制作有限公司
印　　刷　苏州工业园区美柯乐制版印务有限责任公司
开　　本　718 mm×1000 mm　1/16　印张 35.75　字数 484 千
版　　次　2023 年 3 月第 1 版　2023 年 3 月第 1 次印刷
ISBN 978 - 7 - 305 - 22819 - 3
定　　价　198.00 元

网址：http://www.njupco.com
官方微博：http://weibo.com/njupco
官方微信号：njupress
销售咨询热线：(025) 83594756

主　　　办　南京大学亚太发展研究中心

总　序

　　"南京大学亚太发展研究中心"于 2016 年夏初创设并渐次成长,得"南京大学亚太发展研究基金"之专项全额资助,实乃一大助缘、大善举;众多师友、同道的鼓励、扶持乃至躬身力行,同样厥功至伟。

　　此一学术平台之构建,旨在通过机制创新与成果导向,以国际性、跨国性与全球性议题为枢纽,将人文社会科学诸领域具有内在关联之学科方向、研究内容与学术人才,集成为国际关系、国家治理、经济发展、社会文化等多个"研究群",对大亚太地区展开全方位、多层次、跨学科研究,并致力于承担学术研究、政策咨询、人才培养、社会服务与国际交流等功能。

　　所谓"亚太",取其广义,乃整个亚洲与环太平洋地区之谓。不特如此,对于相关全球性问题的关切,亦属题中之义。盖因世界虽大,却紧密相连。值此全球相互依存时代,人类命运实为一荣损相俦、进退同步之共同体,断难截然分割。面对日益泛滥的全球性难题,东西南北,左邻右舍,各国各族,除了风雨同舟,合作共赢,又岂能独善其身,偷安苟且? 所谓"发展",固然有"政治发展"、"经济发展"、"社会发展"等多重意蕴,亦当有"和平发展"与"共同发展"之价值取向,其理亦然。

吾侪身为黉门中人,对于大学之使命,学人之天职,理当有所思虑。故欲旧话重提,在此重申:育人与问学,乃高等教育之两翼,相辅相成、缺一不可。大学之本是育人,育人之旨,在"养成人格",非徒灌输知识、传授技能;大学之根是学问,学问之道,在"善疑、求真、创获"。二者之上,更需有一灵魂,是为大学之魂。大学之魂乃文化,文化之内核,即人文价值与"大学精神":独立、开放、理性、包容、自由探索、追求真理、禀持理想与信念。大学之大,盖因有此三者矣!

南京大学乃享誉中外之百年老校,不独底蕴深厚、人文荟萃,且英才辈出、薪火相续。于此时代交替、万象更新之际,为开掘利用本校各相关领域之丰厚学术资源,凝聚研究团队,加强对外交流,促进学术发展,展示亚太中心学术同仁之研究成果与学术思想,彰显南京大学之研究水平与学术风格,我们在《南大亚太评论》、《现代国家治理》、《人文亚太》、《亚太艺术》等学术成果已相继问世的基础上,决定再做努力,编辑出版《南大亚太论丛》。

海纳百川,有容乃大。自设门户、画地为牢,绝非智者所为。所谓"智者融会,尽有阶差,譬如群流,归于大海",对于任何社会政治现象,唯有将各种研究途径所获得的知识联系起来,方能得到系统透彻的理解,否则便如朱子所言,"见一个事是一个理",难入融会贯通之境。办教育、兴学术,蔡元培先生主张"囊括大典,网罗众家,思想自由,兼容并包"。《论丛》的编纂,亦将遵循此种方针。

故此,《论丛》之内容,并不限于一般所谓国际问题论著。全球、区域、次区域及国家诸层面,内政外交、政治经济、典章制度与社会文化诸领域的重要议题,都在讨论范围之内。举凡个人专著、合作成果、优秀论文、会议文集,乃至特色鲜明、裨利教学的精品教材,海外名家、学术前沿的迻译之作,只要主题切合,立意新颖,言之有物,均在"网罗"、刊行之列。此外我们还将组织撰写或译介各种专题系列丛书,以便集中、深入探讨某些重要议题,推动相关研究进程,昭明自身学术特色。

要而言之,南京大学亚太发展研究中心所执守之学术立场,亦即《论丛》之编辑旨趣:一曰"本土关怀,世界眼光";再曰"秉持严谨求实之学风,倡导清新自然之文风";三曰"科学与人文并举,学术与思想共生,求真与致用平衡"。

一事之成,端赖众力。冀望学界同仁、海内贤达继续鼎力支持、共襄此举,以嘉惠学林,服务社会。值出版前夕,爰申数语,以志缘起。

石　斌

2018 年元旦于南京

主编的话

从跨学科视野理解"大变局"时代的全球秩序

这是由十个分卷构成的一部书,而不是各自完全独立、互不相干的十本书。虽然每一卷都有自己的研究重点和研究视角,包括不同的学科视角,因此也具有相对的独立性,但各分卷都是对主题的细化和展开,是一个不可分割的整体。

本书由来自国际关系、比较政治、国际法、经济学、历史学、军事学、环境科学等多个学科的 40 余位学者共同撰写,耗时多年且长达 300 余万字,因此需要交代的事情很多,然而篇幅本身已足够庞大,与其繁复累赘、画蛇添足,不如长话短说,仅就本书的研究目标、论述框架、研究方法和主要内容等略作说明。

一、研究之缘起与意义

从学术理论的角度看,国际秩序或内容更为广泛的全球秩序,其历史、现状与走向,是世界政治与国际关系发展进程中最具全局性、长期性与战略性的重大问题,因此是国际政治研究始终不可忽略的一个重要主题。由于民族国家迄今为止仍然是最重要的国际政治行为体,国际秩序自然也是世界秩序的核心内容,因此本书的研究重点和主要内容是"国际秩序",即主要与国家行为体有关、由民族国家交往互动所形成的秩序。然而很明显的是,当今世界的许多实际问题或现实议题已经远远超出了国家间关系和国际秩序的范围,需要从"世界政治""世界秩序"或"全球秩序"等更加广阔的视野来加以审视。要理解当今世界所面临的各种问题,仅仅关注国家间关系或国家间秩序是远远不够的。国际政治或国际关系研究日益走向世界政治研究或全球国际关系学,相应的世界秩序或全球秩序研究也日渐发展,实为与时俱进的合理之举和必然趋势。

从现实的角度看,当今世界正在发生许多堪称前所未有的深刻变化,"百年未有之大变局"便是就此提出的一个重大判断。这个大变局可能有多重含义,但核心是国际体系正在发生的结构性变迁,即国际力量对比的变化以及与此密切相关的国际秩序观念及国际交往规则、规范与制度的变化。这些变化的主要动力来自一批新兴大国和新兴市场经济体的崛起。国际体系的变化必然导致国际秩序产生相应的变化。近年来全球政治经济领域的一系列重要事态表明,国际秩序正处于某种调整或转型的关键时期。中共二十大报告指出,"世界百年未有之大变局加速演进,新一轮科技革命和产业变革深入发展,国际力量对比深刻调整,我国发展面临新的战略机遇。同时,世纪疫情影响深远,逆全球化思潮抬头,单边主义、保护主义明显上升,世界经济复苏乏力,局部冲突和动荡频发,全球性问题加剧,世界进入新的动荡变革期"。在这个背景下,国际秩序的走向再次成为国际社会普遍关注的一个重大问题。新一轮围绕国际秩序与全球治理体系变革的竞争正在迅速展开。各主要国际力量都在调整自己的对外战略,力图使国际秩序朝着有利于自身的方向发展。

21 世纪是国际政治经济秩序大调整的时代,新兴国家群体的崛起是这个时代最具标志性的事件。战后以来,围绕国际秩序变革的斗争始终未曾停息,且出现过多次高潮,但由于发达国家在国际体系中的总体优势地位,改革进程步履艰难,国际秩序迄今主要反映的还是发达国家的权力、利益与价值偏好。因此,一大批新兴市场经济国家在冷战后的出现,特别是以中国为代表的新兴大国群体的崛起,为国际秩序变革提供了新的动力和可能性。在国际体系发生结构性变迁的过程中,新兴大国如何抓住机遇、应对挑战,推动国际秩序朝着更加公正、合理、和平的方向发展，同时进一步改善自己的国际地位与处境，是一个意义深远的重大课题。中国是最大的发展中国家和新兴大国中的佼佼者，是国际体系与国际秩序发展进程中的一个重要角色，中国学者更有责任从新兴大国的处境、需求和视角出发，就国际秩序与全球治理体系变革所涉及的各种理论与实践问题，特别是中国在其中的地位、目标与作用展开深入、细致的研究。

二、论述框架与研究方法

国际秩序或全球秩序是一个涉及国内、国际、全球等多个层面，政治、经济、安全、法律、文化等众多领域的宏大主题和复杂问题，任何单一学科的思维模式、研究路径或研究方法，都不免有盲人摸象之嫌，只有通过跨学科对话与交流才有可能获得更全面、更深入的理解。由于这个论题本身的重要性，有关国际秩序的研究论著即使称不上汗牛充栋，也可谓相当丰富，但总的来说还存在几个明显的不足：其一是缺乏跨学科综合研究，一般都是各相关学科按照自己的学科思维和研究路径，就自己擅长或关心的某些方面展开独立研究，鲜有学科间的对话与合作；其二是对具体实践领域的探讨还很不全面，一般都着重讨论传统的政治、安全或经济秩序问题，对金融、法律等重要领域或环境、能源、资源等重大新型挑战的关注还很不充分，对网络、外空、极地、深海等国际政治"新疆域"或"新场域"所涉及的秩序问题的探讨，甚至可以说还处于初始阶段；其三是以定性研究和规范研究为主，定量分析和实证研究很少见。国外的相关研究虽然更为丰富甚至更为深入，但也存在许多类似问题，何况国外尤其是西方学者的研究视角和智识关切与我们大不相同，因而并不能代替我们自己的独立思考。

因此，我们在研究设计上做了一些尝试，力图使我们的论述框架、研究内容和研究方法能够契合这一复杂主题本身的要求，更全面地反映国际秩序在理论、历史与现实等方面的发展脉络和重要议题,体现中国学者基于自身观察视角和价值关切所做出的学术努力。在研究视角上,我们主要立足于发展中国家的立场与视角,力图反映中国等新兴大国在国际秩序及其变革进程中的处境、地位、作用与需求;在研究框架上,我们试图建立一个相对完整的跨学科研究体系,将研究内容分为"历史考察→理论探索→议题研究→定量分析→战略思考"五个板块,并注意突出它们之间在逻辑上的相互联系和层次递进关系;在研究方法上,把定性研究与定量分析结合起来,使研究具有更多的科学—实证基础,以求获得逻辑与经验的统一;在研究议题上,除了讨论政治与安全秩序以及经济贸易与金融秩序问题,特别注意探讨国际政治学界过去较少讨论然而十分重要的国际法律秩序与制度规范问题,以及一些新兴政治场域和新兴战略领域的国际秩序问题。

总之,这是一项尝试将历史与现实、理论与实践、宏观战略思考与微观实证研究、定性研究与定量分析结合起来的跨学科探索。

三、主要内容与各卷主题

本书的总体目标,是从发展中国家的视角来探讨国际秩序的理论、历史、现状与发展趋势以及中国等新兴大国在国际秩序与全球治理体系变革过程中的地位与作用问题。基于对国际体系结构与国际秩序内涵的独立见解,本书试图从跨学科视野出发,构建一个相对完整的研究体系和有自身特色的分析框架,其中所涉及的基本要素包括:一种结构,即多极三元化的政治经济结构;三类国家,即发展中国家、新兴大国、发达国家;四个层次,即历史、理论、议题、战略;三大领域,即国际政治与安全秩序、经济贸易与金融秩序、国际法律秩序与制度规范。此外,国际体系与国际秩序还涉及一个更为深层、复杂且影响无处不在的因素,即作为其思想与观念支撑的文化价值基础与意识形态格局问题。这显然也是本书主题必然涉及的一个重要方面,但我们没有采取集中论述的方式,而是在各卷相关部分联系具体问题加以讨论。

我们认为,当前国际政治经济体系早已超越了冷战时期的两极二元结构(东西政治两极和南北经济二元),日益呈现出一种多极三元化结构,即政治上日益多极化(包含中美俄日欧等多种政治力量),经济上日益三元化(发展中国家、新兴大国、发达国家三类经济水平)。就国际体系的力量结构以及与此密切相关的国际秩序观念与利益诉求而言,发达国家、发展中的新兴大国群体与一般发展中国家的三分法尽管也只是一种粗略划分,但相对于传统的南北关系或发达国家与发展中国家的二分法,可能更加贴近当今世界政治经济格局的现实。总之,我们有必要把中国等新兴大国视为具有许多独特性的国际政治经济力量。与此相关,发达国家、新兴大国、发展中国家这三类国家在国际体系中的实力地位以及它们在国际秩序观念与政策取向方面的共性与差异,或许是理解当今国际秩序稳定与变革问题的一个重要视角。就此而论,在中国的国际战略与对外政策实践中,如何区别对待和有效处理与这三类不同国家之间的关系,是一个值得深入研究的问题。此外我们还应该看到,中国等新兴大国目前尚未进入发达国家行列,但综合实力又明显强于大部分发展中国家,在某些领域甚至接近或超过了许多发达国家,因此随着主客观条件的变化,它们在国际身份、发展需求与实际作用等方面可能具有某种可进可退、可上可下的"两重性",这种两重性在国际秩序的变革进程中既是一种独特优势,也可能意味着某些特殊困难。深刻认识和准确把握这种两重性的实践含义,有助于新兴国家合理确定国际秩序的改革目标,准确定位自己的身份与作用,从而制定合理的外交战略,采用有效的政策工具。

本书内容由以下五个板块(十个分册)构成,它们在逻辑上具有内在联系,在研究层次上具有递进关系。

理论探索:即第一卷《国际秩序的理论探索》。旨在厘清国际秩序理论所涉及的核心问题;通过对当前国际政治经济体系结构及其发展趋势的重新界定和阐释,以及三类国家国际秩序观念及其成因的比较分析,揭示现有国际体系、国际秩序和全球治理相关理论在解释力上的价值与缺陷,特别是西方国际政治理论所蕴含的秩序观念、有关国际秩序的各种流行观点及其现实背景;最后着眼于新兴大国的理论需求与可能的理论贡献,为研究具体问题以及发展中国家参与国际秩序变革、应对各种实际问题提供理论参考或理论说明。

历史考察:即第二卷《战后国际秩序的历史演进》。目的是联系"二战"后国际体系的演变历程,厘清国际秩序的发展脉络,揭示当前国际秩序的历史根源、基本性质、主要特点和发展趋势;总结过去数十年里发展中国家在寻求国际政治经济秩序变革过程中的经验教训,凸显新兴大国在"大变局"时期所面临的机遇和挑战;此卷旨在为"理论探索"提供经验依据,为"议题研究"提供历史线索,为"战略思考"提供历史借鉴。

议题研究:包括第三卷《国际政治与安全秩序概观》、第四卷《国际安全治理重大议题》、第五卷《国际经济秩序的失衡与重构》、第六卷《国际秩序的法治化进阶》、第七卷《地区秩序与国际关系》。这是全书的重点内容,目的是讨论当代国际政治与安全秩序、国际经济贸易与金融秩序、国际法律秩序以及地区秩序等主要领域的具体、实际问题。其中对环境、能源等新型安全挑战,网络、外空、极地等新兴领域以及作为国际秩序之重要基础的国际法律体系的探讨,也许是本书最具特色的内容。从"问题—解决"的角度看,只有弄清楚这些重要实践领域的现状、趋势、关键问题及其性质,才能明确变革的方向、目标和重点。

定量分析:即第八卷《国际体系与国际秩序定量分析》。旨在通过比较分析新兴大国与主要发达国家在软硬实力方面的主要指标,了解中国等新兴大国在国际体系与国际秩序中的实际地位与发展需求,在重要实践领域的能力和影响力变化趋势,从而为合理的战略设计与政策选择提供较为具体、可靠的事实依据。

战略思考:包括第九卷《大国的国际秩序观念与战略实践》、第十卷《全球秩序变革与新兴大国的战略选择》。这个部分很大程度上是对上述议题的归纳、总结以及实践应用上的转换。国际关系是一个互动过程,在思考中国等新兴大国参与塑造国际秩序的理念与战略时,还应该了解其他国家的观点与政策,这样才能做到知己知彼。因此我们首先考察了各主要国家或国家集团的国际秩序观念、战略目标与相关政策取向,在此基础上进而探讨中国等新兴大国的战略选择。我们研究国际秩序问题,最终还必须联系中国特色大国外交的实践,回到当前中国自身的理念与政策上来。因此全书最后一章介绍了中国领导人的相关论述,实际上是对新时期中国的国际秩序观念和政策取向的一个分析和总结,故作为全书的一个"代结论"。总之,在思考中国等新兴大国推动国际秩序与全球治理体系变革的战略与策略问题时,我们主张遵循这样一些基本原则:吸取历史教训、注意理论反思、针对实际问题、基于客观条件、做出合理反应。

最后,感谢 40 余位作者的鼎力支持和辛勤劳动。各卷的主要作者,如宋德星、肖冰、葛腾飞、崔建树、舒建中、蒋昭乙、毛维准、祁玲玲等等,都是各自学科领域的优秀学者,也是与我们长期合作的学术同道;许多同行也给我们提供了很多非常具体、中肯和富于启发性的意见和建议,在此表示衷心感谢。特别要感谢南京大学出版社金鑫荣社长、杨金荣主任和诸位编辑工作者的支持和鼓励。尤其是责任编辑官欣欣女士,她不仅以极大的热情和坚韧的毅力襄助我们这项困难重重、久拖不决、有时几乎令人绝望的工作,还参与了有关章节的撰写和修订。

此书的研究和写作,先后被列入"十三五"国家重点出版规划项目和国家出版基金支持项目,这至少表明,此项研究本身以及我们的跨学科尝试,是一项有意义的工作。然而国际秩序或全球秩序是一个极为复杂的主题,且正处于一个重大转型时期。开放式的跨学科探索,其好处自不待言,但由于学科思维的不同，研究途径与方法的多元，观点上的差异乃至分歧也在所难免，对一些相关概念的理解也不尽相同，我们无法、似乎也不宜强求统一。我们的初衷是跨学科对话，在基本宗旨和核心关切尽可能一致的前提下，不同学科的作者可以从各自专业视角出发提出自己的见解。当然，在同一个论述框架内如何避免逻辑上的矛盾，如何更合理地求同存异，尤其是在核心概念和重要问题上尽可能形成共识，仍是一项需要继续努力磨合的工作。

更重要的是，由于此项研究本身前后耗时多年，研究内容复杂、时空跨度较大，而正处于"百年未有之大变局"的世界，变化之大、变速之快，出乎很多人的预料，许多新现象、新问题我们甚至还来不及仔细思考，遑论在书稿中反映出来。一些章节由于写作时间较早，文献资料或论断不免显得有些陈旧，我们也只能在有限的时间内尽可能做一些更新工作。尽管对这一主题的研究和思考不会结束，但由于各种主客观条件的限制，此项工作本身却不能无限期拖延下去。因此，缺点乃至谬误都在所难免，许多观点还很不成熟，各部分的内容和质量也可能不够平衡。总之，较大规模的跨学科研究其实是一件非常困难的事情。我们虽然自不量力做了多年努力，仍然有事倍而功半之感，希望将来还有进一步完善的机会。敬请学界同仁和读者诸君予以谅解并提供宝贵意见。

石斌

2022 年 10 月 1 日于南京

目 录

引　言

国际法律秩序：国际秩序的高级样态

（肖　冰）

一、秩序的内涵结构

对于"秩序"，虽然于不同认知角度有不同的解释，但就其基本语义而言，"秩序"，或称"有序"（order），是与"无序"（disorder）相对称的概念。《辞海》称："秩，常也；秩序，常度也，指人或事物所在的位置，含有整齐守规则之意。"[①]牛津词典的解释为："the way in which people or things are placed or arranged in relation to each other"或"the state of being carefully and neatly arranged"。[②]秩序的语词之义已在社会学、法学、经济学等多个学科领域得以广泛应用。例如，康德认为，秩序乃"常规性整合"；[③]博登海默有关"秩序是自然进程和社会进程中都存在着的某种程度的一致性、连续性和确定性"[④]的界

---

① 《辞海》，上海：上海辞书出版社 1979 年版，第 1867 页。

② 《牛津高阶英汉双解词典》（第 7 版），北京：商务印书馆，伦敦：牛津大学出版社 2009 年版，第 1404 页。

③ ［德］康德著，庞景仁译：《法的形而上学原理——权利的科学》，北京：商务印书馆 1978 年版，第 21 页。

④ ［美］E·博登海默著，邓正来译：《法理学：法律哲学与法律方法》，北京：中国政法大学出版社 2004 年版，第 228 页。

定与哈耶克关于秩序"可预见""一贯性和恒常性"①的描述异曲同工。

概括起来,笔者认为,秩序在内涵上,是指人与人、物与物或人与物之间按照一定规则所形成的某种位序安排或状态。据此,"秩序"的意涵属性及其构造可分为三个层次:

1. 秩序指向的是"关系"范畴

即特定范围内的两个或两个以上的事物之间——"谁与谁"或"什么与什么"的状态;各个事物的所谓"位置",都是相对于其他参照事物而言的。站在这个角度上,秩序的指向具有关联性和相对性;各该特定事物彼此之间,既可以是社会关系,也可以是自然关系,但这些事物都只是秩序意欲体现其间关系的对象,而非秩序本身。

2. 秩序表征的是"结果"状态

即已经形成并且呈现出的有规律、可预见、和谐稳定的格局。② 由此,秩序是具有一定程度确定性的实然情势,不能与其形成过程相混淆。基于此,布坎南将秩序界定为"产生它的过程的结果"。③ 因而,秩序是结果而非过程。

3. 决定秩序的因素是规则及其作用

换言之,秩序揭示了"因果"变迁:规则及其作用是达致有序状态的根本动因;秩序的可预见性、确定性均缘于规则的一致与恒常。可以说,有规则,才有秩序,规则决定了秩序,即所谓"规则秩序"或"规范秩序"。但同时应当强调,其一,决定秩序的"规则"是狭义的,指那些直接作用并内化于秩序的规则;其二,决定秩序的"规则"包括了静态规则与其动态遵行的双重作用。正因如此,

---

① 〔英〕弗里德里希·奥古斯特·冯·哈耶克著,邓正来译:《自由秩序原理》(上),北京三联出版社1997年版,第89页。
② 纪宝成主编:《转型经济条件下的市场秩序研究》,北京:中国人民大学出版社2003年版,第13页。
③ 〔美〕詹姆斯·M·布坎南著,平新乔等译:《自由、市场与国家》,上海:上海三联出版社1989年版,第105页。

既有秩序的解构与重构发生于两种情形：作为秩序内核的规则本身发生了实质性改变，或者，规则虽未改变但因不被遵守而丧失其应有功效。

二、国际秩序的规范塑造

于国际社会，赫德利·布尔（Hedley Bull）有关国际秩序的界定与上述"秩序"的基本内涵最为吻合，因而受到国际政治、经济理论和实务界的广泛推崇和接受，即：国际秩序是指"追求国家社会或国际社会的基本或主要目标的行为格局"。[①] 在布尔看来，国际秩序是国家间的秩序，其决定因素存在于两个方面：一是"共同利益观念"，反映国际秩序建构的主观动因或要素。其所追求的"基本或主要目标"是指维持国家体系和国际社会本身的生存、维护国家的独立或外部主权、维护和平，以及限制暴力、信守承诺和所有权稳定等。[②]实际上，作为"存在着某种程度的一致性、连续性和确定性"的指称，"秩序性"构成"社会性"，特别是文明社会的基础和重要标志。因而，在社会发展进程中，无论是国内社会还是国际社会，秩序始终是人类行为追求的价值或目标（尽管并非最高或唯一价值），建立与维护秩序本身就是实现更高价值与目标的过程。二是规定"行为格局"的规则和使这些规则发挥作用的制度。一方面，人类事务中的秩序并不是自动生效，它的生成与维系固然存在着植根于人的心理需求因素，[③]但却更有赖于规则化、制度化的有效手段；另一方面，共同利益观念本身并不能明确地告诉我们，哪些行为符合其基本目标，而这正是规则所具有的功能。换言之，秩序是追求社会生活基本目标的共同利益观念、旨

---

① 在本文特定化的秩序语境下，国际关系与国际秩序不是一个概念。虽然国际关系理论也论及国际秩序，但其着眼点并不相同。笔者认为，立足于秩序意涵对国际秩序加以界定，并作详细阐述的只有赫德利·布尔。

② 参见［英］赫德利·布尔著，张小明译：《无政府社会——世界政治中的秩序研究》（第四版），上海：上海人民出版社 2015 年版，第 11 - 20 页。

③ 参见［美］E·博登海默著，邓正来译：《法理学：法律哲学与法律方法》，北京：中国政法大学出版社 2004 年版，第 236 - 240 页。

在帮助实现这些目标的行为规则以及有助于这些规则具有效力的制度所导致的结果。① 就此而言,规则与制度作为国际秩序得以维持的客观动因,是国际秩序得以产生的必要与充分条件之一。②

基于国际秩序内涵的因果结构,衡量国际秩序及其变动之"果",需要从其成因着手。与此同时,就上述动因而言,既鉴于主观因素所具有的模糊与不确定性,也鉴于国际社会尊重国家主权并共同认可、追求共处与合作之共同利益的事实前提,国际秩序的本质就是国际社会"规则下的秩序",即所谓"规范秩序"。因此,只有立足于国际秩序形成的客观角度——规范性内核,才能更好地洞悉并把握当今国际秩序及其变动的本质和走向。

三、国际秩序法治化

法律规则和体系的产生源自人类社会在其演化过程中固有的对秩序的需求和追逐。古罗马有格言"只要有社会就会有法律"(*ubi societas*,*ibi ius*)。历史表明,凡是在人类建立了政治或社会组织单位的地方,都曾试图确立某种适于生存的秩序形式,这种确立社会生活有序化的倾向,深深地根植于作为自然一部分的人类社会之中。③ 从个体对人际关系连续、稳定、可预见的心理需求到作为一种社会控制力量的存在,法律规范自始至终都是秩序建构的关键性要素之一。然而,正如许多法哲学流派所分析的那样,规范自身的形式和结构无法始终确保制度的正义。法律之下的秩序总是包含一定的价值选择,立法和司法活动不可能完全排除政治、社会等因素的影响,"纯粹"法律制度通过权利和义务的分配来确立和维护一定的秩序,并捍卫秩序背后所包含着的价

---

① [英]赫德利·布尔著,张小明译:《无政府社会——世界政治中的秩序研究》(第四版),上海:上海人民出版社 2015 年版,第 60 - 66 页。
② 同上。
③ [美]E·博登海默著,邓正来译:《法理学:法律哲学与法律方法》,北京:中国政法大学出版社 2004 年版,第 227 - 233 页。

值。当然,立法者所憧憬的"秩序",经由实践,在各种因素的作用下也会先于法律而发生变化,刺激既有制度不断调适,甚至变革,从而又促成新的制度产生,确立和维护新的秩序,捍卫新的价值。

尽管国际关系理论中一直有着"权力"(或称"均势")秩序观与"规范"秩序观的不同认知,[①]但考察国际社会实践,由主权国家所构成的国际(社会)体系中,从形成相互依赖到制定社会性契约,再到形成国际制度,是一个连续的过程,同时,也是一个等级递增的过程。通过这样的等级递增,国际社会的秩序性得到不断加强。即,国家间的相互依赖确立了最低等的国际秩序,社会性契约的订立次之,国际制度的建立则形成了最高等级的国际秩序。很多社会性契约及国际制度,都以国际法的形式表现出来,而国际法的出现则是国际社会秩序性确立的一个重要标志。[②] 第二次世界大战后在联合国体系内形成并发展起来的当今国际秩序,在很大程度上即表现为"国际法律(规范)秩序":于国际政治,是基于雅尔塔体系以《联合国宪章》为制度核心而建立的国际政治秩序;于国际经济,是以自由贸易和自由市场为基本理念,以布雷顿森林体系确立的《国际货币基金协定》(Agreement of the International Monetary Fund)《国际复兴开发银行协定》(International Bank for Reconstruction and Development Articles of Agreement)以及后来产生的《关税与贸易总协定》(General Agreement on Tariffs and Trade,GATT)为制度核心[③]构成的国际经济法律体制及其所确立的国际经济秩序。

现有国际法律体制及所确立的规范秩序体系自形成以来,虽然国际社会

[①] 西方国际关系理论有关"均势"秩序观和"国际规范"秩序观的阐述,参见罗杰宇:《西方国际关系理论秩序观演变与世界秩序重构》,载《学理论》,2016 年第 9 期,第 59 页。

[②] 参见王毅:《国家间权力妥协:概念、历史和作用》,华中师范大学 2008 年博士学位论文,第 90 页。

[③] 建立的相应国际组织即为国际货币基金组织(IMF)、国际复兴开发银行(IBRD,也称世界银行,WB)和 GATT 之后的 WTO。

权力结构、力量对比关系发生了重大改变,经济全球化和世界多极化浪潮不断提出新的挑战,但"规则导向"的制度内核——"力图通过一整套国际法律和组织结构抑制世界的无序性,旨在促进自由贸易和稳定的国际金融体系,确立可以接受的解决国际争端的原则,并在一旦爆发战争时对交战行为施加一定的限制"①——不仅没有改变,而且在其渐进式演变中,法律体制的规范性范围和约束性功能均有显著提升。国际贸易体制下,临时适用的GATT向WTO制度化、组织化的发展就是一个最典型的例证。由此也表明,当今国际秩序是由国际法律体制规范塑造形成的,存在于国际社会成员之间的一种相对稳定的关系模式和状态。

---

① 参见[美]亨利·基辛格著,胡利平等译:《世界秩序》,北京:中信出版集团2015年版,第XIV-XV页。

第一章

《联合国宪章》与国际社会秩序塑造

（赵　洲）

第一节　《联合国宪章》：战后国际秩序的基石

一、国际秩序的宪法性约束与塑造：国际关系基本准则

1945 年 6 月，为重塑战后国际秩序，实现国家间的持久和平和各国人民的福祉，"二战"反法西斯同盟国在旧金山会议上讨论制定了《联合国宪章》这一全球性的国际条约。《联合国宪章》确立了联合国的宗旨，以及各国在国际关系中应遵循的一系列基本原则，它们构成了战后国际秩序的基本框架和规范基础。1970 年联合国大会全体一致通过了《关于各国依联合国宪章建立友好关系及合作之国际法原则之宣言》。《国际法原则宣言》进一步明确阐释了各国在国际关系中应遵循的七项基本准则，其内容具体包括：国家主权平等原则、禁止以武力相威胁或使用武力原则、和平解决国际争端原则、不干涉内政原则、国际合作原则、民族自决原则、善意履行国家义务原则。这七项基本准则塑造和维护着战后国际社会的基本结构与体系秩序,对战后国际秩序发挥着宪法性的约束与塑造作用。

(一) 各国主权平等原则

《联合国宪章》第二条第(一)款规定,本组织系基于各会员国主权平等之原则。《国际法原则宣言》进一步阐释发展了主权平等原则的内涵要求,尤其是主权平等原则所应包含的具体要素。① 各国主权平等原则是塑造和维护战后国际秩序的首要的基础性原则。其在国际法上的基本内涵是,各国无论大小、强弱、贫富,以及政治、经济、社会制度的差异等,均应享有相互平等、独立的国家主权。各国应相互尊重与平等对待他国主权,任何一国不能凌驾于他国主权之上。主权平等原则意味着,在各个独立的主权国家之上并不存在一个更高的组织权威,国际社会应当是一个由各自独立的主权国家所组成的横向平权的国际体系,而不是一个纵向垂直的等级体系。显然,这是对"二战"结束以前的各国主权不平等以及弱国主权被践踏、侵害现象的深刻反思与矫正。需要指出的是,主权平等原则并不承认国家主权的专断任意属性,相反,根据《国际法原则宣言》,国家主权包含着诚意履行国际义务的责任属性。这使得主权平等原则与其他的国际关系准则及国际法义务得以协调一致,对于塑造和维护和平稳定的国际秩序具有重要的意义和作用。总之,各国主权平等原则及其所应具有的内涵要素决定了战后国际秩序的基本性质、结构和走向。

(二) 各民族平等及自决原则

《联合国宪章》第一条第二款明确规定,发展国际间以尊重人民平等权利

---

① 各国一律享有主权平等。各国不问经济、社会、政治或其他性质有何不同,均有平等权利与责任,并为国际社会之平等会员国。主权平等尤其包括下列要素:(a) 各国法律地位平等;(b) 每一国均享有充分主权之固有权利;(c) 每一国均有义务尊重其他国家之人格;(d) 国家之领土完整及政治独立不得被侵犯;(e) 每一国均有权利自由选择并发展其政治、社会、经济及文化制度;(f) 每一国均有责任充分并一秉诚意履行其国际义务,并与其他国家和平相处。

及自决原则为根据之友好关系,并采取其他适当办法,以增强普遍和平。因此,"民族平等及自决"首先成为国际关系中应遵循的一个基本宗旨目标,对战后国际秩序的重塑具有重要的指导意义。它对以民族为单位的国际秩序重塑提供了基本依据,开启了以民族独立自主诉求为内容的国家建构的新进程。但是,这种宗旨目标具有较强的政治属性,尚未成为国际法上的基本原则。1970年的《国际法原则宣言》正式将"民族平等及自决"确立为国际法上的一项基本原则。根据《国际法原则宣言》,"民族平等及自决原则"的核心内涵是,各民族一律有权自由决定其政治地位,不受外界之干涉,并追求其经济、社会及文化之发展,且每一国均有义务遵照宪章规定尊重此种权利。同时,此等权利主要适用于被压迫统治和奴役的各民族。[①]《国际法原则宣言》非常明确地确认,民族平等与独立自主以及谋求独立建国是各个民族应当享有的基本权利,并将其界定为一项应受到各国尊重、保护和促进的基本人权。[②] 但是,不受任何限制的民族独立建国权将严重影响国际秩序的和平稳定,因此,《国际法原则宣言》同时也明确要求,"民族平等及自决原则"并不意味着一国内部的民族拥有绝对的分离而独立建国的权利。[③] 总的来看,"民族平等及自决原则"一方面要求尊重、保护和促进各民族独立自主的权利,从而调整重塑了战后国际秩序。另一方面,"民族平等及自决原则"又包含着维护国家统一及领土完整的要求,从而试图保障国际秩序的和谐稳定。

---

① 《国际法原则宣言》认为,妥为顾及有关民族自由表达之意旨,迅速铲除殖民主义;并毋忘各民族之受异族奴役、统治与剥削,即系违背此项原则且系否定基本人权,并与宪章不合。

② 《国际法原则宣言》规定,每一国均有义务依照宪章以共同及个别行动,促进对于人权与基本自由之普遍尊重与遵行。一个民族自由决定建立自主独立国家,与某一独立国家自由结合或合并,或采取任何其他政治地位,均属该民族实施自决权之方式。

③ 《国际法原则宣言》同时要求,以上各项不得解释为授权或鼓励采取任何行动,局部或全部破坏或损害在行为上符合上述各民族享有平等权及自决权原则并因之具有代表领土内不分种族、信仰或肤色之全体人民之政府之自主独立国家之领土完整或政治统一。每一国均不得采取目的在局部或全部破坏另一国国内统一及领土完整之任何行动。

（三）禁止非法使用武力原则

《联合国宪章》第二条第四款明确规定，各会员国在其国际关系上不得使用威胁或武力，或以与联合国宗旨不符之任何其他方法，侵害任何会员国或国家之领土完整或政治独立。这项条款对国家在国际关系中使用武力构成了一般性禁止，但它并不排除合法使用武力。《联合国宪章》规定有 3 个例外，即联合国集体强制措施；各国单独或集体自卫；区域机构的强制行动。同时，《联合国宪章》还包含着一个隐含例外，即争取民族自决的武装斗争。《联合国宪章》所确立的禁止非法使用武力原则为塑造和维护战后国际和平安全秩序奠定了重要基础。1970 年的《国际法原则宣言》进一步界定诠释了禁止非法使用武力原则的内涵和要求。《国际法原则宣言》对使用武力的非法性要求给予了明确界定，即为侵害任何国家领土完整或政治独立之目的武力使用，或以与联合国宗旨不符之任何其他方式的武力使用或武力威胁。① 为确保"禁止非法使用武力原则"得到普遍遵守，《国际法原则宣言》将非法使用武力确认为国际罪行，即侵略战争构成危害和平之罪行，在国际法上须负责任。为防止各种间接使用武力的非法情形，《国际法原则宣言》要求各国不得组织或鼓励组织非正规军或武装团队侵害他国领土，以及在他国发动、煽动、协助或参加其内部武力冲突或恐怖活动等。② 目前，禁止非法使用武力原则不仅是《联合国宪章》和《国际法原则宣言》所确立的一项基本原则，也已经成为习惯国际法的一项基本原则，具有强行法的约束效力。这对塑造和维护战后国际和平安全秩序发挥着极其重要的作用。

---

① 《国际法原则宣言》规定，各国在其国际关系上应避免为侵害任何国家领土完整或政治独立之目的或以与联合国宗旨不符之任何其他方式使用威胁或武力之原则。

② 《国际法原则宣言》规定，每一国皆有义务避免组织或鼓励组织非正规军或武装团队，包括佣兵在内，侵入他国领土。每一国皆有义务避免在他国发动、煽动、协助或参加内争或恐怖活动，或默许在其本国境内从事以犯此等行为为目的之有组织活动，但本项所称之行为以涉及使用威胁或武力者为限。

（四）和平解决国际争端原则

《联合国宪章》第二条第三款明确规定，各会员国应以和平方法解决其国际争端，避免危及国际和平、安全及正义。1970 年的《国际法原则宣言》进一步界定明确了和平解决国际争端原则的具体要求。《国际法原则宣言》提出了有关和平解决国际争端的各种备选方法，如谈判、调查、调停、和解、公断、司法解决等。同时，《国际法原则宣言》进一步规定了当事国和平解决国际争端的不可终止的持续义务，并对当事国和其他国家设定了防止争端恶化的消极义务。① 这就使得和平解决国际争端原则能够贯彻始终，最大程度地发挥其规制约束效果与实际作用。为防止通过强迫等任何违反主权平等原则来寻求和实现国际争端的所谓和平解决，《国际法原则宣言》明确要求，和平解决国际争端的任何方式与手段必须建立在主权平等原则的基础上。② 显然，和平解决国际争端原则与主权平等原则、禁止非法使用武力原则紧密联系在一起，通过协调配合来共同调整塑造和维护战后和平稳定的国际秩序。

（五）不干涉内政原则

《联合国宪章》第二条第七款明确规定，本宪章不得认为授权联合国干涉在本质上属于任何国家国内管辖之事件，且并不要求会员国将该项事件依本宪章提请解决；但此项原则不妨碍第七章内执行办法之适用。《国际法原则宣言》进一步界定了"不干涉内政原则"的内涵与要求。根据《国际法原则宣言》，

---

① 《国际法原则宣言》规定，各国因此应以谈判、调查、调停、和解、公断、司法解决、区域机关或办法之利用或其所选择之他种和平方法寻求国际争端之早日及公平之解决。于寻求此项解决时，各当事方应商定与争端情况及性质适合之和平方法。争端各当事方遇未能以上开任一和平方法达成解决之情形时，有义务继续以其所商定之他种和平方法寻求争端之解决。国际争端各当事国及其他国家应避免从事足使情势恶化致危及国际和平与安全之维持之任何行动，并应依照联合国之宗旨与原则而行动。

② 《国际法原则宣言》规定，国际争端应根据国家主权平等之基础并依照自由选择方法之原则解决之。各国对其本国为当事一方之现有或未来争端所自由议定之解决程序，其采用或接受不得视为与主权平等不合。

"不干涉内政原则"的核心内涵是,每一国均有选择其政治、经济、社会及文化制度之不可移让之权利,不受他国任何形式之干涉。《国际法原则宣言》进一步具体列举规制了干涉他国内政的主要情形。第一,武装干涉及对国家人格或其政治、经济及文化要素之一切其他形式之干预或试图威胁;第二,使用或鼓励使用经济、政治或任何他种措施强迫另一国家,以取得该国主权权利行使上之屈从,并自该国获取任何种类之利益;第三,组织、协助、煽动、资助、鼓动或容许目的在于以暴力推翻另一国政权之颠覆、恐怖或武装活动,或干预另一国之内争。通过针对这三类情形的规制,可以全面有效地维护各国在内政事务上的独立自主权,从而有效地塑造和维护各国和平共处的国际秩序。

(六)依照《联合国宪章》进行国际合作原则

《联合国宪章》第一条第三款明确规定,促成国际合作,以解决国际间属于经济、社会、文化及人类福利性质之国际问题,且不分种族、性别、语言或宗教,增进并激励对于全体人类之人权及基本自由之尊重。《国际法原则宣言》进一步将国际合作确立为国际关系中应遵循的基本义务原则,并明确了"国际合作原则"所包含的以下要素:(1)维护国际和平安全的国际合作义务;(2)促进人权等人类基本福利的国际合作义务;(3)经济、社会、科技文化上的国际合作义务。作为国际关系中应遵循的一个基本宗旨目标与义务原则,"国际合作原则"体现了各国及其人民休戚相关、命运与共的趋势与要求,深刻反映了实现持久的国际和平安全与人类进步事业所依赖的经济、社会等深层基础,对战后国际秩序的重塑具有重要的指导意义。

(七)诚意履行《联合国宪章》所负义务原则

《联合国宪章》第二条第二款明确规定,各会员国应一秉善意,履行其依本宪章所担负之义务,以保证全体会员国由加入本组织而发生之权益。《国际法原则宣言》进一步对"诚意履行宪章所负义务原则"作了内涵与效力层次上的区分界定。即各国首先应诚意履行其依公认之国际法原则与规则所负之义务,其次,诚意履行其在依公认国际法原则与规则系属有效之国际协定下所负之义务,当国际协定上的义务与联合国宪章义务发生抵触时,宪章规定之义务应居优先。诚意履行宪章所负义务原则的意义和作用在于:(1)通过确立宪章义务的优先性,使依据宪章义务所构建的国际秩序得到充分尊重与维护;(2)保障了国际关系中各种国际法规范的协调统一和有效遵守、履行。在国际社会中,国家之间通过缔结各种条约等方式将形成具体的国际法规范与国际权利义务关系,但它们之间并不能自动形成协调统一的关系,相反,它们之间往往存在着各种矛盾、冲突,而作为最高效力层次的宪章义务将可以发挥其协调统一作用,使具体的国际法规范与国际权利义务得到恰当的解释运用,从而为塑造和维护国际秩序提供和谐稳定的规范基础。

二、国际法原则对国际秩序的塑造和运用中的结构性问题

《联合国宪章》所确立的以及1970年的《国际法原则宣言》所阐释发展的国际关系七项基本原则为战后国际秩序的调整重塑提供了总体框架与原则基础。这些七项基本原则相互联系、协同配合,共同塑造和决定着战后国际社会的基本结构与体系秩序以及未来的走向。需要指出的是,1954年6月,中国、印度和缅甸共同倡导建立了"互相尊重主权和领土完整、互不侵犯、互不干涉内政、平等互利和和平共处"的五项基本原则。和平共处五项原则与《联合国宪章》基本原则是高度一致,同时对《联合国宪章》的原则也有所补充和发展,如强调国际关系的相互性,更加适合建立国际新秩序的需要等,[①]从而为塑造和维护更加公正合理的战后国际秩序提供了指导依据。

---

① 赵建文:《和平共处五项原则与〈联合国宪章〉的关系》,载《当代法学》,2014年第6期,第32-40页。

总的来看,《联合国宪章》与《国际法原则宣言》所确立的七项基本原则属于框架性质或具有特殊的"宪法"属性,与一般条约所具有的契约属性有着很大的不同。这些基本原则塑造、维系着国际社会的基本结构与秩序,对国际社会主体的构造及其行为构成基本的约束规制与引导。但是,七项基本原则并不具有精确细致的法律内涵,尽管《国际法原则宣言》对七项基本原则进行了阐释细化,但在总体上并未形成精确细致的国际法上的权利义务规范。之所以如此,第一,"为了应对未来由于种种变数和不确定因素所产生的不同要求,《联合国宪章》必须具备最大限度的灵活性和适应性来为其实际适用提供空间。"①第二,《联合国宪章》与《国际法原则宣言》是各国尤其是大国基于国际政治层面上的考虑与协商的产物,所以,其内容和措辞表述具有强烈的政治属性,缺乏法律上的逻辑严谨性与精确细致性。因此,《联合国宪章》与《国际法原则宣言》为战后国际秩序的调整重塑所提供的主要是"宪法性"的总体框架与原则基础,所以七项基本原则对战后国际秩序的调整重塑与变迁发展所发挥的主要是一种结构性的约束、塑造作用。长期的国际实践表明,由于七项基本原则并不具有精确细致的法律内涵,在七项基本原则所塑造的这种结构性的体系中,国际秩序依然存在着动荡与不确定性。

对于七项基本原则所构造的国际秩序基本约束框架,笔者将简要地分析其内涵构造与实际运用中所存在的局限与不确定性问题。

(一) 主权平等所涉特殊权利与责任约束之间的关系

主权平等原则并不意味着各国在国际社会所享有权利处于绝对的对等均衡状态。主权平等原则主要是指各国在国际法上的地位平等与相互独立,以及享有主权国家固有的基本权利。在一些特殊领域,一些国家拥有更大的国

---

① 盛红生:《再论〈联合国宪章〉》,载《武汉大学学报(哲学社会科学版)》,2011 年第 1 期,第 12 - 17 页。

际权利。例如,在《联合国宪章》所确立的集体安全机制中,大国以及获得特定资格的国家在国际社会享有特殊的权利。根据《联合国宪章》,只有美国、英国、法国、中国、俄罗斯是联合国安理会永久的常任理事国,而其他国家只有在定期选举中才可能担任非常任的安理会成员国。在安理会的讨论决策中,只有安理会成员国才拥有投票权,而五大常任理事国则拥有否决权。安理会决议对所有的国家均有拘束力,任何一国不得以主权平等为由拒绝遵守执行。此外,在现有的国际法规范下,只有少数国家具备拥有核武器的合法权利,而其他任何国家不得自行研发和拥有核武器。之所以一些国家在特殊领域可以拥有更大的国际权利,是因为国际秩序的塑造与维护需要一定的组织协调与集体行动。根据权利义务相平衡的基本法理,大国的特殊权利意味着特殊的责任,大国因此必须在国际社会承担、履行更大的责任。唯有如此,大国的特殊权利才能具有正当性,才能与各国主权平等原则相一致。然而,从战后长期的国际实践来看,在国际社会中拥有特殊权利的大国往往并未充分地承担履行其应有的特殊责任,相反,一些大国往往是从各自的国家利益出发不当地行使其特殊权利,造成了国际社会的秩序动荡甚至严重的冲突对抗。如冷战时期美苏在联合国安理会的博弈对抗。这种状况严重损害了公正合理国际秩序的塑造与维护。冷战结束后,虽然国际局势有所缓和,但一些大国依然没有充分地承担履行其应有的特殊责任,对弱小国家的主权及国际权利造成压制。如巴勒斯坦多次申请要求成为联合国会员国,但由于美国等西方国家在安理会中动用其特殊权利,导致巴勒斯坦至今无法实现其国际权利。[①] 因此,笔者认为,主权平等原则需要得到进一步的强化与明确,使大国的特殊国际权利接

---

① 赵洲:《巴勒斯坦入联的国际博弈与体系责任》,载《西亚非洲》,2012年第4期,第28-42页;赵洲:《联合国会员国的身份获得与主权国家身份建构——以巴勒斯坦申请加入联合国为例》,载《太平洋学报》,2012年第5期,第53-63页;赵洲:《论联合国接纳新会员国的审查标准与国际责任》,载《暨南学报(哲学社会科学版)》,2012年第10期,第79-88页。

受特殊国际责任的约束,从而塑造、维护一个更加公正合理的国际秩序。

(二)"各民族平等及自决"的内涵及其适用争议

对于民族自决原则,《联合国宪章》及《国际法原则宣言》所构造的内涵存在一定的模糊性与解释运用上的争议。在民族自决原则的适用范围上,一种观点认为,民族自决权只适用于殖民地和外国统治下的民族,以及实行新的殖民统治(如过去的南非)下的民族,不适用非殖民地之现行国家内的民族。另一种观点则坚持认为,民族自决权适用于"所有民族",并不专门适用于殖民地和外国统治下的民族。目前,民族自决权的广义解释已经成为国际社会的主流观点。然而,一个更大的争议问题在于,民族自决原则是否意味着绝对的分离建国权,其与国家主权及领土完整原则之间应当构成怎样的关系。2008年,科索沃依据所谓的民族自决原则单方面宣布独立。2010年国际法院发表科索沃单方面宣布独立不违反国际法的咨询意见。国内民族宣布独立是一个事关国际社会整体利益和国家身份建构秩序的重大问题,各国及国际组织应当根据现有的国际法原则、观念及其变化发展,审慎而负责任地予以处理。[①]国际法院的咨询意见实际上就是承认国内民族享有绝对的分离建国权,这对国家主权及领土完整原则造成了严重的影响冲击,极其容易引起多民族国家的内部动荡,破坏国际秩序的和平稳定。在冷战结束后民族分离主义势力高涨的情势下,正确认识国家主权及领土完整原则与民族自决原则的关系尤为重要。2014年3月,针对乌克兰克里米亚自治共和国"脱乌入俄"问题,俄罗斯以民族自决权原则为由否决了有关维护乌克兰领土完整的安理会决议草案。但是,对于乌克兰克里米亚共和国举行全民公决来决定是否脱离乌克兰

[①]　赵洲:《国际承认与国家身份建构的全球治理》,载《北京理工大学学报(社会科学版)》,2012年第6期,第114-121页。

的做法,国际社会并没有给予普遍支持。① 因此,笔者认为,民族自决原则在内涵构造与解释运用方面需要得到进一步的明确和限定。事实上,民族自决原则包含着对内自决权和对外自决权(分离建国权)两部分内容。一个民族如果在国内能够得到平等对待,实现其自主权,则不能行使对外自决权。只有当一个民族在国内受到严重压迫和侵害,如种族灭绝等,对外自决权才存在适用的可能和必要。1998 年 8 月 20 日,加拿大联邦最高法院就有关魁北克分离问题的咨询意见认为,自决权是国际法上的一般性原则,人民的自决权通常是通过"对内"的自决来实现,"对外"的自决只有人民在被外国统治等须特别限定的状况下才能出现,只要人民在现有内部的权利得到充分保障,就不存在适用外部自决的问题。② 总之,民族自决原则对于推翻殖民统治体系,塑造战后国际新秩序发挥了重要作用。在殖民统治彻底瓦解后,民族自决原则对于防止滥用国家主权实行民族压迫,维护各民族的独立利益和自主权利依然具有重要作用。同时,民族自决原则也是维护国内社会以及国际秩序和谐稳定的重要基础。但是,民族自决原则在内涵构造与解释运用方面需要得到进一步的明确和限定,以防止对外自决权的滥用,从而破坏国内社会以及国际秩序的和谐稳定。

(三)"禁止非法使用武力"的内涵及约束效力

《联合国宪章》所确立的禁止非法使用武力原则为塑造和维护战后国际和平安全秩序奠定了重要基础。从长期的国际实践看,禁止非法使用武力原则所发挥的主要是一种结构性的行为约束与秩序塑造作用,它并没有完全解决国际关系中使用武力的问题。第一,《联合国宪章》对作为合法例外的武力自

---

① 张颖军:《国际法上的民族自决权原则:基于〈联合国宪章〉和国际法院的解释》,载《武汉大学学报(哲学社会科学)》,2014 年第 5 期,第 112 - 116 页。

② 〔日〕松井芳郎等著,辛崇阳译:《国际法》,北京:中国政法大学出版社 2004 年版,第 60 - 65 页。

卫并没有提供严谨、精确的规则内涵。例如,对"武装攻击"这一前提条件的判定标准缺乏清晰、严格的界定;武力自卫权作为习惯国际法上的"自然权利",其行使条件与宪章所规定的行使条件缺乏明确的协调处理。再如,随着各国政治、军事与经济社会生活对网络的日益高度依赖,国家针对他国发动的网络攻击能否构成"武力攻击"成为一个新问题。国际法目前尚未形成正式、明确的判定规则,尽管 2012 年由施密特协同国际专家组编纂了《国际法在网络战中的适用的塔林手册》,但其对网络攻击构成使用武力所提出的判断标准依然存在较大的局限与不足。① 鉴于这些因素,武力自卫存在着被扩大解释使用或滥用的风险与实际情形。美国在遭受"9·11恐怖袭击"后所提出和实践的预防性自卫和先发制人性的自卫即是一个例证。第二,禁止非法使用武力原则包括禁止直接使用武力与禁止以武力相威胁,但战后长期的国际实践表明,以武力相威胁是一种普遍现象,并未受到严格的约束规制。冷战时期,美苏两大军事集团的长期对抗与相互威胁即是一个典型例证。冷战结束后,为解决国家间领土、资源等各种争端,相互以武力相威胁依然是许多国家常用的手段。这经常导致一定区域的国际秩序处于动荡紧张中。第三,在武力使用的非法性界定上,《联合国宪章》及《国际法原则宣言》存在着一定的模糊性与不确定性。根据《国际法原则宣言》,所谓非法使用武力是指,为侵害任何国家领土完整或政治独立之目的武力使用,或以与联合国宗旨不符之任何其他方式的武力使用或武力威胁。显然,如果并非出于侵害他国领土完整或政治独立之目的,以及并非不符合联合国宗旨,武力使用就可能会被解释为不具有非法性。如在 1949 年的"科孚海峡案"中,英国就曾运用这种解释,对其军舰侵入阿尔巴尼亚的行为进行辩护,认为其在阿尔巴尼亚水域的行为仅出于收集证

---

① 刘仑:《网络攻击构成"使用武力"的判定——对〈联合国宪章〉第 2 条第 4 款的阐释》,载《社会科学战线》,2016 年第 12 期,第 271-274 页。

据目的,未对阿尔巴尼亚领土完整或政治独立构成威胁。当然,国际法院并未支持这件解释。1976 年,以色列军队在乌干达恩德培机场实施行动,解救被劫持的飞机中的人质,包括 92 名以色列公民。以色列辩解认为,其行为并未损害乌干达的领土完整或政治独立,不构成非法使用武力。冷战结束后,以所谓人道主义保护为理由的武装干涉开始出现扩大化和容忍常态化的趋势。近年来,以反恐为理由的武力使用正在进一步突破禁止非法使用武力原则。如 2008 年 2 月,土耳其对伊拉克北部的库尔德工人党武装力量采取跨越国境的军事打击行动。这一行为给国际关系和国际法带来的影响将是负面的。[①] 2014 年 9 月 11 日,美国总统奥巴马授权美军对叙利亚境内的极端组织"伊拉克和黎凡特伊斯兰国"武装发动空袭。与伊拉克的情形不同的是,美国不是与叙利亚政府合作,而是与叙利亚政府反对派合作,即在叙利亚境内的军事行动是在叙利亚反对派同意的前提下进行。美国此举是在开创一个恶劣的先例,承认其合法性会危及整个国际法律秩序。[②] 上述这些情况严重减损了禁止非法使用武力原则,影响、破坏了国际社会的和平稳定秩序。因此,笔者认为,禁止非法使用武力原则需要得到进一步的强化与明确,使之能够更加充分有效地约束规制国际关系中的武力使用。

(四)"不干涉内政"的意涵界定及评判标准

不干涉内政原则与主权平等原则紧密相连,共同塑造和维护着以主权国家为单位的国际平行结构与秩序。但是,不干涉内政原则存在着明显的模糊性与不确定性,影响了其结构性的行为约束与秩序塑造作用。不干涉内政原则的核心问题在于,如何清晰明确地界定和解释"内政"的内涵与外延。早在

---

① 唐贤兴:《国家管辖权与国际制度的治理缺陷——对土耳其越境军事行动的国际法思考》,载《国际论坛》,2009 年第 2 期,第 1 - 6 页。

② 戴轶:《请求(同意)原则与武力打击"伊斯兰国"的合法性》,载《法学评论》,2015 年第 1 期,第 26 - 30 页。

1923年,常设国际法院就"突尼斯和摩洛哥国籍法令案"发表咨询意见认为,"纯属国内管辖之事件"是指"原则上不受国际法调整的事项"。而某一事项是否纯属一国的管辖,这基本上是一个相对的问题,要取决于国际关系的发展。然而,伴随着全球化的迅速发展,各国的相互联系依赖日益紧密,绝大部分事项已经很难完全界定为纯属国内管辖之事件。同时,《国际法原则宣言》所具体列举规制的干涉他国内政的主要情形也存在着不同解释的可能空间。意大利学者安东尼奥·卡塞斯就认为,对于不干涉内政这一国际法基本原则,并非所有形式的经济压力都会被认为是应予禁止的,根据1970年的《国际法原则宣言》,只有那些旨在强迫其他国家,目的在于限制该国行使主权,或从该国获取任何形式的好处,才会被认为违反了不干涉内政原则。① 上述这些情况导致不干涉内政原则在理解适用上出现严重的困难与分歧争议,减损了不干涉内政原则在国际社会中的结构性的行为约束与秩序塑造作用。因此,笔者认为,不干涉内政原则需要得到进一步的诠释塑造,以充分发挥其在国际秩序中结构性的塑造与维护作用。

(五)"依宪章进行国际合作"的执行实效

在主权平等原则、不干涉内政原则、禁止非法使用武力原则等基本原则的约束规制下,国际社会形成的是一种和平共处的国际法律秩序。随着国际社会相互联系依赖的日益增加,对国际社会及各国的存续发展而言,单纯的和平共处已远远不够,国际社会需要在真诚善意的基础上进行广泛的国际合作。例如,在当代,为了保持良好的环境,促进国际经济的繁荣,形成资源的公平分配,以及使人类免于核战争的毁灭,需要各国加强国际合作。② 因此,《联合国

---

① [意大利]安东尼奥·卡塞斯著,蔡从燕等译:《国际法》,北京:法律出版社2009年第1版,第74页。

② 参见李浩培:《国际法的概念与渊源》,贵州:贵州人民出版社1994年第1版,第27页,第122页;李浩培:《李浩培文选》,北京:法律出版社2000版,第475页;[奥]阿·菲德罗斯等著,李浩培译:《国际法》(下册),北京:商务印书馆1981年版,第602页,第776-778页。

宪章》及《国际法原则宣言》确立了国际合作的基本宗旨与义务原则,从而在国际社会建构起一个合作性国际秩序。合作性的国际秩序反映了国际社会进步发展的更高要求,各国应通过相互的调整适应和协商谈判等来平衡协调各国的权益矛盾和冲突。同时,应当更多地开展各种协调与合作,以应对解决各国所面临的日益复杂多样的共同问题,从而使各国能够通过国际合作实现可持续的共赢发展。① 作为国际关系中应遵循的一个基本宗旨目标与义务原则,国际合作原则具有硬性的规制约束属性,即各国不得任意地回避或拒绝国际协调合作这一框架义务原则。但是,作为一种积极作为的框架义务原则,在各种问题上国际协调合作原则并不具有可强制执行的效力,协助执行安理会决议的合作义务除外。因此,在塑造合作性国际秩序方面,与主权平等原则、不干涉内政原则、禁止非法使用武力原则相比,国际合作原则所提供的主要是一种相对较弱的结构性的行为约束与秩序塑造作用,这就影响、限制了合作性国际秩序普遍、有效的形成和发展。为促进国际协调合作这一宪章框架义务原则广泛深入的实际运用,国际社会需要建构和加强运用各种治理机制与平台。

---

① 蒂莫西·希利尔认为,"不可能坚持绝对的领土主权的观念,这已经很清楚了。国家的行动自由一般必然受尊重其他国家权利及保护环境这一义务的限制。'友好睦邻'的原则是国际法的一个特征。在环境法这一领域,'友好睦邻'这一一般原则已经被进一步发展,同时确立了许多更具体的调整原则。"[英]蒂莫西·希利尔著,曲波译:《国际公法原理》(第二版),北京:中国人民大学出版社 2006 年第 1 版,第 313 - 314 页。维普勒认为:"环境问题向国家主权提出了新的挑战。国家被要求削减或修改其环境与发展政策,以便与周围邻国以及在某些情形下和国际社会整体相协调一致。"Paul Wapner, "Reorienting State Sovereignty: Rights and Responsibility in the Environmental age", in Karen T. Litfin edited, *The Greening of Sovereignty in World Politics*, Cambridge: The MIT Press, 1998, p. 275. 环境方面的巨大变革"将使国家主权概念发生深刻的改变,并在所有的国家萌生全球责任感"。Paul Wapner, "Reorienting State Sovereignty: Rights and Responsibility in the Environmental age", p. 293. 约斯特·鲍威林分析了"剩余消极原则",即"未被明确禁止的即为被允许的"的原则能否成为WTO 法的一项原则。他认为,"实际上,一国的权利或自由,尤其是当在其领土管辖以外行使其权利或自由时,经常默示着对另一国主权进行了相应的限制。在这个意义上,一国的权利或自由以及另一国的义务或对其主权进行限制只不过是同一个问题的两个方面。……国家的完全自由不能再被看做是所有国际法问题的有效的起点,特别是现代国际法越来越成为合作的法律,一些问题,如公海和基本人权问题,已经成为'全球共同关心的问题'。"[比]鲍威林著,周忠海等译:《国际公法规则之冲突——WTO 法与其他国际法规则如何协调》,北京:法律出版社 2005 年第 1 版,第 179 页。

在这方面，G20 机制及其 2008 年开始的首脑峰会机制有效地推动了全球经济治理，促进了各国在金融监管、全球经济增长等方面的国际协调合作。

综上所述，《联合国宪章》及《国际法原则宣言》所确立的七项基本原则在战后国际秩序的调整重塑中起到了结构性的约束规制与引导作用。七项基本原则在结构性的约束规制与引导作用方面存在着差异，如主权平等原则、不干涉内政原则、禁止非法使用武力原则具有强制性的刚性约束效力，而国际合作原则在框架结构层面虽然也具有硬性的规制约束属性，但其提供的主要是一种相对较弱的结构性的行为约束与秩序塑造作用。作为一种积极作为的框架义务原则，国际协调合作原则需要各种国际治理机制与平台的支撑和推动落实。例如，有学者分析认为，G20 所推进的国际协调合作的实际效果在不同的议题领域存在着差异。在反避税国际协调合作领域，由于经济合作与发展组织(经合组织，OECD)自身完善的功能及其有力的配合支持，所以，反避税国际协调合作能够取得良好的效果。但是，在全球能源治理的国际协调合作领域，由于全球能源治理机制高度碎片化等因素，在能源议题领域开展的治理行动效果不佳。[1] 总体而言，七项基本原则为战后国际秩序的形成和发展提供了基本路径与方向，从而使战后国际秩序不同于既往的国际格局与秩序，为进一步塑造一个更加公平合理的国际秩序奠定了条件基础。但是，由于七项基本原则在内涵构造上缺乏法律上的逻辑严谨性与精确细致性，在解释运用和实际遵循方面存在着各种问题和挑战，导致《联合国宪章》及《国际法原则宣言》所试图塑造的国际秩序仍然不时地被干扰和破坏。尽管如此，七项基本原则的结构性的行为约束与秩序塑造作用依然十分强大，并未发生根本性的动摇。国际社会应当进一步强化和明确七项基本原则的内涵构造与遵循要求，

---

① 项南月、刘宏松:《二十国集团合作治理模式的有效性分析》，载《世界经济与政治》，2017 年第 6 期，第 122－147 页。

从而促进形成一个更加公平合理的国际秩序。①

三、全球秩序观:"人类命运共同体"思想理念的新引入

(一)全球化时代的共同挑战与治理需求

冷战后,随着全球化的不断深化扩展,影响和威胁全人类的跨国性问题日益凸显与扩展,主要包括国际争端的和平解决、核不扩散及核安全、反恐国际协调合作、生态环境保护、全球气候变化与碳排放控制、全球经济的可持续发展、国际贸易的自由化与公平竞争、金融监管、跨国有组织犯罪、国际刑事犯罪的惩治、全球反腐败合作、人道主义及难民保护、全球公共卫生健康与安全,以及海洋、极地、外层空间的开发利用等。面对诸多的全球问题与挑战,20 世纪 90 年代以来,国际社会开始逐步形成和推进全球治理的结构与进程。

全球治理的理念最初是由社会民主党国际主席、国际发展委员会主席、德意志联邦共和国前总理威利·勃兰特(Willy Brandt)在 20 世纪 90 年代初提出和倡导。1992 年,美国著名国际关系学学者詹姆斯·罗西瑙(James N. Rosenau)等出版专著《没有政府的治理:世界政治中的秩序与变革》,从学理的层面分析提出了有关全球治理的理论主张。1992 年,联合国正式成立"全球治理委员会",根据该委员会 1995 年发表的《我们的全球伙伴关系》的研究报告,全球治理是一个针对不同的或相互冲突的利益进行协调以及采取共同行动的持续的过程。既包括那些能得以强制实施的正式制度和机制,也包括那些经个人和机构同意或认为符合他们利益的非正式的制度安排。② 总的来

---

① 2016 年 6 月 25 日,中国与俄罗斯共同签署发表了《关于促进国际法的声明》。声明重申各国应全面遵守《联合国宪章》、1970 年《国际法原则宣言》所反映的国际法原则。声明认为,这些国际法基本原则是构建以合作共赢为核心的公正合理的国际关系、打造人类命运共同体、建立平等和不可分割的安全与经济合作共同空间的基石。

② Commission on Global Governance, *Our Global Neighborhood*, Oxford: Oxford University Press, 1995, pp. 2 - 3.

看,20世纪90年代以来,伴随着全球化的进程,全球治理已经成为国际社会应对解决各种全球挑战与问题的一种方兴未艾的理论框架和行动实践。然而,到目前为止,全球治理理论并没有形成一个严谨、统一的理论体系,各国学者们研究所形成的是一个充满争论的领域。具有代表性的观点大致概括为以下五种:第一,罗西瑙所提出的全球治理的理论原型;第二,奥兰·扬(Oran R. Young)为代表的新自由主义国际机制论所涉及的全球治理理论;第三,以国际知名政治家、外交官组成的"全球治理委员会"为代表的规范性全球治理理论;第四,以斯蒂芬·克拉斯纳(Stephen D. Krasner)为代表的现实主义全球治理理论观点;第五,以全球市民社会理论为代表的全球治理理论观点。在国家中心治理与超国家中心治理的关系等问题上,这些全球治理理论存在着分歧与争议。[①] 全球治理理论上的不同与分歧将直接导致全球治理模式的构造与具体安排及其展开实施存在着差异,从而难以形成协调统一的全球治理结构与进程。如超越主权国家的全球治理模式与强调主权国家为中心的全球治理模式之间就存在着明显的差异,这两种不同的治理模式的并存运用将导致全球治理陷入严重的矛盾与混乱中。

总的来说,全球治理是对全球性的问题通过不同层次的共同努力,通过多种不同的方法所进行的综合治理。[②] 全球治理强调的是治理主体的多层次性和治理方法的多样性。全球治理的对象是那些已经影响或者将要影响全人类的跨国性问题,这些问题很难依靠单个国家得以解决,而必须依靠国际社会的共同努力。然而,全球治理目前在总体上只是一种原则框架,在很多方面主要是一些理论构想,全球治理的具体内涵与方法等尚不明确,或处于分歧争议当

---

① [日]星野昭吉著,刘小林译:《全球治理的结构与向度》,载《南开学报(哲学社会科学版)》,2011年第3期,第1-7页。

② [英]戴维·赫尔德、安东尼·麦克格鲁编,曹荣湘、龙虎等译:《治理全球化——权力、权威与全球治理》,北京:社会科学文献出版社2004年版,第14-15页。

中。同时,在后冷战时代,已有的全球和区域治理机制已变得极其脆弱并面临着诸多重大挑战,需要将目前的全球治理机制所依赖的狭隘的全球化议题和政策予以调整扩展。① 随着国际格局变化和经济全球化迅速发展,现行全球治理体系及其原则和规则在很多方面暴露出不合理性,已经不能有效应对全球治理中的各种问题和挑战。正如秦亚青教授所指出的,全球治理失灵在实践层面上表现为规则滞后,不能反映权力消长,不能适应安全性质的变化,不能应对复杂的相互依存关系。在理念层面上则表现为理念滞后,依然以一元主义治理观、工具理性主义和二元对立思维方式为主导。② 对此,应当深入分析全球治理秩序的趋势与要求,倡导和推进以《联合国宪章》为基础塑造全球治理的结构与秩序。同时,现有的以《联合国宪章》为基础的全球治理思想理念、原则、规范与机制需要得到不断调整与创新,以适应全球治理体系与机制的塑造完善与推进实施。

(二)以《联合国宪章》为基础的"人类命运共同体"思想理念

长期以来,中国高度重视并积极推动构建和平稳定、公正合理的国际关系和国际秩序。20 世纪 50 年代以来,为适应"二战"后国际秩序的深刻变化与重塑需要,维护广大发展中国家的根本利益,中国联合其他国家以《联合国宪章》为基础先后提出和平共处五项基本原则、建立国际政治经济新秩序的重要主张。改革开放以来,根据国际格局与秩序的新变化与时代需要,中国依据《联合国宪章》进一步在国际社会提出和倡导合作共赢、和平发展道路、构建和谐世界等重要国际理念。党的十八大以来,习近平总书记统筹国内与国际两个大局、国家治理与全球治理两个要务,在继续坚持《联合国宪章》的基本宗旨

---

① [英]戴维·赫尔德著,杨娜译:《重构全球治理》,载《南京大学学报(哲学·人文科学·社会科学版)》,2011 年第 2 期,第 19-28 页。

② 秦亚青:《全球治理失灵与秩序理念的重建》,载《世界经济与政治》,2013 年第 4 期,第 4-18 页。

与原则的基础上,面向世界进一步全面地提出了"一带一路"建设倡议、全球治理观、安全观、发展观、正确义利观、全球化观等一系列新理念、新主张。随着这些新理念、新主张的不断提出与全面实践,中国开始在国际社会倡导"人类命运共同体"的这一崭新的思想理念。党的十八大报告首次明确提出"倡导人类命运共同体意识"。[①] 2014 年 3 月 27 日,习近平主席在联合国教科文组织总部的演讲中首次向世界阐释人类命运共同体理念。[②] 2015 年 3 月,在"博鳌亚洲论坛"上,习近平主席提出阐述了"通过迈向亚洲命运共同体,推动建设人类命运共同体"的构想与应遵循的原则要求。2015 年 9 月 28 日,习近平总书记在第七十届联合国大会发表了题为《携手构建合作共赢新伙伴同心打造人类命运共同体》的讲话。[③] 2017 年 1 月 18 日,习近平总书记在联合国日内瓦总部发表《共同构建人类命运共同体》的演讲,系统全面地分析阐释了构建人类命运共同体的现实必要性、原则基础、目标内容、意义和作用、价值追求、方式与途径等。[④] 这一重要思想引起了国际社会的广泛关注与积极响应,并被多次写入联合国文件中,产生了日益广泛而深远的国际影响。2017 年中共十九大报告明确地将"构建人类命运共同体"作为中国推动构建新型国际关系与人类文明进步事业的重要思想理念。

"构建人类命运共同体"思想的内涵极其丰富、深刻,其核心目标与内容就是党的十九大报告所指出的,"建设持久和平、普遍安全、共同繁荣、开放包容、清洁美丽的世界"。具体而言,"构建人类命运共同体"包含着政治、安全、经济、文化、生态这五个方面目标与内容。在政治上,"构建人类命运共同体"理

---

① 2012 年 11 月 8 日,胡锦涛总书记在党的十八大报告中指出:"要倡导人类命运共同体意识,在追求本国利益时兼顾他国合理关切,在谋求本国发展中促进各国共同发展。"

② 习近平:《在联合国教科文组织总部的演讲》,载《人民日报》,2014 年 3 月 28 日第 03 版。

③ 习近平:《携手共建合作共赢新伙伴 同心打造人类命运共同体——在第七十届联合国大会一般性辩论时的讲话》,载《人民日报》,2015 年 9 月 29 日第 02 版。

④ 习近平:《共同构建人类命运共同体——在联合国日内瓦总部的演讲》,载《人民日报》,2017 年 1 月 20 日第 02 版。

念所要求的是,各国应相互尊重、平等协商,坚决摒弃冷战思维和强权政治,通过对话与协商解决各种分歧、矛盾。大国在相互之间以及与其他国家之间尤其应当如此。在安全上,"构建人类命运共同体"理念所要求的是,针对传统安全威胁和非传统安全威胁,各国应树立共同、综合、合作、可持续的新安全观。各国应尊重和照顾他国的合理安全关切。要恪守尊重主权、独立和领土完整、互不干涉内政等国际关系基本准则,统筹维护传统和非传统安全。在经济上,"构建人类命运共同体"理念所要求的是,推动经济全球化朝着更加开放、包容、普惠、平衡、共赢的方向发展。各国应增强自身的发展能力,制定适合本国国情的发展战略。推进全球经济治理,加强与完善各种全球经济协调机制和体制。最大限度解决南北之间和地区内部发展失衡问题。在文化上,"构建人类命运共同体"理念所要求的是,应尊重世界文明多样性,以文明交流超越文明隔阂、文明互鉴超越文明冲突、文明共存超越文明优越。文明差异不应该成为世界冲突的根源,而应该成为人类文明进步的动力。在生态上,"构建人类命运共同体"理念所要求的是,牢固树立尊重自然、保护全球生态环境的意识与责任,共同采取行动应对气候变化等新挑战,不断开拓生产发展、生活富裕、生态良好的文明发展道路。① 显然,"构建人类命运共同体"理念完全符合《联合国宪章》的基本宗旨与原则,并对其进行了充分继承和创新发展。

综上,"构建人类命运共同体"思想理念是中国在不同时期所提出的国际思想与主张的全面概括与发展,也是对《联合国宪章》基本宗旨与原则的充分

---

① 杨洁篪:《推动构建人类命运共同体》,载《人民日报》,2017 年 11 月 19 日第 6 版。

继承和创新发展。① 对于全球化时代的国际秩序塑造及全球治理而言，"构建人类命运共同体"思想理念将构成新的协调理念与指导原则。一方面，"构建人类命运共同体"思想理念继承和发展了既有国际关系思想的合理内涵。例如，"人类命运共同体"理念传承与超越了理想主义国际关系思想，其与威尔逊版本的理想主义明显不同的是，这一新理念真正体现了全球视野，而不再局限于大西洋两岸，并明确地基于广大发展中国家的诉求，因而拥有双重意义上的"道德制高点"。② 另一方面，"构建人类命运共同体"思想理念全面超越了以"西方为中心"的全球秩序及治理观念，消除了其内在的矛盾与局限性，对如何构建新型国际关系和全球秩序贡献了中国智慧和理论方案。③ 因此，构建"人类命运共同体"（a Community of Shared Future for Mankind）思想理念应当成为调整塑造全球化时代的国际秩序，推进全球治理进程的基本指导与内容要求。

---

① 2015 年习近平主席在第七十届联合国大会上指出，70 年前，我们的先辈集各方智慧，制定了联合国宪章，奠定了现代国际秩序基石，确立了当代国际关系基本准则。中国将坚定维护以联合国为核心的国际体系，坚定维护以联合国宪章宗旨和原则为基石的国际关系基本准则，坚定维护联合国权威和地位，坚定维护联合国在国际事务中的核心作用。当今世界发生的各种对抗和不公，不是因为联合国宪章宗旨和原则过时了，而恰恰是由于这些宗旨和原则未能得到有效履行。联合国应对全球性威胁和挑战的作用不可替代，仍然是加强和完善全球治理的重要平台。习近平：《携手共建合作共赢新伙伴 同心打造人类命运共同体——在第七十届联合国大会一般性辩论时的讲话》，载《人民日报》，2015 年 9 月 29 日第 02 版。

② 于洪君：《树立人类命运共同体意识 推动中国与世界良性互动》，载《当代世界》，2013 年第 12 期，第 12 - 13 页。

③ 对于构建什么样的国际关系和世界新秩序，有着不同的理论和方案。西方新现实主义提出了"霸权稳定论"，主张打造一个无所不能的超级大国来统领国际事务。自由主义提出了超越民族国家的"全球治理论"，主张各国弱化或让渡一部分主权，制定共同的规则来管理世界。构建主义则抛出"普世价值论"，主张推广西方价值观和社会制度来一统天下。但这些理论和方案在解释复杂而深刻变化的世界时捉襟见肘，在指导现实社会实践时表现出严重的保守性和僵化性，甚至成为世界局部地区和少数国家社会失序、政治动荡的思想根源。张文显：《推进全球治理变革，构建世界新秩序——习近平治国理政的全球思维》，载《环球法律评论》，2017 年第 4 期，第 5 - 20 页。蒋昌建等从多个方面分析认为，人类命运共同体理论既是对西方国际关系理论中合理成分的吸收和借鉴，又是对其不合理因素与局限的超越和扬弃。蒋昌建、潘忠岐：《人类命运共同体理论对西方国际关系理论的扬弃》，载《浙江学刊》，2017 年第 4 期，第 11 - 20 页。

第二节 《联合国宪章》体制的构造与再构造

自威斯特伐利亚时代以来,国家主权原则成为国际社会构造和运行的结构性基础和原则。然而,国家主权与不干涉内政原则的内涵构造与实施要求并非一直恒定不变。实际上,在国际社会的演化发展中,国家主权与不干涉内政原则的内涵构造与运用要求也一直处于变化调整当中,国家主权与不干涉内政原则被赋予了不同的时代内涵与运用要求。在构建"人类命运共同体",并以此调整重塑全球秩序及治理机制的进程中,必须依然坚持《联合国宪章》所确立的主权平等原则,"反对主权弱化论、过时论、终结论,反对把主权等同于人权或认为'人权高于主权'"。① 在此基础上,进一步推动全球化时代所要求的国家主权与不干涉内政原则的发展和完善。

一、国家主权的传统内涵及转变

(一)传统的"权利"内涵

1. 主体地位——人格权与身份权

根据《联合国宪章》,一般而言,主权意味着在国内社会的最高性和排他性,以及在国际社会里的独立性与平等性,因此,主权界定和维护着国际主体的身份地位及其相互关系。芝加哥政治学派代表人物梅里亚姆在对卢梭以来的主权学说梳理分析后总结认为,除了用于国内层面外,"主权还被看做是一国与其他国家之间的关系。在此意义上,该词意味着一个政治社会相对于所

---

① 蒋昌建、潘忠岐:《人类命运共同体理论对西方国际关系理论的扬弃》,载《浙江学刊》,2017 年第 4 期,第 11 - 20 页。

有其他政治社会的独立性或自足性。从这一点来看,主权可以被界定为国际上的自主或独立性。"①总体而言,在政治学的宏观理论分析上,主权是一个界定和表征着主体地位及主体间相互关系的范畴,它充分体现、反映着国际社会的结构、现状、特点。② 在一般法理上,主权首先被看作是国家之间的相互独立关系,也就是一国不受他国的控制支配的自由状态。在国际社会中,主权所蕴含的主要是一种否定性的规范内涵,而不是某种具有确切内容规定的具体权力(权利)或国家能力。所以,在一般法理上,主权是界定和表征着主体之间的身份、相互地位关系的范畴。③

由于主权是国际法规范和理论上的一个核心范畴,所以国际法理论上对主权有着丰富而深刻的经典论述。在国际法理论上,主权往往被区分为对内

---

① [美]小查尔斯·爱德华·梅里亚姆,毕洪海译:《卢梭以来的主权学说史》,北京:法律出版社2006年第1版,第186页。

② 罗伯特·杰克逊认为:"从内部看,主权意味着一个统治权威对于居住于其领土管辖范围内的、构成其政策和法律对象的任何人的最高性。内部主权是一国宪法规定的,统治者和被统治者之间的基本权威关系。从外部看,主权意味着一个统治权威对于其他统治权威的独立性。外部主权是由国际法规定的国家之间的基本权威关系。"Robert Jackson, "Sovereignty in World Politics: a Glance at the Conceptual and Historical Landscape", *Political Studies*, Vol. 47, Issue 3, 1999, p. 431−456. 摩根索认为,主权的同义词是独立、平等、全体一致。参见[美]汉斯·摩根索,杨岐鸣等译:《国家间的政治:为权力与和平而斗争》(第五版修订版),北京:商务印书馆1993年第1版,第395−398页。国际政治学上对主权进行结构分析认为,在主权的概念里,它既有体系的规定性内容,又有单元层次上的问题。主权在体系层次上的属性主要体现在任何一个国家在法理上都不能要求对其他国家拥有权利。主权在体系的意义上反映着国际社会的现状和要求,主权肯定和固定了国际社会的无政府状态,一旦国际社会获得了政府特性,主权的概念也就失去了存在的意义。从单元特点看,在一片特定领土上,只能有一个享有最高权力的政府。参见陈玉刚、俞正梁:《国家主权的层次分析》,载《欧洲》,2001年第3期,第38−39页。英国学者纳夫里认为,主权是一种基础性的概念,它支撑现代法律与政治秩序。主权代表政治自主性。主权来自一种内在的集体性之权力理念,它可以被认为是一种"关系性的现象"(relational phenomenon)。Martin Loughlin, *The Idea of Public Law*, Oxford: Oxford University Press, 2003, p. 80.

③ 英国分析实证主义法学家哈特在论及"义务与国家主权"时认为:"……因为'主权的'一词,在这里只不过意味着'独立的',像后者一样,它在语言效用上也是否定的;即一个主权国家是不受某种控制的国家,其主权乃是一个自主的行为领域。"[英]哈特著,张文显等译:《法律的概念》,北京:中国大百科全书出版社1996年1版,第218页。丹尼斯·罗伊德认为:"倘如不把主权看成主权者可以随兴所至创设任何法律的无限权力,而是表现一个国家的独立自主,不受任何上级节制的法律术语,将更为恰当。"[英]丹尼斯·罗伊德著,张茂柏译:《法律的理念》,台北:联经出版事业公司1984年版,第175页。

主权和对外主权,其中,对外主权则被解释为国家在国际社会里的独立自主性,强调的是国际基本主体之间的相互独立的关系状态。^① 这种独立自主性也就成为国家主体身份建构的基本要素。这说明了主权首先被诠释为一个界定和表征着主体间相互关系的范畴,而不是一种具体的或基本的权力(能力)范畴。尤其需要指出的是,一些学者特别注意或强调了主权所具有的反映主体身份、地位等的功能与属性。凯尔森把主权看作是一个国内法秩序不从属于另一个国内法秩序,并把这种独立关系认为是国家的一个主要特质,凯尔森尤其排除了国家具体权力的因素,强调了主权在本质上是国家之间的相互独立的抽象关系。^② 由于主权被认为是国家的一个主要特质,这样主权就被赋予或被揭示出了人格、身份权利的意蕴。英国学者布朗利则认为:"国家对其领土的能力通常可以用主权和管辖权这两个术语进行描述。主权是某种法律人格的法律速记,或国家地位的法律速记;管辖权是指问题的特殊方面,尤其

---

① 菲德罗斯认为:"完全的自治构成国家主权的内侧,而独立则构成它的外面。这样,我们就有了主权国家的现代概念,主权国家是完全自治的、因而是独立的、不服从任何其他国家法律秩序的社会。"[奥]阿·菲德罗斯等著,李浩培译:《国际法》(上册),北京:商务印书馆1981年版,第12页。詹宁斯、瓦茨则认为,"主权是最高权威,这在国际上并非意味着高于所有其他国家的法律权威,而是在法律上并不从属于任何其他世俗权威的法律权威。因此,依照最严格和最狭隘的意义,主权含有全面独立的意思,无论在国土以内或在国土以外都是独立的。"[英]詹宁斯、瓦茨著,王铁崖等译:《奥本海国际法》(第九版),北京:中国大百科全书出版社,1995年版,第92页。阿库斯特干脆指出:"当国际法学家说国家是有主权的,其全部真正的意思就是:国家是独立的,这就是说:它不是其他任何国家的附属国。他们的意思绝不是说,国家都在法律之上。如果以'独立'一词代替'主权',那就会好得多。如果说'主权'除了'独立'以外还包括其他什么含义的话,它并不是一个具有确定含义的法律名词,而完全是一个表示感情的名词。"[英]阿库斯特著,汪瑄等译:《现代国际法概论》,中国社会科学出版社1981版,第18-19页。苏联国际法学者童金认为:"国家主权意味着在本国领土上的无限权利和在国际关系中的独立性。"[苏联]童金主编,邵天任、刘文宗译:《国际法》,北京:法律出版社1988年版,第116页。韩国学者柳炳华认为:"今天主权已不再被视为绝对权力,而演变为'独立'之意。"[韩]柳炳华著,朴国哲等译:《国际法》(上卷),北京:中国政法大学出版社1997年版,第251页。美国学者吉尼斯在诠释《蒙得维的亚公约》所规定的国家构成条件时认为:"这些要素表明了一种存在于国家之间的相互排他性,也就是我们所熟知的最重要的国际法原则之一的主权。"Mark W. Janis, *An Introduction to International Law* (third edition), Gaithersburg/New York: Aspen Law & Business, 1999, p. 183.

② 参见[美]凯尔森著,王铁崖译:《国际法原理》,北京:华夏出版社1989版,第94-95,131-132页。

是权利、自由和权力。"①从布朗利把领土上的主权和管辖权严格区分来看,主权显然不是意指具体的特殊的国家权力(权能),而是对主体的总体法律地位的认定,这揭示了主权固有的国际人格、身份权意蕴。实际上,菲德罗斯也是将领土权利区分为领土主权和领土最高权,领土主权也被抽象为主体关系上的独立自主性,而实际的控制、支配权利则被概括为领土最高权。② 郝斯廷则明确地分析了主权对于国家主体身份的意义和作用,他认为:"主权是国际关系中的一种基本制度,因为它是国家诞生、维护和消亡的关键要素。主权帮助创造了国家,当面临着来自内部或外部的威胁时,主权帮助维护着国家的完整性,主权帮助保障着国家的连续性并防止它们的消亡。""我们可以把主权概念分解为两个部分,即创制、构成国家的规范(定义行为主体)和调整国家之间相互关系的规范。"③郝斯廷进一步认为:"主权是国家身份的构成性规则,因为它定义并帮助创造了合法正当的拥有唯一的法律人格的行为主体。主权提供了国家身份(进入国际社会)承认的标准,以及规范特定身份的延续和消灭的标准。在一般意义上,主权回答了以下国家身份地位问题,即国家诞生问题(我们如何成为?),身份认同问题(我们是谁?),连续性问题(政府改变将发生什么?),以及消亡问题(我们如何延续?)。"④一些西方学者把主权看作是一种身份,主张应研究主权与国家的构成性关系,认为主权的存在方式和内涵源于

---

① 〔英〕布朗利著,曾令良、余敏友等译:《国际公法原理》,北京:法律出版社2003版,第122－123页。

② 菲德罗斯精辟地把领土权利区分为领土主权与领土最高权,并指出:"领土主权是一个独立的、可以从领土最高权分离的一个权利,有其自己的价值。……领土主权是对一个领土的一个特定的国际法上的权利,而不是对这个领土的实际上的支配。……领土主权是对其他国家的一个国际法上的权利,而领土最高权则是一个国家在一个特定领土内对在那里的人根据它自己的国内法律秩序实行的一种支配。"〔奥〕阿·菲德罗斯等著,李浩培译:《国际法》(上册),北京:商务印书馆1981版,第323页。

③ K. J. Holsti. *Taming the Sovereign*: *Institutional Change in International Politics*, Cambridge: Cambridge University Press, 2004, p. 113.

④ K. J. Holsti. *Taming the Sovereign*: *Institutional Change in International Politics*, p. 114.

主体间性所确认的国际社会内部的相互建构,在实践中,主权与国家不断地变化、转型,并被重新界定。① 有的西方学者则是从国际社会体系的角度来理解主权:"主权在根本上是一种身份与地位,证明了作为国际体系成员的国家的存在。在当今的背景下,大多数国家表征和实现他们主权的唯一方式就是参与规制国际体系的各种机制。"②盖尔博认为主权从来不是绝对的不受限制的权力:"主权的恰当定义与国家或政府权力的广度范围没有关系,也和政治实体的相互依赖的程度无关。主权事关身份、地位和规范。"③

当然,有的国际法学者并不关注主权所具有的主体身份、地位等功能、属性。斯塔克把主权更多地看作是国家拥有的各项具体的权力或职权,而没有更多地从主体相互关系的意义上来理解主权,所以在斯塔克看来,"主权"是个不能表达确切法律含义的术语。只能是在国际法规定的限度内该国拥有的剩余权力。④ 不过,这恰恰说明了如果缺失"主体间相互关系"这一认识维度,就必然会造成主权认识上的理论困境。

与西方学者相比,国内学者也完全认同主权所具有的独立性和最高性这一基本内涵属性,但是,国内学者更多强调了主权的实际权力或能力属性。尽管如此,部分国内学者还是关注、分析了主权的主体身份权属性、意义。周永坤教授从一般法理学的角度揭示了主权的不同语义,其中的一个语义就是主

---

① See Thomas J. Biersteker and Cynthia Weber, "The Social Construction of State Sovereignty", in Thomas J. Biersteker and Cynthia Weber edited, *State Sovereignty as Social Construction*, Cambridge: Cambridge University Press, 1996, p. 11.

② Abram Chayes and Antonia Handler Chayes, *The New Sovereignty: Compliance with International Regulatory Agreements*, Cambridge Massachusetts: Harvard University Press, paperback edition, 1998, p. 27.

③ Harry G. Gelber, *Sovereignty Through Interdependence*, London: Kluwer Law International, 1997, p. 78.

④ 斯塔克就认为:"正常情况下,国家被认为拥有独立性以及在其领土范围内对其国民、事务的'主权'……因此,在今天,这样说大概会更准确些:一国主权意味着在国际法规定的限度内该国所拥有的剩余权力。……因此,'主权'是一种艺术用语,而不是一个能精确定义的法律术语。"I. A. Shearer, *Starke's International Law*, 11th edition, London: Butterworths, 1994, pp. 90 - 91.

权意味着政治共同体的人格,反映了主体之间的相互地位关系。① 一些学者从各自的研究视角阐述分析了对外主权或主权在国际层面所具有的身份、地位等属性、功能。② 而另一些学者则分析阐述了主权在国内和国际社会两个层面所具有的主体身份、地位等属性、功能。车丕照教授认为:"无论在国内社会还是国际社会,主权这一概念所表达的内容,与其说是权力,不如说是身份。权力与身份是两个不同的法律概念。权力通常是指某主体从事某项可以产生法律效力的行为的能力;而身份则是指某一个体与共同体的其他成员的法律关系。我们在谈论国家主权的时候,我们所关注的通常并不是国家的某项行为是否会产生法律效力,我们关注或强调的是国家与其他国内社会成员或国

---

① 周永坤认为:"主权的第二项语义指政治共同体的人格。一个主体的人格只有在与他在主体的关系中才有意义,所以作为人格的主权其实是作为意志表达者的主体向他在的主体争取权利。在不同的政治共同体组成的大社会中,以政治共同体为单位的关系就不可避免地会发生,这就产生关系意义上的主体问题,以自己的名义独立地同他在的主体发生关系的共同体的人格就是主权。当我们说'主权国家一律平等'的时候,这里的'主权'即指国家的人格。"(周永坤:《规范权力——权力的法理研究》,北京:法律出版社 2006 年第 1 版,第 176 页。)"21 世纪的主权应当是主体际的,这在 20 世纪下半叶已经初现端倪。从主客体的主权进一步走向主体际的主权,是未来主权的走向。"在进一步解释何谓主体际主权时,他指出:"对外主权是指政治共同体作为人类社会一员的资格,是国际法律人格。作为国际法律人格的主体际的主权的对外方面,不再是单单强调主权者的权力,而是作为人类社会一员的权利,以及随之而来的义务。"(周永坤:《规范权力——权力的法理研究》,北京:法律出版社 2006 年第 1 版,第 209 - 210 页。)

② 方向勤认为,国际关系中的国家主权实际是国家之间的一种平等和自主的关系,是国家在特定历史条件下和国际经济基础上形成的特定的相互关系。(方向勤:《国际关系中的国家主权若干问题疑析》,载《政治学研究》,1996 年第 4 期,第 55 - 58 页。)孙建中认为:"在理想的对外主权中,独立性和平等性是核心内容。所以,国家主权不仅仅是各国管理国内事务的最高权力,同时也是其对外交往的合法权利和独立、平等身份。"(孙健中:《国家主权:理想与现实》,北京:世界知识出版社 2001 年第 1 版,第 25 页。)程琥认为:"从总体上来说,对内主权方面表现为国家的自我管理,是一种权力(power),一种排他性的最高权力;对外主权方面表现为国家在国际舞台上的独立地位或身份,是一种权利(right),是一种各国均享有的平等权利。""总之,国家主权是主权权力与权利的统一,……在国际社会中,主权代表的是国家的一种资格或身份。"(程琥:《全球化与国家主权——比较分析》,北京:清华大学出版社 2003 年第 1 版,第 34,41 页。)在分析如何正确处理经济主权的让渡与共享问题上,徐泉也认为应区分身份意义上的主权与权能意义上的主权,在国际社会的主权应该被理解为身份意义上的权利,体现着国家的平等的资格、身份、地位等,而在国内社会的主权应该被理解为权能意义上的权力,体现着控制、支配的能力或力量。身份意义上的主权是无法让渡的,作为主权组成部分的经济主权,其在权能意义上是可以让渡的。(徐泉:《国家经济主权论》,北京:人民出版社 2006 年第 1 版,第 294 - 297 页。)

际社会成员之间的关系,因此,我们关注的其实是国家的身份。"①车丕照教授
的观点进一步彰显了主权的身份权属性和意义。张军旗明确认为:"对国家主
权可以从身份和权能两个方面去理解。主权首先表征了国家的身份,……主
权作为国家的身份实际上指代的是国家在国内社会及国际社会的法律地位,
是国家在共同体中与共同体其他成员的关系在法律上的集中、概括和抽象的
体现,是一种质的规定性。"②

　　以上所进行的是学理上的梳理考察分析,从实证规范和国际社会实践的
层面来看,国际法规范、原则也非常明显地从国际主体之间的独立平等的地
位、身份关系的角度来定义和规范主权。联合国宪章明确规定的是各国主权
的相互平等和独立,并以此作为宪章的基础。1946 年 12 月 6 日联合国大会
通过的《国家权利义务宣言草案》规定了主权国家之间独立、平等的并且不受
干涉的相互关系。1965 年 12 月 21 日联合国大会通过了《关于各国内政不容
干涉及其独立与主权保护宣言》,强调了主权所具有的排除他国干涉的属性和
规范要求。联合国大会 1970 年通过的《国际法原则宣言》进一步规定了主权
平等的要素,从这些要素所表述的内容来看,国际关系上的主权就是各国在相
互关系上的独立、平等。1981 年 12 月 9 日联合国大会通过《不容干涉和干预
别国内政宣言》继续重申、强调了主权独立与不干涉内政原则,进一步细化了
尊重他国主权独立和不干涉原则的各项具体义务。在区域性的国际条约、组
织宪章和宣言也都确立了尊重主权独立和领土完整原则,并强调了不干涉原
则。因此,总的来看,国际法规范文件主要是从国家之间的相互地位、身份关
系的角度来定义和规范主权的内涵。在国际实践中,主权同样被看作是国家
相互之间的独立平等地位,并成为处理国际关系和解决国际问题的重要依据,

---

　　① 车丕照:《身份与契约——全球化背景下对国家主权的观察》,载《法制与社会发展》,2002 年
第 5 期,第 55 页。
　　② 张军旗:《多边贸易关系中的国家主权问题》,北京:人民法院出版社 2006 年第 1 版,第 31 页。

具有明确的规范指导意义和作用。

综上可见，主权首先是一个界定和表征着主体地位、身份关系的范畴。在国际社会里，主权首先意味着国与国相互之间的独立、平等的相互地位关系。主权因而也就首先构成一种有关国际主体人格、身份的权利。

作为国际社会里的一种特殊的主体人格权与身份权，主权构成了国际关系中的基本组织原则和制度，它使国际社会能够按一定的目的、方式组织存在下去，并形成相互平等与协调的国际结构与秩序，从而避免陷入混乱无序状态。[①] 在全球化的条件下，尽管国际社会的相互联系与依赖日益紧密，应对解决各种全球性问题与挑战需要国际社会形成更为密切、有效的协调合作，但主权所具有的主体人格权与身份权属性及其所体现和要求的国家间相互独立和平等并未发生改变，相反，它依然是国际社会赖以组织和运行的基础性原则。当然，对于主权所具有的主体人格权与身份权属性，及其所体现和要求的国家间相互平等和独立自主，全球治理将对其赋予新的时代内涵和要求。即相互独立和平等性不再具有相互隔绝、排斥与不合作的属性效果，相反，相互独立和平等性应内在地包含着充分协调合作的属性要求。同时，主权所具有的主体人格权与身份权属性及其所蕴含的独立自主性不再是完全绝对的，它应当接受全球治理所施加的各种约束、规制要求，并与之形成协调关系。[②] 根据

---

① 澳大利亚学者杰里·辛普森认为可以把领土意义的主权与组织原则的主权区分开来。领土观念的特征是，主权的共同体是围绕着领土组织起来的，没有约束与限制。作为国际关系组织原则的主权既有自由因素又有限制因素，必须与其他国家的主权相互平等、协调。[澳]杰里·辛普森，朱利江译：《大国与法外国家——国际法律秩序中的不平等的主权》，北京：北京大学出版社 2008 年第 1 版，第 46-49 页。

② 正如俞可平所分析指出的，全球治理正在重塑国家的自主性。全球性与自主性是全球化进程所产生的相互对立但相互依存的属性，全球化在产生全球性的同时，也制造着自主性。全球性表现了同质性，自主性表现了异质性。自主性是在全球化进程中产生的对全球性的一种抗体。全球化并没有消除国家的自主性，相反它凸显了国家的自主性。然而，全球治理正在赋予国家的自主性以新的意义，社会的自主性逐渐开始取代国家的自主性。俞可平：《全球治理的趋势及我国的战略选择》，载《国外理论动态》，2012 年第 10 期，第 7-10 页。

"人类命运共同体"思想理念,作为国际社会中的一种主体人格权与身份权,主权将接受"人类命运共同体"理念原则下各种约束规制与协调合作的新时代要求,从而塑造形成符合"人类命运共同体"理念要求的国际主体身份秩序。

2. 综合性的实际权能

具有国际主体人格权与身份权属性和功能只是主权的一个理论维度上的内涵,在实际运用领域,主权将意味着各种具体的国家权能,即国家对其领土、资源、居民等客体的实际掌握、控制的各种权力或能力。布朗利认为,"主权主要表现为国家依据法律与其他国家(以及国家所组成的国际组织)之间的关系",同时,"主权亦用于描述国家一般具有的法律权能,或指这种权能的某一特别功能,或为这种权能的某一方面提供理由"。[①] 主权的这种权能属性体现在国际法的各种制度与实践中。例如,在国际法上关于领土的取得方式和条件,无论是先占还是时效等,其制度内涵均体现着对特定领土的控制、管辖关系上的要求,在此基础才能形成对特定领土的历史性权利和具体的主权权利。因此,作为实际权能的主权所反映的不是主体之间的国际地位、身份关系,而是主体针对客体所形成的控制、支配等关系。随着国际社会的发展,作为实际权力、能力的主权,其内涵正在日益延伸和拓展。随着主权权力的规范化和类型化,主权权能已经构成一组不断动态演进的权能群。

在传统国际法上,国家的主权权能主要存在于政治、军事和外交等方面,如一个主权国家可以独立地行使立法权力制定本国的法律制度,可以独立地行使司法权力裁决其管辖权范围之内的纠纷,可以独立自主地开展外交活动等,但除此以外的其他领域,如对本国自然资源和经济活动的控制掌握,主权国家是否拥有主权权力以及如何行使,在传统国际法上是不明确的。然而,摆

---

① [英]布朗利著,曾令良、余敏友等译:《国际公法原理》,北京:法律出版社2003版,第319-320页。

脱殖民统治的广大发展中国家要想真正实现独立自主,必须夺回或拥有对本国自然资源和经济活动的实际掌握控制的权能。为此,在发展中国家的斗争和努力下,国际法上逐渐出现了自然资源主权、经济主权等新的主权权能。1952 年 12 月,联大第 7 届会议通过了《关于自由开发自然财富和自然资源的权利的决议》,开始把自然资源问题与国家主权问题联系起来,并规定,"各国人民自由地利用和开发其自然财富和自然资源的权利,乃是他们的主权所固有的一项内容"。1962 年通过的《关于自然资源永久主权宣言》宣布,各民族及各国对其自然财富与资源拥有永久主权。为了保护这些资源,各国有权采取适合本国情况的各种措施,对本国的资源及其开发事宜加以有效的控制管理,包括有权实行国有化或把所有权转移给本国国民。这种权利是国家享有完整的永久主权的重要体现。1974 年 5 月,联大第 6 届特别会议通过了《建立国际经济新秩序宣言》和《建立国际经济新秩序行动纲领》进一步明确了各国的经济主权。联合国大会 1974 年 12 月 12 日通过的《各国经济权利和义务宪章》第 2 条第 1 款规定,各国"对其全部财富、自然资源和经济活动享有充分的永久主权,包括拥有权、使用权和处置权在内,并得自由行使此项权利"。上述宣言和宪章一再强调,东道国对于本国境内的一切经济活动享有完整的、永久的主权,并且突出地强调对境内外国资本和跨国公司的管理监督权。这些国际法规范文件的一个共同特点就是,充分肯定强调了主权国家对于其本国的自然资源及国内经济活动享有充分的主权权力,从而使主权权能从传统的政治领域拓展到经济领域。2015 年联合国发展峰会通过的《改变我们的世界:2030 年可持续发展议程》重申,每个国家对其财富、自然资源和经济活动拥有完全、永久的主权,并应自由行使这一主权。

随着国际社会实践和观念的发展,主权权力的内涵已从政治扩及经济、社会、文化乃至环境领域,形成了一个综合性的主权权力概念。货币主权、金融主权、文化主权、信息主权、环境主权、网络空间主权等相继以独立的主权权能形态出现,并得到了广泛的承认。这些不同种类主权的出现都是由于国家在相应领域的实际掌握控制的权能受到了影响或挑战,为了加强国家在这些领域里的实际权能,形成了特定领域里的主权权力的概念和规范。例如,在科技高度发达的今天,科学技术对一个国家的经济发展以及综合国力等的作用、影响日益强大,所以高科技的开发与利用将与国家主权密切相关。国外有些学者开始把科技与主权联系起来,如澳大利亚学者凯米莱里、福尔克曾提出:"如果较大的技术主权意味着某种国家主权,它至少将以国家的名义,提高国家共同体或国家的能力,为国家范围内工业创新的需要选择、制造、利用、建立和开发技术。"①所以,为了维护国家在科技资源上的优势与利益,国家将在科技领域提出和主张一种主权权力,以强化国家在此方面的控制、驾驭能力。随着互联网的迅速发展及其对国家主权的影响挑战,尤其是网络战对国家安全的威胁,网络空间主权也应运而生。总之,日益延伸和拓展的主权权能已经形成一组不断动态演进的权能群,主权的权能属性和内涵在广度和深度上得到不断的发展,这是现代社会从松散、简单状态迈向紧密、复杂的高级形态的必然结果。一方面,主权国家并不会仅仅满足于主权身份的获得和拥有,而是更加重视主权实际权能的建设与发展,因为主权权能的实际状况直接关系到一国主权的实效以及国家利益的实现和维护。另一方面,日益丰富和强化的主权权能细化明确了国家在各种领域的主权权力分配与治理责任,加强了国家作为基本治理单元的实际治理能力,从而为全球治理体系与机制的塑造完善与推进实施奠定了必要的基础。

　　然而,日益丰富和强化的各国主权权能容易发生冲突和争议,在国际社会相互联系,依赖日益紧密和全球治理的发展趋势下,主权权力需要得到更加明

---

　　① ［澳］凯米莱里、福尔克著,李东燕译:《主权的终结?——日趋"缩小"和"碎片化"的世界政治》,杭州:浙江人民出版社 2001 年版,第 162 页。

确有效的规范和协调。美国一直极为维护自身的主权权能。美国参议院外交关系委员会主席海默斯明确地指出,美国参议院在50多年前批准了联合国宪章,但并没有放弃美国主权的任何一个"音节",为了神圣的国际正义事业而牺牲一些主权的想法是可笑的。欧洲国家越来越多地将权力让渡给像欧盟这样的超国家机构,而美国则反对权力的集中化,要确保美国在国内事务上拥有唯一的决定权。[①] 面对WTO体制对国家主权的冲击、影响,在WTO协定、义务是否会对美国的主权造成侵蚀、损害和限制等问题上,美国朝野极为关注,并由此引发了一场持续近十年的"主权大辩论"。杰克逊指出,1994年美国这场有关维护本国主权的全国性辩论,其实质和关键就在于权力分配问题,即决策权力如何在国际机构与美国政府之间恰如其分地分配的问题。[②] "主权大辩论"表明美国国内对其强大的不受约束的主权权力的偏好和维护。笔者认为,随着各国主权权能的强化与丰富拓展,任何单方面过分地维护、强调本国主权权力的理论和实践只能导致冲突与矛盾,因此,为了应对解决各种全球性问题和挑战,各国的主权权力的拥有和行使应该得到协调与规范。

作为一种实际的具体的掌握控制的权能,主权是一组日益丰富的权能群,而且随着时代的发展处于不断的变化发展中。这种权能意义上的主权不同于主体身份意义上的主权,主体身份意义上的主权不能分割、让渡或共享,而权能意义上的主权却可以按照自主原则由国家自由地处分,也就是说,国家可以对这种权能意义上的主权予以分割、让渡或共享。"国家对国际组织的权力让渡不是弱化自身的独立目标和主体身份,而是越来越借助于合作型权力的安

---

① Jesse Helms, "American Sovereignty and the UN", in R. James Woolsey edited, *The National Interest on International Law & Order*, New Brunswick/London: Transaction Publishers, 2003, pp. 88 - 92.

② John H. Jackson, "The Great 1994 Sovereignty Debate: United States Acceptance and Implementation of the Uruguay Round Results", *Columbia Journal of Transnational Law*, Vol. 36, Special Double Issue, 1997, pp. 157 - 188.

排最大限度地实现国家利益。"①欧盟各成员国所让渡的正是这种权能意义上的主权,而不是维系国家存续的身份意义上的主权。否则欧盟各成员国将因而丧失国家主体地位。尼尔·麦考柯密克在分析欧盟一体化进程时曾指出,"在这一进程中,主权并未丧失。与以往相比,在国际法上,欧盟以外没有任何国家或实体单独地或集体地对成员国拥有更高的权力,……共同体成员国的主权没有丧失,只是在内部经历着分割与联合,并因而在外部得到了加强。"②显然,主权权力的这种特有属性,即协调合作基础上的可分割、让渡或共享的属性,为全球治理体系与机制的塑造完善与推进实施奠定了必要的基础。

综上,在全球治理时代,日益丰富发展的主权权能及其实施运用需要得到进一步的功能明确与规制协调。一方面,为了应对解决各种全球性问题和挑战,作为基本治理单元的国家需要不断完善强化而不是弱化其各种主权权能。另一方面,缺乏协调合作的主权权能及其实施运用将严重制约全球治理体系与机制的塑造完善及其实际效果,甚至本身就成为各种全球性问题和挑战的来源。如一国为片面追求其本国利益而制定实施"与邻为壑"的金融、货币、税收等法律与政策。因此,主权权能的扩展及其实施运用需要接受全球治理中的约束规制要求。

总之,主权无论是作为一种主体身份权利还是综合性的具体权能,其功能属性和实际运用均应适应全球治理的根本需要。就主权的主体人格权与身份权属性而言,其所体现和要求的国家间相互独立和平等的主体间关系并未发生改变,相反,它依然是国际社会赖以组织和运行的基础性原则。但是,根据全球治理的要求,国家间的相互独立和平等性不应具有相互隔绝、排斥与不合作的属性效果,相反,相互独立和平等性应内在地包含着协调合作的属性要

---

① 徐泉:《国家经济主权论》,北京:人民出版社 2006 年版,第 98 页。

② Neil MacCormick, *Questioning Sovereignty: Law, State, and Nation in the European Commonwealth*, Oxford: Oxford University Press, 1999, pp. 132 - 133.

求。就主权的权能属性而言,为了应对解决各种全球性问题和挑战,作为基本治理单元的国家需要不断完善强化而不是弱化其各种主权权能。但是,主权权能不应成为一种任意、专断的绝对权力,主权权能的扩展及其实际运用需要接受全球治理所施加的约束规制要求。为此,基于全球治理对国家主权所形成的塑造和规制要求,应当在国家主权的既有属性与内涵中确立和强化全球治理所要求的责任属性与内涵。

(二) 演进的"责任"内涵

1. 赋予主权责任属性的必要与必然

在当代国际社会,"主权不仅意味着权利,而且意味着责任。主权意味着双重的责任:对外是尊重别国的主权,对内是尊重国内所有人的尊严和基本权利。在某种程度上作为责任的主权,在国际实践中日益得到广泛承认"①。在新的历史条件下,一个国家之所以拥有主权权利,不仅是因为它在联合国和各种国际制度内占有名义上的席位,更由于它能够在国内尊重和维护本国公民的基本权利,在国际上尊重和维护得到公认的一般准则。国家的权利与国家的责任是等重的、不可剥离的。② 2016 年 6 月 25 日,中国与俄罗斯共同签署发表的《关于促进国际法的声明》认为,主权平等原则对国际关系的稳定至关重要。各国在独立、平等的基础上享有权利,并在相互尊重的基础上承担义务和责任。事实上,在相互联系依赖日益紧密的国际社会中,各国在继续享有相互平等的国家主权的同时,将承担日益广泛深入的国内治理与国际协调合作的责任。自金融危机爆发以来,2008 年 G20 华盛顿首脑峰会至 2018 年阿根廷布宜诺斯艾利斯首脑峰会的历届首脑峰会持续要求和不断扩展深化各国在

①　余敏友:《全球治理与中国》,载曾令良、余敏友主编:《全球化时代的国际法——基础、结构与挑战》,武汉:武汉大学出版社 2005 年第 1 版,第 5 页。
②　王逸舟:《重塑国际政治与国际法的关系——面向以人为本、社会为基的国际问题研究》,载《世界经济与政治》,2007 年第 4 期,第 6 - 12 页。

国内治理与国际协调合作方面的责任和义务,这些国际责任与义务涉及国内就业和社会保障、金融监管、可持续的经济增长、国际税收、气候变化、海洋环境保护、能源治理等诸多问题。[①]

根据新时代"人类命运共同体"的思想理念,国家主权需要进一步确立和强化全球治理所要求的责任属性与内涵。负责任主权意味着对本国国民及其他国家均负有义务和责任。负责任主权号召所有国家对自己的那些产生国际影响的行为负责任,要求国家将相互负责作为重建和扩展国际秩序基础的核心原则。[②] 在全球治理时代,以"负责任"为核心内涵的主权理念与原则意味着,合法正当地拥有和行使主权的前提条件是,必须对国内社会和国际社会承担双重责任。具体而言,每个主权国家首先对其国内管辖领域承担着善治、良治的首要责任,以实现国内社会的和谐稳定与进步发展。同时,为了应对各种跨国威胁和挑战问题,每个主权国家都要对自己的那些可能产生域外影响的行为承担约束规制与合作协调的责任,并对国际社会整体的共同利益与秩序承担和履行国际责任。例如,2009 年 4 月 G20 英国伦敦峰会公报表示,各国将以合作的、负责任的态度来实施所有经济政策,顾及这些政策对其他国家的

---

① See Declaration of the Summit on Financial Markets and the World Economy, November 15, 2008; London Summit: Leaders' Statement, 2 April 2009; Leaders' Statement of the Pittsburgh Summit, September 24 - 25 2009; The G20 Toronto Summit Declaration, June 26 - 27, 2010; The G20 Seoul Summit Leaders' Declaration, November 11 - 12, 2010; Cannes Summit Final Declaration, November 4, 2011; G20 Leaders' Declaration of Los Cabos Summit, June 18 - 19, 2012; G20 Leaders' Declaration of Saint Petersburg Summit, September 5 - 6, 2013; G20 Leaders' Communique of Brisbane Summit, November 15 - 16, 2014; G20 Leaders' Communique of Antalya Summit, November1 5 - 16, 2015; G20 Leaders' Communique of Hangzhou Summit, September 4 - 5, 2016; G20 Leaders' Declaration: Shaping an Interconnected World, Hamburg, 7/8 July 2017; G20 Leaders' Declaration: Building Consensus for Fair and Sustainable Development, 30 November - 1 December, 2018. 网址:https://www.g20.org/en/summit/previoussummits,访问时间:2019 年 2 月 10 日。

② [美]布鲁斯·琼斯、卡洛斯·帕斯夸尔、斯蒂芬·约翰·斯特德曼著,秦亚青、朱立群、王燕等译:《权力与责任:构建跨国威胁时代的国际秩序》,北京:世界知识出版社 2009 年版,第 8 - 9 页。

影响,并将取消货币贬值的"竞赛",构建稳定的、运行良好的国际货币系统。[①]
2009 年 9 月 G20 美国匹兹堡峰会领导人声明在"附件:二十国集团强劲、可持续和平衡增长框架"中提出,二十国集团各成员国对自身经济良好运行负有首要责任,也对国际社会负有确保全球经济整体健康之责任。[②] 2012 年 6 月 G20 墨西哥洛斯卡沃斯峰会领导人宣言在"促进经济稳定和全球复苏"这一框架议题中提出,承诺将把所有为本国目的而实施的政策对其他国家的负面溢出效应降至最低。[③] 2013 年 9 月 G20 俄罗斯圣彼得堡峰会领导人声明表示,作为世界主要经济体,G20 成员共担加强市场开放和基于规则的全球经济体系的责任。[④] 2014 年 11 月 G20 澳大利亚布里斯班峰会公报表示,G20 将关注自身政策的全球影响,合作管控外溢效应。[⑤]

2. "负责任"的主权内涵及构成要素

以"负责任"为核心内涵的主权理念与原则的核心作用在于,改变国家主权的离散、游离甚至矛盾冲突状态,建立一种"相互负责"的国际结构与秩序,从而有助于推进塑造"人类命运共同体"。"负责任"主权理念与原则将中长期目标植入国家对眼前利益的权衡之中,将信任与声誉置于最核心的地位。因而,以"负责任"主权为基础的全球治理体系与机制可以有效地应对解决各种跨国威胁问题,包括核裁军与核不扩散、反对恐怖主义、全球变暖、生物安全、维护和建设和平、经济繁荣等。因此,以"负责任"为核心内涵的主权理念与原

---

① See London Summit: Leaders' Statement, 2 April 2009. https://www. mofa. go. jp/policy/economy/g20_summit/2009 - 1/communique. pdf,访问时间:2019 年 2 月 10 日。

② See Leaders' Statement of the Pittsburgh Summit, September 24 - 25 2009. https://www. mofa. go. jp/policy/economy/g20_summit/2009 - 2/statement. pdf,访问时间:2019 年 2 月 10 日。

③ See G20 Leaders' Declaration of Los Cabos Summit, June 18 - 19, 2012. https://www. mofa. go. jp/policy/economy/g20_summit/2012/pdfs/declaration_e. pdf,访问时间:2019 年 2 月 10 日。

④ See G20 Leaders' Declaration of Saint Petersburg Summit, September 5 - 6, 2013. https://www. mofa. go. jp/files/000013493. pdf,访问时间:2019 年 2 月 10 日。

⑤ See G20 Leaders' Communique of Brisbane Summit, November 15 - 16, 2014. https://www. mofa. go. jp/files/000059841. pdf,访问时间:2019 年 2 月 10 日。

则将作为构建和扩展全球治理结构与秩序以及推进构建"人类命运共同体"的核心观念和基础原则。

在全球治理体系与机制的塑造完善与推进实施中,需要进一步明确"负责任"主权中的具体责任的确定、责任主体的区分以及责任的性质及功能的定位。第一,就"负责任"主权的责任内涵的界定而言,负责任主权理念下的具体责任标准不是由单方制定和强加的,而是由各方协商确定的。首先是从现有的国际条约以及国际论坛等规范文件中提炼出各国应当遵循的责任标准,其次是在需要新的承诺应对新的国际挑战领域,责任内涵的拓展必须通过协商确立。同时,以负责任主权为基础的全球治理体系与机制应当逐步形成富有成效的国际协调中心,其中尤其要吸纳新兴国家的参与。在这方面,二十国集团峰会机制(G20)已经逐渐成为日益重要的国际协调与推动中心。第二,就"负责任"主权所涉及的责任主体的界定而言,"负责任"主权必然意味着每个主权国家对其国内社会的各种问题承担首要责任,并就其行为对他国乃至国际社会承担首要责任。对于主权国家所承担的首要责任所涉及的问题,国际社会将承担着支持、帮助的补充责任,这既包括支持、帮助一国建设和加强其国内治理能力,也包括协助一国及时应对处理各种紧迫问题。同时,在一国承担和履行其首要责任的意愿和能力不足或完全缺失的情况下,国际社会将承担着必要的干预、介入的补充责任,这涉及各种国际机制与方法的塑造完善与合理运用。第三,就"负责任"主权所涉及的各类责任的性质而言,存在着三类具体责任类型:(1) 基于国际条约和习惯国际法规范而形成的具有正式约束力的责任要求;(2) 基于国际决议、国际宣言等规范而形成的不具有正式约束力的软法性质的责任要求;(3) 基于政治、道义层面的要求而形成的不具有法律约束力的责任要求。①

3. 主权"相互负责"外在约束的强化拓展

"相互负责"的新主权理念与原则将为主权国家设定更为全面深入的系统性的外在约束,而不是对既有国际义务约束的简单重复与一般性扩展。在长期的国际实践中,根据各种国际法规范等,国家主权确实已经接受了各种义务约束。然而,"相互负责"的新主权理念与原则不仅强化了已有的国际义务约束,而且,它在多个方面和不同层次上构成了新的外在约束规制。第一,"相互负责"的新主权理念与原则基于一种系统性的全球治理框架战略,着眼于宏观的国际秩序与基础结构的调整塑造,这明显不同于以往的分散的国际义务规制。因此,"相互负责"的新理念与原则对国家主权构成了一种新的宏观结构上的约束限制。第二,"相互负责"理念与原则中的各种责任、综合战略以及国际介入的各种措施、方法加大了对国家主权影响、约束的广度与深度。尤其是全球治理中的各种新的扩展责任与实施战略将更广泛、深入地触及一国的各种内政事务,对国家主权构成更多和更深入的约束。第三,"相互负责"理念与原则不仅强调了主权国家自身所承担的既有义务,而且进一步要求国际社会承担、履行各种干预、介入的责任。这就对国际社会构成了一种起码的道义上的义务,面对各种严重的跨国威胁和挑战问题,国际社会很难再像以前那样保持沉默,或仅仅给予一般性的应对处理。这势必增加外部干预、介入的必要性与可能性及其正当合法性,从而对国家主权与不干涉内政原则构成了新的约

---

① 毛维准研究员在梳理已有研究的基础上,依据类型学的分析方法进一步研究了国际责任的类型界定问题。基于主客体属性,国际责任类型区分为角色型国际责任、能力型国际责任、德性型国际责任、结果性国际责任、预防性国际责任与补救性国际责任;依照议题优先程度,将国际责任划分为安全性国际责任、法律性国际责任、伦理性国际责任与慈善性国际责任等四类。(毛维准:《"国际责任"概念再审视:一种类型学分析框架》,载《世界经济与政治》,2016年第12期,第68-100页。)上述的国际责任类型划分非常细致深入,能够清晰地揭示国际责任的多维度内涵与功能作用。笔者是从规制约束的属性与效力角度对国际责任予以类型划分,其目的是为了分析说明责任对主权所施加的不同的规制约束作用,这与前述的国际责任类型划分并行不悖。

束规制。

4. 主权"相互负责"的内在化效应

"相互负责"的新主权理念与原则将全面强化传统国家主权的内在责任属性与内涵,为全球治理体系与机制的塑造完善与推进实施奠定内在观念和原则上的基础。从国家主权的形成与变化发展来看,主权本身就已经包含着一定的内在责任属性与内涵。例如,在国家主权所内在包含的人权保护责任方面,"相互负责"理念与原则并不是主权概念的一种根本变化,主权的传统概念并不像许多人假定的那样,只意味着权利而不包含责任。仔细考察主权的变迁历史可以发现,自从 16 和 17 世纪主权概念被提出以来,主权概念就一直包含着不同的和变化的责任内涵。这既体现在君主权威的正当合法化方面,也反映在主权的意义和内容建构方面。① 追溯到有关主权与不干涉的当代观念所赖以演变发展的理论源流,霍布斯、洛克、卢梭这些思想家不仅首次详细清楚地阐述了绝对主权与不干涉的概念,而且,或许更重要的是,他们也很好地表述了领土完整与负责任主权之间的相互依赖性。② 然而,主权的传统概念与实践虽然已经包含着一定的内在责任属性与内涵,但其程度与实际作用却是有限的。

在国内层面,主权在其历史发展进程中的确包含着一定的责任内涵,但长期以来,主权的内在责任属性与内涵在国内政治、社会生活中的实际地位和作用是有限的,而且在不同的区域或国家也存在重大的差异,各国的宗教、文化、历史传统、价值观等方面对主权的内在责任属性与内涵及其实践也有不同的制约、影响作用。在国际关系层面,近现代的普遍观念和实践表明,主权主要

---

① Luke Glanville, "The Antecedents of 'Sovereignty as Responsibility'", *European Journal of International Relations*, Vol. 17, No. 2, 2011, pp. 233 – 255.

② Stevie Martin, "Sovereignty and The Responsibility to Protect Mutually Exclusive or Codependent?", *Griffith Law Review*, Vol. 20, Issue 1, 2011, pp. 153 – 187.

是一种独立自主和不受外部干涉的权利,主权在国际层面的内在责任属性并没有得到特别的重视和强调。自17世纪主权国家体系形成以来,有关国家主权的主流看法是,如何对待自己的国民,以及如何处理其管辖领域内的各种事务是一国自己的事情,各国没有义务或责任来关注和解决各自为政的自主决策活动所造成的域外影响和后果。"二战"以后,随着国际社会相互联系依赖的观念与相关国际义务的形成与发展,这种绝对主权观念受到了挑战,主权的内在责任属性与内涵得到了一定的强调和发展。但是,在联合国存在的半个世纪中,国际社会主要关注的是国家发动侵略战争的问题,而不是更为广泛领域的主权责任规制问题。国际关系中所倡导的是不干涉内政原则,而不是"相互负责"的主权理念与原则。冷战结束以后,为了应对全球威胁和挑战,实现各国的共同利益,国家主权接受了更多的外在约束,但"相互负责"的理念与原则并未获得充分的内在化,相反,对于全球治理所要求的国际关注、合作协调以及外部介入等,国际社会依然存在着严重的分歧与争论。由于在传统的理念与实践中主权的内在责任属性与内涵存在着明显的局限性,而且与全球治理的需求日益不相适应,因此,国际社会需要全面强化国家主权的内在责任属性与内涵。"相互负责"的理念与原则的作用和效果在于:(1)全面强化了国家主权在国内治理层面的内在责任属性与内涵,使主权国家充分履行其作为基本治理单元的首要责任。(2)全面强化了国家主权在国际层面上的治理合作责任,明显改变了国家主权与外部治理干预之间关系的内涵与实践,对主权国家接受全球治理上的各种要求提供更为明确、有力的内在理念和原则基础。(3)进一步强化了国际社会及其成员在全球治理中对身陷困境的国家和人民的支持、帮助的补充治理责任,使得国际社会在全球治理中获得更多和更有效的资源和力量支持。因此,通过倡导和推进"相互负责"的理念与原则,国际社会将全面强化传统国家主权的内在责任属性与内涵,破解全球治理所面临的传统理念与原则的制约与障碍,为全球治理体系与机制的塑造完善与推进实施奠定内在观念和原则上的基础。

综上，根据以《联合国宪章》为基础的"人类命运共同体"思想理念，国家主权应当继续维持其独立自主的基本属性，同时，应当加强而不是削弱国家主权的各种实际权能。但是，为塑造完善与推进实施全球治理体系与机制，推进构建"人类命运共同体"，应当进一步塑造和强化主权的外在责任约束和内在的责任属性与内涵，并进一步明确具体责任的确定、责任主体的区分以及责任的性质及功能的定位等，使"相互负责"的主权理念与原则成为构建和扩展全球治理结构与秩序以及推进构建"人类命运共同体"的核心观念和基础原则。

二、不干涉内政原则的既有局限及其修正

(一)"不干涉内政原则"的逻辑假设局限

"不干涉内政"原则是相互尊重国家主权的必然结果，是《联合国宪章》等国际文件所确立的现代国际法上的一项基本准则。[①] 日本学者大沼保昭认为："拥有主权的国民国家构成今天国际社会的基本要素，原则上各国内部的问题由该领域国自身解决。尽管受到种种挑战而有所修正，但不干涉内政原则仍是现行国际法的基本原则。"[②]2011 年和 2012 年联大通过的《促进建立一个民主和公平的国际秩序》决议认为，应完全遵循《联合国宪章》第一条和第二条阐述的《联合国宪章》宗旨和原则及国际法，特别是应充分尊重主权、领土完整、政治独立，在国际关系中不使用或威胁使用武力，不干涉本质上属于任何

---

① 《联合国宪章》第 2 条第 7 款规定，本宪章不得认为授权联合国干涉在本质上属于任何国家国内管辖之事件，且并不要求会员国将该项事件依本宪章提请解决，但此项原则不妨碍第七章内执行办法之适用。1946 年联大通过的《国家权利义务宣言草案》、1965 年通过的《关于各国内政不容干涉及其独立与主权保护宣言》、1970 年通过的《关于各国依联合国宪章建立友好关系及合作之国际法原则之宣言》、1974 年通过的《各国经济权利和义务宪章》和 1981 年通过的《不容干涉和干预别国内政宣言》等进一步强调、明确和发展了"不干涉内政"原则。

② ［日］大沼保昭著，王志安译：《人权、国家与文明：从普遍主义的人权观到文明相容的人权观》，上海：生活·读书·新知三联书店 2003 年第 1 版，第 2 页。

国家国内管辖的事务,①2012 年 11 月联合国大会通过的《国内和国际的法治问题大会高级别会议宣言》再次重申和强调了国家主权与不干涉内政原则。2016 年 6 月 25 日,中国和俄罗斯共同签署发表的《关于促进国际法的声明》表示,坚定支持不干涉他国对内与对外事务的原则,谴责违反该原则的以强行改变他国合法政府为目标的任何干预他国内政的行为。总之,"二战"结束以后,以《联合国宪章》为基础,国家主权所衍生的不干涉内政原则一直是国际社会公认的国际法基本原则与国际关系准则。有观点分析认为,以法律确信为中心来分析确认,不干涉原则是具有宪政性质的习惯国际法规则。②

但是,不可否认的是,全球治理意味着各国在对内和对外事务中需要接受各种约束规制与协调合作要求,这与不干涉内政原则的传统构造及其解释适用存在着紧张关系,并且随着全球治理的深化扩展,这种紧张关系日益突出。从不干涉内政原则本身来看,这种状况源于其基本内涵构造与解释适用上的一种过于简单的逻辑假设。该逻辑假设认为,可以而且应当从一国管辖的各种事项中区分剥离出那些纯属或本质上属于国内管辖的事项,对这些事项不得以任何理由加以干涉。这样的逻辑假设从一开始就存在着问题。从技术层面上看,界定某个事项是否纯属或本质上属于一国内政只能是相对的。正如常设国际法院在 1923 年的"突尼斯和摩洛哥国籍法令案"中所指出的,某一事项是否纯属一国内政的管辖范围只是相对的问题,它取决于国际关系的发展。③ 这就使得不干涉内政原则的解释适用始终处于不确定状态,并且容易

---

① General Assembly Resolution of United Nations, Promotion of a democratic and equitable international order, A/RES/66/159, 26 March 2012; General Assembly Resolution of United Nations, Promotion of a democratic and equitable international order, A/RES/67/175, 28 March 2013.

② 陈一峰:《不干涉原则作为习惯国际法之证明方法》,载《法学家》,2012 年第 5 期,第 153 - 163 页。

③ 黄惠康、黄进:《国际公法国际私法成案选》,武汉:武汉大学出版社 1987 年第 1 版,第 45 - 47 页。陈致中、李斐南:《国际法案例选》,北京:法律出版社 1986 年第 1 版,第 213 页。张爱宁:《国际法原理与案例解析》,北京:人民法院出版社 2000 年版,第 182 - 183 页。

引发严重的分歧与争议。更重要的是,从国际体系结构的演变发展来看,不干涉内政原则的基本内涵构造与解释适用所依赖的逻辑假设是有特定条件的,即这样的逻辑假设只是存在于一个各自为政的松散的国际社会中。然而,随着国际社会的相互联系依赖日益紧密以及全球治理的发展,一国内政已经日益广泛、深入地受到各种国际规范、机制等因素、力量的影响、制约。俞可平认为,全球治理使得一些原来的国内问题成为国际问题,反之,一些原来的国际问题则成为国内问题。全球治理势必要涉及气候变暖、生态失衡、物种濒危、疾病蔓延、种族灭绝、人道主义灾难和大规模杀伤武器扩散等威胁人类生存与安全的重大问题。但是,所有这些全球问题同时也是各国所面临的国内问题。作为国内问题,任何国家有权按照自己的选择进行管理和处置,它不受外部力量的干预。但作为全球问题,每个国家在处理它们时又必然要受到国际社会的制约,必须与国际社会共同担负起全球治理的职责。[①] 由此可见,按照原有的那种严格区分国内管辖与国际管辖事项的逻辑假设所构造的不干涉内政原则已经日益空洞化,以此为基础来解释适用不干涉内政原则已经不再恰当、适宜,并且会造成很大的问题与困难。这就需要在坚持不干涉内政原则的基础地位的同时,重新诠释与塑造不干涉内政原则。

(二)"不干涉内政原则"修正的理论尝试

菲德罗斯认为,哪些事件是国内事件的问题,已是有争论的。在这方面,有一个学说主张,根本没有在本质上保留给国家来规定的事件,因为国际法可以对任何客体加以规定。所以,人们只能把下列两种事件予以区别:一般的或者特殊的国际法已经规定的事件,以及它尚未规定并且在国际法予以规定以前委诸国内规定的事件。因此,如果"国内事件"这个名词确有意义的话,那么

它只能指第二种事件。国际法学会于 1954 年 4 月 29 日在其埃克斯会议中也表示了同一见解,即保留范围是国家活动的范围,在这范围内,国家的管辖不受国际法的拘束。[①] 笔者认为,在划分事项类型及其管辖归属问题上,菲德罗斯提出了另外一种思路与方法,将"事项"区分为国际法已规定的事项与国际法未规定而保留给国家国内管辖的事项。与依据"事项"的内在性质划分管辖归属的方法所不同的是,这种方法不再纠缠于"事项"的内在性质,转而着眼于一种客观的可识别依据,即国际法是否作出规范与要求,以及规范的具体程度与范围。这种方法避免了随着国际关系以及国际体系结构的演化发展,依据"事项"的内在性质划分管辖归属所日益面临的困难。但是,这种方法依然存在一定问题。随着国际关系以及国际体系结构的演化发展,国际法已经广泛、深入地介入到各个领域,目前已经很难泾渭分明地将"事项"区分为国际法已规定的事项与国际法未规定而保留给国家国内管辖的事项。或者说,这两类"事项"的界限已经日益模糊。一方面,国际法完全未规定或完全与之不相关的"事项"已经几乎不存在。所谓国际法未规定而保留给国家国内管辖的事项实际上主要意味着,国际法的规范与要求较弱或比较间接,主权国家能够拥有更大或更多的自主决策和行动的"保留权利"。因此,在那些表面上国际法似乎未规定的"事项"上,存在着国家保留了足够的或较大的自主权但又并非国际法完全未规定或不相关的情况。另一方面,对于那些国际法已经明确作出规定的"事项",国际法所提出的规范与要求在许多情况下往往是宏观、原则性的,同时,基于不同的国情、历史传统、价值观、国内公共秩序等因素,主权国家必然要拥有具体裁量的权利,以适应本国的实际情况和需要。因此,在那些似乎没有保留给国家国内管辖"事项"上,存在着国际法已规定但又给国家保留一定自主权的情况。综上,完全由国际法规定的和完全保留给国内管辖的"事

---

① [奥]阿·菲德罗斯等著,李浩培译:《国际法》(上册),北京:商务印书馆 1981 版,第 604 页。

项"是极为特殊和少见的。如同位于纵、横坐标上的两个端点,其他所有的"事项"均位于坐标象限之内的曲线上,同时具有国际法已规定与国家保留国内管辖这两种情况,只不过在具体"事项"上的比例、程度有所不同而已。此外,在如何确定各国在相关国际法下的"保留权利"方面,国际社会也缺乏解释、界定的权威。这些就为如何解释、界定各国在某个问题或事项上的"保留权利"带来了灵活性、不确定性与复杂性。因此,对于不干涉内政原则的内涵构造及其解释适用,以国际法规定与否来区分"事项"的方法依然有着严重的缺陷。

(三)"不干涉内政原则"的动态、弹性化重构

随着全球治理体系与机制的塑造完善与推进实施,以及构建"人类命运共同体"的推进发展,越来越多的"国内事项"或"国内问题"成为全球治理的关注对象与介入领域,而且其被国际关注与介入的广度、深度也在不断扩大与加强。因此,所谓"国内事项"与"国际事项"的严格区分,或"国际法已规定的事项"与"国际法未规定而保留给国内管辖的事项"的界限划分已经变得日益模糊与更加困难。同时,随着全球治理体系与机制的塑造完善与推进实施,各种外部干预、介入与不干涉内政原则之间的紧张对立也日益突出。从"国内人权保护"这一传统的坚固的纯属,或在本质上属于,国内管辖事项来看,在当今的国际社会,它已经不再是专属于一国国内管辖的事项。美国国际人权法权威托马斯•伯根索尔认为,尽管《联合国宪章》中的人权条款含糊不清,但是,它们却导致了几个重要后果。其中之一就是《联合国宪章》使人权"国际化"了。也就是说,会员国通过遵守《联合国宪章》这个多边条约而承认《联合国宪章》所载之"人权"是一个国际关切的问题,从而不再专属会员国的国内管辖。一个批准了《联合国宪章》的国家不得坚称人权问题仍专属其国内管辖范围,这是一个不争的事实。但这并不意味着联合国某一会员国每次侵犯人权都会成为一个国际关切的问题。它的意思是指,即便是在任何其他条约义务阙如的情况下,一个国家如今再也不能坚称其虐待自己国民的行为,不论规模多大或

多么有系统,依旧属于专门由其国内管辖的事务了。[①]《公民权利与政治权利国际公约》与《经济、社会、文化权利国际公约》这两个基本人权条约各自的缔约国已经超过 160 个国家,两个公约为缔约国创设了具有约束力的法律义务。因此,在缔约国之间,有关遵守两个公约所保障的权利的问题便成为国际关切的事项,而不专属于缔约国的国内管辖范围之内。[②] 奥地利学者曼弗雷德·诺瓦克分析确认人权保护是国际社会的一种合法关注事项,但同时也指出了人权保护作为国际关注事项与不干涉内政原则之间的矛盾、紧张关系。曼弗雷德·诺瓦克认为,"二战"以前,国际法干预各国与其臣民之间的关系是不可思议的事情。直到纳粹大屠杀之时,人们的思想才开始逐渐发生转变。《联合国宪章》的确强调促进人权是它的目标之一,但是同时在其第 2 条第 7 款中又强调了不干涉内政。因此,对人权的国际关注不得不以国家自愿接受的条约义务为基础。联合国经济与社会理事会通过的第 1235 号决议和第 1503 号决议授权联合国人权委员会在发生严重或系统性的人权侵犯时,不论相关国家是否批准了某项人权公约,都可以接受来自个人和非政府组织的申诉,而且在公开和保密的程序中对相关情势进行审查并采取必要的措施。自 20 世纪 80 年代初,建立了越来越多的国别工作组、专题工作组和特别报告员来执行调查事实和报告任务。联合国在第二次世界人权大会上确认国际人权保护是其合法关注的事项。从那以后,将《联合国宪章》第 2 条第 7 款适用于人权事项上就不再是正当合理的了。虽然有这些清楚的法律认识,但大多数被国际组织、其他国家或者非政府组织批评侵犯人权的政府都依然主张这种干预是对其内政不可接受的干涉。这种情形既发生在诸如伊朗、古巴这类对人权国际保护典型反对者身上,也发生在美国或者欧盟国家这类喜欢干涉他国人权问题的

---

① [美]托马斯·伯根索尔、黛娜·谢尔顿、戴维·斯图尔特著,黎作恒译:《国际人权法精要》(第 4 版),北京:法律出版社 2010 年第 1 版,第 23－24 页。

② 同上,第 31－32 页。

国家身上。无疑,还需要很多的严肃努力来形成一种政治意识;人权保护是国际社会的一种合法关注事项。① 综上,在人权保护等各种问题的全球治理中,不干涉内政原则的内涵构造及其解释适用的关键已经不在于将相关"事项"在性质上简单地区分为纯属或在本质上属于国内管辖和国际管辖这两种不同类型,也不是将"事项"区分为国际法已规定的事项与国际法未规定而保留给国家国内管辖的事项。在全球治理体系与机制的塑造完善与推进实施中,不干涉内政原则的内涵构造及其解释适用的关键在于,对于那些已经不能再主张绝对的专属排他管辖的事项,如国内人权保护,在发生国际关注或介入的具体情况下,如何确保主权国家这一基本治理单元的身份权威和自主权,以及如何与全球治理中的国际关注或介入进行协调平衡。

在全球治理体系与机制的塑造完善与推进实施中,对于不干涉内政原则的内涵构造及其解释适用,国际社会应当确立一种动态的具有弹性的原则框架结构。一方面,根据不干涉内政原则在国际社会中的基础地位与作用,在具体的事例或情势中,原则上应当首先考虑和更多地倾向于支持国家在事项管辖上的"保留权利"。这是由于主权国家在各种治理事项上承担着首要的责任,而且更为了解和接近问题的核心与症结,并拥有更有利的地位和实施条

① 〔奥〕曼弗雷德·诺瓦克著,柳华文译:《国际人权制度导论》,北京:北京大学出版社 2010 年第1 版,第 32－34 页。

件。例如,在人权保护全球治理领域就充分说明了这点。[①] 奥地利学者曼弗雷德·诺瓦克指出,基于《欧洲人权公约》的限制条款,欧洲人权法院已经发展出来一个相当宽泛的自由判断余地原则。当然,它也适用于其他地方。不管哪里,当政府相信国际人权标准的广泛适用危及特定的国内价值或传统等,依法限制某些权利通常能够得到接受。每当有政府在国际监督程序中令人信服地主张采取这种限制的需要时,相关的监督机构往往会优先考虑国家主权,而不是对国际标准进行扩张解释。[②] 另一方面,根据"人类命运共同体"、国际社会整体利益以及国际法规范在某个具体领域或问题上的特殊性、具体性的要求,在具体的事例或情势中,可能需要更多地倾向于限制国家在事项管辖上的

---

① 日本学者大沼保昭认为:"即使发达国家的压力和支援表面上改善了发展中国家的人权保护状态,也很难说它能真正达成人权保护的目的。我们认为,最重要的是从自身的切实要求出发,靠自身的智慧和力量来实现人权,这才是人权的根本意义所在。"([日]大沼保昭著,王志安译:《人权、国家与文明:从普遍主义的人权观到文明相容的人权观》,上海:生活·读书·新知三联书店 2003 年第 1版,第 19 页。)加拿大学者约翰·汉弗莱从国家的内在职能及其与人民的密切接近性分析认为,正是国家及某法律秩序应对保护人权负有主要责任。由于国家及其法律秩序比有组织的国际社会更接近公民个人,而且国家在保护人权方面处于更为有利的位置。但是,这并不意味着国家担负着唯一的、排他性的责任。尽管保护人权的主要责任在于国家,但说到底,人权还必须由一种超越国家秩序之上的法律秩序来加以保护。需要有一种更高一级的法律秩序,以便依照它对国家秩序加以评判。([加]约翰·汉弗莱,庞森等译:《国际人权法》,北京:世界知识出版社 1992 年版,第 2 - 5 页。)美国学者杰克·唐纳利认为,普遍人权具有一种特殊性,即各国在实施国际准则的方式上所体现的特殊性。[美]杰克·唐纳利,王浦劬等译:《普遍人权的理论与实践》,北京:中国社会科学出版社 2001 年第 1 版,第297 页。唐纳利从人权的具体实施执行上分析认为,主权国家在实施人权方面承担着主要责任,与国际社会相比主权国家在国际人权法和政治上拥有优先权。(Jack Donnelly, "State Sovereignty and International Intervention: The Case of Human Rights", In Gene M. Lyons and Michael Mastanduno edited, *Beyond Westphalia? State Sovereignty and International Intervention*, Baltimore and London: The Johns Hopkins University Press, 1995, p. 146.)美国康奈尔大学的杰里米·拉布金教授认为,作为一般的规律,外国政府不大可能在解决他国人民的问题时做得更好。对于不加区别的干预带来的更大危险,尊重主权仍构成明智的防范。([美]杰里米·拉布金,吕丙洪译:《新世界秩序中的人道主义干预:为何原有的规则更好些》,载杨成绪主编:《新挑战——国际关系中的"人道主义干预"》,北京:中国青年出版社 2001 年第 1 版,第 47 - 68 页。)李先波认为,国家更为密切地接近人权主体;人民基于选择同意而支持了政府,并为其存续运转支付了庞大的费用,因而保护人权是政府义不容辞的责任;人权需要根据不同国家的具体国情、文化等予以确定和保护;人权保护远远不止对侵犯人权行为的制裁,它包括政治、经济、社会等各方面的工作,只有国家才能承担这些繁重艰巨的工作。李先波:《主权·人权·国际组织》,北京:法律出版社 2005 年第 1 版,第 197 - 199 页。

② [奥]曼弗雷德·诺瓦克著,柳华文译:《国际人权制度导论》,北京:北京大学出版社 2010 年第1 版,第 57 页。

"保留权利"。这两个方面的因素构成了不干涉内政原则的内涵构造及其解释适用的原则框架结构,其中,优先考虑和支持国家的"保留权利"应处于基础与核心地位,限制国家的"保留权利"则处于补充、辅助地位。这样的原则框架结构是动态的具有弹性的,也就是说,如果能够获得足够的正当理由和依据,应当接受和支持对国家"保留权利"的限制。根据全球治理的理论框架与实践,这是一个由主权国家、国际组织、市民社会等多元主体参与的持续的动态的博弈过程。在上述的原则框架结构中,通过对两方面因素考虑所需要的正当理由和依据的寻求和博弈,使得不干涉内政原则的内涵构造及其解释适用不再依赖僵化、教条的"管辖事项"的界定划分,转而寻求并成为一种对话、沟通、磋商的动态过程。

综上,动态的具有弹性的不干涉内政原则的核心要求在于,在充分尊重各国内政自主权的基础上,承认国内问题的国际影响、外部溢出效应与牵连相关性,兼顾合理的国际关切与协调要求,充分运用平等对话、沟通、磋商等方法与动态过程,从而有效化解全球治理的客观需要与不干涉内政之间的紧张、矛盾关系。这对于中国在世界各国维护自身的正当利益,推动构建"人类命运共同体"具有重要意义和作用。杨泽伟教授认为,随着中国国际地位的提升,中国坚持不干涉内政原则承受着较大的国际压力。同时,随着中国国家利益在海外的日益扩展,中国日益难以始终坚持不干涉内政原则。因此,在出现严重的人道主义灾难的情况下,或中国的海外利益面临严重的威胁或破坏的情况下,中国为践行国际法治与民主价值,保护中国的海外利益,中国应采取"保护性干预"的政策。① 笔者认为,"保护性干预"的主张反映了中国参与全球治理与维护自身利益的现实必要性,但是,如何进行必要的正当的干预,需要遵循动

---

① 杨泽伟:《国际社会的民主和法治价值与保护性干预——不干涉内政原则面临的挑战与应对》,载《法律科学》,2012 年第 5 期,第 41 - 47 页。

态的具有弹性的不干涉内政原则。随着中国"一带一路"倡议的推进实施,中国需要切实有效地维护保障"一带一路"境外建设项目的顺利进行,以及各种投资经营权益。为此,中国需要高度关注和帮助解决相关国家的国内政治、经济等问题,动态的具有弹性的不干涉内政原则将提供相应的法理依据与规范要求。例如,在中巴经济走廊的建设中,由于巴基斯坦国内政治的动荡不稳定,中巴经济走廊的项目建设将面临诸多风险。为此,中国通过对话协商与斡旋等方式努力化解巴基斯坦国内各政治派别及利益相关方的矛盾冲突。随着全球化条件下国内问题与国际问题的日益相互交织,以及中国在全球各地的利益拓展,中国应当确立和运用动态的具有弹性的不干涉内政原则,在经济合作、安全事务、环境保护、反恐等各种全球治理问题方面发挥更大的积极作用。例如,面对南苏丹 2013 年爆发的内战,中国积极介入各方的调解工作。2015年,中国外交部召集南苏丹交战各方和区域相关国家在苏丹首都喀土穆进行商谈,促使各方同意不攻击石油基础设施,并重启原本已陷入停滞的和平进程。

三、"人类命运共同体"建构中的主要障碍及其克服

"构建人类命运共同体"为调整重塑全球化时代的国际秩序与治理机制提供了方向指导与框架内涵,然而,其具体实现将面临诸多的问题、困难与挑战。为此,"构建人类命运共同体"需要充分考虑和分析各种突出问题、主要困难与严重挑战,并着重予以应对解决,进一步形成回应解决的原则要求、调整规范与行动方案,从而有效地推进落实"人类命运共同体"理念,以及以此为基础的全球化时代的国际秩序与治理机制的调整重塑。

(一) 各国彼此依存的不充分与不平衡

党的十九大报告指出,人类生活在同一个地球村,各国日益相互依存、命运与共,越来越成为你中有我、我中有你的命运共同体。没有哪个国家能够独

自应对人类面临的各种挑战,也没有哪个国家能够退回到自我封闭的孤岛。笔者认为,世界各国日益相互依存与命运与共是当今世界的总体状况与一般趋势。然而,在不同的问题领域,以及在不同的国家之间,这种相互依存及命运与共的状况与趋势存在着差异,或者不平衡的状态。例如,在全球环境治理领域,世界各国面临着共同的威胁与挑战,任何一国均不能在全球气候变化与环境灾难面前独善其身,因而普遍性地处于相互依存及命运与共的状态。在经济全球化及共同治理领域,各国虽然日益相互联系依赖,并且都面临着世界经济增长乏力与发展动力不足等问题,但发达国家与许多弱小的发展中国家之间的相互依存状况却并不平衡,发达国家的经济发展往往并不高度依赖弱小的发展中国家,相反,许多弱小的发展中国家在经济全球化进程中正面临着被边缘化甚至被抛弃的危险,而发达国家却并不会遭受严重的影响。例如,随着替代性的新能源技术的开发应用,发达国家对发展中国家的传统能源依赖正在降低,传统能源上的相互依存度因而趋于减弱。随着人工智能技术的迅速发展与广泛应用,发达国家对发展中国家的廉价劳动力的依赖正在降低。全球经济领域的相互依赖不平衡甚至还存在于大国之间。美国世界安全研究所俄罗斯和亚洲项目主任兹洛宾认为:"美国对俄罗斯具有无与伦比的重要意义,而俄罗斯无论在政治上还是在经济上对美国的意义都次之。例如,始于美国的经济危机整个地破坏了没有跟上时代潮流的俄罗斯经济,而俄罗斯的任何一次危机,美国人都根本感觉不到。这种不对称的趋势还在扩大。[①] 在国家军事安全领域,实力强大的国家并不存在领土完整与主权独立的严重威胁,而军事实力弱小的国家却在地缘政治的博弈环境中面临着领土完整与主权独立的严重威胁,世界各国因而在军事安全领域并不普遍性地处于相互依存及

---

① 转引自冯玉军:《俄罗斯国际观的变化与对外政策调整》,载《现代国际关系》,2009 年第 3 期,第 24 – 28 页。

命运与共的状态。在核安全与反恐怖主义领域,世界各国虽然均面临着共同的威胁与挑战,但在重要性与紧迫性的现实与认知方面却存在着明显的差异,因而并不能形成高度一致的相互依存及命运与共的状态。在应对解决社会贫困与国内严重动乱问题方面,世界各国往往面临着这些问题所造成溢出效应的威胁与挑战,如地区稳定、难民危机等,但却并不能够产生充分的相互依存及命运与共的需要与状态。总之,各国日益相互依存与命运与共是当今世界的总体状况与一般趋势,但这种状态与趋势在各种实际层面存在着差异,在许多情况下,相互依存与命运与共的状态与趋势并不充分,或者在国家间并不平衡。因此,"构建人类命运共同体"不仅要依托和着眼于各国相互依存与命运与共的总体状况与一般趋势,而且需要充分考虑和应对解决相互依存与命运与共的不充分或者不平衡的具体状态与趋势,将相互依存与命运与共确立为国家社会及全球秩序重塑的基本价值目标,而不只是对源于现实层面的一定范围和程度的相互依存与命运与共状态的简单反映。也就是说,应当根据《联合国宪章》基本宗旨与原则所确立的人类整体观念,进一步强化将各国人民视为相互依存与命运与共的整体的价值观念,并为此采取共同的行动努力,而不论各国人民相互依存的实际状况如何,从而超越和矫正各国相互依存不充分或不平衡的具体现实与可能的离散趋势。

(二)经济利益相互竞争所致离心力

现代国际社会至今仍然是一个由众多相互独立的主权国家所组成的结构体系,各国人民的生存和发展等福祉依然主要依赖于其各自所属国家所提供的条件和保障。因此,在资源有限和市场经济法则等约束条件下,为获取自身的生存和发展的条件及其利益最大化,各个独立的主权国家及其人民处于经济利益相互竞争状态中。随着科学技术的迅速发展与经济全球化,各国在经济层面的相互竞争日益广泛和激烈。例如,为获取经济发展所需要的各种物质资源,各国在极地、海洋、外空等人类可以探索利用的领域展开了全面而日益激烈的争夺,并因此导致了诸多的矛盾冲突。在经济全球化的市场竞争中,发达国家利用其先进的技术和雄厚的资本等优势条件获得了极为明显的竞争优势,而许多发展中国家的产业和企业则处于竞争劣势状态。发达国家通过其在全球价值链的高端地位获取了极大的主动权和巨大利益。而许多发展中国家却只能被动地处于价值链的低端,获取极为有限的经济利益。在经济发展水平与经济体量存在着较大差异的国家之间,经济交往也会经常出现利益不平衡的状况,进而导致国家间的分歧争议与政策摩擦甚至对抗,如由于处于贸易逆差地位,2015 年 3—5 月,印度对中国发起和实施 9 项反倾销措施,涉及化学、机械、电子、钢材等多个领域。在经济政策的制定上,各国往往主要着眼于维护本国的经济利益,而不顾其经济政策的外部负面影响,如贸易保护主义政策、以邻为壑的货币金融政策等,这些均导致了国家间严重的经济利益冲突。这些经济层面的相互竞争的过程与结果将使各国及其人民处于利益矛盾冲突中,从而减损"人类命运共同体"的感知认同与协调行动。显然,"构建人类命运共同体"需要协调解决各国经济利益相互竞争所造成的离心力问题。笔者认为,经济层面的相互竞争是人类社会进步发展的基本途径和方式,"构建人类命运共同体"并不排斥或禁止各国在经济层面的相互竞争,也不太可能要求在全球层面实现类似国内社会的利益再分配。然而,"构建人类命运共同体"可以而且应当着力寻求的是,对各国的经济竞争形成更为完善明确的规制原则和协调秩序,从而限制或消除各种有害的经济竞争与冲突,同时,共同对自我利益最大化的狭隘观念与政策予以调整,确立和扩展"兼顾他国利益"的合作共赢与包容互惠的理念。其效果在于,对竞争中处于不利境地的国家给予必要的帮助与支持,而不是任其在竞争中趋于衰败甚至崩溃。同时,对于相互竞争的制度理念与利益需求予以协调平衡。例如,在极地、深海、外空等领域,有关国际治理的制度理念分歧和利益诉求存在着明显差异。"广大发展中国家因为国家实力和技术能力所限,往往暂时无法成为'新疆域俱乐部'成员,因此他们希望保持新疆域为全人类共有的状态,保留其将来参与共同开发利用的权利;多数欧盟成员国、澳大利亚、新西兰等西方发达国家主张在权益分配与资源投入相挂钩的基础上互惠共享;大部分非政府组织则着眼于保护新疆域生态环境及可持续发展。对此,落实'人类命运共同体'建设能起到兼容并包的融合作用。"①总之,只有能够进一步规制与协调国家间在经济层面的相互竞争与冲突,"人类命运共同体"才能获得广泛的感知认同,并形成实质有效的协调安排与秩序。当然,对各国的经济竞争如何形成以及形成怎样的规制原则和协调秩序需要进一步的探索与实践。笔者认为,在这方面,《联合国宪章》所确立的各国友好合作协调原则将作为一个基本的出发点和原则依据,在"人类命运共同体"理念的指导下,通过已有的相关制度、机制、道义观念的发展,以及大国的引领及其协调行动等逐步建立起相应的规制原则和协调秩序。

(三)国家安全的持续威胁

"二战"以后,为消除国家间的武装对抗与战争危险,实现国家间的持久和平,《联合国宪章》确立了禁止使用武力或以武力相威胁的基本原则和集体安全机制。按照《联合国宪章》所确立的原则和机制,各国不应再通过单独的军事力量强化或军事结盟的方式来追求和实现自身的绝对安全,世界各国应当作为一个整体来共同维护和保障自身的安全,并由此实现世界的持久和平安全。然而,"二战"以后的历史实践表明,《联合国宪章》所确立的原则和机制并未充分地实现其预期的理想目标和效果。冷战时期,国际社会虽然没有爆发大规模的国家间战争,但一定范围和程度的国家间战争时有发生。美苏两大阵营的冷战对抗实际上已经破坏了禁止使用武力或以武力相威胁的基本原

---

① 杨剑、郑英琴:《"人类命运共同体"思想与新疆域的国际治理》,载《国际问题研究》,2017年第4期,第1-16页。

则。在缺乏共同的普遍安全的国际环境下,各国依然积极寻求自身军事力量的强化和优势地位,以及缔结各种形式的国家间的军事结盟,从而使集体安全机制形同虚设。冷战结束后,国际紧张局势虽然有所缓和,但在国际关系中使用武力或以武力相威胁的现象依然广泛普遍性地存在,以北约为代表的军事结盟现象依然存在,甚至在某些方面出现继续强化的趋势。使用武力或以武力相威胁不仅存在于传统的国家间争端问题上,而且开始扩展适用于对他国内部问题的干涉上。使用武力或以武力相威胁的空间范围不再局限于陆地、海洋和空气空间,而是进一步扩展到外层空间。总体而言,在当代国际社会,对于许多国家而言,通过单独的军事力量强化或军事结盟的方式来追求和实现自身的绝对安全依然是一种根深蒂固的国家政策观念与现实选择,也是一种常见的国际现象。显然,这对于"构建人类命运共同体",并以此调整重塑全球秩序及治理机制构成了严重障碍与挑战。因此,国际社会必须全面强化和落实《联合国宪章》所确立的禁止使用武力或以武力相威胁的基本原则和集体安全机制。为此,笔者认为,在"人类命运共同体"理念下,国际社会应当对使用武力或以武力相威胁的行为在政治、道义和法律层面形成更为严格的约束规制,使任何非法使用武力或以武力相威胁的行为在政治、道义和法律层面承受更大的成本和压力。同时,为破解各国的国家安全困境,各国尤其是大国应当承担自我约束的责任,在国际关系中放弃使用武力或以武力相威胁的国家政策与观念,从而为整个国际社会调整转变国家安全政策与观念奠定的稳定可信赖的基础。当然,这是一个非常困难而艰巨的任务,它涉及各种复杂因素的考虑和处理。例如,在目前依然较为缺乏共同的普遍安全的国际环境下,各国依然需要发展本国军事力量,但应避免对他国可能造成的安全威胁效应,以及因相互竞争而陷入安全困境中。此外,一国通过和平协商的方式依然不能有效实现其正当合法的权益,可否以及如何恰当地使用武力或以武力相威胁?如收回在历史上被非法侵占的领土,一国为保护其国民在他国免遭大规模迫害,一国为维护其在领海以外的海洋资源的合法权益等。如果允许在运用和平手段无果的情况下,为维护自身正当合法权益,一国可以使用武力或武力相威胁,则很可能会强化通过单独的军事力量强化或军事结盟的方式来追求和实现自身利益的国家政策与观念。然而,如果不允许,则国家的正当合法权益可能无法得到有效的维护和保障。从深层次上看,使用武力或武力相威胁既是国际和平安全的威胁、破坏因素,也是各国维护其正当合法权益的工具。这显然构成了不容易解决的深刻矛盾。因此,在"构建人类命运共同体",并以此调整重塑全球秩序及治理机制方面,国际社会需要从理想与现实层面统筹考虑有关使用武力或武力相威胁的约束规制问题,根据《联合国宪章》所确立的原则和机制,进一步形成妥善合理的约束规制原则和方法。

(四) 维护国际社会共同利益和价值的方法分歧

"构建人类命运共同体"需要各国高度尊重和共同维护国际社会的基本价值和共同利益。这些基本价值和共同利益包括,禁止侵略、禁止灭绝种族、奴隶制等强行法要求,以及全球环境保护、核不扩散、反恐怖主义等。显然,对于"构建人类命运共同体",并以此调整重塑全球秩序及治理机制而言,维护这些基本价值和共同利益是至关重要的。如果有关国家违反、破坏了这些基本价值和共同利益,国际社会应当采取怎样的措施予以矫正。对此,应当遵循全球治理的法治化的路径与方法。根据"构建人类命运共同体"理念的基本要求,国际社会应当采取对话协商的方式予以解决。然而,如果通过协商谈判无法取得实际效果时,国际社会可否以及采取怎样的进一步措施予以矫正。2001年《国家不法行为责任条款草案》第41条(严重违背依一般国际法强制规范承担的义务)和第54条(受害国以外的国家采取的反措施)规定,受害国以外的国家有权采取合法手段、措施阻止违背义务的行为。从国际社会的实践来看,在通过协商谈判无法取得实际效果时,国际社会往往进一步采取政治、经济制裁等强制干预措施,甚至采取军事干预的措施。但是,这些进一步的措施在合法性与合理性方面一直存在着广泛的分歧争议,在实施过程中也产生了诸多的问题。① 因此,在"构建人类命运共同体",并以此调整重塑全球秩序及治理机制方面,针对那些违反、破坏国际社会基本价值和共同利益的行为,需要充分考虑和协商形成国际法规则约束下的多种矫正干预措施与方法。其中,"人类命运共同体"理念下的对话协商方式应当成为首要的矫正干预措施,并使其始终贯穿运用于矫正干预的全部过程与环节。如果通过协商谈判无法取得实际效果时,一定的强制干预矫正措施依然是有必要的,但其应当接受《联合国宪章》及有关国际法规则的严格约束。在这方面,相关国际法规则与机制的进一步发展完善是非常重要的。国际社会应当根据《联合国宪章》以及有关强制干预的现有程序、机制与规范约束要求等,进一步发展完善那些与强制干预矫正措施相关的各种国际法规则与机制。② 需要特别指出的是,在充分考虑和

---

① 有关经济制裁事例所造成的负面影响的具体事实与数据可参见[美]W.迈克尔·赖斯曼、道格拉斯·L.斯戴维克,马轶男译:《论国际法准则对于联合国经济制裁方案的适用性》,载万鄂湘、王贵国、冯华建主编:《国际法:领悟与构建——W.迈克尔·赖斯曼论文集》,北京:法律出版社2007年第1版,第209-236页。关于经济制裁能否达到预期的效果有着广泛而激烈的争论,参见Margaret P. Doxey, *International Sanctions in Contemporary Perspective*, London:Palgrave Macmillan, 1996; Gary Clyde Hufbauer, Jeffrey J. Schott, Kimberly Ann Elliott, *Economic Sanctions Reconsidered*, Washington:Peterson Institute, 2007. 案例研究与理论分析相结合,并就经济制裁的成效、困境等提出许多独特见解的力作参见Daniel Drezner, *The Sanction Paradox*, Cambridge:Cambridge University Press, 1999.

② 迈克尔·赖斯曼教授认为:"关于非军事策略从来都是非破坏性的或非致命的假定也导致了没有对它们按照基本的人权手段进行预期和事后评估。这一盲区所带来的后果可能会是相当严重的。……在做出决策是否开始或继续应用非军事策略之前,必须用有关武装冲突的国际法标准及其他当代国际法相应的规范对非军事手段进行严格的检验。"[美]W.迈克尔·赖斯曼、道格拉斯·L.斯戴维克,马轶男译:《论国际法准则对于联合国经济制裁方案的适用性》,载万鄂湘、王贵国、冯华建主编:《国际法:领悟与构建——W.迈克尔·赖斯曼论文集》,北京:法律出版社2007年第1版,第202页。石斌教授认为,国际社会亟待确立和完善有关正义制裁的国际规范,并逐步完善联合国制裁机制。石斌:《有效制裁与"正义制裁"——论国际经济制裁的政治动因与伦理维度》,载《世界经济与政治》,2010年第8期,第24-47页。对改良联合国制裁机制的探讨参见David Cortright and George Lopez, *Sanctions and the Search for Security:Challenges to UN Action*, London:Lynne Rienner Publishers, 2002. 对"聪明制裁"的探讨参见David Cortright and George Lopez, eds., *Smart Sanctions:Targeting Economic Statecraft*, New York:Rowman & Littlefield, 2002. 张曙光:《经济制裁研究》,上海:上海人民出版社2010年版。

协商形成国际法规则约束下的多种矫正干预措施与方法中,必须确立对话协商方式的首要性与优先性,并通过相关规则与机制的发展完善确保这种首要性与优先性。同时,即便是在运用强制干预矫正措施的过程中,也要保留对话协商方式的适用空间,确保对话协商方式的持续运用。① 唯有如此,才能真正有效地推进构建"人类命运共同体",并以此调整重塑全球秩序及治理机制。

(五) 全球发展失衡及治理赤字

"构建人类命运共同体"的根本内容和途径是促进和实现世界各国的共同繁荣发展。然而,在当今世界,许多国家依然处于欠发达甚至严重贫困的境地,造成了各种严重的国内社会问题以及冲突动乱。由于经济全球化把竞争从国内带向国际、从区域带向全球,这就必然引起世界范围内发展失衡、治理困境、数字鸿沟、公平赤字等问题。这对于"构建人类命运共同体",塑造一个和平稳定和繁荣的全球秩序构成了严重障碍和挑战。联合国威胁、挑战和改革问题高级别小组报告明确指出,对于一个认真对待预防的集体安全体制来说,经济、社会发展是首要的必不可少的基础。发展具有多种功能。发展有助于战胜贫穷、传染病和环境退化,有助于国家能力的维护、提升。② 联合国秘书长的大自由报告详细分析建议了在各方面如何促进各国经济、社会的健康发展。③ 2005 年世界首脑会议重申了在经济、社会以及环境方面的可持续发展的重要性。重申了在《千年宣言》《蒙特雷共识》和《约翰内斯堡执行计划》作

---

① 国际制裁专家 George A. Lopez 分析指出,制裁必须为目标方与施加方之间新的谈判协商机会提供框架,使得他们可以解决分歧与争论。过分惩罚性的与旨在孤立目标方的制裁通常无法实现这样的目标。George A Lopez, "Tools, Tasks and Tough Thinking: Sanctions and R2P", 3 October 2013. http://www. globalr2p. org/media/files/lopez-sanctions-brief. pdf,访问时间:2016 年 5 月 21 日。

② 威胁、挑战和改革问题高级别小组报告:《一个更安全的世界:我们的共同责任》,A/59/565,第 14 页。

③ 联合国秘书长的报告:《大自由:实现人人共享的发展、安全和人权》,A/59/2005,第 16 - 21 页。

出的对建立促进发展的全球伙伴关系的承诺。首脑会议成果详细地分析发展问题和国际社会的应对举措。并特别强调了非洲在发展上的特殊需要和帮扶措施。① 2017 年,习近平总书记在"一带一路"国际合作高峰论坛开幕式中指出,"发展是解决一切问题的总钥匙"。②

经济、社会发展不仅是"构建人类命运共同体"的重要手段和方法,而且,经济、社会发展本身也是一种重要的人权。从 20 世纪 70 年代起,发展作为一项人权以及促进人权的基本手段已逐渐得到国际社会的认可。③ 目前,发展权作为一项基本人权正在继续得到不断确认、强调和讨论推进。近年来,联合国不断地形成和通过有关发展权问题的联大决议和工作报告,重申发展权是一项普遍的、不可剥夺的权利,是基本人权的组成部分,发展权与其他人权是不可分割、相互关联、彼此依存和相辅相成的。针对如何落实和推进发展权,这些联大决议等国际文件进一步提出了相应的分析建议和具体要求。2015年 9 月 25 日,根据《联合国宪章》的宗旨和原则,联合国发展峰会制定通过了《改变我们的世界:2030 年可持续发展议程》,对落实和推进发展权提出了目标规划与行动要求。2015 年 12 月 17 日,联合国大会通过的"发展权"决议(第 70/155 号决议)明确要求,运用国际机制以促成全球人民经济及社会之进展。

---

① 联大第六十届会议决议,《2005 年世界首脑会议成果》,A/RES/60/1,第 2 - 18 页。

② 习近平:《携手推进"一带一路"建设——在"一带一路"国际合作高峰论坛开幕式上的演讲》,载《人民日报》,2017 年 5 月 15 日第 3 版。

③ 1970 年塞内加尔最高法院院长凯巴·巴耶在斯特拉斯堡人权国际研究所发表题为《作为一项人权的发展权》的演说,首次提出并论证了发展权是人权的观点。1981 年,根据《非洲人权和民族权宪章》第 22 条,非洲国家和政府的领导人支持所有人民对于经济、社会和文化发展的集体权利,以及对应的所有国家(特别是北方国家)通过适当的双边和多边措施保证该权利之行使的义务。1986 年,联大通过了《联合国发展权利宣言》,将发展权定义为一项不可剥夺的人权,由于这种权利,每个人、所有各国人民均有权参与、促进并享受经济、社会、文化和政治发展,在这种发展中,所有人权和基本自由都能获得充分实现。各国对创造有利于实现发展权利的国家和国际条件负有主要责任。根据该宣言,发展权既是一项个人权,也是一项集体人权。1993 年,第二次世界人权大会期间形成的《维也纳宣言和行动纲领》获得 171 个国家(包括美国)的同意,该宣言重申发展权是基本人权的一个组成部分,一切人权均为不可分割与相互依存。《维也纳宣言和行动纲领》要求,为实现发展权利,国际社会应促进有效的国际合作,以及在国际一级创造公平的经济关系和一个有利的经济环境。

尽管经济、社会发展对于"构建人类命运共同体"具有极为重要的意义和作用,然而,有关经济、社会发展方面的国际援助与合作在总体上依然进展迟缓、效果不佳,"发展援助与合作"方面的体制结构依然处于松散、薄弱状态。① 因此,国际社会需要进一步改善、加强"发展援助与合作"方面的机制和成效,如努力形成一个更有效的联合国经济及社会理事会,建设更有成效的发展筹资机制等。在 2016 年联合国人权理事会举行的"2030 年可持续发展议程与人权,侧重发展权"的高级别研讨会上,金砖国家共同发言指出:"金砖国家重申致力于建立全面的发展伙伴关系。……应充分发挥南北合作的主渠道作用。应坚持共同但有区别的责任原则。发达国家应履行官方发展援助承诺,推进技术援助、能力建设,帮助发展中国家推进可持续发展。应充分发挥联合国在调动发展资源、推进国际发展合作方面的作用。"②对此,中国正在积极地发挥作用并贡献更大的力量。2015 年,习近平总书记在联合国大会上宣布设立总额 10 亿美元为期 10 年的中国—联合国和平与发展基金。③ 中国承诺将为实现 2015 年联合国后发展议程做出更大努力,推动全球发展事业不断向前。中国将设立南南合作援助基金,首期提供 20 亿美元,支持发展中国家落实 2015 年后发展议程。中国将增加对最不发达国家投资,力争 2030 年达到 120 亿美元。中国将免除有关最不发达国家、内陆发展中国家、小岛屿发展中国家的截至 2015 年年底到期未还的政府间无息贷款债务。中国将设立国际发展知识中心,同各国一道研究和交流适合各自国情的发展理论和发展

---

① 根据发达国家的目标承诺,其国民总收入的 0.7%将用作对发展中国家的官方发展援助,其国民总收入的 0.15%至 0.20%将用作对最不发达国家的官方发展援助。然而,发达国家总体上没有兑现承诺而且呈下滑趋势。

② 何农:《金砖国家在人权理事会上共同发言》,载《光明日报》,2016 年 3 月 3 日第 013 版。

③ 习近平:《继承和弘扬联合国宪章宗旨和原则 构建以合作共赢为核心的新型国际关系 打造人类命运共同体》,载《人民日报》,2015 年 9 月 29 日第 1 版。

实践。①

　　为全面有效地构建"人类命运共同体",并以此调整重塑全球秩序及治理机制,国际社会不仅需要调整和加强"发展援助与合作"方面的国际体制结构,而且还要涉及对既有国际政治经济秩序与结构的变革、调整问题。从深层次上看,许多国家之所以在经济、社会发展方面停滞不前甚至失败,是因为受到国际社会的现有结构和秩序的制约或阻碍。② 当代世界的一个突出事实是,发展程度不一的国家之间在资源、财富、能力等方面存在着广泛、深刻的不平等。对此,人们过去主要关注富国对穷国的义务、全球资源、财富再分配以及

---

　　① 杜尚泽、李秉新、李晓宏:《习近平出席联合国发展峰会并发表重要讲话》,载《人民日报》,2015年9月27日第001版。

　　② 曾任联合国国际法委员会委员的穆罕默德·贝贾维尖锐地指出:"在这个秩序中,少数国家的富庶是以多数国家的贫困为代价的。国际法一向忠实地反映这个秩序,从而巩固了它的基础。"(〔阿尔及利亚〕穆罕默德·贝贾维著,欣华、任达译:《争取建立国际经济新秩序》,北京:中国对外翻译出版公司1982年中文版,第34页。)澳大利亚学者托马斯·W.博格尖锐地指出,国际法虽然一方面确认并承诺保护人权,但另一方面又维持着阻碍、损害尤其是全球贫困人口人权的不公正的国际社会结构、制度和国际政治经济秩序。"继续强制推行这种全球秩序而不做根本性调整。构成了大规模侵犯满足基本生活必需品的权利。强国政府和选民对此负有首要责任。"(〔澳〕托马斯·W.博格,邓晓臻译:《国际法认可却又侵犯了全球贫困人口的人权》,载《马克思主义与现实》,2006年第1期,第25-39页。)英国普利茅斯大学国际研究中心主任迈克尔·皮尤认为:"维护和平与人道主义当前形式的局限性在于试图控制国家间资本主义不稳定体系所固有的内在矛盾。和平支持行动与人道主义干预在处理这种不稳定性时,在很大程度上显示出该体系未能有利于世界大多数地区。这种问题无疑反映了一种对国家和次国家精英虐待民众的忧虑,许多饱受战争折磨的社会已经得益于赈灾救助与军事保护,但是它们也付出了代价,即依赖于世界富国,并屈从于事实上并未服务于穷国的经济全球化的要求。"(〔英〕迈克尔·皮尤著,龙虎译:《维护和平与安全》,载〔英〕戴维·赫尔德、安东尼·麦克格鲁主编:《治理全球化:权力、权威与全球治理》,北京:社会科学文献出版社2004年第1版,第296-336页。)曾任联合国贸易与发展会议的总干事肯尼斯·达齐认为,发展有赖于外在的经济政策环境,这与外部发展援助截然不同。这种环境比自然资源的转移更为重要,很大程度上正是这种环境决定了发展中国家获取自身发展资源的能力,发展援助只能作为本身努力的一个补充。现在的核心问题在于,那些主要工业强国并不愿意在承认世界经济相互依存这一现实的同时,准备与发展中国家共同管理以世界贸易、货币、金融体系为代表的全球经济共同领域。(〔加纳〕肯尼斯·达齐,吴志成等译:《联合国和经济发展问题》,载〔英〕亚当·罗伯茨、〔新西兰〕本尼迪克特·金斯伯里主编:《全球治理:分裂世界中的联合国》,北京:中央编译出版社2010年第1版,第305-306页。)伦敦政治经济学院的苏珊·马克斯教授认为,国际法没有充分关注制度剥削和分配问题,形式上的平等、自愿交换以及以此为基础的互利思想体系掩盖了制度剥削和分配问题。为此,应在国际法中引入剥削这一批判概念,将制度受益人与制度受害人问题作为国际法的中心问题,从而更清楚地认识和解决国内和国际层面的分配不均的问题。(〔英〕苏珊·马克斯:《作为国际法概念的剥削》,载〔英〕苏珊·马克斯主编,潘俊武译:《左翼国际法——反思马克思主义者的遗产》,北京:法律出版社2013年版,第333-362页。)

国际援助等问题。实际上,这些问题固然重要,但发展中国家最关注的还是国际秩序的合理性问题,即现有国际制度和规则能否使它们真正获得平等发展的权利,包括能否弥补因竞争起点较低、实力地位悬殊而产生的不平等结果。发达国家作为现有秩序的主要塑造者、受益者和维护者,对于国际秩序的实质性改良缺乏真正的内在动力,但出于战略和策略的考虑,也会适时做出一些局部的政策调整。[①] 因此,对于构建"人类命运共同体",并以此调整重塑全球秩序及治理机制,国际社会不仅需要调整和加强"发展援助与合作"方面的国际体制结构,而且还要在既有国际政治经济秩序与结构方面作出必要的变革、调整,如改善不合理的国际金融体系,调整不利于发展中国家的国际贸易结构,遏制垄断资本掠夺性的经济活动等,使广大的发展中国家能够获得公正、平等的发展权利与机遇。中国引领塑造新型国际关系与全球秩序的主要目标在于,促使国际政治经济秩序以及全球治理机制向着更加公正合理方向发展。对此,中国正在作出积极努力和行动,如 2013 年中国开始倡议并全面推进"一带一路"建设,2015 年在中国的牵头下正式成立亚洲基础设施投资银行。总之,国际社会需要高度重视和认真对待全球发展失衡及治理赤字问题,作出更大的努力和行动,将这一问题充分纳入到全面构建"人类命运共同体"的进程中,并以此调整重塑全球秩序及治理机制。

第三节　适应全球治理体制的国际秩序原则与规范

从全球治理体系与机制的形成和实施的既有现状来看,全球治理体系与

---

① 石斌:《秩序转型、国际分配正义与新兴大国的历史责任》,载《世界经济与政治》,2010 年第 12 期,第 69－100 页。

机制至今并没有形成一种完全统一的自上而下的单一治理结构与进程,相反,所形成的是多个层面上和不同行为体所参与构建的多样性的治理安排与实践进程。这些多样性的治理安排与实践进程满足了行为体权力分散以及利益多元的诉求,为推动协调合作解决全球性问题提供了广泛的适应空间。但是,这些多样性的治理安排与实践进程往往会造成全球治理的"碎片化"问题,从而也给全球治理造成各种消极后果。由于没有统一的治理结构,国际社会就某一问题往往难以达成统一协议,进而降低了总体政策的接受度和有效性。[①]目前,中国提出的人类命运共同体思想强调世界多样性,尊重各国自主选择社会制度和发展道路的权利。人类命运共同体思想倡导的实际上是一种"和而不同"的全球治理,一种求同存异的全球治理,一种和平共处的全球治理。[②]因此,对于根据人类命运共同体思想塑造完善与推进实施全球治理体系与机制,需要进一步深入分析研究的是,世界多样性这一重要的客观基础处于怎样的基本状况及发展趋势,以明确是否应该或能否迈向一种高度集中统一的全球治理结构与进程。同时,面对多样性的治理安排与实践进程,如何解决治理机制的"碎片化"给全球治理造成的各种消极后果。

一、多样性、包容性国际秩序建构理念的形成与发展

(一)规范性确认及强化

"二战"以后,国际社会逐渐形成的是平行、包容多样性的国际结构与秩序,并为此形成了日益丰富具体的国际决议、宣言等规范性文件。战后早期的国际文件已经明确要求,各国之间应当相互宽容与理解。如《联合国宪章》宗旨要求,为避免国际社会再次发生战乱,保护基本人权,人格尊严与价值,各国

---

① 王明国:《机制碎片化及其对全球治理的影响》,载《太平洋学报》,2014年第1期,第7-17页。
② 蒋昌建、潘忠岐:《人类命运共同体理论对西方国际关系理论的扬弃》,载《浙江学刊》,2017年第4期,第11-20页。

应相互宽容、友善相处。《联合国宪章》所确立的主权平等原则和不干涉内政等原则为宽容和多样性的国际秩序奠定了政治与法律基础,①中国等发展中国家所提出的和平共处五项基本原则进一步明确和强化了包容多样性的国际社会及其秩序塑造。

20世纪90年代以来,在建立包容多样性的国际社会结构与秩序方面,进一步形成了日益强大的国际舆论和丰富的国际文件。2000年的《联合国千年宣言》认为,容忍是21世纪的国际关系必不可少的基本价值。人类有不同的信仰、文化和语言,人与人之间必须相互尊重。不应害怕也不应压制各个社会内部和社会之间的差异,而应将其作为人类宝贵资产来加以爱护。应积极促进所有文明之间的和平与对话文化。② 2005年10月20日联大通过了《不同文明对话全球议程》,议程再次认为容忍是21世纪国际关系中必不可少的基本价值观念之一,容忍和尊重多样性与普遍促进和保护人权有相互支持的作用,应该鼓励人类互相尊重、兼容所有各种信仰、文化和语言,强调所有人民享有决定他们的政治地位以及经济、社会和文化发展的自决权。应该积极促进和平文化与不同文明之间的对话,强调会员国在地方、国家、区域和国际各级采取行动,并通过与其他文明的对话丰富与发展自己。③ 2005年《世界首脑会议成果》重申国际社会的共同基本价值,包括自由、平等、团结、包容、尊重所有人权、尊重自然和分担责任,对国际关系极为重要。承认并强调世界的多样性及相互包容与对话合作的重要意义和作用。④ 2008年10月17日,在哈萨克

---

① 张乃根教授认为,从现代国际法与国际秩序的演变来看,以"我联合国人民"的名义制定的《宪章》涵盖了一定的"包容性"。这种"包容性"意味着对人类社会的各种文明、文化和制度的包容。唯有这种包容达至理想的境地,人类社会的永久和平才具有坚实的基础。张乃根:《论国际法与国际秩序的"包容性"——基于"联合国宪章"的视角》,载《暨南学报(哲学社会科学版)》,2015年第9期,第112 - 124页。

② 《联合国千年宣言》,A/55/L.2。

③ 参见2005年10月20日联大决议《不同文明对话全球议程》,A/RES/60/4。

④ 联大第六十届会议决议,《2005年世界首脑会议成果》,A/RES/60/1,第1 - 2页。

斯坦举行的"同一个世界：多样性促进进步"部长级会议通过的《阿斯纳塔宣言》认为，多样性在全球和国家一级、在不同文明内部、在文化、宗教及个人多重身份方面具有重要性。在相互信任和谅解、强调各种不同文化、宗教和信仰所具有的共同价值观的基础上，保持宽容、对话与合作。[1] 2011 年 12 月，联大通过的《人权与文化多样性》决议提出如下见解和要求：确认不同文化正在对发展和促进人权和基本自由作出的贡献，确认所有文化和文明都有一套共同的普遍价值，确认每种文化都有值得认可、尊重和维护的尊严和价值。国际社会应力求以确保尊重各地文化多样性的方式应对全球化带来的挑战和机遇。文化间对话实质上可以丰富对人权的共同理解。强调宽容和尊重多样性有助于普遍促进和保护人权，宽容和尊重文化多样性与普遍促进和保护人权相辅相成。敦促国际舞台上的所有行为体建立一个基于包容、正义、平等和公平、人类尊严、相互理解、促进和尊重文化多样性和普遍人权的国际秩序。吁请各国、国际组织和联合国机构并请民间社会包括非政府组织，为推动实现和平、发展和普遍接受的人权的目标，承认并促进尊重文化多样性。[2] 上述这些关于宽容与多元价值的国际文件主要是原则宣言和联大决议，反映的是各种价值观念折中妥协下所形成的原则观念。尽管如此，这些国际文件仍然为进一步探索和建构一种宽容、多元的和谐国际秩序提供了基础。

（二）新兴国家的共同坚守与持续努力

目前，作为国际社会中不断崛起的日益重要的力量，新兴国家继续坚持维护与强化塑造包容多样性的国际社会结构与秩序。

1. 中国的观念与政策主张。长期以来，中国坚持主张和积极推进包容多

---

① "同一个世界：多样性促进进步"部长级会议通过的《阿斯纳塔宣言》，A/63/512 - S/2008/677。

② General Assembly Resolution of United Nations，Human rights and cultural diversity，A/RES/66/154，13 March 2012.

样性的国际社会结构与秩序。^① 近年来,中国在国际社会开始倡导和推进构建"人类命运共同体"的理念和行动方案,对于各国在文化、种族、宗教和社会制度等方面的差异,"人类命运共同体"理念继续强调不同文明之间的相互尊重与交流互鉴,以及文明多样性在人类进步发展事业中的重要意义和作用。^②2017 年,中国共产党十九大报告明确提出:"以文明交流超越文明隔阂、文明互鉴超越文明冲突、文明共存超越文明优越。"

2. 俄罗斯的观念与政策主张。2008 年《俄罗斯联邦对外政策构想》认为,西方正在失去全球化进程的垄断权,而多中心国际秩序的趋势得到进一步

---

① 2005 年 9 月 15 日,胡锦涛主席在联合国成立 60 周年首脑会议上发表《努力建设持久和平、共同繁荣的和谐世界》指出,坚持包容精神,共建和谐世界。文明多样性是人类社会的基本特征,也是人类文明进步的重要动力。存在差异,各种文明才能相互借鉴、共同提高。强求一律,只会导致人类文明失去动力、僵化衰落。应该尊重各国自主选择社会制度和发展道路的权利,应该以平等开放的精神,维护文明的多样性,促进国际关系民主化,协力构建各种文明兼容并蓄的和谐世界。(胡锦涛:《努力建设持久和平、共同繁荣的和谐世界》,载《人民日报》,2005 年 9 月 16 日第 001 版。)在第二次世界大战胜利 60 周年和联合国成立 60 周年之际,2005 年 7 月 1 日《中俄关于 21 世纪国际秩序的联合声明》指出,世界文化和文明的多样性应成为相互充实而不是相互冲突的基础。当今世界的主流要求不是搞"文明冲突",而是必须开展全球合作。应尊重和维护世界文明的多样性和发展模式的多样化。各国历史背景、文化传统、社会政治制度、价值观念和发展道路的差异不应成为干涉别国内政的借口。应在相互尊重和包容中开展文明对话与经验交流,相互借鉴,取长补短,以求共同进步。(《中华人民共和国和俄罗斯联邦关于 21 世纪国际秩序的联合声明》,载《中华人民共和国国务院公报》,2005 年第21 期,第 23 - 25 页。)2006 年 4 月 23 日,中国国家主席胡锦涛在沙特阿拉伯王国协商会议发表的题为《促进中东和平,建设和谐世界》的演讲中指出,建立和谐世界,必须致力于实现不同文明和谐进步。各国应该维护世界的多样性和发展模式多样化,坚持和平对话和交流,倡导开放和兼容并蓄的文明观,使不同文明在竞争比较中取长补短,在求同存异中共同发展。(胡锦涛:《促进中东和平,建设和谐世界》,载《人民日报》,2006 年 4 月 24 日第 003 版。)2008 年 5 月,中俄两国基于作为联合国安理会常任理事国对世界和平与发展所负的责任,以及对重大国际问题所持的一致立场,就重大国际问题发表联合声明再次指出,文明、文化的多样性是人类进步的重要动力。各国应本着平等和相互尊重原则,加强不同文明、不同文化、不同宗教的对话,实现各种文明和文化的和谐发展和兼容并蓄。(《中华人民共和国和俄罗斯联邦关于重大国际问题的联合声明》,载《人民日报》,2008 年 5 月 24 日第 001 版。)党的十八大以来,习近平总书记多次强调丰富多彩的人类文明和文化都有自己存在的价值,正是人类各种文明的交流交融形成了多样化的世界。不同文明和文化的相处之道在于要有和而不同的精神,要对话,不要排斥,要交流,不要取代。只有尊重多样性、彼此借鉴、和谐共存,这个世界才能丰富多彩、欣欣向荣。

② 在 2015 年第七十届联合国大会一般性辩论中,习近平指出,"只有在多样中相互尊重、彼此借鉴、和谐共存,这个世界才能丰富多彩、欣欣向荣","人类文明多样性赋予这个世界姹紫嫣红的色彩,多样带来交流,交流孕育融合,融合产生进步"。

发展。① 俄罗斯将继续致力于巩固在国际事务中采用多方合作的原则。②
2013 年 2 月,普京签署了新版的《俄罗斯对外政策构想》。新构想认为,国际
关系转型的实质在于形成一个多中心的国际体系,一些新兴大国正在走向世
界经济与政治的前台,当今世界文化与文明的多样性更加引人注目。③ 近年
来,俄罗斯更加坚持多极世界的国际思想,并积极发展与"非西方国家"的关系。
每当面临西方的压力时,俄罗斯会更加强调多样性文明及国家主权利益。④

3. 印度与南非的观念与政策主张。在全球治理领域,印度在维护国内发
展和国家自主性的同时,寻求参与世界事务,奉行多边主义,倡导国际关系的
民主化,主张建立合理的世界秩序。⑤ 南非从曼德拉到祖马政府都倾向于帮
助"建立更加照顾非洲和南方国家的需求和利益的国际政治经济秩序"。为
此,南非反对少数大国在国际事务中的单边主义行径,主张以多边协商的方式
来处理国际事务。在其外交战略中特别强调联合国宪章和国际法在解决国际
冲突时的核心地位。⑥

4. 拉美国家的观念与政策主张。在拉美国家融入国际体系,参与国际秩序
的历史进程中,拉美国家一直试图坚守本土化的知识传统,批判、抵制西方的新
自由主义模式,为第三世界国家争取国际政治经济新秩序提供了智力支撑。⑦

---

① 转引自冯玉军:《俄罗斯国际观的变化与对外政策调整》,载《现代国际关系》,2009 年第 3 期,
第 24 - 28 页。
② 转引自杨雷:《俄罗斯的全球治理战略》,载《南开学报(哲学社会科学版)》,2012 年第 6 期,第
38 - 46 页。
③ 转引自黄登学:《新版〈俄罗斯联邦对外政策构想〉述评——兼论普京新任期俄罗斯外交走
势》,载《俄罗斯研究》,2014 年第 1 期,第 182 - 206 页。
④ 张建:《俄罗斯国际观的新变化及其特点、原因和影响分析》,载《国际观察》,2017 年第 1 期,
第 114 - 129 页。
⑤ 刘兴华:《印度的全球治理理念》,载《南开学报(哲学社会科学版)》,2012 年第 6 期,第 47 - 54
页。
⑥ 黄海涛:《南非视野下的全球治理》,载《南开学报(哲学社会科学版)》,2012 年第 6 期,第 64 -
73 页。
⑦ 王翠文:《拉美国家参与全球治理的历史与现实》,载《南开学报(哲学社会科学版)》,2012 年
第 6 期,第 55 - 63 页。

进入 21 世纪,拉美国家继续坚持其独立自主的传统价值与利益诉求,并为实现公正合理的国际政治经济秩序,积极参与和推动全球治理中的相关规范与机制的塑造完善与变革调整。①

对于包容多样性的国际秩序,新兴国家不仅在其国际理念与政策上予以共同坚守与强化,而且进一步在国际制度与机制的调整完善层面予以实践拓展。例如,在全球金融治理领域,为推进建立公平、包容性的国际金融新秩序,维护自身的正当利益需求,新兴国家正在努力突破西方国家所主导和安排的国际金融机制,构造新的合作协调机制。2014 年 7 月,中国、巴西、俄罗斯、印度和南非签署协议成立金砖国家开发银行,并建立金砖国家应急储备安排。金砖银行的建立是为金砖国家以及其他新兴市场和发展中国家的基础设施建设、可持续发展项目筹措资金,作为对全球增长和发展领域的现有多边和区域金融机构的补充。建立金砖国家应急储备安排则是为了改革和加强国际金融体系,帮助国家抵御金融风险,维护全球金融稳定。国内学者分析认为,应通过设立新的金融机构和应急储备安排,摆脱国际货币基金组织和世界银行对金砖国家和其他发展中国家贷款及其国内治理的苛刻附加条件,诸如公共事业私有化、市场自由化等,弥补现有国际金融机构的功能缺失,构建公平合理的国际经济新秩序。设立金砖国家开发银行反映了世界经济格局多元化的重大变化趋势。②

综上,长期以来,国际社会是以多元主义、尊重多样性与差异为基础来着力建构和推进相应的国际社会结构与秩序。多样性是当今世界的现实,尤其是非西方国家进入国际体系并开始发挥重要作用,多样性就更加明确地表现

---

① 贺双荣:《全球治理:中国与拉美构建伙伴关系的机遇与挑战》,载《拉丁美洲研究》,2014 年第 3 期,第 9 - 13 页。

② 汤凌霄、欧阳峣、黄泽先:《国际金融合作视野中的金砖国家开发银行》,载《中国社会科学》,2014 年第 9 期,第 55 - 74 页。

出来。承认多样性是构建多元治理模式的基础,也是全球治理的合法性基础。更重要的是,多样性意味着包容性与互补性,即必须承认和推进不同文明在理念、价值、规范与实践上的互补与相互融合,以便形成合理有效的全球治理。以多样性、包容性与互补性为内涵的多元主义应当作为全球治理的首要理念与原则。① 德国著名国际关系学者哈拉尔德·米勒主张文明共存和谐论,认为:"文明的冲突现象并非自然之力的结果,而是人为引起的,因此人类完全可以依靠自身的力量来逾越这个障碍。"②英国学者克里斯·布朗认为,国际社会相互联系与依赖日益紧密使得多样性选择变得越来越狭窄,但在全球化的条件下,适当地引入温和的社会连带主义因素的多元主义仍然是有价值的和必要的。③ 美国学者在分析全球治理秩序和机制的构建时认为,多元认同与多元身份是 21 世纪生活的组成部分。多样性比共享价值更有益,建立在共同利益基础上的合作比以对民主和市场的意识形态承诺为出发点的竞争更能为全球秩序提供一个更好的基础。人权、代议制,以及鼓励经济开放等是社会变迁的重要推进器,坚信世界上的人们期盼更多的自由和机会并不意味着美国就有资格为他们制定必须遵循的道路。关于民主国家协调或民主国家联盟的新主张将进一步分裂而不是整合这个世界。④ 总之,国际社会结构与秩序的多样性现状及其发展趋势意味着,国际社会应当充分承认和尊重各国在政治、经济、社会制度与价值观念上的差异与不同取向,以及各国在各种领域不同或

① 秦亚青:《全球治理失灵与秩序理念的重建》,载《世界经济与政治》,2013 年第 4 期,第 4 - 18 页。

② [德]哈拉尔德·米勒,郦红等译:《文明的共存——对塞缪尔·亨廷顿"文明冲突论"的批判》,北京:新华出版社 2002 版,第 2 页。

③ [英]克里斯·布朗,王生才译:《重塑国际社会与全球共同体》,载[英]戴维·赫尔德、安东尼·麦克格鲁主编:《全球化理论:研究路径与理论论争》,北京:社会科学文献出版社 2009 年第 1 版,第 195 - 219 页。

④ [美国]科林·I. 布莱德福德,史明涛、马骏译:《转型时期的美国与峰会改革》,载[加拿大]安德鲁·F. 库珀、[波兰]阿加塔·安特科维茨主编:《全球治理中的新兴国家:来自海利根达姆进程的经验》,上海:上海人民出版社 2009 年第 1 版,第 317 - 321 页。

相互竞争的利益需求,力求实现多样性的制度与价值观念的相互包容、互补与融合,以及利益需求上的协调平衡。

二、全球治理的多样性安排及协同原则

(一) 全球治理多样性安排的形态表现

基于国际社会结构与秩序的包容多样性现状及其发展趋势要求,全球治理体系与机制在实质内容与规制要求上必然需要具有高度的包容性、多样性与互补性,同时,在形式结构和实践进程方面,全球治理体系与机制及其推进实施将不可能是一种完全统一的自上而下的单一治理结构与进程,相反,它必须形成包容多样性的治理安排与实践进程。尤其是随着国际政治、经济格局和力量对比的重大变化,以及新兴国家的不断崛起及其在全球治理中的更多和更深入的参与,原来由发达国家所主导设计和垄断的全球治理体系正在趋向碎片多样化的状态,并为迈向更为安全、自由、公正、繁荣之世界和适应多样化的需求而发生着变革调整。[①] 总的来看,全球治理体系与机制的多样性表现在水平与垂直两个层面。一方面,这些多样性的治理安排与实践进程存在于同一水平层面上,即针对某一个专门问题的治理,在同一水平层面上存在着职能或功能相互重叠或交叉的多个治理主体、治理安排或机制。另一方面,这些多样性的治理安排与实践进程存在于垂直层面上,即围绕着某一个专门问题的治理,在全球与区域层面分别形成了不同的治理主体及治理安排。这些多元治理主体与多样性的治理安排及实践进程既可能是相互协调的,也可能是相互脱节或矛盾冲突的。尽管相互协调是多元治理主体与多样性的治理安排及实践进程的某些实然状态与理想要求,但相互脱节或矛盾冲突却更为常

---

① 何帆、冯维江、徐进:《全球治理机制面临的挑战及中国的对策》,载《世界经济与政治》,2013年第 4 期,第 19 - 39 页。

见。相互脱节或矛盾冲突的状况既存在于水平层面上也存在于垂直层面上。例如,就水平层面上,针对基因保护问题的全球治理,《生物多样性公约》支持缔约方对生物基因资源占有的主权要求,而知识产权国际机制则侧重支持基因资源开发的知识产权保护,二者之间存在着明显的分歧矛盾。又如,针对国际和平安全及相关国际犯罪问题的全球治理,联合国安理会与国际刑事法院在价值目标、功能定位与职能运作上存在着不协调或矛盾冲突。此外,在全球经济治理领域,对于税收措施的国内立法及其国际协调,一直存在着以 OECD 为中心的国际税收协调体制与以 WTO 为中心的国际贸易协调体制。国际税收协调体制允许一国对非居民实施不同于居民的税收待遇,以及容许东道国对来自于不同国家的非居民形成差异化的双边税收协定待遇。这往往与国际贸易协调体制所要求的非歧视待遇产生矛盾冲突。[1] 垂直层面上,针对气候变化的全球治理,全球层面形成了以《京都议定书》为基础的治理安排,区域层面也存在着美国发起的《亚太清洁发展和气候伙伴关系》,以及次国家层面的《区域温室气体倡议》,但这些机制基本互不相关。又如,在自由贸易的全球治理领域,既有全球层面的 WTO 治理体系,也有美国所发起的《跨太平洋伙伴关系协定》(TPP)、《跨大西洋贸易和投资伙伴协定》(TTIP)、《国际服务业协定》(ISA)。总之,多种层面上所形成的各种治理机制与安排往往会发生全球治理的"碎片化"问题,相互脱节或矛盾冲突的多样性的治理安排与实践进程将严重制约全球治理的效果,因此,它是全球治理体系与机制的塑造完善与推进实施中应当着力加以解决的核心问题。为此,笔者将着重分析研究全球治理在垂直层面上所形成的多样性的治理安排与实践进程问题。

在全球治理中,国际社会通过联合国所形成的治理安排与实践构成了一

---

① Catherine A. Brown, "Taxation and the Cross-Border Trade in Services: Rethinking Non-Discrimination Obligations", *Florida Tax Review*, Vol. 21, 2018, pp. 715 – 761.

种全球层面的治理。然而,这种全球层面的治理并不是一种排他性的自上而下的垂直治理结构,相反,全球治理所形成的是一种包容性的多个层面的网状治理结构。英国学者亚当·罗伯茨等认为,联合国在其 60 年的历程中参与到大量的行动中,其中的许多对于国际社会的运行至关重要。就联合国在国际社会转型中的作用而言,它并不是通过创立一种新的、概念上简单的超国家结构,而是通过参与到一个更加广泛的过程中,在这个过程中,不同问题被分配到不同的(尽管是重叠的或变化的)层次上来加以解决。[①] 国内有学者分析认为,全球治理绝不等同于全球层次的治理,地区间、地区、国家、地方等层次的治理应当成为全球治理的一部分。全球治理应当是一个包容性的框架。其中,全球层次的治理居于首要位置,发挥引领作用。同时,地区间层次的治理、地区层次的治理、国家层次的治理、地方层次的治理分别根据各自比较优势,一方面自上而下地分解全球层次的目标和任务;另一方面则自下而上地促进和推动全球性问题在全球层次得到最终解决。[②] 例如,国际刑事法院在全球层面的刑事司法活动就需要与区域层面的刑事司法活动形成包容互动的关系,而不能强行压制区域层面的自主主张与当地诉求。[③] 总之,在全球治理中,各种问题不仅需要通过联合国形成全球层面的治理安排与实践,而且更需

---

① [英]亚当·罗伯茨、[新西兰]本尼迪克特·金斯伯里,吴志成等译:《全球治理:分裂世界中的联合国》,北京:中央编译出版社 2010 年第 1 版,第 71-72 页。

② 朱天祥:《多层全球治理:地区间与次国家层次的意义》,载《国际关系研究》,2014 年第 1 期,第 40-51 页。

③ 自 2002 年国际刑事法院正式成立以来,国际刑事法院表现出对非洲情势的强势主导和自主行动,从而导致与非洲国家之间的互不信任与紧张关系。2015 年苏丹总统巴希尔访问南非时,南非因为没有将其逮捕而遭到国际刑事法院指责,为此,南非宣布将退出国际刑事法院。非洲国家认为,国际刑事法院往往片面追求刑事司法正义,而不考虑涉案国当地的基本国情,以及刑事司法对局势稳定的影响。另外,根据《国际刑事法院规约》的序言以及第一条,只有在一国不能或不愿的情况下,才能启动国际刑事法院的管辖。非洲国家与国际刑事法院在此问题的分析判断上经常存在矛盾冲突。为此,2017 年,非洲法律援助基金会专门研讨了如何在非洲建立混合法庭,即由国内和国际各出一定比例的资源,既保证来自国际的有效监督和公正审判,又能兼顾非洲区域及涉案国的具体情况,从而适应非洲区域层面的自主主张与当地诉求。

要在区域层面形成多样性的治理安排与实践。而且,区域层面所形成的多样性治理安排与实践具有自身的独立性,它并不是全球层面的治理安排在区域层面的简单"翻版"与具体应用。这主要基于以下三个方面的理由:1. 从当今国际社会的秩序性状及其发展走向来看,区域层面在相关领域形成不同于全球层面的治理安排是"包容多样性的国际社会"的必然要求和体现。2. 从当今"区域化与区域秩序"的性状及其发展走向来看,"多样性的地区的出现改变着现有的民族国家,但同时又塑造着新的以地区为基础的新型政治共同体"①。区域秩序及其治理要求并不简单地等同于全球秩序及其治理要求。②因此,区域层面形成不同于全球层面的治理安排完全符合当今"区域化与区域秩序"的性状与内在要求。3. 从全球治理本身的内在逻辑、属性和表现形态来看,全球治理并不排斥区域层面的自主性的特殊安排,相反,区域自主安排是全球治理的组成部分和一种表现形态。这适应了各国基于自身特性与利益的治理要求。③ 总之,在全球治理的体系与机制上,不仅需要形成全球层面的治理安排,也需要形成区域层面的自主安排。

---

① 庞中英:《地区主义、地区化与国际关系的转变》,载庞中英:《全球治理与世界秩序》,北京:北京大学出版社 2012 年第 1 版,第 147 - 148 页。

② 庞中英认为:"不能把地区秩序等同于地区范围的国际秩序。由于第二次世界大战后地区化和地区主义的发展,更不能简单地用国际秩序的思想来理解地区秩序与国际秩序之间的关系。如果承认世界上存在着不同的地区体系,而且这些地区体系内部不断发生着变化,例如经济上的地区化和政治上的地区主义,那么,地区秩序就可能与国际秩序有所不同。因为地区体系内部的国家互动的方法、方式、规定、安排、体制与国际体系内部的国家互动不应该画等号。……因此,地区秩序应该是介于国内秩序和国际秩序之间的第三种秩序,是地区体系的联系和结构方式、安排。"庞中英:《亚洲地区秩序的转变》,载庞中英:《全球治理与世界秩序》,北京:北京大学出版社 2012 年第 1 版,第 166 页。

③ 根据相关的分析,经济全球化是全球治理的基本动因,但全球化并没有消灭各国在社会制度、政治体系和结构、社会价值观念、历史文化传统等方面的差异。即使是与经济最为相关的政治经济结构和公共政策方面,世界主要地区也依然保持着自己的特点。世界各地区的国家依然是根据自身的社会制度、意识形态和政治体制、历史文化传统以及自身的利益诉求等来具体理解认识和应对处理各种全球治理问题。同时,全球治理虽然形成了多元的和各种层次上的治理行为体,但是,按地域划分的国家仍然是最强大的全球治理行为体。这就决定了,作为国际政治领域的一种现象和规范,全球治理必具有鲜明的地域性。(赵晨:《并未反转的全球治理——论全球化与全球治理地域性的关系》,载《欧洲研究》,2014 年第 5 期,第 1 - 13 页。)

(二) 治理多样化安排下的"碎片化"问题

然而,在突出和强调区域治理安排的相对独立性的同时,也需要高度关注与解决区域治理安排的独立自主性所造成的"碎片化"问题。

首先,这种"碎片化"问题表现在全球与区域层面的治理机制的相互脱节和矛盾冲突上。例如,尽管欧盟在全球治理领域依赖联合国,并积极参与联合国开展的各项治理行动和计划,但二者之间也存在着明显的冲突与矛盾。在维和行动方面,欧盟存在着独立于联合国的自主倾向,不愿意接受联合国统一的指挥和控制。为谋求自身的利益,欧盟有时抛开联合国的治理精神与方案实施单边主义行为。欧盟与联合国之间的矛盾、不协调状态有着多方面的根源,其中的一个原因就在于,欧盟与联合国在治理理念上存在着重大差异。在理念上,欧盟主张实现本地区治理经验的外化,主张通过治理向非西方世界输出欧式价值观和制度,而联合国将尊重国家主权看作基本的行动宗旨,主张治理不应牺牲国家主权,本质上这属于一项本土化的治理策略。① 此外,作为一个高度一体化的区域组织,欧盟并没有完全遵从《联合国宪章》及安理会决议的约束要求,而是坚持欧盟基础条约等欧盟法所确立的条款及其价值目标的优先性。2008 年欧洲法院审理的卡迪案就明确反映了这种趋势与倾向。2002 年 9 月,根据联合国安理会决议和欧盟理事会的文件,公民卡迪和巴拉卡特国际基金因涉及为恐怖主义分子提供资金而被列入制裁名单,其资金被冻结。卡迪和巴拉卡特认为,将其列入制裁名单并冻结资金没有提供听证等司法救济程序,为此向欧盟初审法院提起诉讼,但未获得支持。2005 年 11 月,原告向欧洲法院提起上诉,2008 年欧洲法院推翻了初审法院的判决。欧洲法院认为,打击恐怖主义的正义性并不意味着可以忽略对个人公平审判权

---

① 简军波:《欧盟参与联合国全球治理——基于"冲突性依赖"的合作》,载《欧洲研究》,2013 第 2 期,第 36-51 页。

的保护,应充分尊重和保护当事人的程序性权利,保护财产权是欧共体立法基本原则之一。在保护公共利益的情况下可以对其进行一定程度的限制,但应符合比例原则。法院认为原告主张其公平审判权和财产权受侵犯的请求成立。由此可见,欧盟法院对安理会决议进行了间接司法审查,审查的标准为欧盟法律体系内的人权保护条款,且最终出于人权保护考虑没有执行安理会相关决议。显然,这是国际安全价值与区域人权保护价值之间的冲突,欧盟法院的判决对联合国安理会权威和职能形成巨大挑战。①

其次,区域治理安排的独立自主性所造成的"碎片化"问题也表现在全球与区域治理安排在治理强度与效果及其要求上的差距。例如,面对全球金融、安全、环境等领域的各种挑战,全球层面正在着力塑造和实施更有效的治理机制,然而,在东南亚区域治理层面,东南亚国家普遍坚守国家主权原则,倾向于协商性、无约束力的论坛等软性治理模式,这固然符合东南亚的区域特点,但却难以适应全球金融、安全、环境等挑战对有效的集体行动所提出的更高要求。②

(三)"协同治理":传统国际法理念、原则的超越

针对全球治理的结构、内容与进程上的多样性要求和发展趋势及其所产生的"碎片化"附带效果,必须确立和强化"协同治理"的国际法理念和原则,并以此为基础塑造和完善各种具体的国际法原则、规范、机制之间协调配合与协同运作。

需要指出的是,"协同治理"的国际法理念和原则是一种适应全球治理体系与机制的塑造完善与推进实施的新的国际法理念和原则,它依赖但不简单地等同于传统的协调处理国际法原则和规范之间关系的理论与方法。在应对解决各种国际法原则、规范和机制之间的协调关系问题上,国际法的理论与制

---

① 陈亚芸:《论联合国宪章在欧盟法律体系中的地位——由卡迪案引发的思考》,载《国际论坛》,2013 年第 1 期,第 23 - 28 页。

② 吴志成、杨娜:《全球治理的东亚视角》,载《国外理论动态》,2012 年第 10 期,第 17 - 23 页。

度上已经存在着一些基本方法和要求,如根据《维也纳条约法公约》所确立的条约解释规则,国际法委员会对国际法不成体系性问题的研究建议,对国际法原则、规范做出强行法与一般法的效力等级划分,使全球性的强行法优先于一般性或区域性的规范。这些理论与制度上的基本方法和要求可以为"协同治理"的国际法理念和原则提供必要的依据和方法,但并不是其全部内涵与核心所在。第一,"协同治理"的国际法理念和原则超越了协调处理国际法原则、规范之间关系的一般技术规制方法,它以应对解决各种全球治理问题为根本导向与目标,从而在全球治理的多样性要求中形成"协同治理"。第二,"协同治理"的国际法理念和原则强调的是,各种原则、规范和机制所形成的多样性治理之间需要构建更加包容互动的合作协调关系,从而形成动态的开放的治理结构、内容与进程,而不是原则、规范和机制上的静态协调。

基于上述分析,全球与区域层面的治理安排应当是相互联系和协调一致的,"协同治理"将成为一种基本理念和总体原则。但是,对于可能出现的矛盾冲突,需要进一步分析研究具体情况,并作出相应的调整平衡。为此,笔者针对人权保护中的全球治理与区域治理的协同关系作进一步的分析研究。

(四) 全球与区域协同治理中的实证问题分析

1. 强制干预的区域自主权与联合国安理会的授权问题

(1) 非洲联盟所确立的有关强制干预的区域自主权。

非洲统一组织在其存在的四十多年中,尤其是在 20 世纪 90 年代,面对各种国内冲突和严重的人权侵害无法采取有效的应对措施。但是,随着非洲联盟的建立,非洲区域层面开始逐步确立正当干预国内人权保护问题的区域法律规范与机制。2000 年的《非洲联盟组织法》(AU's Constitutive Act)第 4 条第 h 款规定,对于战争罪、种族灭绝罪、反人类罪,非洲联盟有权根据大会的决定对成员国进行干预。第 4 条第 j 款规定,成员国有权要求非洲联盟予以干预,以恢复和平与安全。2002 年,根据《关于建立非洲联盟和平与安全理事会的议定书》,非洲区域建立了非洲和平与安全理事会(The Peace and Security Council)。非洲和平与安全理事会由非洲联盟的 15 个成员国组成,它是非洲集体安全与早期预警安排,用来及时有效地应对非洲的冲突、危机情形。根据《关于建立非洲联盟和平与安全理事会的议定书》第 7 条,和平与安全理事会被赋予了正式的权力。主要包括:批准装备与部署和平支持任务;制定这类任务的行为指导方针;向大会建议对成员国实施的、代表非洲联盟的干预;批准这类干预的形式;对无论何时违反宪法的政府变更提起制裁;在非洲联盟与联合国及其机构,以及其他相关国际组织之间,促进、发展强有力的"和平安全伙伴关系"。同时,根据《关于建立非洲联盟和平与安全理事会的议定书》第 13 条,非洲区域应当建立一个包括 5 个旅的非洲待命部队(African Standby Force)。它应当包括民事与军事等多种分支,并随时准备被迅速部署。非洲待命部队将得到军事委员会(Military Staff Committee)的支持,它的角色是提供有关军事问题的技术建议与解决方法,以及对和平与安全理事会在做出军事决定之前提供专家建议。非洲区域的这些法律规范与机制确定了非洲联盟实施人权保护的区域治理责任与主动地位。

(2) 联合国安理会职能权限的首要性与优先性。

虽然非洲联盟通过区域法律规范与机制确立了对区域内人权保护问题进行强制干预的自主权,但强制干预的区域自主权需要与以联合国为中心的全球治理安排形成协调关系。然而,非洲联盟在强制干预上的区域自主权与联合国安理会的职能权限存在着矛盾、冲突。澳大利亚昆士兰大学的 Alex J. Bellamy 教授分析认为,非洲联盟的主动地位与安理会之间的关系是棘手的。从技术层面看,为了实施强制干预,非洲联盟似乎并不需要获得联合国安理会的授权。因为根据《非洲联盟组织法》,成员国已经同意接受由非洲联盟大会决定的干预。同时,《关于建立非洲联盟和平与安全理事会的议定书》虽然承认联合国安理会在维护国际和平、安全上的首要地位,要求与之保持紧密、持续的全面合作,但议定书并不坚持非洲联盟在实施集体强制行动时有义务去寻求安理会的授权。① 联合国政治事务部官员 Musifiky Mwanasali 认为,非洲联盟在其关于联合国改革的"伊祖威利"共识(The Ezulwini Consensus)中认为,在一定的情况下,尤其是在需要紧急行动的情形下,可以由联合国安理会在事后予以批准。这种主张的基本理由是,联合国安理会通常远离非洲冲突的现场,它也许不能正确地鉴别这些冲突的性质与发展。联合国宪章显然没有预想这种例外。此外,在一些事例中,例如,西非国家经济共同体在利比里亚和塞拉利昂的做法,非洲亚区域组织威胁使用或使用武力时既没有征求联合国安理会的意见,也没有与非洲和平与安全理事会商议。②

笔者认为,非洲联盟的干预权限不能仅仅从《非洲联盟组织法》予以解释、确定。非洲国家既是《非洲联盟组织法》的缔约国与非洲联盟的成员国,同时也是《联合国宪章》的缔约国与联合国的成员国。因此,需要根据条约法上的有关条约之间关系的原理、规则来解释、确定非洲联盟的干预权限。总的来说,《联合国宪章》是国际社会赖以组织和运行的根本法,已经具有强行法的属性与地位,除非为以后的强行法所更改或替代,任何其他的国际条约或习惯国际法不能与之发生抵触、冲突,即便是在《联合国宪章》之后形成的也是如此。根据《联合国宪章》有关安理会的职责与权限的条款规定,联合国安理会的职责与权限显然要优先于和高于非洲联盟及相关机构的职责与权限。而且,就联合国安理会与区域组织之间的权限关系来看,《联合国宪章》已经明确规定,没有安理会的授权,区域组织不得采取强制执行行动。同时,根据《联合国宪章》有关武力使用的条款规定,国际关系中使用武力已经被严格禁止,除非存

① Alex J. Bellamy, "Whither the Responsibility to Protect? Humanitarian Intervention and the 2005 World Summit", *Ethics & International Affairs*, Volume 20, Issue 2, 2006, pp. 143-169.

② Musifiky Mwanasali, "The African Union, the United Nations, and the Responsibility to Protect: Towards an African Intervention Doctrine", *Global Responsibility to Protect*, Volume 2, Number 4, 2010, pp. 388-413.

在宪章所规定的例外情形。因此,区域条约在《联合国宪章》之外对区域组织赋予使用武力的完全自主权限也是违反《联合国宪章》的。此外,即便是非洲国家通过缔结区域条约而自愿接受本区域组织所决定的强制干预,《联合国宪章》中的各种强行法规范所提出的要求并不能因此而有所改变,因为宪章中的强行法规范代表和体现的是国际社会的整体利益与基本秩序,在强行法规范所界定的问题上,成员国在其他条约中同意放弃原本享有的权利或接受原本没有的约束已经不再单纯属于单个国家自身利益的事情。荷兰阿姆斯特丹大学(University of Amsterdam)的 Erika De Wet 认为,将"武力使用"的权限予以中央集权化(centralization)是整个《联合国宪章》的根本基础,联合国安理会如果将"武力使用"的权限完全授予区域组织而不再拥有最终的控制权就等于完全放弃了自己的权力和责任,这将损害宪章在国际和平安全领域的制度结构和中央集权化的性质。[①] 国内有学者分析认为,不应当认为区域组织有权绕过联合国安理会授权对一国,特别是非该区域组织成员国,直接采取以"保护的责任"为名义发起的任何行动。[②] 总之,正是从法律技术层面看,为了合法实施强制干预,非洲联盟所决定的强制干预尤其是武力干预需要获得联合国安理会的授权。

(3)区域干预自主权与联合国安理会授权的模糊处理问题。

非洲有关其区域干预自主权的法律文本并非没有注意到《联合国宪章》的强制要求,但是,它对联合国安理会的授权同意问题采取了一种模糊处理的策略与方法。从《非洲联盟组织法》与《关于建立非洲联盟和平与安全理事会的议定书》这两个文件来看,其条款规定都没有公开地要求来自联合国安理会的

---

① Erika De Wet, "The Relationship between the Security Council and Regional Organizations during Enforcement Action under Chapter Ⅶ of the United Nations Charter", *Nordic Journal of International Law*, Volume 71, Issue 1, 2002, pp. 1‐37.

② 李英、陈子楠:《从"保护的责任"到"负责任的保护"》,载《山西师大学报(社会科学版)》,2013年第2期,第73‐78页。

预先同意,这造成了两个组织之间的潜在冲突。① 也就是说,联合国安理会在维护国际和平安全上的首要责任虽然在两个文件中得到承认,但非洲联盟为其自身也保留了强制干预的独立权力,即只有在它认为必要时才求助于联合国。总之,《非洲联盟组织法》《关于建立非洲联盟和平与安全理事会的议定书》确实有意或无意地模糊了联合国安理会的授权同意问题。这种模糊处理虽然导致了与《联合国宪章》的不协调甚至冲突,但它却有其客观合理性。即联合国安理会对特定情势的了解和判断可能并不充分、合理,或者由于各种原因无法及时形成必要的强制干预决策,区域强制干预自主权的模糊处理将发挥其功能补充作用。因此,对于如何对待区域强制干预自主权的模糊处理问题,不能单纯地从法律技术层面进行非此即彼的合法性判断,而是应当寻求一种协调平衡的处理方法。对此,一些学者提出了综合考量的分析建议。哈佛大学肯尼迪政府学院的卡尔人权政策中心的 Dan Kuwali 分析认为,对于缺乏联合国安理会的授权而依据《非洲联盟组织法》第 4 条第 h 款所实施的武力干预,可以分析确定其与国际法原则以及具体的实施条件等规范要求的吻合程度,进而判断确认这样的武力干预是否具有正当合法性。这种武力干预与联合国宪章的兼容性如何将是问题的关键所在。如果非洲联盟所主张、实施的武力干预明显过于草率,联合国安理会仍然可以通过决议反对这样的行动,并可以要求停止这样的干预,特别是在联合国安理会看来,这样的干预构成对国际和平安全的威胁。② 布隆迪大学(University of Burundi)的 Bernard Ntahiraja 教授认为,对于联合国安理会在授权强制行动方面的专属、排他权

---

① 《关于建立非洲联盟和平与安全理事会的议定书》第 16 条明确宣称,对于促进非洲的和平、安全与稳定,非洲联盟和平与安全理事会承担首要的责任。但第 17 条同时也保证与联合国安理会的紧密合作,并进一步规定,在必要时,将向联合国提出求助,在非洲联盟促进和维护非洲和平稳定的行动方面获得其财政、后勤、军事支持,同时与《联合国宪章》第八章的规定保持一致。但《联合国宪章》已经明确规定,没有安理会的授权,区域组织不得采取强制执行行动。

② Dan Kuwali, "Protect Responsibly: The African Union's Implementation of Article 4 (h) Intervention", *Yearbook of International Humanitarian Law*, Vol. 11, December 2008, pp. 51 - 108.

力的挑战不能被简单地看作是对国际法的违反,因为这些挑战往往被国际社会甚至安理会本身所接受。《联合国宪章》的文字条款并不能解决有关武力使用方面的全部问题,在人权保护全球治理的演化发展中,区域组织在强制行动方面的自主权需要得到充分考虑,以适应实践中的客观需要。① 显然,这些分析建议避免了简单地支持联合国安理会的职能权限而否定区域自主权,或简单地支持区域自主权而回避联合国安理会的职能权限这类"非此即彼"式的判断处理方法,但是,依然没有充分解决如何构建联合国安理会的职能权限与区域自主权的协同关系。

2. 塑造以"伙伴关系"为基础的决策和行动上的协调、磋商机制

为解决强制干预尤其是武力干预上的区域自主权与联合国安理会授权之间的矛盾,以及协调平衡的合理需要,曾任非洲联盟反恐专家、联合国政治事务部门高级顾问的 Kwesi Aning 认为,最好途径是,在《联合国宪章》第八章所规定的合作伙伴关系的相关因素得到良好确定和协调的基础上,由联合国与区域组织合作开展工作。鉴于区域组织对区域内的危机有着更密切的联系(proximity)、了解(familiarity)和更大的利益相关性,区域组织在维护和平安全方面的角色应当得到鼓励和支持。一种改进联合国与区域组织之间"伙伴关系"的设想是,在联合国安理会与区域组织的和平安全机构之间建立协调与磋商机制(Coordination and Consultation Mechanism)。② 为此,需要进一步明确与适当扩展《联合国宪章》第八章所规定的"伙伴关系",在此基础上,逐步建立和完善一种决策和行动上的协调与磋商机制。对此,一方面需要根据条约法中的解释原则和规则,以及《联合国宪章》所固有的最高法律地位,确保宪

---

① Bernard Ntahiraja, "The Global and The Regional in The Responsibility to Protect: Where Does Authority Lie?", *Journal Jurisprudence*, Vol. 15, 2012, pp. 419 - 442.

② Kwesi Aning and Samuel Atuobi, "Responsibility to Protect in Africa: An Analysis of the African Union's Peace and Security Architecture", *Global Responsibility to Protect*, Vol. 1, No. 1, 2009, pp. 90 - 113.

章权利义务的优先性，使非洲联盟所确立的区域原则、规范与宪章保持协调一致，以充分维护《联合国宪章》所代表和体现的国际社会整体利益与基本秩序。另一方面，鉴于区域组织对区域内的危机有着更密切的联系、了解和更大的利益相关性，在确立非洲联盟与联合国安理会之间的协调、磋商机制方面，需要做出某种特殊考虑，以赋予非洲联盟在区域问题上更大的决策参与权力。毕竟非洲国家通过区域性的国际条约赋予了非洲联盟及其和平与安全理事会等区域机构相应的职能权力。基于上述两方面的考虑和要求，应当将区域强制干预自主安排与联合国安理会纳入《联合国宪章》第八章所规定的"伙伴关系"框架中，并进一步明确和扩展此种情形下"伙伴关系"的实质内涵。

围绕着区域强制干预自主安排与联合国安理会之间的"伙伴关系"的内涵建构与权限协调，应着重考虑如下问题。

首先，以"伙伴关系"为基础逐步建立和完善决策和行动上的协调与磋商机制必须充分考虑和适当调整联合国安理会在维护国际和平安全方面的专属职能权力问题。根据《联合国宪章》第 24 条规定，安理会负有维持国际和平及安全之主要责任。同时根据第 12 条规定，当安全理事会对任何争端或情势，正在执行本宪章所授予该会之职务时，大会非经安全理事会请求，对于该项争端或情势，不得提出任何建议。可见，联合国安理会在解决国际和平安全问题上拥有主要性的而且具有相当排他性的职能权力。① 面对非洲区域出现的有

---

① 即便是安理会这样的特殊机构也不能完全垄断其职能领域。根据《联合国宪章》，联合国大会和安理会均有责任和职能维护国际和平。国际法院在"被占领巴勒斯坦领土修建隔离墙的法律后果咨询案"中强调，《联合国宪章》第 24 条提到的是主要权限，但不必然是独有权限。对大会施加的唯一限制是第 12 条中列出的限制，即当安全理事会对任何争端或情势，正在执行本宪章所授予该会之职务时，大会非经安全理事会请求，对于该项争端或情势，不得提出任何建议。但是，随着时间的推移，大会和安全理事会已日益平行处理维持国际和平与安全方面的同一事项（例子可参看塞浦路斯、南非、安哥拉、南罗得西亚事项，更近的例子有波斯尼亚和黑塞哥维那及索马里）。往往是安全理事会倾向于将重点放在与国际和平与安全相关的事项方面，而大会则视野更广，也考虑其人道主义、社会和经济方面。此外，根据联合国大会 1950 年 11 月通过的"联合一致共策和平"[第 377（V）号决议]，如果因某常任理事国投反对票致安全理事会未能采取行动，大会可审议相关事项，以便建议会员国采取集体办法来维持或恢复国际和平与安全。

关国内人权保护情势,联合国安理会的介入状况可能存在多种情况。一种是安理会尚未介入处理,一种是安理会已经介入处理,此外,还有一种特殊情形是,安理会已经介入处理但却无法达成一致意见。问题在于,对于安理会已经介入处理的情势,决策和行动上的协调、磋商机制是否应当受到限制。2006年10月,安理会第1631(2005)号决议表明,联合国安理会并不反对区域组织的介入,相反,决议要求积极发展与区域组织的协调合作。[①] 显然,在联合国与区域组织的功能关系上,应对各种国际问题和挑战所要求的并不是坚持和强化联合国安理会所拥有的主要的且具有相当排他性的职能权力,而是要进一步发展更为开放、包容的"伙伴关系"。因此,面对非洲区域出现的有关国内人权保护情势,联合国安理会的介入无论是正处于哪一种情形,在逐步建立、完善的决策和行动上的协调、磋商机制中,联合国安理会所拥有的主要的职能权力不应限制非洲联盟的提出建议和参与处理的权力。

其次,为逐步建立、完善以"伙伴关系"为基础的决策和行动上的协调、磋商机制,需要回顾《联合国宪章》所确定的联合国安理会的传统职能范围,进而明确联合国安理会与非洲联盟在解决国内冲突和人权保护问题上的各自职能及其相互关系。根据《联合国宪章》,联合国安理会的法定职能是应对解决传统的国际和平安全问题,国内冲突和人权保护问题并不在其法定职能之内。

---

① 安理会第1631(2005)号决议认为,区域组织协同联合国作出的贡献越来越大,可对联合国维护国际和平与安全的工作予以有益的补充,并为此着重指出必须根据《联合国宪章》第八章作出这种贡献。决心采取适当步骤,按《联合国宪章》第八章的规定,进一步扩大联合国与区域和次区域组织在维护国际和平与安全方面的合作,并邀请具备预防冲突或维持和平能力的区域和次区域组织将这种能力置于联合国待命安排制度之下。表示打算酌情定期同各区域和次区域组织行政首长举行会议,以便在维护国际和平与安全方面加强与这些组织的相互作用和合作,尽可能确保在联合国同区域组织和其他政府间组织举行高级别年会时,召开这些会议,以提高与会的效率,使会议议程在实质上相互配合。建议促进联合国与区域和次区域组织之间的沟通,特别是通过联络干事和在有关各级进行协商,以促进沟通。重申根据《宪章》第五十四条,区域组织有义务随时向安理会充分通报它们为维护国际和平与安全而进行的活动。参见安全理事会第1631(2005)号决议,S/RES/1631(2005),17 October 2005。

在全球化的条件下,国内冲突和人权保护问题已经不再是一个孤立、单纯的国内问题,它往往与传统的国际和平安全问题相互联系交织在一起。但是,联合国安理会并不能因此就脱离《联合国宪章》所确定的法定职能与行动权限,动用强制措施以及使用武力介入处理各种国内冲突和人权保护问题。事实上,只有针对那些对传统的国际和平安全构成威胁的国内冲突和人权保护情势,联合国安理会才能够依据《联合国宪章》适当地介入处理。中国一直主张,只有在国际和平与安全受到威胁或破坏时,安理会才能够依据宪章所赋予的职权采取强制行动。2011 年 11 月,在安理会专门就"武装冲突中保护平民"这一议题所进行的讨论会上,印度认为,只有在国际和平与安全受到威胁之时,联合国才有权进行干预。因此,安理会进行干预的任何决定,都必须依据可信和可核查的信息。这需要在安理会处理某一局势时获得更多的信息量。① 所以,安理会的法定职能依然是应对处理传统的国际和平安全问题。在此领域,联合国安理会拥有主要性的且具有相当排他性的职能权力,并且可以依据《联合国宪章》采取强制措施以及使用武力。当然,在国际实践中,联合国安理会也经常关注和介入各种严重的国内问题,并逐渐形成法定职能之外的实际扩展职能,但这已经不再是一种具有相当排他性的法定职能。相比之下,根据区域性的国际条约,非洲联盟已经获得了非传统国际和平安全领域的职能权限。因此,对于那些尚未或尚未明确对传统的国际和平安全构成威胁的国内冲突和人权保护情势,联合国安理会的实际扩展职能与非洲联盟的法定职能构成了一种更为宽松的相互兼容与平行的"伙伴关系"。

再次,进一步明确区域强制干预自主安排与联合国安理会之间的相互兼容与约束协同的治理关系。根据英国学者马蒂亚斯·科尼格-阿尔基布吉的分析,全球治理中各种治理安排之间具有复杂多样的相互作用关系。这些相

---

① Protection of Civilians in Armed Conflict,S/PV. 6650,9 November 2011, p. 18.

互关系包括以下五种模式：嵌入型（embedded）安排、嵌套型（nested）安排、集群型（clustered）安排、重叠型（overlapping）安排、竞争型安排。① 比较来看，联合国安理会与非洲联盟的相互兼容与独立的"伙伴关系"类似于集群型（clustered）安排，但又不完全属于这种模式，因为这种相互联合起来以增强其解决问题的能力的方式并非完全没有等级性。联合国安理会与非洲联盟的相互兼容与独立的"伙伴关系"实际上构成了一种特殊的"伙伴型"治理安排。在逐步建立和完善决策和行动上的协调与磋商机制中，根据这样的"伙伴型"治理安排，非洲联盟将获得更大的决策参与权。但是，需要明确的是，如果非洲联盟自主考虑或决定实施武力干预，无论其针对的国内冲突和人权保护情势是否属于对国际和平安全构成威胁的情势，这种有关使用武力的自主考虑或决定必须接受联合国安理会的约束，因为区域组织自主决定实施或授权实施的武力干预可能引发国家之间的武力冲突，直接关系到国际和平安全问题，而且这种自主考虑或决定与《联合国宪章》禁止使用武力原则相抵触，从而落入联合国安理会的法定职能范围之内。因此，在逐步建立、完善和实施决策和行动上的协调、磋商机制方面，既要充分考虑与适应联合国安理会与非洲联盟之间的相互兼容与独立的"伙伴型"治理安排的要求，也要明确纳入联合国安理会在特定情形下的约束要求。

---

① 英国学者马蒂亚斯·科尼格-阿尔基布吉认为，嵌入型安排的创立与运行依赖于预先确定的规则和惯例；嵌套型安排经常被创建于内部，或随后被纳入到处理更一般水平的类似问题的更全面的安排当中，如联合国与各种专门机构之间的关系；集群型安排是用一种非等级方式联合起来，以增强其解决问题的能力；重叠型安排并不是创建时的有意安排，有关安排是按不同目标组建的，但在实际运行中发生相互影响，如国际环境体制与国际贸易体制之间的关系；竞争型安排是一种特殊的类别，如鉴于关贸总协定过于偏向于发达国家，77 国集团创建了联合国贸易与发展会议，作为一个能够反映发展中国家利益的竞争性论坛。［英］马蒂亚斯·科尼格-阿尔基布吉著，龙虎译：《绘制全球治理》，载［英］戴维·赫尔德、安东尼·麦克格鲁主编：《治理全球化：权力、权威与全球治理》，北京：社会科学文献出版社 2004 年第 1 版，第 36 - 70 页。

三、全球治理中的多样性责任规范及其功能

随着国际实践的发展,国际社会已经形成并不断调整、建构各种国际原则、规范,它们将是全球治理所依赖的基本工具和方法。国际原则、规范不仅包括存在于条约、习惯国际法中的各种硬法性质的原则、规范,还包括各种不同形式的国际文件中的原则、规范,如组织决议、建议、标准、行为准则、指南、意见、协定范本、宣言、行动纲领等文件。这些国际文件所包含的原则、规范可以是软法性质的,也可能仅是国际政策属性的,或者国际道义性质的。作为全球治理的基本工具和方法,硬法原则、规范为全球治理提供的是具有正式约束力的持续、稳定的规则治理。而软法原则、规范所追求和依赖的是一种开放的动态的结构与进程,从而使全球治理中的利益矛盾等各种问题得到不断的调整平衡与协商解决。在各种正式和非正式的国际法原则、规范之外,全球治理还将依赖更为广泛的其他工具和方法,如具有国际政策规制属性的治理原则、规范,以及不具有任何法律属性的政治道义责任上的治理原则、规范等。这些国际政策层面以及政治道义责任上的治理原则、规范将为塑造完善全球治理体系与机制,推动构建"人命运共同体"提供更为广泛的支持和动力。

《联合国宪章》所确立的七项基本准则不仅是硬法性质的国际原则,而且是具有强行法性质的国际原则,与其他硬法原则、规范相比,具有最高性与优先性,对国际关系发挥着至关重要的结构性的调整规范作用。从全球治理的角度来讲,《联合国宪章》所确立的七项基本准则构成各国应承担履行的结构性的硬法责任原则,从而为全球治理体系与机制的塑造完善与推进实施奠定了根本基础。如果没有这些结构性的硬法责任原则,或者缺乏对其充分的遵从履行,全球治理将彻底陷入分歧混乱与碎片化的状态。为应对解决各种全球性的问题和挑战,在《联合国宪章》所确立的结构性的硬法责任原则的基础上,国际社会通过条约与习惯国际法在诸多领域形成了丰富具体的硬法责任

原则与规范,如全球金融安全、国际投资贸易秩序、全球生态环境保护、全球气候变化控制、国内冲突与人权保护、难民危机的应对解决、传染性疾病的协调防控、海洋、极地、外空资源的共享利用、防控和打击各种恐怖主义活动等。这些领域的条约与习惯国际法为全球治理提供了各种问题领域的硬法责任原则与规范,对各国构成正式的约束规制与行为要求。通过与《联合国宪章》所确立的结构性的硬法责任原则的协调一致,这些硬法责任原则、规范使全球治理具有严格的规制属性,并通过其自身的不断丰富与细化,使全球治理迈向更加稳定、明确的规则治理。在全球治理体系与机制的塑造完善与推进实施中,《联合国宪章》所确立的及以其为基础的各种硬法责任原则与规范将继续发挥其基础性的功能作用,并应进一步发展完善和强化实施。但是,由于全球治理所涉及问题的错综复杂性等因素,各种硬法责任原则与规范存在着不充分、不全面的局限性。因此,在各种硬法责任原则与规范之外,全球治理需要依赖更为广泛的治理责任原则和规范。为此,笔者将着重分析研究这些更为广泛的治理责任原则和规范的界定、功能与实施运用问题。

(一)国际软法责任规范及其功能

随着国际实践的发展,国际共同体中出现了一个新的现象,即被称为"软法"的国际法规则体系的形成。这是由标准、承诺、联合声明、政策或意向声明(如 1975 年赫尔辛基最后文件)、联合国大会或其他的多边机构通过的决议等构成的体系。[①] 从软法规范的形成、制定主体来看,软法规范既可以来自国家行为体及其所组成的政府间国际组织,以及由各国政府的具体管理部门这类次国家行为体所组成的跨政府组织网络,如由发达国家中央银行组成的巴塞尔银行监管委员会;软法规范也可以来自非国家行为体,如国际非政府组织、跨国公司、跨国市民社会。从软法规范的具体内容来看,软法规范既可以创设

---

① ［意］安东尼奥·卡塞斯著,蔡从燕译:《国际法》,北京:法律出版社 2009 年第 1 版,第 261 页。

更为明确的权利义务安排,如具体的责任标准与行为要求;软法规范也可以并不创设精确的权利与义务,如宣言、联合声明等所提出的宽泛、原则性的要求为全球治理提供了开放性的、可塑性的解释运用空间。

与硬法责任规范相比,软法规范虽然没有明确的约束力,但依然具有重要的实际功能作用。一方面,软法规范为形成有约束力的条约或习惯法提供基础和发挥促进作用;另一方面,软法规范可以帮助形成有关既有法律规范的解释。然而,软法规范不仅可以与硬法规范相联系而发挥作用,而且软法规范本身也可以作为一种独立的规范,并在全球治理中发挥其特有的作用。例如,在金融危机爆发后的全球经济治理中,金融稳定委员(Financial Stability Board,FSB)、巴塞尔银行监管委员会(Basel Committee on Banking Supervision,BCBS)、证券委员会国际组织(International Organization of Securities Commissions,IOSCO)都不是传统意义上的正式国际经济组织,也不具有国际法上的人格,其参与主体甚至不是各国的中央政府,而是诸如中央银行、银行监管当局或证券监管当局等次国家行为体。然而,正是这些机构在金融危机爆发后所制定的各种软法规范推动着全球金融秩序从混乱重新走向稳定。面对深度全球治理的要求,在正式的国际经济条约无法迅速达成,甚至在当前不适合达成正式条约的问题领域,鼓励更多的国际软法或非正式的机制安排将是一种更可行的办法。[1]

总之,在全球治理中,与硬法责任原则、规范所形成的正式、稳定的规则治理不同,软法原则、规范开启和实施了一种动态的治理结构与进程,使得全球治理中的各种问题得到不断的调整平衡与协商解决,为各种国际行为体参与全球治理提供积极、持续的诱导和向心力。然而,作为一种在全球治理中独立

---

① 刘志云:《后危机时代的全球治理与国际经济法的发展》,载《厦门大学学报(哲学社会科学版)》,2012年第6期,第1-8页。

存在并发挥特殊作用的规范,软法原则、规范并不是一个可以任意使用的标签。国际文件中所提出的某一国际承诺或行动要求不能仅仅因为其没有正式的法律约束力就可以被一概定性为软法规范。

1. 规范的一般界定

关于软法的界定、约束力与实际作用,国际法理论上已经给出了各种分析界定。Francis Snyder 认为,软法是原则上没有法律约束力但有实际效力的行为规则。① Hartmut Hillgenberg 分析指出,与条约当然具有的约束力相比,软法文件有某种潜在的约束力。软法启动了一种国际立法渐进过程的前奏,预示着一种在国家间缔结有约束力协议的需要,具有准法律(quasi-law)或类似法律(law-like)的性质。② Marci Hoffman 与 Mary Rumsey 认为,软法这一术语指的是不具有任何约束力或者约束力比传统的法律即所谓硬法要弱的准法律性文件。③ Anthony Aust 认为,国际软法是对那些尚不具备订立条约条件,但仍然需要基本规范提供应然指向的新生事物所确立的文件,如期望被普遍遵循的指南、原则、宣言等。④ Robert Kolb 认为,所谓软法是指那些规范性价值被认为受到限制的规则,因为包含这些规则的文件没有法律约束力,或者因为包含在有约束力的文件中的相关条款没有创设实在法上的义务,或者仅常设低约束力的义务。因此,软法涉及两个有区别的现象,即文件本身的"软性",以及规则在义务要求上的"软性",如 1992 年的《气候变化框架公约》。⑤

① Francis Snyder, "Soft Law and Institutional Practice in the European Community", in Steve Martin ed., *The Construction of Europe*, Dordrecht: Kluwer Academic Publishers, 1994, p. 198.

② Hartmut Hillgenberg, "A Fresh Look at Soft Law", *European Journal of International Law*, Vol. 10, No. 3, 1999, pp. 499 – 515.

③ Marci Hoffman & Mary Rumsey, *International and Foreign Legal Research: A Course Book*, Leiden: Martinus Nijhoff Publishers, 2007, p. 7.

④ Anthony Aust, *Handbook of International Law*, Cambridge: Cambridge University Press, 2010, p. 11.

⑤ Robert Kolb, *Theory of International Law*, Oxford: Portland, Oregon: Hart Publishing, 2016, p. 152.

王铁崖则指出,国际法中的软法是指在严格意义上不具有法律约束力,但又具有一定法律效果的国际文件。国际组织和国际会议的决议、决定、宣言、建议和标准等绝大多数都属于这一范畴。① 然而,软法的地位、作用也遭到了强有力的批判。有些意见就认为,使用软法这一概念将导致自相矛盾和逻辑混乱。国外有学者认为,在确认法律规范和权利义务的问题上,不存在灰色的中间地带。某个国际文件所提出的要求要么是国际法规范,具有明确的约束力;要么不是国际法规范,没有任何约束力。不存在那种既不是明确的法律,但也不能说毫无法律意义的文件。在正式的约束力与明确的权利义务之外,不存在软的约束力或半权利半义务的情况。那些声称具有政治或道德约束力的文件根本就不是法律。在国家实践、国际司法判决和国内裁决中,所谓的软法很少被实际使用,它们常常被重新塑造为条约或习惯的组成部分而得以适用。② 对于软法规范及其性质作用的不同分析界定,笔者基本认同那种确认软法实际地位、作用的理论主张,但是,这些见解并未具体解释和充分证明软法的所谓潜在约束力或准约束作用或实际(法律)效果究竟是什么,它又来自何处或具有怎样的根据。而且这些见解所提出的诠释也难以有效地回应那种否定、质疑软法的批判意见。这使得软法成为一种包罗万象的不严谨的概念。事实上,各种国际文件中所提出的某些承诺或要求可能仅仅只是政治性的或道义性质的,并不具有任何法律属性。某一国际承诺或要求之所以可以被定性为软法规范,是因为它尽管没有正式的、完全的法律属性与约束力,但至少能够具有最微弱的法律上的或类似于法律的属性与约束力,而不仅仅只是一种象征性的比喻。总之,在一定程度上具有法律上的或类似于法律的属性与约束力是成为软法规范的必要条件,然而,这样的属性与约束力究竟是什么?它又

----

① 王铁崖:《国际法》,北京:法律出版社 1995 年版,第 456 页。
② Jan Klabbers, "The Redundancy of Soft Law", *Nordic Journal of International Law*, Volume 65, Issue 2, 1996, pp. 167 - 182.

来自何处或具有怎样的根据？

笔者认为，单纯地从软法文本自身的效力和功能来看，它们显然不具有硬法原则、规则的正式约束力和作用，但是，这些软法文本并不是孤立地形成于一个封闭的环境中，相反，它们与国际社会中既有的硬法原则、规范是紧密相关的。如果某一国际文件符合或体现了已有的国际法原则、规范及其变化发展的时代要求，那么，尽管它们本身没有法律拘束力，但它们却仍然受到已有的国际法原则、规范的效力支撑。例如，对于联大通过有关武力使用、人权保护、反恐、国际秩序等国际问题的宣言、声明、决议而言，这些文件本身固然没有法律拘束力，但是，其背后所体现的《联合国宪章》、国际人权法、国际人道法却是具有法律拘束力的。这就使得这些宣言、决议等文件从已有的国际法原则、规范获得了一种"附随效力"。另外，由于与既有的国际法原则、规范及其变化发展的时代要求高度吻合，有的国际文件本身就已经初步具有法律拘束力，如联合国国际法委员会 2001 年通过的国际不法行为责任条款草案。事实上，许多国际文件在其形成和发展过程中，一直都需要充分考虑和根植于既有国际法原则、规范及其变化发展的时代要求，否则，所形成的文件将很难具有和发挥实际价值和作用。在许多情况下，国际文件中所提出的承诺或要求与既有国际法原则、规范之间相互重合与支撑，顺应变化发展的时代要求，使得这些国际承诺或要求在不同程度上获得一种与既有国际法原则、规范"协同一致"的效力。这种现象典型的存在于国际经济、国际人权、环境领域。当然，这种"协同一致"的效力存在着程度和范围上的不同状况，即"协同一致"效力的大小、强弱等。正是由于这种"协同一致"的效力，软法规范才能产生和具有所谓的潜在约束力或准约束作用或实际（法律）效果。例如，2008 年金融危机爆发以后，G20 华盛顿首脑峰会至 2018 年阿根廷布宜诺斯艾利斯首脑峰会的历届峰会就加强国内金融监管及国际协调合作提出了系统全面的治理原则与规范要求,①它们不属于条约法上的硬性治理原则和规范要求,但符合《联合国宪章》第一条第三款所确立的国际协调合作的宪章宗旨与义务原则,并充分体现和顺应了金融危机后全球金融监管秩序变革调整的时代要求,因而这些全球金融监管上的治理原则与规范要求就不再仅仅只是具有国际政策层面的规制属性,而可能具有软法属性及其规制约束效力。综上,笔者认为,只有当国际文件中所提出的某一国际承诺或要求符合或体现了已有的国际法原则、规范及其变化发展的时代要求,那么,这些没有正式约束力的国际承诺或行动要求才可能在不同程度上获得一种与既有国际法原则、规范"协同一致"的效力,从而才可能成为全球治理中真正具有独立价值与作用的软法规范。

2. 规范的综合、动态认定

识别、确认国际文件中具体承诺或要求的"协同"效力的有无、大小、程度和范围将是一个复杂、困难的问题。它不仅需要与既有的硬法原则、规范进行联系比较,而且需要与其他的相关的软法文件进行联系比较,以确定其是否超越既有硬法和软法的容纳限度。同时,这些联系比较还需要结合既有的硬法原则、规范变化发展的时代要求这一重要的变量因素。进一步确定某个国际文件是否超越既有硬法和软法的容纳限度。

从既有的硬法原则、规范变化发展的时代要求来看,国际社会的结构与秩

---

① See Declaration of the Summit on Financial Markets and the World Economy, November 15, 2008; London Summit: Leaders' Statement, 2 April 2009; Leaders' Statement of the Pittsburgh Summit, September 24 - 25 2009; The G20 Toronto Summit Declaration, June 26 - 27, 2010; The G20 Seoul Summit Leaders' Declaration, November 11 - 12, 2010; Cannes Summit Final Declaration, November 4, 2011; G20 Leaders' Declaration of Los Cabos Summit, June 18 - 19, 2012; G20 Leaders' Declaration of Saint Petersburg Summit, September 5 - 6, 2013; G20 Leaders' Communique of Brisbane Summit, November 15 - 16, 2014; G20 Leaders' Communique of Antalya Summit, November1 5 - 16, 2015; G20 Leaders' Communique of Hangzhou Summit, September 4 - 5, 2016; G20 Leaders' Declaration: Shaping an Interconnected World, Hamburg, 7/8 July 2017; G20 Leaders' Declaration: Building Consensus for Fair and Sustainable Development, 30 November - 1 December, 2018. 网址:https://www.g20.org/en/summit/previoussummits,访问时间:2019 年 2 月 10 日。

序正在经历各种变化与转型,既有的硬法原则、规范自身面临着进一步调整与变革的各种要求,但是,能够使某个国际文件与既有国际法原则、规范产生"协同一致"效力的调整变革要求是有条件的,即这种调整变革要求并未突破国际社会既有的基本结构与秩序。从某种意义上讲,《联合国宪章》所塑造的结构与秩序就是当下国际社会的基本结构与秩序。戴维·赫尔德认为,世界主义观念正处于第二次世界大战后法律和政治重大发展的核心。人类的福祉不是由地理方位或文化区域决定的,国家、种族或性别的区别不应成为对于那些满足人类基本需求的权利和义务的限制,所有人都应受到平等对待和尊重,这些观念都已经深深植根于当代区域与全球法律和政治思想当中,也渗透到某些跨国治理形式当中。当然,尽管现存的国际法中可能存在世界主义的因素,但它也绝没有产生一种新的、牢不可破的世界主义责任和规制结构。平等主义的个人主义原则虽然已被广泛承认,但不论是在什么地方,它都很少能够建构政治与经济政策。虽然普遍认同的原则表明了人权和其他合法权益的观念,如"人类共同的遗产",但它并未处于主权国家或法人团体的政治核心。① 可见,尽管全球治理正在调整塑造国家主权与国家间的利益关系,但是,强调和保护国家主权与各自利益需求的状态依然没有发生根本变化,因此,相关的硬法原则、规范变化发展的时代要求依然要受到这样的结构性约束限制。对于任何超越国际社会既有的基本结构与秩序的调整变革要求而言,它们将无法使某个国际文件与既有国际法原则、规范产生"协同一致"效力,从而不能构成软法意义上的治理责任原则和规范。例如,就 G20 历届首脑峰会所确立的有关全球金融监管的治理原则和规范要求而言,虽然它们强化了对各国金融监管自主权的规制约束要求,但并未试图建立超国家的监管机制与自上而下的治理权威,因而并未超越

---

① [英]戴维·赫尔德著,朱艳辉译:《世界主义:观念、现实与不足》,载[英]戴维·赫尔德、安东尼·麦克格鲁主编:《治理全球化:权力、权威与全球治理》,北京:社会科学文献出版社 2004 年第 1 版,第 453—481 页。

国际社会既有的基本结构与秩序。所以,全球金融监管的治理原则和规范要求能够与既有国际法原则、规范产生"协同一致"效力,从而能够成为真正的国际软法。

更重要的是,具体规范的"协同"效力及其识别、确认不是静态、主观的,而是一个动态的客观的进程。针对某一国际承诺或要求,国家等国际行为体的实践、态度及其变化将是进一步检验识别其"协同"效力的有无、大小、强弱等状况的基本因素与依据。也就是说,如果国际社会中存在着对某一国际承诺或要求的较为普遍一致的遵从现象,就可以确认该国际承诺或要求符合既有的硬法原则、规范及其变化发展的时代要求,具有一定的"协同"效力,从而可以成为真正的软法义务或规范。相反,如果国际社会对某一国际承诺或要求存在着严重的分歧或行为背离,就表明该国际承诺或要求不符合或超越了既有的硬法原则、规范及其变化发展的时代要求,从而难以形成"协同"效力,无法成为全球治理中真正的软法义务或规范。就 G20 历届首脑峰会所确立的有关全球金融监管的治理原则和规范要求而言,它们不仅得到了 G20 成员国的持续确认和支持,而且也得到了世界各国的广泛认同与遵从实施,其国际软法属性及其规制约束效力因而得到不断强化。

进而言之,笔者认为,在国际软法规范中,有许多体现的是全球治理中的体系结构性的框架义务。例如,2008 年全球金融危机爆发后,G20 所确立的有关加强、完善全球金融监管的框架义务要求。随着各国的广泛认同与推进实施,这些框架义务应当逐渐成为全球治理领域的一种"对世义务"(obligations erga omnes),有关这些框架义务的软法规范因而将构成"对世义务"规范。随着全球治理中的各种框架义务要求被逐渐塑造为全球治理领域的"对世义务"及相应的软法规范,其在国际软法层面的规制约束属性与遵从效力将得到进一步强化。需要指出的是,自 1970 年国际法院在"巴塞罗那机车案"中阐述提出"对世义务"的概念以来,"对世义务"的核心内容及其所需要满足的界定要素为禁止性义务,而非积极作为的义务。[①] 由于全球治理中的各种框架义务要求基本上都属于积极作为的义务,如果按此传统要求,这些框架义务将难以构成"对世义务",体现这些框架义务的规范也将难以成为"对世义务"规范。但是,笔者认为,随着经济全球化的发展,为适应全球治理的需要,"对世义务"及相应规范的内涵与界定要素有必要从禁止性义务规范逐步扩展到积极作为的义务规范。[②] 需要强调的是,即便那些体现体系结构性的框架义务的软法规范被界定塑造为扩展意义上的"对世义务"规范,但这种"对世义务"规范依然是软法层面的。之所以将扩展意义上的"对世义务"及相应规范仍然界定在软法层面,其原因在于,属于禁止性义务的"对世义务"具有可强制执行的效果,因而相关规范可以构成硬法规范,但是,全球治理中的框架义务基本属于积极作为义务,即便将其界定塑造为"对世义务",它们一般也难以像禁止性义务那样形成或具有可强制执行的效果,因而相关规范不能也不适宜构成硬法规范。

综上,通过对软法性质的治理责任原则和规范的分析认定,将为全球治理提供一种特殊的工具和方法。由于软法性质的治理责任原则和规范并不要求正式的条约谈签,从而为各国提供了一种包容开放的治理结构与持续进程。同时,由于软法性质的治理责任原则和规范具有与既有国际法原则、规范"协同一致"的效力,所以它依然可以发挥约束与引导作用,弥补硬法治理原则、规范的不充分、不全面的局限。

---

① ［英］莫里齐奥·拉佳齐著,池漫郊等译:《国际对世义务之概念》,北京:法律出版社 2013 年第 1 版,第 273 - 274 页。

② 有观点认为,随着人类共同利益更为全面地渗透到国际法体系,事关国际共同体基本价值与全人类生存的国际关切事项空前扩增,这就要求国际法上"对世义务"相应扩展,以有效增加全球公共产品的供给。国际法应当转向设定有关积极作为的"对世义务",使国家对应当作为而不作为承担责任。李春林:《构建人类命运共同体与发展权的功能定位》,载《武大国际法评论》,2018 年第 5 期,第 1 - 23 页。

（二）政治、道义责任规范及其治理功能

全球治理需要依赖以《联合国宪章》为基础的国际硬法原则、规范，以及软法性质的治理责任原则、规范或要求。但是，全球治理所需要的各种责任原则、规范或要求却并不总是能够转化为硬法或软法性质的治理责任原则、规范。对于那些意味着一国将要在国内政治、经济、军事资源等方面给予重大的无私付出或作出较大的利益牺牲的治理责任原则、规范或要求，如人道主义援助、难民保护、帮助不发达国家的经济建设等，在许多情况下，所能形成的将是政治、道义层面的治理责任规范或要求。

1. 规范的存在原因

全球治理之所以需要依赖政治、道义层面的治理责任要求，是因为硬法或软法性质的治理责任原则、规范的形成有其内在的条件限制。从国际法上的义务或责任规范的类型及其确立基础来看，必须履行的强制义务或责任规范主要有以下情况：第一，用来维护国际社会基本秩序，实现最低限度的共同价值与整体利益的义务或责任规范，如《联合国宪章》及相关国际文件所规定的禁止非法使用武力、不干涉内政等。这些必须履行的强制义务或责任规范往往属于国际法上的强行法或"对一切"义务。一般情形下，这些强制义务或责任规范对各国的自身利益和国际社会的整体利益都有着保障与促进作用。因此，这些强制义务或责任规范能够获得普遍支持而确立，并在通常情形下得到遵守和履行。第二，用来调整、规范国际主体之间各种具体关系的强制义务或责任规范，但这些强制义务或责任的确立和履行往往以互惠权益或其他权益的获得为基础。如互惠性的贸易体制中的义务或责任规范，根植于集体行动紧迫性的环境体制中的义务或责任规范。也就是说，在强行法规范或"对一

切"义务之外,必须履行的强制义务或责任规范均建立在互惠权益的基础上。[①] 在上述这两种情况之外,为维护国际社会的共同价值与整体利益,逐渐形成了对违反强行法或'对一切'义务的情势予以干预矫正的义务责任规范和行动要求,如制止侵略、大规模人权暴行等。然而,它们在性质上并不属于那种必须履行的强制义务或责任规范。"虽然新出现的'共同体义务'具有重要的意义,但不可过分强调这种意义。一方面,规定此项义务的国际条约和习惯国际法规则的数量还相当少;另一方面,即便是这些规则也鲜有付诸实施。……虽然国家有机会为了整个国际共同体或所有其他缔约国的利益行事,但它们通常避免介入其他国家的内部事务。而只有在本国的经济、军事或政治利益面临危险的情况下,它们才会行使它们的'共同体权利'。"[②]由此可见,那些缺乏明显直接利益的义务或责任规范往往难以得到有效确立,即便勉强得以确立也无法得以有效履行,尤其是对那些需要无私付出或利益牺牲的"积极作为"的义务或责任来说更是如此,如国际社会对最不发达国家所承诺的援助责任便是此种情形的有力例证。事实上,在那些宣称不谋求国家私利的人权条约中,缔约国对他国的人权保护也并不承担无私付出与帮助的"积极作为"义务或责任,这些条约只是在一定程度上设立相互监督、评议或接受申诉的权利义务或机制。总之,一般来说,国际法上的强制义务或责任规范的确立和履行总是以利益为基础和条件的,或者至少以不需要做出无私的重大付

---

① 国际关系中的互惠在内涵与作用上具有丰富多样性。贝尔斯指出,互惠的一般含义涉及至少形式上平等的双边关系的观念,涉及某种交换物的因素。基欧汉把互惠区分为特别互惠(specific reciprocity)和分散互惠(diffuse reciprocity)。前者指双方的交换等价且有严格界定的次序。后者指参与交易的是一群人,一方的合作行为经常是在另一场合,在其他时间,由另一个非从他的特定交易中获益的人给以回报。博弈论学者弗朗西斯科·帕瑞斯(Francesco Parisi)在对社会交往博弈类型划分的基础上,把互惠具体划分为结构性互惠(纯共同利益博弈下所体现的互惠)、诱导的互惠和随机互惠三种类型。姜世波:《互惠与国际法规则的形成——博弈论视角的考察》,载《政法论丛》,2010年第1期,第43-49页。
② [意大利]安东尼奥·卡塞斯著,蔡从燕等译:《国际法》(第2版),北京:法律出版社2009年第1版,第21-22页。

出与牺牲为前提,完全或主要以"利他"为目的而且需要做出无私付出与牺牲的法律强制义务或责任规范是很难确立和履行的。

然而,在全球治理体系与机制的塑造完善与推进实施,尤其是构建"人类命运共同体"方面,以"利他"为目的而且需要做出无私付出与牺牲的治理责任和行动要求仍然是不可或缺的。这些"利他"性质的治理责任和要求主要体现的是抽象的全人类共同利益,它们不同于维系国际社会的最低限度的共同价值与整体利益,而是更高程度的利益整合要求。这种全人类共同利益的观念与要求并不具有直接、明显的国家利益基础,甚至要求相关国家在国内政治、经济、军事资源等方面给予重大的无私付出或做出较大的利益牺牲。具体而言,一方面,为了减少和消除各国自主行为所导致的各种负面效果的外溢,各国需要接受对其国内行为的更多的和更严格的约束规制,从而在本国的个别利益上导致较大的单方面损失。如接受财政、货币政策的国际协调与严格约束,减少或放弃具有重大环境损害风险的经济活动等。另一方面,为了共同应对解决各种全球性威胁与挑战,国际社会需要各国尤其是那些有能力的主要国家做出实质性的贡献,如强制干预制止国内武装冲突以保护人权,帮助不发达国家实现经济的可持续发展等。这明显不同于根植于互惠性的贸易体制,也不同于根植于集体行动紧迫性的环境体制。综上,由于全球治理中的这类责任原则、规范或要求具有突出的"利他"主义性质,而且这种"利他"行为所需要的是,国际社会成员在政治、经济等方面作出实质性的重大付出与牺牲,而不仅仅是类似于人权条约中的相互监督、评议或处理申诉的这类"利他"行为,所以,对于在政治、经济等方面需要付出的实质性的重大成本的治理责任原则或要求,各国不太可能接受强制性的法律义务或责任安排。目前所能形成的只能是一种特殊的政治、道义层面的治理责任规范或要求。

2. 规范的治理功能

政治、道义责任层面的治理规范或要求往往被看做是软弱无力的,应该尽可能地转化为法律义务或责任。笔者认为,法律义务或责任规范的作用并不是万能的。全球治理中的某些责任原则、规范或要求虽然在目前难以成为强制性的必须履行的法律义务或真正的软法义务,但是,它们在全球治理中仍然具有极为重要的治理价值和作用。全球治理体系与机制的塑造完善与推进实施并不单纯地依赖自上而下的权威结构和具有明确约束力的规则系统,相反,它往往更多地依赖各种非正式的制度、力量与博弈过程。政治、道义方面的治理结构与进程在全球治理中具有不可替代的特殊作用,与硬法治理与软法治理相比,政治、道义责任上的治理结构与进程具有更强的适应性与更广泛的包容性。与全球治理中的硬法治理或软法治理所不同的是,政治、道义的治理结构与进程所依赖的是,内在观念驱动和外在的国际道义压力,以及国际社会的秩序与结构演化发展的要求。它一方面为国际社会应对各种复杂情势提供了必要的权衡空间和弹性,另一方面,它将促使国际社会认真对待和履行其所承担"利他"性质的全球治理责任。这种特殊的政治、道义要求及其所形成的治理结构对全球治理中的消极不作为构成日益增加的压力,尤其是面对紧急情势的消极不作为,政治、道义责任要求使得国际社会及其成员更多地倾向于积极作为,而不是袖手旁观。同时,这种特殊义务具有明确的行为禁止效果,对于可能的或已经发生的全球威胁或挑战局势,国际社会及其成员不得从事便利、协助、支持等行为,或者实际具有这样效果的行为。

总之,为充分适应全球治理的需要,维护国际社会的共同利益与价值,推动构建"人类命运共同体",国际社会不应忽视政治、道义责任上的治理结构与进程,而应当不断强化政治、道义责任层面的治理规范或要求的实际强度,使政治、道义责任上的治理结构与进程获得更大的实际成效。

3. 塑造和强化"付出与贡献"的政治、道义责任观念

内在观念的形成及其普遍共享与强化在国际社会的存续运行与变化发展中具有重要的地位和作用。道义责任观念不仅具有抑制"为恶"的作用,而且

具有推进国际社会进步发展的力量。"二战"以后殖民主义体系迅速崩溃的主要原因不是宗主国与殖民地之间的物质实力对比发生了质的变化,而是有关国际体系的原则化观念发生了重大的转变,殖民统治受到普遍谴责从而失去了道义上的正当合法性,取而代之的是绝对的无条件的自决权观念的迅速兴起。① 在当今的国际社会中,由于各国仍然以狭隘的国家自我利益为中心,所以在全球治理所依赖的全球公共物品提供与有效管理方面存在着明显的责任赤字。为克服全球治理的责任赤字,国际社会首先需要进行价值观的革命,从狭隘的国家自利主义走向全球主义的责任观念。② 因此,要进一步强化"利他"性质的政治、道义责任规范在全球治理及构建"人类命运共同体"中的效果与作用,就需要在国际社会塑造并不断强化一种"付出与贡献"的政治、道义责任观念,使政治、道义责任层面的治理规范或要求的确立和履行获得真正的内在动力和实效。

塑造和强化"付出与贡献"的政治、道义责任观念符合构建国际新秩序以应对解决各种全球挑战问题的时代要求,并可以从中获得不断强化的推动力量。美国布鲁金斯学会等科研机构组织开展的题为"治理全球不安全因素"的课题研究认为,重建国际秩序首先要有一种大思路,一种基本的原则,使秩序具有道德内涵,使人们对国家在诸多领域的行为有着一致的期望。负责任主权就是这样的原则。负责任主权意味着对本国国民及其他国家均负有义务和责任。负责任主权号召所有国家对自己的那些产生国际影响的行为负责任,要求国家将相互负责作为重建和扩展国际秩序基础的核心原则。负责任主权还意味着世界强国负有积极的责任,帮助较弱的国家加强行使主权的能力,这

---

① [美]罗伯特·H. 杰克逊:《观念在非殖民化中的分量:国际关系中的规范变革》,载[美]朱迪斯·戈尔茨坦、罗伯特·O. 基欧汉编,刘东国、于军译:《观念与外交政策:信念、制度与政治变迁》,北京:北京大学出版社 2005 年 2 月第 1 版,第 110 - 135 页。

② 蔡拓:《全球治理的反思与展望》,载《天津社会科学》,2015 年第 1 期,第 108 - 113 页。

就是"建设责任"(responsibility to build)。负责任主权将中长期目标植入国家对眼前利益的权衡之中,将信任与声誉置于最核心的地位。[①] 显然,正是由于构建以"负责任主权"为基础的具有更大道德内涵的新国际秩序的客观需要,使得"付出与贡献"的政治、道义责任观念可以从中获得不断强化的推动力量。2017年10月,中共十九大报告明确提出推动构建"人类命运共同体"的思想理念,其丰富而深刻的内涵要求显然将进一步塑造和强化全球治理中的"付出与贡献"的政治、道义责任观念。

塑造和不断强化"付出与贡献"的政治、道义责任观念契合了现代国际社会纵向整体发展的规律与趋势,并可以从中获得不断强化的推动力量。国际社会最初只是人们头脑中的一种拟人化的虚构和幻想,并未形成与主权国家相区别的一种独立人格。随着国际社会的进步发展,通过某些必需的共同认可接受的原则、规范以及价值观念等的整合,诸多分散、孤立的国际主体才能构成真实客观的整体国际社会。并且随着这些原则、规范以及价值观念等的丰富与发展,国际社会整体进一步向纵向组织化的方向发展,国际社会才日益呈现出与主权国家相区别的一种独立人格特征。国际社会成员正是在这样的国际社会秩序结构框架中得以更好地存续发展。现代国际社会纵向整体发展的这种规律与趋势是通过国际法上的权利义务的变化发展而表现和实现的。国际社会的传统理论和实践表明,国际社会长期以来并不存在一种对国际社会整体所承担的义务,因此,"国际法上的责任,原则上只是对直接由于违反国际法的行为而受害的那些国家存在。所以,即使在一个习惯法规范或者一个集体条约规范被违反情形下,原则上只有由于国际法上的不法行为而受损害的那些国家可以进行干涉。因此,其他国家对于国际法秩序得到遵守那种

---

① 〔美〕布鲁斯·琼斯、卡洛斯·帕斯夸尔、斯蒂芬·约翰·斯特德曼著,秦亚青、朱立群、王燕等译:《权力与责任:构建跨国威胁时代的国际秩序》,北京:世界知识出版社2009年版,第8—14页。

单纯想象上的利益还不足以作为这种要求的基础"。① 但是,自"二战"以后,随着现代国际社会的相互联系依赖日益紧密,逐渐开始产生对国际社会整体所承担的法律义务,即所谓的"对一切"义务(obligation erga omnes)。② 这些法律义务是国际社会成员对国际社会整体所承担的法律义务,这些义务对于维护国际社会存续发展具有至关重要性,都具有绝对的不容任何损抑的性质。显然,在"对一切"义务方面,国际社会整体成为权利主体,而国际社会成员则成为义务主体。但是,作为日益纵向组织化发展的独立人格实体,国际社会整体尚未对国际社会成员承担某种义务或责任,更不存在某种必须履行的法律义务或责任。从权利和责任相平衡一致以及独立的国际主体人格的内在要求来看,国际社会整体应当反过来对国际社会成员构成义务或责任主体。因此,对于在全球治理中所形成的"付出与贡献"的要求,国际社会即便不能承担和履行一定的法律义务或责任,也应在政治、道义层面承担日益强化的义务或责任。总之,在全球治理领域,塑造和不断强化"付出与贡献"的政治、道义责任观念无疑将适应和促进现代国际社会的纵向整体发展,并可以从中获得不断强化的推动力量。

综上,国际社会已经形成并正在不断调整完善多种层面上的全球治理责任规范和要求。第一,《联合国宪章》所确立的基本原则是全球治理所依赖的

---

① [奥]阿·菲德罗斯等著,李浩培译:《国际法》(下册),北京:商务印书馆1981年版,第447页。
② 这些义务可以大致概括为,侵略、种族灭绝、奴隶制、种族歧视四种国际罪行相关的义务,以及体现在科孚海峡案中的基于人道主义考虑的通告义务、纳米比亚咨询案中提出的不承认违反国际法而存在的情势的义务。王曦:《"对一切"义务与国际社会共同利益》,载邵沙平、余敏友主编:《国际法问题专论》,武汉:武汉大学出版社2002年第1版,第270-271页。联合国国际法委员会在1969年《维也纳条约法公约》中明确了一般国际法强制规范、义务的存在及其效力,在国际法院的实践中,"对一切"义务的概念第一次正式出现于1970年国际法院巴塞罗那牵引公司案。国际法院的判决中明确了"对整个国际社会的义务"的概念及性质,明确了现代国际法的一个重要发展。《奥本海国际法》第九版与第八版的一个显著不同是,作者提出了"对一切"义务的概念。"人们还可以做这样的区别,即:将那些即使可以普遍适用但在任何特定情况下并不产生'对一切'的权利和义务的国际法规则,和那些产生这样的权利和义务的国际法规则加以区别。"[英]詹宁斯、瓦茨著,王铁崖译:《奥本海国际法》(第一分册),中国大百科全书出版社1995年版,第3页。

具有强行法性质的结构性治理责任原则,善意、全面地承担履行这些结构性治理责任原则是全球治理体系与机制的塑造完善与推进实施的根本基础。以《联合国宪章》为核心,国际社会在各种国际问题领域已经形成并将继续形成和完善各种国际条约和习惯国际法,这些国际条约和习惯国际法为全球治理所涉及的各种问题领域提供了具有正式法律约束力的治理责任规范或要求。《联合国宪章》所确立的基本原则及各种问题领域的治理责任规范或要求塑造形成了一种以硬性规则为主导的全球治理结构与进程。第二,随着全球治理体系与机制的塑造完善与推进实施。国际社会形成了更多的不具有正式法律约束力的软法性质的治理责任规范或要求。这些治理责任规范或要求可以从已有硬性规则获得效力支撑,从而能够在全球治理中发挥约束规制和行为指导作用。同时,软法性质的治理责任规范或要求具有开放包容性,能够为全球治理中的利益分歧等提供持续协调的进程和诱导力。因此,软法性质的治理责任规范或要求塑造形成了一种"约束与诱导"相结合的开放包容的全球治理结构与进程。第三,对于全球治理所依赖的主要属于"利他"性质的治理责任与要求,目前没有也不太可能形成正式的国际法规范或软法性质的治理责任规范。为此,国际社会形成了政治、道义性质的治理责任规范或要求,从而确立和推进了一种以政治、道义责任为基础的全球治理结构与进程。总之,在全球治理体系与机制的塑造完善与推进实施中,各种国际原则和规范所构建和推进的全球治理模式并不是一种单一的自上而下的硬性规则治理,而且,单一的硬性规则治理也不是其应有的发展方向。由于全球治理所包含和依赖的治理责任规范或要求具有多样性,所以在国家和国际社会层面应当形成而且已经初步形成一种复合型的治理结构、进程和方法,通过硬法、软法以及政治、道义原则、规范的确立和综合运用,形成一种开放的动态的结构与进程,从而使全球治理中的各种问题及其所面临的矛盾冲突等可以得到不断的调整平衡与协商解决。这种复合多样型的治理结构、进程和方法符合中国参与国际事务的一贯原则和政策主张,也符合中国自身的国家利益。因此,在全球治理体系与机制的塑造完善与推进实施中,中国应当积极顺应、倡导和推进这种复合多样型的全球治理结构、进程和方法,并应着重强调和支持以主权国家所承担的首要责任为核心与关键的自主治理,使中国在全球治理中获得更强的主动性与更大的话语权。同时,为推动构建"人类命运共同体",中国需要更加明确地提出和坚持以政治、道义责任为基础的治理模式与进程,并充分发挥政治、道义责任在全球治理中的特殊价值与功能。

第四节　全球治理中的武力强制干预问题
——基本人权保护视角

冷战结束以后,原本受到压制的各种国内矛盾开始凸显和激化,伴随着严重的国内动乱和武装冲突等,一些国家和地区不断发生大规模侵犯人权行为,或导致严重的人道主义紧急情势。这严重损害了国际社会极力弘扬和推进的人权价值和秩序,并且对国际社会造成了许多的严重问题和不利影响。因此,在一个相互联系与依赖日益紧密的国际社会里,基本人权保护是一个已经和将要继续影响全人类的重大问题,并因而成为全球治理及构建"人类命运共同体"的对象和内容之一。

一、传统国际秩序观念的变革:"保护的责任"的提出

为预防和及时有效地应对一国内部的严重的人权侵害行为,建立和维护一个以负责任的主权国家为基础的国际体系结构与秩序,国际社会开始调整、变革传统的国际秩序观念与原则。2001 年,"干预与国家主权国际委员会"系统地研究提出了"保护的责任"的国际观念和原则。其核心内涵主要是,保护

国内人民免遭人权侵害的责任首先属于主权国家,但是当它们不愿或者无力这样做的时候,必须由更广泛的国际社会来承担这一责任。[①] 联大第六十届会议通过的 2005 年世界首脑会议成果文件将"保护的责任"的适用范围限定为,每一个国家均有责任保护其人民免遭灭绝种族、战争罪、族裔清洗和危害人类罪之害。国际社会也有责任根据《联合国宪章》第六章和第八章,使用适当的外交、人道主义和其他和平手段,帮助和保护人民免遭种族灭绝、战争罪、族裔清洗和危害人类罪之害。必要时,根据《联合国宪章》第七章,通过安全理事会逐案处理,并酌情与相关区域组织合作,及时、果断地采取集体行动。[②] 2006 年 4 月,联合国安理会通过决议,重申 2005 年《世界首脑会议成果文件》第 138 和 139 段关于保护平民免遭灭绝种族、战争罪、族裔清洗和危害人类罪之害的责任的规定。[③]

2009 年,就如何具体落实和推进"保护的责任",联合国秘书长潘基文在其《履行保护责任》的专题报告中提出了三大支柱战略。[④] 2009 年 7 月的第63 届联大全体会议上,与会各国普遍认为,"保护的责任"应当得到正确的适用,不能被滥用以致成为干涉他国内政的借口。[⑤] 为进一步落实和推进"保护的责任"的多重责任与三大支柱战略,国际社会继续就该议题展开讨论,联合国秘书长则按照年度提出分析建议报告。具体包括:2010 年 7 月《预警、评估

---

① 干预和国家主权国际委员会报告:《保护的责任》(中文),2001 年 12 月,第 6 - 12 页。http://www. iciss. ca//pdf//Chinese-report. pdf,访问时间:2017 年 11 月 10 日。

② 联大第六十届会议决议,《2005 年世界首脑会议成果》,A/RES/60/1,第 27 页。

③ 2006 年安理会第 1674(2006)号决议,S/RES/1674(2006),28 April 2006.

④ Report of the Secretary-General, Implementing the responsibility to protect,A/63/677,12 January 2009, pp. 8 - 10.

⑤ 第 63 届联大第九十六次全体会议正式记录,A/63/PV. 96。第 63 届联大第九十七次全体会议正式记录,A/63/PV. 97。第 63 届联大第九十八次全体会议正式记录,A/63/PV. 98。第 63 届联大第九十九次全体会议正式记录,A/63/PV. 99。第 63 届联大第一百次全体会议正式记录,A/63/PV. 100。

及保护责任》报告；①2011 年 6 月《区域和次区域安排对履行保护责任的作用》报告；②2012 年 7 月《保护责任：及时果断的反应》报告；③2013 年 7 月《保护责任问题：国家责任与预防》报告；④2014 年 7 月《履行我们的集体责任：国际援助与保护责任》报告；⑤2015 年 7 月《一个重要和持久的承诺：履行保护责任》报告；⑥2016 年 7 月《动员集体行动：保护责任的下一个十年》报告。⑦

　　总之，在基本人权保护的全球治理中，"保护的责任"的核心内涵与总体框架已经得到国际社会的基本认同。为更加有效地、可持续地保护国内人民免遭严重的人权侵害，"保护的责任"的总体框架中包含着系统全面的多重责任与支柱战略以及诸多的措施与方法。然而，对于"保护的责任"的内涵塑造和实施运用，尤其是武力干预问题，国际社会一直存在着分歧与争议。金砖国家尤其强调和主张，应当严格限制和规范强制干预尤其是武力干预措施的运用。⑧ 笔者认为，为推进基本人权保护的全球治理，推动构建"人类命运共同体"，需要根据《联合国宪章》进一步研究"保护的责任"中的武力干预问题，以确保"保护的责任"得到正确合理的具体塑造和运用，从而维护国际秩序的和谐稳定，而不是造成更大的混乱与冲突。

---

① Report of the Secretary-General, Early warning, assessment and the responsibility to protect, A/64/864, 14 July 2010.

② Report of the Secretary-General, The role of regional and subregional arrangements in implementing the responsibility to protect, A/65/877 – S/2011/393, 28 June 2011.

③ Report of the Secretary-General, Responsibility to protect: timely and decisive response, A/66/874 – S/2012/578, 25 July 2012.

④ Report of the Secretary-General, Responsibility to protect: State responsibility and prevention, A/67/929 – S/2013/399, 9 July 2013.

⑤ Report of the Secretary-General, Fulfilling our collective responsibility: international assistance and the responsibility to protect, A/68/947 – S/2014/449, 11 July 2014.

⑥ Report of the Secretary-General, A vital and enduring commitment: implementing the responsibility to protect, A/69/981 – S/2015/500, 13 July 2015.

⑦ Report of the Secretary-General, Mobilizing collective action: the next decade of the responsibility to protect, A/70/999 – S/2016/620, 22 July 2016.

⑧ Oliver Stuenkel, "The BRICS and the Future of R2P", *Global Responsibility to Protect*, Volume 6, Number 1, 2014, pp. 3 – 28.

二、《联合国宪章》第七章："保护的责任"情势下武力干预的国际法依据？

在基本人权保护的全球治理中,根据"保护的责任"要求,在极端情况下,国际社会可以根据《联合国宪章》第七章进行武力强制干预。将《联合国宪章》第七章作为武力干预措施的依据的原因在于,根据《联合国宪章》,在国际关系中使用武力或以武力相威胁已经被一般性禁止,以人权保护为基本目标的单边武力使用也没有被广泛地认为是一种合法的例外。① 因此,《联合国宪章》第七章成为在"保护的责任"中确立武力干预措施的一个便捷的权威的法律依

———————

① 《联合国宪章》第 2 条第 4 款规定,各会员国在其国际关系上不得使用威胁或武力,或以与联合国宗旨不符之任何其他方法,侵害任何会员国或国家之领土完整或政治独立。对此,人道主义单边武力干涉的支持者认为,以人道主义为目的的武装干涉构成禁止使用武力原则的一项例外。20 世纪 70 年代,美国一些学者如赖斯曼、麦克杜格尔等认为,对宪章第 2 条第 4 款应作限制性解释,即禁止使用武力或武力威胁原则仅直接针对侵犯各国"领土完整"和"政治独立"的行为,对保护人权没有限制,宪章第 2 条第 4 款并没有将使用武力的特殊形式——人道主义干涉的合法性排除出去。同时,他们认为,宪章第 2 条第 4 款的法律效力是以联合国成功地履行其保护人权的职能为前提条件的。出于人道主义的动机使用武力不但不与联合国宗旨相抵触,从广义上来说,对人权的国际保护也包含在联合国宗旨之中,如出现特别侵犯人权的情况,使用包括武力在内的措施符合宪章规定。但是,国际法学界对此更为普遍的看法是,对于宪章第 2 条第 4 款应当给予绝对的解释。他们认为只有根据该条款起草者的真实意图,并在同宪章第 39 条、第 51 条和第 53 条规定相结合的基础上,才有可能对宪章的这一规定作出全面和令人信服的解释。所谓"限制性解释"的观点根本站不住脚。首先,"领土完整或政治独立"的措辞是在旧金山会议上应弱小国家的要求加进去的,其目的是将禁止使用武力的规定更加具体,而绝非为所谓人道主义干涉设定条件;其次,该条款所禁止的不是侵害一国"领土完整或政治独立"的目的,而是侵害一国"领土完整或政治独立"的行动本身。因此,使用武力干涉一国的行为,即使是出于保护人权的人道主义动机,也侵害了被干涉国的"领土完整或政治独立",因为它必然导致要求改变被干涉国国内权力结构,以保证所谓对人权的尊重,从而也就破坏了被干涉国的政治独立。此外,支持单方面人道主义干涉的观点也与国际法院的判决不相一致。参见余敏友、马冉:《联合国集体安全体制对使用武力的法律控制:挑战与改革》,载《武大国际法评论》,2006 年第 5 卷第 2 期,第 48 - 93 页。北约武力干预科索沃后,人道主义武力干预虽然被认为是合理的,但依然没有被广泛认其合法性。在政策定向的国际法理论下,以人权或者人道主义为由干涉别国内政或者对其他国家行使武力,其合法性的辩护理由依然可以被找到。刘筱萌:《超越规则:政策定向国际法学说之理念批评》,载《暨南学报(哲学社会科学版)》,2012 年第 5 期,第 30 - 40 页。面对武力干涉领域不断出现的新情况,人道主义武力干涉是否构成禁止使用武力原则的例外,在理论和实践中尤其受到广泛关注和争论。See Christine Gray, *International Law and the Use of Force* (3rd ed.), Oxford: Oxford University Press, 2008, p. 5.

据和路径。但是,《联合国宪章》第七章针对和适用的情形是"国际和平安全的威胁或破坏"这样的特殊情势,为此,必须将国内人权侵害情势当作"国际和平与安全"问题,否则,将无法援引这一武力使用的例外制度来支持"保护的责任"中的武力措施。然而,依据《联合国宪章》第七章,在"保护的责任"中确立和实施武力干预措施存在着明显的疑问和严重争议。[①]

由于《联合国宪章》第七章的适用条件是存在着"国际和平安全受到威胁或破坏"这样的特殊情势,因此,国内的人权侵害情势可否被界定为或诠释为"国际和平安全"情势将是关键所在。长期以来,国际和平安全主要是在主权国家层次上和军事安全角度予以界定的。但是,国际社会逐步意识到并开始考虑那些影响、制约国际和平安全的深层次的因素,并努力对此做出应对,以谋求真正持久地实现国际和平安全秩序。国际和平安全观念和内涵因而开始发生转变和扩展。

关于国际和平安全的理解认知问题,冷战结束之前的主流看法是,一国作为可靠的盟友,维持与其他国家和平关系的能力,与其对待自己公民的内部行为之间没有什么关系。冷战以后,这一观点已经发生改变,那些大规模或系统地迫害其公民的国家被视为国际和平安全的威胁。这种认知转变可以追溯到反种族隔离运动期间,在此期间,反种族隔离者把人权迫害描述为对地区和平与安全的威胁。[②]虽然国际和平与安全曾经在消极意义上被理解为没有战争,但是,自从冷战结束以后,一种积极视角的全面的和平与安全概念得到了发展,它包括人权、法治和民主。换句话说,在一般意义上压制自己公民的社会、在专门意义上压制政治上的反对者并系统地侵犯人权的独裁制度,被认为是对和平与国际安全威胁,即使还没有对其他国家产生一种立即发生的战争

---

① 黄瑶:《从使用武力法看保护的责任理论》,载《法学研究》,2012 年第 3 期,第 195 - 208 页。

② [美]玛莎·芬尼莫尔著,袁正清、李欣译:《干涉的目的:武力使用信念的变化》,上海:上海人民出版社 2009 年第 1 版,第 123 页。

危险。因此,保证国际和平与安全不再主要是军事责任,更是一项要求通过社会各方面协调努力才能有效实现的复杂工作。[①]"随着冷战的衰落,安理会开始拓展对国际和平与安全的威胁的定义。它不再满足于将自己局限于国家间的问题,卷入了一系列与国际和平与安全相关联的国内冲突之中。"[②]1992 年 1 月,安理会发表的主席声明强调,国家间没有战争和军事冲突并不足以确保国际和平与安全,在经济、社会、生态和人道主义等方面的非军事性不稳定因素已构成对和平与安全的威胁。联合国成员国作为一个整体,在相关机构的工作中,需要最优先地解决这些问题。[③] 1992 年 6 月,根据安理会的要求,秘书长加利提出了《一项和平的议程》(An Agenda for Peace)报告。报告认为,冲突和战争的根源普遍而深远,要铲除这些根源,就必须加强对人权和基本自由的尊重,促进可持续的经济、社会发展等。联合国缔造和平、稳定和安全的努力必须涵盖军事威胁以外的事项。[④] 1994 年联合国开发计划署发表《人类发展报告》认为,传统安全概念的解释有很大的局限性。长期以来安全被解释为保卫领土完整、捍卫国家利益,或者就全球安全而言是防止核战争的灾难。这种安全观更多的是与民族国家相关,而不是同个人相关。报告强调了促进国内政治、经济和社会发展对于国际和平安全问题的重要性,并提出了相关的建议。[⑤] 干预和国家主权国际委员会认为,人类的安全实际上是不可分割的。在一个互相依存的世界里,安全取决于由稳定的主权实体形成的框架,如果存

---

① 〔奥〕曼弗雷德·诺瓦克著,柳华文译:《国际人权制度导论》,北京:北京大学出版社 2010 年第 1 版,第 39 - 40 页。

② 〔美〕迈克尔·巴尼特、玛莎·芬尼莫尔著,薄燕译:《为世界定规则:全球政治中的国际组织》,上海:上海人民出版社 2009 年第 1 版,第 189 - 190 页。

③ Provisional Verbatim Record of the Three Thousand and Forty-Sixth Meeting, S/PV. 3046, 31 January 1992, p. 143.

④ Report of the Secretary-General, An agenda for peace, A/47/277, 17 June 1992.

⑤ United Nations Development Programme, Human Development Report 1994, New York: Oxford University Press, 1994, pp. 3, 22 - 24. 联合国开发计划署后期关于人类发展年度报告和区域性的或分类主题报告以及相关活动可进一步参阅其网站资料(http://www. undp. org)。

在一些脆弱的国家、陷入瘫痪的国家或者仅能依靠粗暴侵犯人权来维持内部秩序的国家,那么就可能给所有人带来危险。[①] 自从 1945 年签订《联合国宪章》以来,安全的含义和范围已经大为扩展。全世界越来越认识到,安全概念必须包括人民以及国家,这标志着在过去十年国际思想的一个重要转变。[②] 威胁、挑战和改革问题高级别小组报告认为,我们现在和未来几十年所面临的最大的安全威胁已经绝不仅仅是国家发动的侵略战争了。任何事件或进程,倘若造成大规模死亡或缩短生命机会,损坏国家这个国际体系中基本单位的存在,那就是对国际安全的威胁。[③] 联合国秘书长的大自由报告认为,在 21世纪,对和平与安全威胁不仅包括国际战争和冲突,也包括国内暴力、有组织犯罪、恐怖主义以及大规模毁灭性武器等。[④] 2005 年世界首脑会议成果决议认为,生活在一个相互依存的全球世界中,当今的许多威胁超越国界,相互关联,因此必须根据《联合国宪章》和国际法在全球、区域和国家各级加以解决。[⑤]

综上,国际和平安全的观念与内涵正在发生深刻的变化,国际社会已逐渐不再单纯地从国家间的军事角度来界定和维护国际和平与安全,而是开始深入探究那些影响、决定和平安全的深层次因素,其中,国内人权的实现与发展对于国际和平安全的内在的基础性作用被发掘凸现出来。这对于谋求和实现持久的和平安全有着重要的作用。在国际和平安全观念与内涵的日益拓展下,国内的人权侵害情势自然可以被界定或诠释为宽泛意义上的"国际和平安全"情势,这就为适用《联合国宪章》第七章对"保护的责任"情势进行武力干预

---

① 干预和国家主权国际委员会报告:《保护的责任》(中文),2001 年 12 月,第 4 页。
② 干预和国家主权国际委员会报告:《保护的责任》(中文),2001 年 12 月,第 10 页。
③ 威胁、挑战和改革问题高级别小组:《一个更安全的世界:我们的共同责任》,A/59/565,2004年 12 月,第 12 - 13 页。
④ 秘书长的报告:《大自由:实现人人共享的发展、安全和人权》,A/59/2005,第 23 页。
⑤ 联大第六十届会议决议:《2005 年世界首脑会议成果》,A/RES/60/1,第 19 页。

提供了宽松的条件。然而,对于任何一个国际法制度或规范而言,其内涵、适用条件、范围等可以根据具体情况或环境变化而适当地予以解释调整,但是不能任意地调整或扩展,否则将导致该国际法制度或规范的完全崩溃、异化或被篡改。作为宪章第七章中的一个至关重要的适用条件,"国际和平安全"的内涵与外延可以得到适当诠释调整,但这是有条件和限度的。为此,需要进一步研究的是,"国际和平安全"观念的泛化扩展究竟能否改变《联合国宪章》第七章所规定的原有法定内涵,从而使《联合国宪章》第七章可以成为在"保护的责任"中确立和适用武力干预措施的国际法依据。

三、《联合国宪章》第七章适用条件的扩展分析

(一) 基于条约解释

由于在国际话语或政治议题中,"国际和平安全"这一用语已经发生意义变迁与外延扩展,对此,需要进一步确定《联合国宪章》第七章中关于"国际和平安全"的传统内涵是否或应否因此发生变更,这首先涉及条约解释问题。根据《维也纳条约法公约》所确立的解释规则,[①]从《联合国宪章》的文本措辞、上下文、目的、宗旨以及当时的背景环境等来看,"联合国创始人设想的集体安全制度是为了制止侵略战争再次爆发"。[②] 宪章第七章中"国际和平安全"这一用语的内涵与外延是清楚的,其核心的内容指向就是传统意义上的国家之间

---

① 《维也纳条约法公约》第31条规定,条约应依其用语按其上下文并参照条约之目的及宗旨所具有之通常意义,善意解释之。就解释条约而言,上下文除指连同序言及附件在内之约文外,并应包括:全体当事国间因缔结条约所订与条约有关之任何协定;一个以上当事国因缔结条约所订并经其他当事国接受为条约有关文书之任何文书。应与上下文一并考虑者尚有:当事国嗣后所订关于条约之解释或其规定之适用之任何协定;嗣后在条约适用方面确定各当事国对条约解释之协定之任何惯例;适用于当事国间关系之任何有关国际法规则。适用上述通则进行解释而意义仍属不明或难解,或导致显然荒谬或不合理时,为确定该用语之意义,可以使用补充的解释资料,包括该条约的准备资料及其缔结的情况。

② 钱文荣:《〈联合国宪章〉和国家主权问题》,载《世界经济与政治》,1995年第8期,第3-12页。

的和平安全。显然,"国际和平安全"这一用语的原有内涵与外延不存在意义不明或难以解释的情况,也没有为未来的变化发展留下空间。在一般的国际话语或政治议题中,虽然有关的概念用语可以不断发生意义变迁,但对于一个国际法制度而言,相关的概念术语却不能轻易地发生变更,因为最初的共同认可的内涵与外延正是构造和适用特定法律制度与规范的基础。2009 年 9 月 9 日,第 63 届联大会议主席提交的《关于防止人民遭受灭绝种族、战争罪、族裔清洗和危害人类罪之害的保护责任的概念说明》指出,《联合国宪章》有关使用武力的规范和安理会的责任都不涉及保护责任,除非局势对国际和平与安全构成威胁。集体安全是专门应对国际和平与安全面临的威胁的手段,不是国际人权法和国际人道主义法的执法机制。[①] 因此,在一般的国际话语或政治议题中,"国际和平安全"这一用语可以不断发生意义变迁,但对于《联合国宪章》第七章这一至关重要的国际法制度而言,"国际和平安全"这一用语的传统内涵与外延并不随之发生变更。

值得注意的是,近年来,运用演化解释的方法已经成为条约解释的一个新趋势。[②] 但是,演化解释并不是没有限制的,除了要满足"条约用语的充分通用性"(sufficiently generic)和"条约长期性或无限期性"(unlimited duration)这两个条件以外,演化解释必须遵循《维也纳条约法公约》所确定的国际习惯法上的解释规则,充分地综合考虑条约解释所涉及的各个要素,包括条约用语、上下文、目的和宗旨及善意原则等,尤其应考虑条约的目的、宗旨以及当事国间的嗣后惯例,明确缔约国是否具有"允许演化解释"的意图。单纯地依据

---

① Concept Note on the Responsibility to Protect Populations from Genocide, War Crimes, Ethnic Cleansing and Crimes against Humanity, A/63/958. 9 September 2009, p. 4.

② 所谓演化解释是指,随着时间的推移,条约用语的意义可能发生变化,出现缔约时不具有的新含义,如果按此新含义解释条约,那就是演化解释(evolutive interpretation)。如果仍按缔约当时的含义解释条约用语,用的就是当时意义解释方法(contemporaneous interpretation)。国际法院、WTO 上诉机构、欧洲人权法院和美洲人权法院等国际争端解决机构在涉及领土、环境、贸易和人权等领域的争端解决实践中都运用了演化解释的方法。

"通用性"和"长期性"这两个条件,通过演化解释确认条约用语含义的时代变迁将违背条约解释的基本原则。事实上,由于背离条约解释的基本法理,演化解释在实践运用中已经遭到批评与质疑。[①] 同样地,运用演化解释的方法来改变《联合国宪章》第七章有关武力使用条件的内涵与外延也是行不通的。其理由如下:(1)《联合国宪章》作为国际社会中的一个最为至关重要的全球性的国际公约,其最初的共同认可的各项条款内涵与外延是形成和运用《联合国宪章》的根本基础,离开共同认可的原有内涵与《联合国宪章》所规定的修订程序,对宪章相关条款及其用语进行演化解释将破坏宪章的逻辑严谨性,以及各国希望通过宪章所塑造的国际秩序。(2)《联合国宪章》有关调整诉诸武力的规则与国家主权、独立平等等原则一起构成了国际秩序的框架,[②]运用演化解释的方法来改变诉诸武力的规则将破坏宪章所塑造的国际秩序框架。(3)根据《联合国宪章》的目的、宗旨以及当事国当时的缔约意图和嗣后惯例,并不能明确地确定缔约国具有"允许演化解释"的明示或默示意图。因此,《联合国宪章》第七章中关于"国际和平安全"的传统内涵不能通过演化解释予以更新,也就无法以此为依据在"保护的责任"中确立和适用武力干预措施。

从宪章解释的主体及效力来看,《联合国宪章》本身对此没有任何的相关条款予以明确。根据条约解释的理论和对宪章的解释实践,只有在会员国对宪章条款的解释达成一致意见时,相关的解释才能构成权威解释。联合国各机构对宪章的解释只有获得普遍接受,才可成为有拘束力的解释。[③] 目前,虽然在国际话语或政治议题以及安理会等机构的决议中,"国际和平安全"这一用语确实已经发生意义变迁与外延扩展,但作为《联合国宪章》第七章的条款

---

① 吴卡:《条约演化解释方法的最新实践及其反思》,载《法学家》,2012 年第 1 期,第 157 – 165 页。

② [英]马尔科姆·N·肖著,白桂梅等译:《国际法》(第六版)(下),北京:北京大学出版社 2011 年第 1 版,第 887 页。

③ 黄瑶:《联合国宪章的解释权问题》,载《法学研究》,2003 年第 2 期,第 135 – 146 页。

用语,这样的泛化扩展解释并没有获得会员国的一致同意或普遍接受。因此,即便有一些国家或国际机构主张或认同对"国际和平安全"这一条款用语作泛化扩展解释,但却不能成为具有普遍约束力的有权解释,从而不能改变《联合国宪章》第七章中关于"国际和平安全"的传统内涵,以及相应的武力措施的适用领域和条件。

(二) 基于条款内涵、外延正式变更方式

对于国际条约中的制度或规范而言,其相关概念术语的内涵、外延的正式的有效变更一般只能有两种方式,一是对文本予以修订或形成解释议定书,二是新的习惯规范修改、取代了原来的相关概念术语的内涵、外延。显然,对"国际和平安全"的理解和运用虽然随着时代的发展而开始出现一些重大的变化,但是,缔约国对《联合国宪章》第七章一直没有任何修改,以吸收、容纳这些变化发展。因此,《联合国宪章》第七章中的"国际和平安全"这一用语并没有被赋予新的时代含义。

就国际实践的发展及其影响来看,至今没有形成相应的习惯国际法规则,从而使"国际和平安全"的法定内涵与外延发生重大变更。自 20 世纪 90 年代起,联合国安理会逐渐有了将"内部冲突"和"人道主义危机"解释成"对国际和平与安全的威胁"的实践。[①] 但是,对于国内局势是否确实构成"对国际和平与安全的威胁",国际社会缺乏普遍共识。至于"国际和平安全"这一用语本身在《联合国宪章》第七章中的传统内涵与外延是否应予以改变,以扩大武力强制措施的适用领域,国际社会缺乏相关的认识与实践。事实上,英国学派的社会连带主义虽然支持人道主义武力干涉的正当合法性,但其对冷战时期和冷战后的相关国际实践的考察却表明,对于严重的国内人权犯罪或人道主义危

---

① 如 1991 年针对伊拉克的 688 号决议、1992 年针对利比里亚的 788 号决议等。1992 年索马里发生了大规模的人道主义大屠杀,1993 年联合国安理会的第 794 号决议明确断定,索马里的冲突导致了巨大的人类灾难,从而构成了对国际和平与安全的威胁。

机,多元主义所主张的不干涉内政和禁止使用武力原则一直主导或影响着国家的行为和观念,而武力干涉缺乏连贯一致的稳定实践,更没有形成法律确信。① 面对"保护的责任"的观念、原则及其国际实践,中国、俄罗斯等国明确反对武力干预措施,巴西在其国家政策中坚持以非武力措施来解释和履行"保护的责任"。②

实际上,对于"国内冲突"或"人道主义危机"等这类所谓的国际和平安全问题,国际社会所采取的主要是维和行动、人道主义救援等中性措施。事实上,联合国维和行动与应对传统意义上的"国际和平安全"问题在原则和方法上是有很大不同的。③ 为此,联合国维和行动必须严格遵循同意(consent)、中立(impartiality)和非武力(non-use of force)的基本原则。60 年来,虽然维和行动实践发生了重大的变化,但维和的三个基本原则一直保持不变,三个原则相互联系和支持,发挥着指导作用。④ 显然,在特殊的情形下,将"国内冲突"解释成"对国际和平与安全的威胁"作用在于,为安理会在其法定职能权限之内行动,以及在不干涉内政原则下适当介入国内人权保护提供了一个法律依据。其目的不在于改变《联合国宪章》有关武力使用原则、规范的条件要求,而

---

① [英]尼古拉斯·惠勒著,张德生译:《拯救陌生人:国际社会中的人道主义干涉》,北京:中央编译出版社 2011 年第 1 版,第 59 – 308 页。

② Kenkel, Kai Michael, "Brazil and R2P: Does Taking Responsibility Mean Using Force?", *Global Responsibility to Protect*, Volume 4, Number 1, 2012, pp. 5 – 32.

③ "联合国维和行动既不同于宪章第六章规定的斡旋、调解等和平解决争端手段,也不同于第七章规定的制裁、军事行动等强制手段。它是介于两者之间的一种国际干预行动,在一定程度上弥补了宪章第六章和第七章的不足,既遏制冲突、为最终和平解决争端创造条件,又避免了使用武力。"贺鉴、蔡高强:《从国际法视角看冷战后联合国维和行动》,载《现代国际关系》,2005 年第 3 期,第 25 – 31 页。

④ 2008 年的《联合国维和行动:原则和指导》继续坚持了维和行动应遵循的三项基本原则。当然,《原则和指导》对"impartiality principle"作出新的诠释,即不偏不倚的公正原则不能成为消极的中立和不行动,对于那些有损和平安全以及国际法规范、原则的行为应当积极处理或惩罚,当然,《原则和指导》也指出,这需要确立坚实的行动基础和充分的沟通交流。除了 3 个基本原则以外,《原则和指导》补充指出,维和行动要想取得成功,必须还具有正当合法性(Legitimacy)和可信度(Credibility)。See United Nations Peacekeeping Operations: Principles and Guidelines, March 2008, pp. 36 – 38. https://peacekeeping. un. org/sites/default/files/peacekeeping/en/capstone_eng. pdf,访问时间:2018 年 6 月 12 日。

在于借助安理会的权威更为充分有效地应对各种非传统安全等新问题及其挑战。总之，维和行动的决议、实践表明，安理会对"国际和平安全"的宽泛解释并没有改变《联合国宪章》第七章有关武力使用的严格规定，没有赋予对国内冲突等进行武力干预的权利。因此，虽然安理会存在着将"内部冲突"和"人道主义危机"解释成"对国际和平与安全的威胁"的现象。但这难以说明关于武力使用的国际习惯法新规则已经出现，并且修改、替代了《联合国宪章》第七章的适用条件。

综上，《联合国宪章》第七章的内涵与外延没有发生任何的正式修改，对于国内人保护问题，国际实践也没有形成武力干涉的新的国际习惯，或禁止使用武力原则的新的合法例外的习惯规范。因此，无论是从条约解释的角度还是从条约变更的角度来看，《联合国宪章》第七章的适用条件并没有发生严格法律意义上的变化，从而并不能真正成为在"保护的责任"中确立和运用武力干预措施的国际法依据。

四、"保护的责任"情势下武力干预的限制条件

尽管基于人道保护目的的武力使用在以《联合国宪章》等规范所构成的国际法体系中不能获得充分的合法性支持，但对于迫在眉睫的或正在发生的极其严重的人权侵害，基于"人类命运共同体"的价值观，国际社会确实存在着动用武力强制措施的必要性和可能性。针对基于人道保护目的的武力使用，国际社会已经开始尝试构建明确具体的武力使用条件和程序。总的来看，现有国际文件所分析建议的规制、约束武力使用的指标体系在总体框架上是基本合理的。但是，问题在于，有关规制、约束武力使用的程序、条件方面的讨论和建议并没有达成共识，更没有形成具有严格约束力的国际法规范。同时，现有国际文件中所提出的有关规制、约束武力使用的程序、条件依然存在着很大的含糊、矛盾与严重缺陷。更重要的是，在当今的国际社会中，即便是在日益强

化的人权国际保护的冲击、影响下,以禁止使用武力、不干涉内政原则为核心内容和支柱的现代国际秩序与框架结构依然没有发生根本动摇。这样的现代国际秩序与框架结构对以履行"保护的责任"为目的的武力使用依然具有显著的和有力的约束作用。因此,在构想和解释运用有关武力使用的程序和条件方面,国际社会不能仅仅局限于武力使用上的约束指标体系本身,或者仅仅着眼于如何最大程度地实现人权保护目的,而应使紧迫情势下的武力使用符合宏观国际秩序与框架结构的根本要求,不致破坏现代国际秩序与框架结构的稳定与和谐发展。在此基础上,国际社会应当进行充分协商,进一步澄清和完善武力干预的具体约束条件,确保国际社会正确地决定和实施紧迫情势下必要的武力干预。

(一)适用情形的严格限定

武力强制措施应当只适用于极其严重的人权侵害情形。干预和国家主权委员会所提出的大规模的丧生、大规模的种族清洗,以及面对无法抗拒的自然危害或环境灾害,有关国家不愿意或无力应对,或要求援助,及正在发生或可能发生大量的人员伤亡这类过于宽泛、模糊的情形应予以严格限定。美国乔治敦大学的 Christopher C. Joyner 教授认为,不属于种族灭绝、族裔清洗的人权剥夺情形应当被排除在这一门槛条件之外。因而,对于政治压迫或系统的种族歧视,民主选举的政府被颠覆等情形不能成为实施军事干预的正当理由。[①] 为此,根据 2005 年的世界首脑会议成果和 2009 年第 63 届联大所达成的有关"保护的责任"的国际共识,武力强制措施将只适用于种族灭绝、战争罪、族裔清洗和危害人类罪之害这四类情形。同时,要求这类情势必须是"大规模的",否则,不应适用武力强制措施。而且这类情势必须是"实际发生的"

---

① Christopher C. Joyner, "'The Responsibility to Protect': Humanitarian Concern and the Lawfulness of Armed Intervention", *Virginia Journal of International Law*, Vol. 47, Issue 3, 2007, pp. 693 - 724.

或达到"发生临界状态的",预防性的军事干预应被禁止。

(二) 正确的目的

对于人道主义武力干涉的动机,英国学派的社会连带主义学者尼古拉斯·惠勒将其排除在武力干涉的正当合法性的最低标准之外。尼古拉斯·惠勒认为。即使干涉是由非人道主义原因所推动的,只要能证明它的动机和采取的手段没有破坏实际的人道主义结果,仍然可以算作是人道主义的干涉。因为它们拯救了生命,这种干涉应当被其他国家认为是正当的,而不是受到谴责或制裁。只有当非人道主义动机,或采取的手段削弱了实际的人道主义结果时,非人道主义动机驱动的人道主义干涉才不具有人道主义干涉资格。[①]笔者认为,尼古拉斯·惠勒的论断主要是以受害者保护为中心而得出的,但因此也就忽略了国际秩序结构与内容的维护要求问题。淡化、放弃动机、目的这一特定的条件将造成严重的问题。它将使越南武装侵略柬埔寨这类典型的严重国际不法行为获得人道主义上的合法性辩护与支持,这将助长那种或多或少能够产生人道主义附带效果的国际不法行为。实际上,动机、目的这一特定条件的独特意义和功能在于,它可以在主观层面规制国际行为,界定和评价国际行为的正当合法性的问题,从而有效地维护国际秩序。同时,目的、动机表征和探求着特定行为在深层次的主观状态,它可以规制、约束表面合法但实质不正当的国际行为。[②] 在任何情况下,实施武力干预必须确保对法律的尊重,而不是追求干预国的个别利益。当有关人权保护的法律被违反时,基于"保护的责任",干预国应当作为该法律的托管人和维护者,而不应利用该法律在人

---

① [英]尼古拉斯·惠勒著,张德生译:《拯救陌生人:国际社会中的人道主义干涉》,北京:中央编译出版社 2011 年第 1 版,第 35 - 55 页。

② 赵洲:《国际不法行为责任上的主观因素》,载《中南大学学报(社会科学版)》,2011 年第 3 期,第 63 - 69 页。

道关注的伪装下追求自我利益。① 2011 年 11 月,在安理会专门就"武装冲突中保护平民"这一议题所进行的讨论会上,印度认为,安理会为保护平民采取行动需要尊重《联合国宪章》的基本内容,包括会员国的主权和完整。与政治动机相关的任何干预决定均有违崇高的原则,必须加以避免。南非认为,不能假借保护平民的名义将更迭政权以及武装和危害平民正当化。中国认为,保护平民属于人道主义范畴,不能夹杂任何政治动机和目的,包括进行政权更迭。②

总之,笔者认为,根据国际社会目前就"保护的责任"所达成的国际共识,武力强制措施的目的应仅限于保护人民免遭种族灭绝、战争罪、族裔清洗和危害人类罪之害。对于以推翻现政权为目的的军事行动,尽管这或许是履行保护使命所不可缺少的,也应明确予以否定。需要指出的是,人道主义动机可能不一定始终是推动进行干预国家行动的唯一动机,但武力使用的目的必须是单一的保护目的。

(三) 最后手段

对于联合国秘书长在其 2009 年和 2012 年的报告中所提出的"及早和灵活地使用武力措施"的主张,以及其他国际文件中的类似倾向,必须谨慎地对待和处理。在使用武力措施的问题上,应当充分考虑和防范其被不适当地使用,甚至被滥用的危险。无论如何,基于人权保护目的的武力措施不应影响、破坏以"去武力化"为特征的现代国际社会结构与秩序。从"保护的责任"的自身战略实施来看,"保护的责任"的战略核心与重点在于,每一个主权国家是履行"保护的责任"的首要责任主体,国际社会应通过各种非强制性的措施、方

---

① Christopher C. Joyner, "'The Responsibility to Protect': Humanitarian Concern and the Lawfulness of Armed Intervention", *Virginia Journal of International Law*, Vol. 47, Issue 3, 2007, pp. 693 - 724.

② Protection of Civilians in Armed Conflict, S/PV. 6650, 9 November 2011, pp. 18 - 25.

法,帮助各国培养和提升履行"保护的责任"的实际能力和国内机制。武力干预只是"保护的责任"综合战略和具体措施中的"最后手段",它不应影响、破坏"保护的责任"的战略核心与重点。

　　笔者认为,对于以履行"保护的责任"为目的的武力使用,必须强化和完善"最后的手段"这一约束条件。一方面,在出现人权紧迫情势时,在程序上必须保证,真正地善意地逐个尝试各种非武力措施。除非有充分的正当的理由和依据可以确定其他措施不会取得成功,否则,不应适用武力强制措施。美国乔治敦大学的 Christopher C. Joyner 教授认为,在任何情况下,必须要有清晰、显著的证据表明,极其严重的情势确实将要发生。最低限的要求是,只有当尝试和平手段的努力达到合理的程度,武力干预才能获得正当化。① 另一方面,更为重要的是,为了防止"保护的责任"中所重点强调和推进的预防等其他支柱战略和非武力措施实际被忽略或架空,必须明确要求,只有在已经充分履行了预防责任后才能证明采用军事强制手段是正当合理的,这种预防责任必须涵盖结构性预防责任,而不仅仅只是应急性的预防责任。这就要求国际社会为防止人权侵害的发生而切实地进行根源治理,通过各种非武力措施实施早期预防。如果不能充分履行预防责任,在发生严重的人权侵害时,虽然不能完全禁止武力措施,但武力的使用将受到更严格的审查和控制。严格地贯彻执行这一标准,将遏制那种轻视预防而推崇、滥用武力的倾向,从长远的效果看,这也将极大地减少对武力措施的实际需要。

(四)手段的均衡性与相称性

　　由于武力措施只是一种临时的应急保护措施,所以其规模、持续时间和强度应当是人道保护所必需的最低限度。武力措施应当与制止种族灭绝、战争

---

① Christopher C. Joyner, "'The Responsibility to Protect': Humanitarian Concern and the Lawfulness of Armed Intervention", *Virginia Journal of International Law*, Vol. 47, Issue 3, 2007, pp. 693 - 724.

罪、族裔清洗和危害人类罪之害相适应,而且仅限于此。虽然种族灭绝等人权侵害可能涉及目标国的国内政治、司法、人权保护等方面的制度与社会环境,但武力措施不应介入国内制度与社会环境的改变。此外,武力措施所可能造成的附带损害应当得到充分的评估和预防,确保附带损害与预期的保护目的和效果符合比例性或相称性要求。2012 年 7 月,联合国秘书长潘基文提出的《保护责任:及时果断的反应》报告分析指出,关于北约在利比亚使用武力,人权理事会所授权的利比亚问题国际调查委员会认定,北约开展了一次高度精确的行动,并且表现出避免造成平民伤亡的决心(A/HRC/19/68)。北约详细说明了其确定目标的决定,特别强调尽量减少平民伤亡。尽管作出了这些努力,但仍有平民在空袭中丧生。利比亚的经验提醒我们:军事行动者必须按照开展武装敌对行动的国际法,采取一切可能的预防措施,避免危及平民的情形,并调查此背景下可能违反国际法的行为。[①]

(五) 合理的成功机会

格老秀斯曾经认为,在受到侵害和压迫的一方不可能从侵略者或压迫者毁灭的命运中解脱出来时,其他国家或个人也不必冒着自身安全的风险去帮助他们。因为在有些情况下,不可能成功地抵抗残暴和压迫,对它们的惩罚只能留给人类的最终裁决来执行。[②] 在"保护的责任"领域,只有武力措施具有合理的成功机会,或者采取武力措施不会比不采取行动产生更坏的后果,才可以动用武力措施。否则,尽管确实已经发生严重的种族灭绝、战争罪、族裔清洗和危害人类罪之害,也不应动用武力措施。这一要求体现了人权保护正义和国际秩序之间的适当平衡。然而,如何判断合理的成功机会却并非易事,这

---

① Report of the Secretary-General, Responsibility to protect: timely and decisive response, A/66/874 – S/2012/578, 25 July 2012, p. 15.

② [荷]格劳秀斯著,[美]A. C. 坎贝尔英译,何勤华等中译:《战争与和平法》,上海:上海人民出版社 2005 年第 1 版,第 352 页。

需要就"合理的成功机会"形成更为具体的分析评估要素。

(六) 决策权威

在传统的集体安全领域,联合国安理会已经就武力使用问题确立了其最终决策权威地位。在基于人道保护目的的武力使用方面,如果要确立高度集中的国际决策权威,安理会也是最合适的选择。在有关武力使用程序和条件的各种文件中,这点得到了广泛的认可。在充分代表各国协调意见和共识的世界首脑会议成果中,安理会在武力使用问题上的核心决策地位和作用得到高度重视和维护。"尽管美国和英国坚持认为,防止未来的卢旺达的需要意味着未经授权的干预不能被明确地排除。但大多数国家一致认为,如果'保护的责任'在于限制西方的干涉主义,这也是该原则之所以得到支持的一个核心成分,那么,安理会的绝对主导地位必须得到重申和强调。"[①]

然而,安理会决策权力和地位的主导性和不可替代性却经常受到质疑和挑战。同时,另一种意见则主张在安理会内部形成和适用"不使用否决权的责任"(responsibility not to veto)。根据这种责任要求,如果存在着支持武力干预的多数意见,而且常任理事国对相关情势没有核心的关键利益,常任理事国就应该放弃使用否决权的权力,以确保武力干预决议的通过。笔者认为,无论是对安理会决策权威的质疑与替代主张,还是对安理会内部的权力运作机制的重新考虑,其主要理由和逻辑预设在于,安理会在许多情形下未能作出武力干预的决议,其原因仅仅在于安理会成员考虑和追求自身利益,而未能通过武力干预决议的状况被不加区分地一概认为是安理会失败和无能的表现。然而,造成这种状况的原因是复杂的,未能形成武力干预决议并不必然就是一种坏的状况。针对叙利亚局势,2011 年和 2012 年由西方国家所提出的安理会

---

① Alex J. Bellamy, "Whither the Responsibility to Protect? Humanitarian Intervention and the 2005 World Summit", *Ethics & International Affairs*, Vol. 20, Issue 2, June 2006, pp. 143 - 169.

决议草案均遭到俄罗斯与中国的否决。俄罗斯否决决议草案的重要原因在于,俄罗斯提出的试图平衡处理冲突各方的所有修正案都被拒绝,决议的谴责措辞和强制性要求几乎都单方面针对叙利亚政府、对反对派没有任何谴责和具体要求。西方国家所提出的安理会决议草案的实际意图就是要彻底推翻叙利亚政府。中国之所以否决决议草案是因为其中包含了违背《联合国宪章》宗旨和原则的内容,这些内容有可能被作为发动干涉主义战争的依据,有可能使中东动荡局势进一步加剧。[①] 显然,有关叙利亚局势的决议草案未能通过并不是安理会失败和无能的表现。

实际上,安理会未能采取行动往往是基于各种客观原因与正当、审慎的考虑。第一,由于灭绝种族和大规模暴行往往发生在政治争斗、叛乱、内战等背景下,记者和人权团体调查、收集信息的能力受到很大的限制,宣传攻势和虚假信息的散布也是常见的现象,不同的行为体常常提供带有偏袒性的、相互冲突的、以及基于政治动机的信息,所以,对有关灭绝种族和大规模暴行的信息收集和分析是非常困难的。[②] 基于安理会在武力干预问题上的决策特权,安理会应当承担对相关事实真相或状况进行充分核实、评估的谨慎而重大的责任,以保证其武力使用的决策建立在确凿无疑的理由和依据基础上。因此,安理会未能通过武力干预决议并不是出于私利考虑或否决权的滥用,而是因为对事实真相、理由和依据等问题没有形成共同确认,在是否已经具备动用武力的条件方面存在严重分歧,需要进一步的协商与相关情况的核实、评估。事实上,对于那些清晰明确的公然挑战人类良知的大规模的种族灭绝、战争罪、族裔清洗和危害人类罪之害,在当今的国际条件下,安理会将难以回避并能够做

---

① 曲星:《联合国宪章、保护的责任与叙利亚问题》,载《国际问题研究》,2012年第2期,第6-18页。

② See Jon Western, *Selling Intervention and War: The Presidency, the Media, and the American Public*, Baltimore, Maryland: Johns Hopkins University Press, 2005, Chapter 1.

出及时反应。第二,另一种常见的情形是,即便存在着较为严重的人权侵害与武力干预的必要,但由于武力干预往往牵涉到许多复杂而敏感的问题,所以它不是一个可以单纯考虑和决定的事情。安理会承担着综合性的重大国际责任,其决策不能仅仅基于人权保护的理想要求,在武力干预的问题上,安理会成员尤其是主要大国必须进行综合全面的政治权衡。只要这种考虑是负责任的权衡,其决策就应受到理解和尊重。[①] 美国马里兰大学(University of Maryland)的 Daniel H. Levine 分析指出,军事干预涉及错综复杂的各种因素和具体情况,需要仔细全面地权衡各种问题,如能否适应具体情况真正地保护平民;是否会造成过分的、不成比例的损害;如何确保军事干预的中立性等。然而,构想中的"RN2V"(responsibility not to veto)规范没有以这些因素和问题的权衡考虑为基础和条件,适用"RN2V"不仅仅是对那些考虑周全、适宜的军事干预降低了通过门槛,而是对所有的军事干预提议降低了通过门槛,这就使那些不适宜的军事干预提议能够更加容易地获得通过。[②] 因此,如果不能充分地理解和认可这些因素,片面地寻求替代安理会的决策权威或硬性限制安理会成员的权力将产生严重的后果。

需要进一步指出的是,在一个充满互动博弈因素的全球治理结构中,安理会成员国的权力不再是一种封闭的自行决断的权力,它日益受到各种因素的互动影响、平衡制约。其中,日益丰富和强大的人权保护规范与要求对安理会成员国的权力行使构成了明显的影响约束,政府间区域组织、人道主义机构、非政府国际组织、民间社会等多元主体和力量也日益影响和塑造着安理会的

---

① 俄罗斯外交部长谢尔盖·拉夫罗夫在《外交年鉴》发表《处于湍流区的国际关系:何处是支点?》一文总结了 2011 年的国际形势,其中指出,某些西方政治家认为,为了实施决定性的军事措施,似乎不需要联合国安理会的委任状。这种"保护责任"理念的论述尚未在联合国形成充分一致的认识,它正鼓励着一部分反对派在国家遇到危机时,依靠外部武力支持来夺权。转引自杨雷:《俄罗斯的全球治理战略》,载《南开学报(哲学社会科学版)》,2012 年第 6 期,第 38 - 46 页。

② Daniel H. Levine, "Some Concerns About 'The Responsibility Not to Veto'", *Global Responsibility to Protect*, Vol. 3, No. 3, 2011, pp. 323 - 345.

决策。笔者在前面所分析的联合国安理会与非洲联盟之间的"伙伴关系"就表明了这点。因此,在确实需要的情况下,安理会将能够有所作为。2010 年,科特迪瓦国内因为总统选举发生武装冲突,在如何保护平民和解决冲突的问题上,非洲联盟和平安全理事会一直主张和寻求政治谈判协商的方法,而西非国家经济共同体则要求联合国安理会实施强制干预。面对不断升级的针对平民的暴力和威胁,联合国安理会逐步加强了其在科特迪瓦的维和力量的权限和能力。2011 年 3 月,在政治解决的努力已基本失效的情况下,安理会以全体一致同意的方式通过了武力干预的 1975 号决议,授权在科特迪瓦的维和力量采取积极主动的军事进攻方法,以及早结束冲突、有效保护平民。最终,科特迪瓦的国内冲突得以迅速平息。① 在 2011 年的利比亚问题上,由于阿拉伯国家联盟和伊斯兰会议组织的呼吁,以及缺乏其他方法等情况,基于审慎的政治权衡与人道关注的压力影响,安理会通过了有关武力干预的 1973 号决议。② 综上,在人道主义武力干预问题上,寻找替代安理会的决策权威以及变更或硬性限制否决权等决策机制是不恰当的,这将损害国际秩序与人权保护等相互关联问题的综合权衡与妥善处理。在维持安理会决策权威及其内部的权力运作机制的基础上,可以要求和强化的是,安理会成员尤其是常任理事国以更加负责任和透明的方式行使其决策权力,同时,安理会应当与区域组织等多元主体及多样性的治理机制加强和完善"协同治理"的伙伴关系,从而使联合国安理会在基本人权保护全球治理中更加合理有效地发挥其积极作用。

---

① Walter Lotze, "A Tale of Two Councils—The African Union, the United Nations and the Protection of Civilians in Côte d'Ivoire", *Global Responsibility to Protect*, Vol. 3, No. 3, 2011, pp. 365 – 375.

② Paul D. Williams and Alex J. Bellamy, "Principles, Politics, and Prudence: Libya, the Responsibility to Protect, and the Use of Military Force", *Global Governance*, Vol. 18, Issue 3, 2012, pp. 273 – 297.

(七) 实施主体

根据《联合国宪章》的原有规定,安理会可以依据《联合国宪章》第 42 条采取武力措施维持或恢复国际和平安全,但这种武力强制措施应当由根据第 43 条之"特别协定"所建立的联合国军队来实施。① 而且,第 44、45 条要求由联合国统一指挥和控制,其中安理会的军事参谋团起重要作用。② 然而在冷战时代,美苏两大政治军事集团的对立使缔结"特别协定"所必需的政治上的一致无法达成,这使第 43 条形同虚设。在此情形下,联合国只得援引《联合国宪章》第 7 章对会员国进行授权,通过会员国单独或在区域组织框架内对和平的严重威胁或破坏诉诸武力,已经逐渐成为安理会的常见做法。③ 但是,"授权使用武力"的做法却是一个颇有争议的问题。综观《联合国宪章》第七章,并没有任何有关"授权使用武力"的明确规定。事实上,"授权使用武力"不仅缺乏明确的《联合国宪章》条款依据,而且严重削弱了联合国在全球治理中的职能作用。④

---

① 《联合国宪章》第 43 条规定,一、联合国各会员国为求对于维持国际和平及安全有所贡献起见,担任于安全理事会发令时,并依特别协定,供给为维持国际和平及安全所必需之军队、协助及便利,包括过境权。二、此项特别协定应规定军队之数目及种类,其准备程度及一般驻扎地点,以及所供便利及协助之性质。三、此项特别协定应以安全理事会之主动,尽速议订。此项协定应由安全理事会与会员国或由安全理事会与若干会员国之集团缔结之,并由签字国各依其宪法程序批准之。

② 《联合国宪章》第 45 条规定,为使联合国能采取紧急军事办法起见,会员国应将其本国空军部队为国际共同执行行动随时供给调遣。此项部队之实力与准备之程度,及其共同行动之计划,应由安全理事会以军事参谋团之协助,在第四十三条所指之特别协定范围内决定之。《联合国宪章》第 46 条规定,武力使用之计划应由安全理事会以军事参谋团之协助决定之。

③ Antonio Cassese, *International Law*, Oxford: Oxford University Press, 2005, pp. 339 - 340.

④ 联合国负责政治事务的前副秘书长布莱恩·厄克特认为,针对 1990 年伊拉克入侵科威特,联合国安理会的反映果断、及时,但它却没有严格地按照《联合国宪章》第七章行事。《联合国宪章》第七章的条款清楚地表明,强制执行措施必须由安理会及其军事参谋团来控制,"授权使用武力"违背了《联合国宪章》第七章的具体条款。这种类似的违反也发生在 1950 年的朝鲜战争中。"授权使用武力"的现象表明《联合国宪章》第七章的条款没有得到真正落实,安理会自身缺乏采取行动的实际能力。能够应对侵略等国际问题的在很大程度上依然只是美国及其盟国的军事力量,而且,这样的应对取决于美国及其盟国的利益关注。因此,在冷战后,作为一个全球性的国际组织,联合国应当确保拥有处理国际局势的意愿和能力,为了公正合理地应对国内冲突、人道主义危机等,联合国应当根据《宪章》第七章建立一支适当的可由自己直接支配、运用的军事力量。[美]布莱恩·厄克特:《冷战后的联合国与国际安全》,载[英]亚当·罗伯茨、[新西兰]本尼迪克特·金斯伯里主编,吴志成等译:《全球治理:分裂世界中的联合国》,北京:中央编译出版社 2010 年第 1 版,第 90 - 109 页。

然而,赞同"授权使用武力"的学者试图以"明示权力说"或"暗含权力说"进行合法性论证。[①] 但从《联合国宪章》的基本目的来看,《联合国宪章》的本意是要把武力的使用控制在一个中央实体(central body)中,而授权这种新体制却实际把武力的使用权分散到各个国家,即"非中心化",尽管这是由中心实体授予的。[②] 因此,"明示权力说"或"暗含权力说"对"授权使用武力"的合法性论证并不符合《宪章》以及集体安全制度的目的、宗旨,所谓的"明示权力"或"暗含权力"也将严重削弱联合国在全球治理中应有的职能作用。而且,实践已经表明,授权一旦作出以后,安理会就基本上失去了对武力使用的实际控制。因而造成了武力滥用等诸多问题。

对于基于人道保护目的的武力使用问题,鉴于"授权使用武力"缺乏明确的《宪章》条款依据,以及人道主义武力干预在实践中已经出现的诸多问题,尤其需要强化以联合国为代表的武力集体实施机制,改变过去那种由安理会授权实际交由西方国家主导控制的情况。需要特别指出的是,安理会在使用武力问题上被赋予的不仅仅只是一种权力(特权),更多的是一种重大的国际责任。权力可以授予转移,但对于责任,有学者指出,相关责任不能授权委托。[③] 因此,对于基于人道保护目的的武力使用,授权且缺乏控制的变通做法尤其应当禁止。西英格兰大学(University of the West of England)的 James Pattison 分析提出了在人道主义武力干预的实施方面应当建立和严格遵循的各项正当行为标准,例如,就比例原则而言,武力的使用必须始终基于保护平

---

① "明示权力说"认为,虽然《联合国宪章》第 7 章中没有明确的"授权"字眼,但在其中仍能找到具体法律条文作为授权的明示依据;"暗含权力说"认为,在《联合国宪章》没有明文规定的情况下,应当运用适当的法律解释方法对《联合国宪章》进行解释,授权使用武力是安理会的一种暗含权力。戴轶、李文彬:《试论安理会授权使用武力的法律规制》,载《现代国际关系》,2008 年第 4 期,第 36 - 42 页。

② Antonio Cassese, *International Law*, Oxford: Oxford University Press, 2005, p. 350.

③ 黄瑶:《论禁止使用武力原则:联合国宪章第二条第四项法理分析》,北京:北京大学出版社 2003 年版,第 269 页。

民和维持和平的目标,而不是打败敌人。James Pattison 认为,联合国安理会
应当监控和确保其授权的武力干预符合各项正当行为标准。[①] 笔者认为,对
于人道主义武力干预的具体实施,分析研究和逐步确立应当遵循各项正当行
为标准是十分必要的,但是,让联合国安理会监控和确保其授权的武力干预的
正确实施却是极为困难的,除非安理会对武力干预的具体实施拥有充分的决
策和指挥权力。为确保武力干预的正确实施,基于人道保护目的的武力使用
必须严格地由联合国控制、实施。一种方式是由独立于成员国的联合国的军
事力量直接组织实施;一种方式是各国提供军事力量交由独立于成员国的联
合国的军事决策、指挥机制予以实施。不过,在任何危机发生之前,向联合国
永久性地大规模派遣部队仍然是不现实的。"国家可能更倾向于用一事一议
的方式向联合国行动提供军事力量,让它们对事件有更多的控制。……在对
可能供联合国使用的国家军事单位进行编号、准备和训练等方面,已经取得了
一些进展。"[②]因此,对于基于人道保护目的的武力使用问题,目前应当采用一
事一议的方式由各国提供军事力量,交由联合国直接支配使用。

---

① James Pattison, "Humanitarian Intervention, the Responsibility to Protect and jus in bello",
Global Responsibility to Protect, Vol. 1, No. 3, 2009, pp. 364 - 391.
② [英]亚当·罗伯茨、[新西兰]本尼迪克特·金斯伯里著,吴志成等译:《全球治理:分裂世界中
的联合国》,北京:中央编译出版社 2010 年第 1 版,第 42 页。

第二章
国际经济法律秩序:立法建构与制约挑战

（肖　冰　陈　瑶）

美国不断升级的单边主义政策和一系列"弃约"行为对"二战"后形成的、体现人类文明智慧的多边经济体制及其法治原则构成越来越严重的威胁，WTO眼下所面临的危机①无疑是这种威胁带来的最直接，甚至被视为最具颠覆效应的事件。但是，回溯国际经济法律体制的建构基础、演进规律可知，由国际秩序的规范性内涵和"无政府"国际社会的平权政治结构所决定，塑造、调整及维护国际秩序的法治化过程从来就不是一蹴而就和一帆风顺的，建构与解构国际秩序的正负两种力量始终并存且处于博弈、对抗之中。当今世界正处于百年未有之大变局，整个国际体系的基础正在发生变化，国际秩序面临重构，国际经济法律体制因应国际政治现实、经济发展需求之重大变革已经成为当下最重要的时代命题；而如何把握变革方向，特别是面对逆全球化思潮和保

---

① WTO与国际货币基金组织（International Monetary Fund，IMF）、世界银行集团（World Bank，WB）及其制度体系构成现行国际经济法律秩序的三大支柱，但目前WTO运行已陷入困境，除谈判停滞多年、监督日渐乏力外，最能体现其法治约束功效的争端解决机制（Dispute Settlement Mechanism，DSM），也因美国阻挠其上诉机构成员的正常选任致法定人数不足而名存实亡：2018年9月30日上诉机构成员已降到3位临界数位，程序运转的合法性已难保证；至2020年11月30日，上诉机构最后1位成员正式离任，彻底停止了运转。

护主义日益蔓延的严峻挑战,如何构建更加公正合理、稳定有序的国际秩序,则是国际社会回应这一重大变革需要面对的首要问题。

第一节　国际经济法变迁:从规范到体制

自《威斯特伐利亚和约》签订以来,国际经济法律体制像其他国际法制度一样,历经循环往复,其制度和秩序经历了从稚嫩到成熟、由简单至复杂、"碎片化"与"体系化"并存、"权力导向"与"规则导向"交织的曲折变迁过程。如有学者所言,国际立法的光和影真实地反映出通过那个时代的世界各国的希望与期待,同时也反映出挫折与失望。[①]　总体而言,现代国际经济法律体制的形成与发展大致经历了四个阶段的演变过程:

一、国际经济法律规范初见

一般认为,现代国际经济法律体制的形成是第二次世界大战以后的事情。但是,事实上,不仅人类追求建构一个由共同原则支配的世界的思想古已有之,而且规制国际经济活动的法律规范亦由来已久。追溯起来,自从有了国家,有了国家之间的经济交往,就产生了某些调整国际经济活动和关系的法律规范与制度。但在古代或近代,由于各种社会关系简单,法律体系形态表现为"诸法合体",调整跨国间经济交往的法律规范,于国内法渊源,无论中外,大多表现为涉外民商事或行政管理规范。除此之外,在某些地区(如地中海沿岸各国),商人之间的国际商事活动相对频繁,因而在实践基础上逐渐形成了一些

---

①　[日]村濑信也著,秦一禾译:《国际立法:国际法的法源论》,北京:中国人民公安大学出版社2012年版,第Ⅰ页。

具有约束力的商业交易习惯。正是这些涉外经济规范与商人习惯法为国家间的经济合作与国际经济法律体制的形成奠定了基础。当然,由于当时国际经济领域的相关实践尚不普遍,国际经济法律表现为零星分散、不成体系的规范样态。

从古代少量的和平条约到中世纪宗教改革后缔结的系列协定,以及一些主要国家的经常性实践,虽然也反映出国际法制从无到有的渐进轨迹,但其内容零散、影响力缺乏。就内容而言,大多局限于领土争夺、宗教斗争等领域,并不单独涉及经济问题——经济往往是附随性的,统治者通过战争实现占领、通过占领实现包括经济在内的社会控制和统治。就影响力而言,在交通和技术、信息均不发达的背景下,这些条约和实践一般仅对当事方以及狭小区域内的群体产生影响,扩展性十分有限。

二、国际经济法律制度产生

1648 年欧洲大陆签订的《威斯特伐利亚和约》(The Peace Treaty of Westphalia)是现代意义上以主权国家为主体的国际法律制度产生的重要标志。该和约的缔结,使主权的概念得到普遍承认,几乎所有中欧小国都通过在和约上签字获得了主权,影响深远的"威斯特伐利亚体系"亦由此得以确立。与既往国家间零星的协定不同,该和约不仅标志着一个由众多主权国家组成的实际的国际社会的存在,而且标志着一种对国际行为产生直接约束力的国际法的产生。[①] 尽管约文的主要内容仍是有关领土、主权以及宗教权利等,并未直接出现有关经济内容的条款,但是,该和约之缔结对于国际经济法律体制具有重大意义,产生了两方面重要的法律后果:一方面,确立领土、主权关系,事实上包含着对经济活动范围和管制权的承认;另一方面,若干主权国家的诞

---

① 梁西主编:《国际法》,武汉:武汉大学出版社 2003 年版,第 19 页。

生实现了对当时神圣罗马帝国统治权的某种限制,从而为后续若干国际经济法律制度的构建奠定了重要基础。毕竟,主权独立了之后才可能各自更加独立地发展,从而才可能进一步产生差异性,产生相互依赖,产生一种可供利用和操纵的脆弱性。①

　　事实上,政治与经济在早期的国际法发展进程中密不可分。无论是被许多国家奉为行动圭臬的格劳秀斯的《战争与和平法》,还是后续影响深远的《奥本海国际法》,除了阐述交战、和谈等基本原则和规则之外,也论及了经济方面的财产问题、契约问题、国家对不法行为的责任中的契约债务和损害赔偿问题等。② 与此同时,早期的通商航海条约虽然被公认为属于国际经济规则范畴,但其政治意涵并不亚于经济:缔约各方开始结束对立、封闭乃至战争的状态,基于“友好”而逐渐开启经济要素的交流。当然,其中的条款在技术层面大都简单粗糙,无法与后世系统而又复杂的国际经济法律制度相比拟。

　　至19世纪,与经济有关的一些重要的国际组织、国际条约和国际法编纂活动开始出现,并逐渐活跃。比如,1883年的《保护工业产权巴黎公约》、1886年的《保护文学和艺术作品伯尔尼公约》,为国际贸易与投资领域制度和秩序的建立、运作奠定了基础;有关关税优惠的协定,有关小麦、食糖等商品的国际贸易问题,都已在这个时期的商务条约中有所反映;大多数商务条约也已包含在后续许多重要国际经济条约中具有关键性地位的最惠国待遇条款。③ 又如,国际联盟1930年的海牙会议对构成国际经济活动制度前提的国籍、领水、国家责任中的外国人待遇问题有所讨论。事实上,在国际联盟存续期间,虽然

---

　　① [美]罗伯特·吉尔平著,杨宇光等译:《国际关系政治经济学》,北京:经济科学出版社1989年版,第30页。

　　② 参见[荷]格劳秀斯著,马呈元译:《战争与和平法》(第Ⅰ卷),北京:中国政法大学出版社2018年修订版,第37页。也参见[英]劳特派特修订,王铁崖、陈体强译:《奥本海国际法》(上卷),北京:商务印书馆1989年版,第257-264页。

　　③ [英]劳特派特修订,王铁崖、陈体强译:《奥本海国际法》(上卷),北京:商务印书馆1989年版,第336-337页。

并非所有的议题都形成了颇有成效的一致性结论，但是，显然，一方面，其经验和教训为后续联合国的成立及制度建设构筑了非常重要的基石；①另一方面，伴随着协调国家间经济矛盾和拓展经济合作的国际法律规范的不断丰富，国际经济法律规范体系渐成规模，并日趋系统化。总体上，国际经济法律体制已初显端倪。

三、国际经济法律体制确立

第二次世界大战之后，国际经济关系的巨大变化和快速发展带来了国际经济法律制度的长足进步。一方面，各国经济管制法律、法规的量与质都有了惊人的发展，几乎辐射到跨国经济活动的所有领域（如外贸法、外资法、外汇管理法等）；另一方面，大量国际条约的涌现，特别是一系列具有普遍意义的国际经济条约（如《联合国宪章》《布雷顿森林协定》《关税与贸易总协定》[General Agreement on Tariffs and Trade，GATT]等）的产生，标志着现代国际经济法律体制的最终确立。总体上，第二次世界大战之后，国际经济法律体系呈现出由不完备到逐渐完备，由双边关系向多边关系发展，由约束力较小到约束力逐渐增强的态势，体制化进程由此确立。

现行国际经济法律体制以布雷顿森林会议通过的各项协定（统称为"布雷顿森林体系"，Bretton Woods System）为核心，构建了以外汇、资本和贸易自由化为主要内容的国际多边经济法律体制。

1944 年，44 个国家的代表在美国新罕布什州的布雷顿森林召开会议，商讨如何重建已经崩溃的国际货币体系，建立一个公共管理的国际货币秩序。根据体系的主要设计者美国财政部官员哈里·D. 怀特的观点，"没有主要国

---

①　See United Nations，http://www. un. org/en/sections/history/history-united-nations/index. html，last visited Aug. 9，2021.

家间高度的经济协作将……不可避免地导致经济战争,经济战争将成为更大规模军事战争的序幕和导火索"①。基于国际经济协作这一主导性原则,布雷顿森林系列协定缔造了 IMF 以及 IBRD,并将美元与黄金挂钩,其他国家货币通过含金量的计算与美元挂钩,实行可调节的固定汇率制,使美元成为国际储备货币。这一体系构建了第二次世界大战之后国际经济活动中货币与金融的基本秩序框架,对战后重建具有重要意义。多边体系的机制和理念也得到了初步的锤炼。

首先,为世界提供了一个固定汇率制度。基于 30 年代浮动汇率制引发的"大萧条"以及两次世界大战期间货币制度混乱引发的灾难,布雷顿森林协定各国同意承担稳定汇率的义务。按照协定条款,成员国须把各自货币同美元挂钩,规定与美元的比价,间接与黄金挂钩;承诺各自货币与美元自由兑换,并将对美元的汇率维持在平价 1% 之内波动。成员国只有在国际收支发生根本性的不平衡时,才可以调整,而且须同国际货币基金组织磋商,并得到同意。②

其次,成立了 IMF 和 IBRD 这样体现一定公共管理机制,具有多边属性的货币与金融管理机构。根据 IMF 协定,各成员有义务发展保持金融和经济稳定有序所必要的基本条件,保证同基金组织和其他会员国进行合作,以保证有序的外汇安排,并促进一个稳定的汇率制度。协定还规定了较为详细的组织和管理的规则,许多重要事项需要总投票权的 70%、85% 多数通过。③ 当然,协定也兼顾到成员自身的管制权问题,允许在特定情况下,豁免某些义务。譬如根据协定,成员一方面担负稳定汇率的义务,另一方面,国际收支发生根

---

① [美]J. E. 斯贝菇著,储祥银、李同忠、谢岷译:《国际经济关系学》,北京:对外贸易教育出版社 1989 年版,第 25 页。

② See Schedule C of "Articles of Agreement of the International Monetary Fund: Adopted at the United Nations Monetary and Financial Conference", Bretton Woods, New Hampshire, July 22, 1944, paras. 6 - 7.

③ Ibid, article XII, Section 2(c) of article 3, Section 7 (c), (d), (e) of article VI and Section 2 of article XV.

本性的不平衡时，可以按照程序进行调整，而且，对于成员基于社会和政治方面政策而提出的变更票面价值的要求，基金组织不得拒绝。[①] 所有这些安排，都体现了国际多边合作的理念和原则。IBRD 协定也类似，成员期望它向私人贷款提供担保，发行证券以筹集新的基金，尽快使战后经济迅速恢复。协定中也规定了成员资格、组织与管理制度等，也体现出明显的多边性。比如，该协定第 6 条第 3 节规定，任何会员国在其丧失国际货币基金组织会员国资格 3 个月后，即自动丧失其为世界银行会员国的资格，除非经总投票权的 3/4 多数通过允许该国仍为会员国。

再次，货币与金融制度的多边推进，为国际贸易多边体制的发展提供了重要支持。在第二次世界大战之后的相当长时期，各国之间的经济往来仍然以商品交易为主，国际贸易秩序的重建是国际经济秩序恢复的主要内容，却存在两个领域的制度障碍：一是关税壁垒，一是竞相贬值的汇率政策。[②] 两大领域问题存在相似性：以邻为壑、报复性关税、汇率管制缺乏统一的原则和标准等。同时，两大领域也会互相影响：货币与金融的管制措施影响包括贸易在内的经济状况，反过来，贸易状况也反映、影响着货币与金融秩序。布雷顿森林体系在成立 IMF 和 IBRD 的同时，还曾计划成立国际贸易组织（International Trade Organization, ITO），意图使之成为能够控制与协调战后世界经济，集"货币—金融—贸易"三方面调控于一体的机构。ITO 由于美国国会的反对而流产，但其部分功能却被《关税与贸易总协定》所取代，并临时适用近 50 年之久。GATT 延续了多边主义精神，其贸易自由化的理念和原则、统一标准和成员自我管制权之间的协调等与 IMF、IBRD 秉持的促进自由化、国际协作

[①]　See Schedule C of "Articles of Agreement of the International Monetary Fund: Adopted at the United Nations Monetary and Financial Conference", Bretton Woods, New Hampshire, July 22, 1944, para. 7.

[②]　[美]科依勒·贝格威尔、罗伯特·W. 思泰格尔著，雷达、詹弘毅等译：《世界贸易体系经济学》，北京：中国人民大学出版社 2005 年版，第 1 - 2 页。

等原则是基本一致的。

概括起来考察,第二次世界大战之后,《联合国宪章》所确立的现代国际关系(包括但不限于国际经济关系)的基本法律原则得到了国际社会的普遍承认;布雷顿森林体系确立的国际经济法律体制也开始发挥积极作用:GATT 拟定了贸易领域关税管制措施规制的基本制度;IMF 确立了促进国家间货币合作和成员短期收支平衡,以缓解国际收支危机的基本原则和制度;IBRD 则通过向发展中国家融通资金,引导投资方向,促进了发展中国家经济的长期稳定增长。

第二节　当代国际经济法律体制的支柱及其功能

现行国际经济法律秩序是以布雷顿森林体系为基础,逐渐发展而确立的。国际货币基金组织(International Money Fund,IMF)、世界银行集团(World Bank,WB)和世界贸易组织(World Trade Organization,WTO)三大国际组织及其制度体系构成现行国际经济法律体制的支柱。

一、国际货币基金组织(IMF)及其制度体系

(一) IMF 及其宗旨

IMF 系根据 1944 年 7 月布雷顿森林会议签订的《国际货币基金协定》(Agreement of the International Monetary Fund,以下简称《IMF 协定》),于 1945 年 12 月 27 日成立,是国际货币体系的主要支柱,也是目前国际社会唯一承担货币政策和国际支付规则协调的机构。IMF 通过监察货币汇率和各国贸易情况、提供技术和资金协助等,以确保全球金融制度运作正常;《IMF 协定》则以国际法律规范的形式明确规定了国际货币基本制度体制。

IMF 的宗旨与决策原则为:(1)通过设置一常设机构,便于国际货币问题

的商讨与协作,以促进国际货币合作。(2) 便利国际贸易的扩大与平衡发展,以促进和维持高水平的就业和实际收入,以及所有会员国生产资源的发展,并将其作为经济政策的首要目标。(3) 促进汇价的稳定,维持会员国间有秩序的外汇安排,并避免竞争性的外汇贬值。(4) 协助建立会员国间经常性交易的多边支付制度,并消除妨碍世界贸易发展的外汇管制。(5) 在充分保障下,以基金的资金暂时供给会员国,使之有信心利用此机会调整其国际收支的不平衡,而不致采取有害于本国或国际繁荣的措施。(6) 依据以上目标,缩短会员国国际收支不平衡的时间,并减轻其程度。

IMF 的最高权力机构是理事会,日常业务由执行董事会负责处理。其基本职能有二:一是执行协定条款和监督协定的执行情况,保证国际货币体系的正常运转;二是向成员国提供贷款,以缓解成员国的国际收支困难。

中国是 IMF 的创始成员国之一。1980 年 4 月 17 日 IMF 恢复了中国的合法席位。

(二) IMF 体制的修订与问题

IMF 及其运转对于维持战后国际货币体系、稳定汇率以及扩大国际贸易和促进经济发展均起到重要作用。然而,从 20 世纪 60 年代以后,随着国际货币危机的加深,IMF 的弱点也越来越明显地暴露出来。为应对其正当性危机和频频爆发的金融危机,《IMF 协定》经过了 1968、1976、1990、1997、2008、2010 数次修订。最近一次的修订是在 2010 年,修订文本于 2016 年 1 月 26 日生效。[①]

概括起来,迄今,IMF 制度的重要修订及其相关问题主要有:

1. 固定汇率制向浮动汇率制的转变

汇率制度是《IMF 协定》影响世界经济的重要工具。协定的缔造者们受

---

① See Articles of Agreement of the International Monetary Fund(2016),http://www.imf.org/external/pubs/ft/aa/pdf/aa.pdf, last visited Aug. 9, 2021.

战争和 20 世纪 30 年代经济"大萧条"影响较深,认为是各国货币的无限制竞相贬值造成了恶果,遂规定了黄金、美元双挂钩的固定汇率制。但是,随着战后主要国家和地区经济实力对比状况的变化,这种固定汇率制所隐藏的巨大风险开始显现。由于汇率调整会对国内经济团体产生直接影响,许多国家为了避免政治风险,总是力图避免变动汇率,除非市场力量迫使他们不得不作出较大变动。① 这就导致官方汇率经常不能反映市场实际,从而为投机者留下巨大获利空间。为兑现维持货币固定价值,波动幅度不超过 1% 的承诺,成员不得不采取各种干预措施,原先"一致性"的期望很快就被混乱的现实所粉碎。随着各国浮动汇率的实施、美国贸易收支在 1970 年前后的恶化以及 1971 年美国总统尼克松宣布暂停美元兑换黄金,布雷顿森林体系崩溃,使得《IMF 协定》的一些条款失去了意义。1976 年 IMF 完成了协定的第二次修订②,确认浮动汇率合法化。

浮动汇率制实施以来,不断暴发的严重金融危机表明,IMF 体制应对国际货币竞争的无序局面能力不足;而伴随成员经济实力分布朝着多元化方向进一步发展,各国金融体系在浮动汇率制之下的相互依存性均进一步增强。而且,因为参与者的增多,相互间的影响关系愈加复杂而难以预判,稳定汇率秩序的难度日益增大。

2. 特别提款权制度

特别提款权(Special Drawing Right,SDR)是《IMF 协定》1968 年 5 月第一次修订时设立的,③作为固定汇率制之下补充成员官方储备的一种国际储备资产和记账单位,有"纸黄金"之称。IMF 成员可以用可自由兑换的货币兑

---

① [美]J. E. 斯贝茹著,储祥银、李同忠、谢岷译:《国际经济关系学》,北京:对外贸易教育出版社 1989 年版,第 48 页。

② 此次修订后的文本被称为《牙买加协定》(Jamaica Agreement),于 1978 年 4 月 1 日生效。由此所确立的国际货币体系也称为"牙买加体系"。

③ 此次修订通过了设立"特别提款权"的决议,修订文本于 1969 年 7 月 28 日生效。

换特别提款权,所持有的特别提款权也可以经由成员间的自愿安排进行交易,兑换成货币,以维持自身汇率的稳定。此外,根据协定第 15 条第 1 节和第 18 条,特别提款权可以依据成员在基金中所持有的份额比例在彼此间进行分配。根据 IMF 制度安排,特别提款权发挥了补充性的储备资产和记账单位的重要功能。而且,其作用早已不限于成员之间,在其他国际组织的金融活动中,也被广为采用。

固定汇率制转变为浮动汇率制后,资本市场的繁荣促使信用高的成员在国际资本市场上大量借贷,许多成员也开始囤积大量国际储备资产。这些情况的出现,一度降低了成员对作为全球储备资产的特别提款权的信赖。但是,在 2008 年全球金融危机中,特别提款权在全球经济体系的清算以及补充各国官方储备资产方面发挥了关键性的作用,使得业界重新思考特别提款权的功能和作用。[①]

特别提款权的价值由美元、欧元、人民币(2016 年 10 月 1 日后)、日元、英镑五种货币各自按比例构成。这五种货币的集合担当了全球汇率稳定器的角色。尤其是人民币的"入篮",为国际货币汇率体系注入了新的因子,使得中国的汇率制度及其金融法律制度与整个国际汇率监管体系之间的联系与相互作用不断增强。

3. "条件性"(Conditionality)问题

"条件性"是指若成员要申请动用基金的资源,应当符合相应的条件。《IMF 协定》1968 年第一次修订时列入了该要求。其核心约束条件是《IMF 协定》第 5 条第 3 节的规定。"条件性"作为协定的一项重要制度,自其产生时

---

① See Elena Flor, The Debate about the SDR as a Global Reserve Currency and SDR Denominated Securities, No. 1, February 2010, http://www. federalist-debate. org/index. php/current/item/115-the-debate-about-the-sdr-as-a-global-reserve-currency-and-sdr-denominated-securities, last visited 18 April, 2021.

起就争论不断,历次面临重大金融事件之时,成员以及各相关群体都为此产生过明显分歧。发展中国家一般认为,基金贷款所附的条件应当有所限制,国际收支的调节不应当破坏国内的政策均衡,内部的稳定对发展更重要;发达国家则相反,认为发展中国家应当将解决国际收支失衡问题置于首位,贷款的条件性可以发挥有效的约束作用,促其矫正。然而,在 1998 年亚洲金融危机中,IMF 对贷款所要求的条件性并没有发挥预期的正向效应,反而使受援方境况进一步恶化,尤其是印度、泰国等。[①] 迄今,有关条件性的问题仍然没有定论,依旧是历次修订、会议讨论的热点议题之一。一方面,根据《IMF 协定》条文,基金资金的适用必须符合 IMF 的宗旨,必须为基金资金的暂时性使用提供保障。这是提高基金资金使用效率、安全性和精准性所必需的制度。另一方面,由于 IMF 现有的组织结构、表决制度等问题,一些贷款条件触及成员的自主管制权,甚至变成对成员某些经济、非经济活动的变相约束。

目前,"条件"的范围一般限于成员能够直接或间接合理控制的变量或措施,或者对成员的项目目标以及实施该项目至关重要,或为实施基金协定条款及相关政策具体规定所必需的要素。所有符合这些要求的都可作为条件。当然,条件通常应为 IMF 核心职责范围内的宏观经济变量和结构性措施,包括宏观经济的稳定、货币、财政、汇率政策,以及与结构性措施紧密相连的底层制度安排、与国内国际金融市场功能有关的金融系统性问题等。[②] 但是,核心职责之外的变量和措施,经解释具有特别重要意义也可能成为条件。

4. 一致性和特殊性——《IMF 协定》第 4 条和第 8 条之问题

根据牙买加货币体系,各成员在具有任何汇兑制度自由选择权的同时,也具有以促进价格稳定为目的、避免操纵汇率的义务。《IMF 协定》第 4 条和第

---

① 蔺捷:《金融危机背景下 IMF 贷款条件性改革》,载《国际商务研究》,2011 年第 5 期,第 40 页。

② See the Legal Department of the IMF, Guidelines on Conditionality, Selected Decisions and Selected Documents of the IMF, Thirty-Eighth Issue, February 29, 2016, pp. 303, 306.

8条都规定了成员国外汇安排和避免限制经常性支付的一般义务。然而，基于成员状况的复杂性，第4条和第8条规定的义务都有例外。比如，第4条第1节(i)项规定，成员应该努力以自己的经济和金融政策来达到促进有秩序的经济增长这个目标，既使价格合理稳定，又适当照顾自身的境况。何为"适当照顾"？第4条第3节(b)项规定，IMF对成员有监督权，并应制定具体原则，以在汇率政策上指导各成员。这些原则应尊重成员国内的社会和政治政策，并在执行时对成员的境况给予应有的注意。这也是弹性较大的条款，留有许多解释的空间。第8条第2节规定了成员避免限制经常性支付的义务，但是协定后续第14条又规定了过渡办法，即也形成了制度上的例外。在执行董事会的许多文件中，这些一般义务和例外都是重点阐述的问题。其过程也反映出IMF在协调成员汇率政策和国际支付政策方面的功能。譬如，在2014年，基金协定执行董事会提出，宏观金融分析应当成为第4条磋商的一个组成部分，应当更加重视宏观审慎政策。至2017年，执董会进一步建议将宏观金融分析和政策建议纳入第4条内容。①

（三）IMF 的独特功能

整体而言，IMF通过汇率政策和国际支付政策两个抓手，为稳定世界经济秩序发挥了重要作用。尽管一次次的制度变迁似乎总是危机驱动，制度的调整效果也常常出乎设计者和参与者意料，但是，此种状况丝毫不能掩盖这一组织机制在整个国际经济法律体系中的独特功能。首先，稳定汇率秩序即为国际社会主要的经济活动——贸易与投资提供了关键性的制度保障。其次，《IMF协定》特别提款权等设计一定程度上分散了全球经济风险。再次，IMF通过向成员提供短期贷款，协助其解决国际收支不平衡问题，发挥了类似最后

---

① 国际货币基金组织：《促进包容性增长——国际货币基金组织2017年年报》，2017年8月，http://www.imf.org/external/pubs/ft/ar/2017/eng/pdfs/AR17-CHI.pdf，第34页，最后访问时间：2021年4月18日。

贷款人的功能,为汇率秩序筑起了最后一道防线。在履行这一职责的过程中,通过"条件性"等要求以及经济监督、磋商等活动的开展,也提升了体系的一致性。第四,IMF 集中、多边管理的方式,也使得国际社会能够调动资源执行国际公共事务。例如,为发展中国家提供特别贷款,为重债不发达国家提供技术援助、削减债务等。此外,基于货币对于主权国家的重要意义,基金组织事实上还具备一定的政治功能。譬如对金融危机、经济危机的集体应对、对重大国际事件的经济支持等。

当然,随着国际经济关系的不断发展,如同贸易法律体系中许多在早期助其成功的因素反而后来成为它的阿喀琉斯之踵,[1]国际货币金融现行体制也暴露出诸多制约因素,并影响其功能的进一步发挥。比如"条件性"要求可能被滥用,进而违反主权平等、不干涉内政等现代国际法基本原则。第 8 条义务和第 14 条过渡期的安排虽然顾及了不同成员间的特殊性,但是否由过渡期状态转为成员一般义务状态,并不存在强制性要求,因而,也留下了规避义务的空间。另外,协定对于违反义务行为的法律后果并没有特别设计,至多不能获得贷款或终止成员资格,其实效性仍待提升。

总之,国际货币基金组织作为国际货币金融领域的核心机构,运行多年,其功能需要进一步维持并完善。如果我们能从过去学到任何教训,那就是稳定是来之不易的,同时也是很容易失去的;目前没有人能知道全球资本流动加速会带来哪些新的风险,但我们必须要对下一个威胁稳定的因素保持警惕和敏锐,这至关重要。[2]

---

① [美]约翰·H. 巴顿、朱迪思·L. 戈尔斯坦、蒂莫西·E. 乔思林、理查德·R. 斯坦伯格著,廖诗评译:《贸易体制的演进——GATT 与 WTO 体制中的政治学、法学和经济学》,北京:北京大学出版社 2013 年版,第 3 页。

② [美]苏珊·伦德、菲利普·哈勒:《全球金融体系重建》,载《金融与发展》,2017 年第 12 期,第 45 页,http://www.imf.org/external/chinese/pubs/ft/fandd/2017/12/pdf/lund.pdf,最后访问时间:2021 年 4 月 18 日。

二、世界银行集团及其制度体系

世界银行集团(World Bank Group)也是 1944 年布雷顿森林体系后成立的重要国际经济组织,为政府间国际金融机构,于 1947 年成为联合国专门机构之一。其组成包括国际复兴开发银行(International Bank for Reconstruction and Development, IBRD)、国际开发协会(International Development Association, IDA)、国际金融公司(International Finance Corporation, IFC)、多边投资担保机构(Multilateral Investment Guarantee Agency, MIGA)和国际投资争端解决中心(International Centre for Settlement of Investment Disputes, ICSID)五个部分。世界银行起初是帮助第二次世界大战中被破坏的国家重建,后转变为资助发展中国家克服穷困;其各机构在减轻贫困和提高生活水平的使命中发挥着各自独特的作用:IBRD、IDA、IFC 主要通过促进投资、发放贷款来促进欠发达国家的经济和社会进步,推动世界经济健康发展;MIGA 是通过为合格投资提供担保以推动投资更多地流向发展中国家;ICSID 则主要是为符合条件的投资争议提供争端解决机制。这些国际经济组织的功能也有差异。

(一) IBRD、IDA、IFC

如前所述,IBRD 是 1944 年布雷顿森林会议的成果之一。其协定也是世界银行集团五个机构中最早达成的协定。根据该协定第 1 条的规定,IBRD 的职责主要包括:协助成员境内的复兴与建设,鼓励欠发达国家生产设施与资源的开发;利用担保或参加私人贷款及其他私人投资的方式,促进外国私人投资;鼓励投资,促进国际贸易长期均衡增长,并保持国际收支平衡,协助成员提高生产力、生活水平和改善劳动条件;就所贷放或担保的贷款与通过其他渠道的国际性贷款有关事项作出安排,以便使更有用和更迫切的项目不论大小都能优先进行。IBRD 在减少贫困方面发挥的作用显著。自 1946 年以来,该组织为减少贫困发放的贷款已累计 5 000 多亿美元。[①] 目前,IBRD 除了提供贷款和担保服务之外,还提供风险管理产品,以及有关公债、资产管理等方面金融能力和金融资源的咨询服务。

IDA 成立于 1960 年。根据其协定,协会的主要职责是帮助欠发达地区成员提高生产力和生活水平,特别是以比通常贷款条件更为灵活、在国际收支方面负担较轻的条件提供资金,以解决它们在重要发展方面的需要。[②] 相比较而言,IBRD 的贷款涉及领域众多,几乎包含所有产业部门,实践中多用于重大基础设施建设。IDA 的资金虽然也包含基础设施建设,但更多投资于基础教育、基本公共卫生服务、农业、机构改革等。IDA 贷款条件优惠,以零利率或非常低的利率发放,一般借款期限长达 25 至 40 年,还包括 5 至 10 年的宽限期。2017 年,IDA 批准的仅非洲(106.79 亿美元)、中东和北非(10.11 亿美元)的项目贷款总额已占其全球贷款总额的 60%。[③]

IFC 成立于 1961 年。根据其协定第 1 条,公司的主要职责是鼓励成员国,特别是欠发达地区成员的生产性私营企业的发展。机构主要通过三种方式实现这一功能:(1) 通过与私人投资者联合,帮助那些能通过投资,对会员国经济发展做出贡献的生产性私人企业,在其不能以合理条件获得足够私人资本的情况下,为其提供不需要政府担保的资金;(2) 设法寻求投资机会、私人资本及管理经验与技术的结合;(3) 鼓励国内外私人资本向成员国进行生产性投资,并为此创造有利条件。与 IBRD 和 IDA 不同的是,IFC 主要从世界资本市场筹集资金,其第一笔投资是在 1957 年,为德国电力设备生产商西门

---

① See IBRD, "*How IBRD Is Financed*", http://www.worldbank.org/en/who-we-are/ibrd, last visited 13 Jan., 2021.

② 参见《IDA 协定》(1960)第 1 条。

③ See Annual Report of World Bank (IBRD & IDA), 2017, https://openknowledge. worldbank.org/bitstream/handle/10986/27986/211119CH.pdf, p. 35, last visited 13 Jan., 2018.

子的当地分支机构建造巴西第一个集成组装工厂。[1] 在早期，该公司只关注金融部门，现在正在竭力拓展规模庞大的全球性咨询服务业务，融合全球产业和地方市场的信息知识，涵盖许多产业和产品，以提升私人企业在社会发展中的作用。例如，中国政府曾经在 2004 年就如何增加中小企业获得金融支持的机会向 IFC 寻求过技术支持。[2]

（二）多边投资担保机构（MIGA）

MIGA 是依据 1985 年缔结的《多边投资担保机构公约》（Convention Establishing the Multilateral Investment Guarantee Agency）[3]而成立。其职责是为外国投资、特别是外国私人投资中的非商业性保险提供担保，以促进生产性投资及相应技术流向发展中国家，促进世界经济的发展。

中国于 1988 年 4 月 30 日核准了该公约，成为机构的创始会员国，认购股份达 3.138％，在第二类会员国中居第一位。

1. MIGA 承保范围

MIGA 作为世界银行内的机构，其担保的风险为公约第 11 条所规定的货币汇兑、征收和类似措施、违约、战争和内乱风险。

根据投资者与东道国的联合申请，经董事会特别多数票通过，也可将上述风险范围之外的其他特定非商业性风险列入，但在任何情况下都不包括货币的贬值或降值。

2. MIGA 承保条件

（1）合格的投资。根据公约第 12 条的规定，合格的投资包括股权投资、

---

[1] See IFC, "IFC: the First Six Decades Leading the Way in Private Sector Development", 2016, https://www. ifc. org/wps/wcm/connect/6285ad53-0f92-48f1-ac6e-0e939952e1f3/IFC-History-Book-Second-Edition. pdf? MOD=AJPERES, p. 33, last visited 3 Jan. , 2021.

[2] Ibid, p. 54, last visited 3 Jan. , 2021.

[3] 1985 年 10 月于世界银行汉城年会上通过，故又称为《汉城公约》，于 1988 年 4 月 12 日生效；2010 年进行了修订。

股权持有者为有关企业发放或担保的中长期贷款,以及董事会确定的其他形式的直接投资。而且,经董事会特别多数票通过,可将合格的投资扩大到其他符合条件的中长期形式的投资。对于投资形式,还要求考虑投资的经济合理性及其对东道国发展所作的贡献、符合东道国法律、与东道国发展目标和重点相一致,以及东道国自身的投资条件,包括投资能够受到公正、平等的待遇和法律保护。

(2) 合格的投资者。公约第 13 条列出了对投资者的要求:如果是自然人,应为东道国以外一成员国国民;如果是法人,应在一成员国注册并在该国设有主要业务点,或其多数资本为成员国国民所有,在任何情况下,该成员国不能是东道国;该法人无论是否私营,须按商业规范经营。根据投资者和东道国的联合申请,经董事会特别多数票通过,也可将合格的投资者扩大到东道国的自然人、或在东道国注册的法人,或其多数资本为东道国国民所有的法人,但其所投资产应当来自东道国境外。

(3) 合格的东道国。公约第 14 条明确要求,只对发展中国家成员国境内所作的投资提供担保。同时,根据第 15 条,担保应当事先取得东道国政府的同意。

3. MIGA 功能价值

从 MIGA 的制度设计来看,目标非常明确:针对在发展中成员国境内所作的投资,而且投资应当是"具有生产目的(productive purposes)",没有对生产部门进行限制,所有经济部门具体的项目均可申请担保。[①] 担保项目的范围相对广泛,除了明确列出的条件之外,同时也赋予董事会多边决议机制一定的灵活性,经由一定程序可以扩大可担保对象的范围。可见,MIGA 对于发展中国家境内投资的涵盖范围很广。

---

① See MIGA, "Commentary on the Convention Establishing The Multilateral Investment Guarantee Agency", https://www.miga.org/documents/commentary_convention_november_2010.pdf, last visited 3 Jan., 2021.

此外,还需注意的是,MIGA 在促进投资向发展中国家流动的同时,也注意到了投资者及担保机构的待遇问题。比如,在其条约引言中提出,"希望在以公正和稳定的标准(fair and stable standards)对待外国投资的基础上……";第 12 条(d)(iv)项规定,合格的投资还包含对东道国投资条件的考虑,包括投资能否受到公正、平等的待遇和法律保护(fair and equitable treatment and legal protection)。因而,MIGA 对投资及其法律制度的促进是双线并行的,并非只限于对投资者提出要求。

另外,还有重要的第 23 条有关投资促进的规定。一方面,规定了 MIGA 应当推动东道国和投资者的投资合作:比如,MIGA 机构应以成员间投资协定为指导,努力消除影响投资流向发展中成员国的障碍,与其他投资促进机构协调,促成投资者和东道国之间投资争端的和解,推动成员间缔结促进和保护投资的协定等。另一方面,又明确了东道国应给予 MIGA 不低于成员在投资协议中向享有最优惠待遇的投资担保机构或国家提供的待遇。前一方面的规定赋予了 MIGA 在投资领域推进一致性实践的职责;后一方面的规定则保障了投资辅助机构在东道国的最惠待遇,既是体系一致性的体现,也为自身职责的行使、功能的发挥提供了制度保障。

实践表明,MIGA 在促进向发展中国家的投资方面作用显著。自其成立以来,担保惠及 110 个成员国的 800 多个项目,累计签发金额 450 多亿美元,2017 年为私人投资者签发的担保金额已达历史性的 48 亿美元;至 2021 年 7 月 20 日,即便是在疫情肆虐之下,MIGA 为流向发展中国家的跨境私人投资提供的担保也达到近 520 亿美元。①

(三) 解决国家和他国国民间投资争端中心(ICSID)

ICSID 是 依 据《解 决 各 国 和 其 他 国 家 国 民 间 投 资 争 端 的 公 约》

---

① "MIGA Provides $ 5. 6 Billion in Insurance for COVID-19 Relief Projects", July 20, 2021, https://www. miga. org/press-release/miga-provides-56-billion-insurance-covid-19-relief-projects.

(Convention on the Settlement of Investment Disputes Between States and Nationals of Other States)①而建立的一个专门处理投资者与东道国之间国际投资争议的常设仲裁机构,是 IBRD 下属的一个独立机构。中国于 1993 年 2 月 6 日加入该公约。至 2021 年 11 月,该公约已有 164 个缔约国,批准该公约的国家目前有 155 个。②

1. ICSID 管辖权

根据《华盛顿公约》,建立 ICSID 旨在为各缔约国和其他缔约国国民间的投资争端,提供调停和仲裁的便利。提交 ICSID 的投资争端须符合一定条件。

(1) 主体要件:当事人必须是公约缔约国(或缔约国指派到中心的该国的任何组成部分或机构)与另一缔约国的国民(包括自然人和法人)。如果某法律实体的国籍与缔约国为同一国,而该实体因受外国控制,则若双方同意,为了公约的目的,该法律实体应被看作是另一缔约国国民。

(2) 主观要件:当事双方经书面同意将争端提交中心解决;双方表示同意后,不得单方撤销其同意。

(3) 争端性质:限于当事双方直接因投资而产生的任何法律争端。

2. 功能价值

从 ICSID 基本制度的设计可以看出,一方面,中心受理的案件性质特定,并不囊括所有类型的投资争议。这使得其投资争端解决功能具有一定局限性。此外,该机制要求须有当事方的同意,才能启动相应程序,也限制了其受理更多的争议。但另一方面,总体而言,在国际社会尚未产生其他更为有效的国际投资争议解决机制的情况下,ICSID 发挥了重要的作用。

(1) 提供了国际司法手段解决国家和他国国民间的投资争端,对于国际

---

① 1965 年 3 月于华盛顿通过,故又称为《华盛顿公约》,于 1966 年 10 月 14 日生效。

② See the website of ICSID, https://icsid. worldbank. org/en/Pages/News. aspx? CID=267, last visited Nov. 1, 2021.

投资秩序的稳定具有积极意义。ICSID 运行多年,至 2021 年 6 月 30 日,已登记 838 起案件。2021 年全年处理案件达到 332 起,创历史新高。①

(2) 大量投资案件的累积揭示了投资领域的一些核心法律问题,比如公平、公正待遇,征收补偿问题等,有利于推动投资法的一致性进程。尽管目前 ICSID 仲裁庭对于这些问题的分析和裁决并不令人满意,但是,客观上,案件数量的不断累积有可能积攒一定改革的力量,从而促进投资法领域的一致性。目前,ICSID 改革已提上议事日程,特别是一些对仲裁结果的公正性、权威性具有重大影响的重要程序问题。例如,仲裁员的选任、先期异议(2016 ICSID 修订文本第 41.5 条)、裁决程序和少数意见的处理,等等。

(3) ICSID 在法律适用方面,也为国际法提供了丰富的"原料",有关条约、习惯法,乃至强行法规则都可能借此有所发展。根据 ICSID 第 42 条,仲裁庭应依照双方可能同意的法律规则判定一项争端,如无此种协议,应适用争端一方缔约国的法律(包括其关于冲突法的规则)以及可适用的国际法规则;不得借口法律无明文规定或含义不清而暂不作出裁决;在双方同意时对争端作出公平和善良之决定。可见,ICSID 仲裁庭在审理案件中可适用的法律范围之广。

三、世界贸易组织(WTO)

(一) 从 GATT 到 WTO

基于战后商品流通出现新问题,国际社会成员间的相互依存关系、经济结构都发生了显著变化,多元化和通货膨胀、衰退交织,②主要贸易国家已不再

---

① See Annual Report of ICSID, 2021, https://icsid. worldbank. org/sites/default/files/publications/ICSID_AR21_CRA_bll_web. pdf, p. 22.

② [美]J. E. 斯贝茹著,储祥银、李同忠、谢岷译:《国际经济关系学》,北京:对外贸易教育出版社 1989 年版,第 100 页。

满足于 GATT 所确定的协调成果，从 1947 年到 1994 年，从日内瓦谈判到乌拉圭回合，不断提出新动议，最终缔结了《马拉喀什建立世界贸易组织协定》（Marrakesh Agreement Establishing the World Trade Organization，以下简称《建立 WTO 协定》）。WTO 于 1995 年 1 月 1 日正式成立，是在 GATT 基础上发展而来的政府间多边国际组织。以《建立 WTO 协定》及其"一揽子协定"为基础的世界贸易体制是战后"布雷顿森林体系"的一部分，构成内容庞大、复杂的多边贸易法律体制。

1. WTO 法律体制结构

表 2.1　乌拉圭回合形成的法律体制框架

建立世界贸易组织协定	多边贸易协定	附件一	A. 货物贸易多边协定	GATT 1994
				农产品协定 实施动植物卫生检疫措施协定 纺织品与服装协定（2005 年 1 月 1 日终止适用） 技术性贸易壁垒协定 与贸易有关的投资措施协定 反倾销措施协定 海关估价协定 装船前检验协定 原产地规则协定 进口许可程序协定 补贴与反补贴措施协定 保障措施协定
			B. 服务贸易总协定（GATS）（含五项协定书）	
			C. 与贸易有关的知识产权协定（TRIPS）	
		附件二	关于争端解决规则与程序的谅解（DSU）	
		附件三	贸易政策审议机制（TPRM）	
	诸边贸易协定	附件四	民用航空器协定 政府采购协定 国际奶制品协定（1997 年失效） 国际牛肉协定（1997 年失效）	

如上表所示，WTO 多边法律体制以具有宪章性质的《建立 WTO 协定》

为核心,包含四个附件。其中,附件一、二、三为多边贸易协定,这些协定及其相关法律文件是《建立 WTO 协定》的组成部分,对所有成员具有约束力。附件四为诸边贸易协定,对于接受的成员,也是《建立 WTO 协定》的组成部分并对其具有约束力;对于未接受的成员既不产生权利也不产生义务。

各协定之间,根据《建立 WTO 协定》第 16 条第 3 款的规定,在该协定条款与其他协定条款产生抵触时,以《建立 WTO 协定》的条款为准。

在组织结构上,WTO 设有部长级会议、总理事会以及货物贸易理事会、服务贸易理事会、与贸易有关的知识产权理事会等组织机构。

2. WTO 法律体制内涵

WTO 法律体制几乎涵盖了国际贸易的各个领域及相关问题。就贸易领域而言,与 GATT 相比,WTO 及其涵盖协定第一次将服务贸易和与贸易有关的知识产权问题的协定作为主要协定包含进来;就所涉内容及问题而言,协定的其他 50 个部分包括了从反倾销、农产品贸易、补贴、技术标准、纺织品,到海关估价等多种议题;就实施机制而言,既包括一套全新的争端解决程序,[①] 还建立了贸易政策审议机制,因而凸显了对贸易政策几乎是全方位的监管。

(二) WTO 体制的功能

根据《建立 WTO 协定》第 3 条,WTO 的职能体现在五个方面:(1) 便利《建立 WTO 协定》及其涵盖协定的实施、管理和运用,促进其目标的实现;(2) 在协定涵盖事项方面,为成员间就多边贸易关系进行的谈判提供场所和提供实施谈判结果的体制;(3) 根据附件二解决成员间争端;(4) 管理附件三规定的贸易政策审议机制;(5) 为实现全球经济决策的更大一致性,酌情与 IMF、IBRD 及其附属机构进行合作。

---

① [美]约翰·H.杰克逊著,张玉卿、李成刚、杨国华等译:《GATT/WTO 法理与实践》,北京:新华出版社 2002 年版,第 451 页。

就上述职能而言,促进相关协定的实施及其目标的实现属于总体目标,体现在《建立 WTO 协定》以及其他具体涵盖协定的序言部分或是目标条款中有关贸易自由化的内容。这也是对 WTO 体系在整个国际经济法律体制中的功能的总括性表述。其余四项则是实现总目标的具体方式,分别从不同的角度展现了 WTO 体系在国际贸易领域能够发挥的功能和价值。

1. 谈判场所

WTO 作为一个具有开创意义的多边贸易组织,最为常规的功能是为成员创造、提供谈判空间,既包括物理意义上的,也包括抽象的制度层面。首先,根据《建立 WTO 协定》第 4 条,成员部长级会议是整个组织中的最高权力机构,应成员的请求,可以按照相关协定中的决策要求,对多边贸易协定项下的任何事项谈判并作出决定。其次,各个理事会可以分别就各自细分领域内的议题进行谈判。议题细分,有助于分散矛盾,提高谈判成功率。再次,不仅规定了允许启动谈判的条件和程序,还有关于谈判结果的表决程序、退出程序等,因而能够使部分谈判成果迅速法律化,及时生效。最后,《WTO 协定》本身还包含了许多灵活性设置,具有较强的适应性,从而为复杂多变的贸易谈判提供了较多的回旋空间。比如,根据第 4 条的规定,除了列出的委员会之外,部长级会议还可设立具有其认为适当职能的其他委员会,总理事会可以给委员会指定附加职能。为了进一步扩大协定条款的可适用性,协定第 13 条还规定,如特定成员在自己成为成员时或在另一成员成为成员时,不同意在彼此之间适用《建立 WTO 协定》和附件一、附件二所列多边贸易协定,则这些协定在该成员之间不适用。

2. 争端解决

争端解决是 WTO 国际贸易法律体制最为突出的一项功能,争端解决机制亦被誉为"WTO 皇冠上的明珠"。在 GATT 时代,有关争端解决的条款非常少,仅有的也非常薄弱(第 22、23 条),至 20 世纪 50 年代,才引入"专家小组"的做法,在乌拉圭回合中,又增加了一个全新的上诉程序。① WTO 争端解决机制运转迄今,成效卓著。首先,从案件数量上看,早已远远超过 GATT 时代。自 1995 年 1 月 1 日至 2021 年 9 月底,DSB 已受理 606 起案件。② 由此表明,WTO 成员方对于争端解决机制的信赖与依赖。其次,从案件类别看,尽管各协定的援引与适用频率、案件分布存在明显落差,比如反倾销和反补贴协议案件远多于 TRIPS,③但无可否认,争端解决机制涉足的范围已拓展至几乎所有涵盖协定。再次,涵盖协定及其相关法律文件的条款、概念在争端解决程序中得以反复适用,从而使 WTO 法律规则的含义、体系关联不断得以澄清。虽然其中仍不乏争议,但大量成案和 DSB 裁决事实上的判例效应,为国际贸易法律体制的"一致性"作出了重大贡献。譬如有关 GATT 第 20 条一般例外的理解。④ 此外,争端解决机制提供的报复性机制,使得 DSB 裁决具有了一定的强制执行效力,为 WTO 体制的权威性,以及弱小成员正当权益之维护,提供了一定制度保障。

3. 政策审议

贸易政策审议机制是 WTO 的又一鲜明特色。早在 GATT 时期的东京回合,成员达成的《有关通知、磋商、争端解决和监督机制的备忘录》中就提议,多边体系理事会应通过特别会议审查贸易体系的总体发展状况。⑤ 此后,经

---

① [美]约翰·H·杰克逊著,张玉卿、李成刚、杨国华等译:《GATT/WTO 法理与实践》,北京:新华出版社 2002 年版,第 460 页。

② See the website of WTO, https://www.wto.org/english/tratop_e/dispu_e/find_dispu_cases_e.htm, last visited Sep. 30, 2021.

③ 根据 www.wto.org 数据,截至 2021 年 9 月 30 日,DSB 受理的反补贴案件有 134 起,反倾销案件 140 起,TRIPS 案件只有 42 起。

④ See DS58, *United States—Import Prohibition of Certain Shrimp and Shrimp Products*; DS149, *India—Import Restrictions*; DS297, *Croatia—Measures Affecting Imports of Live Animals and Meat Products*; DS343, *United States—Measures Relating to Shrimp from Thailand*; DS406, *United States—Measures Affecting the Production and Sale of Clove Cigarettes*.

⑤ BISD 26S/214.

著名的"路特威勒报告"(Leutwiler Report)以及后续乌拉圭回合若干谈判文件的发展,建立起附件三(Trade Policy Review Mechanism, TPRM)这一永久性的、常规性的贸易政策审议机制。①

根据 TPRM 第 A 节"目标"条款,一方面,这一机制的设立目的在于提高成员贸易政策和做法的透明度,促进成员措施的合规性以及多边体系的平稳运行。但是,另一方面,对于 TPRM 的目标同时规定有两方面限制:(1) 不作为多边协定下具体义务或争端解决程序的基础;(2) 不对成员强加新的政策承诺。

从 WTO 的制度结构来看,TPRM 既与附件二"争端解决机制"(Dispute Settlement Mechanism, DSM)作了显著区分,又强调了自身的审议职能,从正反两个方面确定了其功能范围。

从其规则本身及实施效果来看,TPRM 事实上发挥了"预警系统"的功能。② 成员可以利用这一机制公开讨论各自的贸易及有关政策,交换有关信息,表达关切,可以在违规行为实际发生前与对方沟通。③ 当然,虽然政策审议程序本身不具备争端解决功能,但是在审议过程中各方披露的信息,却可以被用于解决具体案件中 WTO 法有关条款的解释问题。比如,在 *US-Gambling* 一案中,专家组就以菲律宾和以色列在 1999 年贸易审查中披露的法律文件条款说明成员会基于公共道德或公共秩序的理由采取限制措施。④

此外,根据 TPRM 第 C 节的规定,各成员接受贸易政策审议的频率是有差异的。最有实力者对多边贸易体系影响最大,因而须接受更高频的政策审

---

① See Rüdiger Wolfrum, Peter-Tobias Stoll, Karen Kaiser, *WTO-Institutions and Dispute Settlement*, Martinus Nijhoff Publishers, 2006, pp. 622 - 623.

② WT/MIN (99)/2, para. 4.

③ WT/TPR/27, para. 7.

④ See Panel Report, *United States-Measures Affecting the Cross-Border Supply of Gambling and Betting Services*, WT/DS285/R, para. 6. 471.

议。美国、欧共体、日本和加拿大四个最大经济体每 2 年审议一次;位列其后的十六个成员每 4 年审议一次;其他成员每 6 年审议一次;对于最不发达国家,可以设定更长的时间。在 2016 年 12 月的 WTO 贸易政策审议机构会议上,成员们作出了调整贸易政策审议频率的决定:将原先审议周期由每 2、4、6年进行一次审议更改为每 3、5、7 年进行一次审议。新安排从 2019 年开始分阶段进行。这样的安排显然有助于使国际贸易秩序在较长时间内保持基本稳定的态势。

4. 规制合作

WTO 的另一突出功能是作为贸易规制合作机构而存在,配合、协同其他国际组织共同为解决某些特别问题,实现某种国际经济秩序而发挥作用。《建立 WTO 协定》第 3 条第 5 款有关与 IMF、IBRD 及其附属机构合作的规定为之提供了制度平台。为进一步说明双方合作的可能性以及对一致性的作用,WTO 总理事会在 1996 年、1997 年即通过了有关协议和报告,同意搭建一些渠道,尤其是加强组织之间常规性的合作,进一步提升全球经济政策的一致性。[1] 例如,组织合作的协议指出,在处理涉及货币和汇率问题的贸易争端时,以及召开其他关涉共同利益事项的会议时,IMF 和 IBRD 可以作为观察员,发挥促进争端解决和谈判达成的重要功能;对于最不发达国家和发展中国家的部分问题,合作机制也应发挥重要作用。[2] 在后续 2003 年有关讨论方案中,还进一步提出若干建议,如 WTO 应重视 IMF 和 IBRD 的减贫计划与国别资助中的贸易问题等。[3]

就实践层面而言,各方的合作正在加强之中。截至目前,WTO 文件数据库显示标题包含 IMF 的记录有 191 项,绝大多数都是 IMF 就货币和汇率问

---

[1]　WT/L/194, 18 Nov. 1996, WT/GC/W/68, 13 Nov. 1997.

[2]　WT/L/194, 18 Nov. 1996, p. 2 - 3.

[3]　WT/TF/COH/S/7, 29 April 2003, para. 9.

题给予的咨询答复或就某些特殊事项单独或共同所作的说明。① 如2016年4月,经合理事会、国际货币基金组织、世界银行、国际劳工组织、世界贸易组织针对世界经济下行风险加大、秩序不稳定的现状,发表联合声明。声明指出,贸易是世界经济增长最主要的驱动器,WTO要在加强贸易合作方面更加有所作为,国际货币基金组织和世界银行则将在货币政策协调和绿色贷款方面倾力作为,各机构正在并将继续在这些方面进行合作,以应对全球经济面临的挑战。② 在具体案件的争端解决中,WTO中的DSB也十分慎重地处理了在规制合作中贸易法和金融法体系下的成员义务问题,为各方的配合、协同进一步扫清了障碍。在 *Argentina-Textiles and Apparel* 一案中,上诉机构即指出:WTO与IMF间的协定并不改变成员在各自体系下的义务,也没有提供解决冲突的实体性规则,只是提到可以就争议事项进行咨询磋商;因而,不能用IMF中的承诺来主张WTO体系下义务的豁免。③

可见,作为当前国际贸易法律体系的支柱,WTO对促进国际经济政策的一致性贡献卓著。通过上述几个层面功能的发挥,在推动国际贸易自由化方面发挥了独特的综合性作用。首先,"规则导向"突出。无论是作为谈判场所,还是争端解决,均通过适用规则和司法程序来厘清成员的权利和义务问题,进而对争议作出合规与否的判断。在贸易政策审议中,也是依据规则来考量。这对于国际贸易法治秩序的发展意义重大,极大地增强了国际贸易活动的可预见性和稳定性,对世界经济发挥了稳固器的作用。其次,伴随专家组和上诉机构报告的作出及执行,成员的国内措施受到有效规制,WTO法律体系事实上具有了世界贸易宪法的效力。伴随其成员不断增加,累积的案例不断增多,

---

① See the search results with "IMF" in https://docs. wto. org, last visited Jan. 18, 2021.

② https://docs. wto. org, PRESS/769 (16-1905), 6 April 2016, last visited Jan. 18, 2018.

③ See Appellate Body Report, *Argentina—Measures Affecting Imports of Footwear, Textiles, Apparel and other Items*, WT/DS56/AB/R, paras. 72-74.

这种宪法效力的范围还在不断扩大。基于其体系规则设计的包容性,许多案例反映出协调成员自我管制权和一致性要求之间矛盾与冲突的高超的司法智慧和技术方案。譬如如何处理环境、公共道德、公共健康保护等各种公共政策问题与贸易政策的关系,有关 GATT 第 20 条、TBT2.2 等条款的案例就能够为国际社会解决类似问题提供较好的范例。而且,在自身争端解决机制不断完善的过程中,有关司法技术也得到了相当程度的发展,诸如程序正义、透明度等司法理念也在世界范围内得到了传播。这对整个国际经济法律体系的发展,乃至国际法整体的与时俱进,意义不可限量。再次,虽然经由 GATT 发展而成的 WTO,大国的推动和影响一路相随,但是仍然可以看到,发展中国家,尤其是新兴经济体,在其中也有了更多参与国际经济制度决策和运行的机会。相较于以权力导向的体制,小国从以规则导向的体制中获益反而更多。①

当然,在整体性考察 WTO 法律体系当下的功能时,一些问题也日益显现,亟待解决。譬如报复机制对大国成员和弱小成员的有效性差异、发展中国家的法律能力建设以及内部诉求的分化、WTO 法与其他国际法规范的关系、与各种双边、区域性协定间的关系,等等。比如卡塔尔就沙特等国的经济封锁向 DSB 提出申诉,②引发各界普遍关注:WTO 争端解决机构是否仍然能够运用司法技术厘清其中的法律问题? 在司法程序中是否仍然能够专注于经济法律问题的解决,剔除政治因素? 其执行又将如何实现? 这些问题对于 WTO 今后在国际法律体系中居于何种地位、发挥什么样的作用至关重要,都亟待解答。

---

① ［美］约翰·H. 巴顿、朱迪思·L. 戈尔斯坦、蒂莫西·E. 乔思林、理查德·R. 斯坦伯格著,廖诗评译:《贸易体制的演进:GATT 与 WTO 体制中的政治学、法学和经济学》,北京:北京大学出版社 2013 年版,第 188 页。

② 沙特、埃及、阿联酋、巴林 4 个国家在 2017 年 6 月 5 日以卡塔尔资助恐怖主义活动和破坏地区安全为由,与其断绝外交关系,关闭了陆海空边境,对其实行经济制裁。2017 年 7 月 31 日,卡塔尔针对沙特、阿联酋、巴林的经济封锁行为向 WTO 提出申诉,案件编号为 DS526、DS527、DS528。根据其申诉文件,卡塔尔认为经济封锁行为构成对 GATT、GATS 以及 TRIPS 相关条款的违反。

由上观之,作为国际经济法律体制的三大支柱,WTO、IMF、世界银行集团及相关体制各有其独特的功能,在各自的领域内分别随着国际经济法律秩序的演变而演进。事实上,三大法律体制之间也互相交叉并协作、互相影响并配合,共同构成国际经济法律的宏大体制,作用于全球经济活动。WTO、IMF具有互相沟通、交流、协作的制度和实践;世界银行集团中的 IBRD、IFC 通过自身参与投资、贸易、金融活动,发挥对世界经济的调节作用;MIGA 和 ICSID则通过为投资提供担保和争端解决资源实现对世界经济的影响。因而,WTO、IMF、WB 三者在其职能的分合之间,共同推动全球经济及其法律与秩序逐步向前。

第三节　国际经济法律体制的两种样态及其互动
——以贸易体制为中心

总的说来,当今世界经济格局的发展主要表现为两种趋向:一是全球化趋向,跨国公司数量激增、对国际经济的影响越来越大,它们无国界扩张的实际内容是货物、资本、服务、人员、信息、技术等在全球范围内的流动。二是与世界经济发展的全球化基本趋向同时并存的区域集团化趋向。欧共体等区域一体化组织在 20 世纪 80 年代中期之后生命力再现,且声势愈来愈高。其后,欧盟的形成与发展、北美自由贸易协定的签署与实施,以及亚太经济合作组织所呈现的良性发展,都标志着区域集团化浪潮生机勃勃。在所有这些变化中,国际经济关系多极化、复杂化的特点得以充分展现,既有各个利益主体之间一如既往的激烈竞争与对抗,又有彼此间越来越深刻的相互依赖与渗透。与此相适应,顺应国际经济全球化趋向的多边经济法律体制与回应国际经济区域化趋向的区域经济法律体制如影随形,由此构成国际经济法律体制的两种不同样态,其或互补或冲突的关系亦成为国际经济法律体制发展中的一条重要线索;而国际贸易法律体制的两种样态及其博弈表现得最为典型。

一、多边经济法律体制

经济全球化浪潮催生了国际经济法律制度的突飞猛进,发展空前。其中,最为突出的特点是国际经济法律规范的国际统一化趋向。这一特点不仅体现在各国国内法规范的趋同性、协调性上,也更体现于国际统一法规范体系自身,特别是多边经济法律体制(简称"多边")的壮大与拓展。

如前所述,以 GATT、IMF 和 WB 为核心的现有多边经济法律体制可以追根溯源至第二次世界大战之后国际社会一系列有关贸易、金融、投资等内容的谈判。当时国际社会的主要经济体几乎都参与了这些重要组织及其核心法律文件的谈判。在最终形成的法律体制中,多边、集体管理代替了此前国际事务处理"碎片化"的状态。尽管在实然的制度运行中,少数国家在特定时期内获得事实上的控制权,形成所谓"霸权"的态势,但是组织内多边集体管理的制度仍然构成其核心内涵。换言之,在现行多边经济法律体制确立之后,国际社会已经从根本上否认了国际事务管理的寡头决策局面。即便是大国,即使存在霸权国家,在制度层面上,于规则范围内,其活动也应受到多边法律规则的约束,否则将承担相应的国际经济法律责任。WTO、IMF 和 WB 所形成的一系列法律文件在各自所调整的关系领域内搭建了复杂而精巧的运行机制,共同构成了多边经济法律体制的主要内容。国际经济法律体制的运行实践也充分证明,多边性已经成为国际经济法律体制遵循并不断推进的重要原则。

(一) 为何选择多边?

国际经济法律体制所形成的权利义务关系,其本质是国际社会成员之间的利益平衡。因而,最终法律机制的形式和内容也不可避免地受到国际政治、经济诸多因素的影响,而经济全球化所致国家间相互依赖的不断增强是促成多边机制最主要、最为关键的因素。

1. 经济依赖制衡权力控制

国际政治学者认为,在全球化背景下,国家间的相互依赖状况是一种复合性的相互依赖关系,具有三个基本特征:其一,各社会之间存在多渠道联系,包括国家间、跨政府、跨国组织(多国银行、多国公司)联系等。其二,国家间关系的议程包括许多没有明确或固定的等级之分的问题,国内问题与对外问题的区别变得十分模糊,使得许多政府部门必须在不同层次上考虑这些问题,进而导致不同的政府内部联盟及跨政府联盟产生,并存在一定冲突。其三,当依赖普遍存在时,一国政府不再在本地区内或在某些问题上对他国政府动用武力,虽然在本地区或某些问题上,军事力量在政府间关系中也可能起着重要作用。[1]

上述依赖关系使得政治进程变得难以控制。在某些领域拥有强大实力的国家,越来越难以运用总体的支配地位控制自己所处弱势问题的结果。[2] 尽管经济实力确实至关重要,但是就国家而言,不可能只有经济目标,而且即便是经济目标,也往往具有政治意义,各种经济联系受到国内、跨国和跨政府行为体利益的限制;问题的具体内容和等级难以确定使得许多看似无关的问题能够基于多重联系的存在而挂钩,进而影响利益选择和政治进程。军事实力伴随这种由各种经济依赖关系而产生的制衡作用,其影响也有所下降。

2. 政治决策理性化

显然,相互依赖削弱了霸权的力量,但其究竟是如何导致了多边,还与政治决策的过程相关。有关决策过程最常见的描述就是"囚徒困境"。如果两个国家均实施不合作的政策,就会出现双方均零回报或者最大负回报的情形;相

---

① [美]罗伯特·基欧汉、约瑟夫·奈著,门洪华译:《权力与相互依赖》,北京:北京大学出版社2012年版,第23、24页。

② 同上,第29页。

反,如果选择合作,可能出现帕累托最优的结果。[1] 事实上,如果只有两个博弈者,因为只有一种结局可以使双方处境更好,仍然不足以使博弈者必然作出能够导致帕累托最优的那种选择,因为选择它也意味着放弃了单方回报最大的可能。然而,贸易谈判的现实是存在多个博弈者、许多个博弈领域,甚至还可能存在不需要合作的情形,[2]比如由于市场结构和发展状况的差异,一些"出价"可能不会影响一些国家的贸易条件。所以现实是许多个"囚徒困境"的叠加,联系的广泛性和问题内容、等级的模糊性使得理性的博弈者去选择那些能够使所有人变得更好的很多可能的方案。

3. 现实利益选择

事实上,全球化背景下国家间相互依赖的范围不断扩大,程度不断加深。由此带来的相互影响、相互作用比以往任何一个时代都要强烈。从建立多边贸易组织的第一次尝试——国际贸易组织(ITO),到关税与贸易总协定(GATT),再到世界贸易组织(WTO),乃至当今多边体系在其发展中所经历的顺利或不顺利的谈判,都深刻地反映了上述境况。20 世纪 30 年代各自"以邻为壑"的保护主义政策给每一个人都带来了经济和政治损失,两次世界大战期间的保护主义甚至还导致了国际性战争。[3] 面对战后重建世界经济的重任,各个国家基于经济要素禀赋上的差异,在比较利益的驱动下开始构建多边经济秩序的尝试。1945 年,美国提出要缔结一个制约和减少国际贸易限制的多边商业公约,以确定国际贸易关税、优惠、数量控制、补贴、国际商品协定等所有方面的规则,基于问题的复杂性,有必要据此建立一个国际贸易组织,对应于 IMF,以监督国际贸易的运转。然而,在谈判中,每个国家都面临利益抉

---

[1] [美]伯纳德·霍克曼、迈克尔·考斯泰基著,刘平、洪晓东、许明德等译:《世界贸易体制的政治经济学——从关贸总协定到世界贸易组织》,北京:法律出版社 1999 年版,第 52 页。

[2] 同上,第 53 页。

[3] [美]J. E. 斯贝茹著,储祥银、李同忠、谢岷译:《国际经济关系学》,北京:对外贸易教育出版社 1989 年版,第 92 页。

择,英国坚持帝国特惠制条款,其他欧洲国家则坚持国际收支问题的保证条款,不发达国家又要求保障经济发展的条款。[①] 直至最后,所有参加者都或多或少地让步妥协,才达成《哈瓦那宪章》。尽管最终该宪章及建立 ITO 的动议因为美国国内力量的反对未能生效,但其关于多边管理、自由贸易的基本制度通过 GATT 留存了下来,并在经历 8 轮谈判回合后,得成 WTO 之正果。在 1947 年到 1994 年所经历的 8 轮谈判回合中,不仅谈判议题及内容不断拓展,而且参与谈判的缔约方数量不断增加,[②]其多边效应显著扩大。

尽管议题的多样性和缔约方数量的增长增加了谈判的难度,但从决策过程的角度考虑,也提供了更多互相联系的渠道、更多需要明确区别的问题以及更多的形成帕累托最优方案的可能。以东京回合发展中国家所主张的特殊和差别待遇为例,由于发展中国家所关注的农业、纺织品和服装等重要问题,要么被排除在 GATT 之外,要么只在特定基础上才给予保护,GATT 中的最惠国待遇条款实际大部分只在关注自己贸易利益的发达国家之间发挥了作用,发展中国家并没有明显受益。在谈判中,发展中国家坚持给予特殊和差别待遇的立场。但是,这一主张触及了发达国家的许多利益。原先,各国可以自主决定给予单个国家优惠待遇,而且几乎所有优惠方案都包含保障措施机制,[③]一度谈判形成僵局。但是,至 70 年代末,许多发展中国家的经济已经增长显著,成为有巨大价值的市场,而且常常对发达国家有巨大的贸易顺差,将这样

---

① [美]J. E. 斯贝茹著,储祥银、李同忠、谢岷译:《国际经济关系学》,北京:对外贸易教育出版社 1989 年版,第 94 页。

② 于谈判议题,前 5 轮均为关税谈判,自肯尼迪回合才开始讨论非关税贸易壁垒和农产品贸易问题。至东京回合,有关发展中国家特殊和差别待遇的议题、政府采购议题等已经超出了原有 GATT 的范围;乌拉圭回合又增加了服务贸易、知识产权等新议题。于缔约方数量,1947 年日内瓦回合谈判方只有 23 个;到东京回合,缔约方已扩至 99 个;乌拉圭回合结束时,缔约方已达 128 个。参见[美]伯纳德·霍克曼、迈克尔·考斯泰基著,刘平、洪晓东、许明德等译:《世界贸易体制的政治经济学——从关贸总协定到世界贸易组织》,北京:法律出版社 1999 年版,第 10 页。

③ [美]约翰·H. 杰克逊著,张玉卿、李成刚、杨国华等译:《GATT/WTO 法理与实践》,北京:新华出版社 2002 年版,第 76 页。

的贸易对象排除在 GATT 体系外,显然也不符合发达国家的利益。在此,(多边化的)全球外交政策发挥了作用,①至 1979 年,有关给予发展中国家的特殊和差别待遇得以通过并永久确立。

(二) WTO 多边贸易法律的体制架构

WTO 多边贸易法律体制包含对关税、补贴、原产地、数量控制、检验检疫程序、服务贸易、与贸易有关的知识产权等诸多贸易活动的调整。其制度内容,是以《建立 WTO 协定》为核心,除在货物贸易、服务贸易以及与贸易有关的知识产权方面各依 GATT、GATS、TRIPS 协定及相关法律文件加以具体调整外,DSM 和 TPRM 的争端解决和政策审议,以及允许成员选择加入的诸边协定共同构成其体制内核。从 WTO 法律体制的基本原则、组织机构、决策规则、普遍性例外等几方面大致可以探知其体制概貌。

1. 基本原则及其例外

最惠国待遇(Most-favored-nation Treatment)和国民待遇(National Treatment)是多边贸易法律体制中极为重要的两项基本原则。两者贯穿于整个协定体系,对确定成员权利和义务的具体内涵具有重要作用。

最惠国待遇原则是多边贸易法律体制的基石。这一原则要求一国承诺给予另一国的优惠待遇,不低于现在或将来给予任何第三国的待遇。这一条款在多边体系的发展历程中作用重大。一定意义上,多边体系的重要吸引力之一就是能够通过这一条款整合贸易体系中过去零散的、碎片化的优惠待遇。对于缔约方而言,这一制度设计节省了与不同贸易对象——谈判的成本,避免了双边形式下互惠性的要求和涵盖内容的有限性。从 GATT 到 WTO,这一条款所确立的无条件的多边最惠国待遇,通过其内在的特有机制大大推动了

---

① 〔美〕伯纳德·霍克曼、迈克尔·考斯泰基著,刘平、洪晓东、许明德等译:《世界贸易体制的政治经济学——从关贸总协定到世界贸易组织》,北京:法律出版社 1999 年版,第 247 页。

全球经济法律体系的一致性。在 GATT 中,新成员加入时都要进行关税减让谈判,最终形成 GATT 第 2 条关税减让表的内容。因为最惠国待遇条款的存在,所有进行谈判的成员都会将与自身利益攸关的项目添加到谈判议题之中,除非某种特定产品的进出口数量或金额不会对其产生重大影响。在这样的运行机制之下,只有该产品的进出口数量或金额不会对其带来重大影响的那些成员是免费搭了便车。在 WTO 中,最惠国待遇适用的范围从货物贸易扩大到了服务贸易、与贸易有关的知识产权,在相对应的协定中各自有明确的范围,进一步推进了各相关领域贸易活动管制政策的一致性。

最惠国待遇的例外是:(1) GATT 第 1 条第 2、3 款所涉的历史遗留的特惠安排。(2) GATT 第 24 条规定的关税同盟和自由贸易区。(3)给予发展中国家的特殊待遇安排;(4) GATT 第 25 条第 5 款、《建立 WTO 协定》第 9 条第 3 款规定的"豁免";(5)诸边贸易协定。

国民待遇原则是多边贸易法律体制的又一基本原则。其含义是指在经济活动权利和义务方面给予外国国民不低于本国国民的待遇。GATT 第 3 条、GATS 第 17 条、TRIPS 第 3 条对此作了规定。

根据 GATT 第 3 条第 8 款,对于政府采购和给予国内生产者的特殊补贴不适用国民待遇原则,属于其例外。

2. 组织机构及表决规则

多边贸易体系的多边属性除了反映在成员数量上,也通过其组织机构和表决规则进一步得到呈现。GATT 时期这一多边机制的组织性并未显现,几乎没有组织架构,仅仅是一个"协定"。[①] WTO 法律文件体系则明确构筑了组织机构系统,并由其管理、运行整个体系。其最高决策机构是由全体成员参加

---

① [美]约翰·H.杰克逊著,张玉卿、李成刚、杨国华等译:《GATT/WTO 法理与实践》,北京:新华出版社 2002 年版,第 19 页。

的部长级会议,每两年召开一次,履行 WTO 的职能。根据《建立 WTO 协定》第 4 条,部长级会议有权应成员请求,对任何多边贸易协定项下的所有事项作出决定。部长级会议下设总理事会,酌情召开会议,在部长级会议休会期间,行使其职权。其一,总理事会设货物贸易、服务贸易、与贸易有关的知识产权三个理事会,在必要时召开会议。它们根据总理事会的总体指导运作,监督各自领域协定的实施情况。其二,总理事会还具有两项具体的职能,即作为争端解决机构(Dispute Settlement Body,DSB)和贸易政策审议机构(Trade Policy Review Body,TPRB)召开会议;两个机构分别执行各自的职能。其三,WTO 体制中的其他常设机构向总理事会报告,如贸易与发展委员会、国际收支限制委员会和预算、财务与行政委员会,以及其他具有其认为适当职能的委员会,分别执行涵盖协定指定的职能,以及总理事会指定的附加职能。此外,WTO 还设有一个由总干事领导的秘书处。总干事由部长级会议任命,秘书处其他职员由总干事任命。

世界贸易组织的表决规则也颇具创造性,表现出多边集体管理和一定灵活性之间的协调。根据议题事项的不同,适用不同的表决规则:若是与基本原则有关的修改,适用全体一致的表决规则;若是对协议条款进行解释,或是豁免成员方义务,需成员的 3/4 多数作出;除类似于基本原则之外的问题的修改,需所投票数的 2/3 多数,且包含半数以上缔约方;部长级会议和总理事会的决定以所投票数的简单多数作出,除非涵盖协定另有规定;对于 DSB 报告的表决,采用反向一致规则,即如果不是一致决议不采纳报告,DSB 应通过该报告。

3. 普遍例外

在多边贸易法律体制中,稳定性和灵活性得到了较好的结合;其普遍例外的制度设计即是对灵活性的阐述,极大地保障了体制的包容性。普遍例外主要是指 GATT 第 20 条规定的一般例外,第 21 条规定的安全例外,以及第 11

条第 2 款、第 12 条、第 19 条有关禁止数量限制的例外,第 14 条非歧视原则的例外等。就争端解决案例的情况而言,第 20 条一般例外和有关禁止数量限制的例外是各成员涉案较多的条款。此外,在其他涵盖协定中也有一些专门设置并用于该领域的一些例外条款,如 TRIPS 第 13、17、30 条。大多数例外条款都是基于对成员自主规制权和体制所要求的一致性之间可能发生的以及现实存在的矛盾和紧张关系而设置,为争端解决机构构建了通道。DSB 通过这些例外条款,在兼顾体制稳定性和灵活性的前提下,意图在法律解释和适用方法上不断探寻整个体系可能允许的空间,从而使多边贸易法律体系具有较强的适应性和持续的张力。

(三) WTO 多边贸易法律体制的动态发展

WTO 多边贸易法律体制自 1995 年 1 月 1 日正式运行以来,一方面,并非仅表现为静态的法律规范体系,而是一直处于不断演进的动态发展之中,且显现出很强的自足性;但是,另一方面,该体制也遭遇过或正在遭遇着许多障碍和发展瓶颈。无论是新旧议题的谈判,还是争端解决机制、政策审议机制的运转,矛盾和问题均时时涌现。

1. 动态迂回的谈判

关于谈判的动态迂回性,WTO 多哈回合谈判(Doha Round of World Trade Talks or Doha Round Negotiations)是最典型的例证。该谈判是于 2001 年 11 月 WTO 第四次部长级会议开始的新一轮多边贸易谈判,原定于 2004 年年底全面结束,但经多次延期、中止及恢复,终因涉及利益广泛,谈判步履维艰。十几年间,僵局始终无法打破,WTO 谈判机制已实际处于长期停滞状态。

多哈回合议题十分广泛,包括农业、服务业、与贸易有关的知识产权、工业品关税、反倾销、反补贴以及环境等议题,初期甚至还拟将投资、竞争政策、政府采购的透明度、促进贸易便利化政策纳入,可谓"雄心勃勃"。当时 WTO 的所有成员均参与了谈判,规模前所未有地宏大。农业和非农产品的市场准入是整个谈判中的核心议题,也是分歧重点所在。

对于农业,谈判主要集中于市场准入、国内支持和出口补贴三个领域。[①]市场准入涉及农产品关税、配额和保障措施。以关税为例,发达国家承担的关税减让义务从 50%到 66%~73%,平均 54%,发展中国家则承担 33.3%到 44%~48%的减让水平。[②] 对于依据生产、销售数量所得收入或价格实施的国内支持要大幅度削减,但不会消除。对于发达国家,允许的微小数量支持幅度为 2.5%,对于发展中国家则为 6.7%。[③] 对于出口补贴,应在 2013 年前消除,包括隐藏在出口信贷、国有企业和非紧急食品援助领域的不合规补贴。

对于非农产品的市场准入,存在三个关键性争议:其一,关税削减的参考系数问题,包括最大贸易体在内的 40 个国家适用一般减让表,其他则适用不同的具体条文;其二,给予发展中国家的灵活性问题,即允许这些国家就自身大多数敏感部门中的有限领域作出更小幅度的减让或零减让;其三,对最不发达国家等的特殊待遇问题。[④]

但是,这些方案终未能达成一致:以巴西、印度和中国为代表的发展中国家认为,发达国家应该大幅度削减农产品补贴和关税;而以美国和欧盟为代表的发达国家则主张,作为交换,发展中国家应该更大规模地开放市场,尤其是服务贸易市场。窠于彼此不同的主张,谈判始终处于僵持状态。期间,唯一有些许突破的是《多哈公共健康宣言》的通过,[⑤]以及对 TRIPS 第 31 条第 f 项的

---

① See Negotiations on Agriculture Report by the Chairman, Mr. Stuart Harbinson, to the TNC, TN/AG/10, 7 July 2003, para. 13.

② See Agriculture: Negotiating Modalities, https://www.wto.org/english/tratop_e/dda_e/status_e/agric_e.htm, last visited 18 April, 2021.

③ Ibid.

④ See "Non-agricultural market access", https://www.wto.org/english/tratop_e/dda_e/status_e/nama_e.htm, last visited 18 April, 2021.

⑤ See "Declaration on the TRIPS Agreement and Public Health", Adopted on 14 November 2001, Ministerial Conference fourth Session, WT/MIN/(01)/DEC/2.

修正①。前者将发展中国家期待已久、迫切需要解决的药品可及性与公共健康问题明确地纳入了体制内解决；后者不仅仅是为之提供了解决渠道，更具有重要的系统性意义：这是 WTO 涵盖协定的第一次修订，为后续由成员主动地、直接地作为，推动多边体制动态发展、不断完善，提供了示例。然而，即便是 2005 年通过的这一针对一个条款子项目的"小"修正，直到 2017 年 12 月才满足修改协定所需的 2/3 成员多数接受的条件。②

巴厘岛（2013）谈判、内罗毕（2015）谈判、布宜诺斯艾利斯（2017）谈判，同样出现问题。巴厘岛谈判内容主要涉及三方面：贸易便利化、农业以及发展相关的议题。会议达成包含贸易便利化、农业、棉花、发展及最不发达国家四项议题共十份协议。内罗毕谈判也收获了一些成果，包括取消农产品出口补贴、最不发达国家关注议题等，并完成了《信息技术协定》的扩围，同时各成员也重申了继续推进多哈回合剩余议题谈判的决心。虽然上述两次部长级会议谈判在多哈停滞多年的背景下发挥了一定程度的积极作用，且被有关人士称作意义重大："巴厘一揽子协议"被认为是多哈发展回合迈出的重要的实质性步伐，③是多哈的"救赎之战"；④"内罗毕一揽子协议"取得了 20 年来最具显著重要意义的农业谈判成果——取消农业出口补贴。⑤ 但是，若将两次谈判达成的具体内容置于整个 WTO 多边贸易体制的背景下看，并没有取得实质性的

---

① See General Council, "Amendment of the TRIPS Agreement", 8 *Dec.*, 2005, *WT/L/641*.

② See "WTO IP Rules Amended to Ease Poor Countries' Access to Affordable Medicines", 23 Jan., 2017, https://www. wto. org/english/news_e/news17_e/trip_23jan17_e. htm, last visited 18 April, 2021.

③ See the Concluding Remarks by Mr. Roberto Azevedo, Director-General, Ministerial Conference Ninth Session Bali, WT/MIN(13)/47, 17 December 2013 (13-6931), https://www. wto. org/english/thewto_e/minist_e/mc9_e/stat_e/azevedo_closing_e. pdf, p. 2, last visited 18 April, 2021.

④ 王丽颖：《多哈谈判打赢"救赎之站"》，《国际金融报》2013 年 12 月 09 日，第 01 版。

⑤ See "WTO Members Secure 'Historic' Nairobi Package for Africa and the World", Ministerial Conference 10th, Nairobi, 9 Dec., 2015, https://www. wto. org/english/news_e/news15_e/mc10_19dec15_e. htm, last visited 18 April, 2021.

进展。例如,对于农业出口补贴,根据内罗毕部长级会议关于出口竞争政策的决议,①由于一是发达国家和发展中国家有关取消出口补贴的承诺都存在例外规定,二是决议中也并未提及具体关税问题,因而其决议的实效性大打折扣;而且,各方一直没有实施相关会议成果的具体实质性行动。之后的布宜诺斯艾利斯部长级会议上,虽然在渔业补贴、电子商务、TRIPS 非违反之诉、小经济体方面形成了四项决议,但仍未触动现有体制之实质,以致被总干事评价为"没有取得原先所期望的飞跃,令人沮丧"②。

2. 动态演进的争端解决机制及其外部效应

多边贸易法律体制动态演进的另一突出表现存在于争端解决领域。通过大量案件的输入和法律意见的输出,使得争端解决机制自身不断在实践中发展完善的同时,也通过法律解释和司法适用技术,不断澄清整个多边经济法律体制条款和运行机制的内容,产生积极的外部效应,从而推动整个体系持续发展。

(1) DSM 的发展与完善

DSM 并非一蹴而就,系在多边进程中逐步发展与完善。战后筹建 ITO 的《哈瓦那宪章》中就有"分歧之解决"的章节(第 8 章)。GATT 时期的争端解决机制即以此为基础并吸纳了部分条文,但总体上,比较简略且不成体系。就条文数量而言,只有 GATT 1947 第 22、23 条两个条文;就整个内容而言,只规定了磋商、特定条件下提交缔约方全体提出建议或酌情裁定,以及报复程序,而没有关于审查机构、程序等方面的具体规定。在其后续实践中,这一安排逐渐表现出对于复杂争议事项的不适应。各缔约国逐渐意识到,最有效的方法是设立一个下属工作小组,确定争议事项的范围与实质,然后通过谈判解

---

① 　WT/MIN(15)/45，WT/L/980，21 December 2015，paras. 6 - 7.

② 　See Remarks by DG Azevêdo on the closing ceremony of the 11th Ministerial Conference，13 Dec. ，2017，https://www. wto. org/english/news_e/spra_e/spra209_e. htm，last visited 18 April，2021.

决。① 20 世纪 50 年代末至 60 年代初,调查小组形式经常为 GATT 所采用,②
1952 年在处理挪威与联邦德国之间关于沙丁鱼进口税的纠纷时,工作小组作
出裁定的方式又开始被专家组所代替。③ 从 50 年代到 WTO 成立前,GATT
争端解决机制经过了 6 次修改,通过《关于通知、磋商、争端解决与监督的谅
解》(1979)、《关贸总协定争端解决处理的规定及手续的改善》(1989)等文件不
断加以完善。在 1948—1994 年间,GATT 争端解决机制处理的争端达到 432
起,④成为现有国际争端解决机制中被使用最频繁的一个。⑤

　　至 WTO 时期,多边贸易法律体制中的 DSM 已经从少数条款发展成为独
立的多边协定——《关于争端解决规则与程序的谅解》(Understanding on
Rules and Procedures Governing the Settlement of Disputes,DSU),并设立
了专门机构——DSB 以履行相应的职能。除专家组程序外,增加了上诉程序、
仲裁程序等,执行程序也有新的发展;专家小组的成立、专家小组报告的通过、上
诉机构报告的通过、对报复授权请求的通过均采用反向协商一致(Negative/
Reverse Consensus)规则,从而大大增强了该体制的强制力与执行力。

　　WTO 多边贸易体制下 DSM 运作至今,专家组和上诉机构在处理大量争
端案件中,对 DSU 条款进行阐释与适用,使得多边贸易体制的争端解决功能
得到充分展示。譬如,对于上诉机构的审查范围,DSU 第 17 条第 6 款规定,
上诉应限于专家组报告所涉及的法律问题和专家组所作的法律解释。然而,
究竟何为法律问题,何为事实问题,DSU 本身并无相应规定或指引,上诉机构
通过若干案件加以澄清:在 *Japan-Taxes on Alcoholic Beverages* 案中,上诉

---

① 王贵国:《国际贸易秩序——经济、政治、法律》,北京:法律出版社 1987 年版,第 36 页。
② 同上。
③ 毛燕琼:《WTO 争端解决机制问题与改革》,华东政法大学 2008 年博士论文,第 6 页。
④ 毛燕琼:《WTO 争端解决机制问题与改革》,华东政法大学 2008 年博士论文,第 6 页,由作者
根据 http://www.worldtradelaw.net 公布的详细信息统计,第 10 页。
⑤ 王贵国:《国际贸易法》,北京:北京大学出版社 2004 年版,第 381 页。

机构指出,专家组未能就申诉中提出的全部涉案产品进行分析,构成法律上的错误。[①] 在 *Australia-Measure Affecting Importation of Salmon* 案中,上诉机构又指出,被诉方澳大利亚提出的"专家组是如何考量、权衡证据进而得出结论,加拿大已经就相关义务不符提出了有效的表面证据"这一请求无关举证责任,是一事实性问题,不在上诉机构审查范围。[②] 在 *European Communities-Hormones* 中,上诉机构认为,有关特定证据的真实性及其权衡的决定是事实调查过程的一部分或全部,因而,原则上是由专家组作为事实的裁定者酌处;但是,给定事实或一组事实是否与既定条约条款相符是一个法律性争议;专家组是否对事实进行了 DSU 第 11 条所要求的客观评估,若被恰当地提起上诉,也是一个法律问题。[③]

又如,DSU 第 22 条与第 21.5 条之间的关系,也是一直悬而未决,甚至一度带来自身机制运转的危机。[④] DSU 第 21.5 条规定,对于是否存在执行措施或此类措施是否与适用协定相一致存在分歧,也应通过 DSU 程序解决,包括只要可能即求助于原专家组,专家组应在此事项提交后 90 天内散发报告。但是,该协定第 22.6 条又规定,如果发生可以实施报复的情形,DSB 应在合理期限结束后 30 天内,给予中止减让或其他义务的授权,除非 DSB 经协商一致决定拒绝该请求。如果有关成员反对提议的中止程度,或称请求中止义务时未遵守相应原则和程序(第 22.3 条),则此事项应提交仲裁。如原专家组成员仍可请到,此类仲裁应由原专家组作出,或是经总干事任命的仲裁人作出。两

---

① See Appellate Body Reports, *Japan-Taxes on Alcoholic Beverages*, WT/DS8/AB/R, WT/DS10/AB/R, WT/DS11/AB/R, p. 26.

② See Appellate Body Report, *Australia-Measure Affecting Importation of Salmon*, WT/DS18/AB/R, paras. 260 – 261.

③ See Appellate Body Report, *European Communities-Measures Concerning Meat and Meat Products* (*Hormones*), WT/DS48/AB/R, para. 132.

④ See Rüdiger Wolfrum, Peter-Tobias Stoll, Karen Kaiser, *WTO-Institutions and Dispute Settlement*, Martinus Nijhoff Publishers, 2006, p. 533.

个条款规定的期限不同,而且都规定一定条件下可以成立专家组或仲裁庭审查执行措施。但是,是否在适用第 22.6 条之前必须先适用第 21.5 条?在欧共体香蕉案的执行中,①这一问题即成为焦点之一。被诉方欧共体认为美国应当依据第 21.5 条启动有关执行措施的专家组审查程序,而美方则认为 DSU 没有明确第 21.5 条是第 22.6 条的前置程序,如果先进行第 21.5 条的程序,因为专家组不可能在 30 日内出具报告,将使被诉方失去请求中止的权利。而且,第 22.6 条也没有明确排除在程序中可以实施报复行动。那么,如果最后仲裁庭确认执行措施合规,被诉方就会面临不应发生的报复已经完成,却没有救济手段的问题,因为争端解决机制采用的是既往不咎的做法。最终,DSB 通过磋商调解达成解决方案:推迟报复授权,直到裁决作出,而裁决是根据第 21.5 条 90 天期限作出。这样将第 21.5 条和第 22 条第 2 款以及第 6 款进行程序合并,②实际上是做了一个折衷的处理,从而有效化解了机制危机。

(2) DSM 发展的正外部效应

争端解决机构在处理大量案件的司法实践过程中,对多边贸易法律体制所涉及的许多关键性问题进行剖析,对 WTO 涵盖协定进行阐释,解决了多边贸易法律体制中所涉及的一系列系统性问题,平衡、协调多方面利益,在有力地推动多边法律体制发展的同时,产生了显著的正外部效应。

例如,GATT 第 20 条和 GATS 第 14 条的一般例外条款,在整个多边体系中发挥着协调各类公共政策与贸易政策、平衡自主规制权与规则导向的重要作用,是整个体系的"安全阀"。从结构上看,一般例外条款包含了导言和子

---

① *EC-Bananas* Ⅲ, WT/DS27/RW/EEC.
② 毛燕琼:《WTO 争端解决机制问题与改革》,华东政法大学 2008 年博士论文,第 102 - 103 页。DSB 有关这一问题最近的一次修改建议是,在适用第 22.6 条授权报复前应完成第 21.5 的专家组程序,如果没有善意的话,就直接诉诸第 22.6 条授权报复,对于第 21.5 条的程序,也提出可以上诉等建议。参见 "Special Session of The Dispute Settlement Body Report by the Chairmen, Ambassador Ronald Saborío Sototn"(TN/DS/276,August 2015),第 3.41、3.44 段。

180

项两大部分。导言要求成员措施的实施不在情形相同的国家之间构成任意或不合理的歧视，或构成对国际贸易变相的限制。子项则包含了为保护公共道德所必须、为保护人类、动物或植物生命或健康所需等允许成员实施的措施（GATT 第 20 条包含 10 个子项，GATS 第 14 条包括 5 个子项）。DSB 通过司法技术的运用，适用和解释导言以及这些子项，通过裁判具体案例，促使各成员调整自身政策，使其能够被统摄于 WTO 多边贸易法律体制之下。

以 GATT 第 20 条(a)项和 GATS 第 14 条(a)项包含的公共道德为例，无论在社会、文化、宗教等方面，还是政治决策层面，都难以从实体上精确界定其范围，因而，专家组和上诉机构对于多边成员贸易措施与公共道德关系的规制采用了特别的方法，通过约束其目标和手段之间的关系进行规范。在 *US-Gambling* 案中，[①]专家组认为，如何确定一项措施是保护公共道德所必需，须符合三个条件，才能满足"必需"之标准：(1) 争议措施意图保护之利益或价值的相对重要性；(2) 争议措施在多大程度上有助于实现该措施所追求的目的；(3) 争议措施对贸易的限制性影响。在这三者中，又以"贸易影响"为主要因素，须考察被诉方美国是否穷尽了"合理可用"（reasonably available）的措施。上诉机构进一步指出，分析的重点应集中在美国所宣称的为保护公共道德的目标可采取的替代措施是否"合理可用"之上。[②] 本案中，美国尽管可以采取与安提瓜磋商的方式以争取解决相应问题，但磋商的结果并不确定，因而难以替代美国所采取的措施，故上诉机构最终认为美国的措施符合"必需"的标准。

---

① DS285，*US-Gambling*，有关本案的分析，参见黄志雄：《WTO 自由贸易与公共道德第一案——安提瓜诉美国网络赌博服务争端评析》，载《法学评论》，2006 年第 2 期。

② See Appellate Body Report, *US-Measures Affecting The Cross-Border Supply of Gambling and Betting Services*, WT/DS285/AB/R, para. 318.

类似的,在 *China-Raw Materials* 案中①,专家组采用的也是目标与手段比较的方法论证是否"必需"。本案涉及的是 GATT 第 20 条(b)项"为保护人类、动物或植物的生命或健康所必需的措施"。专家组指出,许多政策都可以被认为是保护人类、动物或植物生命或健康,但是,专家组和上诉机构无权质问成员对于保护水平的选择,WTO 成员有权决定特定情况下合适的健康保护水平。② 对于什么是完成政策目标所"必需的",正如 *Korea-Various Measures on Beef* 案中上诉机构的结论,非常接近于"必不可少",而不是仅仅"有贡献"。③ 目标和手段之间应当存在真实的关系,如果措施对于目标的获得极有可能有实质性贡献,那么就是必需的。④

总体而言,尽管诸多案件的裁决也存在着这样或那样的争议,但是 WTO 争端解决机制的运作实践对揭示多边贸易体系中存在的问题、约束成员贸易政策,维护"规则导向"的多边法律体制及其"一致性"发展方向均贡献卓著。

二、区域经济法律体制

(一)区域经济法律体制兴起之缘由

如前所述,在多边经济法律体制不断发展的同时,各类区域经济安排,如自由贸易区(Free Trade Area,FTAs)、双边投资协定(Bilateral Investment Treaty,BITs)以及各种区域性经济合作协定等也从未停止发展,甚至在某些时期极度繁盛,有超越多边的态势。区域经济体制的存在与兴盛具有政治、经

---

① See Panel Report, *China-Raw Materials*, WT/DS394/395/398/R, 2009 年 6—8 月,美国、欧盟、墨西哥就中国矾土、焦炭、氟石、镁、锰、碳化硅等 9 种原材料的出口税和出口配额,以及相应的管理方式向 WTO 争端解决机构提起申诉。2011 年 7 月 5 日,专家组作出裁决;2012 年 1 月 30 日上诉机构作出裁决。
② See Panel Report, *China-Raw Materials*, WT/DS394/R, WT/DS395/R, WT/DS398/R, para. 7. 479.
③ Ibid, para. 7. 480.
④ Ibid, para. 7. 481.

济等多重因素。

　　首先,如同国际政治学者所指出的那样,国家间的合作,初期可能是由于自然要素禀赋的差异,至经济逐渐全球化的背景下,彼此间的相互依赖进一步增强,经济动机、外交政策和国家安全方面的综合考虑驱使数量更多、内容更全面的区域经济安排产生。[①] 在多边经济法律体制诞生之前,世界经济中就存在着为数不少的特惠贸易协定(Preferential Trade Agreement,PTAs)。比如,GATT 1947 第 1 条最惠国待遇条款即体现了多边体制在建立之初对这些既有区域经济安排的些许考虑:排除了基于宗主国及其被保护国之间关系、邻国关系等而产生的优惠安排。[②] 自 GATT 成立到 1994 之间,通报多边的区域经济安排有 124 个(货物贸易)。[③] 其中,有许多发生于自 20 世纪 60、70 年代开始的"国际经济新秩序"活动时期,尤其是欧洲,其区域经济一体化进程发展较快。在此期间,欧洲国家、欧盟自由贸易区与中东欧国家纷纷缔结自由贸易协定,譬如 1957 年成立的欧洲经济共同体、1960 年的欧洲自由贸易联盟。非欧洲国家的协定也有发展,如美国、加拿大、墨西哥缔结的北美自由贸易协定(North American Free Trade Agreement,NAFTA),以及巴西、阿根廷、巴拉圭和乌拉圭缔结的南方共同体(South American Common Market,简称为 MERCOSUR)等。[④] 这些协定与国际社会 60、70 年代开始并于后期取得一定成效的国际经济新秩序活动具有较强联系,其成员结构、条款内容等清楚地反映出地缘政治经济安全方面的影响。比如,欧洲区域经济一体化始终包含着结束法德角逐,建立一个政治实体,以提高欧洲国际地位和加强国际

---

　　① [美]罗伯特·吉尔平著,杨宇光、杨炯译:《全球政治经济学——解读国际经济秩序》,上海:上海人民出版社 2003 年版,第 377－379 页。

　　② See Article 1 of GATT1994 and annexed C, D, E, F, G.

　　③ 根据 WTO 网站的数据,见 https://www.wto.org/english/tratop_e/region_e/regfac_e.htm,最后访问时间,2018 年 4 月 18 日。

　　④ [美]伯纳德·霍克曼、迈克尔·考斯泰基著,刘平、洪晓东、许明德等译:《世界贸易体制的政治经济学——从关贸总协定到世界贸易组织》,北京:法律出版社 1999 年版,第 217 页。

议价能力的政治目标。① 又如,美国和墨西哥之间,虽然整个 20 世纪都是美国的经济发展而不是墨西哥的经济需求支配着美墨之间的贸易关系,而且由于美国对墨移民政策较强的波动性,墨西哥对美国经济政策和投资扩张的不信任感表现强烈,一度收紧对美贸易政策,但是,20 世纪 70、80 年代的石油危机导致墨西哥经济持续低迷,最终仍然选择缔结区域贸易协定。② 从美国方面考虑,加强北美以抗衡西欧,减少从墨西哥来美国的非法移民这样的政治动机也是原因之一。③

其次,在多边体制已经成立且运作已产生一定成效的背景之下,区域经济安排仍然有其独特的意义和价值,能为缔约方带来额外的利益,满足其特定需求。多边体系只是全体能够达到的最低限度的一致,一部分想法相似的国家可能会在开放、自由贸易方面走得更远;同时,区域经济安排也是一些国家增强其市场影响能力和规避多边非歧视要求的一种手段。④ 另外,虽然区域经济一体化安排都涉及政治和经济的动机,但是各因素的相对重要性在各个协定中有所不同。⑤ 多边贸易法律体制虽然设有部长级会议、争端解决中的磋商程序等提供一定政治因素考量空间的环节,其主旨仍然是贸易,无法满足成员其他需求。而且,由于多成员谈判固有的高难度、情势不断变化等因素,现有制度也并非涵盖了所有的国际贸易问题。在其所涵盖的那些领域,争端解决机制对于问题的裁决也并非都令当事方满意;执行机制也并不是在所有的案件中都能有效发挥作用,双方的政治经济实力、经济规模、经济结构等都会

---

① [美]罗伯特·吉尔平著,杨宇光、杨炯译:《全球政治经济学——解读国际经济秩序》,上海:上海人民出版社 2003 年版,第 379 页。
② 代中现:《中国区域贸易一体化法律制度研究——以北美自由贸易区和东亚自由贸易区为视角》,北京:北京大学出版社 2008 年版,第 52 页。
③ 同上。
④ [美]伯纳德·霍克曼、迈克尔·考斯泰基著,刘平、洪晓东、许明德等译:《世界贸易体制的政治经济学——从关贸总协定到世界贸易组织》,北京:法律出版社 1999 年版,第 218 页。
⑤ [美]罗伯特·吉尔平著,杨宇光、杨炯译:《全球政治经济学——解读国际经济秩序》,上海:上海人民出版社 2003 年版,第 378 页。

对执行产生重要影响。这些都使得现行多边机制无法及时、有效率地为成员提供制度化的、相对稳定的解决方案。因此,多边成员作为独立国际法主体的其他方面诉求必然要寻求其他路径和机制不断地加以释放与回应。区域经济安排就是一相对较为容易实现的途径。

自 WTO 成立以来,通报的区域贸易协定数量已经达到 400 多个(货物贸易与服务贸易安排);[①]目前,每一个 WTO 多边成员都参与了一项或一项以上的区域经济协定。

(二) 区域经济法律体制之动态演进

区域经济法律体制的发展大致经历了多边体系前的特惠贸易时期、GATT 时期的小规模增长,以及 WTO 时期的繁盛期三个阶段。

1. 特惠贸易时期

这一时期的区域贸易协定主要表现为一些基于宗主国与附属国关系、邻国关系等特别联系而产生的个别经济安排协定或是通商航海条约、友好互助条约等包含的经济性章节条款。比如英国与澳大利亚、智利与阿根廷、玻利维亚、秘鲁等之间的优惠安排,以及英国和爱尔兰之间有关双重征税问题的协定、美国与匈牙利签订的货币兑换秩序条约等。[②]总体上,这些协定内容比较单一,多涉及关税、特定的货物商品贸易等,很少涉及独立组织或机制的设立问题。

2. GATT 时期

从下图可以看出,在 20 世纪 70、80 年代,区域经济安排较之前期呈现一小规模增长阶段。事实上,在这一时期,除了发达国家之间在多边之外仍然寻

---

① See https://www.wto.org/english/tratop_e/region_e/regfac_e.htm, last visited 20 Jan., 2021.

② See Article 1 of GATT1947 and treaties concluded before 1947 in https://treaties.un.org, e. g. *Agreement in respect of double income tax between Ireland and United Kingdom of Great Britain and Northern Ireland*, 14/04/1926; *Convention for the exchange of money orders between the United States of America and the Kingdom of Hungary*; 6/05/1922.

求区域经济安排之外,通报的区域贸易协定中发展中国家参与的也越来越多。[①] 前者如 1960 年 12 月 14 日,欧洲经济委员会 18 个成员国与美国、加拿大在巴黎签订的《经济合作与发展组织公约》。后者如 1969 年哥伦比亚、智利、厄瓜多尔、秘鲁和玻利维亚 5 个拉美国家组建的安地斯共同市场,以及 1967 年泰国、菲律宾、印尼等缔结的东南亚联盟等。这一现象与 60、70 年代发展中国家在国际社会争取建立国际经济新秩序的努力是分不开的。故与多边体系类似,在区域经济安排领域,发展中国家和发达国家之间的矛盾对立与冲突也是显而易见的。由发达国家组建的经济合作和发展组织就逐渐成为"工业化国家为取得协调意见或采取协调行动的天然会场"。[②]

这一时期的区域经济安排除了数量、缔约方结构有所变化之外,协定的内容与早期相比,也有了较大改变:一些协定不再限于关税,开始涉及投资、服务贸易等,有的甚至出现了较为完整的具有一定独立性的组织机构。比如,安第斯共同市场就设立了由各国派出的全权代表组成的领导委员会,还设立了类似秘书处的机构(议会)、咨询机构(协商委员会和经济、社会咨询委员会)。甚至在 1979 年,成员国还签署了安第斯法院条约,设立了专门的司法机构受理任何自然人或法人对共同市场领导委员会或议会的诉讼,以及共同市场委员会、议会对成员国的诉讼。[③] 另外,这一时期的区域经济协定还部分注意到了发展的诉求,并在机制中予以明确。如经合组织界定自身目的之一是向成员与非成员国提供援助以促进后者经济的健全发展,依照国际义务,在多边与非

---

① See agreements in force in http://rtais. wto. org, e. g. *Central American Common Market* (*CACM*), 04/06/1961; *Latin American Integration Association* (*LAIA*), 18/03/1981; *Caribbean Community and Common Market* (*CARICOM*), 01/08/1973; *Asia Pacific Trade Agreement* (*APTA*), 17/06/1976; *South Pacific Regional Trade and Economic Cooperation Agreement* (*SPARTECA*), 01/01/1981.

② 《经济合作与发展组织活动期刊》,1980,第 11 页,转引自王贵国:《国际贸易秩序——经济、政治、法律》,北京:法律出版社 1987 年版,第 15 页。

③ 王贵国:《国际贸易秩序——经济、政治、法律》,北京:法律出版社 1987 年版,第 21 页。

Evolution of Regional Trade Agreements in the world, 1948—2018

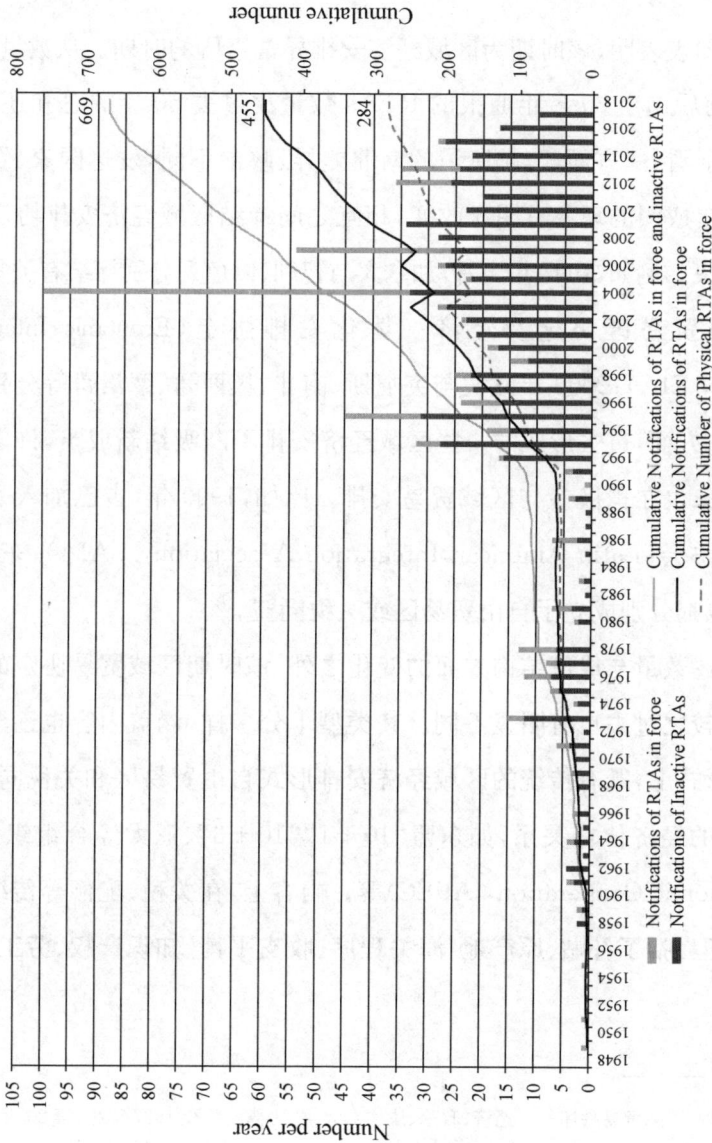

Note:Notifications of RTAs: goods, services & accessions to an RTA are counted separately.Physical RTAs goods,services & accessions to an RTA are counted together.
The cumulative lines show the number of notifications/physical RTAs that were in force for a given year.
Source: RTA Section, WTO Secretariat,1-May-18.

Notifications of RTAs in force
Notifications of Inactive RTAs
Cumulative Notifications of RTAs in force and inactive RTAs
Cumulative Notifications of RTAs in force
Cumulative Number of Physical RTAs in force

歧视的基础上促进世界贸易的发展；安第斯共同市场也提出，要加强对付工业大国的能力和增加在讨论贸易发展问题上的发言权。①

3. WTO 时期

前面的图表表明，该时期为区域经济安排异常繁盛的时期。从数量上看，WTO 成立前后迄今 20 多年通报的 RTAs 数量比过去 50 年的总和还要多。从成员结构上看，一方面，跨越所谓的南北差异、政治不同，发达国家、发展中国家分别各自成团的现象有明显改变，相互之间缔结区域经济安排协定的情形也增长较快。例如，1997 年 7 月，加拿大与智利、以色列分别缔结有关货物和服务的自由贸易区协定及经济一体化安排协定（Economic Integration Arrangement，EIA）；2000 年欧盟与突尼斯、南非、墨西哥、摩洛哥等分别缔结 FTAs。另一方面，过去形成的一些区域经济安排不断吸纳新成员，许多新兴的发展中国家也在积极参与区域贸易安排。比如，1999 年，古巴加入了拉美经济一体化协会（Latin American Integration Association，LAIA），东非、南非、西非等也都分别成立了自由贸易区或关税同盟。②

除了上述数量与成员结构方面的变化之外，该时期区域贸易协定的类型及内容安排较之过去也有明显不同。其类型十分多样、涵盖内容也逐渐变得非常广泛；形式上，既有传统的区域经济安排形式自由贸易区和关税同盟，也有程度不同的经济伙伴关系，如东盟"10＋1""10＋3"、亚太经合组织（Asia-Pacific Economic Cooperation，APEC）等。内容上，在关税、配额等传统贸易内容之外，还囊括了补贴、原产地、海关程序、收支平衡、知识产权、劳工等，有

① 王贵国:《国际贸易秩序——经济、政治、法律》,北京:法律出版社 1987 年版,第 20 页。
② See agreements in force in http://rtais. wto. org, e. g. *Common Market for Eastern and Southern Africa* (*COMESA*), 17/02/1999; *Economic and Monetary Community of Central Africa* (*CEMAC*), 24/06/1999; *Latin American Integration Association* (*LAIA*), 26/08/1999; *Southern African Development Community* (*SADC*),01/09/2000; *East African Community* (*EAC*),07/07/2000;*West African Economic and Monetary Union* (*WAEMU*),01/01/2000.

的协定把贸易与投资内容一并纳入，有的甚至还包含了一定的争端解决机制。[1] 也有大量区域贸易协定直接纳入并适用 WTO 相关协定的内容，或设有不损害或不降低各缔约方在多边体系之下权利与义务的条款。比如，秘鲁和韩国 2011 年签署的自由贸易协定第 17.2 条、印度与日本 2011 年签署的贸易协定第 11.3、12.1、12.2 条、新西兰与中国香港 2010 年签署的贸易协定第 11.3 条、土耳其与约旦 2009 年签署的自由贸易协定第 28.2 条等，均明确"确认各方在多边条约项下的义务"。

WTO 时期的区域经济法律体制又可细分为两个阶段：

第一阶段，1995—2008 年前后，区域经济安排大多借鉴或是直接沿用 WTO 多边贸易体制的法律框架和权利、义务标准，并在多边允许个别调整或是尚未涉及的范围内予以补充或增强。而且，从其确认多边秩序的条文表述中可以看出，缔约方集体仍然强调（至少形式上如此）应在多边约束范围之内配置各方的权利、义务和责任。

第二阶段，以《跨太平洋伙伴关系协议》（Trans-Pacific Partnership Agreement，TPP）《跨大西洋贸易与投资伙伴协议》（Transatlantic Trade and Investment Partnership，TTIP）等为代表的新一代超级区域经济安排[2]涌现。

---

[1] See Article 28.2 of FTA between Turkey and Jordan concluded in 2009；Section II，Chapter N of EIA between Canada and Chile concluded in 1997.

[2] "TPP"全称是"Trans-pacific Partnership Agreement"（《跨太平洋伙伴关系协定》），原本是文莱、智利、新西兰、新加坡四个国家缔结的普通的经济合作协定（简称"P4 协定"）。自 2009 年美国加入之后，该组织的谈判内容、成员规模迅速变化：其谈判内容远远超出 WTO 既有的领域和水平，主导者甚至有意将其变成 21 世纪 FTA 的范本；其成员也不断扩充，澳大利亚、新西兰、秘鲁、越南、加拿大、墨西哥、日本、泰国加入了谈判，使其成为包括 12 个成员，跨地区、高标准的经济合作组织。美国总统特朗普上台后，美国退出了谈判，剩余 11 国于 2017 年在越南岘港召开的 APEC（亚洲太平洋经济合作组织）会议期间，达成了"跨太平洋伙伴关系全面进步协定"，即 CPTPP 框架协议。"TTIP"是美国与欧盟之间缔结的跨大西洋贸易与投资协定。2013 年 6 月，欧盟委员会主席巴罗佐和美国总统奥巴马在英国北爱尔兰西部厄恩湖举行的八国集团峰会期间宣布，欧盟与美国正式启动双边自由贸易协定谈判，并于当年进行了首轮谈判，确定了农业和工业产品市场准入、政府采购、投资、服务、能源和原材料、知识产权、中小企业、国有企业等 20 项议题。虽然历经十几轮谈判，但之后由于受美国大选、英国脱欧等事件的影响，未取得突破性进展。

这些超级区域经济安排协定引发系列连锁反应,对多边经济法律体制提出严峻挑战。尽管这些谈判目前有的仍在进行之中,最终的结果难以预测,但是,从其谈判伊始树立的目标、谈判进行中披露的条文和信息来看,这些协定都明确表达了超越已有多边秩序的期待。例如,声称要树立 21 世纪 FTA 范本的 TPP 在美国退出之后,剩余 11 国在日本的主导下仍然达成了"跨太平洋伙伴关系全面进步协定"(Comprehensive Progressive Trans-Pacific Partnership, CPTPP),并于 2018 年 3 月正式签署。就其内容来看,虽然冻结了原 TPP 协议内容 20 项(其中 11 项为知识产权方面),但取消关税等核心内容依然保留了下来,而且与 WTO 一揽子协定相比,不仅是在已有领域(尤其是关税、知识产权议题)的贸易自由化水平有所抬升,还多了许多新的、跨领域的内容,如劳工、互联网与数字经济、贸易与投资中的国有企业、小企业的能力等议题。[①]而且,从 TPP 到 CPTPP,成员都坚持在协定框架下建设独立的争端解决机制。有鉴于美国、欧盟、日本在世界贸易总量中占据主要份额以及对全球经济具有重要影响,这些超 WTO 义务的谈判已经构成对现有多边经济法律体制的严峻挑战。

美欧主导的 TPP、TTIP 超大规模 WTO-plus 谈判,事实上还引发了多边成员的连锁反应。一些成员本就对自多哈以来多边经济法律体制的几近停滞心有疑虑,对多边未来的前景持观望态度。出于自身利益的考虑,有的试图尽早加入,并完成这些超大规模区域经济安排谈判,以实现其经济、政治等多方面的意图。譬如,日本就率先批准了 TPP 文本。[②] 有的则基于自身的地缘政治经济利益,欲重新启动重要 FTAs 的谈判。如美国重新启动 NAFTA、美韩

---

① See TPP text, http://dfat. gov. au/trade/agreements/tpp/official-documents/Pages/official-documents. aspx,last visited 30 Jan. , 2018.

② 参见新华社报道,钱峥:《日本完成 TPP 国内批准程序》,2017 年 1 月 20 日,http://www. xinhuanet. com/world/2017 - 01/20/c_1120354866. htm,最后访问时间 2021 年 4 月 18 日。

FTA 的谈判,其贸易代表办公室(United States Trade Representative, USTR)发布的谈判目标显示,增加了商品与服务电子贸易和跨境数据流动、国有企业等目前多边体系没有的内容,同样,在已有领域也提升了标准;在 CPTPP 达成后,美国似乎也有重返 TPP 谈判桌之意,但前景仍不明朗。① 而与此同时,有些国家和地区则通过其他的区域经济安排来反制那些超级区域经济安排可能带来的经济、政治方面的冲击。比如,中韩 FTA、中日韩自贸协定的谈判能够产生一定积极作用。② 前者已经成功缔结,覆盖领域较全面,对关税等实施高水平的减让。③ 此外,针对超级区域经济谈判的出现,我国除提出全新的"一带一路"倡议外,目前,与智利已签署 FTA 升级议定书;与秘鲁开展自贸协定升级联合研究;与巴拿马、哥伦比亚启动自贸协定联合可行性研究等。④ 尤其是与东盟以及中日韩澳新五国达成即将生效的《区域全面经济伙伴关系协定》(RCEP),涵盖了全球三分之一的经济体量,无疑将削弱美国在亚太地区的影响力。欧盟在近几年与加拿大、乌克兰、南非发展共同体、厄瓜多尔、韩国等也分别签署了自贸协定或单方的特惠协定,与中国也达成了《中欧全面投资协定》(CAI),尽管受制于其境内势力的阻挠,目前未能如期审议,但协定内容的广度和深度均具有突破意义。日本自 2008 年以来也与印度、瑞士、越南、蒙古、澳大利亚、秘鲁等签署了自贸协定;发展中国家和最不发

---

① 参见上海 WTO 事务咨询中心信息,"USTR 发布美在重启 NAFTA 谈判后的基本目标",http://www. sccwto. org/post/25052? locale=zh-CN,最后访问时间:2021 年 4 月 18 日;美国总统特朗普在 2018 年 1 月达沃斯世界经济论坛(World Economic Forum)的会议间隙接受采访时表示,如果能敲定一个比之前好得多的协议,美国会加入 TPP,http://finance. ifeng. com/a/20180126/15949459_0. shtml? _cpb_xinxiliu_sp,最后访问时间:2021 年 4 月 18 日。

② 中韩自贸协定已于 2015 年成功缔结,中日韩自贸协定目前已进行 12 轮谈判,仍未达成,但由于 RTAs 的轮毂效应,前者的实施必定会给韩日贸易带来影响。2013—2017 年,韩国对日本的进口增长率为- 6. 7、- 10. 4、- 14. 7、3. 5、16. 2,出口增长率为- 10. 7、- 7. 1、- 20. 5、- 4. 8、10. 2,可见也颇具波动性,http://www. kita. org/kStat/byCount_SpeCount. do,最后访问时间:2021 年 1 月 20 日。

③ See the text of FTA between China and Korea, http://fta. mofcom. gov. cn/korea/korea_special. shtml,last visited 30 Jan. , 2021.

④ See http://fta. mofcom. gov. cn/, last visited 30 Jan. , 2021.

达国家群体也纷纷寻找可能的区域经济合作路径,如东盟与韩国、印度、新西兰,南方共同市场与印度,中美洲共同市场、南非发展共同体等都有新成员加入。① 这些情况足以表明,当前全球范围内的区域经济安排正处于一个急剧膨胀与发展时期。

三、多边经济体制与区域经济体制的互动与博弈

(一) 区域经济体制之于多边经济体制:"垫脚石"或"绊脚石"

对于区域经济法律体制与多边经济法律体制之间的关系,一直存在着"冲突论"和"兼容论"两种观点。"冲突论"认为,区域经济安排的增多一定程度上抵消了多边经济体制的积极效应,由于各类 RTAs 排斥多边贸易规则在一体化组织内普遍适用,造成多边体制内新的不平衡,尤其是会"蚕食"多边体系的基石——最惠国待遇原则,是多边体制发展的"绊脚石"。② "兼容论"则认为,区域经济安排能够促进多边经济法律体制目标的实现,尤其是其中的区域经济一体化组织,提供了多边谈判的"试验田",不断改变多边体制的成员结构和规则内容,可以作为多边体系发展的"垫脚石",推动多边体系规则的完善。③

事实上,作为一种现象,区域经济安排与多边经济体制一直如影随形:在GATT 之前的哈瓦那宪章中就有关于关税同盟和自由贸易区等涉及区域经

---

① See the search results in http://rtais. wto. org, last visited 30 Jan. , 2021.

② 杰克逊就曾指出,多边体系中的这一例外(GATT 第 24 条规定的"关税同盟"和"自由贸易区")极易被滥用,可能产生许多问题。参见[美]约翰·H. 杰克逊著,张乃根译:《世界贸易体制——国际经济关系的法律与政策》,复旦大学出版社 2001 年版,第 186 页。曾令良教授在《区域贸易协定的最新趋势及其对多哈发展议程的负面影响》(《法学研究》2004 年第 5 期)一文中也曾指出,区域贸易的繁荣给多哈回合谈判带来了严重的负面影响。

③ 1995 年 4 月,WTO 曾发布题为《区域主义与 WTO》的研究报告,参见王火灿编译:《区域一体化与多边贸易组织》,载《世界贸易组织动态与研究》,1995 年第 11 期。其中,有专门章节论述了区域一体化与多边体系是互为补充还是相冲突的问题。总体上认为,WTO 与区域经济一体化互为补充:区域经济安排的规则若能推至更多贸易对象,可以促进贸易自由化;WTO 有关议题也可能走在区域经济安排之前,如知识产权,可以补充当时多数并未包括此项内容的区域协议。

济安排的条款。① 至 GATT 谈判之时,成员对已有的特惠贸易安排之去留有过争论,最后达成的一致意见是有条件地予以保留。② 因此,从多边贸易体制建立时起,其成员就已经意识到区域与多边的确存在一定冲突,需要设定条件予以适当限制。换而言之,区域经济体制对多边法律体制究竟发挥羁绊还是促进的作用,取决于多边法律体制对于区域经济安排的约束力如何。如果缺乏必要的规范与约束,此消彼长乃至颠覆之势恐难避免。换言之,对于区域经济安排的全面、有效约束,是多边经济法律体制能够占据主导地位的关键,但就现实而言,其约束能力尚十分有限。

(二) WTO 对于区域经济安排的规制及其局限

WTO 现行体制规制区域经济安排的规则主要包括:(1) GATT 第 24 条——针对货物贸易的关税同盟和自由贸易区规定;(2) GATS 第 5 条:有关服务贸易经济一体化的规定;(3) 东京回合达成的允许给予发展中国家特殊和更优惠待遇的《1979 年关于特殊和更优惠待遇、互惠和发展中国家全面参与的规定》(简称"授权条款");(4)《关于解释 1994 年关税与贸易总协定第 24 条的谅解》(简称《谅解书》)。根据这些条款的内容和发展历史,其中,GATT 第 24 条是核心。从结构上看,GATT 第 24 条 1~2 款是有关关税领土的规定;第 3 款强调不得将本协定解释为阻止为便利边境贸易而给予毗连国家的优惠以及符合条件的自由区贸易;第 4~8 款规定了区域经济安排的条件:第 4 款强调目的,第 5 款规定了外部条件,第 6 款规定了提高关税和提供补偿性调整的条件,第 7 款规定了区域经济安排的通知要求,第 8 款则主要规定了关税同盟和自由贸易区应当满足的内部条件;第 9 款规定的是对其他缔约方的影响问题;第 10 项是有关例外批准的条件;第 11 项是有关印度和巴基斯坦特

---

① See Articles of forty-two to forty-four, Havana Charter.
② See Art. I:2 ~4 of GATT 1947.

殊情况的规定;第12项强调了成员的守约义务。

就上述规则的实际运作状况来看,GATT第24条及相关规则存在的诸多模糊与问题严重制约其约束力的发挥。

1. 实体条件的内涵问题

比如,GATT第5款、第8款、第9款分别规定了多边体系之下区域经济安排应满足的"对内条件""对外条件",以及对其他缔约方的影响问题。但是,这些条件中的关键性词语,"不得高于或严于""大体上""实质上所有贸易""其他贸易法规""其他限制性商业法规"等如何判断,标准是什么,迄今都没有形成一致意见。在与第24条有关的最为著名的 *Turkey-Textile* 案中,上诉机构明确指出,本报告只是对本案上诉程序中争议的数量限制措施不合规作出裁决,并没有就第24条可能引发的其他任何问题作出裁判。①

2. 有关区域安排的透明度要求问题

根据GATT第7款,关税同盟和自由贸易区成员应当履行通报义务,但是条文只规定了应当"迅速通知",提供"必要信息",具体的时间、信息通报内容在 WTO 区域贸易委员会(Committee of Regional Trade Agreement,CRTA)2006 年所作的《关于〈区域贸易协定透明度机制〉的决议》(Decision on the Transparency Mechanism for Regional Trade Agreements)②中虽然有所规定,但其实效性并不显著。有的时间过短,如要求在通知后的 10 周内提交相应数据,涉及发展中国家的为 20 周,往往难以被遵守。而且,因为该决议只是把原来第7款中的"迅速"(promptly)通报进一步解释为"尽早"(as early as possible)通报,③不晚于条文的批准、协议的适用即可,并没有就此作出更为

---

① See Appellate Body Report, *Turkey—Restrictions on Imports of Textile and Clothing Products*, WT/DS34/AB/R, para. 65.

② WT/L/671, 18 December, 2006.

③ WT/L/671, 18 December, 2006, para. 3.

明确的要求。因而,在现实中仍然留下许多可被规避的环节,①从而使其他缔约方失去与之及时磋商的机会。另外,TPP 等超级 FTAs 推行秘密谈判的方式,也给透明度建设带来了极大的难题。因为即使其缔结并予以及时通报,留给其他成员考虑、评估的时间也极其有限,面对如此庞大复杂的谈判结果,基本无法进行有效的磋商。

3. 一系列悬而未决的体制性问题

(1) 关于第 4 款对于关税同盟和自由贸易区的目的要求。该条文是否也是一项条件性要求,是否需要相关区域贸易协定的成员承担相应的证明责任,无法从条文中得出具体结论。在 *Turkey-Textiles* 一案中,上诉机构认为第 4 条不是操作性的用语,本身不构成独立的义务,仅仅是解释第 24 条其他条文时需根据此条所阐述的目的进行考量。② 但是在本案最后,上诉机构强调这只是对本案所涉数量限制措施作出的裁判,并不涉及其他问题。《谅解书》对此也没有十分清晰的解释。

(2) GATT 第 24 条与 WTO 多边法律体制的其他协定之间的关系问题。第 24 条第 5、8 款均提及"其他贸易法规""其他限制性贸易法规",按文义解释包括 WTO 规则所涉所有领域对贸易有影响的法规,但是在争端解决中必须厘清如果区域经济安排允许实施某项 WTO 体系中的单个协定所禁止的措施,GATT 第 24 条是否仍然能够援引?

(3) CRTA 与 DSB 之间的关系。作为多边贸易体制下的专门机构,

① RTAs 通报 WTO 秘书处的时间差别很大,有的从签订到通报相隔几年,如 Chile-Mexico FTA,1999 年 8 月 1 日缔结,2001 年 2 月 27 日才通报多边;有的相隔多年,如 Ukraine—Azerbaijan FTA,1996 年 9 月缔结,2008 年 8 月才通报。2006 年 CRTA 的透明度决议临时适用后,情况有所好转,但多数都要一年左右,而且仍然存在一些 RTAs 通报时间过长的情况,如 East African Community (EAC),对于 Burundi 和 Rwanda 的加入,2007 年 7 月缔结,2012 年 8 月才通报。相关数据见 http://rtais.wto.org,最后访问时间:2021 年 1 月 5 日。
② See Appellate Body Report, *Turkey—Restrictions on Imports of Textile and Clothing Products*, WT/DS34/AB/R, para. 57.

CRTA 具有审议、监督各成员区域经济安排的职责,常常涉及对现有多边规则的解释问题。如此,其解释是何性质? 是否具有法律约束力? 在现实的区域经济安排中,一些措施本身就带有较强的政治性,CRTA 为了免于麻烦,可能规避相关问题,[①]如果这些问题被成员方诉至 DSB,DSB 就面临其与 CRTA 的关系问题。

此外,根据东京回合的授权条款,如何保障发展中国家在区域经济安排中的谈判能力,保障普惠制的实现也是第 24 条必须回应的问题。2013 年 WTO 成员在巴厘部长级会议上通过了《关于最不发达国家的原产地特惠规则》。[②]这是第一次以多边协议的方式帮助最不发达国家解决特惠市场准入问题。

从规律与趋势上看,国际经济两种不同样态法律体制对于国际经济秩序,一方面,均不可或缺且无法相互替代,各自能够在不同领域范围和程度内发挥积极作用,彼此之间也具有一定的互补性;但另一方面,二者此消彼长以及之间的冲突同样在所难免。区域安排发展到一定程度,更多市场与机会的共性需求,必然驱使成员诉至多边;而在多边体制下,当个体诸多需求无法满足时,又会转而追求双边或区域层面的安排。由此,二者之间的互动与博弈当属常态,并共同构成了国际经济法律秩序的宏观图景。对于理想的多边体制而言,若要减少机制停滞或阶段性失败运作的成本和代价,应当进一步强化对区域经济安排的指引,增强"规则导向",尽快回应各种区域经济安排中出现的新诉求,合理安排谈判内容和进程,才能重拾旧日荣光。

---

① 王贵国:《国际贸易法》,北京:北京大学出版社 2004 年版,第 121 页。

② See "WTO Members Secure 'Historic' Nairobi Package for Africa and the World", Ministerial conference, 10th, *Nairobi*, 19 *Dec.* 2015, *https://www. wto. org/english/news_e/news*15 *_e/mc*10*_*19*dec*15*_e. htm*, last visited 18 April, 2021.

第四节　国际经济法律体制发展困境：制约与挑战①

一、特有制约

现行国际经济法律体制是在主权国家之间的权力博弈中建构起来的，国际社会政治现实中的权力结构——法律上之"平权"构造和事实上的大国作用，毫无疑问将奠定并制约着经济法律体制运行的基本构架和逻辑。

（一）法律层面：无政府权力结构

"无政府状态"之国际社会的基本权力构造是其主体权利——国家主权平等，并由此构成所有国际法律体制的权威性来源与正当性基础。因为不存在类似国内法体系中的强制性权威机构，一方面，基本的国际秩序及其价值的确立与维护，需要通过国际法律规范约束其成员的主权行为来实现；而另一方面，与以"相对集权化的"国家强制性机制为保证的国内法相比，国际法作为"相对分权化的法律规则"，②其规范形成、实施及其变革必然更多地受制于无地位高下之分且代表多元、差异利益需求的权力间的抗衡，并由此形成一些天然的局限。

1. 正当性基础及效力分歧

因为存在"主权"这样极具争议的问题，对于以此为基础的国际法规范基础及效力依据，也同样存在不同的解说，理论上大致可分为自然法和实在法两

---

① 以下部分参见肖冰、陈瑶：《论国际规范秩序下国际经济法律体制的变革思路》，载《南京大学学报（哲学·人文科学·社会科学）》，2020年第1期，第55－62页。

② 有关国内法属于"相对集权化的法律规则"，国际法属于"相对分权化的法律规则"的论述，参见［英］赫德利·布尔著，张小明译：《无政府社会——世界政治中的秩序研究》（第四版），上海：上海人民出版社2015年版，第113页。

大类。① 前者如狄骥的"社会连带"学说,认为"社会事实"表现的社会连带关系是国际法的效力根据;又如凯尔森的国家基本权利学说,认为每个国家作为国际大家庭的成员,都有一些基本权利,这些基本权利规范即是国际法的最后根据和渊源。后者如耶利内克的"自我限制"学说,认为国际法的效力源自国家的自我限制,没有国家自己意志的表现,国际法对国家没有任何拘束力;又如奥本海的"各国共同意志"说,认为国际法效力的根据来自各国明示和默示的共同意志;再如安齐洛蒂的"约定必须遵守"说,认为国际法的效力可以追溯到约定必须遵守这一最高的基本原则或规范。至于为什么会有人反对国际法规则的有效性(虽然是隐藏的或暗含的),原因恰可归结于国家主权的传统概念。简言之,国际法在一定程度上约束了国家及其领导人和政府官员的权力。② 国际法规则的有效性经常得不到清晰的解说本身,就隐含着其坚实基础的欠缺。

2. 有限的确定性

受制于多元、复杂的国际政治,国际经济法律制度往往具有更多的不确定性。国际经济活动中任何的经济政策和行为都是"嵌在"一定的国内政治和社会结构之中。③ 法律与政治的相互作用在世界事务中更加复杂并且难以厘清。④ 一定意义上,法律与政治之分只是部分正确,法律是政治力量的结果;国际法反映了国家间体系的政治主张。⑤ 正因如此,包括国际经济法律规范在内的国际法规范呈现出较大的灵活性和相对有限的确定性特征,从古老的

① 参见王铁崖:《国际法引论》,北京:北京大学出版社 1998 年版,第 25－36 页。
② 参见[美]约翰·H·杰克逊著,张乃根译:《世界贸易体制——国际经济关系的法律与政策》,上海:复旦大学出版社 2001 年版,第 118－119 页。
③ [美]罗伯特·基欧汉著,苏长和等译:《霸权之后——世界政治经济中的合作与纷争》,上海:上海人民出版社 2001 年版,第 25 页。
④ [英]马尔科姆·N·肖著,白桂梅等译:《国际法》,北京:北京大学出版社 2011 年版,第 10 页。
⑤ [美]路易斯·亨金著,张乃根等译:《国际法:政治与价值》,北京:中国政法大学出版社 2005 版,第 5 页。

战争与和平法到当下的国际经济法律体制,概莫能外。一方面,国际法规范如果缺乏灵活性,将无法涵盖多样的国际社会实践,尤其还要顾及社会本身固有的譬如法系之间的差异性;没有足够的灵活性常常无法就矛盾重重的主权问题实现逻辑和现实上的双重周延;但另一方面,灵活性也必然意味着法律体制应有的规范确定和约束功能有限,并由此给国际法主体的自我管制权,尤其是国家主权及其可能的滥用留下了极大的弹性空间。

3. 体系缺失的"碎片化"

多极化、不平衡的国际政治和经济利益现实造就了国际经济法律不成体系的"碎片化"现象。虽然,就法律制度的共性而言,由于法律所规定的某种关系经常发生在不断变动位置的各点之间,"融合适当的比例是任何时代都会面临的难题"[①],但就国际法而言,国际社会的利益更加多元、变动,其均衡更为复杂,尤其是处于新旧秩序变革、交替的时代,随着国际立法活动日益活跃,法律规范越来越多,各种规范之间的冲突加剧,其体系内部的各种要素之间缺乏有机联系和统一性的"碎片化"现象也越来越突出。这种现象损害了国际法的权威性和可预见性,也给国际关系增加了不稳定的因素。[②] 为此,联合国国际法委员会,作为当今联合国体系内以促进国际法的逐渐发展和编纂为宗旨的重要组织,专门就国际法"碎片化"问题发布研究报告并指出,国际法向新领域的扩张和多样化的发展,确实给国际法体系的一致性带来了诸多挑战,特别是各种不同属性、内容及效力范围的规则和体系之间的重叠和冲突造成了对以《联合国宪章》为基础的现行国际法体系的冲击。[③]

---

① ［美］本杰明·N·卡多佐著,董炯、彭冰译:《法律的成长　法律科学的悖论》,北京:中国法制出版社 2002 年版,第 4 页。

② 参见古祖雪:《现代国际法的多样化、碎片化和有序化》,载《法学研究》,2007 年第 1 期,第 135 页。

③ International Law Commission Fifty-eighth session, Geneva, "Fragmentation of International Law: Difficulties Arising from The Diversification and Expansion of International Law", 1 May-9 June and 3 July - 11 August 2006, A/CN. 4/L. 702, paras. 9 - 14, Official document of the United Nations, available at http://legal. un. org/docs/? symbol=A/CN. 4/L. 702.

(二) 事实层面：大国作用

大国问题始终是国际法上的重大问题。法律上的主权平等并不能替代或掩盖国际社会成员之间大小、强弱的现实差距。现实主义国际政治观认为，国际体制很大程度上由体系中追求自身利益的那些最有力的成员所设计；在其运行中，那些最强大行为者的偏好将具有最大的影响力。[①] 事实也是如此，国际经济法律体制的确立、运行与变革，都离不开大国的主导甚或决定性作用。当然，大国作用具有两面性。

1. 积极作用

世界经济运作的方式取决于市场和国家政策，特别是强大国家的政策。[②] 其积极意义在于：

首先，一定的政治框架是经济活动有序进行的前提。大国在相互角逐之间，包括它们在合作方面的努力，确立了市场和经济力量在其中运作的关系框架。[③] 战后主要国家间签署的停战协定及若干条约，奠定了战后国际社会的基本政治框架。此后，才有若干国际组织机制及秩序之构建。如果没有《波茨坦公告》《雅尔塔协定》等对日本、德国的战争问题及相关问题的定性、基本处理方案的铺垫，之后联合国及其安理会等一系列制度构架将无法推行。在战后整个国际秩序（包括但不限于国际经济秩序）的建构中，美国、英国等大国都是主要的领导者。[④]

其次，大国有其功能和资源优势，能够引领、激发较大范围内国际经济法律关系的变动，从而形成一定的机制和秩序。在 GATT、WTO 以及重要的

---

① [美]罗伯特·基欧汉著，苏长和等译：《霸权之后——世界政治经济中的合作与纷争》，上海：上海人民出版社 2001 年版，第 75、86 页。

② [美]罗伯特·吉尔平著，杨宇光、杨炯译：《全球政治经济学——解读国际经济秩序》，上海：上海人民出版社 2003 年版，第 21 页。

③ 同上。

④ See John O'Brien, *International Law*, Cavendish Publishing Limited, 2001, p. 45.

金融监管合作机制巴塞尔银行委员会（The Basel Committee on Banking Supervision，BCBS)等体制的建构和谈判中，大国都发挥了重要的作用。例如，作为当今世界银行业监管标杆的"巴塞尔委员会"，最初由英、美、法等十国筹建。其中，英、美、法大国自身拥有遍布世界的发达的银行系统，相关领域的实践经验与教训迅速成为巴塞尔协议历次修订的内容，为稳定全球金融秩序，保障贸易与投资活动的顺利进行发挥了重要作用。[①] "二战"后美国提议成立ITO 时，其国务院备忘录这样表述："美国是唯一能够采取行动、发起一场促进世界范围内减少贸易壁垒运动的国家。因为其相对较强的经济实力、有利的国际收支状况、其国内市场对其他国家富裕的重要性，以及美国对于世界贸易政策的影响，远远超过任何其他国家。虽然，英国的合作是成功减少贸易壁垒必不可少的，但是就战后英国的地位而言，只有在美国发挥了强有力的领导作用的前提下，与英国的合作才有意义。"[②]后续整个国际经济法律体制的发展进程印证了美国所述的合理性。

再次，由大国国内、国际所积累的治理经验和制度优势所决定，无论是对于国际经济法律休制新领域的拓展，还是既有机制的构建与变革，大国更有能力提出先导性的系统方案，能够较为充分地考虑事务的多样性、复杂性和利益诉求的糅合问题。相比较而言，弱小国家或经济体明显能力不足，受制于较低经济水平与单一社会结构，其方案和诉求往往只能折射某些方面的问题，难以成为普遍性国际组织中能够糅合若干利益的重要代言人，多边体系的历次谈判都足以说明这一点。例如，在多哈回合的农业谈判中，大国和大的经济体可以独自为战，而相对弱小的发展中国家则不得不参加多个小组特别是有大国

---

① 详见国际结算银行（Bank for International Settlements，BIS）——旨在加强各国中央银行及国际金融机构合作的国际组织的官网介绍，https://www.bis.org/about/history.htm? m=1％7C4，最后访问时间：2021 年 1 月 20 日。

② 转引自[美]J. E. 斯贝茹著，储祥银、李同忠、谢岷译：《国际经济关系学》，北京：对外贸易教育出版社 1989 年版，第 93 页。

支撑的谈判组,才能主张并维护自身利益。不仅如此,大国由于经济规模、经济总量、市场等资源存量具有谈判优势,可用作利益交换的范围和回旋余地均相对较大,因而也有利于取得谈判成效。

2. 消极作用

在国际经济法律体制大国主导的客观现实下,如果其恃强凌弱、滥用或破坏规则,则所造成的阻碍或破坏性作用也是致命的。历史上,借助"霸权"超越法治、破坏国际秩序稳定,成为"法外"或"法上"之国亦不乏其例。由此反映出国际法律秩序中的主权形式平等但实质不平等的本质,即"大国制定法律,中等国家签署最终条约。同时,小国被不予考虑"①。

在规则制定方面,现行国际经济法律体制对于广大发展中国家利益平等保护的缺失,很大程度上就是因为这种实质的不平等所致:诸多规则的形成取决于大国(们)所能接受的方案,而不是理想状态下集中所有成员的利益集体考量之下的公平结果,弱小国家的利益往往被忽视。就 GATT 1947 而言,23个缔约方中属于发展中国家的有 8 个,而 GATT 条款中反映发展中国家利益的,只有第 18 条"对经济发展的政府援助"一个条款。该条款虽然给予发展中国家以限制外国进口的较宽松标准,但其程序繁琐,②实效性欠缺。WTO《与贸易有关的知识产权协定》(Agreement on Trade-Related Aspects of Intellectual Property Rights,TRIPS)也是如此。乌拉圭回合将 TRIPS 纳入谈判本就是发达国家用"胡萝卜加大棒"的手法迫使发展中国家同意提升知识产权保护水平,③其有关发展中国家药品可及性的问题在最初的文本中并没

---

① 〔澳〕杰里·辛普森著,朱利江译:《大国与法外国家——国际法律秩序中不平等的主权》,北京:北京大学出版社 2008 年版,第 132 页。

② 赵维田:《中国入世议定书条款解读》,长沙:湖南科学技术出版社 2006 年版,第 128 页。

③ 在乌拉圭回合谈判中,美国等发达国家以开放农产品和纺织品市场为诱饵,迫使发展中国家同意知识产权问题加入贸易谈判并提升保护水平,以特殊 301 条款和普惠制单边措施为工具,迫使一些发展中国家放弃抵抗知识产权议题的立场。参见古祖雪:《从体制转换到体制协调:TRIPS 的矫正之路——发展中国家的视角》,载《法学家》,2012 年第 1 期,第 146 页。

有得到充分考虑,直到后续 TRIPS 第 31 条修正案的出台才得以缓解校正,但是并未从根本上解决发展中国家的公共健康困境。

大国"霸权"在国际经济法律体制运行过程中也有相同表现。现实中,公然违反规则、不执行司法裁决的往往是大国。以 WTO 争端解决为例,自 1995 年 1 月 1 日至 2013 年年底,美国在 33 个仅涉及行政机关行为的贸易救济案件中执行较好,而在 16 个涉及国会立法、行政立法或做法的案件中执行不理想,特别是在涉及国会立法的 9 个案件中执行较差;欧盟对于"荷尔蒙牛肉案"根本就未曾执行,双方通过提供补偿暂时解决争议;[①]至 2019 年 6 月底,因被诉方不执行或不完全执行 WTO 争端机构的裁决而被请求授权报复的 7 起案件中,美国占了其中的 6 起,加拿大 1 起。[②] 2019 年 7 月,WTO 发布中国诉美国反补贴措施案件执行之诉上诉机构报告,裁决美国涉案 11 项反补贴措施违反 WTO 规则。[③] 此外,如前所述,近年来美国持续阻挠 WTO 争端解决上诉机构成员连任或选任,致使上诉机构完全停摆,在直接威胁 DSB 裁判的独立性和公正性的同时,也严重阻碍了多边贸易体制争端解决功能的发挥。美国的做法引发各界对其"霸权主义"干预甚至摧毁多边机制的担忧。[④]

二、国际经济新秩序带来的挑战

进入 20 世纪 60 年代以来,国际政治、经济关系又发生了一系列重大变化。在国际经济领域中,东西关系、南北关系、南南关系以及北北关系交织一

---

① 胡建国:《美欧执行裁决的比较分析——以国际法遵守为视角》,载《欧洲研究》,2014 年第 1 期,第 119 页。

② https://www.wto.org/english/tratop_e/dispu_e/dispu_current_status_e.htm,最后访问时间:2021 年 7 月 20 日。

③ 本案原审专家组和上诉机构均已裁定美国涉案反补贴措施违反 WTO 规则,要求美国纠正违规措施;但美国在执行中继续使用违规措施,被执行的上诉机构再次裁决其违反。*United States-Countervailing Duty Measures on Certain Products from China*(DS437)。

④ 新华社:《美国反对韩裁判官连任,被批以大欺小破坏 WTO 公正性》,http://korea.xinhuanet.com/2016-05/31/c_135400935.htm, 2016-05-30,最后访问时间:2021 年 4 月 18 日。

体,相互依存、影响,共同形成了现代国际经济关系错综复杂的格局。在各种利益主体之间激烈竞争与对抗的同时,彼此间的相互依赖与渗透也越来越深刻,既有世界经济格局处于不断被打破和重新调整的状态,国际经济多极化、变动性强、复杂的特点得以充分体现。相应地,第二次世界大战后形成的国际经济法律体制面临越来越多的挑战和变革诉求。

国际经济法律体制中的发展问题首先以"国际经济新秩序"(New International Economic Order,NIEO)的理念出现在国际舞台之上。而"国际经济新秩序"的主张则是由发展中国家在殖民地上新独立国家政治兴起、东西方两个超级大国进行冷战的国际政治背景下提出的。[①]

事实上,布雷顿森林体系机制建立之初,多边的制度框架受成员经济实力以及政治、外交等因素的影响,实际是在美国单边管理之下为国际贸易和投资提供清偿手段和调节工具,因而其运作具有明显的大国主导、单边霸权色彩。随着战后各国经济的逐步恢复,形势开始有所变化。例如,美国主导国际货币基金组织的基础是美元的信用,美元信用本身是以美国的经济实力以及巨大的黄金储备为基础。然而,随着美元不断输出和其他国家的经济复苏,这一结构逐渐被打破。1960 年,美国境外的美元拥有量首次超过了美国的黄金储备,美国对其贸易逆差失控。[②]

更为重要的是,伴随一大批新的独立国家走上国际政治和经济舞台,国际社会的力量对比及制衡因素发生了新的变化,要求建立"国际经济新秩序"的呼声日益高涨。究其本质,是国际社会开始对西方传统自由贸易理论与实践进行反思,对布雷顿森林体系所确立的国际经济法律体制提出了质疑。

---

① 何志鹏:《国际经济法治:全球变革与中国立场》,北京:高等教育出版社 2015 年版,第 118 页。
② 1946 年、1947 年,欧洲同世界其他国家的国际收支逆差总额达到 58 亿美元,同期美国拥有67 亿美元、101 亿美元的贸易顺差;1948 年至 1952 年间,美国向西欧国家提供了 170 亿美元的经济援助。参见[美]J.E.斯贝茹著,储祥银、李同忠、谢岷译:《国际经济关系学》,北京:对外贸易教育出版社 1989 年版,第 36－40 页。

这一时期通过了一系列重要法律文件。从 1962 年联合国大会通过的《关于自然资源永久主权的决议》(Permanent Sovereignty over Natural Resources)到 1974 年联合国大会通过的《建立国际经济新秩序宣言》(Declaration on the Establishment of a New International Economic Order，以下简称《宣言》)、《建立国际经济新秩序行动纲领》(Program on the Establishment of a New International Order，以下简称《纲领》)以及《各国经济权利与义务宪章》(Charter of Rights and Obligations of National Economies)，集中体现了联合国体系下国际经济新秩序从思想到制度逐渐发展的过程。尽管形式上并非多边条约，只是"宣言""决议"等软法文件，但是，基于它们所代表的国际社会的广泛共识，为国际经济法律体制的发展和变革奠定了重要基础。

首先，其主张具有鲜明的现实针对性。上述法律文件明确指出，既有国际经济法律体制忽视了各国经济的差异性，尤其是发展中国家的历史和现实情况，存在不合理性。GATT 基于减少和消除经济要素流通的双边障碍这一理念而形成，其规则和原则建立在经济同质基础之上，掩盖了工业中心和外围国家之间巨大的结构性差异。[1] 因此，GATT 并不服务于发展中国家，无法满足世界经济发展之需求，担当不了重塑经济秩序的重任。发达国家和发展中国家之间经济发展存在巨大鸿沟，如果不能妥善解决这种严重的不平衡，将会成为严重的外部瓶颈，进而影响世界经济的发展。[2] 倘若要推进世界经济在动态平衡中加速发展，必须矫正此种不平衡。[3] 为此，《宣言》提出，目前的国际经济秩序同国际政治和经济关系当前的发展是直接冲突的，须"紧急地为建立

---

[1]　See United Nations, "Proceedings of the United Nations Conference on Trade and Development: Final Act and Report" E/CONF. 46/141, Vol. Ⅱ, 15/06/1964, p. 7.

[2]　Ibid, pp. 5 - 6.

[3]　根据 1964 年联合国贸发会议的报告，此种不平衡的严重程度令人吃惊：如果预设人均收入年增长率为 5%，一些发展中国家(按当时的人口增长率计)需要 80 年才能达到当时西欧的水平，占据发展中国家一半人口的最不发达国家甚至需要 200 年。参见 1964 年会议报告(E/CONF. 46/141, Vol. Ⅰ,15/06/1964)第 6 页。

一种新的国际经济秩序而努力",在所有国家之公正、主权平等、互相依靠、共同利益和合作的基础上纠正不平等和现存的非正义,并且使发达国家与发展中国家之间日益扩大的鸿沟有可能消除,保证目前一代和将来世世代代在和平与正义中稳步地加速经济和社会发展。①

其次,其主张提出了具体的制度内容与方案。《宣言》第四条规定了国际经济新秩序应当遵循的 20 项原则,包括自然资源和经济活动的永久主权、受到侵害时要求偿还和充分赔偿的权利、对跨国公司监督和管理的权利、技术援助、财政资金转移、给予发展中国家特惠和非互惠的待遇等,涵盖贸易、投资以及与之相关的货币金融政策领域。《纲领》则更为详细地列出了包括原料和初级商品同贸易和发展有关的基本问题、国际货币制度和对发展中国家的发展资助、对跨国公司活动的管理和控制、各国经济权利和义务宪章、促进发展中国家之间的合作、帮助各国行使对自然资源的永久主权、加强联合国系统在国际经济合作方面的作用七个方面的工作内容和计划。之后的《各国经济权利和义务宪章》《跨国公司行动守则(草案)》等均进一步予以具体化。不仅如此,这些制度性内容并非仅仅停留于为发展中国家争取一时一刻的援助,而是一种制度理念和原则系统性、整体性的变革。比如,《纲领》中还单列了特别计划,以针对紧急措施的采取,同时顾及最不发达国家和内陆国家的特殊问题。但是,即便是这些特别计划,也要求在提供紧急救济和及时援助的同时,采取措施,在根本上改造世界经济制度,使受助方在解决当前困难的同时能够达到可接受的发展水平;还必须包括能增进他们生产能力和增加收入的一些步骤,采取全面性的处理办法;首要和最迫切的任务虽然是解决国际收支问题,但是同时必须以额外的发展援助为补充,来维持发展,以及其后加快他们的经济发

---

① See United Nations, "Preamble of Declaration on the Establishment of a New International Economic Order," Resolution adopted by the General Assembly during its sixth special session, A/9559。中文翻译参见陈安、刘智中编选:《国际经济法资料选编》,北京:法律出版社 1991 年版,第 5 页。

展速度。[①]

再次,其主张于推动国际经济法律体制方面取得了一定成效。在理念层面,国际社会普遍认为,上述文件及具体方案赋予了《联合国宪章》第九章"国际经济及社会合作"以新内涵,并为未来制度的变革、争端解决,以及新秩序的生成夯实了法律根基。在现实机制层面,一些向发展中国家提供惠益的机制一直在有效运作。比如,欧盟、美国、加拿大等国家和国家集团推行的普惠制(Generalized System of Preference,GSP)、世界银行对发展中国家的贷款、欧盟与非加太地区的合作伙伴协定、一系列初级产品的生产者联盟,等等。这些机制的存在及运转使得世界经贸法律制度不再用表面上的公平来掩饰实质上的不公平,国际经济秩序也不再单方面地仅仅对发达国家有利。[②]

同样不容否认的是,总体来看,"国际经济新秩序"对现行国际经济法律体制的挑战是失败的,其制度主张与内容大多并未形成有效的国际经济法律约束机制,并在 20 世纪 80、90 年代的"全球化"浪潮中逐渐沦为明日黄花。

三、全球化的作用与反作用

进入 20 世纪 80、90 年代以来,随着全球化[③]势力的不断扩张,现行国际

---

① See Article X (a), (b) of Program on the Establishment of a New International Order, Resolution adopted by the General Assembly during its sixth special session, United Nations, A/9559, p. 10.

② 参见何志鹏:《国际经济法治:全球变革与中国立场》,北京:高等教育出版社 2015 年版,第 129 页。

③ 关于全球化的分析存在多重视角。托马斯·弗里德曼在其颇有影响的《世界是平的》一书中,将全球化分为三个阶段:第一个阶段从 1492 年哥伦布远航开启新旧世界之间的贸易开始到 1800 年左右,称之为全球化 1.0 版本。这一阶段主要是国家及其实力应用的形式决定着全球化的进程,通过暴力推倒壁垒,合并世界的一些部分。第二阶段从 1800 年左右近代工业化的大生产到 2000 年左右,被经济大萧条和两次世界大战所打断,这一时期是全球化的 2.0 版本,主要是到处寻找市场的跨国公司推动了全球化的进程。第三个阶段是自 2000 年以来,技术的发展使得个人能够在全球进行合作,称之为全球化的 3.0 版本。但是,也有学者指出,弗里德曼关于全球化的分析有技术决定论之嫌,全球经济转型时期,事实上政府也在重组,世界其实是圆的。参见约翰·格雷著,张达文译:《世界是圆的——评〈世界是平的:21 世纪简史〉》,载《国外社会科学文摘》,2005 年第 9 期,第 76 - 80 页。还有的学者认为三次全球化浪潮大致的时间段分别是大航海时期、19 世纪末西方世界融合时期以及 20 世纪 80 年代以来。参见 Jan Aart Scholte, *Globalization: A Critical Introduction*, 2nd ed., Palgrave Macmillan, 2005,第 85 - 118 页。

经济法律体制迎来了新一轮严峻挑战,并在"全球化"与"逆全球化"全球治理对弈模式两股势力的交织和对抗中,经受着前所未有的冲击。

(一) 全球化的双重作用

全球化,尤其是经济活动全球化的蓬勃发展,不断放大并加剧了国际社会利益的多极化、差异化、复杂化及变动性特点,也由此给现行国际经济法律体制提出一系列崭新课题,有规范层面的,更有触及现有体制实质的结构性问题。就前者而言,主要表现为因生产要素的全球流动夹杂着技术和信息的流动,催生出国际经济许多新兴领域与产业,比如知识产权、政府采购、信息技术产品贸易、电子商务、极地与外层空间的保护和商业开发等,所涉及的新关系和新问题已经超出现有国际经济法律的规制范围或约束能力,因而需要在立法的规范补足或修正层面上予以回应。就后者而言,集中表现为,其一,全球经济活动及其彼此间越来越深入的相互依赖关系,使得作为国际法主体的国家必需正视跨境经济活动的合法性边界以及主权在多大范围与程度上的自我限制问题;其二,诸多经济活动主体的竞争和利益交织带来了更多样更复杂的经济法律关系,单个国家无法有效应对,需要打破国家间传统的狭隘合作领域和单一合作模式,建立更多元、更广泛和更紧密的新型国际合作体制;其三,经济全球化所带来的不平衡发展,以及随着技术发展和作为国际法重要主体的国家之间相对实力状况的变化(非实质和非根本性的变化),不仅进一步加深了发达国家与发展中国家之间的既有矛盾,而且,发达国家、发展中国家群体传统的内部关系也在发生改变,由此产生新的体制性问题:传统的为实现群体实质公平而设立的特殊优惠待遇,其适用遭到一定程度质疑;[1]此外,面对数字鸿沟、产业链固化、经济外部依赖度过高等一系列关系各国经济基础和长久发展的问题,都构

---

[1]　徐崇利:《新兴国家崛起与构建国际经济新秩序——以中国的路径选择为视角》,载《中国社会科学》,2012 年第 10 期,第 189 - 190 页。

成了对现行国际经济法律体制的权力基础与利益结构的严峻挑战。

（二）"逆全球化"的阻碍影响

"逆全球化"始终与全球化如影随形，并在全球化副作用不断积淀中持续升级，从个别群体的个体主张[①]逐渐演变成为主权国家，特别是世界大国的国家战略和积极作为。最集中的表现是，2008年金融危机造成世界经济长期处于持续性和结构性低迷，[②]一些重要金融机构破产，大多数经济体增长速度下降，有的甚至出现负增长，并伴生失业增加、需求不足、产能过剩、企业利润下降等问题，引发了对全球化的普遍质疑，不少国家出台了一系列贸易救济措施甚至保护主义措施。民粹主义、孤立主义、贸易保护主义以及与之相互裹挟的新一轮"逆全球化"思潮甚嚣尘上。2016年以来，英国公投脱欧、美国大选特朗普上台、中美贸易摩擦等一系列重大国际政治、经济事件显示，大国的政治经济政策处于剧烈变动期，国家、国际组织、跨国公司等国际经济活动重要主体从意识到行为都开始发生重大变化。事实上，特朗普上台后，美国作为世界头号大国成为"逆全球化"的主要推动者。美国抛弃了自己过去70年的外交政策和多边价值观念，逆全球趋势而动，宣布退出或威胁退出一系列重要的国际性或区域性条约（协定）和组织，高调推行保护主义，在全球发动贸易大战，还一再阻挠启动WTO争端解决机构（Dispute Settlement Body，DSB）上诉

---

① 比较典型的此类事件是WTO贸易谈判曾遭遇成员国内外团体的激烈反对。例如：1999年WTO西雅图第三次部长级会议期间，来自欧洲、美国、澳大利亚等国家的环保主义者举行过游行示威，反对WTO及其规则，劳工组织也抱怨WTO忽视其利益等。2004年12月20日，为反对WTO新一轮多边贸易谈判的农业自由化谈判，韩国农民协会所属的1000多名农民采取奇袭的方式一度占领了流经首都首尔的汉江上的四座大桥以及市内的其他地方，导致首尔市内交通大堵塞。参见［美］约翰·H.巴顿、朱迪思·L.戈尔斯坦、蒂莫西·E.乔思林、理查德·R.斯坦伯格著，廖诗评译：《贸易体制的演进：GATT与WTO体制中的政治学、法学和经济学》，北京：北京大学出版社2013年版，第1-2页；参见中国新闻网《韩国农民奇袭汉江大桥反对世贸农业自由化谈判》，http://news. 163. com/41220/2/18312D9H0001121S. html，2004-12-20，最后访问时间：2021年1月20日。

② 关于世界经济的持续性与结构性低迷状态，参见朱民：《持续低迷和结构性变化主导世界经济》，第一财经网2017-2-19，http://www. yicai. com/news/5228874. html，最后访问时间：2018年6月24日。

机构成员的选任致其瘫痪,由此彻底破坏了经济全球化所倡导的市场自由、开放、公平原则和世界银行在当前国际社会形势下所提出的包容性增长原则,使国际经济法律体制处于风雨飘摇之中。由此可见,虽然以往"反全球化"的个别事件时有发生,但并不危及国际经济法律体制的根基,而当这些非国家主体的主张开始转变为大国战略并付诸实施时,才是对以"规则导向"为核心的多边法律秩序最大的破坏,国际经济法律体制也由此面临着自确立以来最严重的危机。恰如 IMF 代理总裁大卫·利普顿在布雷顿森林体系 75 周年纪念会议上致辞所说:"我们的世界正在经历一系列更广泛的变革,这导致了信任和社会凝聚力的瓦解,尤其是在发达经济体。贸易和全球化——以及技术——重塑了经济版图,其最重要的结果在美国和欧洲体现为:愤怒情绪加剧、政治极化和民粹主义。我们正面临着'布雷顿森林体系倒退时刻'的风险。"①

毋庸置疑,经济全球化有利于促进世界范围内的商品和资本流动、科技和文明进步以及各国人民之间的交往,是社会生产力发展的客观要求和科技进步的必然趋势,虽然会带来发展不平衡等负面影响,但可以在多边体制的规范与约束之下得到最大限度的克服与矫正,是符合全球公共利益的;而"逆全球化"自身优先、以邻为壑的单边保护主义,只会不断加大、加深国家之间的矛盾和摩擦,进而将世界引入歧途。现行多边国际经济法律体制的确立,也正是世界各国基于单边主义盛行造成彼此间对抗、世界分裂乃至两次世界大战的惨痛历史教训所做的理性选择。恰如世界体系理论的主要创始人伊曼纽尔·沃勒斯坦所言:"世界体系的生命力由冲突的各种力量构成,这些冲突的力量由于压力的作用把世界体系结合在一起,而当每个集团不断地试图把它改造得

---

① See the Keynote speech by IMF Acting Managing Director David Lipton at the Bretton Woods:75 Years Later-Thinking about the Next 75 Conference, "The Future of Bretton Woods", https://www. imf. org/zh/News/Articles/2019/07/12/sp071619-the-future-of-bretton-woods, last visited 25th July, 2021.

有利于自身时，又使这个世界体系分裂了。"①

第五节　国际经济法律体制的变革思路
与中国应有之作为

值当下现实主义强权政治高调回归，世界政治经济格局的大盘，或者说一系列支撑当今世界格局的硬件——世界政治秩序及其政治基础、全球经济秩序及其主导力量结构，并没有发生实质性和根本性变动的情况下，主导世界经济政治秩序的一系列软件——政治意识、经济主张和主要价值，却在发生重大甚或是根本性的变化，全球治理也由此进入国家主义与全球主义之争的徘徊和艰难跋涉之中。② 相应地，国际经济法律体制又一次处于历史性变革的关键隘口，如何回应全球经济与地缘政治环境中发生的急剧转型，是国际社会和国际法理论与实践共同面临的重大课题。

一、坚守多边主义立场，克服周期性问题

国际经济法律体制的变革既取决于国际社会权力结构的变化以及由此引发的国际政治、经济整体情势的客观变化，也与现行体制中国际法主体主观上追求的目标与价值息息相关。

首先，尊重、保护、捍卫多边主义的立场应为国际社会所坚守。战后集体安全、合作共赢理念下所确立的多边法律机制，是国际社会成员在经历长期对

---

① ［美］伊曼纽尔·沃勒斯坦，郭方、刘新成、张文刚译：《现代世界体系（第一卷）：16 世纪的资本主义农业与欧洲世界经济体的起源》，北京：高等教育出版社 1998 年版，第 460 页。

② 刘贞晔：《世界格局变迁与全球治理的未来》，光明网 2016 - 11 - 29，http://theory.gmw.cn/2016 - 11/29/content_23137053.htm，最后访问时间：2021 年 3 月 31 日。

抗、分裂的挫折之后共同作出的理性选择。IMF 于 1944 年布雷顿森林会议召开时仅 44 个国家代表团参加,迄今已有 189 个成员国,几乎包括了整个世界经济;GATT 由最初的 23 个缔约方,发展到 1995 年 WTO 成立时的 76 个成员,再到目前的 164 个成员,占全球总贸易额的 98%;依据《解决国家与他国国民间投资争端公约》而建立的世界上第一个专门解决国际投资争议的仲裁机构——"解决国际投资争端中心"(The International Center for Settlement of Investment Disputes,ICSID)1966 年生效时仅 20 个成员,目前已发展到 164 个。如此众多成员的加入,在很大程度上应归功于多边体制"规则导向"的法治化进程及其功能发挥,特别是争端解决机制的有效运行。迄今为止,ICSID 共受理 838 起案件。[①] DSB 共受理 606 起案件,2018 年在其上诉机构成员缺位的情况下,仍受理案件 39 起,2019 年受理 19 起;即使是美国,在指责并阻挠上诉机构正常运转的同时,作为申诉方仅 2018 一年就提起了 8 起。[②] 上诉机构完全停摆后,在新冠疫情等造成的经济逆全球化产生严重负面影响的情势下,2021 年前十个月,DSB 仍有 8 起新案。因而,加强和改进多边法律体制,而不是破坏它才是未来变革必须坚持的唯一正确方向。

其次,单边主义、保护主义与多边体制之间的冲突属事实上的常态,并不是什么新的现象和问题。IMF、WTO、WB 等所有多边体制的生成、发展及变革无一不是与单边主义、保护主义抗衡、博弈的过程。据此而论,多边主义立场与国际秩序单边的现实倾向之间的冲突不可避免,并在"逆全球化"风潮中愈演愈烈,这一现象不过是制度变迁周期性规律的又一次体现而已。多边体制对于国际社会发展与秩序维护的有效性既是理论共识,也已经由实践反复

[①] Https://icsid. worldbank. org/en/Pages/cases/AdvancedSearch. aspx, last visited Nov. 1, 2021.

[②] Https://www. wto. org/english/tratop_e/dispu_e/find_dispu_cases_e. htm, last visited Nov. 1, 2021.

证明。经济全球化所产生的相互间复合性依赖关系,恰恰需要以普遍性的多边合作及权力制衡来取代传统体制下少数大国的权力控制,并有效克服成员政治决策中的"囚徒困境"。尽管议题的多样性和缔约方数量的增长增加了谈判的难度,但从决策过程的角度考虑,也提供了更多互相联系的渠道、更多需要明确区别的问题以及更多的形成帕累托最优方案的可能。面对少数大国滥用其权利,罔顾作为多边体系一员的责任,挥霍其影响力,造成"冷战"之严重后果,①其他成员更加需要坚持多边立场,选择合适路径继续推动多边机制的发展与实施。因为唯有在多边体系之内,才能实现对于无序单边主义的制度化约束与制衡。虽然在现实条件下,多边体制无法在所有领域都具有强实效性,但仍是最大程度确保国际经济法律秩序稳定、健康发展的最有效路径。

再次,多边体制运行过程中的暂时性休克、停摆提示了现实问题的多样、复杂与制度供给的严重不足,是制度创新的最好契机而非体制意义的丧失。若置于国际社会自威斯特伐利亚时代以来的变迁过程和国际法的发展史来看,周期性的制度繁荣、调节乏力、停滞到再行突破、发展,既是基本运行规律,也是大势所趋。就"二战"后的国际经济法律体制而言,既有的结构和制度设计是基于谈判当时各成员,尤其是大国成员已有的政治经济状况和彼时对未来之期许而设定的。一方面,出于历史的原因,布雷顿森林体系的三根支柱从未完全实现战后规划者的目标,也没有达成一致的政策或是有效地进行职责分配。WTO、IMF 以及世界银行的总体结构和内部机制不完全一致,在某些方面甚至存在十分明显的差异,而这些制度结构、决策制定程序、文化上的差异不可避免地减损了它们之间协同一致、兼容合作的能力。另一方面,随着国际社会整体的政治力量结构、经济状况的不断变化,这些国际机制的先天与后

---

① See Michael Lind, "America vs. Russia and China: Welcome to Cold War II", *The National Interest*, 2018, Vol. May-June.

天不足也越来越明显地得以暴露。譬如,WTO 争端解决机制运行 20 多年,其实际功能早已大大超出初始预设;成员数量增加,不同经济体制、不同发展水平的成员,特别是发展中国家、新兴经济体越来越多地参与并开始熟稔规则和机制,从而在体制内逐渐形成了各种相互抗衡的力量。由此,无论是各成员加入时对于该体制的主观预设,还是体制运行过程中所面临的现实问题,都在不断地变化之中。而且,就 WTO 规则而言,每一项权利和义务的变化都要满足 160 多个成员的利益需求,这对于覆盖面甚广的条约来说也是相当困难的,往往只有少数成员才真正具有"互惠"的实力。[①] 在变化了的情势之下若要仍然使机制保持有效运转,积极回应是必需的;而从各国积极提出破解当下机制困境的诸多方案来看,变革而非抛弃多边体制仍是普遍共识。

最后,多边法律体制周期性问题的克服,要受到内外各种因素,特别是特定时期重大国际政治、经济环境的影响,因而应当甄别问题的不同属性、权重并予区别对待。例如,就前述 WTO 改革来说,应区分一般的规则性问题与体制性问题,并采取不同的策略方法应对。对于前者,如有关案件审理期限、上诉机构工作程序等问题,可以根据各成员的具体议案作技术性协调;对于后者,如有关不同经济体制的包容与协调、发展中国家成员的身份认定问题,因涉及成员方重大且差异性的利益诉求,则需要因势利导,由具有一定变革欲望和能力的成员或成员团体通过多种途径和方法培育、塑造、充分利用有益的政治、经济环境因素,分层次、分阶段地促成问题的缓解直至最终解决。因而,在 WTO 谈判机制无法有效运行的现实情况下,政治磋商、斡旋和多种形式的经济性互动也至关重要。

---

① See Harlan Grant Cohen, "Multilateralism's Life Cycle", *The American Society of International Law*, 2018, Vol. 112:1, p. 64.

二、坚持规则导向,发挥国际法的约束和矫正功能

国际经济法律体制的变革必须特别重视国际法约束和矫正功能的发挥。

(一) 规则之治的显著作用

国际经济秩序本就充满着诸多不确定因素,在当前美国作为世界第一大经济体单边行动的烈度屡屡加剧之下,不确定性进一步增强,因而更加需要国际社会多数成员,尤其是具有较强影响力的大国,进一步推进基于"规则导向"的国际法治建设,从而最大程度地约束、矫正破坏多边体制的单边行为及其可能的严重后果。事实上,即便是美国,在其国际事务的实践中也需要且非常重视国际法的规制作用:尽管美国对规则的理解常常和其他成员的理解不一致,形成诸多"特例",但是,国际法确实是美国主宰世界时期国家间交流和谈判的主要媒介,通过国际法美国增强了对其他国家政策和法律选择的影响力。[①]WTO 争端解决机制是国际法治化进程所取得的最重要成果之一,并使传统国际法的"软法"属性发生了一定程度的改变:成员间的争端通过国际法律机制解决,基于机制本身的规则,并非严格要求当事方同意。这种非同意基础上的制度(Non-consensual institution)[②],是法律约束与矫正功能的实质性体现,也为多边成员提供了抗衡单边行动的法律途径。目前,该体制内成员的增多、相对实力状况的变化,以及机制运作多年的惯性等,均是约束单边霸权行径的有利因素。

(二) 兼顾程序规范与实体规范的更新

多边法律体制约束和矫正功能的发挥,以及在推进国际社会"规则之治"

---

① See Shirley V. Scott, *International Law, US Power: The United States' Quest For Legal Security*, Cambridge University Press, 2012, pp. 15 - 16.

② See Nico Krisch, "The Decay of Consent: International Law In An Age of Global Public Goods", *The American Journal of International Law*, Vol. 108, No. 1, January 2014, pp. 1 - 40.

的过程中,兼顾程序规范和实体规范的双重并进是十分必要的。以往对于国际经济法律体系"规则导向"的理解和实践,往往较偏重于程序性问题,对相关的非经济问题也关涉较少。譬如WTO许多协定中对于公共政策例外条款的适用,更多的是从程序意义上关注目的和方法之间是否符合比例原则的问题,并未形成较多实体性标准。但是,当前的一些实践表明,实体正义问题,尤其是非经济关注在国际经济活动中的正义考量问题正逐渐凸显,而且有的已经对多边体系造成了严重的发展障碍。比如公共健康政策与知识产权保护问题、劳工保护、环境保护与投资政策问题等,均亟待成员提供操作性强的具体解决方案。如果说乌拉圭回合是史无前例地推出了一系列新的实体性和程序性条款,那么,突破当下WTO多边体制困境则有赖于规则更新,尤其是需要制定更多的实体性规则,仅仅是程序上的约束和矫正已远远不能适应变化了的国际经济状况。恰如有学者所指出的,国际经济法正在从"国家间的法"转变为"融合之法""宪政之法",应当在国际经济法律制度的建构中寻求"正义""人权"之体现。① 例如,现实国际经济活动所涉及的粮食问题、贫困问题、公共健康问题,乃至数据权利等一系列新兴技术领域问题的缓解或解决,均需要新的实体规则以防止重蹈以邻为壑的旧辙。当然,这些包含非经济问题考虑的实体规则的导入本身也具有两面性,在发挥对国际经济关系及其相关非经济问题的调整作用的同时,如设计、使用不当,也易成为经济干涉的工具。因而需结合其他领域的法律制度综合考虑国际经济法律体制中的这些条款,通过国际法的约束和矫正功能协调好经济问题与非经济关注问题,保障国际经济活动的顺利进行。

---

① See Ernst-Ulrich Petersmann, "Justice in International Economic Law? From the 'International Law among States' to 'International Integration law' and 'Constitutional Law'", *European University Institute Working Paper*, LAW No. 2006/46; Ernst-Ulrich Petersmann, "Human Rights and International Economic Law: Common Constitutional Challenges and Changing Structures", *European University Institute Working Paper*, LAW No. 2012/07.

（三）辩证看待和努力克服国际法律体制的局限性

在国际经济法律体制的变革进程中，对国际政治现实产生的制约影响应当客观、辩证看待。首先，虽然有关国际法的效力根据存在这样或那样的分歧，但客观上，国际法制度及其所维护的国际秩序已经得到了国际社会的普遍承认，几乎所有的国际法规则事实上都得到了遵守。作为全球经济治理体系支柱之一的 WTO，其争端解决机构裁决高达 90％ 左右的执行率[①]表明，其规范体制不仅是重要的，更是有效的；而且，即使是诸如领土争端、条约的缔结与履行等传统上政治色彩浓厚的活动也能受到很大程度的约束。由此可见，有关主权问题的争议并未事实上阻碍国际法规范和秩序的形成与发展；相反，主权及其相关问题揭示了构建国际法制度和秩序的主要问题点和着力点，现行国际法律体制恰恰是国家作为国际法主体在长期的冲突与合作中经谈判博弈而形成的主权安排方式之一。

其次，在国际法律规范的确定性问题上，尽管由于其调整对象——国际经济活动本身与国内经济活动相比，受到更多不确定因素的影响，由此导致在法律解释等法律适用环节表现出更多的抽象、不确定倾向，但其效力和意义并没有因此而被否定。事实上，当领土等政治色彩浓厚的问题也能通过条约施加直接或间接的约束，形成阶段性的稳定秩序时，经济问题的共同性和可规制性就更加显而易见；而且，确定性在很大程度上是通过规则适用及解释等司法技术加以体现的，但司法本身也受制于规则约束和限制。例如《国际法院规约》第 38 条第 1 款第 2 项所述的"国际习惯，作为通例之证明而经接受为法律者"，就是"一个令人迷惑的公式"，[②]但司法机构在适用时必须进行各种合乎法律逻辑的解释，而且要努力表现出一致性，而非抛弃规则肆意妄为。

---

① 《世贸组织总干事：为什么我们比以往更需要 WTO》，凤凰网 http://news. ifeng. com/a/20180812/59769248_0. shtml，最后访问时间：2021 年 2 月 20 日。

② ［荷兰］范·霍夫，转引自王铁崖：《国际法引论》，北京：北京大学出版社 1998 年版，第 71 页。

再次,虽然由于各主权国家差别化的地位、利益和法律制度,也由于国际法主体——国家的有关同意和客观实践困难重叠,国际法总是比较"不成体系"的,但是,按照事物发展的规律,"碎片化"是达致"一致性"和"体系化"的必经阶段;而且,由于利益关系错综复杂,"碎片化"过程长久持续乃至阶段性倒退均属正常,并不必然影响规则体制统一、体系化的发展趋势。WTO 多边贸易体制"一揽子"约束的"自洽"系统就是一个很好的例证。

三、正视大国霸权的合法性问题,平衡多极诉求

鉴于大国对于国际经济法律体制的影响和作用,理论和现实层面均存在着"大国霸权"合法化问题的激烈争论。

一方面,现存国际经济法律体制本身,譬如联合国安理会常任理事国及其否决权的设置、IMF 由几种主要货币按份额构成的特别提款权制度、IMF 投票权与成员认捐额之间的密切联系等,似乎都在证明"霸权"既具有制度上的合法性,事实上也在合法地运行。有学者指出,安理会没有澄清美国在使用武力的权利方面是否存在问题,这一直是个困扰国际法学家的事情。[①] 而且,按照国际政治结构现实主义的观点,如果霸权国能不断加强自己的实力地位,甚至维持一种单极结构的局面,那么其他大国联合起来要求变革现存国际制度体系的可能性就少得多。[②] 由此,"霸权"之形成与维持似乎于国际社会有利,赋予大国法律上的特权也似乎兼具理论和现实层面的正当性。

但另一方面,对于大国霸权合法化质疑的声音亦经久不衰。其一,大国"霸权"之下形成的秩序多数以服从霸权国利益为出发点,往往并不符合国际

---

① 〔澳〕杰里·辛普森著,朱利江译:《大国与法外国家——国际法律秩序中不平等的主权》,北京:北京大学出版社 2008 年版,第 386 - 387 页。
② 宋伟:《捍卫霸权利益——美国地区一体化战略的演变(1945—2005)》,北京:北京大学出版社 2014 年版,第 91 页。

社会整体的发展利益。其二,大国地位、相对实力的客观状况始终处于动态变化之中,如果赋权于少数大国,为巩固其特权地位,它会出于本能和私利不断关注自身在体系中的相对位置来维持实力差距,并通过各种各样的办法削弱、遏制其他竞争者,因而不仅抑制国际社会真实的发展需求,而且易产生不受约束的破坏性力量,于秩序和发展无益,并使整个法律体系的稳定性和调节国际经济关系的作用受到严重影响。其三,随着全球化的深入推进,特别是发展中国家权利意识的加强和新兴大国的崛起,绝对霸权已经失去其长久存续的政治、经济基础。

上述争议充分体现了国际社会的发展状况,一方面,大国主导仍然具有国际法律体制和秩序架构的现实基础;但另一方面,"二战"后从美国独霸到美苏争霸,再到苏联解体及之后国际关系的演变历史表明,两极格局终结后,国际社会发展的一个突出特点是走向多极化而非转向单极格局,这是对主要政治力量在全球实力分布状态的动态反映。多极化格局有利于国际社会形成彼此依赖、相互制衡的良性关系,是推动国际关系民主化、遏制霸权主义和强权政治、推动建立公正、合理的国际政治经济新秩序的进步标志,理应成为国际经济法律体制变革所遵循的方向。

就现行国际经济法律机制及其变革而言,完全剔除大国霸权的因子既不可行,也不合理;而且,客观地看,由于国际法公共产品功能的存在,实际上也为数量众多的小国形成合力从而与大国折冲樽俎提供了重要机制。[1] 以WTO体制为例,GATT 第四部分"贸易与发展"内容的增加、1979 年东京回合有关给予发展中国家普惠制的决议、"一员一票""协商一致"的决策机制,以及争端解决机制及其运行[2]等都是多边体制为弱小成员抗衡大国强权提供法

---

[1]　参见蔡从燕:《国际法上的大国问题》,载《法学研究》,2012 年第 6 期,第 197 页。

[2]　例如,WTO 争端解决机制运行以来,截至 2019 年 7 月 30 日,世界头号大国美国作为被诉方的案件共 154 件,居所有成员的首位。

制平台的成果体现。正是国际法机制所具有的此种制度张力,使其能够内生出变革的巨大动力和空间,并发挥重要的平衡作用。由此,规则体系基于大国经济规模、贸易量、影响和被影响的程度更大等事实因素,出于稳定基本秩序的考虑,在给予其某些特殊权利的同时,应当补足或建立起防范其脱离基本法治约束的防范机制。也就是,基于"规则导向"和国际法治的要求,应当为那些因事实因素而享有某些优势或特权的大国设定相对应的义务和责任,以保证特殊的优势或权利不被滥用。当然,大国也应该充分意识到,国际法客观上对自身也是有利的,强有力的国际制度可以帮助其分担行动成本、提供公共产品,从而减轻其国际负担。[①]

四、强化多边体制与区域安排的互补、互动

区域体制与多边体制是国家作为国际法主体,在国际经济法律体制建构方面可兹选择的两种并行不悖的可行路径。"二战"后迄今,多边体制在取得长足进步与突出成就的同时,也暴露出效率低下、调节不力与灵活性欠佳等缺陷,需要与区域安排互补、互动。事实上,各种区域安排同样也是国际经济法律体制变革中的重要影响因素。它们究竟是"绊脚石"还是"垫脚石",主要取决于缔约方的立场选择、具体的制度安排以及多边体制自身对于区域安排的约束效果。

首先,区域安排具有机制相对灵活、谈判成本相对较低、地缘政治与经济因素较容易糅合等优势,对于国际法主体而言,可以构成多边体制的重要补充力量。在多边体制正常运作之时,区域安排可以有效补充多边体制之缺漏,减少多边机制运转中的摩擦损耗;在多边遭遇困境之时,区域安排不仅可以在化

---

① 参见宋伟:《捍卫霸权利益——美国地区一体化战略的演变(1945—2005)》,北京:北京大学出版社 2014 年版,第 94 页。

解国际经济间冲突方面发挥作用，而且也是重回多边唯一可行的路径。国际社会成员通过合适的区域战略以及制度安排，可以筹建"试验田"，构筑"垫脚石"，以缓解碎片化对多边体制的冲击，并缩短从阶段性的碎片化到形成新的具有较大实效性的多边制度的发展进程。

其次，应当恪守区域安排"补充力量"的定位，在汲取已有经验与教训的基础上建构与多边体制目标同向一致而非背道而驰的区域规范和制度。多边体制长期发展的经历证明，与既有实践严重不符的谈判标准只会击碎来之不易的"共识性"成果，而不是形成更多的叠加。而且，国际社会政治、经济的复杂性和多变性决定了创设新的规则远比变革既有制度更为困难，只以少数成员的水平为标准，过分超出多数成员现实的区域安排只会给现有秩序带来更多震荡甚至是破坏。事实上，当下多边体制陷入困境，一方面固然与多边谈判及执行中的单边霸权主义行为有关，但另一方面也与各种区域安排急于冒进，超越乃至背离多边规则有关。无论是美国曾经主导的《跨太平洋伙伴关系协定》（Trans-Pacific Partnership Agreement，TPP），还是当下日本主导的《全面与进步跨太平洋伙伴关系协定》（Comprehensive Progressive Trans-Pacific Partnership，CPTPP），以及美墨加协定（U. S.-Mexico-Canada Agreement，USMCA），其谈判内容无不折射出部分国家意图改变目前多边体制下相关制度和成员出价情况的愿望，其多数条款都远远超出现有多边体制的保护水平。

再次，保证并加强多边体制对区域安排的约束机制。现有约束机制主要包含两方面内容：一是 GATT 第 24 条有关关税同盟和自由贸易区的规定，以及 GATS 第 5 条对于"经济一体化"的规定；二是有关 RTAs 透明度机制的建设。对于前一方面而言，重点是对现有条文的解释与有效实施问题。譬如，GATT 第 24 条第 4 款规定的"自由贸易区的目的应为便利成员领土之间的贸易，而非增加其他缔约方与此类领土直接的贸易壁垒"；第 5 款（a）项中"总体上不得高于或严于在形成此种同盟或通过临时协定之前，各成员领土实施的关税和贸易法规的总体影响范围",都包含了一些模糊性表述。这些条文的具体适用方法、具体内涵都有待进一步澄清。对于后一方面而言,虽然WTO区域贸易委员会(Committee of Regional Trade Agreement,CRTA)2006年所作的《关于〈区域贸易协定透明度机制〉的决议》(Decision on the Transparency Mechanism for Regional Trade Agreements)[①]对其作了较之从前更为具体的规定,但尚无法满足实践需求,特别是有关通报的时间、内容等都需要更进一步完善。

五、中国的战略定位与务实选择

中国已经深刻地融入国际社会和国际经济法律体制。作为世界上最大的发展中新兴大国,值国际秩序深刻调整和国际体制重大变革的关键时期,中国的作为无论是对于自身还是整个国际社会都具有极其重要的意义。

(一) 合作、包容的战略定位

如前所述,经济问题与政治问题在国际层面常常交织在一起,国际经济法律体制的构建需要以合适的政治战略目标为基础。当前,中美两国作为国际社会具有相当影响力的成员存在着战略定位的显著差异:美国定位于自身优先的战略立场,退出或威胁退出了一系列重要的国际组织或条约,在全球范围大打贸易战;针对中国,更是不断升级经济体制和意识形态的直接对抗。例如,2017—2020年1月,美与欧日接连发布七份联合声明剑指"非市场经济"

---

① WT/L/671, 18 December, 2006.

问题，①特朗普在第 73 届联合国大会讲话上强调"抵制社会主义和共产主义"，②USMCA 中"毒丸条款"的置入，③以及滥用国家力量对华为等中国科技企业进行全方位打压等等，充分暴露美国利益至上的霸权逻辑和继续沿袭东西分裂的斗争思维。与之不同，中国提出了构建"人类命运共同体"的重要思想，并将其作为推动全球治理体系变革、构建新型国际关系和国际新秩序的共同价值规范；④党的十九大报告提出的"共商共建共享的全球治理观"是中国

① See"Joint Statement by the United States，European Union and Japan at MC11"，12 December 2017，https://ustr. gov/about-us/policy-offices/press-office/press-releases/2017/december/joint-statement-united-states；"Joint readout from Meeting of the United States，European Union and Japan in Brussels"，3 March 2018，https：//ustr. gov/about-us/policy-offices/press-office/press-releases/2018/march/joint-readout-meeting-united-states；"Joint Statement on Trilateral Meeting of the Trade Ministers of the United States，Japan，and the European Union"，31 May 2018，https：//ustr. gov/about-us/policy-offices/press-office/press-releases/2018/May/joint-statement-trilateral-meeting；"Joint Statement on Trilateral Meeting of the Trade Ministers of the United States，Japan and the European Union"，25 September 2018，https：//ustr. gov/about-us/policy-offices/press-office/press-releases/2018/september/joint-statement-trilateral；"Joint Statement on Trilateral Meeting of the Trade Ministers of the European Union，Japan and the United States"，9 January 2019，https：//ustr. gov/about-us/policy-offices/press-office/press-releases/2019/January/joint-statement-trilateral-meeting；"Joint Statement on Trilateral Meeting of the Trade Ministers of the United States，European Union，and Japan"，23 May 2019，https：//ustr. gov/about-us/policy-offices/press-office/press-releases/2019/may/joint-statement-trilateral-meeting；"Joint Statement on Trilateral Meeting of the Trade Ministers of Japan，the United States and the European Union"，14 January 2020，https：//ustr. gov/about-us/policy-offices/press-office/press-releases/2020/january/joint-statement-trilateral-meeting-trade-ministers-japan-united-states-and-european-union，last visited 2nd Feb. ，2021.

② 参见美国驻华大使馆和领事馆：《特朗普总统在第 73 届联合国大会发表讲话》。全文详见 https://china. usembassy-china. org. cn/zh/remarks-by-president-trump-to-the－73rd-session-of-the-united-nations-general-assembly-new-york-ny/？from＝timeline&isappinstalled＝0，最后访问时间：2021 年 10 月 13 日。

③ 该协定是重启《北美自由贸易协定》（NAFTA）谈判的成果，于 2018 年 9 月 30 日最终达成。其中第 32 章"例外与一般条款"之第 10 条"非市场经济国家自由贸易协定"，规定任一缔约方与非市场经济国家谈判自贸协定，应提交通知并将条文提交其他缔约方，其他缔约方可以在六个月内自由退出现有协定。美国商务部长罗斯在新闻发布会上称，这是旨在阻止与中国达成贸易协定的"毒丸"（poison pill）条款，将在未来美国与诸如日本、欧盟等国家或地区达成的贸易协定中被复制。参见路透中文国际新闻组编译：《独家新闻：美国商务部长罗斯称美墨加贸易协定中的反华条款可能被复制》，http://www. jintiankansha. me/t/tzfSJVqtz6，最后访问时间：2021 年 10 月 7 日。

④ 参见习近平总书记在中国共产党第十九次全国代表大会上所作报告的第十二部分"坚持和平发展道路，推动构建人类命运共同体"。

积极参与国际经济法律体制变革和建设的基本理念和主张,而"一带一路"倡议、亚投行建设等一系列创新、务实举措,都彰显出中国作为多边合作与国际法治建设的维护者、支持者和践行者,力图构建更加公平、合理与包容的国际社会的坚定立场。

(二)积极、有效的话语表达

就国际经济大背景而言,国际经济法律体制中的成员结构正在发生显著变化,由此引发全球治理模式和内容的变革,中国应当结合自身的政治战略,在其中发挥更多、更大的话语作用。对于国际法主体的国家而言,其个体或群体积极、有效的话语表达是后续形成或产生国际习惯法所内含"确信"和"一般实践"两大要素的重要前提和基础;即使部分话语表达本身也具有强烈的国际法规范意义。就处于风口浪尖中的 WTO 改革来说,体制性问题是重点和难点,中国除应秉承 WTO 自由贸易、规则导向的核心价值,维护发展中国家的正当合法权益,坚持协商一致精神这些基本立场[①]外,还应当在改革的具体内容和实施方法上更积极地参与并提出自己的方案。笔者认为,可以从应急事项到规则、体制革新等几方面确定具体内容。

(1)应急事项处理:启动上诉机构成员遴选与 DSU 程序规则修正同步实施毫无疑问,启动上诉机构成员遴选是当下最急迫事项,也是 WTO 能否起死回生的关键。根据现有的协商一致规则,似乎没有美国的首肯就是不可行的,但危急时刻反常态思路和勇气尤显重要。鉴于上诉机构对于整个 WTO 体制的重要性,也鉴于除美国之外其他成员的共识和愿望,中国可联动其他成员一起设立由最大数量成员加入的临时上诉机制作为现有上诉机构之替代,此种

---

① 参见周瑾:《王毅谈国际贸易体系改革:应坚持三个"不能丢"》,中国日报网,http://cn. chinadaily. com. cn/2018 - 09/14/content_36914323. htm,最后访问时间:2021 年 6 月 30 日。

方式已有各方面理论论证,①欧盟和加拿大也开始了双边的实践尝试。② 同时,考虑到相关复杂因素,发起及推进多边方式时应与回应美国关切、争端解决机制运行相关规则及程序修正同步实施。

(2) 从规则到体制的逐步推进

WTO 存在的问题,既有国际组织及体制的共性特点,又有其自身的个性表现;既有规范性瑕疵,又有结构性矛盾,因而其改革绝非一日之功。

就规则层面而言,应先程序、后实体。其一,程序规则的补充与修正为增强 WTO 现有各项机制的可操作性所必需;其二,程序先行可以有效弥补或解决实体规范不足产生的问题——为实体空白或彼此间冲突提供修正与救济途径,从而最大限度地解决当下及未来可能的制度供给不足问题;其三,相较于实体问题,程序事项的技术性明显且利益指向不太直接,易于达成。

就体制层面而言,变局时期,作为众多国际组织中的一个,WTO 所面临的既有与其他国际组织相似的有效性、正当性和问责性挑战,又有在管理架构、规则制定程序方面不足于其他国际组织的机制缺陷。例如,它没有一个执行机构或管理委员会;没有拥有实权、能确定立法优先事项、倡议新的规则的总干事或是秘书长;没有一个行使职责的立法机构;没有与利益攸关方以及市民社会进行互动的正式机制。在许多方面,它是国际组织中"最不成熟"的。③当下,这种结构性缺陷暴露无遗:其法治功能作用的三个支点——谈判机制(规则制定)、政策评审机制(规则实施及监督)和争端解决机制(规则适用),存

---

① 参见石静霞:《世界贸易组织上诉机构的危机与改革》,载《法商研究》,2019 年第 3 期,第 158-162 页。

② 2019 年 7 月 25 日欧盟和加拿大联合宣布拟协议建立一个新的贸易争端解决机制,作为濒临崩溃的 WTO 上诉机构的临时替代机构。此协议将以现有 WTO 规则为基础,但只适用于加拿大和欧盟之间的争端。参见英国《金融时报》,金·达拉赫报道:《欧盟和加拿大拟建立 WTO 临时上诉机制》,http://www.ftchinese.com/story/001083779? topnav = myft&subnav = mystories,最后访问时间:2019 年 7 月 30 日。

③ [加]黛布拉·斯蒂格:《WTO 制度的改革何以必要》,载[加]黛布拉·斯蒂格主编,汤蓓译:《世界贸易组织的制度再设计》,上海:上海人民出版社 2011 年版,第 8-9 页。

在着严重的结构性、功能性失衡。谈判停滞、监督不足使体制运作压力越来越多地传导并集中于争端解决机制,以致最终瘫痪。于 WTO"规则导向"体制链中,谈判机制是源头,其规则制定是制度供给的主要来源;政策评审机制则承担着保障体制运转的常态化功能;而争端解决着眼于非常态的争端之救济,即所谓"最后防线",因而位于体制末端。由此,如果 WTO 改革不立足于源头和常态机制,而简单地等同于争端解决机制改革,则无疑本末倒置,注定不会成功。

(三) 理性、务实地对待"中国问题"

当下理论与实践中,有一种普遍观点认为,中国具有的特殊法律文化和经济模式,使其参与国际经济秩序与大多数其他国家存在实质性的差别,因而带来了是否使国际经济秩序发展方向和范式有所改变的诸多疑虑。[①] 当前由美国等西方国家挑起且不断升级的有关国际经济法律体制结构性问题的争议,多直接甚至专门指向中国,诸如 WTO 体制下的"非市场经济"所涉特定规则及其适用、"发展中国家身份"的认定标准与待遇等。近年来最典型和最直接表明矛盾逐步激化的事件,关于"非市场经济",一是美欧与中国在 WTO 争端案件(DS515、516)中有关《中国入世议定书》第 15 条的解释和 WTO 反倾销规则如何适用于所谓"非市场经济"成员问题的争议;二是美欧日在短短两年时间内,接连发布了七个联合声明,首先就提出"非市场导向的政策和做法"是导致严重产能过剩、造成不公平竞争、阻碍发展和使用创新技术、削弱国际贸易正常运转以及现行规则无效的根源,意图共同研究并推出所谓具备"市场导向条件"的标准,其中有关"国有企业""产业补贴"大部分剑指中国,并将该问题从 WTO 规则层面倾销价格计算的技术性问题上升到多边贸易体制下不同

---

① See Lisa Toohey, et al., *China in the International Economic Order: New Directions and Changing Paradigms*, Cambridge University Press, 2015, pp. 1 - 76.

经济制度成员方之间的系统性、结构性冲突。关于"发展中国家"身份,除
WTO 相关成员在各种会议或公开场合表达各自不同的主张外,美国 2019 年
1 月 15 日向 WTO 提交了题为《一个无差别的 WTO:自我认定的发展地位威
胁体制的有效性》文件,正式就 WTO 长期施行的允许发展中成员地位自我认
定的做法发起挑战,其提出的总理事会决定草案要求取消一大批发展中成员
享受特殊和差别待遇的权利。① 2019 年 2 月 15 日,中国、印度、南非和委内瑞
拉联合向 WTO 提交了针锋相对的《持续支持有关发展中成员的特殊和差别
待遇以促进发展和确保包容》提案,明确提出特殊和差别待遇条款是多边贸易
体制的重要组成部分,发展中成员地位的自我认定是 WTO 的一项基本规则,
已被证明是 WTO 最合适的分类标准,任何其他成员都无权干涉这种自我认
定的权利。② 2019 年 7 月 26 日,白宫官网又发布了《改革 WTO 中发展中
国家地位的总统备忘录》,声称美国将投入所有必要的资源并采用一切可能的
手段,和其他志同道合的成员一起推进 WTO 改变其发展中成员地位的自我
认定及利用该身份享受灵活待遇的做法;如果在该备忘录签署之日起 90 天内
未能取得实质性进展,对于其认为缺乏适当经济指标支持的国家,美国将单方
面采取诸如拒绝承认其发展中国家地位、纳入黑名单,或不承认其在经合组织
中的成员资格等措施。③ 备忘录仍以大篇幅点名指责中国,而其中的威胁清
单,不仅是美国无视多边规则奉行单边主义的又一次明证,更是将 WTO 成员
分类这一极具特殊性的具体问题无限上升到国家安全、WTO 存废等高度。

---

① See "An Undifferentiated WTO: Self-Declared Development Status Risks Institutional
Irrelevance", Communication from United States, WT/GC/W/757.

② See "The Continued Relevance of Special and Differential Treatment in Favour of Developing
Members to Promote Development and Ensure Inclusiveness", Communication from China, India,
South Africa and The Bolivarian Republic of Venezuela, WT/GC/W/765.

③ See the Presidential Memoranda of White House, "Memorandum on Reforming Developing
Country Status in the WTO", https://www. whitehouse. gov/presidential-actions/memorandum-
reforming-developing-country-status-world-trade-organization/, July 26, 2019, last visited 2nd Augst,
2019.

很显然,上述主张无疑就是美国对于包括 WTO 在内的相关国际经济体制改革的核心要价和主导方案。由此,对于中国而言,不论自身是否愿意,都已经处在当下国际经贸摩擦及体制性危机的焦点地带,其中所涉"中国问题"更是国际经济法律体制变革无法回避且亟待解决的问题,应予理性、务实对待。例如,就 WTO 中的发展中国家身份问题,一方面,WTO 中找不到现成的概念界定,也没有明确、统一的识别标准,因而"迄今为止在国际贸易规则方面,仍属于自我认定的"范畴。① 而"自称"或"自选"——由寻求"发展中"地位的国家自己予以主张,是经 77 国集团推动、由联合国贸易与发展委员会通过的普惠制架构下所采用的原则,也受到很多国家及其学者的追捧。这是因为,在理论上,该原则具有正当的假设前提:除非具有善意基础,否则任何国家都不会声称自己为发展中国家;而且,这些善意基础一旦不复存在,此种声称就会被放弃;在实践中,亦有不少国家将该原则纳入国内立法或在双边及多边交往中适用,并由此使发展中国家的名录范围逐渐统一。② 但同样不可否认的是,"自称"或"自选"具有较大的随意性。③ 这也是美国质疑并寻求改变的主要理据。但另一方面,笔者认为,在多边贸易体制下,无论是"自称"还是"自选",都只具有确定主体身份的初始而非最终意义。换言之,成员方有关"发展中国家"身份的自我认定,仅仅构成确立此特殊主体地位的前提条件,并不必然与其能够享有的特殊权利义务——更少的义务与更多的优惠相等同。中国的情况正是如此。中国加入 WTO 时,"一些工作组成员指出,由于中国经济的巨大规模、快速增长和过渡性质,在确定中国援用发展中国家可使用的过渡

---

① 世界贸易组织秘书处编,索必成、胡盈之译:《乌拉圭回合协议导读》,北京:法律出版社 2001 年版,第 310 页。

② See Kele Onyejekwe, "GATT, Agriculture, and Developing Countries", *Hamline Law Review Fall*, 1993, p. 98.

③ 张克文:《关税与贸易总协定及其最惠国待遇制度》,武汉:武汉大学出版社 1992 年版,第 197 页。

期和《WTO 协定》中其他特殊规定的需要方面，应采取务实的方式，应认真考虑和具体处理每个协定和中国的情况。在这方面要强调的是，需要对这种务实的方式进行调整，以便适应少数几个领域中国加入的特定情况……"。① 由此，在 WTO 中，中国的身份地位并不完全是以发展中国家与发达国家的区分标准来对待的，落实到《中国入世议定书》和 WTO 涵盖协定的相关内容即可发现，中国所享受的、属于发展中成员的"特殊与差别待遇"极其有限，相反，却承担了许多前所未有的超 WTO 义务，②其义务标准普遍高于其他成员方——既包括发展中成员，也包括发达成员。基于此，中国坚持发展中国家合法权益不能丢的立场不宜与中国自身的主体地位及权利义务标准相混同。

　　回顾历史，每一种国际体系都有其自身的内在一致性。在国际秩序形成之初，或许有许多的抉择，但是，任一选择都会挤压其他选项的空间；由于愈复杂愈难保持弹性，因此最初的抉择尤为重要。③ 在国际经济秩序面临深刻变局的十字路口，就中国当下而言，在应对"与邻为壑"行径的过程中，应当努力寻找人类命运共同体的政治理念与多边法律体系中具体制度内容结合的恰当表达方式，汇合国际社会更多的力量，积极推进既往国际经济法律体制积淀的"规则导向"的国际法治化目标，努力维护多边经济法律体制的价值和制度，为国际经济法律体制摆脱周期性危机并达致新的共识和"一致性"贡献中国智慧与方案。

---

① 参见《中国加入工作组报告书》第 9 段。

② See Julia Ya Qin, "'WTO-Plus' Obligation and Their Implication for the WTO Legal System: An Appraisal of the Chinese Accession Protocol" 37(3) *Journal of World Trade* (June 2003), pp. 483 - 522.

③ ［美］亨利·基辛格著，顾淑馨、林添贵译：《大外交》，北京：人民出版社 2010 年版，第 19 页。

第三章
国际经济法律秩序：争端解决的司法化动态

（于文婕）

第一节　国际经济争端解决机制及其运行现状

一、国际经济争端及其解决方式

（一）争端类型化

迄今为止，根据国际争端解决机制的主流理论，不同类型的国际争端有其各自的特点，由此形成不同的争端解决方式，国际争端解决方式按照所解决的国际争端类型的不同区分适用。因此，国际经济争端解决机制的研究起点应首先界明"国际经济争端"的含义并予以类型化。

因文释义，国际经济争端是国际经济关系主体间因国际经济交往而产生的争端。由于国际经济关系构成国际关系的一种，因而按照一般逻辑推论可得，国际经济争端属于国际争端的一种。但是，由于不同学科在惯常用语使用上的差异，国际经济争端并不完全隶属于于国际争端。国际法学界通常使用

230

"国际争端"以涵盖国家间争端。此时,"国际"一词直接指向"国家间"。这一意涵指涉与国际法学界将国际关系保守地界定为主要是国家间关系相呼应。随着国际社会发生渐进式的结构性变化——私人影响或参与国际关系的能力有了实质性的提高,[1]学界与实务界逐渐认可私人在特定领域内可以作为国际关系的当事一方。因此,国际关系扩展至以国家间关系为主,加之有限范围内的私人与国家间关系。由于国际经济关系是一种公私兼容的社会关系,其主要参与者既包括国家、国际组织等公法主体,又包括自然人、法人、跨国公司及其他国内非法人组织等私主体,因此,相较于国际争端主要包括国家间以及少量解决私人与国家间争端,国际经济争端还包括私人间争端。

就争端的类型化而言,按照不同标准可做不同的划分。按照争端所涉国际经济活动的类型,可将国际经济争端划分为国际贸易争端、国际投资争端、国际金融争端等。由于经济活动的内涵丰富,除贸易、投资、金融外,还包括运输、保险直至所有商业行为,因而此处相应的争端类型又可做更为细致的类分。

按照争端所涉事项的性质,参照国际法学界对国际争端进行的划分,可将国际经济争端划分为由当事方之间的经济利益抵触而发生的政治争端、以国际经济法为依据提出权利要求的法律争端、因当事方对某种特定事实的认识不一致而引起的事实争端和兼具上述争端类型的混合型争端。

按照争端当事方的主体身份差异,可将国际经济争端类分为私人间、国家间以及私人与国家间经济争端。在国际经济活动中,私人间争端主要发生在国际商事领域,包括国际贸易、投资、金融、保险等,因而又被称作国际商事争端。国家间争端主要表现为国家之间就一国的国内国际经济规制行为而产生的争端,通常涉及经济政策的制定与执行、国际经济条约的履行等国际经济活

---

① 蔡从燕:《公私关系的认识论重建与国际法发展》,载《中国法学》,2015 年第 1 期,第 187 页。

动领域的方方面面。与前两类争端不同,私人与国家间争端则主要限定在国际投资领域,即外国私人投资者与其投资所在的东道国政府间的争端,具体又可分为契约型与非契约型两大类:前者是指在外国投资者与东道国政府或其机构之间订立的投资协议或合同(所谓国家契约或特许协议)的解释和履行过程中发生的争端。后者是指东道国政府与外国投资者之间因非契约关系而产生的争端,主要包括:(1) 基于东道国立法或政策措施所引起的争端,如国有化争端;(2) 基于东道国行政管理行为,如外汇管制、增加税收等引起的争端;(3) 基于东道国的某种偶发性政治事件,如战争、内乱等所引起的争端。[①]

(二) 兼具共性与个性的争端解决方式

如前所述,国际法学界主要按照争端所涉事项的性质差异将国际争端类分为政治争端、法律争端、事实争端和混合型争端。相应地,国际争端解决方式则按照所解决争端类型的不同分为外交(政治)解决和法律解决:前者包括谈判与协商、斡旋与调停、调查与和解等,主要解决政治争端和事实争端;后者包括仲裁与诉讼,主要解决法律争端。当然,由于常见的国际争端为混合型争端,因而,对此类争端,当事方则会综合采用上述外交(政治)方式和法律方式予以解决。

国际经济争端解决机制在国际争端解决一般机制的基础上,主要按照争端当事方的主体身份差异对国际经济争端进行类分,并由此形成与适用相应的争端解决方式。这主要是因为,一方面,国际经济争端的上述其他分类标准——按经济活动类型与争端事项性质——并不能作为有效区分适用相应争端解决方式的标准,即便是"私人间争端,由于这些活动不单纯是私人之间的交易,而往往是在国际条约或双边条约保护下的交易,这种交易是与有关国家的经济状况和政策紧密相连的。因此,在解决方法上就不能像政治争端那样

[①]　肖冰等编著:《国际经济法学》(第二版),北京:科学技术出版社 2011 年版,第 275 页。

只用外交方法解决和法律争端那样只适宜用裁判方法解决,国际经济争端的解决,往往是综合运用各种方法,从谈判、协商直到仲裁和司法解决,由当事方选择适用"①。另一方面,基于私人的高参与度以及保障国际经济秩序高效运行为宗旨的国际经济秩序特点,也要求争端解决方式能够高效地实现私人的商事效益,因此,应区分非涉私人的国家间经济争端与涉私人的国际经济争端适用不同的争端解决方式。

总的来说,国际经济争端的解决方式不仅涵盖了国内国际所有已有的共性争端解决方式,更创设了独有的个性争端解决方式,即投资者与东道国争端解决机制中的国际投资仲裁机制(以 ICSID 为典型代表)。

就具体方式而言,可首先分为外交(政治)解决方式和法律解决方式,前者包括谈判与协商、斡旋与调停、调查与和解等,后者包括仲裁与诉讼。其次,后者又可细分为国内与国际法律解决方式,具体包括有管辖权的国内法院诉讼、国际仲裁与国际诉讼等。再次,国内法院诉讼包括东道国当地司法救济、外国法院诉讼;国际仲裁则可按仲裁依据的不同,分为国际商事仲裁与国际条约仲裁,或者又可按仲裁机制类型的不同,分为机构仲裁与临时仲裁。

就具体争端而言,对于不同国籍私人间经济争端,世界各国多主张由国内法规定相应的争端解决方式,且各国法律的规定大体相同,主要采用协商、中立第三方调解、仲裁以及诉讼等解决方式。对于国家间经济争端的解决,则主要沿用传统国际法中解决国家间争端的谈判与协商等外交解决方式和仲裁与诉讼的准司法/司法解决方式。但是,对于私人与国家间争端,则在传统的协商、中立第三方调解、仲裁以及诉讼等解决方式之余,还设有独特的投资者与国家间仲裁解决方式。

---

① 陈致中:《国际法院与国际经济争端的解决》,载《中山大学学报(社会科学版)》,1996 年增刊,第 152 页。

二、多元并存的国际经济争端解决机制

根据国际关系理论中"机制"一词的通常界定,即"特定国际关系领域的一整套明示或默示的原则、规范、规则以及决策程序"[①],本文认为国际法研究视域下,国际争端解决机制的构成要素可分为两个层面的三类要素:"决策程序"层面的组织法要素,和"原则、规则与规范"层面的争端解决程序法和实体法要素。对应考察之,在国际社会争端解决实践中,针对不同类型的国际经济争端及其相应的争端解决方式,分别存在类型各异的多元争端解决机制。

(一) 私人间争端:国际商事仲裁

"商事仲裁是商人社会的产物,是争端解决权社会化的重要表现。迄今为止,20 世纪 90 年代以来,包括英、美在内的一些国家更是把促进仲裁利用作为司法改革的重要内容,以缓解传统的国家化争端解决模式使司法制度面临日益严重的'诉讼爆炸'、诉讼资源不足以及诉讼效率低下等问题。"[②]各国仲裁法的实践表明,商事仲裁具有如下特点或优点:争端主体平等性、争端性质商事性、争端解决自治性、仲裁程序秘密性以及争端解决结果一裁终局性。

就私人间跨境经济争端解决机制而言,尽管传统私人间经济争端解决多在各国国内的争端解决机制中得以救济,但随着国际贸易和航运的日益发展,跨境商事交往急剧增长,"几乎所有国家都承认仲裁是一种重要的非诉讼争端解决方式。众多国家不仅纷纷制定了本国的仲裁法,而且借助于国际组织尤

---

① 关于"国际机制"的权威界定,参见 Stephen Krasner, "Structural Cause and Regime Consequences: Regimes as Intervening Variables", *International Organization*, Vol. 36, 1982, p. 186.

② 蔡从燕:《国际投资仲裁的商事化与"去商事化"》,载《现代法学》,2011 年第 33 卷第 1 期,第 153 页。

其是联合国国际贸易法委员会,推动各国仲裁法的日益趋同化"①。

为更好促进本国的仲裁法发展,以及为国际商事仲裁裁决的实施提供保障,国际仲裁方面的统一实体立法频繁。例如1958年纽约《关于承认和执行外国仲裁裁决的公约》、1961年日内瓦《关于国际商事仲裁的欧洲公约》、1966年斯特拉斯堡《规定统一仲裁法的欧洲公约》、1965年华盛顿《关于解决各国和其他国家国民间投资争端的公约》、1966年《联合国经济委员会仲裁规则》、1966年《联合国亚洲及远东经济委员会国际商事仲裁规则》、1976年《联合国国际贸易法委员会仲裁规则》、1978年《美洲国家商事仲裁委员会仲裁规则》、1985年《联合国国际贸易法委员会国际商事仲裁示范法》以及被称为"准国际仲裁法"的2002年《国际商事调解示范法》等。

就国际商事仲裁而言,可按是否有机构依托,将其分为机构仲裁和临时仲裁两类。

机构仲裁是指以常设仲裁机构为依托,在仲裁机构管理下提供商事仲裁服务的仲裁形式。临时仲裁(ad hoc arbitration)是指非以常设管理机构为依托,依当事人约定或仲裁庭规定的规则进行的仲裁形式。两相比较,二者各自的优劣利弊可大致概括为以下三个方面:

第一,就仲裁程序的管理而言,机构仲裁由于有专业化的工作人员,可以为仲裁的顺利进行提供组织保障。而临时仲裁庭的组成由个案产生,随个案结束,并不当然具备熟悉仲裁程序与案件管理的仲裁专业服务人员,但这也可能从另一方面提高了临时仲裁的效率。

第二,就仲裁费用而言,仲裁机构由于要维持高效和水准,将收取较高的仲裁费用和仲裁员报酬。相对而言,临时仲裁由于不需要维系机构,所以仲裁

---

① 蔡从燕:《国际投资仲裁的商事化与"去商事化"》,载《现代法学》,2011年第33卷第1期,第153页。

的费用要相对较低。

第三，就仲裁的公正性监督而言，机构仲裁将在裁决发出给当事人前审查仲裁庭的裁决，以确保仲裁裁决的作出符合"形式要件"。而临时仲裁则无此要求。

就临时仲裁而言，由于无机构依托，对该机制的考察几乎无从下手，因为临时仲裁的具体程序、费用、公正性监督等方面均属于无人监管、自由安排的情况，所以不具有可分类的标准，但机构仲裁则可依据仲裁的机构不同，做相应的比较与挑选。

在全世界范围内，仲裁机构众多，在此仅介绍极具代表性的主要的仲裁机构及其相应的仲裁机制内容：[1]

1. 国际商会仲裁院（The International Court of Arbitration of International Chamber of Commerce，ICC 仲裁院）

ICC 仲裁院是国际商事仲裁领域最具影响的仲裁机构，属于国际商会的常设机构，成立于 1923 年。仲裁院理事会有 40 多个成员国，各自推选 1 名专家组成，均具有法律背景和国际商事法律及争议解决的专业经验。仲裁院理事会和秘书处对提交仲裁的案件进行监督与管理，但其成员不得担任仲裁案件中的仲裁员或代理人。仲裁院设主席 1 人，副主席若干人，秘书长 1 名，适用《国际商会仲裁规则》。

就案件的性质而言，虽然 ICC 最初受理的案件主要是有关货物买卖合同和许可证贸易中所发生的争议，但近几十年来，其管辖范围日益扩大，几乎包括因契约关系而发生的任何争议。其所受理的案件数量也逐年增加，是目前世界上每年受案最多的一个常设仲裁机构，每年都有来自经济、政治和社会制度不同的国家的当事人、仲裁员和律师参与国际商会的仲裁。

---

[1] 肖冰等编著：《国际经济法学》，南京：南京师范大学出版社 2009 年版，第 623－624 页。

2. 斯德哥尔摩商会仲裁院(The Arbitration Institute of the Stockholm Chamber of Commerce, SCC)

斯德哥尔摩商会成立于 1917 年,其仲裁机构组织设立于 1949 年。总部设在瑞典的斯德哥尔摩,包括秘书处和三名委员组成的委员会。其 3 名委员任期 3 年,由商会任命。3 名委员中,1 名须具有解决工商争议的经验,1 名须为有实践经验的律师,1 名须具备与商业组织沟通的能力。仲裁院下设秘书处,设秘书长 1 人,适用《斯德哥尔摩商会仲裁院仲裁规则》。该院是瑞典最著名的全国性仲裁机构,瑞典中立国的地位为其公平仲裁提供了保障,尤其以解决涉及远东或中国的争议而著称。

3. 美国仲裁协会(American Arbitration Association, AAA)

该协会成立于 1926 年,总部在纽约,在全国主要城市设有 24 家分支机构,它由美国仲裁社团、美国仲裁基金会和其他一些工商团体组成。

该仲裁协会为美国主要的国际商事仲裁机构,是独立的非营利性民间组织。仲裁员来自很多国家,数量多达千人,当事人还可以在其仲裁员名册之外指定仲裁员。在没有约定的情况下,所有案件只有一名仲裁员,即独任仲裁员。但如仲裁协会认为该案件争议复杂时,可决定由 3 名仲裁员组成仲裁庭。与此相应,美国仲裁协会有许多类型的仲裁规则,分别适用于不同类型的商事争议,适用《美国仲裁协会国际仲裁规则》,也允许当事人约定适用《联合国国际贸易法委员会仲裁规则》。该协会受理的案件多数为美国当事人与外国当事人之间的争议。20 世纪 90 年代,为开拓亚太业务,美国仲裁协会成立亚太争议解决中心。

4. 伦敦国际仲裁院

伦敦国际仲裁院(The London Court of International Arbitration, LCIA)成立于 1892 年,是世界上最古老的仲裁机构,为英国最有国际影响的国际商事仲裁机构,在国际社会享有很高的声誉,尤其是海事仲裁领域。该院由伦敦市政府、伦敦商会和女王特许仲裁协会共同组成的联合委员会管理。1986 年起,伦敦国际仲裁院改组成为有限责任公司,由董事会管理其活动。在仲裁案件中该院的主要作用是指定仲裁员和对案件进行一些辅助性的管理。其仲裁员名册列入来自三十多个国家经验丰富的仲裁员,适用《伦敦国际仲裁院仲裁规则》。

5. 瑞士苏黎世商会仲裁院

瑞士苏黎世商会仲裁院(Court of Arbitration of the Zurich Chamber of Commerce, ZCC)成立于 1911 年,设在瑞士的苏黎世,是苏黎世商会下属的一个国家性仲裁机构。与斯德哥尔摩仲裁院一样,由于瑞士的中立国地位,使得其仲裁的公正性易于为不同国家的当事人所认同,逐渐成为处理东西方国家之间国际商事争议的一个重要中心。该院既受理国内商业和工业企业之间的争议案件,也受理涉外经济贸易争议案件。在管辖上也不受当事人国籍、住所的限制,受理国内外当事人提交的国际商事争议,由当事人选定或由商会指定的仲裁员组成仲裁庭主持具体的仲裁程序。

(二) 国家间争端:国际法院→多边/区域贸易体制范式

传统国际法中,基于平等者间无管辖权的国家主权原则,国家间争端解决须建立在自愿的基础上,因此,传统国际社会中国家间争端通过外交和/或法律的方法解决。其中,又以外交程序为通常解决方式。

随着国际法院的成立,以及国际秩序渐进式的法治化发展,国际司法逐渐成为解决国家间争端的另一主要机制。由国际法院的过往实践可见,国家间的经济争端与其他争端不作区分地经由国际法院进行审理并予以裁判。就解决国家间争端的共性问题而言,国际法院作为解决国际争端的司法机构,无论是从基于同意的争端解决管辖权的有限、裁决执行保障的缺失以及由于国际法规则体系的模糊性与变动性所导致的裁判结果可预见性较低,均导致其争端解决功能的实现充满阻滞。首先,无论是否部分国家选择接受《国际法院规约》第 36.2 条规定的任择强制管辖权,国际法院的管辖权是基于同意的管辖权,争端提交至国际法院解决需要得到当事方的同意。其次,由于国际社会不存在上位的权威机构,国际法院判决的执行仍主要依赖当事方的自愿。最后,由于国际法律规范的灵活变动性——灵活指国际法法源的形式多样,包括一般法律原则等待证法源;变动是指国际法规范的形成主要来源于国家实践与合意,因而具有极强的不可预见性。因此,国际法院并未能为国家间争端提供令人满意的最终救济。

在此背景下,在国际贸易治理体系中,逐渐形成以多边/区域贸易安排为范式的国家间贸易争端解决机制。

1. GATT/WTO 贸易争端解决机制

尽管在 GATT 早期仍主要沿用外交方式来解决国家间的贸易争端——从最初的提交至缔约方半年度会议解决,到"非会议期间委员会"解决,再到专门解决争端的"工作组"解决,但是,在当时总干事埃里克·温丹·怀特爵士的影响下,GATT 争端解决机制从以多边外交方式解决为主转向以规则裁判为主——在个案中指定三至五名专家,以其自身的专业能力而非政府代表身份查明事实并解释法律。[①] 在其后的发展中,GATT 争端解决机制向"规则驱动"的方向发展,越来越多地获得各缔约方的认可,及至发展到 WTO 时期,形成了强有力的 WTO 争端解决机制。

相较于 GATT 时期,WTO 争端解决机制为国家间就 WTO 项下的贸易争端提供了专门的争端解决程序。该程序的主要内容包含在《关于争端解决规则与程序的谅解》(DSU)中,包括以下顺序的四个主要争端解决方式。

(1) 磋商。DSU 承继 GATT 第 23 条的规定,要求争端各方通过协商解

---

① See John H. Jackson: *Sovereignty, the WTO, and Changing Fundamentals of International Law*, Cambridge: Cambridge University Press, 2006, p. 139.

决争端,其初衷是希望争端各方能在专家组程序这种对抗性的争端解决程序启动前尽量友好解决争端。相较于普通的磋商/谈判机制,WTO 争端解决机制项下的磋商程序有其自身的特点:一是磋商有明确的程序与内容要求,DSU 既规定了明确的磋商流程及其时限,还规定了磋商请求的书面形式、提供相应的证据资料并指明诉求的法律依据,从而提高了在磋商阶段解决争端的可能与效率;二是磋商作为启动后续 WTO 争端解决程序的前置程序,既为各争端方提供了一个正式交换意见的缓冲阶段,又为后续专家组程序的展开提供了一定的铺垫。截止到 2021 年 10 月 31 日,WTO 受理的诸多案件止步于磋商阶段:在 WTO 受理的 606 个案件中,有 56 个案件在磋商阶段通过和解或撤诉的方式结束,177 个案件目前仍在磋商中。[①] 这些数据说明 WTO 项下的磋商确实是一项争端解决的有效方法,而非仅仅作为专家组程序的前置条件而存在的"套路"。

(2)专家组程序。根据 DSU 第 11 条的规定,专家组的职能是帮助 DSB 履行 DSU 及各涵盖协议所规定的职责。因此,专家组应对所审理的事项做出客观的评价,包括对该案件事实以及与个涵盖协议的适用性和一致性做出客观评估,并应做出有助于 DSB 提出各涵盖协议中规定的建议或做出裁定的裁决。专家组应定期与各争端当事方协商,给他们充分的机会以达成互相满意的解决办法。与 GATT 争端解决程序显著不同的是,DSB 审议通过专家组报告的决策机制是"反向协商一致",即除非上诉或"协商一致"反对审议通过,否则就视为审议通过。这样的决策机制保证了专家组报告的高效甚至是"自

---

① 数据整理自 WTO 官网,https://www.wto.org/english/tratop_e/dispu_e/dispu_current_status_e.htm,2021 年 10 月 31 日。56 个磋商阶段即结束的案件是:DS5, DS6, DS16, DS19, DS20, DS23, DS28, DS37, DS40, DS42, DS73, DS74, DS83, DS85, DS86, DS89, DS91, DS92, DS93, DS94, DS96, DS102, DS105, DS119, DS124, DS125, DS151, DS158, DS171, DS181, DS196, DS198, DS228, DS232, DS235, DS240, DS247, DS284, DS297, DS298, DS305, DS306, DS309, DS311, DS313, DS326, DS329, DS348, DS354, DS361, DS364, DS372, DS373, DS374, DS378, DS481。

动"审议通过,防止了包括败诉方在内的部分缔约方阻挠专家组报告的通过。

（3）上诉程序。任一争端当事方均可就"专家组报告中的法律问题以及专家组所做法律解释"提交至上诉机构。第三方无权提起上诉,但可依据 DSU 第 10.2 条向上诉机构申请听证。上诉机构可维持、修改或推翻专家组的法律裁决和结论,但不可"发回重审"。DSB 审议通过上诉机构报告的决策机制与专家组报告相同,都采用"反向协商一致"。上诉机构报告通过后,专家组报告中未被其修改的部分也将获得通过。

（4）裁决实施与遵守程序。为确保专家组报告和/或上诉机构报告得到迅速实施,从而高效地解决争端,DSU 还规定了对 DSB 建议与裁决执行的监督程序,包括在立即执行不可行时成员方执行建议与裁决的合理期限的确定、为遵守建议或裁决而采取的措施是否符合涵盖协议及相应的争议解决程序等。

上述基本程序反映出 WTO 争端解决机制在 GATT 机制确立的"规则驱动"基础上,形成了国家间贸易争端的"（准）司法"解决机制。

2. 区域贸易争端解决机制

区域贸易安排（简称 RTA）,通常是在具有一定地缘关联的国家和/或实体间的特殊贸易安排。在 WTO 成立前后,在国际贸易结构中同时发展的一股趋势是区域主义的爆发式增长。在 GATT 期间（1948—1994 年）,正式在GATT 登记的区域贸易协定（RTAs）达到 124 个。[①] 截止到 2021 年 10 月 31日,786 个 RTAs 在 WTO 正式登记。[②]

几乎所有的 RTAs 都会包含一定形式的争端解决机制。按照 WTO 工作

---

① WTO, Regional Trade Agreements-Facts and Figures: How Many Regional Trade Agreements Have Been Notified to the GATT or the WTO? http://www. wto. org/english/tratop_e/region_e. htm, October 31, 2021.

② WTO, Regional Trade Agreements-Facts and Figures: How many Regional Trade Agreements Have Been Notified to the GATT or the WTO? https://www. wto. org/english/tratop_e/region_e/region_e. htm#facts, October 31, 2021.

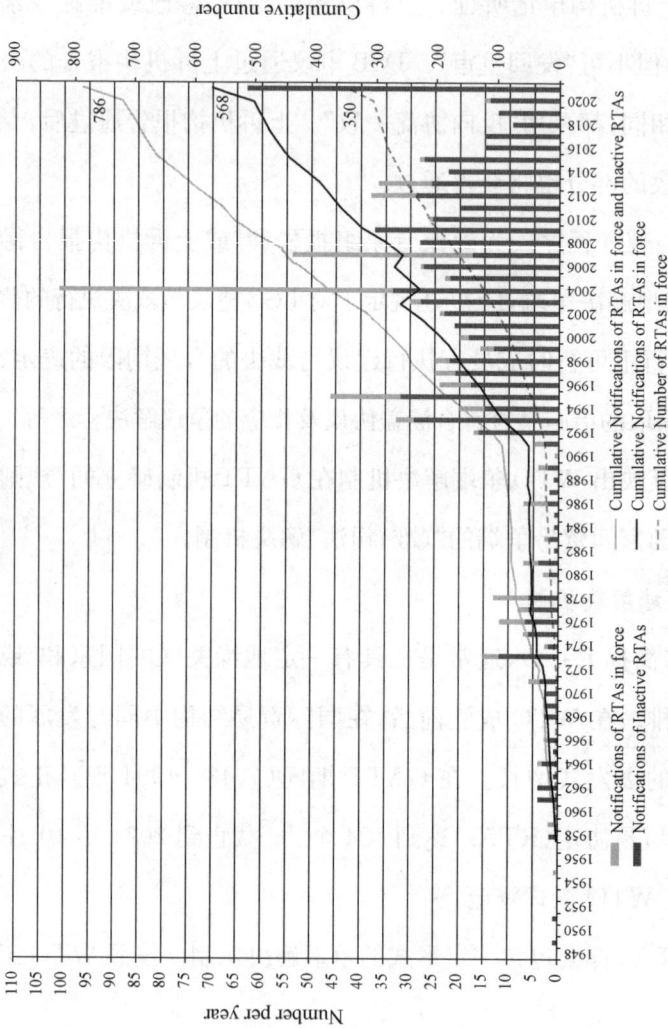

Evolution of Regional Trade Agreements in the World, 1948—2021

Note:Notifications of RTAs: goods, services & accessions to an RTA are counted separately.The cumulative lines show the number of RTAs/notifications that were in force for a given year. The notifications of RTAs in force are shown by year of entry into force and the notifications of inactive RTAs are shown by inactive year.
Source:RTA Section, WTO Secretariat, October 2021.

图 3.1　区域贸易协定的发展（1948—2021 年）①

———

① WTO, Regional Trade Agreements-Facts and Figures: How Many Regional Trade Agreements Have Been Notified to the GATT or the WTO? https://www.wto.org/english/tratop_e/region_e/region_e.htm, October 31, 2021.

报告的分类,可将 RTAs 中的争端解决机制按争端解决方式的标准分类为:①

(1) 政治/外交模式,即指 RTA 项下:① 无任何争端解决条款;② 明确规定在缔约争端方间协商解决或提交至政治机构解决;或者③ 规定可将争端提交至第三方裁判解决但同时赋予了缔约方否决提交的权利。

(2) 准司法模式,即提供在争端解决进程中的某个阶段"自动"获得第三方裁判的权利。此处的"自动权利"是指 RTA 成员方不具有阻挠争端提交至第三方裁判的明确权利。此类模式下,第三方裁判机制多为临时(*ad hoc*)机制,即裁判机构仅为解决特定争端而设立并于裁判做出后解散。

(3) 司法模式,与准司法模式相同,都规定了将争端提交至第三方裁判的"自动权利",但不同之处在于:裁判机构的独立性和机构性更强,并趋向于拥有更高的功能方面和管理方面的自主性;适用的程序规范法律化程度更高;私人诉权更为清晰等。

不同类别的争端解决模式,内嵌于不同类型的 RTA,取决于形成不同RTA 所依托的区域主义的正式程度。现以各模式下典型的 RTA 争端解决机制为例详细说明。

政治/外交模式最为常见于一体化程度较弱的非正式区域主义盛行的地区。如在中东和北非地区的诸如泛阿拉伯自由贸易区(1998)、海湾合作委员会(2003)等复边机制、西亚国家间 RTAs 和独联体(CIS)地区多采用此模式。此类区域的共性特点即在于尽管有一定的区域共同利益,但基于民族主义、内向(inward turning)性区域主义的理念,此类区域一体化的制度性较弱,导致争端解决机制多以采用非法律化的政治/外交模式为主。

准司法模式的典型代表是北美自由贸易区(NAFTA)争端解决机制与中

---

① See Claude Chase, Alan Yanovich, Jo-Ann Crawford, and Pamela Ugaz, "Mapping of Dispute Settlement Mechanisms in Regional Trade Agreements—Innovative or Variations on a Theme?", Staff Working Paper ERSD‑2013‑07, 2013, pp. 10‑13.

国—东盟自由贸易区(CAFTA)争端解决机制。北美自由贸易区所在的美洲地区,涉及美国和加拿大的所有 RTAs,和 1995 年以后签订的所有拉丁美洲与加勒比国家间的 RTAs(无论是区域内国家间还是与区域外国家签订的)均采用的是准司法模式。《北美自由贸易协定》采用磋商、斡旋、调停和调解专家组裁决等方法解决成员间的贸易争端。根据协定第 20 章 B 节的规定,成员方发生争端后,应先请求磋商,磋商不成的,可请求自由贸易委员会进行斡旋、调停与调解,如仍未能解决争端,则可请求设立专家组进行审理并做出裁决;就具体争端解决程序而言,各程序间的过渡均采用自动通过原则,并明确规定了程序性规则与时限,从而使 NAFTA 争端解决机制"具有较高的规则导向性,成为一种混合型的争端解决机制"[1]。

《东盟自由贸易区协定》(ASEAN)是该区域首个采用准司法模式的区域协定。ASEAN 的争端解决机制并非一蹴而就,而是经由以 1996 年《争端解决机制议定书》、2004 年《东盟促进争端解决机制议定书》和 2010 年《东盟宪章争端解决机制议定书》三个法律文件为载体的阶段性制度沿革才最终形成的。所采用的具体争端解决方式由最初的磋商、斡旋、调解或调停等外交方式,拓展到准司法属性的仲裁,各争端解决方式的程序性规定具体详细——分别以 4 个附件对斡旋、调解、磋商和仲裁四种争端解决方式的具体程序进行了规定,具有明确的"规则驱动"的法律化争端解决机制特点。"东盟争端解决机制的三重变奏固然有法律制度文本设计缺陷与法律制度实践失位等法律层面上的因素存在,但根本原因在于随着东盟区域一体化融合程度的加深,东盟要求各成员方在区域法律制度框架下行事的意识增强。"[2]

司法模式的典型代表,是欧盟(EU)争端解决机制。欧盟作为经济高度一体

---

① 钟立国:《从 NAFTA 到 AUSFTA:区域贸易协定争端解决机制的晚近发展及其对两岸经济合作框架协议的启示》,载《时代法学》,2009 年第 6 期,第 42 页。

② 孙志煜:《东盟争端解决机制的兴起、演进与启示》,载《东南亚研究》,2014 年第 6 期,第 31 页。

化的区域经济组织,是高度一体化的正式区域主义的代表,在其域内建立了超国家因素的司法机构——欧洲法院。由于"欧盟法律体系当中并没有通过缔结单独的条约来解决成员间的经贸争端,上述争端主要通过《欧洲法院规约》和《欧洲法院程序规则》来解决。欧盟经贸争端解决机制所体现的一体性无疑会减少区域内各成员方的交易成本,进一步促进区域合作。究其根底,欧洲人的集体意识、类似的法律精神、文化传统与宗教信仰是欧盟经贸争端解决机制乃至欧盟法律体系得以形成的重要因素"。[①] 此外,CIS地区的欧亚经济共同体也采用了司法模式的争端解决机制,同样契合于该经济实体高度经济一体化的区域安排。

(三) 私人与国家间争端:公私混合的国际投资仲裁

私人与国家间经济争端主要是指在国际投资关系中,私人投资者与其投资所在的东道国间的经济争端,因此又称投资者与东道国间争端,其争端解决机制也因此又称为投资者与东道国间争端解决(investor-state dispute settlement,ISDS)机制。由于私人作为投资者与国家作为东道国间的争端既关乎私主体跨境投资利益的保障,又影响东道国国家规制权的行使,具有国际法律关系中特有的混合(公—私)冲突的特征。具言之,此类争端的主要特点是:① 在主体上,一方是外国私人投资者,另一方是主权国家,双方具有不平等的法律地位;② 在内容上,所涉法律问题兼具国内法和国际法问题的双重性质,既涉及契约上的权利义务关系,又涉及国家主权、管理权的行使,还涉及外国私人投资者在东道国的民事权利地位、待遇、经济利益等。[②]

传统国际法为此类争端提供了较为体系性的争端解决机制:私主体与东道国间的争端属于东道国国内法管辖的范围,因此争端解决应首先通过东道

[①] 孙志煜:《区域贸易协定争端解决机制中的制度选择:基于交易成本的分析》,载《暨南学报》,2014年第5期,第21页。

[②] 肖冰、何鹰、彭岳、吴一鸣编著:《国际经济法学》(第二版),北京:科学出版社2011年版,第276页。

国国内争端解决机制予以救济;东道国国内救济穷尽后,仍不能解决争端的,可通过投资者母国通过外交保护的路径解决,即通过谈判等外交手段及至国际法院司法解决。此类争端解决体系通过设置"用尽当地救济",尽量将争端内化在国内解决,但也为国内无法最终解决的争端提供了国际救济的路径。但是,一方面,"二战"后国际投资的主要类型由间接投资转为直接投资,投资规模与领域急速扩大,跨境直接投资开始并主要在发达国家与发展中国家之间流动,投资者与东道国间争端迅速增加,另一方面,由于来自发达国家的跨境投资者对于通常为发展中国家的东道国国内争端解决机制的不信任,如因对司法公正、独立程度、当地腐败等因素的考量,排斥将争端诉诸东道国国内救济,构建一个专门解决投资者与东道国争端的国际争端解决机制便成为急需。于是,国际投资仲裁应运而生。

所谓国际投资仲裁,是指运用仲裁方式解决私人与国家间因投资而产生的争议。国际投资仲裁机制的设计前提与原理主要有二:其一,由于国际直接投资中资本和投资者资本控制的跨境流动,投资者及其主要权益均处于东道国管辖之下,而东道国作为国家当然具有对外资和外国投资者的规制权,因此就投资者与东道国这一对当事方而言,投资者处于天然的劣势地位;在此基础上,其二,东道国排他性地管辖投资争端,缺乏相应的监督机制,不利于投资者公平且高效地保护与实现其利益与权利;其三,传统投资争端的国际救济路径过于政治化,以外交保护甚至国际司法解决投资者与东道国之间投资争议极易受到国际政治局势的牵制,更无益于争端的公正解决。因此,国际投资仲裁引入了国际商事仲裁模式,①从制度设计上就将投资者定位于和东道国平等

① 学界对于国际投资仲裁机制的"商事化"早已有共识。参见蔡从燕:《国际投资仲裁的商事化与"去商事化"》,载《现代法学》,2011 年 1 月第 33 卷,第 153 - 155 页;OECD Investment Committee: Transparency and Third Party Participation in Investor-State Dispute Settlement Procedures, at http: //www. oecd. org/dataoecd /25/3/34786913. Pdf, 2018.

的当事方地位,以纠正传统争端解决机制下投资者天然的劣势地位,从而力保投资者与东道国间争端的公平解决。也因此,国际投资仲裁机制有别于传统的单一解决私人间或国家间冲突的争端解决机制,被认为构成国际争端解决的"关键性转折点"。

就仲裁机制的类别而言,国际投资仲裁机制既包括专门解决投资者与东道国间争端的 ICSID 仲裁机制,又有传统用以解决私主体间商事争端的商事仲裁机制。同时这二者又可按仲裁机构的常设与否分为机构仲裁与临时仲裁。事实上,"自 1982 年英国与伯利兹签订的 BIT 首开先例引入了选择性仲裁机制以来,晚近已有越来越多的条约在投资者与国家间争端解决事项的规定上趋于灵活,通常都规定了多种可选择的机制,备选对象主要有 ICSID 仲裁、UNCITRAL 仲裁、ICC 仲裁以及其他临时仲裁"。[1]

观察国际投资仲裁实践可知,"ICSID 仲裁和适用 UNCITRAL 仲裁规则的仲裁是目前国际投资仲裁领域最常见的两种形式,根据《关于解决国家与他国国民之间投资争端公约》(下称'ICSID 公约')建立的 ICSID 是世界范围内最具影响力的投资争端解决机构。从受案数量上看,ICSID 是投资争端解决领域最富有经验的机构,其仲裁实践经验通过不断改革上升为仲裁规则,并已被其他仲裁机构规则或新签署的投资条约所广泛模仿。ICSID 不仅处理具体的仲裁或者调解案件,还协助适用 UNCITRAL 仲裁规则的仲裁或其他临时仲裁组织听证会,ICSID 秘书长也承担指定仲裁员或决定仲裁员不适格等职责,由此可见 ICSID 在世界范围内的广泛被认可度。UNCITRAL 是国际商业法律现代化和协调进程中最重要的组织,其第三工作组自 2017 年 11 月起开始致力于 ISDS 机制的改革。虽然适用 UNCITRAL 仲裁规则的投资仲裁

---

[1]　徐崇利:《双边投资条约的晚近发展评述——兼及我国的缔约实践》,载《国际经济法学刊》(第5卷),法律出版社 2002 年版,第 315 页。UNCITRAL(联合国国际贸易法委员会)。

没有类似 ICSID 的常设机构的保障,但是 UNCITRAL 仲裁规则在适用上表现出更强的灵活性"。①

三、典型国际经济争端解决机制的运行态势

现有各机制在解决相应类型的争端实践中存在不同的运行特点,呈现为特定争端解决机制成为解决某类争端的"为主"机制,而其他机制则仅获少量运用。

(一) 国际商事仲裁的机构仲裁与临时仲裁:机构间的竞争

由于仲裁程序的保密原则,多数临时仲裁的数据与结果并不为公众所知。因此,就临时仲裁与机构仲裁间的具体适用情况,并无法确知。但就机构仲裁而言,在提供仲裁服务的机构之间,由于仲裁机构繁多,存在着一定程度的竞争关系。

根据 ICC 的统计数据,2020 年 ICC 共受理了 946 个新案件,比 2016 年的 966 件略少,涉及来自 145 个法域的 2 507 个当事方。截止到 2020 年年底,未决案件的总争议金额达到 2 580 亿美元。② 正如 ICC 仲裁院主席 Alexis Mourre 所言,"这些数据确认了由于其独特的品质和标志性的裁决质量控制程序,ICC 是全球范围内迄今为止高额、复杂、多当事方/合同争端的优先选择机构"③。特别值得一提的是,截至目前,ICC 受理了以双边投资条约为依据提起的仲裁案件共计 43 件。④ 2021 年 1 月 1 日,国际商会(ICC)《2021 仲裁规则》正式生效。新规则纳入了若干与投资者——国家间仲裁相关的修订,包括在依据国际条约提起的案件中:除非当事人同意,否则任何仲裁员不得与该

---

① 石静霞、董暖:《"一带一路"倡议下投资争端解决机制的构建》,载《武大国际法评论》,2018 年第 2 期,第 8-9 页。

② ICC:ICC Dispute Resolution Statistics:2020, http://www.iccwbo.org, October 31, 2021.

③ ICC:ICC Dispute Resolution Figures 2017, http://www.iccwbo.org, October 31, 2021.

④ ICC:ICC Dispute Resolution Statistics:2020, http://www.iccwbo.org, October 31, 2021.

案任何一方当事人的国籍相同,[1]紧急仲裁程序不予适用[2]。这些数据与规则调整反映了 ICC 仲裁院在处理涉及公权力的案件时所具有的独特经验。

与之相呼应,第三方调查也显示,ICC 作为在所有区域都最受欢迎的机构脱颖而出,说明其在声誉、认可度、全球布局以及满足使用者特别需要的国际经验方面有显著优势。[3]

相较而言,尽管其他国际商事仲裁机构均有与 ICC 相类似之处,但由于 ICC 在全球范围内的较强的优势,必然在提供仲裁服务方面形成竞争。

(二) WTO 典范与 RTA 空置落差

1. WTO 争端解决机制的成就

WTO 协定规定了 WTO 的三项核心功能:贸易谈判功能、监督实施功能和争端解决功能。[4] 其中,争端解决机制被誉为 WTO 这顶"皇冠上的明珠"。不管是在当前还是在历史上,在国际法与国际制度中,WTO 的争端解决机制都是独一无二的。[5] 权威学者认为,"在所有的国际司法机构中,WTO 争端解决机制应当被认为是最为重要和权力最大的司法体制,虽然有一些观察家坚持认为位居第一的仍应当是世界法院(国际法院)。但是,根据一些标准,即使一些经验丰富的国际法院拥护者也已经愿意将第一的宝座让位给 WTO 争端解决机制。"[6]

在 WTO 争端解决机构存续的 20 余年间(1995 年 1 月 1 日至 2020 年 12

---

[1]　国际商会《2021 仲裁规则》第 13.6 条。

[2]　国际商会《2021 仲裁规则》第 29.6(c)条。

[3]　ICC：Major Survey Confirms ICC as Preferred Arbitral Institution in All Continents，http://www. iccwbo. org, at 28th June, 2018.

[4]　WTO Agreement，art. Ⅲ.

[5]　John H. Jackson, *Sovereignty, the WTO, and Changing Fundamentals of International Law*, Cambridge：Cambridge University Press, 2006, p. 135.

[6]　John H. Jackson, *Sovereignty, the WTO, and Changing Fundamentals of International Law*, Cambridge：Cambridge University Press, 2006, p. 135.

月 31 日),合计接到申诉 598 件(专家组和上诉机构每年度受理的案件数如图 3.2 所示)。其中,110 个成员方涉诉(详见图 3.3),356 个案件设立了专家组,涵盖了几近 60% 的 WTO 案件,并由此形成了 265 个专家组报告,以及后续 174 个上诉案件。① 根据 WTO 发布的《2020 年度报告》,2018 年度 WTO 争端解决机构的待结案件②数与 2017 年相比大幅增长,延续了历年的增长态势(详见图 3.4),WTO 成员方提交了 38 项与新争端有关的磋商申请。③ 截止到 2020 年 12 月 31 日,争端解决机制通过了裁决报告 548 份,包括专家组报告 244 份和上诉机构报告 166 份。(详见图 3.5)④

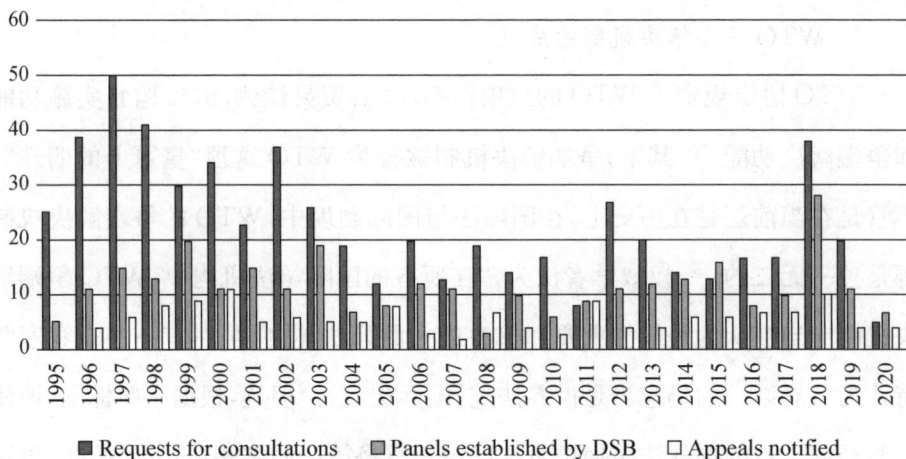

■ Requests for consultations　■ Panels established by DSB　□ Appeals notified

图 3.2　WTO DSB(专家组和上诉机构)受理案件数⑤

---

① 数据来源于 WTO 官网,https://www.wto.org/english/tratop_e/dispu_e/dispustats_e.htm More_numbers,访问于 2021 年 10 月 31 日。

② 待结案件是指专家组或仲裁庭已组成并且进入专家组裁决或上诉机构报告撰写阶段的案件。

③ WTO: *Annual Report* 2021, p. 129.

④ 数据来源于 WTO 官网,https://www.wto.org/english/tratop_e/dispu_e/dispustats_e.htm More_numbers,访问于 2021 年 10 月 31 日。

⑤ 数据来源于 WTO 官网,https://www.wto.org/english/tratop_e/dispu_e/dispustats_e.htm #more_numbers,访问于 2021 年 10 月 31 日。

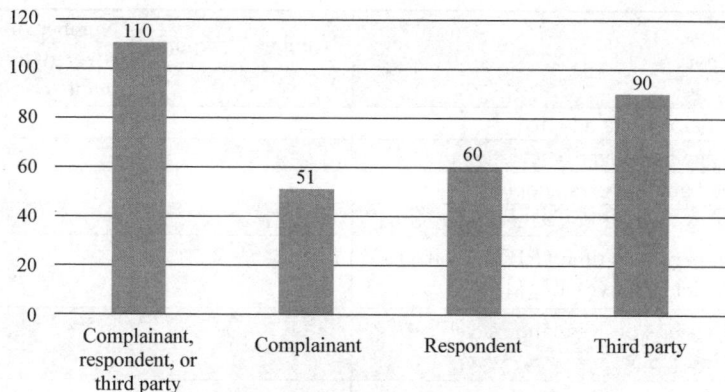

图 3.3　WTO 成员涉诉情况(1995—2020 年)①

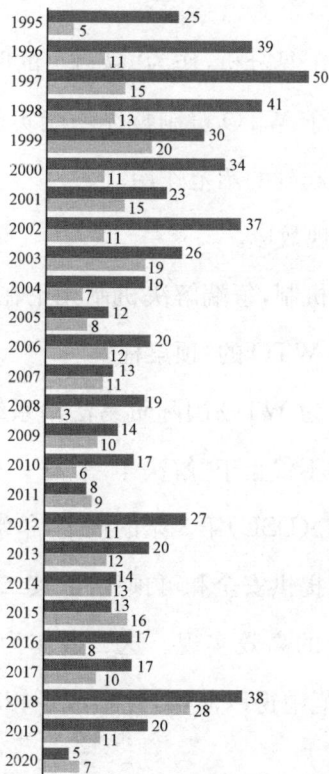

图 3.4　年度案件和设立专家组案件数(1995—2020 年)②

---

① 数据来源于 WTO 官网,https://www. wto. org/english/tratop_e/dispu_e/dispustats_e. htm ♯more_numbers,访问于 2021 年 10 月 31 日。

② WTO：*Annual Report* 2021，p. 139.

Type of report	Number of reports (by distinct matter)	Number of disputes covered(by "DS" number)
Original panel reports adopted	197	244
Original Appellate Body reports adopted	123	166
Compliance panel reports adopted	36	38
Compliance Appellate Body reports adopted	26	28
Reasonable period of time (RPT) arbitral awards〔Article 21.3(c) DSU〕	38	53
Arbitral decisions on retaliation level (Article 22.6 DSU)	25	19
Total	445	548

图 3.5　WTO 争端解决案件的裁决数量情况①

运用功能主义的理论工具分析,作为"皇冠上的明珠",WTO 争端解决机制的成就并不局限于其对于 WTO 机制整体功能实现的作用,更体现在在国际司法乃至国际秩序中所起到的示范作用。

(1) 子机制的功能实现效应。

作为 WTO 体系的子机制,争端解决机制无论在应然定位上还是在实然功效上均当之无愧地成为 WTO 的"顶梁柱"。

① 在应然定位上,作为 WTO 国际贸易法治系统中的遵约机制,争端解决机制的目标决定了其并不仅止于"解决争端"这一狭义功能。根据《关于争端解决规则与程序的谅解》(DSU)第 3 条的规定,争端解决机制的目标至少有二:其一,为多边贸易机制提供安全和可预见性;其二,通过促进争端的迅速解决以确保 WTO 机制职能的高效实现。这二者作为争端解决机制的明文目标,在具体的争端解决规范中得以落实,并形成了相较于 GATT 机制的突破

---

① 数据来源于 WTO 官网,https://www.wto.org/english/tratop_e/dispu_e/disputstats_e.htm♯more_numbers,访问于 2021 年 10 月 31 日。

性发展。①

首先,也是最为典型的突破性发展是确定了争端解决机构(DSB)对案件的"强制管辖权"。在 WTO 对"协商一致(consensus)"机制的"微调"基础上——即将其定义为只要无人正式反对就视为一致同意的反向协商一致,DSU 通过其关于专家组设立、专家组裁决报告准自动通过程序的一系列规则实质上形成了对案件的"强制管辖权"。② 在当时甚至当今国际司法或准司法体制下强制管辖权已经被证实为"不可能实现的梦想"的现状中,这种"强制管辖权"被公认为国际法视野下的国际司法甚至国际法治的一项重大突破。

其次,为落实第 3.3 条的规定,DSU 为争端解决的各阶段设置了明确的期间限制,包括第 4.7~4.8 条关于设立专家组的时限、第 12.8~12.10、12.12 条关于专家组的审理期限、第 16.4 条关于专家组报告的通过时限、17.5、17.14 条关于上诉机构的复审和上诉机构报告通过的期限、第 20 条关于 DSB 作裁决的期限以及第 21 条关于建议与裁决执行的合理期限和对合理期限进行仲裁的时限。这些条款通过对各个程序设置严格的期限为争端的迅速解决提供了制度保障。

最后,在程序设置上,上诉复审程序的设置,突破了国际争端解决机制长期以来以国际法院为代表的"一审终审"制的瓶颈,强化了争端解决机制的司法化特征。这种强势的司法化争端解决机制,为 WTO 项下争端解决的可预见性与规则的解释与适用及其修正提供了充分的机制保障。

---

① 《关于争端解决的规则与程序的谅解》第 3.2 条:世界贸易组织的争端解决制度是为多边贸易体制提供保障和可预见性的中心环节。各成员认识到,该制度可用来保障各成员在各个涵盖协议中的权利和义务,并用按国际公法解释的习惯规则来阐明这些协议中的现有规则。DSB 的各项建议和裁决不得增加或减少各涵盖协议所规定的权利和义务。第 3.3 条:遇有一个成员方认为其按涵盖协议直接或间接享有的利益受到另一成员方所采取措施的侵害时,迅速解决争端对 WTO 有效地发挥职能以及保持各成员方权利和义务的适当平衡必不可少。

② 主要规定在 GATT 1947 第 22 条和第 23 条和《关于争端解决的规则与程序的谅解》第 2 条、第 6 条第 1 款、第 16 条第 4 款、第 3 条第 1 款。详细分析参加赵维田:《世贸组织(WTO)的法律制度》,吉林:吉林人民出版社 2000 年版,第 466-467 页。

② 在实然功效上,近二十余年来争端解决机制的实践及其对 WTO 机制的功能性贡献也早已成为学界共识。"WTO 法的优点很大程度上依赖于其独特的争端解决机制,可以说,假如没有这一机制,近二十年来 WTO 法既无更新的条约,也难以有效实施,早就名存实亡了。"[1]这一论述准确描绘了争端解决机制作为 WTO 系统项下子机制的实际功效。

这种功效,一方面,是基于上述作为多边治理体系组成部分的遵约机制实施的天然功效,另一方面,则是来源于 WTO 三项基本功能中其他两项功能实现不能的衍生效应。自 WTO 成立以来,WTO 体系下的谈判功能与监督实施功能均未能正常发挥。在以规则制定为目标的谈判功能方面,多哈回合谈判设置了 18 项议程,但多年来步履维艰,仅经过长期而漫长的谈判,形成了《TRIPS 协定第 31 条修正案》和《贸易便利化协定》等零星进展。相较而言,监督实施功能的实现亦不如愿。监督实施功能是通过 WTO 贸易政策评审机构对各成员的全部贸易政策和做法及其对多边贸易体制运行的影响进行定期的集体评价和评估来实现的。按照《贸易政策评审机制》关于评审周期的规定,现有评审机构的组织能力不能有效完成既定评审任务,积压已成现实。[2]同时,监督机制项下,国家的贸易政策/措施即便被认定为违法,也因缺乏相应的强制制裁机制而缺乏威慑力——WTO 争端解决机制历年受理案件数的大幅增长即是明证。"三足鼎立"之两足无力,余下的争端解决机制则当之无愧地成为 WTO 功能实效的唯一指标。

(2) 遵约机制的国际示范效应。

---

① 张乃根:《反思 WTO 法:二十年即未来——兼评"WTO 法是模范国际法"》,载《国际经济法学刊》,2015 年第 22 卷第 3 期,第 44 页。

② Trade Policy Review Body of WTO, Sixth Appraisal of the Operation of the Trade Policy Review Mechanism, WT/TPR/389, 22 December 2016, para. 2. 3. Trade Policy Review Body of WTO, Trade Policy Review Mechanism-Report of the Trade Policy Review Body for 2009, WT/TPR/249, 29/10/2009, para. 21.

由于 WTO 法的公法属性,及其争端解决机制的国际司法/准司法机制特征,WTO 争端解决机制已然成为国际遵约机制的成功样本,从而具有示范效应。

一方面,WTO 争端解决机制的司法实践直接促进了国际公法的发展。根据 DSU 第 3.2 条的规定,争端解决机制须"按国际公法解释的习惯法规则来阐明各涵盖协定项下的各条款"及其指向的权利与义务。WTO 项下的成员方争端解决实践显示,绝大多数案件,无论是专家组阶段还是上诉复审阶段,均涉及对作为条约的 WTO 各协定的文本进行解释。由此可见,依据国际公法中的条约解释规则对 WTO 各协定文本进行解释是 WTO 争端解决机制争端解决活动的主要内容。基于当前 WTO 争端解决机构所受理并裁决的争端数量庞大,其条约解释极大地丰富了、在一定程度上补充了国际条约的解释实践。与此同时,诸多国际争端解决机构,不仅包括与国际贸易相关的北美自由贸易区争端解决机制,还包括与国际投资相关的国际投资争端解决中心,更包括国家间公法争端的解决机构,如国际法院、国际常设仲裁法院甚至国际海洋法庭在解释条约时,均经常援用 WTO 上诉机构报告。[①]

另一方面,WTO 争端解决机制的组织结构为其他国际组织争端解决机制的设计提供了有效参考。诸多 RTAs 中的争端解决机制即参考了 GATT 和/或 WTO 争端解决机制中关于法官资质与任免的安排,如 NAFTA 争端解决机制中关于法官任免的规定就是在对 GATT 机制进行总结的基础上做了相应的完善。此外,近十年来国际投资争端解决机制 ICSID 改革的问题之一即对于可能出现的裁决不公缺乏有效的监督机制,而改革的方案之一,即参照WTO 的上诉机构设立投资仲裁的上诉机制。[②]

---

① See Gabriellem Marceau, Arnau Izaguerri, Vladyslav Lanovoy. "The WTO's Influence on Other Dispute Settlement Mechanisms: A Lighthouse in the Storm of Fragmentation", *Journal of World Trade*, Vol. 36, 2013, pp. 481–574.

② 参见肖军:《建立国际投资仲裁上诉机制的可行性研究》,载《法商研究》,2015 年第 2 期,第 166–174 页。

2. RTA 争端解决机制的空置运行

尽管有学者认为"在多边 RTA 框架下争端解决机制可算是'小有成就',例如北美自由贸易区(NAFTA)、南方共同市场(MERCOSUR)、东部和南部非洲共同市场(COMESA)等均有具体案例和裁决出现"[1],但同时也认为"多边 RTA 争端解决机制不过"小有成就"的现实状况,与大多数 RTA 都有争端解决规则、争端机制已是 RTA 不可或缺的体制因素之间,形成一种不相称的反差,这也与通常所认为的诸如争端机制对于确保成员权利义务和维护贸易体制稳定具有积极作用等观点不完全吻合"。[2]

由于各类区域争端解决机制数量与品种繁多,本文仅以 NAFTA 与 ASEAN 这两个典型区域争端解决机制为例具体说明。

首先,NAFTA 争端解决机制作为典型准司法模式的区域争端解决机制,自 NAFTA1994 年生效至 2020 年 7 月 1 日《美墨加协定》(USMCA)正式生效的 26 年间,依据其第 20 条争端解决程序提起的争端仅有三个案件经由专家组程序形成裁决。(具体信息见表 3.1)

表 3.1 NAFTA 援引第 20 条争端解决程序的案件

1	12 - 2 - 1996	TARIFFSAPPLIED BY CANADA TO CERTAIN U. S. -ORIGIN AGRICULTURAL PRODUCTS FTA-CDA—2008 - 01 NAFTA—Chapter 20—Article 2008
2	1 - 30 - 1998	U. S. SAFEGUARD ACTION TAKEN ON BROOM CORN BROOMS FROM MEXICO USA-CDA - 97 - 2008 - 01 NAFTA—Chapter 20—Article 2008

---

① 黄苹、纪文华:《区域贸易协议争端解决机制构建与实效反差研究》,载《国际贸易问题》,2010 年第 12 期,第 112 页。

② 黄苹、纪文华:《区域贸易协议争端解决机制构建与实效反差研究》,载《国际贸易问题》,2010 年第 12 期,第 112 页。

（续表）

3	2‑6‑2001	CROSS-BORDER TRUCKING SERVICES USA-MEX‑98‑2008‑01 NAFTA—Chapter 20—Article 2008

同时期，该三个国家间争端提交至 WTO 的案件数为 44 件，其中仅美国与加拿大两国间争端数就达 28 件。[①] 两项比较，NAFTA 争端解决机制项下的争端数量几乎可以忽略不计。

其次，ASEAN 争端解决机制"零适用"。由于东盟诸国、中国与东盟诸国之间的紧密贸易关系，贸易争端不可避免，但是，"远起 2008 年中越之间的植物出入境以及中国与印尼之间的食品贸易摩擦案件，近至 2015 年越南对原产自中国的冷轧不锈钢征收反倾销税案件，中国与东盟之间的贸易摩擦时常见诸报端。但上述案件要么止步于国内行政部门的终裁，要么过渡至磋商程序便戛然而止，具有准司法性质的仲裁程序始终束之高阁"。[②] 截至目前，ASEAN 项下尚无适用仲裁程序解决的案件产生。

其他区域争端解决机制的情况亦是如此。由此，与 WTO 多边贸易争端解决机制项下的案件登记数——606 件相比，RTA 项下的争端解决机制尽管略有运行，但几近空置。

（三）ISDS 机制的持续兴盛

投资者与东道国争端(ISDS)的数量始终呈持续增长的态势。2020 年，至少 68 个以条约为依据的新案件获得受理，使得已知 ISDS 案件总数达到 1 104

---

① 其中：(1)墨西哥诉美国 10 件：DS49、DS234（与加拿大为共同原告）、DS280、DS281、DS282、DS325、DS344、DS381、DS386、DS551；美国诉墨西哥 7 件：DS101、DS132、DS203、DS204、DS295、DS308、DS560。(2)加拿大诉美国 20 件：DS144、DS167、DS180、DS194、DS221、DS234（与墨西哥为共同原告）、DS236、DS247、DS257、DS264、DS277、DS310、DS311、DS357、DS384、DS505、DS533、DS534、DS535、DS550；美国诉加拿大 8 件：DS31、DS103、DS170、DS276、DS338、DS520、DS531、DS557。

② 孙志煜：《中国—东盟自贸区争端解决机制的制度反思与路径优化》，载《政法论丛》，2016 年第 4 期，第 120 页。

件。[①]（历年 ISDS 案件数量增长趋势如图 3.6）

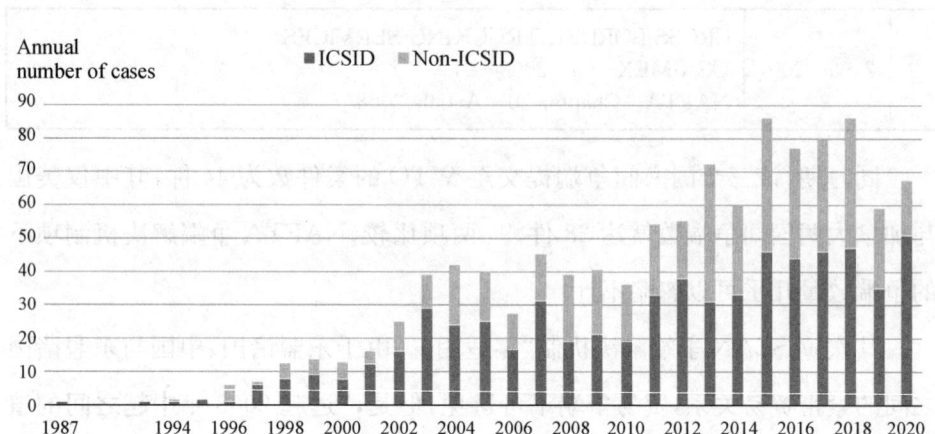

Annual
number of cases ■ICSID ■Non-ICSID

图表

图 3.6

Source：UNCTAD, ISDS Navigator.

Note：Information has been compiled from public sources, including speclalized reporting services. UNCTAD's dtatistics do not cover investor-State cases that are based exclusively on investment contracts (State contracts) or national investment laws, or cases in which a party has signaled its intention to submit a claim to ISDS but has not commenced the artitration. Annual and cumufative case numbers are continually adjusted as a result of verification processes and may not match exactly case numbers reported in previous years.

图 3.6　ISDS 历年增长趋势图（1987—2020）[②]

　　作为 ISDS 机制的主要机制，ICSID 的受理案件数已经达到 803 件，约占上述已知 1 104 件 ISDS 案件的 73％。[③] 从 2003 年起至今，尽管有诸多国家宣布退出 ICSID、废止含有 ISDS 机制的双边投资条约，但 ICSID 每年的收案量始终成增长态势。（详见图 3.7）

　　以上数据表明，ICSID 是当之无愧的 ISDS 典型、为主机制。

　　综上，基于实践的发展，就不同的争端类型，形成了各自的"为主、特色"的争端解决方式，即解决私人间经济争端的国际商事仲裁机制、解决国家间经济争端的多边与区域贸易争端解决机制以及解决私人与国家间经济争端的投资

---

①　UNCTAD：*World Investment Report 2021*，p. 129.

②　UNCTAD：*World Investment Report 2021*，p. 129.

③　ICSID：The ICSID Caseload-Statistics (Issue 2021 - 1)，p. 7.

者与东道国争端解决(ISDS)机制。

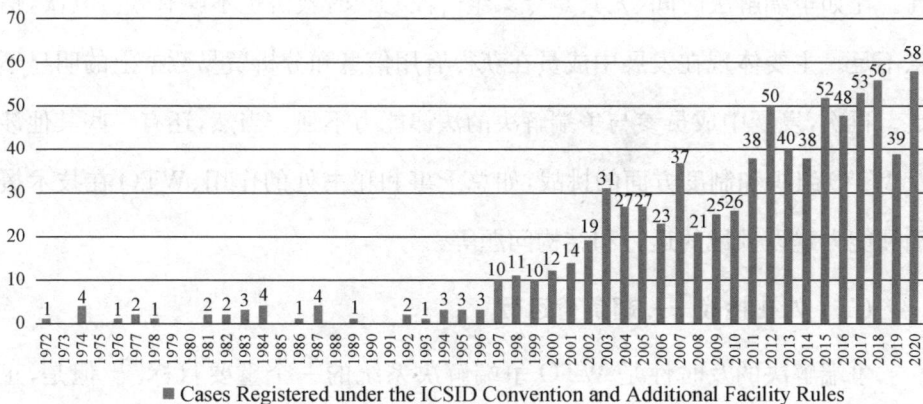

图 3.7 ICSID 历年收案增幅图(1972—2020)①

■ Cases Registered under the ICSID Convention and Additional Facility Rules

第二节　国家间经济争端解决：多边与区域机制之间的博弈

如前所述,以多边与区域贸易协议为依托,多边与区域贸易争端解决机制为国家间贸易争端的解决提供了全新的方案。多边贸易争端解决机制即指WTO 争端解决机制,区域贸易争端解决机制则数量繁多,包括欧盟(EU)争端解决机制、北美自由贸易区争端解决机制等。

一、黯然失色的“皇冠上的明珠”：WTO 争端解决机制的危机

(一) 内在危机：机制内瑕疵

然而,即便是如此一颗“明珠”,其也在设立之初便始终受到诸多批评。总

---

① ICSID：The ICSID Caseload-Statistics (Issue 2021 - 1)，p. 7.

体上,人们对争端解决机制的抱怨主要集中在四个方面:首先,DSU 效能不高。比如争端解决时间(尤其是专家组阶段)太长,救济也不够有效。其次,信息不足。主要体现在发展中成员在获得有用信息和分析贸易数据上的明显不足。再次,发展中成员参与争端解决的法律能力不强。当然,还有一些其他涉及 WTO 组织和制度方面的挑战,如总干事和秘书处的作用、WTO 在技术援助和能力建设领域的运行和结构问题等。

(二) 外在挑战——超负荷运行

争端解决的及时性是 WTO 争端解决系统的一个重要目标。[①] 但是,正如有学者所观察到的,DSU 中所规定的各个程序阶段的时间限制并未得到严格遵守。[②] 以专家组和上诉机构阶段为例,根据第 12.9 条,专家组程序一般不超过 6 个月,特殊情况下经通报 DSB 后期限可作延长,但无论如何不得超过 9 个月。根据第 17.5 条,上诉机构程序一般为 60 天,特殊情况下亦不得超过 90 天。事实上,无论是专家但还是上诉机构程序,均远远超过 DSU 的规定。(详见表 3.2)

表 3.2 1995—2016 年专家组和上诉程序用时(月)

	DSU 规定的通常限期/最长限期	平均用时
专家组阶段	6/9	15.1
上诉机构阶段	2/3	3.3

数据来源:根据 Louise Johannesson 和 Petros C. Mavroidis 合作研究的成果整理[③]

[①] Donald McRae, "Measuring the Effectiveness of the WTO Dispute Settlement System", *Asian Journal WTO & International Health & Policy*, Vol. 3, Issue 1, 2008, p. 4.

[②] See Arie Reich, "The Effectiveness of the WTO Dispute Settlement System: A Statistical Analysis", *EUI Working Paper LAW* 2017/11, 2017, pp. 22 - 24.

[③] Johannesson, Louise and Mavroidis, Petros C., "The WTO Dispute Settlement System 1995 - 2016: A Data Set and Its Descriptive Statistics", *Journal of World Trade*, Vol. 51, No. 3, 2017, p. 367.

2014 年 9 月 26 日,WTO 总干事阿泽维多在 DSB 会议上就 DSM 的超负荷状态做了详细的陈述。[①] 声明指出,法律事务司、规则司和上诉机构秘书处服务的待结案件总数从 2012 年起大致翻了一番。声明认为,造成 DSB 拖延的因素有多种,一方面,案件复杂性已增加多年,并因而造成各方所提交的意见以及 DSB 报告篇幅的相应加长、更耗时的诉讼过程和翻译;另一方面,DSB 的能力增长受到限制,例如,预算的约束、DSU 对于上诉机构人员数量的限制、找到可用的专家组成员的困难,以及秘书处经验足够丰富的律师、特别是高级律师的缺乏。为应对律师缺乏问题,阿泽维多采取了一系列措施,包括重新分配资源给上述三个部门以临时雇佣初级律师;秘书处内部人员的流动,将有争端解决经验的人从非争端解决部门调到争端解决部门;为上述三个部门增加了 15 个额外员额。

然而,阿泽维多所采取的措施并不能根本性地解决拖延问题,秘书处资源缺乏问题依然存在。例如,在 DS488 案中,秘书处通知韩国,2015 年 3 月 25 日成立的专家组最早可能于 2016 年年末开始。秘书处对此的解释是拖延不是因为没有专家组成员,而是因为秘书处受到其他制约因素的影响。[②] 直到 2017 年 11 月 14 日,专家组方才将报告分发给各成员,用时近 34 个月,超过 9 个月的最长限期多达近 25 个月。在 DS453 案中,不仅是专家组,上诉机构也发生拖延问题。[③] 上诉机构主席对上诉机构的拖延原因所作的解释涉及案件的数量和复杂性

---

① Dispute Settlement Body, Minutes of Meeting of 26 September 2014, WT/DSB/M/350, 21 November 2014, pp. 2 - 4.

② Dispute Settlement Body, Minutes of Meeting of 31 August 2015, WT/DSB/M/367, 30 October 2015, para. 13.2.

③ 该案专家组于 2013 年 6 月 25 日成立,2013 年 11 月 11 日组成,2015 年 9 月 30 日分发报告。专家组从组成到分发报告用时超过 22 个月。申诉方于 2015 年 10 月 27 日、被申诉方于 2015 年 11 月 2 日分别提起上诉。2015 年 12 月 22 日,上诉机构主席通知 DSB,上诉机构不能在 90 日内分发报告。最终,上诉机构于 2016 年 4 月 14 日分发,用时超过 5 个月。

的增加、工作量的增多、人员短缺以及翻译等因素。① 在 DS461、②DS471、③DS472、④DS480、⑤等案件中,前述原因所导致的拖延问题依然存在。事实上,案件数量和复杂性增加所带来的系列问题与 DSB 可用资源有限的矛盾在过去、现在和将来相当长一段时间内很难消除。因此,拖延问题似已成为"常态"。然而,在专家组和上诉机构违反第 12.9 条和 17.5 条规定并成为常态时,这本身已经成为一个严重的体制问题:⑥

首先,拖延将直接导致不可补救的经济损害。例如,对于一成员方对他方产品采取的诸如反倾销税等临时措施,即便 DSB 最终裁定该措施与 WTO 纪律不符,但长时间的拖延对他方而言损害已经形成,之后其所进行的任何补救措施可能都无法弥补已经受到的损害。可见,"WTO 争端不是抽象的分歧。每一场争端之下都存在着现实世界的经济利益。当争端悬而未决时,确实有人在遭难"⑦。

其次,拖延将导致更多的拖延。拖延使得一些违反 WTO 纪律的措施几年未受 DSB 审查,一些保护主义措施的采取因而受益。于是,更多的保护主

---

① See Appellate Body Report, *Argentina-Measures Relating to Trade in Goods and Services*, DS453/AB/R, para. 1.12.

② 该案专家组于 2013 年 9 月 25 日成立,2014 年 1 月 15 日组成,2015 年 11 月 27 日分发报告。专家组从组成到分发报告用时超过 22 个月。上诉机构程序从 2016 年 1 月 22 日开始,上诉机构报告于 2016 年 6 月 7 日分发,用时 4 个多月。

③ 该案专家组于 2014 年 3 月 26 日成立,2014 年 8 月 28 日组成,2016 年 10 月 19 日分发报告。专家组从组成到分发报告用时超过 25 个月。申诉方于 2016 年 11 月 18 日提起上诉,上诉机构于 2017 年 5 月 11 日分发,用时超过 5 个月。

④ 该案专家组于 2014 年 12 月 17 日成立,2015 年 3 月 26 日组成,2017 年 8 月 30 日分发报告。专家组从组成到分发报告用时超过 29 个月。

⑤ 该案专家组于 2015 年 8 月 31 日成立,2015 年 11 月 4 日组成。该案专家组主席分别于 2016 年 4 月 15 日、2017 年 7 月 11 日两次通知 DSB 要求延期分发报告。至本文截稿之日(2018 年 1 月 27 日),即从专家组组成之日已经过了两年,专家组报告仍然未能分发。

⑥ 本部分以下引自肖冰等:《WTO 争端解决中的中国现象与中国问题研究》,法律出版社 2020 年版,第 611-612 页。

⑦ Dispute Settlement Body, Minutes of Meeting of 31 August 2015, WT/DSB/M/367, 30 October 2015, para. 13.3.

义措施接踵而来。相应地,更多的争端被诉至 WTO,进而导致更多的拖延,恶性循环形成。[①]

最后,拖延将危害 DSM 体制的运作。拖延直接减损了 DSU 第 3.3 条所设置的及时性目标,使其形同虚设。当拖延问题所导致的违法成为常态时,WTO 规则导向的体制将受到质疑,成员方可能转向其他机制以求解决贸易问题。这将严重损害 DSM 的有效性和可信性。[②]

二、冉冉升起的"区域升级":RTA 争端解决机制的创新?

虽然 WTO 多边贸易争端解决机制设立之前,已经产生了诸多的区域贸易协定及其项下的争端解决机制,但随着 WTO 争端解决机制的危机逐渐深化,及至如今面临停摆僵局,无论是各已有区域争端解决机制还是依托新区域贸易协定而形成的新区域争端解决机制,均在已有的差异基础上做出了一定的更新/创新实践。

例如,与 WTO 争端解决机制不同,NAFTA 构建了分散型争端解决机制。分散型争端解决机制的设立使得某些特殊事项的争端解决能够适用特殊的程序,针对性更强,更有利于快速有效解决纠纷。[③] 例如,关于反倾销与反补贴事项的争端解决机制跳过磋商程序,直接采用了法律解决方式——由司法性较强的专家组作出裁决,以提高争端解决机制的及时应对性与强制约束性。这一机制在 NAFTA 的更新版《美国墨西哥加拿大协定》(USMCA)中得以延续——第 10 章贸易救济条款中同样规定了禁止有关反倾销和反补贴的

---

① Dispute Settlement Body, Minutes of Meeting of 31 August 2015, WT/DSB/M/367, 30 October 2015, para. 13.4.

② Dispute Settlement Body, Minutes of Meeting of 31 August 2015, WT/DSB/M/367, 30 October 2015, para. 13.9.

③ 高永富:《中国参与制定区域贸易协定争端解决机制初探》,载《世界经济研究》,2008 年第 7 期,第 58 页;傅明、张讷:《论〈北美自由贸易协定〉之分散型争端解决机制》,载《国际经济法学刊》,第 13 卷第 2 期,北京大学出版社 2006 年版,第 309 页。

争议诉诸协定的统一争端解决机制。[①] 这一分散型争端解决机制亦为《跨太平洋伙伴关系协定》(TPP)所采用。

在此基础上,与后 WTO 时期区域贸易协定的功能定位是在 WTO 已有框架基础上纵向深入贸易开放的领域与程度相匹配,大多数已生效的区域贸易协定将其自身的争端解决机制始终定位于以 WTO 争端解决机制为参照系的更新与强化。观诸 WTO 之后的典型区域贸易争端解决机制,无论是在争端解决的制度设计上还是在机构的设置上均呈现出"WTO 争端解决机制强化版",甚至是试图脱离 WTO 争端解决机制影响的"独立化"特征。例如,更新版的 USMCA 在争端解决机制的程序性安排上极大简化了执行程序,如缺乏执行裁决报告时即可直接报复,又如可在符合条件的情况下由原专家组解决执行争议;再如,取消了原有的专家组在解释协定时对 WTO 上诉机构报告的考虑。这些,反映出区域贸易争端解决机制的"更司法化"发展趋势。

至此可见,如果认为 WTO 前和 WTO 同期的区域贸易争端解决机制还试图在仿制 WTO 争端解决机制,由此实现通过区域路径扩大适用 WTO 模式的争端解决机制,那么后 WTO 时期更新或新形成的区域贸易协定则试图构建 WTO 囿于机制自限所无法实现的更加体现"规则导向"的法律化争端解决机制。

三、多边与区域机制之间的冲突

正如所有国际争端解决机制的设置原理一样,RTAs 的争端解决机制是作为其遵约机制而存在的。在 WTO 及其争端解决机制已经存在的前提下,RTAs 争端解决机制首先也是必然要面临的是二者间的冲突问题。

就 RTAs 中的争端解决机制而言,"尽管这些条款及其确立的争端解决

---

① 《美国墨西哥加拿大协定》第 10 章。

流程类型存在相当的差异,这些机制可以大致类型化为:(1)机制挑选协议,包含/不包含进一步的允许首选机制的排他性管辖权;(2)排他性管辖协议,要求 RTA 项下的所有争议仅提交至该 RTA 争端解决机制解决;或者(3)优先协议,即明确优先选择的机制,仅在当事方同意的条件下方可改为其他机制"①。

由此,在 RTAs 争端解决机制之间、RTAs 争端解决机制与 WTO 争端解决机制之间,将必然发生管辖权的冲突。以 NAFTA 为例,美国、加拿大和墨西哥作为 NAFTA 的成员方,同时也是 WTO 的成员方,因而同属两个贸易争端解决机制的管辖范围内。尽管 NAFTA 明确规定了如果争端既可以提交到 GATT/WTO 争端解决机构解决,也可以由 NAFTA 争端解决机构解决,那么可由提起争端解决的当事方进行选择,但是 WTO 项下无类似规定。这将导致一旦成员方先将争端提交至 WTO DSB 解决,后又提交至 NAFTA 解决,而 WTO 专家组并不会因 RTA 的规定来限制自身对 WTO 项下争端的管辖,于是就会形成相互平行的两个程序。平行程序可能导致的后果就是冲突裁决的问题。无论是挑选法院还是挑选裁决,均不利于国际贸易争端的有序有效地解决。在纵横交错的 RTAs 网络中,WTO 与 RTA 项下争端解决机制便形成了此种不利于争端解决的机制博弈态势。

尽管越来越多的 RTA 中规定了"法庭选择条款"以避免管辖权冲突,但是由于一方面,WTO 争端解决机制并未对提交至其他争端解决机制解决的争端的管辖权做自我限制,从而对于其框架下的事项争端具有强制性管辖权;另一方面,由于 RTA 与 WTO 的事项范围存在重叠,从而就特定措施而言,存在难以确定其在两项协议项下分属不同事项的困境,因此,管辖权冲突仍然

---

① Jennifer A Hillman, "Conflicts between Dispute Settlement Mechanisms in Regional Trade Agreements and the WTO—What should the WTO Do?" *Cornell International Law Journal*, Vol. 42, 2009, pp. 195 - 196.

不可避免。①

第三节　私人与国家间经济争端解决：
多元 ISDS 机制的选择运用
——以中西亚 ISDS 机制布局与选择为例

ISDS 中投资仲裁机制与商事仲裁机制的二元化并存，前者是政府间、多边的一体化机制，后者则属私人间（商会）的多元化机制，二者间本应属于各自平行的关系。但是，在解决私人与国家间投资争端方面，这两类机制均得到了一定的采用。不同国家，在不同的机制安排和适用实践中，均有其各自的特点。

对于为保障"一带一路"倡议下中国与沿线国家双向投资而开展的 ISDS 机制研究而言，中西亚 ISDS 机制，相较于东南亚、南亚机制，无论是在机制安排还是在机制适用实践上均具有代表性，从而具有"样本"意义。故本部分将以中西亚 ISDS 机制布局与选择为例，揭示不同国家 ISDS 机制安排与适用的共性与个性特点，以及现阶段既有 ISDS 机制下可行的现实选择。②

一、中西亚 ISDS 机制安排的现状与特性

就 ISDS 机制安排而言，一方面，从机制文本的条约渊源来看，中西亚区域经由《能源宪章条约》（ECT）、《欧亚经济联盟条约》（EAEU）、《伊斯兰会议

---

① 参见严蓉：《区域贸易协定与 WTO 针管解决机制管辖权博弈——美墨糖类产品系列争端引发的思考》，载《国际经济法学刊》，2010 年第 17 卷第 3 期，第 202 - 204 页。
② 本部分以下引自于文婕：《"一带一路"倡议下中西亚 ISDS 机制解析：二元困境与现实选择》，载《河南师范大学学报(哲学社会科学版)》，2018 年第 2 期，第 57 - 59 页，第 62 - 62 页。

组织成员国间投资促进和保护协议》《关于阿拉伯资本在阿拉伯国家的投资的统一协定》（《阿拉伯投资统一协定》）等特别协定在能源投资领域和部分国家间具有一定的统一性，但在其他领域、其他国家间仍依赖 BIT 约定的 ISDS 机制，呈碎片化特点。相较而言，东南亚区域则发展相对成熟，在中国—东盟自贸区（CAFTA）区域多边合作机制下经由《中国—东盟全面经济合作框架协议投资协议》的约定，适用统一且相对细化的 ISDS 制度规范；南亚区域，由于南亚自贸区（SAFTA）《南亚自由贸易协定框架条约》项下投资相关协定缺失，部分次区域多边合作机制如大湄公河次区域经济合作机制亦未涉及投资问题，该区域 ISDS 机制囿于各国签订的双边投资条约（BIT）ISDS 条款中差别各异的 ISDS 机制选择，呈现碎片化特点，处于相对起步阶段。

另一方面，从规范文本中所采用的具体机制来看，中西亚 ISDS 文本设计所选择的具体机制类型不仅完全覆盖东南亚、南亚 ISDS 的机制类型，更有其个性机制类型。具言之，除几乎所有 ISDS 条款都会纳入的国内救济（东道国司法救济）和磋商与调解外，中西亚投资协定文本中的 ISDS 机制类型完全涵盖了东南亚、南亚的已有机制类型：既包括机构仲裁，又包括专设仲裁。前者又既包括专门的 ISDS 机制——国际投资争端解决中心（ICSID）仲裁，又包括一般的商事仲裁机制，如斯德哥尔摩商会国际仲裁院（SCC）。与此同时，中西亚地区还具有东南亚、南亚所不具备的 ISDS 机制类型——专门投资法庭，如依据《阿拉伯投资统一协定》而设立的阿拉伯投资法院、依据《欧亚经济联盟条约》及其《欧亚经济联盟法院规约》而设立的欧亚经济联盟法院。

具体至"一带一路"倡议下中国与中西亚国家间的 ISDS 机制安排，由于中国与该区域国家间签订的区域/诸边经济协定中 ISDS 条款缺失，如《上海合作组织成员国政府间关于区域经济合作的基本目标和方向及启动贸易和投资便利化进程的备忘录》，因此，中国与中西亚国家间 BIT 中的 ISDS 条款成为机制安排的主要渊源。经梳理可见，在具体类型上，中国与中西亚国家间

ISDS 机制与上述该区域的一般机制安排一致,也基本涵盖了中国与东南亚、南亚国家间 ISDS 机制类型。(详见表 3.3)

表 3.3　中国与中西亚、东南亚、南亚各国 ISDS 机制安排类型简况表①

区域 (国家数/含 ISDS 条款的条约数)		机制类型			
		磋商/调解	国内司法	国际仲裁	
				机构仲裁	专设仲裁
中西亚	中亚(5 国/5BIT)	2	4	2(ICSID)	4
	西亚(20 国/16BIT)	14	16	6(ICSID)	13
东南亚 南亚	东南亚(11 国/1REA②)	11	11	11(ICSID)	11
	南亚(7 国/3BIT)	2	3	1(ICSID)	2

至此可见,中西亚 ISDS 机制因其规范文本的部分统一、部分碎片化的特征以及文本中 ISDS 机制类型的多样化,既涵盖了各亚洲起点区域 ISDS 机制的特点,其自身又有个性之处,因而具有"可样本性"。

二、中西亚 ISDS 机制适用的样态与特性

就 ISDS 实践的规模与样态而言,中西亚更具代表性。就已知的 ISDS 仲裁实践而言,截止到 2016 年 12 月 31 日,中西亚 ISDS 仲裁涉案数(181 件)占全部公开已知的 ISDS 案件数(767 件)的 23.6%。③ 中西亚 ISDS 涉案数远超东南亚与南亚地区之和(187:82),ISDS 实践数量大。相较于东南亚、南亚地区,中西亚特别是西亚地区在 ICSID 涉案中,该地区投资者作为原告和该地

---

① 该表中:(1) 所涉 BIT 文本来自商务部网站公布的中国对外签订双边投资协定一览表,http://tfs.mofcom.gov.cn/article/Nocategory/201111/20111107819474.shtml,2017 年 2 月 10 日;(2) 由于司法程序的启动无须当事方的同意,因此,BIT 的 ISDS 条款中未明确排除国内司法救济或明确限定只能采用非国内司法救济的,均计入采用国内司法的数据。

② 《中华人民共和国政府与东南亚国家联盟成员国政府全面经济合作框架协议投资协议》。

③ UNCTAD's ISDS Navigator, at http://investmentpolicyhub.unctad.org/ISDS/AdvancedSearch, 10 February, 2017.

区国家作为被告的涉案数大致相当(中西亚 78：103,西亚 73：53)。(详见表 3.4)

表 3.4　中西亚、东南亚、南亚 ISDS(ICSID)涉案情况表

(截止到 2017 年 2 月 10 日数据)①

区域		涉案数		
		原告	被告	总数
中西亚	中亚(5 国)	5(3)	50(29)	55(32)
	西亚(20 国)	73(51)	53(44)	126(95)
	合计	78(54)	103(73)	181(127)
东南亚 南亚	东南亚(11 国)	8(8)	29(21)	37(29)
	南亚(7 国)	5(1)	40(17)	45(18)
	合计	13(9)	69(38)	82(47)

同时,与规范文本的比较相呼应,中西亚 ISDS 实践中实际适用的机制类型也完全涵盖东南亚、南亚地区的共性机制类型——国内救济、磋商与调解、机构仲裁与专设仲裁,但又更具多元性,如专设投资法庭。而且,在采用的仲裁机制方面,既有共性的国际投资争端解决中心(ICSID)仲裁、国际仲裁法庭(PCA)仲裁和专设仲裁,又有中西亚特有的个性机制类型,如国际商会(ICC)仲裁、开罗地区国际商事仲裁中心(CRCICA)仲裁、伦敦国际仲裁院(LCIA)仲裁(详见表 3.5)。值得注意的是,与规范文本中约定的机构仲裁与专设仲裁作为无差别选项并列所不一致的是,中西亚 ISDS 仲裁机制在实际适用中则以机构仲裁为主,占 87%(其中又以 ICSID 仲裁占绝对多数:70%),专设仲裁为辅。

---

① UNCTAD's ISDS Navigator, at http://investmentpolicyhub. unctad. org/ISDS/AdvancedSearch，10 February，2017.

表 3.5　中西亚 ISDS 仲裁实践样态统计表①

区域	国别	ISDS 总数	机构仲裁数		专设仲裁（适用 UNCITRAL 规则）	其他
			ICSID	商事仲裁机构②		
中亚（5国）	土库曼斯坦	9	7	/	/	2
	乌兹别克斯坦	10	8	1 被	/	1
	吉尔吉斯斯坦	13	3	7 被	2 被	1
	塔吉克斯坦	1	0	1 被	/	
	哈萨克斯坦	22	14	1 原＋3 被	1 原	3
	小计	55	32	13	3	7
西亚（20国）	土耳其	33	28	1 原＋1 被	1 被	2 原
	塞浦路斯	25	12	8 原＋1 被	1 原	3 原
	约旦	13	12	1 原	/	
	格鲁吉亚	9	8	/	1 被	
	黎巴嫩	9	6	1 原＋1 被	1 被	
	阿联酋	7	5	/		2 原
	科威特	6	5	1 原	/	
	阿曼	5	5	/		
	沙特阿拉伯	3	2	/	1 原	
	也门	3	3	/		
	阿塞拜疆	3	3	/		
	以色列	3	3	/		
	伊朗	2	0	1 被	/	1 原
	亚美尼亚	2	1	1 被		
	卡塔尔	2	2	/		
	叙利亚	1	0	1 原	/	

① UNCTAD's ISDS Navigator，at http://investmentpolicyhub.unctad.org/ISDS/AdvancedSearch，10 February，2017.
② 包括 ICC、SCC、MCCI、CRCICA、LCIA 和适用 UNCITRAL 规则的 PCA。

区域	国别	ISDS总数	机构仲裁数		专设仲裁(适用UNCITRAL规则)	其他
			ICSID	商事仲裁机构①		
	阿富汗、巴林、伊拉克、巴勒斯坦	/				
	小计	126	95	18	5	8
中西亚合计		181	127	31	8	15

在此基础上,由于截至目前在已知的涉及中国与中西亚国家的 ISDS 实践中,仅有一例发生于中国与中西亚国家间(北京城建诉也门),且中国自身的 ISDS 实践也十分稀少,因此,中西亚地区相关实践的梳理和总结对"一带一路"倡议下中国与中西亚地区 ISDS 机制的运用与重构也更具有重要的借鉴意义。

三、"一带一路"倡议下中西亚 ISDS 机制的现实选择

基于上述困境,在现有具体机制中进行取舍是当前现实且理性的选择,因为无论是现有机制的完善还是构建全新的机制,均非一朝一夕所能实现,而在现阶段"即使一个不完善的机制也会比任何政治上看来是可行的替代机制要优越"②。在"可行的替代机制"构建完成之前,在交织的多元机制中是否有选择余地以及如何选择是现阶段亟待解决的问题。

(一) 视角与选项:谁选及选什么?

论及争端解决机制的选择,常见两类视角:争端当事方基于自身利益考量对争端解决机制进行事先或事后选择,和机制设计者基于规制利益考量对争

---

① 包括 ICC、SCC、MCCI、CRCICA、LCIA 和适用 UNCITRAL 规则的 PCA。

② 罗伯特·基欧汉著,苏长和等译:《霸权之后世界政治经济中的合作与纷争》,上海:上海人民出版社 2012 年版,第 100 页。

端解决机制进行事先设计或事后改良。前者即是对实然选项的选择,后者则属应然选项的构建。

依中国与中西亚国家签订的 20 个 BIT 的 ISDS 条款文本之规定,在出现投资者与东道国争端时,作为争端当事方的投资者与东道国均具有几乎同等的机制选择权。

1. 在国内司法与国际仲裁之间选

投资者与东道国享有几乎同等的自主度较高的选择权[①]——只有 4 个 BIT[②] 限定仅投资者可以在国内救济之余选择启动国际仲裁程,其余 16 个文本均明示或默示地赋予投资者和东道国在国内司法与国际仲裁方面均等的选择权。常见的约定文本如中国—伊朗 BIT 规定:如东道国缔约一方和投资者自一方向另一方提出请求的通知之日起六个月内未能达成一致,任何一方可将争议提交东道国缔约一方有管辖权的法院或根据其相关的法律和规定提交下述第五款所述的三人仲裁庭。[③]

2. 在不同的国际仲裁机制之间选

投资者与东道国享有同等的自主度极低的选择权,只有 4 个 BIT[④] 规定投资者或东道国可在 ICSID 或专设仲裁中自主选择其一,其余均直接确定了

---

① ISDS 备受批评的非对等性主要是指两个方面的非对等:其一,实践中只有投资者诉东道国,无东道国诉投资者;其二,从条约实体权利义务内容看,所涉条约规定都只针对国家的义务,对投资者并未规定相应的义务,因而似乎只能投资者诉东道国而不能反之。事实上,该非对等性评价有待论证。就本文而言,第一,此处是对文本分析的结论,从条约文本规范授权的角度,多数 BIT 项下东道国和投资者确实都有权将争端提交至国内司法或国际仲裁机制解决;第二,从仲裁程序启动的"同意"要件来看,仲裁程序的启动是投资者与东道国合意的结果,而非由投资者单方启动;第三,ISDS 仲裁中允许并存在东道国反诉即是东道国可以诉投资者的佐证。当然,尽管在实践中,由于东道国在国内管制权以及国内救济方面所具有的博弈优势,并不会主动选择将争端提交至国际仲裁,因此尚无东道国主动诉投资者的仲裁实践,但是不能排除东道国主动启动国际仲裁程序或诉诸国内司法救济的可能。

② 中国—也门 BIT(1998)、中国—阿联酋 BIT(1993)、中国—哈萨克斯坦 BIT(1992)、中国乌兹别克斯坦 BIT(2011)。

③ 中国—伊朗 BIT(2000)第 12 条第 2 款。

④ 中国—塞浦路斯 BIT(2001)、中国—巴林 BIT(1999)、中国—哈萨克斯坦 BIT(1992)、中国乌兹别克斯坦 BIT(2011)。

具体仲裁机制为专设仲裁(13 个 BIT)或 ICSID(3 个 BIT)。典型文本如中国—卡塔尔 BIT(1999)规定:三、如涉及征收补偿款额的法律争议,自发生之日起六个月内未能友好解决,当事任何一方也未根据第二款选择由有管辖权的法院解决争端,则任何一方应有权将争端提交仲裁,该仲裁庭应逐案设立,由三名按下列方式任命的仲裁员组成:……①当然,此处尽管在机构仲裁还是专设仲裁方面,当事方的自主选择权极小,但是,在规定专设仲裁时,绝大多数BIT 对于仲裁程序的选择持开放态度——除了直接规定适用 UNCITRAL 仲裁规则外(2 个 BIT),其余 BIT 均规定由仲裁庭自行决定程序规则。

须特别注意的是,在区域/诸边层面上,尽管如前所述,中国与中西亚国家签订的区域/诸边经济协定并无 ISDS 条款,但是该区域国家间签订的三份重要区域/诸边经济协定②之一——《欧亚经济联盟条约》中的 ISDS 条款赋予了成员国和境内外私主体向欧亚经济联盟法院提请解决争端的权利。③ 此时,在上述 BIT 所提供的争端解决机制之外,中国投资者与欧亚经济联盟的成员国均可就其之间发生的投资争端选择提交至欧亚经济联盟法院解决。

(二) 要素与工具:怎么选?

1. 选择要素分析

在对争端解决机制进行选择时,当事方通常考虑的因素包括争端解决机构的公正性、程序规则、费用、个案的类型等。究其实质,这些因素可概括为一对辩证的要素:公平与效率。由于 ISDS 的特殊性——涉及私权与公权冲突,ISDS 当事方基于立场的不同对于机制选择的考察要素有所区别,但这种区别并非考察要素种类的差别,而是在于不同要素不可兼得时各要素取舍的优先

---

① 中国—卡塔尔 BIT(1999)第 9 条第 3 款。

② 《伊斯兰合作组织促进、保护及保障投资协议》和《阿拉伯投资统一协定》中均包含了 ISDS 条款,但通过对"投资""投资者""资本"等概念的界定将争端主体严格限定在了协议各成员国的域内。

③ 《欧亚经济联盟法院规约》第 IV 章第 39 条。

排序差异。

对投资者而言,由于其在 ISDS 中的诉求单一,即维护自身的经济利益,因而,在绝对公平与效率二者不可兼得时,投资者可通过这二者在个案中所投射出的利益差别做出取舍,这也是投资者作为商事主体多数情况下会更倾向于在确信能够实现相对公平的前提下选择高效率的机制,即倾向于选择国际仲裁而非当地司法救济、选择机构仲裁而非临时仲裁的原因。

对于东道国而言,情况则依其在国际直接投资中是否具有东道国与母国的双重角色而有所区别。单纯作为东道国的,其诉求单一,即维护本国对外国投资的规制权,因此更侧重公平的国内司法救济和国际投资法庭是较优的选择。具有双重角色的,情况则相对复杂:尽管在个案中其角色是单一的,但是由于当前多边投资法治体系的缺失,ISDS 机制作为适用实体规则的机构的同时,ISDS 实践在很大程度上起到反哺国际投资实体规则的作用,因此,东道国既要维护其对外资的规制权,又要考虑在同等情况下本国投资者可能受到的保护,因而更期待能有一个兼顾公平与效率的 ISDS 机制。

2. 矩阵工具应用

具体至 ISDS 机制的取舍,已有学者就此提出了"矩阵分析"工具,按是否涉及政治和社会纠纷,将争端分为四类:从不涉及政治和社会纠纷的"绿区"案件、政治上高度敏感而社会方面不太敏感的"黄区"案件(如涉及税收措施或金融监管)、社会方面敏感而在政治上相对不敏感的"蓝区"案件(如涉及环境和健康)直至政治和社会方面较为敏感的"红区"案件(如涉及国家安全),并相应提出对应的 ISDS 机制类型:国际仲裁、当地救济、国家间争端解决和其他争端解决机制。① 尽管该分析工具是在论及多边投资法律框架的构建时"从整体上系统考察整个投资争端解决体系，而非仅仅关注投资者—国家间争端解决机制"②的前提下提出，但其同样可用于解决"一带一路"倡议下基于投资者与东道国不同立场的 ISDS 机制选择问题。

具言之，在中国与中西亚区域 ISDS 中，就中国投资者而言，基于 ICSID 倾向于保护投资者的"盛名"，属"绿区"和"蓝区"的案件可提交至 ICSID；"黄区"至"红区"的案件则可通过转为国家间争端并经由外交保护等国家间争端解决机制予以解决。就中国作为东道国而言，"绿区"案件可提交至国际投资法庭或 ICSID；"蓝区"案件应选择当地司法救济；"黄区"至"红区"的案件则可通过转为国家间争端并经由外交、国际法庭诉讼等国家间争端解决机制予以解决。

就中国作为母国而言，尽管并非投资者与东道国争端的直接当事方，但作为母国保护本国投资者的责任、作为资本输出国的利益以及同时作为东道国的双重角色，均要求其在两个层面上主动介入 ISDS。其一，间接介入，预先制定 ISDS 指引，以引导本国投资者在面临与东道国争端时运用矩阵工具方法选择 ISDS 机制。上述运用矩阵对中国与中西亚 ISDS 当事方建议作出的机制选择仅是类别化的、方向性的分析。实践中，四区案件具体如何界分？涉及国家安全、国家经济监管措施以及环境与健康的措施具体包含哪些？均有待结合国别的实际情况予以详细界定。其二，直接介入，对本国投资者已经启动的不符合矩阵工具选择的 ISDS 机制进行干预，在可能的情况下引导投资者

---

① See Wenhua SHAN: A Matrix Analysis on ISDS Reform: Preliminary Considerations, paper presented at the 24th Energy Charter Ministerial Conference held at Cyprus in December 2013, at http://www. energycharter. org/fileadmin/DocumentsMedia/ECC/20131205 - 24ECC＿S4＿WShan. pdf, 2nd August, 2017.

② Wenhua SHAN: *Toward a Multilateral or Plurilateral Framework on Investment*, pp. 8 - 9, at https://www. ictsd. org/sites/default/files/research/Toward％20a％20Multilateral％20or％20Plurilateral％20Framework％20on％20Investment. pdf, 2ⁿᵈ August, 2017.

终止或引入并行机制,以更有效地解决争端。

当然,最终在具体案件中,在前述可选项、选择要素和矩阵分析的基础上,当事各方对其经济利益与规制利益的具体衡量、双方同时有权选择时互动博弈的结果才是最终决定解决该案的"较优"ISDS 机制的个案要素。

第四节　国际经济秩序变革下国际经济争端解决机制的改革

争端解决机制是实现秩序价值的内在需求与保障机制。国际经济秩序决定国际经济争端解决机制的定位:维护国际经济秩序,但同时国际经济争端解决机制也在一定程度上对国际经济秩序的变革起着不容小觑的反作用。

一、国际经济秩序与国际经济争端解决机制之间的互动

为准确界明国际经济争端解决机制对国际经济秩序的作用,应首先溯本求源,明确司法——作为传统与典型的争端解决机制类型之一,在社会秩序中的作用。

(一) 争端解决机制在国际秩序中的动态定位

1. 司法功能在社会秩序中的动态定位

按照司法的功能理论,有学者将司法的功能分为原初功能与衍生功能:前者指向司法的纠纷解决功能,包括中介、缓和及促进纠纷解决等子功能;后者则包括法律维护与规则创设、权力制约与权利保障、社会控制与政策推进等功

能。① 也有学者将司法的功能界分为法理功能和社会功能，前者包括辨是别非、释法补漏的判断功能，定分止争的决定功能，和维权护益、控权审规、定罪量刑的调整功能；后者则为缓解矛盾、促进经济、引领风气的功能。②

并且，在对司法的功能类别化的基础上，主张司法的多元功能间存在着动态的逻辑关系："在一个稳定的时代，整个社会秩序的运行就更应当考虑司法的普遍属性，亦即更应该着眼于司法的法理功能。而在一个转型或一个变革的时代，司法活动则可以尊重整个社会政治的整体性变迁，亦即以此种变迁为目的来发挥司法的功能，在这个意义上，则可以在尊重司法的法理功能的前提下，适度着眼于司法的社会功能。"③

（二）国际秩序对国际司法功能的缩限与扩张

1. 传统国际秩序下国际司法功能的定位缩限

传统国际秩序下以国际法院为代表的国际司法体制的功能多依其宪章定位为法理功能。就国际法院而言，经常受到批评的事由之一即其突破其法理功能，发挥司法能动性，试图实现司法的社会功能。根据《国际法院规约》第53条之规定，国际法院的定位为"准大陆法系"，加上通常被认为是国际法渊源的权威解释的《国际法院规约》第38条第1款规定了，判例不是国际法的直接渊源，而只是证明国际法律规范存在的辅助性材料，因而国际法院并不具备造法功能。

与此同时，国际法院基于对国际常设仲裁法院功能定位的承继，秉持政治与法律分离的精神，在其早期也保持了一定水准的司法克制。司法能动主义

---

① 蒋红珍，李学尧：《论司法的原初与衍生功能》，载《法学论坛》2004 年第 19 卷第 2 期，第 92 -
98 页。

② 孙笑侠，吴彦：《论司法的法理功能与社会功能》，载《中国法律评论》2016 年第 4 期，第 73 - 88
页。

③ 孙笑侠：《论司法多元功能的逻辑关系——兼论司法功能有限主义》，载《清华法学》2016 年第
6 期，第 19 页。

是与司法克制并列的一对概念。尽管是来源于国内司法的一对概念,并且其具体含义在不同的法律体系中存有一定的差别,但就基本意涵而言,"司法克制主义意味着法官在司法过程中应严格信守法律规则,排斥政治、道德、政策、法官个人情感、偏见、价值观念等主观因素对司法的影响,而能动主义则意味着司法应反映现实的变化和社会新诉求,敢于通过司法方法和技术,突破现有规则创造法律,并且敢于将政治问题转化为法律问题加以解决"①。据此,就机制定位与早期实践而言,以国际法院为代表的国际司法的功能是限定于适用法律、解决争议的法理功能。

2. 新的国际秩序下对国际争端解决机制功能的事实扩张

以国际常设法院以及后来的国际法院等为基础的国际司法机构设立的初衷是"受到只有建立在常设基础上的法庭才能在解决争端之余,作为一个有效的法律机制对国际法的渐进发展有所贡献的理念启发",而该理念实际上暗含了对判例法体系的认可,所以国际法院在实质上无法避免法官造法这一发展趋势。② 在此基础上,国际法院经由司法能动主义对其社会功能的实现得到了在制度内延续的保障。

国际法院的司法能动主义主要表现为在南非当局驻留纳米比亚案、尼加拉瓜的军事行动和准军事行动案等特定案件的裁判中。纳米比亚案中,国际法院为实现公正的结果,对《联合国宪章》第 27 条中关于安理会表决程序的规定做了偏离宪章文本含义的解释。③ 尼加拉瓜案中国际法院对明显具有政治背景的问题,在当事国明确提出管辖权抗辩的前提下,仍然进行了审判,并对

---

① 姜世波:《国际法院的司法能动主义与克制主义政策之嬗变》,载《法律方法》,2009 年第 2 期,第 205 页。

② Mohamed Shahabuddeen, *Precedent in the World Court*, Cambridge University Press, 2007, p. xiii.

③ ICJ: Legal Consequences for States of the Continued Presence of South Africa in Namibia (South West Africa) Notwithstanding Security Council Resolution 276 (1970), Advisory Opinion, 1971 I. C. J. 16 (June 21).

《联合国宪章》中关于集体自卫权形式条件的"武装攻击"要件做了具体定义。[①] 这两个案件被视为国际法院由司法克制转向司法能动的标志性案件。在国际法院司法克制的定位基础上,这两个案件的审理结果转向司法能动主义,其原因就在于国际秩序的结构性调整。这两个案件发生的国际社会背景是非殖民化、民族独立运动的兴起,发展中国家数量激增、国家主权意识增强,在国际社会中启动了建立国际新秩序的斗争。在此背景下,当时以国际法院为主要代表的国际争端解决机制受到这股浪潮的影响,或被动或主动地在一定程度上扩张其司法功能至社会功能领域。

与此同时,新兴国际经济秩序下,跨境私人的力量逐渐增强,并足以加入到国际社会关系中来。特别是在国际投资法领域,私人投资者基于其雄厚的经济实力和跨境实现资本增值的驱动,对于国际秩序的形成产生了重大的影响,即突破传统国际法治主要以国家、国际组织间关系为调整对象的局限,出现直接调整私人与国家间关系的法律机制——解决投资者与东道国间争端解决机制。这一新增机制类型,一方面,使得传统争端解决机制所解决的争端类型得以扩张,从而实现国际争端解决机制法理功能的扩张;另一方面,由于此类争端解决机制,即国际投资仲裁,构建于商事仲裁这一原型,所以其广泛适用也使得过去只解决私人间商事争端的国际商事仲裁机制的功能扩大至解决涉及公权力规制的私人与国家间争端。

(三)争端解决机制对国际经济秩序的反作用

随着经济全球化的进一步深化,导致国际经济秩序变革的国际经济结构及至国际经济法律关系的调整,其显著特征即表现为国际关系中主体结构的变化。传统国际法主要调整国家间关系,国家是传统国际法的唯一主体。国

---

① See ICJ: Military and Paramilitary Activities in and against Nicaragua (*Nicaragua v. United States of America*), Jurisdiction of the Court and Admissibility of the Application, Judgement, *I. C. J. Reports*, 1984, p. 392.

际法主体多元化是指国际法主体不再囿于国家,还包括国际组织甚至私主体,如自然人、法人、跨国公司、非政府间国际组织。国际法主体的多元化导致国际法律关系的多元化,旧有的主要调整单一主体间法律关系的国际法律规则体系不能有效调整多元化的国际法律关系,因而必然要求产生新的国际法律规则体系。因此,国际法主体多元化对国际经济秩序及其法治的发展演变在渊源、主体和效力方面均产生了重要的影响。其中,起关键作用的主体与相关机制是国际组织特别是国际争端解决机制。

在对国际经济法渊源的影响上,第一,国际组织通过为多边条约的缔结提供谈判场所、创新条约的缔约方式以及促使国家产生缔约需要来促进国际条约的缔结。第二,国际组织通过其立法性条约、争端解决机构的裁判为习惯国际法的存在提供了证据,为习惯的形成提供了开放的全球性场所,并通过其自身的行为与专门的习惯规则促进新的国际习惯的形成。第三,国际组织争端解决机构对一般法律原则作为补充性渊源的运用也促使了该项法律渊源的发展。最后,国际组织通过制定软法一方面促进了细化了含糊、抽象的硬法义务,另一方面也促进了硬法的形成。

在对国际经济法主体方面的影响上,一方面,国际组织自身越来越多成为国际经济法律关系的主体;另一方面,其通过授权包括个人、跨国公司、非政府组织等私主体增强私人力量对国际法的影响,并同时通过促进国际国内法律标准间的互动与促进亚国家主体(如非政府间国际组织等)之间的互动弱化国家主权,从而使得私主体越来越多地参与到国际经济法律关系及由此形成的国际经济争端解决关系中来,并进而越来越多地对国际经济法的渊源、效力等产生影响。

在对国际经济法的效力影响方面,国际组织通过争端解决机制及其裁决的执行,如经济制裁等方式,提高了国际经济法的强制力。

至此可见,国际争端解决机制的运行对国际经济法的发展演变产生了多维度的深远影响。

二、国际经济秩序变革对国际经济争端解决机制的挑战

国际经济秩序变革对国际经济争端解决机制的原有定位与制度设计提出了新的挑战,如国际贸易法律体制中多边与区域争端解决机制的平行程序问题、国际投资法律体制中国际投资结构变化后多元争端解决机制的功能实效问题等。其中,当前改革需要最为急迫、矛盾最为集中的是 WTO 争端解决机制和以 ICSID 为代表的 ISDS 机制改革。

(一) WTO 争端解决机制的体制性难题

体制难题是任何组织在发展过程中不可回避的问题。近些年来,WTO 的体制问题广受关注。然而,已有任何关于 WTO 体制问题的探索和研究都没有、也不可能穷尽所有的体制问题。新近发生的上诉机构成员选任问题以及卡特尔因为外交政治原因在争端解决机构(DSB)提起的三起申诉,使得争端解决机制(DSM)面临前所未有的危机和危险。这使得 DSM 的体制难题凸显。体制难题已成为 DSM 这颗"皇冠上的明珠"所不能承受之重。

1. 结构性失衡:传导而来的千钧重负

WTO 是规则导向的多边贸易体制。在结构安排上,部长会议负责规则的制定,贸易政策评审机制(TPRM)承担了监督规则实施的功能,DSM 则通过专家组和上诉机构的工作适用规则。然而,由于部长会议对规则的演进举步乏力,TPRM 对规则实施的监督减弱,WTO 的结构性安排失衡。由此,WTO 运行和发展中的千钧重担传导至 DSM,使得后者面临前所未有的重压。

(1) 谈判场所(规则制定)长期停摆

自 1995 年 WTO 运行以来,WTO 规则的演进总体而言举步维艰。1996 年通过的《信息技术协定》被称为"后 1994 货物协定",1995 年至 1997 年先后

通过的 GATS《第二议定书：金融服务》《第三议定书：自然人移动》《第四议定书：基础电信》《第五议定书：金融服务》则被称为"后 1994 GATS 议定书"。这几个法律文件之所以冠以"后 1994"，盖因其是 1994 年结束的乌拉圭回合谈判的延续。由于这些"后 1994"文件的谈判是成员方根据 WTO 成立时相关协定的授权而开展的谈判，故又称为内设议程谈判。① 总体而言，WTO 成立初期的这类延续谈判进展得较为顺利。

此后，2001 年 11 月在卡塔尔多哈举行的第四次部长级会议上，WTO 成员方开启了其成立之后的新一轮的多边谈判，即多哈回合谈判。这一回合又因其基本目标之一是解决发展中国家所面临的贸易问题而被半官方地称为"多哈发展议程"。然而，谈判本身却"发展"得并不顺利。原计划四年内，即 2005 年 1 月 1 日前完成的谈判，迄今已过 17 年，多哈谈判仍处于僵局之中。

导致多哈回合谈判陷入僵局的一个饱受诟病的原因是 WTO 实行的协商一致的谈判决策机制。《建立 WTO 协定》第 9.1 条规定："WTO 继续遵循 GATT 1947 协商一致作出决定的做法。"所谓协商一致，根据第 9.1 条的注释，如果出席会议的成员没有一个正式反对一项拟议的决定，则该决定被视为经协商一致通过。换言之，任何一个出席会议的 WTO 成员方均可通过正式反对阻止一项拟议决定的通过。基于此，协商一致得到小国的拥护，这是因为否决权的赋予增加了小国在谈判中讨价还价的能力。与此同时，协商一致也得到大国的支持，这是因为，一方面在充分协商的基础上，大国实力得到尊重，大国意志得以贯彻。事实上，一些条款对协商一致的强调可以被视为给一些最强大的贸易实体提供了"事实上的否决权"；② 另一方面，在大国意志相左的

---

① 赵宏：《论世界贸易组织的谈判机制》，载《国际贸易》，2016 年第 2 期，第 5 页。

② 例如，《建立 WTO 协定》第 9 条和第 10 条中所规定的关于修改《建立 WTO 协定》的动议、附件二的修订以及在附件四中增加诸边协定等。参见 John H. Jackson, "The Great 1994 Sovereignty Debate: United States Acceptance and Implementation of the Uruguay Round Results", *Columbia Journal of Transnational Law*, Vol. 36, Issues 1&2, 1998, p. 174.

情况下,否决权可为特定的大国保护其自身利益提供机会。然而,协商一致有其弊端。"随着成员方数量越来越多,协商一致的取得变得愈加困难,即便一项措施为大多数成员所期望。"[1]因此,这种决策机制极大地制约了 WTO 法律制度的更新。[2]

尽管困难,协商一致对于 WTO 法的演进和更新也并非毫无作为。在多哈回合停滞不前的情况下,自 2005 年以来,有 3 项新协定或修正案在 WTO 框架下达成。2005 年 12 月 WTO 第六次部长级会议通过的《TRIPS 协定第 31 条修正案》于 2017 年 1 月生效;2013 年 12 月 WTO 第九次部长级会议通过的《贸易便利化协定》于 2017 年 2 月生效;2015 年 12 月 54 个成员方达成扩大《信息技术协定》产品范围的全面协议。

由上可见,WTO 成立以来,在规则制定领域,多领域、大规模的谈判,即多哈回合谈判,推进困难。但在争议比较小的专项领域,谈判则可能达成。即便如此,《TRIPS 协定第 31 条修正案》从通过到生效也耗时十多年之长;《贸易便利化协定》的达成和实施则经历了一条漫长而曲折的道路(the long and winding road)。[3]与多哈回合近 20 个谈判领域的规则需求相比,2005 年以来仅通过的 3 个专门领域的成果不仅数量偏少,而且并未涉及诸多存在重大分歧且亟需演进或更新的规则领域。在当前逆全球化抬头、区域主义兴起的背景下,新协定或修正案的达成前景并不乐观,成员方对规则演进或更新的需求与规则谈判难以达成的矛盾将长期存在。

---

① Peter Sutherland et al. , The Future of the WTO: Addressing Institutional Challenges in the New Millennium, Report by the Consultative Board to the former Director-General Supachai Panitchpakdi, WTO 2004, para. 283.

② 张乃根:《反思 WTO 法:二十年及未来——兼评"WTO 法是模范国际法"》,载《国际经济法学刊》,2015 年第 3 期,第 44 - 45 页。

③ Nora Neufeld, *The Long and Winding Road: How WTO Members Finally Reached a Trade Facilitation Agreement*, Staff Working Paper ERSD - 2014 - 06, Economic Research and Statistics Division of World Trade Organization.

（2）监督实施（实施规则）控制渐弱①

TPRM 履行监督 WTO 规则的实施功能。根据《贸易政策评审机制》第 A 条，TPRM"对各成员的全部贸易政策和做法及其对多边贸易体制运行的影响进行定期的集体评价和评估"。与 DSM 对规则实施的个案监督相比，TPRM 的监督是定期的、普遍性的、全面性的。根据第 C(ii) 条，第一，贸易政策评审要"定期"举行；第二，"所有成员"要定期接受贸易政策评审；第三，评审的不仅是成员方的全部贸易政策，还包括各种贸易做法，且是全方位的评审，而非针对某一项 WTO 规则。②

尽管 TPRM 在监督 WTO 规则实施上发挥了重要作用，但其监督的威慑功能发挥得并不理想。在该机制运行期间，贸易限制或歧视措施仍然在成员方之间大行其道。迄今为止，已有 500 多个案件诉至 WTO DSB，其中有 200 多个案件被裁定违反 WTO 的相关规则，这些败诉案件集中于 20 多个国家。因此，该机制的监督功能并不能有效地防止贸易保护主义的发生。

根据第 C(ii) 条，各成员受评审的频率是依据其"在一最近代表期所占世界贸易中的份额确定"。据此，评审频率分为四种情形：贸易份额占前四的成员的评审周期为两年一次；其后的 16 个成员为四年一次；其他成员为六年一次；最不发达国家成员可突破六年一次，适用更长的周期。可见，世界贸易份额越大的成员越经常收到评审，换言之，这些成员是监督的重点对象。

然而，两年一评审的重点监督似乎力度很大，但对于某些成员而言实为外强中干，甚至在某些方面的监管威慑力微乎其微。例如，美国的贸易政策向来奉行国家利益之上原则，具有较强的自主性，贸易政策评审的结果对美国的影

---

① 肖冰等：《WTO 争端解决中国现象与中国问题研究》，法律出版社 2020 年版，第 604 - 605 页。

② Sam Laird，"The WTO's Trade Policy Review Mechanism—From through the Looking Glass"，*The World Economy*，Vol. 22，Issue 6，1999，p. 741.

响有限。① 以反倾销为例,尽管秘书处多次指出美国的反倾销措施的违法性,美国却无动于衷。《2015 年贸易优惠拓展法》(Trade preference Extension Act)的出台被认为方便了美国对其他成员方实施反倾销措施,②但该法案在个案救济上采取了不同于 WTO 的反倾销标准。③ 可见,在反倾销问题上,美国对于 TPRM 的监督并不重视,依然我行我素。

除了对某些占世界市场份额较大的国家监管乏力,对一些尽管没有占到较大世界贸易份额、但对多边贸易产生一定影响的新兴市场国家,TPRM 也未做到有效监督。例如,巴西、印度、韩国、印度尼西亚等等,它们不仅是国际贸易的主要角色,而且频繁地制定或修改自身的贸易政策。因此,每四年的评审并不能足够及时和有效地监督其贸易政策的发展和变化。④

此外,在 2009—2014 年期间,除了美国、欧盟、加拿大以及中国之外,WTO 的大多数成员对于参加评审会议并不热情。在此期间,20％的成员未直接参加过评审会议,7％的成员既未直接参加、也未通过其代表其利益的所属集团间接参加。这些未参加的主要是一些非洲和非加太地区的国家。⑤ 大多数成员参加评审会议的数量不到所有会议总数的一半。这些国家主要是发展中国家。1995—2007 年期间共 190 场评审会议,平均每个发展中国家仅参

---

① 曲延英、张磊、冯陆炜:《WTO 贸易政策审议机制功能与运行》,北京:法律出版社 2012 年版,第 186 - 188 页。

② Alexander V. Sverdlov, "Change is Coming: What to Expect from the Recent Amendments to the Trade Remedy Laws", *GEO. J. INT'L L.*, Vol. 47, 2015, p. 162.

③ Christopher Paul, "Resisting Protectionism in the Era of Trump: A Role for the Courts in Anti-Dumping and Countervailing Duty Law", *Fed. Cir. B. J.*, Vol. 27, 2017, p. 127.

④ Ministry of Economy, Trade and Industry of Japan, 2014 Report on Compliance by Major Trading Partners with Trade Agreements—WTO, EPA/FTA and IIA, p. 701, http://www. meti. go. jp/english/report/downloadfiles/2014WTO/02_18. pdf accessed 24 January 2018.

⑤ Jan Karlas and Michal Parízek, Peer-Reviewing in International Institutions: States' Activity in WTO Trade Policy Review Mechanism, Paper submitted for consideration for the PEIO 2017 Conference, Bern, January 12 - 14, 2017, pp. 15, 20. http://wp. peio. me/wp-content/uploads/2016/12/PEIO10_paper_28. pdf accessed 24 January 2018.

加三场会议。①

由上可见,TPRM 对于贸易大国、新兴市场国家以及发展中国家的监督均不理想。随着 WTO 成员数量的增加,其监督控制愈加乏力。在 2009 的年度报告中,贸易政策评审机构已认识到,WTO 成员数量的增加使得其工作负担加重。② 另外,在工作负担增加的同时,可供 TPRM 所用的资源,即工作人员和预算却未能相应增加。在当前的评审周期下,评审机构每年要完成 24 件评审,这已超出评审机制的承受范围。已经形成案件积压。③ 由于贸易政策评审机构的能力和效力受制于工作人员的数量和能力以及预算的支持,工作负担的增加以及可供评审所用的资源的有限性,已影响到 TPRM 的有效运行。④

(3) 争端解决(适用规则)千钧重负

谈判机制、TPRM 以及 DSM 是推动 WTO 运行和发展的三个重要支点。在其中的两个功能大打折扣的情况下,支撑 WTO 的重任即主要由 DSM 承担。

一方面,TPRM 的控制乏力将增加 DSM 的压力:⑤

首先,就 TPRM 本身而言,其评审结果不具有约束力。WTO 部长会议强调,TPRM 曾被视为一种政策演习(policy exercise),因此其无意作为执行 WTO 特定义务的基础以及争端解决程序的基础,或者对成员方施加新的政

---

① Arunabha Ghosh, "Developing Countries in the WTO Trade Policy Review Mechanism", *World Trade Review*, Vol. 9, Issue 3, 2010, pp. 443 - 444.

② Trade Policy Review Body, Trade Policy Review Mechanism—Report of the Trade Policy Review Body for 2009, WT/TPR/249, 29/10/2009, para. 21.

③ Trade Policy Review Body of WTO, Sixth Appraisal of the Operation of the Trade Policy Review Mechanism, WT/TPR/389, 22 December 2016, para. 2.3.

④ Trade Policy Review Body of WTO, Trade Policy Review Mechanism—Report of the Trade Policy Review Body for 2009, WT/TPR/249, 29/10/2009, para. 21.

⑤ 本部分引自肖冰等:《WTO 争端解决中的中国现象与中国问题研究》,法律出版社 2020 年版,第 606 - 608 页。

策承诺。该机制应继续致力于促进所有成员遵守规则、纪律以及多边协定和可适用的诸边协定下的承诺。[①] TPRM 促进遵守的力量主要来源于引发诉讼的顾虑或者其他成员方的外交压力,因而一些国家根据评审结果修改本国立法以适应 WTO 规则。在此意义上,TPRM 被誉为 WTO"纪律实施的武器、DSM 的延伸翼"。[②] 此处的"延伸翼"并非 DSM 的延伸或 DSM 运作之后的介入。相反,TPRM 在之前即介入,通过协商和谈判避免诉讼的发生。[③] 然而,在成员国不甚重视评审结果、无视其他成员方评价的情况下,例如美国在反倾销问题上;或者因固有评审周期和可用资源限制不能有效地对某些成员方作出评审的情况下,例如巴西、印度、韩国、印度尼西亚等;或者因成员方缺席而不能进行有力和有效地辩论的情况下,例如诸多发展中国家,TPRM 对贸易政策的监督则乏善可陈。最终,理想中应由 TPRM 解决的问题将可能转移至DSM 处。

其次,由于部门资源已经紧张,逐年工作量的增加放大了 TPRM 已有问题。例如,TPRM 在贸易政策的某些方面保持沉默,或者至少在所有的评审中对于贸易政策的覆盖并未保持一致性;[④]机构秘书处需要收集和核对大量的信息,鉴于有限的资源,评审报告只能作综合性的、一般性的处理,而不能做到对成员方政策的关键方面、与其他成员方可能相关的方面作出突出强调。[⑤]

[①]　Ministerial Conference of WTO, Appraisal of the Operation of the Trade Policy Review Mechanism, WT/MIN(99)/2, 8 October 1999, para. 3.

[②]　Kumar Ratnesh, *WTO (World Trade Organization): Structure, Functions, Tasks, and Challenges*, New Delhi: Deep & Deep Publications Pvt. Ltd., 2000, p. 42.

[③]　Julien Chaisse and Debashis Chakraborty, "Implementing WTO Rules through Negotiations and Sanctions: The Role of Trade Policy Review Mechanism and Dispute Settlement System", *U. Pa. J. Int'l Econ. L.*, Vol. 28, 2007, p. 179.

[④]　Donald B. Keesing, *Improving Trade Policy Reviews in the World Trade Organization*, Washington DC: Institute for International Economics, 1998, p. 33.

[⑤]　Arunabha Ghosh, "Developing Countries in the WTO Trade Policy Review Mechanism", *World Trade Review*, Vol. 9, Issue 3, 2010, p. 442.

这些问题随着 WTO 成员的增加,不仅不能解决,反而将进一步加重。最终,本应由 TPRM 解决的问题将可能转移至 DSM 处。

最后,就发展中国家问题而言,如前述,发展中国家成员的贸易评审会议参加率较低,即便一些较大的发展中国家也是如此。形成这种现象的原因涉及发展中国家在日内瓦的代表团的力量、会议的安排以及发展中国家分析问题的能力。更大的问题则是发展中国家对评审缺乏政治兴趣,以及不愿意问彼此尴尬的问题。[1] 即便参加了会议,发展中国家代表的发言通常是对被评审国进行一番赞美,或者对双方的历史和文化关系作长篇陈述,左顾而言他,很少涉及贸易政策问题。即便涉及,也是对秘书处报告已有内容的重复。[2]可见,其一,在发展中国家参加评审会议的情况下,一团和气的交流会不能解决重要的贸易政策问题;其二,在发展中国家未参加会议的情况下,贸易政策问题则在双方之间自始未涉及,因而问题依旧。于是,无论发展中国家是否参加会议,都不能解决双方之间可能存在的重要的贸易政策问题。纠纷一旦爆发,则可能由 DSM 通过有约束力的裁决予以解决。

另一方面,谈判机制长期停摆将增加 DSM 的压力。多哈回合近二十个领域需要通过谈判制定或更新规则。这些领域无不是成员方所关注的重要问题。

立法需要已经明确,但却无法推进。国际政治经济和社会的快速变化与僵化的规则之间的矛盾越发明显,由此为 DSM 适用法律带来诸多体制性难题。此外,DSM 本身的组织法也需要及时演进,组织本身的法律问题更是关系到 DSB 的存亡问题。下文将对这些问题作进一步分析。

---

① Arunabha Ghosh, "Developing Countries in the WTO Trade Policy Review Mechanism", *World Trade Review*, Vol. 9, Issue 3, 2010, p. 443.

② Ibid.

2. 制度掣肘:立法 vs 司法

条约的僵化问题降低了 WTO 应变世界政治经济飞速变化的能力。前上诉机构法官大卫·翁特霍特(David Unterhalter)坦言,在多哈回合长期未能取得成果的情况下,DSM 因此所受的压力开始显现。[①] DSB 通过其裁决方式相对有效地维护着 WTO 的权威性和吸引力。然而,对于一些棘手的体制问题,无论是程序上的,还是实体上的,DSB 受其身份和职能的限制,应对起来捉襟见肘、左支右绌。除上述已论及的程序时限问题外,DSB(主要是上诉机构)亦在诸多实体问题上面临体制性难题。典型代表如"欧盟海豹案",在上诉后,上诉机构在解释法律问题的过程中遇到了或者引起了一些体制性问题,主要包括生产过程和方法(processes and production methods,以下简称 PPMs)纳入《TBT 协定》范围的界线、GATT 1994 与《TBT 协定》间适用与解释的冲突以及 GATT 第 20 条相关子项默示的管辖权限制等。[②]

(1) PPMs 纳入《TBT 协定》范围的界线

对于欧盟海豹制度是否是《TBT 协定》意义上的技术法规问题,申诉方提出,欧盟海豹制度从正反两个方面规定了产品特征,因而是《TBT 协定》附件 1.1 条意义上的技术法规。申诉方认为,一项产品如果符合 IC 和 MRM 等例外的要求,其特征将是含有海豹。相反,如果不符合例外的要求,它将不含海豹。[③] 可见,以产品是否含有海豹这一因素,通过例外规定了产品特征。

挪威另外认为,欧盟海豹制度规定了附件 1.1 意义上的与产品特征相关的 PPMs。根据定义中术语的通常含义,挪威分析了 PPMs 如何通过例外予

---

① David Unterhaler, Farewell speech of Appellate Body Member, Jan. 22, 2014, http://www. wto. org/english/tratop_e/dispu_e/unterhalterspeech_e. htm.

② 以下部分引自肖冰等:《WTO 争端解决中的中国现象与中国问题研究》,法律出版社 2020 年版,第 612-620 页。

③ See Panel Reports, *European Communities-Measures Prohibiting the Importation and Marketing of Seal Products*, WT/DS400/R, WT/DS401/R, para. 7.88.

以规定。关于 IC 例外,挪威认为术语"生产过程"涉及特定的做法(特定人进行的传统式狩猎),并伴有明确的目的(海豹产品的生产用于族群的生存)。关于 MRM 例外,挪威认为该措施规定了与狩猎目的(可持续海洋管理)有关的特别的做法:狩猎进行的方式(根据资源管理计划规制于国家层面)以及海豹产品的销售方式(非营利性、性质和数量的非商业性)。同样,这些活动具有明确的目的(MRM 副产品的销售)。[①] 可见,通过 IC 和 MRM 例外规定了生产过程。只要满足这些例外,海豹产品即可在欧盟市场销售。在此意义上,通过这些例外所规定的生产过程与海豹产品的特征相关。由此可知,此处的生产过程即是与产品相关的 PPMs。

申诉方的意见可归纳为:欧盟海豹制度中的 IC 和 MRM 例外,既规定了产品特征,也规定了与产品特征有关的 PPMs,因此,该制度是《TBT 协定》意义上的技术法规。根据《TBT 协定》附件 1.1 条的定义,符合技术法规要求的文件规定的可以是产品特征,或者是与产品特征有关的 PPMs。专家组认为,欧盟海豹制度规定了产品特征,符合了前者,是《TBT 协定》意义上的技术法规。[②] 同时,专家组认为,在满足了前者、确定欧盟海豹制度是技术法规的基础上,没有必要再分析后者,即没有必要再进一步分析欧盟海豹制度是否也规定了与产品特征有关的 PPMs。[③]

上诉机构则分析了欧盟海豹制度的三个主要方面,即(1)欧盟市场禁止的纯海豹产品(例如,海豹皮或者海豹油);(2)欧盟市场禁止的含有海豹的混合产品(例如,海豹皮大衣或者含有海豹油的食品添加剂);(3)欧盟市场允许的海豹产品(IC 和 MRM 例外)。上诉机构认为,(1)禁止纯海豹产品的措施

---

① See Panel Reports, *European Communities-Measures Prohibiting the Importation and Marketing of Seal Products*, WT/DS400/R, WT/DS401/R, para. 7.90.

② Ibid., paras. 7.11 - 7.12.

③ Ibid., para. 7.12.

没有规定产品特征本身,不是技术法规;(2) 禁止混合产品的措施规定了产品特征,属于技术法规;(3) 例外措施没有规定产品特征,不属于技术法规。所以,在三个主要措施中,两个不属于、一个属于技术法规,上诉机构发现,只有一个措施规定了产品特征,其他措施则没有规定。[①] 因此,二比一的结果说明欧盟海豹制度作为一个整体没有规定产品特征,[②]不是技术法规。于是,上述机构推翻了专家组关于前者的肯定认定。同时,由于专家组对后者问题未作调查和探讨,上诉机构因而未就与产品特征有关的 PPMs 问题完成分析。[③]

尽管上诉机构未完成对该问题的分析,但在分析附件 1.1 条的技术法规过程中,上诉机构认为,为判断一项措施是否规定了有关的 PPMs,专家组需审查措施所规定的 PPMs 是否与产品特征有"足够的联系"(sufficient nexus)。[④] 联系的方式有多种,可以是对产品产生物理性影响的因素,例如牛肉中含有荷尔蒙和产品中含有石棉纤维等;也可以是对产品产生非物理性影响的因素,例如金枪鱼的捕捞方法、海豹的狩猎者和牛肉的原产地标签等。由于联系的因素过于宽泛,需要作出限定。然而,用足够一词限定联系似乎对联系的因素作了限制,但由于足够一词本身的主观性,这样的限定将引起一系列问题。[⑤] 例如,足够表明了联系的程度,但足够本身则需要解释和限定,因此联系的程度并不清楚。此外,联系的本质也不能通过足够一词予以发现。

由于此处的联系是对附件 1.1 条相关规定所作的解释,从《TBT 协定》角度看,就本质而言,联系应当体现技术因素。在欧盟海豹案中,上诉机构认为,

---

① See Appellate Body Reports, *European Communities—Measures Prohibiting the Importation and Marketing of Seal Products*, WT/DS400/AB/R, WT/DS401/AB/R, para. 5.58.

② Ibid., para. 5.58.

③ Ibid., para. 5.69.

④ Ibid., para. 5.12.

⑤ Gabrielle Marceau, "A Comment on the Appellate Body Report in EC-Seal Products in the Context of the Trade and Environment Debate", *Review of European, Comparative and International Environmental Law*, Vol. 23, Issue 3, 2014, p. 237.

根据与产品得以产生的狩猎人的身份或者狩猎的类型或者狩猎的目的等三者有关的标准,IC 和 MRM 例外规定了产品投放欧盟市场的条件。上诉机构认为这是措施的主要特征。所以,争议措施规定的是产品投放市场的条件,并非产品特征,①所以不是技术法规。在上诉三者中,就技术因素而言,狩猎人的身份和狩猎的目的缺乏技术性。狩猎的类型则因狩猎方式的不同体现不同的技术,因此可以满足联系的技术本质要求,因而有可能构成《TBT 协定》意义上的 PPMs。然而,即便如此,其是否达到上诉机构所要求的足够程度也未可知。

上诉机构在提出"足够的联系"观点后,却并未作出进一步明确。继而,上诉机构认为,鉴于有的 PPMs 属于《TBT 协定》范围,有的不属于,二者之间的界限引起了一个重要的体制问题。② 以狩猎海豹的方式而言,其技术因素可能使其满足附件 1.1 条下与产品特征有关的 PPMs 之要求。如果技术因素与产品特征达到足够的程度,则是《TBT 协定》意义上的 PPMs;反之,如果没有达到足够的程度,则不是《TBT 协定》意义上的 PPMs。前者导致相关措施受《TBT 协定》调整,后者则导致相关措施受 GATT 94 调整。不同的调整方式可能导致不同的甚至迥异的结果。所以,对"足够的联系"的解释决定了某些PPMs 的归口,并形成体制难题。

(2) GATT 1994 与《TBT 协定》适用与解释的冲突

在欧盟海豹案中,解释和适用 GATT 1994 第 1.1 条和第 3.4 条过程中涉及《TBT 协定》第 2.1 条的适用问题。然而,基于欧盟海豹制度不是《TBT 协定》意义上的技术法规的认定,海豹案上诉机构推翻了专家组适用《TBT 协定》相关条款的裁决。由此,就同一措施适用 GATT 1994 与《TBT 协定》产生

---

① See Appellate Body Reports, *European Communities—Measures Prohibiting the Importation and Marketing of Seal Products*, WT/DS400/AB/R, WT/DS401/AB/R, para. 5.58.

② Ibid., para. 5.69.

不同结果的现象在欧盟海豹案中不可能出现。但问题依然存在。

一方面,鉴于《TBT 协定》第 2.1 条与 GATT 1994 第 3.4 条相似的表述以及二者在技术法规上调整范围的重叠,上诉机构认为,对于第 2.1 条下义务的解释应考虑到第 3.4 条的相关背景。因此,《TBT 协定》下贸易自由化和国内管制自主权之间的平衡与 GATT 下二者的平衡原则上不应当不同。[①] 此外,《TBT 协定》引言第二段指出其"期望促进 GATT 1994 目标的实现",上诉机构重申"这两个协定应以协调和一致的方式加以解释"。[②] 然而,另一方面,协调和一致解释原则并不意味着相似的法律义务标准,例如 GATT 1994 第 1.1 条和第 3.4 条与《TBT 协定》第 2.1 条的非歧视标准,必须具有相同的含义。[③]

对于相似的进口产品在不改变竞争条件下,GATT 1994 第 3.4 条允许对进口产品和国产产品的管制差异存在。因此,平等的竞争条件成为评估是否对进口产品给予"不低于"国产产品待遇的决定因素。如果对相似进口产品的竞争条件带来"不利影响",则意味着构成 GATT 1994 第 3.4 条下的"低于待遇"。[④] 换言之,GATT 1994 第 3.4 条"不低于待遇"的判断依据是"不利影响"是否可能发生。如果发生,相关措施则违反"不低于待遇"义务。

根据《TBT 协定》引言第 6 段和第 2.2 条,在不构成恣意或不合理歧视或变相限制国际贸易的情况下,成员方可采取必要的措施以实现其些合理社会目标。因此,《TBT 协定》第 2.1 条并不禁止限制贸易措施的采取,[⑤]允许完全源于"合理管制区分"(legitimate regulatory distinctions)所产生的"不利

[①] See Appellate Body Reports, *European Communities—Measures Prohibiting the Importation and Marketing of Seal Products*, WT/DS400/AB/R, WT/DS401/AB/R, para. 5.122.

[②] Ibid., para. 5.121.

[③] Ibid., para. 5.123.

[④] Ibid., para. 5.116.

[⑤] Ibid., para. 5.124.

影响"。① 从第 2.1 条的功能和范围看,第 2.1 条的非歧视性只关涉技术法规。因此,只能从技术的管制差异角度解释进口产品的不利影响,即这种不利影响是否由对技术的"合理管制区分"造成。② 与 GATT 1994 第 3.4 条下"不利影响"分析不同的是,即便"不利影响"发生,相关技术措施并不当然违反《TBT 协定》第 2.1 条;如果构成"合理管制区分",则不违反。

"不利影响",如果是成员方在违反 GATT 1994 第 1 条和第 3.4 条的情况下造成的,可援引 GATT 第 20 条一般例外以证明其措施的合法性。专家组需审查的问题是争议措施是否事实上构成"恣意或不合理歧视",且不论是否存在"合理管制区分"。如果"不利影响"是在违反《TBT 协定》第 2.1 条的情况下造成的,成员方可以"合理管制区分"为由证明其合理性。专家组需要审查的问题是"不利影响"是否"合理管制区分"所致,但无须审查是否构成"歧视"。③ 因此,对于"不利影响"的审查,上诉机构在此采取了不同的标准:GATT 1994 第 20 条引言下的恣意或不合理的歧视与《TBT 协定》下的"合理管制区分"。④

不同的标准将可能产生 GATT 1994 与《TBT 协定》间适用与解释冲突的体制问题。假设欧盟海豹制度规定了强制性认证和标签制度,要求欧盟市场上销售的海豹产品符合某些人道的捕猎方法。因为强制性认证和标签制度因规定了海豹的狩猎技术因而是一种技术法规,受《TBT 协定》调整。与此同时,欧盟海豹制度规定了一种 IC 例外,即根据《联合国土著民族权利宣言》允许 IC 狩猎的海豹产品在欧盟市场销售以保护其文化传统和生存。原则上,假设的情况可能受《TBT 协定》第 2.1 条和 GATT 第 1 条中最惠国待遇义务的

---

① See Appellate Body Reports, *European Communities—Measures Prohibiting the Importation and Marketing of Seal Products*, WT/DS400/AB/R, WT/DS401/AB/R, para. 5.310.

② Ibid., para. 5.312.

③ Ibid., para. 5.311.

④ Ibid., para. 5.311.

共同调整。同时，"不利影响"产生：IC 例外下进口产品的待遇将不利于其他竞争进口产品。一方面，根据"合理管制区分"标准，保护 IC 文化传统和生存将排除"不利影响"的不合理性，从而使得该措施符合《TBT 协定》第 2.1 条的要求。另一方面，鉴于保护 IC 文化传统和生存与欧盟海豹制度的首要目标动物福利保护不相关，以保护 IC 文化传统和生存为由的 IC 例外不能作为排除其"不利影响"的合理理由，措施的歧视性依然存在，且构成 GATT 1994 第 20 条引言下恣意或不合理的歧视。① 由此可见，采用不同的标准判断该措施，将导致适用《TBT 协定》与 GATT 1994 的结果不一致：前者结果符合《TBT 协定》，后者结果违反 GATT 1994。

　　鉴于这种相冲突的结果，根据《关于附件 1A 的总体解释性说明》应适用《TBT 协定》而非 GATT 1994 解决争议。但这有违二者应作协调和一致解释原则，并将引起更严重的体制问题。因此，上诉机构认为，如果《TBT 协定》和 GATT 1994 中的权利和义务存在不平衡，则由 WTO 成员方负责解决这种不平衡。② 对此，一方面，上诉机构推卸其解决该问题的责任似乎颇不适当，另一方面，这也体现了上诉机构的无奈，即上诉机构不能解决这样的体制问题。

　　(3) GATT 第 20 条相关子项默示的管辖权限制

　　欧盟海豹案上诉机构认为，欧盟海豹制度意在应对欧盟内、外发生的海豹狩猎活动以及欧盟成员国内"公民和消费者"对海豹福利的关注，③ 属于 GATT 1994 第 20 条(a)项的调整范围。④ 从实施范围看，欧盟海豹制度实施于欧盟域内，但同时意在解决欧盟域外的海豹狩猎活动，因此提出了一个问

---

　　① Gracia Marín Durán, "Measures with Multiple Competing Purposes after EC-Seal Products: Avoiding a Conflict between GATT Article XX-Chapeau and Article 2.1 TBT Agreement", *Journal of International Economic Law*, Vol. 19, Issue 2, 2016, pp. 489－490.

　　② See Appellate Body Reports, *European Communities—Measures Prohibiting the Importation and Marketing of Seal Products*, WT/DS400/AB/R, WT/DS401/AB/R, para. 5.129.

　　③ Ibid., para. 5.173.

　　④ Ibid., para. 6.1(c)(ii).

题,即该制度实施的管辖权问题:是否可以管辖域外的海豹狩猎活动？ DSB 将其纳入 GATT 1994 第 20 条(a)项的调整范围则提出了第二个问题:第 20 条(a)项是否具有默示的域外管辖权限制问题？

关于第一个问题,问题的关键在于欧盟是否可以对来自域外的海豹产品实施消费禁令以保护海豹福利。答案是肯定的。专家组通过考察欧盟海豹制度的法律文本、立法史以及欧盟公众对海豹福利问题关注的其他证据,确认了欧盟公众对海豹福利的关注。[①] 在此基础上,专家组认定,欧盟海豹制度的目标是"解决欧盟公众对海豹福利的道德关注"。这种道德关注包括两个方面:(1) 非人道杀害海豹的发生;(2) 作为消费者的欧盟公民"个体和集体参与或面对源自非人道捕杀的海豹产品市场销售"的经济活动。[②] 为此道德关注,欧盟颁布实施海豹产品消费禁令,无论产品来自国内还是国外,或者来自某些特地地区,例如申诉方加拿大和挪威。即便禁令首要或主要地对加拿大和挪威带来了不利影响,也不妨碍欧盟行使管制自主权颁布法令在其域内实施。同时,禁令没有直接对域外实施,即便产生了域外效果,即保护了加拿大和挪威的海豹福利,也不构成对加拿大和挪威国内事务的不当干涉。因此,第一个问题的答案是欧盟可以行使管制自主权、颁布措施管辖域外的海豹猎杀活动以满足欧盟公正的道德关注,但方式是域内实施。

关于第二个问题,问题的关键在于欧盟可否援引第 20 条为其针对域外减损海豹福利而实施的贸易限制措施进行辩护。如果可以,则意味着第 20 条对该措施的域外效力存在限制。究其本质,该问题涉及的是管制自主权与贸易自由的平衡问题。然而,援引第 20 条解决措施的域外效力问题将引起严重的体制问题。成员方的管制措施属于体现国家权力的公法范畴,承认措施的域

---

① See Panel Reports, *European Communities—Measures Prohibiting the Importation and Marketing of Seal Products*, WT/DS400/R, WT/DS401/R, paras. 7.373 – 7.398.

② Ibid., para. 7.410.

外效力即是承认国家权力的域外行使。这不仅违反国际法上的主权平等原则，也超出了 WTO 成员方建立 WTO 制度的意图以及可接受范围，引起 WTO 制度本身的合法性危机。尽管有学者认为，"考虑到 WTO 专家组和上诉机构都支持了欧盟援引公共道德例外条款，可以推断该条款的域外适用不是一个不可逾越的障碍"。① 基于前述理由，即便在适用第 20 条的情况下，DSB 也必将回避对域外管辖问题作出审查，已有成案无不如此。在美国海虾案中，上诉机构表示："对于第 20 条（g）项是否存在默示的管辖权限制，以及如果存在限制，限制的性质或程度等问题，上诉机构不会发表意见。"②在欧盟海豹案中，上诉机构也表示其不会审查这一问题。③

此外，美国海虾案上诉机构解释其不发表意见的理由是"涉案迁徙性濒危海洋种群与美国存在足够的联系"。④ 由此引起的问题是，如果"足够的联系"存在，即便一成员方实施的贸易限制措施所涉范围超出其域内，是否也不涉及措施的域外适用问题？与其不同的是，欧盟海豹案上诉机构在申诉方未就措施的域外性问题提起上诉的情况下，主动提及这一问题，并认为这是一个重要的体制问题，⑤因而不作审查。

综上可见，欧盟海豹案中涉及了 PPMs 纳入《TBT 协定》范围的界线、GATT 1994 与《TBT 协定》间适用与解释的冲突以及 GATT 第 20 条相关子项默示的管辖权限制等重要的体制性问题。对此，DSB 受其功能定位限制，无

---

① 杜明：《WTO 框架下公共道德例外条款的泛化解读及其体系性影响》，载《清华法学》，2017 年第 6 期，第 179 页。

② See Appellate Body Reports, *European Communities-Measures Prohibiting the Importation and Marketing of Seal Products*，WT/DS400/AB/R，WT/DS401/AB/R，para. 5.173.

③ See Appellate Body Report, *United States-Import Prohibition of Certain Shrimp and Shrimp Products*，WT/DS58/AB/R，para. 133.

④ See Appellate Body Reports, *European Communities-Measures Prohibiting the Importation and Marketing of Seal Products*，WT/DS400/AB/R，WT/DS401/AB/R，para. 5.173.

⑤ See Appellate Body Report, *United States-Import Prohibition of Certain Shrimp and Shrimp Products*，WT/DS58/AB/R，para. 133.

权因而也无力解决这些问题。DSB 权利受到掣肘则意味着为投机留下了空间。

3. 力量对抗：司法权威 vs 大国权力

WTO 上诉机构成员（以下称法官）的任命问题既是程序法问题，也是组织法问题。近期美国阻却法官任命的一系列做法，使得该问题成为一个影响到上诉机构生死存亡的体制问题。一方面美国利用其大国地位，通过法官连任问题挑战 DSB 的权威，以谋求其自身利益。另一方面，DSB 通过不断调整其应对政策，为上诉机构的合法性生存而努力。因此，上诉机构法官的任命问题在当前似乎已演变为司法权威与大国权力的博弈问题。

阻却 DSB 对法官的任命并非美国首创。在 2007 年，中国台湾地区因担心中国张月姣出任上诉机构法官的公平性和资格，一度阻却了 DSB 关于张月姣以及来自美国、日本和菲律宾的其他三名法官的任命。中国台湾地区的这一行动遭到了包括美国在内的其他成员方的反对。由于中国台湾地区最终同意了原定四名法官的任命，这一可能危害上诉机构运行的体制问题并未引起足够的重视。

如果说中国台湾地区是这一恶劣先例的开启者，[①]美国则是其承继者。对比中国台湾地区当年的阻却与美国近期的阻却可见二者在性质上尚有不同。中国台湾地区阻却行为指向的实质对象是中国大陆地区，而美国当前阻却行为却直指上诉机构合法性生存的体制问题。二者的恶劣程度不可同日而语。

（1）法官任命之阻挠

美国不仅推动了上诉机构首次在法官会议连任前安排"提问遴选"的特别

---

① 在此之前，事实上，希望连任的上诉机构法官一直得到 DSB 的任命。See Dispute Settlement Body，Minutes of Meeting on 21 and 23 July 2003，WT/DSB/M/153，24/09/2003，para. 99；also see Dispute Settlement Body，Minutes of Meeting on 20 June 2005，WT/DSB/M/192，15/07/2005，para. 57.

会议，②还明确提出反对韩国法官张胜和的连任，并由此引起了进一步的思考：该事件的发生是 WTO 的体制性问题，还是 WTO 以美国为中心的问题？①事实上，法官独立性的制度价值在每一次上诉机构法官选任中都要经受考验。② 韩国法官连任事件之所以引起国际社会如此大的反响，是因为美国通过其对阻却连任理由的详细陈述以及对各方批评态度的强硬回应，无所顾忌地挑战上诉机构的司法权威、彰显大国权力。该事件本身就是司法权威与大国权力的一次碰撞。

可见，选任法官本质上是政治问题。美国通过阻却法官选任，挑战了上诉机构的权威，贯彻了其国家政治目的。面对美国的强势挑战，上诉机构和 DSB 尚未找到合适的解决办法。

（2）成员缺位之危机

上诉机构成员缺位导致的直接影响是案件的大量积压。事实上，WTO 中的案件数量近年总体呈上升趋势。DSB 新设专家组的数量 2010 年为 6 个，2011 年为 9 个，2012 年为 11 个，2014 年为 13 个，2015 年截止到 9 月则为 15 个。③ 其中，平均三分之二的专家组案件将上诉至上诉机构。

成员缺位激发了决策机制的内在冲突。协商一致在争端解决中，有的采取正向共识，如上诉机构成员的选任，成员方必须达成一致决定方可通过；有的采取反向共识，如 DSB 报告的通过，成员方必须一致反对，否则报告即可通

---

① Jennifer Hillman, "Independence at the Top of the Triangle: Best Resolution of the Judicial Trilemma?", *AJIL*, Vol. 111, 2017, p. 367.

② David Unterhaler, Farewell speech of Appellate Body Member, Jan. 22, 2014, http://www.wto.org/english/tratop_e/dispu_e/unterhalterspeech_e.htm.

③ Giorgio Sacerdoti, "The WTO Dispute Settlement System: Consolidating Success and Confronting New Challenges", *Bocconi Legal Studies Research Paper*, Posted: 13 Jul 2016, p. 7. http://xueshu. baidu. com/s? wd = paperuri% 3A% 28759108a14d41115674fc4c867dd923a4% 29&filter=sc_long_sign&tn = SE_xueshusource_2kduw22v&sc_vurl = http% 3A% 2F% 2Fpapers. ssrn. com% 2Fsol3% 2Fpapers. cfm% 3Fabstract _ id% 3D2809122&ie = utf-8&sc _ us = 6699233863878350506

过。美国之所以在法官选任上可以有力阻却,就是因为在该问题上采取的是正向共识。无论美国对于法官选任问题上所挂钩的事项何其不羁,但只要美国不同意,法官选任即难以推进。

可见,成员缺位对上诉机构和 DSB 构成了体制性威胁。上诉机构的权威尽管得到广泛认可,但同时也很脆弱。成员方可以创造上诉机构,也可以破坏它,特别是像美国这样的大国。① 由此引起的问题是:WTO 是良法善治还是强权政治?

(二) ISDS 机制改革的界限与困境

投资者与东道国争端解决(ISDS)机制是国际投资法治体系中的遵约机制,既关乎私主体及其母国跨境投资利益的保障,又影响东道国国家规制权的行使。随着包括中国在内的世界主要大国逐渐兼具资本输入输出国的双重角色,国际投资治理体系面临重大改变,ISDS 机制正当改革之时。国际社会近十年来见证了来自学界、实务界及至各国政府、国际组织就 ISDS 存在的问题及相应改革方案的激烈争论,既有对机制改革必要性的论证,也包括对机制存在的具体问题的剖析,而后者又相应导致多元化改革方案的提出。

其中,就机制改革的必要性而言,现有以 ICSID 为典型代表的 ISDS 机制面临诸多危机,已经到了重新构建的转折点,改革势在必行已经成为共识。就改革的具体问题与具体方案而言,已有研究的内容与视角颇丰,较为全面地涵盖了争端解决机制的两大类构成要素——既有基于组织法层面研究,又有基于规范层面的研究,包括国际投资仲裁中的程序问题研究和适用的实体法问题研究。

但是,现有研究中学界多囿于对机制特定要素相关的问题的个别分析,举

---

① Gregory Schaffer, "The Extensive (but Fragile) Authority of the WTO Appellate Body", *Law and Contemporary Problems*, Vol. 79, No. 1, 2016, p. 273.

例说明式的问题梳理和割裂封闭式的问题剖析，一方面，导致对改革议题缺乏准确的体系化界定——如针对组织问题的研究脱离了对规范适用的考察、针对规范问题的研究缺乏组织维度的剖析；相应地，在此基础上，不同主体提出的改革方案也成为不同立场与语境下的自说自话——更多的讨论围绕的是以国别为区分的欧盟方案、美国方案或以改良与重构为区分的改良派（商事化）方案、改革派（准司法或司法化）方案等，而非以问题与体系为导向的方案研究。

论及机制改革，须要首先界明改革议题的边界，即机制存在的核心问题有哪些？这些问题间是否存在互动机理？其中，哪些是作为国际争端解决机制的共性问题、哪些是个性问题？哪些问题无解、哪些问题可以通过改革纠正或完善？在准确界明并回答这些问题的基础上，才能就 ISDS 机制改革的实现是依托多边机制还是另辟蹊径，是依赖国内机制还是国际合作，是倚重单一机制还是多元机制并用等与改革方案相关的问题做科学有效的论证。

1. 改革议题的厘清

就 ISDS 机制改革而言，诸多问题直指以 ICSID 为代表的投资条约仲裁机制的内在缺陷，具体表现在合法性与有效性两个方面：[①]

（1）挑战公权的合法性质疑。

当前 ISDS 机制最为人所诟病的合法性问题是指其以"去政治化"的商事仲裁机制或准商事仲裁机制审查行使国家公权力的国家行为的合法性缺失。由于绝大多数投资者与东道国间争端产生的根源在于东道国的外资规制行为违反其在投资条约项下承担的条约义务，而 ISDS 机制主要采用的以商事仲裁为基本模式的投资条约仲裁，使得该国家规制行为在实质上受到了司法审

---

① 于文婕：《"一带一路"倡议下中西亚 ISDS 机制解析：二元困境与现实选择》，载《河南师范大学学报（哲学社会科学版）》，2018 年第 2 期，第 59－60 页。

查,而在形式上却缺乏相应的公法程序保障,如仲裁程序的透明度、仲裁裁决的可审查性(accountability)、反请求权等国家当事方的程序性权利、仲裁员的适格性。因此,在"几乎所有的投资仲裁案件都在一定程度上挑战了公共权力"的现状下,以投资条约仲裁为主要机制类型的 ISDS 机制面临严重的合法性危机。

(2)争端解决的有效性存疑。

ISDS 机制的有效性问题则主要表现为多重程序冲突、裁决一致性缺失以及高成本低效率。多重程序冲突一方面源自单一条约中开放式争端解决机制选择模式——单一投资条约中 ISDS 条款约定争端当事方可在各类国内救济、国际仲裁机制中进行选择,于是导致同一或不同争端当事方提起多重程序的问题;另一方面,则源自双边、诸边、多边(区域/全球)条约交织情形下,不同 ISDS 条款对同一当事方适用的冲突——适用于同一当事方的不同 ISDS 条款中约定了不同 ISDS 机制,使得该当事方有机会挑选及启动多重程序。

裁决一致性缺失问题是 ISDS 机制的另一重灾区。上述多重程序冲突必然导致的结果之一就是不同争端解决机制可能就同一争端做出不一致的裁决。此外,现有投资条约仲裁的透明度不足导致已形成的先前裁决不公开,后续相似争端无从一致;相较于国际法庭的法官,以商事仲裁为基础的投资条约仲裁员任命的临时性、其裁断投资条约争端的适格性瑕疵均可能导致其对兼涉私权与公权的国际投资争端的裁断存在分歧;加之审查/上诉机制缺失导致不一致裁决难以发现与纠正,使得以投资条约仲裁为主的 ISDS 机制下裁决不一致问题无可避免。

有别于一般商事仲裁作为快速、低成本争端解决方式的特点,投资条约仲裁的费用高、效率低:平均一个案件的一个当事方的费用,包括法律服务费用(通常约占总费用的 82%)和仲裁庭费用,超过了 800 万美元。而且,个案的仲裁期间均以年计,耗时长。高成本、低效率问题使投资条约仲裁偏离了机制创设时采用商事仲裁模型的初衷——以"去政治化"的低成本、高效率争端解决机制解决投资者与东道国间争端。

2. 国际投资法治变革与"一带一路"之挑战：仍以中西亚 ISDS 机制的因应困境为例①

无论是基于其固有困境而产生的内生的机制改革需求，还是面对"一带一路"建设实施带来的中西亚沿线国家国际投资治理的特殊挑战，中西亚 ISDS 机制均面临因应困境。

（1）囿于多边投资法治变革之因应困境。

由于中西亚 ISDS 机制在实践中由以 ICSID 为代表的、以商事仲裁机制为模型的多边投资条约仲裁机制为主，因此，该部分机制之完善有赖于多边投资条约仲裁机制的变革。

就目前来看，国际投资结构已发生重大转变、国际投资法治面临深刻变革已经成为学界和实务界的普遍共识——由于晚近部分国际投资关系主体角色发生深刻变化，即主要发达国家与部分发展中国家逐渐兼具资本输入国/东道国和资本输出国/母国的双重角色，其国际投资协定实践呈趋同态势：双方不再囿于过去各自的单一角色，而是从公、私权更加平衡的角度看待国际投资关系并试图重构国际投资法律制度，因此，建立一个平衡的多边投资框架被提上日程。② 与之相呼应，兼顾保护投资者利益与尊重东道国规制权成为 ISDS 机制的改革方向：考虑到 ISDS 的公法属性，诸多 ISDS 机制开始着手制定提高透明度、建立 ISDS 上诉机制与常设投资法院等改革措施。③

---

① 于文婕：《"一带一路"倡议下中西亚 ISDS 机制解析：二元困境与现实选择》，载《河南师范大学学报（哲学社会科学版）》，2018 年第 2 期，第 60－62 页。

② See Wenhua SHAN，*Toward a Multilateral or Plurilateral Framework on Investment*，pp. 2－6，at https：//www. ictsd. org/sites/default/files/research/Toward％ 20a％ 20Multilateral％ 20or％ 20Plurilateral％ 20Framework％ 20on％ 20Investment. pdf，2nd August，2017.

③ 如 ICSID 关于增加透明度、设立上诉机构的机制改革，欧盟关于建设国际投资法庭的议案等。

尽管如此,该类机制改革或仅就个别问题做了微调,或处于提议、论证阶段,尚未形成细化的改革方案,更勿论具体实施。以 ISDS 的典型机制 ICSID 为例,其自成立时起分别于 1984、2003、2005—2006 和 2016 年至今进行了四轮机制改革。前两次改革仅涉及规则微调,第三次改革则增加了关于裁决公开的规则以增加透明度、提前驳回案件的规则以提高效率问题。第四轮改革旨在保持正当程序和投资者与东道国间平衡的同时节省时间和成本以提高效率,但其于 2016 年 10 月启动至今尚未完成,仍处于背景报告的整理阶段。①

再以透明度改革为例,在联合国国际贸易法委员会(UNCITRAL)的主持下,《联合国国际贸易法委员会投资者与国家间基于条约仲裁透明度规则》(以下简称《透明度规则》)及《投资者与国家间基于条约仲裁透明度公约》②已于 2014 年 4 月生效并于 2015 年 3 月起向各国开放签约。该规则要求自生效之日起,投资条约中援引适用《UNCITRAL 仲裁规则》的,《透明度规则》自动适用,除非缔约方另有约定。尽管如此,由于一方面其规定《透明度规则》仅在争端当事方同意时方可适用于因 2014 年 4 月 1 日前缔结的条约而产生的争端,而由于投资条约的生效期间多为十年以上,因此,从时间维度上看,该项规则并不能适用于近期可能发生的大多数争端;③另一方面,其规定对于 2014 年 4 月 1 日及以前缔结的条约争端,只有当投资者—东道国仲裁依据《UNCITRAL 仲裁规则》启动时方可能适用,因此,从可适用的具体案件范围维度上看,该项规则并不能适用于非依《UNCITRAL 仲裁规则》进行的仲裁。对于中西亚 ISDS 机制而言,中西亚国家于 2014 年以后签订的含有 ISDS 条款的条约数极

---

① See ICSID: The ICSID Rules Amendment Process, at https://icsid. worldbank. org/en/ Documents/about/ICSID%20Rules%20Amendment%20Process-ENG. pdf, 30 August, 2017.

② UNCITRAL Rules on Transparency in Treaty-based Investor-State Arbitration.

③ 依据《UNCITRAL 仲裁规则》,UNCITRAL 在其官网设置了专门的透明度登记系统(Transparency Registry) at http://www. uncitral. org/transparency-registry/registry/index. jspx # country。但是截至本文撰稿结束,该系统中仅登记了 3 个国家为被告的共 9 个案件:玻利维亚 1 件、加拿大 7 件、几内亚 1 件。这也是该项规则尚未能充分实施的佐证。

少，而且《UNCITRAL仲裁规则》在该区域国家所缔结的投资条约中极少获得强制适用式援引，[①]因此，该项改革措施对中西亚 ISDS 机制的透明度而言并未产生实质影响。

在此背景下，中西亚国家在 ISDS 机制的完善方面尽管确已做出一定努力，如在诸边层面在投资协定中设立专门的投资法庭以解决投资者与东道国争端，但并未能从根本上改变该区域 ISDS 机制的主要部分内嵌于多边机制的现状。其主要原因在于此类诸边机制项下的 ISDS 机制的适用范围极其有限——仅限于特定范围内的投资争端，[②]而非普适于一般投资者与东道国争端。更深层次的原因则在于，中西亚 ISDS 机制特点的形成有其现实基础，而该现实基础并未产生根本改变——中西亚地区是国际直接投资结构中常态的资本输入地[③]，除科威特、阿联酋、沙特阿拉伯和土耳其近年方开始兼具资本输出国地位外，域内大多数国家在国际投资法律关系中始终处于资本输入国/东道国地位，导致该区域 BIT 均采用域外资本输出国/发达国家的模本，其 ISDS 机制适用实践也相应反映现有国际 ISDS 机制的一般特点：以 ICSID 机制为主、其他商事仲裁机制为辅。

至此可见，中西亚国家既无以一己之力促成多边投资法制变革的实力，亦无在域内构建新机制从而与多边机制脱钩的基础，因而，无论是就机制具体问题的改进还是整体改革，依托于多边投资条约仲裁机制的中西亚 ISDS 机制变革之完成尚有待时日。

---

① 在 21 个中国与中西亚国家 BIT 的 ISDS 条款中，只有中国—土耳其 BIT(1990)和中国—卡塔尔 BIT(1999)明确约定只要选择专设仲裁，则仲裁程序应采用 UNCITRAL 规则。

② 如依《阿拉伯投资统一协定》而设立的阿拉伯投资法庭，其管辖范围仅限于阿拉伯投资者与阿拉伯缔约国间就投资于阿拉伯缔约国的阿拉伯资本而产生的争端。

③ 对比 2010—2015 年中西亚地区国际直接投资数据(国际直接投资流入/流出量)可见，除西亚地区有少数国家存在波动的资本输出外，中西亚地区均是常态的资本输入地。See UNCTAD: World Investment Report 2016, pp. 196 - 199.

（2）"一带一路"实施之因应挑战。

"一带一路"倡议实施以来，就现阶段中国与中西亚地区各国的直接投资结构来看，中国主要为资本输出国，中西亚国家则主要为资本输入国。因此，"一带一路"倡议下当前中国与中西亚地区的投资者—东道国争端主要可具化为中国投资者与中西亚东道国间争端。

一方面，依据中国与中西亚各国家签订的 BIT 中 ISDS 条款之规定，投资者与东道国间的投资争端在一定期限内（通常为 6 个月）未能经过磋商、无拘束力第三方程序等友好方式解决的，当事方可将争议提交至东道国有管辖权的法院解决：在中国与中西亚国家签订的 21 个 BIT 中，除了中国—土库曼斯坦 BIT 的 ISDS 条款因未做任何实质性约定而形同虚设外，20 个 BIT 的 ISDS 条款均明示或默示地约定了东道国国内法院解决，并且该 20 个 BIT 中有 13 个明确限定了仅有与征收补偿数额有关的争端方可提交国际仲裁。①因此，就 ISDS 文本而言，中国与中西亚国家间依投资条约而构建的 ISDS 机制以国内司法解决为主，以国际仲裁为辅。由于中西亚各国国内的外资规制体系差异极大，既有规范性立法缺失，如阿联酋、巴林，又有执法与司法瑕疵，如土库曼斯坦，加之投资者与东道国争端国内司法救济的常规缺陷——高成本、低效率的诉讼程序、东道国政治因素影响导致的司法不公，国内司法救济显然非中国投资者的优选，因此中国—中西亚 ISDS 文本所能提供的 ISDS 机制不能满足"一带一路"倡议下中国投资者解决与东道国争端的机制诉求。

另一方面，如上表 3.5 所示，中西亚 ISDS 仲裁实践以 ICSID 为主要机制，商事机构仲裁为辅。中国作为 ICSID 成员国，自其加入时至今 24 年有

① 此处明示约定是指 ISDS 条款中明确说明国内法院作为争端解决方式；默示约定则指 ISDS 条款中仅就提起国际仲裁的情形做了约定。中国与中西亚 21 个国家签订的 BIT 中，除中国—吉尔吉斯斯坦 BIT、中国—塔吉克斯坦 BIT、中国—亚美尼亚 BIT 和中国—以色列 BIT 的 ISDS 条款约定仅就征收补偿数额的争端可提交国际仲裁从而属于默示约定外，其余均属明示约定。

余,仅自 2007 年开始作为原告涉案 6 个案件,其中真正涉及实体性诉求的案件始自 2012 年的平安保险诉比利时案①;自 2011 年开始作为被告涉案 2 个案件。相较于中国历年来在国际直接投资中的重要地位,无论是中国投资者还是中国作为东道国,对 ICSID 作为 ISDS 机制的运用可谓高度保留。尽管随着中国作为资本输出国的角色逐渐增强直至现在兼具资本输入与输出国的双重角色,这一保留已然开始有所改变,但这种转变在短时间内并不会急剧完成,主要原因有三:第一,ICSID 机制存在的合法性与有效性问题和中国在国家主权豁免方面的一贯立场,使得中国对其自身作为东道国被诉的管辖权问题始终持非常审慎的态度,因此,完全放开接受 ICSID 仲裁的全面管辖需要一段时间;第二,由于极其有限的 ICSID 仲裁实践,中国需要时间积累经验以更好地利用该机制;第三,在多边投资法治变革之际,各个国际投资大国特别是中国在其双重角色定位下,应如何构建一个符合多元利益平衡的多边投资法制框架尚未有决断,而 ISDS 机制作为"法律适用的系统,其完善应顺应国际投资实体法律规范的发展同步前行"②,因此,是对已有的 ICSID 和商事仲裁机制进行完善还是建设全新的 ISDS 机制,是设立专门的投资法庭还是回归国内司法救济,最终决策均影响着中国对 ICSID 仲裁及其他仲裁机制的运用。

　　综上,中西亚各国现有的相关 ISDS 机制文本与实践均不能有效满足解决"一带一路"倡议下中国与该地区各国间投资者与东道国间争端的需要,从而处于因应不能的困境。

---

　　① ICSID Case No. ARB/12/20. 该案在中国 ICSID 实践中占据三个"第一":第一个由中国大陆的投资者提起的 ICSID 仲裁案件,第一个中国国民诉发达国家的 ICSID 仲裁案件,和第一个涉及实体性权利的中国投资者作为原告的 ICSID 仲裁案件,因而成为中国主动运用 ICSID 机制的一个里程碑。

　　② See UNCTAD: Reform of Investor-State Dispute Settlement: In Search of a Road Map, at http://unctad. org/en/PublicationsLibrary/webdiaepcb2013d4_en. pdf, 23 August, 2017, p. 10.

三、国际经济争端解决机制的改革路径：改良 or 重构？

应国际经济秩序变革之需求，国际经济争端解决机制也面临变革，是对现有机制进行渐进式改革还是完全推倒重来？以及，如渐进式改良，当前国际经济法律关系各主体特别是新兴大国对现有各机制的取舍要素与改革方案如何？如重构，新机制的可行性与定位如何？这些均是正在进行的国际经济争端解决机制改革亟待解决的问题。

（一）变与不变：定位之争

争端解决机制改革并非一个独立的问题，而是与国际法律关系中各当事方权益平衡、国际法治的机制改革、国内法与国际法关系等诸多问题密切相关。论及机制变革，首先需要界明的是，改革是定位改变的根本性变革？还是仅在已有定位下做制度规范的调整？就国际经济争端解决机制而言，无论是WTO 争端解决机制还是 ISDS 机制的改革，均并不存在机制定位调整的问题。以功能主义视角透视，现有 WTO 争端解决机制的体制性问题并非其在WTO 体系项下的定位问题，而是 WTO 项下其他子机制的功能发挥受阻所导致的问题。ISDS 机制更不存在因国际经济秩序调整而发生定位调整的问题，因为无论国际经济秩序如何调整，从国际投资法律关系来看，投资者作为私主体、国家作为公权力主体，二者间博弈实力存在天然的悬殊，这一点并不会因为国家间国际投资结构的变化而变化，亦即无论国家的角色是否从单一东道国转变为东道国与母国兼具，均不会改变公私主体间博弈实力不平等的事实状态，从而并不会导致 ISDS 机制确保东道国遵约——投资条约或投资合同约定的机制定位改变。因此，无论是就贸易争端解决机制还是就投资争端解决机制而言，现有国际经济关系结构已有的事实改变，并不必然导致机制定位的根本性转变。

(二) 改与不改:深度法律化?

机制的设计事关重大,而且仅当国际条约和机制使人们去做他们本来不愿意做的事情时,它们才体现出价值。[①] 一个条约能否被遵守或导致其他期望中的行为上的变化,取决于该机制的遵约体系得以识别的特征。[②] 据此,遵约机制成为国际法律规制体系功能的实现与检验机制,同时更反哺国际法律规制体系的变革。由此,当在多边机制项下就实体性规则修改的合意达成难以实现时,对争端解决机制的改革反而由于其直接影响到当事方既有权益的实现,虽必困难重重,但仍首当其冲,并终获一试。

1. WTO 争端解决机制改革"弱司法化"方案的困境重重

(1) WTO 争端解决机制改革的"弱司法化"方案。

WTO 争端解决机制改革的核心问题在于上诉机构的改革,而上诉机构改革的动因则为破解美国挑战上诉机构成员选任而导致的僵局,因此,截至目前,美国、欧盟、加拿大、中国等 70 多个 WTO 成员方分别提出了各自的改革议题与建议,围绕美国提出的具体问题对 DSU 的修订提出了具体的方案。

美国通过其发布的《2018 年贸易政策议程》和《2017 年年度报告》清晰地提出了对上诉机构的五项挑战暨改革议题:① 违反上诉程序 90 天审限;② 上诉机构成员超任期审理;③ 超争议事项范围的上诉机构咨询性意见;④ 上诉机构裁决作为先例;⑤ 超上诉机构审查范围的事实审查和成员国国内法审查。[③]

对此,各方提出的具体方案可按可能导致的与美国立场的冲突程度划分为温和派与激进派两类。

---

① R. B. Mitchell, "Regime Design Matters: Untentional Oil Pollution and Treaty Compliance", *International Organization*, Vol. 48, No. 3, 1994, p. 425.

② Ibid.

③ See 2018 Trade Policy Agenda and 2017 Annual Report, USTR Website[2018 - 09 - 18]. https://ustr. gov/about-us/policy-offices/press-office/reports-and-publications/2018/2018-trade-policy-agenda-and - 2017.

　　温和派路径以欧盟与加拿大的改革方案为代表,其核心为围绕美国的关切修改 DSU 相关规则。欧盟发布的《WTO 现代化:欧盟未来方案》[①]中提出,首先针对美国的意见,修改 DSU 中关于上诉机构的相关规则;随后就各成员国共同关注的议题如 WTO 争端解决机制司法造法问题提出具体改革意见。[②] 加拿大则以《强化和现代化 WTO》[③]提案呼应欧盟的改革主张,即围绕着美国提出的上诉机构改革议题,如上诉机构的造法问题、先例问题、案件审理期限问题等逐一提出解决方案,并提出明确限定 WTO 争端解决机制的管辖实现范围不包括政治争端。由此可见,温和派路径的核心在于通过回应美国需求,以期与美国达成一致,从而实现共建。

　　激进派路径则多为学者主张,主要针对上诉机构成员选任的僵局,提出对现有上诉机构的根本性改革,具体可按对现有争端解决机制的变革程度,渐进分为:1. 保留上诉机制方案:采用"多数投票"启动上诉机构成员的选任程序;[④]2. 搁置上诉机制方案:修改 DSU 第 17 条"上诉复审"和《上诉审议工作程序》,规定如有三个以上的上诉机构成员任期届满,则上诉机构不再受理新的案件,由此搁置上诉机构;[⑤]3. 替代上诉机制方案:将 DSU 第 25 条"仲裁"进行适当变通和设计,作为专家组报告的上诉渠道或替代机制,甚至作为"上

[①]　参见 European Commission, "WTO Modernization-Introduction to Future EU Proposals, Concept Paper," http://trade. ec. europa. eu/doclib/docs/2018/september/tradoc_157331. pdf, visited on Apr. 22, 2019.

[②]　参见石岩:《欧盟推动 WTO 改革:主张、路径及影响》,载《国际问题研究》,2019 年第 2 期,第 86 页。

[③]　参见 Canada, "Strengthening and Modernizing the WTO: Discussion Paper Communication from Canada", http://www. notn. gov. ng/bundles/notn/docs/Strengthening-and-Modernizing-the-WTO. pdf, visited on Apr. 22, 2019.

[④]　Ernst-Ulrich Petersmann, "How Should the EU and Other WTO Members React to Their WTO Governance and Appellate Body Crisis?", *Robert Schuman Center for Advanced Studies Research Paper*, No. 71, 2018.

[⑤]　Steve Charnovitz, How to Save WTO Dispute Settlement from the Trump Administration, https://worldtradelaw. typepad. com/ielpblog /2017 /11 /how-to-save-wto-dispute-settlement-from-the-trump-administration. html(visited on Jan. 20, 2019).

诉仲裁"(appeal arbitration)程序;①4. 重置争端解决机制方案:复制现有的DSU 争端解决程序,另行建立没有美国参加的争端解决机制。② 该四种方案均试图在美国合意缺位的情况下,突破上诉机构成员选任僵局所导致的争端解决机制停摆危机。

　　分析上述各项改革方案的具体内容可见,无论是温和派还是激进派,均是在 WTO 已有规则框架体系下,试图通过对规则的适用、解释或者修改等司法化路径,以实现修正现有"司法化"的争端解决机制(限制、强制保留、搁置上诉机制)或以新的"司法化(复制现有机制)或准司法机制(适用仲裁机制)"替代现有机制的改革目标,属对 WTO 司法化争端解决机制的"弱司法化"改革方案。

　　(2) WTO 争端解决机制改革"司法化"方案之难以为继。

　　首先,就启动争端解决机制改革的动因来说,美国提出的五项挑战虽然均针对上诉机构的程序性问题,但其核心并非仅限于此类技术性问题。无论是上诉机构对已有规则的违反,如 90 天审限、超任期审理,还是在可裁量空间内的超争议事项咨询性意见、先例和超审查范围的事实审查和成员国国内法审查,这些问题一方面在美国就成员选任问题提出挑战前均长期存在,另一方面其产生的根本原因也并不在于上诉机构成员的有意违反,而在于前述 WTO 三项支柱机制之二——部长会议造法功能与贸易政策审议机制监督功能双双失灵而导致的争端解决机制功能的内生与外压性调整,反映出其实质是美国对于依托于组织的争端解决机制的司法特征与国家主权的权威属性间冲突失

---

　　① 具体分析见 Scott Andersen et. al. , "Using Arbitration under Article 25 of the DSU to Ensure the Availability of Appeals", *Centre for Trade and Economic Integration（CTEI）Working Paper*, 2017 - 17;石静霞、白芳艳:《应对 WTO 上诉机构危机:基于仲裁解决贸易争端的角度》,载《国际贸易问题》,2019 年第 4 期,第 13 - 34 页。

　　② Pieter J. Kuijper, "From the Board: The U. S. Attack on the WTO Appellate Body", *Legal Issues of Economic Integration*, Vol. 45, Issue 1, 2018, pp. 2 - 3.

衡的不满已达到临界点。由此,美国提出各项挑战的核心在于对 WTO 争端解决机制司法功能的扩张做根本性限定。

在此基础上,观诸温和派路径,由于其停留于技术性修改层面,对于 WTO 争端解决机制的程序性问题"头痛医头、脚痛医脚",缺乏体系性改革方案,从而在修订须由"协商一致"方可实现的现有规则体系下,失之可行。事实上,美国也在多个场合表明各成员国提出的改革方案。

至于以制约挑战者——美国为思路的激进派路径,尽管试图从 WTO 现有的制度空间中挖掘出种种解决方案,但是,一方面,"考虑到美国的重要经贸地位和涉美贸易争端的数量,一套不包括美国在内的争端解决机制的缺陷不言自明"[①],由此,重置争端解决机制的方案并不可行;另一方面,这些路径亦并非都如其所理想的那般,可以在美国缺位的情况下实现:如以"多数投票"启动上诉机构成员选任,仍需要全体 WTO 成员的同意——《建立 WTO 协定》第 9.1 条注释 3 规定"对于作为争端解决机构召集的总理事会的决定,应仅按照 DSU 第 2.4 条规定做出",而 DSU 第 2.4 条规定"如本谅解的规则和程序规定由 DSB 做出决定,则 DSB 应经协商一致做出决定"。

而无论是空置上诉机制还是采用仲裁机制作为上诉机制的替代机制,均意味着从根本上颠覆 WTO 争端解决机制的"强司法化"特征——前者使争端解决机制回归专家组一审终局的 GATT 时代,后者则不论仲裁机制被用以取代专家组和上诉机制还是仅作为上诉机制的替代机制,均属于"准司法",相较于现有机制而言是对"司法性"的弱化。同时,二者也均需要美国的"共识"——修改 DSU 第 17 条"上诉复审"以空置上诉机制,需要以"共识"作出,[②]此时要求美国不正式提出反对;选择仲裁作为争端解决方式,更需要当

---

① 石静霞、白芳艳:《应对 WTO 上诉机构危机:基于仲裁解决贸易争端的角度》,载《国际贸易问题》,2019 年第 4 期,第 15 页。
② DSU 第 10.8 条。

事方的合意方可启动程序,①此时亦要求美国作为当事方时须明示"同意",而基于美国在国际经贸中的地位,在美国为非当事方时,该仲裁机制替代方案的缺陷一如重置争端解决机制的方案一般缺乏现实意义。

至此可以预见,无论 WTO 争端解决机制改革将如何进行,各成员方均将无法绕开美国作为当前国际社会的经贸大国及由此带来的强势博弈地位所导致的规则引领实力。基于当前美国对于 WTO 争端解决机制"强司法化"特征的不满,未来的改革必然将围绕对其"司法化"特征的弱化为主线。

2. ISDS 机制改革"司法化"方案的终将一试

(1) ISDS 机制改革的多元方案。

对应 ISDS 机制存在的不同问题,学界与实务界均提出有针对性的改革方案。就已有的 ISDS 机制改革方案而言,有学者指出国际投资仲裁机制改革的争论主要表现为美国与欧盟的 NAFTA 模式与常设仲裁模式之争:两种模式分别在美国与欧盟的倡导下形成,并在仲裁庭是否常设、由争端方还是常设仲裁庭指定仲裁员、上诉机构的设置和审查权限以及仲裁庭的多边化等方面存在显著区别。美国以《北美自由贸易协定》项下的国际投资仲裁机制为基石,以投资者利益保护为主旨,针对既有投资仲裁机制的公正性与效率问题提出完善方案;欧盟则以《欧加全面经济与贸易协定》和《欧越自由贸易协定》为依托,倾向于建设以东道国规制权的维护为主旨的投资争端解决法庭,并在其后续缔结的诸多经济协定中启动多边投资仲裁庭谈判。②

亦有学者认为当前已经基本形成改良派、改革派、拒斥派、摇摆派共四种主要派别,其中前三种分别对应的是沿袭商事化、准司法化和政治化特征的三

---

① DSU 第 25.2 条。

② 参见王燕:《国际投资仲裁机制改革的美欧制度之争》,载《环球法律评论》,2017 年第 2 期,第179 - 185 页。

种改革模式。① 具言之,改良派方案主张沿袭商事化模式,对现行 ISDS 机制在仲裁程序透明度要求、提高效率和控制成本要求等方面进行完善;改革派方案对应的准司法化或司法化模式主张对现有 ISDS 机制推倒重来,建立具有常设仲裁法庭和上诉法庭的投资法庭机制(Investment Court System,ICS);至于拒斥派,则主要指向巴西、南非等发展中国家等,通过废止 BIT、退出《华盛顿公约》等行动呈现拒斥 ISDS 机制并回归政治手段解决的倾向。② 就前两种模式而言,在方案文本上,分别对应了美国主导下的《跨太平洋伙伴关系协定》(TPP)和欧盟与加拿大主导下的《跨大西洋贸易与投资伙伴协议》(TTIP)与《综合性经济贸易协议》(CETA)中的 ISDS 机制。

笔者认为,现有改革模式中,具政治化特征的改革模式实质为回归派,即视国别实践的不同,根据彻底摒弃 ISDS 机制后通过国内司法救济、国际仲裁/司法救济或外交解决的不同国家实践分别归类为国内化、国家间投资争端(SSDS)化和/或政治化,而这三种恰恰就是传统国际法中解决私人与国家间经济争端的救济体系。

因此,对已有的诸多改革方案做同类合并可见,现有 ISDS 机制改革可按方案的不同分为改良派、改革派和回归派。

(2) ISDS 改革方案的司法化聚焦。

论及争端解决机制的司法化,可从机制项下的组织法、程序法、审案判案根据的实体法三个方面进行考察。因此,就现有的改革方案而言,无论是改良派的美国方案还是改革派的欧盟方案,抑或是回归国内救济或国际仲裁/司法救济的回归派,其改革主旨都可聚焦为私人与国家间争端的司法化解决。

改良派的美国方案中,改革事项主要有三:其一,仲裁员选任问题,即由于

---

① 参见梁咏:《国际投资仲裁变革与中国对策研究》,载《厦门大学学报(哲学社会科学版)》,2018年第 3 期,第 162 页。

② 同上,第 162 - 164 页。

国际投资仲裁涉及东道国公共利益与公权力行使，所以要确保仲裁员的专业性、独立性和公正性；其二，透明度要求，即提出由于国际投资仲裁涉及对公权力的规制，因此应提高透明度；其三，对磋商谈判、仲裁庭组成、时限等程序性内容予以细化，加强可操作性并提高效率。

改革派的代表性行动即欧盟提出的构建国际投资法庭方案。特别是随着跨洲的大区域协议——"跨太平洋战略经济伙伴关系协议"（TPP）和"跨大西洋贸易与投资伙伴协议"（TTIP）的产生，欧盟方案越来越多的成为关注的重心。该两项经济协议文本所反映出的改革方案具有高度的司法化特征：其一，争端解决方式从仲裁转为司法，建立初审与上诉法庭；其二，法官选任与任职条件明确具体；其三，增加细化的程序性规定，如磋商和调解程序的时限、临时保护措施等。

回归派的方案则是国际社会的旧有体系，即回归国内救济，通常为国内仲裁或司法；和/或在当地救济用尽的条件下寻求外交保护/国家间仲裁或司法救济。

上述三种方案虽然分属不同的改革类别，即改革的目标有所差别，但从改革的具体内容及其所呈现的路径上看，均在本质上属于从现有机制向司法化方向演进的改革方案。无论是仲裁员选任、透明度要求、还是机制项下各争端解决方法的具体程序性规定的细化，均是为了在现有机制中增加司法化的元素。因此，三种改革方案，其改革焦点在于在不同程度上实现现有 ISDS 机制的司法化。

由此，无论是采用何种改革路径，ISDS 的司法化改革无可避免。

综上所述，当前两大多边国际经济争端解决机制正面临着互为方向的改革关口。与其不切实际试图地预判二者将在"准司法化——弱司法化——司法化——强司法化"线段上的某一点汇合，从而实现国际经济争端解决机制定位的融合，不如现实地认识到，二者将互为明镜，以使国际社会在改革方案的最终选取上以充分的预见，避免国际机制设置的冗余与重蹈覆辙。

第四章
国际海洋法律秩序：演变、问题与革新

（叶　泉）

早在 2000 多年前，古罗马哲学家西塞罗就提出了"谁控制了海洋，谁就控制了世界"的著名论断。纵观人类发展历史，世界上的强国大多是海洋国家，如 16 世纪的西班牙，17 世纪的荷兰，18 至 19 世纪的英国，20 世纪的美国，正是通过对海洋的争夺和瓜分，为维护他们的国际地位、争取海上霸权和海外殖民地奠定了基础。① 在争夺海洋的过程中，形成了国际社会普遍接受的国家间海洋关系准则和行为规范，以及由此形成的海洋权益结构和相应的运行机制，即国际海洋秩序。② 从理论上讲，"国际海洋秩序"与"国际海洋法律秩序"是两个紧密相关但又有区别的概念，按照实证法学的解释，"秩序"是一种由"规范"调整而成的社会行为总和，社会行为分别由道德与法律两种不同规范调整，两者的区别在于是否具有强制性，显然，法律是一种强制性的秩序。③

---

① 戴祥玉、巩建华：《世界海洋秩序变迁与中国海权建设》，载《辽宁行政学院学报》，2012 年第 3 期，第 158 页。

② 祝太文：《中国视角下世界海洋秩序变迁与海洋权益维护》，载《理论观察》，2015 年第 7 期，第 46 页。

③ 张乃根：《试论国际经济法律秩序的演变与中国的应对》，载《中国法学》，2013 年第 2 期，第 181 页。

根据这一观点，国际海洋法律秩序是指由国际法调整而形成的一种国际海洋秩序。

权益斗争是国际海洋法律秩序演变过程中的主旋律。历史上，国际海洋法律秩序的形成、演变和发展主要依靠海洋强国凭借军事实力来推动。不过，"二战"结束后，一大批殖民地国家纷纷独立，并在海洋法律秩序的发展中发挥了越来越重要的作用。《联合国宪章》等国际法文件的出台，使得"跑马圈地""炮舰外交"失去了合法性基础，权益斗争的手段逐渐由武力之争转向规则之争。传统的国际海洋法以习惯国际法为主，自联合国大会召开了三次海洋法会议后，国际海洋法才有了真正意义上的多边成文法依据。尤其是被誉为"海洋宪章"①的 1982 年《联合国海洋法公约》（以下简称《公约》）的缔结和生效，标志着国际海洋法律新秩序的确立。但《公约》非但没有为解决所有海洋争端提供一套行之有效的规则，反而由于其中存在诸多模糊条款而催生了大量纷争。而且，美国作为《公约》的非当事国，在《公约》之外积极倡导一套维护其海洋霸权的法律秩序。随着海洋的经济价值、军事价值、生态价值等不断凸显，海洋的战略地位愈发重要，各国之间的海洋权益斗争更加激烈。如何协调好各方利益，促进国际海洋法律秩序向更加公正合理的方向发展，以应对错综复杂的海洋政治环境，成为亟需思考的重大课题。

目前，中国面临着严峻的海洋形势，在岛礁归属、海域划界、海上安全、海洋生态环境等问题上遭遇到前所未有的挑战。可以预见，在未来的海洋权益纠纷中，有关法律的博弈将更加突出，中国海洋权益维护的最终成效很大程度上将取决于中国塑造国际海洋法律秩序的能力。这意味着在新的情势下，中国在提高硬实力的同时，必须提升国际海洋法规则的议题设置与引领能力，尽

---

① "A Constitution for the Oceans", Remarks by Tommy T. B. Koh, of Singapore, President of the Third United Nations Conference on the Law of the Sea, available at http: http://www. un. org/depts/los/convention_agreements/texts/koh_english. pdf.

可能让新秩序体现中国的理念与立场;同时,作为一个负责任的国家和安理会常任理事国,中国所倡导的海洋法律秩序应当具有包容性,使之能被国际社会广泛接受,为保障世界海洋的和平与安全提供更加坚实的法律基础。

第一节　国际海洋秩序的法治化变迁:
从霸权政治走向权利政治

考察国际海洋法律秩序的演变,离不开海洋秩序这个大背景。从国家实践的角度对国际海洋秩序的变迁进行考察,可将其大致划分为三个阶段。

一、地理大发现前:"共有"或"无主"的海洋

在古罗马时期,海洋一般被认为是"共有物"。古罗马著名法学家马西纳斯最早从法学的角度指出海洋及其沿岸为所有人共有,这一观点也被后来的《学院法》和《学说汇编》收录。① 但是,由于当时罗马控制了整个地中海地区,地中海实际上成为罗马的内海,因而这里所指的"共有物"只是针对罗马市民而言。从中世纪起,海洋逐渐被视为"无主物",各国可采取"先占"原则占有海洋。据此原则,一些海洋大国的君主凭借经济、政治和军事实力,将其权力从陆地扩展到海洋,并对其附近的海域进行掌控,例如,瑞典曾控制了波罗的海,丹麦与挪威控制了北海,威尼斯控制了亚得里亚海,不过,这些国家对海洋的控制大都仅限于渔业、航运、通商等领域,海洋在法律上的分门别类尚未形成,

---

① 孔令杰:《大国崛起下海洋法的形成与发展》,载《武汉大学学报(哲学社会科学版)》,2010年第1期,第45页。

尚未出现诸如公海、领水等各项独立的制度。[①]

二、地理大发现——第二次世界大战:制海权争霸

15 世纪地理大发现带来的"空间革命",不仅促进了资本主义的发展,也为海洋法的发展带来了新的契机。海洋大国不断扩张的商业经济和迅速增长的远洋贸易,激发了他们妄图瓜分全部海洋和掌控制海权的强烈欲望,这体现在两个方面:一是通过海军舰队、贸易船队压制敌对者;二是产生了塑造海洋秩序、捍卫其海洋活动的一套话语体系。[②] 为了争夺制海权,海洋秩序的主导权在不同的霸权国家之间更替。与此同时,基于不同国家利益的相关海洋法也随之发展,并对后来国际海洋法律秩序的建立产生了重要影响。

地理大发现之后,制海权的争夺首先出现在位于伊比利亚半岛的葡萄牙与西班牙之间。两国利用先进的远洋航海技术发展跨洋贸易,对新发现的地区和民族进行大肆掠夺,通过血腥的海外扩张,控制了世界上重要的海上交通要道。在进行海外扩张中,两国分别建立起强大的海军,成为当时的两大海洋帝国。葡萄牙和西班牙借助于罗马教皇亚历山大六世发布的训谕以及彼此之间签订的两个条约,即 1494 年的《托德西利亚斯条约》和 1529 年的《隆拉戈萨条约》,为其殖民活动确立了依据。尽管这两项条约平衡了葡、西两国之间的势力范围,但是并未考虑同时存在于欧洲的其他民族国家的利益,这也势必导致后起的国家难以接受这种利益格局。

两国和平相处不久,西班牙吞并了葡萄牙及其广大殖民地。西班牙对海洋的垄断,阻碍了海上贸易的发展,引发了欧洲其他新兴国家的不满。他们以

---

① 孙书贤:《国际海洋法的历史演进和海洋法公约存在的问题及其争议》,载《中国法学》,1989年第 2 期,第 101 页。

② 牟文富:《海洋元叙事:海权对海洋法律秩序的塑造》,载《世界经济与政治》,2014 年第 7 期,第 66 页。

实力为后盾,试图打破既有的海洋秩序,挑战西班牙的霸权地位。1588 年,英国击溃了西班牙的"无敌舰队",致使后者的海洋霸主地位发生动摇。1618—1648 年欧洲爆发了三十年战争,西班牙进一步衰落。战争结束后签订了《威斯特伐利亚和约》,形成了一个以主权原则为基础的威斯特伐利亚体系。这一阶段,荷兰海上力量迅速发展,几乎把持了欧洲的全部海上贸易,并占领了广大的殖民地,被誉为"海上马车夫",成为新的海上霸主。同时,英法俄也是同时期重要的大航海国家。特别是英国对内开展圈地运动,对外进行殖民扩张,在 1652—1674 年期间,与荷兰展开了三次大规模的海上霸权争夺战,致使荷兰元气大伤。进入 18 世纪,英国成为海上力量最强的国家,法国则是欧洲大陆最强大的国家。为了问鼎海洋霸权,法国海军多次向英国发起挑战但遭到后者的重创。随后,英国倚仗强大的海上力量,大举推行"炮舰政策",以胜利者的姿态结束了欧洲长达 250 多年的海洋争霸史,成为世界上独一无二的海上霸主,号称"日不落"帝国。①

　　这一阶段,出现了一批关于海洋法的理论学说。1609 年,新兴资产阶级利益的代表者、荷兰法学家格老秀斯发表了著名的《海洋自由论》,指出"海洋为人类共有,因为它是无边无际的,任何人都无法占为己有",为荷兰参与海洋争霸寻找依据。这一主张遭到了英国和西班牙等国的强烈反对,他们委托学者们著书立说,其中英国学者塞尔登于 1618 年撰写的《闭海论》最具代表性,该书对《海洋自由论》中的观点进行了系统驳斥,为英国主张其领土周边的海域辩护。不过,在英国确立了海上霸权地位后,逐渐摒弃了"闭海论",转而拥护并修正了"海洋自由论"。与此同时,这一阶段还出现了一批对后世有重要影响的学说。比如,意大利法学家真提利斯提出国家领土应包括与其毗连的海域,并将这一海域称为"领水"。1702 年荷兰法学家宾刻舒克出版《论海上

---

① 李亚敏:《海洋大发现与国际秩序的建立》,载《世界知识》,2009 年第 8 期,第 18 页。

主权》，主张以荷兰海军 3 海里的舰炮射程来确定领海的宽度。这些论战逐渐形成了海洋法中的领海和公海的概念。至 19 世纪，3 海里的领海制度、领海以外属公海以及公海自由原则逐步形成，并构成当时海洋法的主要内容。[①] 3 海里的领海制度是海洋大国坚持的结果，其目的在于使其商船和军舰能在更宽的公海上畅通无阻。

由此观之，海洋争霸的历史堪称一部"用血和火的文字载入的人类编年史"[②]，这一时代所形成的海洋秩序具有浓厚的强权政治色彩，可谓实力决定秩序，"强权即公理"。这个阶段的海洋法律秩序经历了海洋垄断——海洋自由与海洋垄断的争论——领海与公海二元结构的变迁。尽管很多著名学者提出了对后世具有深远影响的观点，但这些作品与其说是法学著作，还不如说是个人或国家意愿的产物。[③] 正如施米特所言，人们不应该被海洋所谓的"自由性"或"封闭性"所迷惑，在这些名目下处理的却是与欧洲各国渔业、贸易、航运等利益的竞争。[④]

三、第二次世界大战后——三次联合国海洋法会议：《公约》的法治化塑造

进入 20 世纪以后，"日不落帝国"逐渐衰落，美国等新兴大国开始崛起，参与海洋开发的国家也逐渐增多。传统的以战争为主要手段争夺海洋秩序的模式在"二战"后发生了根本性改变。1945 年，美国总统杜鲁门发表了《关于美国对大陆架底土和海床自然资源的政策》的公告（以下简称《杜鲁门公告》），宣

[①] 孙书贤：《国际海洋法的历史演进和海洋法公约存在的问题及其争议》，载《中国法学》，1989 年第 2 期，第 101 页。

[②] 《马克思恩格斯全集（第二十三卷）》，北京：人民出版社 1972 年版，第 783 页。

[③] Pitman B. Potter, *The Freedom of the Seas in History, Law, and Politics*, Longmans：Green and Co., 1924, p. 61.

[④] ［德］卡尔·施米特著，林国基等译：《陆地与海洋：古今之"法"变》，上海：华东师范大学出版社 2006 年版，第 83 页。

称美国管辖的海域延伸至毗连美国海岸的大陆架。此后,很多国家纷纷效仿美国,发布了类似宣言或声明,只是各国主张权利的宽度和性质有所差别。为协调国家之间的冲突,回应不断出现的新问题,需要统一的国际法规则来进行规范。在这一背景下,联合国主持召开了三次海洋法会议,缔造了多部海洋公约,促使国际海洋秩序向成文法转变。①

第一次联合国海洋法会议于 1958 年 2 月 24 日至 4 月 27 日在日内瓦召开。会议的成果为《领海与毗连区公约》《公海公约》《捕鱼与养护公海生物资源公约》以及《大陆架公约》四部公约(简称"日内瓦海洋法四公约"),结束了海洋领域没有国际性成文法的历史。但由于当时很多亚非拉国家尚未独立,"日内瓦海洋法四公约"基本上是在海洋大国操纵下通过的,从根本上有利于这些国家推行海上霸权。而且,这些公约未能就领海宽度问题达成一致意见。为解决这一问题,联合国于 1960 年在日内瓦主持召开了第二次海洋法会议。但因与会国对领海的宽度仍旧存在较大分歧,此次会议无果而终。

随着殖民国家纷纷取得独立,国际形势发生了深刻变化,第三世界国家在国际舞台上的作用日渐突出。他们强烈反对海洋霸权主义,并竭力推动建立公平合理的海洋法律新秩序。与此同时,世界人口的急剧增长、陆地资源的日渐枯竭和科学技术的迅猛发展,致使世界各国开发利用海洋资源的意愿更加迫切,旧的海洋法律秩序已不能满足时代发展的需求。各国先后出台相关涉海立法,并通过联合其他国家,或是借助国际组织与国际会议发表声明或宣言,试图塑造对其有利的海洋秩序,制定新的海洋法公约以顺应历史发展潮流已势在必行。

---

① 事实上,早在 1930 年,国际联盟在海牙主持召开了国际法编纂会议,并拟定了一份《领海地位条款草案》。但由于领海宽度问题涉及海洋大国与沿海国的根本利益,与会国始终无法达成一致意见,该问题并未得到有效解决。尽管如此,这次会议开启了国际社会制定海洋法的进程,并为未来的海洋法编纂奠定了基础。

第三次联合国海洋法会议于 1973 年 12 月 3 日在纽约拉开帷幕,到 1982 年 12 月 10 日《公约》通过并开放签署,共持续了 9 年,期间召开了 11 期 16 次会议。此次会议是联合国主持的规模最大、历史最长、所涉议题最复杂的全球性谈判。会议最终达成的《公约》由序言、17 个部分,共 320 条,另有 9 个附件组成,是国际海洋法典的集大成者,时任联合国秘书长德奎利亚尔也将《公约》评价为可能是"本世纪最重要的法律文件"。① 由于对《公约》第十一部分创设的国际海底区域(以下简称"区域")制度不满意,美国等具备独立开发"区域"能力的国家拒绝签署或批准《公约》,并私自签订了开发"区域"及其资源的协议。在联合国秘书长的推动下,《关于执行 1982 年 12 月 10 日〈联合国海洋法公约〉第十一部分的协定》(以下简称《执行协定》)于 1994 年 7 月 28 日获得通过,该协定对"区域"制度进行了大幅度修订,满足了发达国家的部分要求,也促使《公约》于 1994 年 11 月 16 日生效。截至目前,已经有 168 个国家和实体批准了《公约》,包括了除美国之外的所有联合国安理会常任理事国。关于《公约》与日内瓦海洋法四公约之间的关系,依据《公约》第 311 条第 1 款之规定,在各缔约国间,《公约》具有优先地位。

《公约》是通过协商一致而非武力战争达成的、全面调整国家间海洋关系的"海洋宪章",它反映了不同的利益集团在海洋权益方面的冲突与协调。正如《公约》序言中所指出的那样,《公约》在"妥为顾及所有国家主权的情形下,为海洋建立一种法律秩序,以便利……海洋资源的公平而有效利用……并将促进全世界人民的经济和社会方面的进展"。作为国际法发展过程中的一个里程碑,《公约》在对习惯国际法进行编纂的同时,也发展了国际法,标志着国际海洋法律秩序朝着更为公平合理的方向发展。首先,《公约》突破了传统的领

---

① U. N. Office of Legal Affairs, Divison for Ocean Affairs and the Law of the Sea, "The United Nations Convention on the Law of the Sea: A Historical Perspective", available at http://www. un. org/depts/los/convention_agreements/convention_historical_perspective. htm.

海与公海的二分法,将整个海洋分割为内水、领海、毗连区、群岛水域、大陆架、专属经济区、公海、"区域"等8个法律地位不同的区域,改变了世界海洋管辖权的版图,使世界政治地理发生了巨大变化。其次,《公约》打破了旧有的海洋法片面有利于少数海洋霸权国家的局面,吸收了很多第三世界国家的主张,反映了他们的利益诉求。再次,《公约》也部分考虑了地理条件不利国家的利益,赋予了其分享同一分区域或区域内沿海国专属经济区生物资源剩余部分的权利。

《公约》规范了缔约国的海洋行为,并为其主张与维护海洋权益提供了法律依据。但《公约》无法平息各国出于利益驱动的本能而角力海洋的行为,也无法从根本上改变以国家实力为后盾的国际海洋关系。随着全球化时代的到来,世界经济的重心向海洋转移,海洋的战略地位更加突出,海洋秩序的内涵也更为丰富。围绕海洋权益的争夺在很多地区变得更加激烈,国际社会关于海洋法律秩序的博弈与较量将长期持续下去。

第二节 当代国际海洋法律秩序的结构性缺陷

"日内瓦海洋法四公约"以及《公约》的制定和实施,标志着国际海洋秩序开始转向以规则为导向,特别是《公约》全面规范了海洋法律关系,推动了国际海洋秩序"从海洋霸权政治向海洋权利政治"的转变,[1]成为现代国际海洋法律秩序的核心。然而,由于《公约》是不同国家和利益集团博弈与妥协的产物,且是以"一揽子"方式接受,其中很多规定难免存在有意或无意的模糊之处,且

---

① 刘中民:《中国国际问题研究视域中的国际海洋政治研究述评》,载《太平洋学报》,2009年第6期,第79页。

受制于谈判时人类认知的局限,《公约》中也存在很多空白地带,未能给解决国际海洋纷争提供令人满意的答案。这些缺陷的存在使得《公约》让海洋被有序"瓜分"的同时,也促使一些国家滥用和歪曲《公约》,从而催生了许多新的纷争。与此同时,以美国为代表的国家,游离于《公约》之外,试图塑造一种以本国利益最大化为目标的海洋法律秩序。尽管随着发展中国家的崛起,他们在国际海洋事务中的作用日益增强,但现有的国际海洋法律秩序仍由大国主导,难言真正意义上的公正与合理。

一、《公约》体系内的国际海洋法律秩序及其明显缺漏

随着《公约》的实施,其中所存在的问题逐步凸显,导致海洋争端此起彼伏,对世界及区域的和平与稳定带来了很多不确定因素。当然,本文无意于对《公约》的所有缺陷进行论述,而是挑选部分代表性问题予以探讨。

(一) 海上安全与航行自由的关系模糊

保障海上安全是维护国家海洋权益的第一要务。然而,发展中沿海国出于维护自身安全的考虑与海洋强国对航行自由的追求,导致两者经常在领海和专属经济区内发生摩擦,从而给沿海国的海上和平与安全带来隐患。这主要体现在两个方面:首先,无害通过问题。《公约》第 17 条规定:"在本公约的限制下,所有国家,不论为沿海国或内陆国,其船舶均享有无害通过领海的权利。"这里的船舶是否包括军舰,《公约》并没有提供现成的答案。在实践中,各国根据自身的需求,采取不同的做法。一些海洋大国依仗强大的国防实力,为了便于其庞大的海军舰队能顺利通过他国领海,坚持无害通过权应适用于所有船舶。而发展中国家为了维护领海主权与安全,大多将享有无害通过权的船舶限定在商船,外国军舰想要通过他国领海,必须事先获得批准或予以通知。其次,专属经济区内的军事活动问题。为了平衡沿海国与海洋大国之间

的主张,《公约》刻意回避了军事问题。[①]《公约》赋予了沿海国对其专属经济区内海洋科学研究的管辖权,但并未明确军事测量是否属于海洋科学研究的范畴。有的国家从和平与安全的角度出发,认为未经沿海国许可,不得在其专属经济区内进行包括军事测量在内的军事活动。而美国等国家则根据"法无明文禁止即合法"的原则,认为专属经济区内的军事活动并未被《公约》所禁止,只要不从事侵略性的军事活动,该行为就是合法的,且在他国专属经济区内的军事活动无须经该沿海国的同意。[②]

(二)海洋划界原则及标准缺失

海洋划界问题往往与海洋资源开发、海洋环境保护、海上安全等问题交织在一起,成为海洋法的核心问题之一。当今的海洋纷争,大多出自海洋界限尚未划定的区域。《公约》规定沿海国可主张的专属经济区和大陆架的最大宽度,但囿于地理条件所限,《公约》的授权更多是体现在理论意义上。因为在现实中,沿海国的主张常常会与海岸相向或相邻国家之间发生重叠。在第三次联合国海洋法会议上,与会国关于海洋划界应适用何种原则与规则产生了激烈的争论,"等距离原则"集团与"公平原则"集团针锋相对,双方经过多轮交锋仍无法说服对方。鉴于此,《公约》仅在第74/83条笼统地规定,海岸相向或相邻国家间专属经济/大陆架的界限,应在国际法基础上以协议划定,以便得到公平解决。然而,《公约》并未明确划界的具体方法和标准,这种不具有可操作性的规定,无法解决实践中千差万别的划界争端。正如美国学者查尼所言:"海

---

① R. R. Churchill and A. V. Lowe, *The Law of the Sea*, Manchester: Manchester University Press, 1999, 3rd edition, p. 307.

② Raul (Pete) Pedrozo, "A Response to Cartner's and Gold's Commentary on 'Is it Time for the United States to Join the Law of the Sea Convention?'", *Journal of Maritime Law and Commerce*, Vol. 42, Issue 4, 2011, pp. 487 - 510.

洋法公约的生效对于海洋划界的争端解决只能起到非常有限的作用。"①

还有两个与海洋划界密切相关的问题也时常引发争议。一是《公约》第121条所确立的岛屿制度。该条第2款赋予了岛屿与陆地相同的海域主张能力，但考虑到实践中岛屿的社会经济属性差异显著，若不加区别地适用同一制度，势必会导致不公平的结果，故而该条第3款进一步规定："不能维持人类居住或其本身经济生活的岩礁，不应有专属经济区和大陆架。"《公约》并未明确"维持人类居住或其本身经济生活"以及"岩礁"的具体意涵，从而使当事国有较大的空间从利己角度进行解释。由于考量的因素存在较大的差异，国际社会普遍接受的观点仍付诸阙如。在实践中，为尽可能扩大管辖海域，国家一般不会对岛礁进行区分，而是宣称其拥有或主张主权的岛礁均拥有大陆架和专属经济区，而利益受损的国家则往往会提出与之相反的观点。在以往的判例中，国际司法和仲裁机构通常回避对岛礁之辨作出判断，转而从岛礁在海洋划界中的效力来处理争端。菲律宾单方面提出的"南海仲裁案"中首次对岛礁之辨作出"界定"，然而，"临时仲裁庭"的所谓"裁判"偏离了客观中立立场。可以预见，未来关于岛礁之辨的争论仍会持续。二是大陆国家洋中群岛基线划定规则问题。《公约》第7条规定了沿海国采用直线基线划定领海基线的条件，第46条赋予了群岛国家划定群岛基线的权利，但是这两条均未明确是否可以适用于大陆国家的洋中群岛。大部分拥有洋中群岛的大陆国家主张，《公约》并未明确禁止洋中群岛采用直线基线，亦未规定群岛基线为群岛国的排他性权利。在实践中，中国、英国、法国、加拿大、澳大利亚、印度、西班牙和葡萄牙等国家均采用了直线基线构建洋中群岛法律制度。② 相反，美国等国家因担

① Jonathan Charney, "Central East Asian Maritime and the Law of the Sea", *American Journal of International Law*, Vol. 89, No. 4, 1989, p. 725.

② See Kopela S, *Dependent Archipelagos in the Law of the Sea*, Leiden, Boston: Martinus Nijhoff Publishers, 2013, pp. 112 - 143.

心这种做法会导致公海面积缩减从而影响航行自由，故而反对大陆国家对其洋中群岛划定直线基线或群岛基线。

（三）"历史性权利"界定不明

历史性权利问题对于维护中国在南海的权益至关重要，也是海洋法中争论颇多的一个问题。1951年，国际法院在"英挪渔业案"的判决中提出了"历史性水域"的概念。《公约》在第10条、第15条以及第298条，均涉及了历史性海湾或历史性所有权。这些概念确认了历史性权利的存在。但考虑到实践中各海域的情况形态各异，难以形成一个放之四海而皆准的准则，故而《公约》没有界定这些概念之间的联系与区别，从而也导致学界关于历史性权利的内涵与外延存在较大的分歧。早期学者们关于历史性权利的探讨主要围绕其构成要件等问题展开，而近年来对于历史性权利的争论出现了一个新的趋向，即历史性权利是否被《公约》的专属经济区和大陆架制度所吸收。有的学者对此持肯定的观点，而其他学者却认为，《公约》未直接定义历史性权利的概念，意在将其交给一般国际法来规范，《公约》并不排斥历史性权利，《公约》的有关规定与历史性权利具有相容性。[①]

（四）争端解决机制的实效性与权威性均付之阙如

《公约》第十五部分构建了一套在当时其他任何多边条约中都无法找到的最深远、详尽和雄心勃勃的争端解决机制，[②]旨在为缔约国解决海洋争端提供一套通用的机制，以促进各国运用争端解决机制化解纠纷。《公约》规定，缔约国可通过书面声明方式选择或拒绝国际海洋法法庭、国际法院、《公约》附件七

[①] Zhiguo Gao, Bing Bing Jia, "The Nine-dash Line in the South China Sea: History, Status, and Implications", *American Journal of International Law*, Vol. 107, No. 1, 2013, p. 123.

[②] Robin Churchill, "Trends in Dispute Settlement in the Law of the Sea: Towards the Increasing Availability of Compulsory Means", in Duncan French, Matthew Saul and Nigel D White, eds., *International Law and Dispute Settlement: New Problems and Techniques*, Oxford: Hart Publishing, 2010, p. 155.

仲裁法庭和附件八特别仲裁法庭来解决有关本《公约》的解释和适用的争端。然而这种过于庞杂的机制,冲淡了争端解决机构设置的权威性,在实践中没有获得成员国的充分认可,进而使得争端解决结果的执行力难以得到充分保障。① 对于涉及国家主权和海洋权益的重大问题,很多国家不愿将自己束缚在某种强制争端解决程序中,包括中国在内的 30 多个国家已依据《公约》第298 条规定作出了排除性声明。值得一提的是,在这四种选择中,附件七仲裁庭不仅可以为第一选择,而且是唯一的剩余方法。然而,将附件七仲裁的提起、仲裁员的指派、仲裁程序的推进和仲裁裁决的作出等重要事项综合起来看,却可以发现,这种"司法化仲裁"的实际效果偏离了设计初衷,很多情形下既抛弃了仲裁的约定性(当事方合意),又未获得司法的法定性(法律规定),而是表现出相当的随意性,致使案件的决定权集中到少数人手中,体现的是某些特定个体的意志。②

除了上述问题外,《公约》中还有很多制度也面临缔约国谈判时未曾考虑的事宜,特别是《公约》设立的三大机构——国际海底管理局、大陆架界限委员会和国际海洋法法庭在履行职责的过程中均遇到不同程度的挑战和难题。尽管国际社会为了完善《公约》做出了一些努力,比如在《公约》项下制定了两个执行协定,但这些措施并没有从根本上改变《公约》所存在的缺陷。

正是由于《公约》存在诸多漏洞,导致缔约国之间在解释和适用《公约》时频频产生分歧。近年来,越来越多的国家将涉及《公约》解释与适用的争端提交诉讼或仲裁。国际司法和仲裁机构在为争端当事国定分止争时,对于法律

---

① 罗国强:《〈联合国海洋法公约〉的立法特点及其对中国的影响》,载《云南社会科学》,2014 年第 1 期,第 127 页。

② 王衡:《〈联合国海洋法公约〉附件七仲裁:定位、表现与问题——兼谈对"南海仲裁案"的启示》,载《国际法研究》,2015 年第 5 期,第 8 页。

问题往往有多种应对方法,既可以选择克制以回避问题,①也可选择填补法律漏洞、细化规则去解决问题,②可供选择的解释路径也不止一种,③有时甚至等同于创设新的规则,④而后者即所谓的"司法造法"。⑤ 英国著名国际法学家劳特派特指出:"司法造法是任何社会中司法运作之永恒特征……只要不是采取故意无视现存法律的形式,司法造法就是一种健康且无法回避的现象。"⑥

虽说国际司法和仲裁机构的裁决只是作为确定法律原则的辅助资料,且不构成先例,但在实践中,为保证裁决的一致性,国际司法和仲裁机构往往会引用先前的判例来进行佐证,即便要作出不同裁决,一般也会说明理由,以获得各方接受,这些一致的裁决成为证明习惯国际法规则的重要证据。与此同时,"司法造法"最终被纳入条约规则的情况也时有发生。例如,1951 年"英挪渔业案"中,国际法院首次认可了采用直线基线划定领海基线的合理性,而这一认定最终被 1958 年《领海及毗连区公约》采纳。在海洋法中,"司法造法"最明显体现在海洋划界规则方面。1958 年《大陆架公约》第 6 条规定大陆架划界应遵循"等距离/特殊情况规则",但 1969 年国际法院在"北海大陆架案"中却否认了等距离方法贯穿整个划界过程的优先地位,确立了"公平原则/相关情况"的划界规则。在后续的案例中,国际司法和仲裁机构对该规则进行不断

---

① 例如,在 1977 年"英法大陆架划界案"、1993 年"格林兰—扬马延海域划界案"、2009 年"黑海划界案"、2012 年"尼加拉瓜诉哥伦比亚领土与海洋争端案"等案件中,争端当事国的诉求中均涉及岛礁认定问题,但国际法院和仲裁庭通过考察岛礁在划界中的效力问题等方式巧妙地回避了这一问题。

② 例如,在"圭亚那与苏里南案"中,仲裁庭对《公约》第 74/83 条第 3 款所规定的海洋划界前临时安排制度进行了较为详细的解读。

③ 例如,在"爱琴海大陆架划界案"和"科特迪瓦诉加纳海洋划界案"中,关于临时性勘探活动是否违反《公约》规定的"不危害或阻碍最后协议的达成"的义务上,国际法院和国际海洋法法庭特别分庭的裁决就存在差异。

④ 例如,在菲律宾单方面提出的"南海仲裁案"中,"临时仲裁庭"关于岛礁认定问题、历史性权利问题的解读都超越了《公约》文本,属于典型的"造法"。

⑤ 齐飞:《WTO 争端解决机构的造法》,载《中国社会科学》,2012 年第 2 期,第 148、156 - 157 页。

⑥ Hersch Lauterpacht, *The Development of International Law by the International Court*, London: Stevens & Sons Limited, 1958, pp. 155 - 156.

修正,并在 2009 年"黑海划界案"中,演变为"三阶段海洋划界论"。① 此后,在涉及海洋划界的案例中,国际司法和仲裁机构均适用了这一方法,大有成为习惯国际法之势。② 可见,在塑造海洋法律秩序方面,国际司法和仲裁机构也发挥着越来越重要的作用。

需要指出的是,法官和仲裁员对于案件的裁决具有较大的自由裁量权,他们的性格、倾向和偏见等因素均能在较大程度上左右裁决的结果。如果说国际法院的法官在人员构成上能够兼顾世界各大法系和各大地理区域,那么临时仲裁庭的组成却难以满足这一点。甚至可以说,仲裁庭的组成人员不同,其裁决的结果可能会大相径庭。特别是当临时仲裁庭的组成夹杂着政治因素,带着特定的使命时,其"造法"行为的公平性就不得不令人怀疑。这种"造法",不仅违背了其应秉持的中立立场,而且会对国际海洋法治造成重大破坏,甚至沦为大国或强国的工具。因此,争端解决机构在"造法"时,必须掌握好火候,否则一旦引发当事国的强烈抗议,其权威性将严重受损。

二、美国主导的《公约》体系外国际海洋法律秩序

《公约》作为不同利益集团妥协与折中的产物,必然无法满足所有国家的全部利益诉求,这也导致一些海洋大国拒绝批准《公约》,并在《公约》之外采取行动,其中又以美国为典型。尽管美国是第三次海洋法会议的主要发起者之一,积极参与了《公约》起草的全过程,从议题设置、规则制定到外交进程把控等方面均发挥了主导作用,使《公约》中的多项制度体现了美国的利益关切,③

---

① Maritime Delimitation in the Black Sea (Romania v. Ukraine), *I. C. J. Reports*, 2009, paras. 115 - 122.

② 张华:《国际海洋争端解决中的"司法造法"问题——以"南海仲裁案"为例》,载《当代法学》,2017 年第 5 期,第 144 页。

③ 沈雅梅:《美国与〈联合国海洋法公约〉的较量》,载《美国问题研究》,2014 年第 1 期,第 57 - 58 页。

但美国仍然拒绝批准《公约》。美国国内不同的政治势力和利益集团在是否批准《公约》问题上,从军事、外交和经济等多个层面进行利益权衡,并展开了持续的辩论和博弈,美国参议院对外关系委员会曾在 2004 年、2007 年和 2012 年举行听证会,以期推动对《公约》的批准,但均以失败告终。正是由于当今世界实力最强的海洋大国游离在《公约》之外,有学者指出:"《公约》奠定了基本的海洋秩序,但是并没有完全构建起海洋秩序。"①

虽然美国没有批准《公约》,但是根据《维也纳条约法公约》第 18 条规定,作为一个已经签署《公约》且尚未明确表示不欲成为《公约》当事国的国家,美国仍负有义务不得采取任何足以妨碍条约目的及宗旨之行动。然而,美国将自身利益凌驾于《公约》之上,按一己好恶对《公约》随意做出解释,以维护其海洋霸权,甚至不惜与《公约》分庭抗争,在《公约》之外倡导和维护一套对其有利的国际海洋法律秩序。从总体上看,美国主要通过以下四种手段来实现其目标。

第一,主张《公约》的部分规定属于习惯国际法。对美国而言,判断《公约》的条款是否属于习惯国际法,完全是以其国家利益为准绳和归依。如果《公约》中的规定符合其自身利益,那么就极力主张这些规则属于习惯国际法,否则就否认其习惯国际法地位,并诉诸单边或其他双边行动。美国前副国务卿约翰·博尔顿(John Bolton)的一席话也可以反映出美国对国际条约的态度,他曾说:"根本就没有什么联合国,只有一个时常能够被世界上唯一的超级大国所领导的国际社会——这个超级大国就是美国""美国能够使联合国按照其意愿行事,对于美国而言,唯一的问题就是我们的国家利益是什么"。② 事实

① 马得懿:《海洋航行自由的制度张力与北极航道秩序》,载《太平洋学报》,2016 年第 12 期,第 4 页。

② John Bolton, speaking in New York on Feb. 3, 1994, available at https://www.democracynow.org/2005/3/31/john_bolton_in_his_own_words.

上,尽管《公约》中的部分条款具有习惯国际法地位,但《公约》本身并未指明哪些规则属于习惯国际法。一般认为,一项规则是否构成国际习惯需要满足物质要素和心理要素两个条件。其中,物质要素是指各国长期、反复和一致的实践,而心理要素是指各国的法律确信。① 对于《公约》中那些涉及复杂的妥协和巧妙的平衡的条款很难被视为习惯国际法。

第二,推行"航行自由计划",不断强化其海洋政策与主张。"航行自由计划"并非一个单一的文本。该计划由 1979 年卡特尔政府推出,并被历届美国政府所继承与发展,旨在防止其他沿海国的"过度海洋主张"挑战美国的海洋大国地位,以维护其坚持的传统意义上的航行自由,确保包括军舰在内的任何船舶在沿海国领海以外的海域能畅通无阻。"过度海洋主张"是以美国自创的"国际水域"和"国际空域"概念为基础,是一种单方推行的强制性行动。从整体上看,美国将海洋分为两个部分:第一部分是"国家水域",包括内水、领海和群岛水域,这部分海域处于沿海国的主权管辖范围之下;第二部分是"国际水域",包括毗连区、专属经济区和公海,该部分海域的上空属于国际空域,在这些区域,《公约》所规定的各国在公海享有的自由权利,包括军事活动权利都可顺利行使。然而,无论是"国际水域"还是"国际空域",均缺乏实在国际法依据,美国的"航行自由计划"实际上是以维护"航行自由"之名,行维护海洋霸权之实,其本质是"横行自由"。②

第三,发起"防扩散安全倡议",应对新的非传统安全威胁。2003 年,美国发起"防扩散安全倡议",这一倡议虽获得一些国家的响应和支持,但其本质上还是带有多边性质的单边主义。"防扩散安全倡议"中所确定的"拦截原则",不仅侵犯了无害通过权,更是突破了公海上实行的船旗国专属管辖原则。为

---

① 王铁崖主编:《国际法》,北京:法律出版社 1995 年版,第 14 页。
② 包毅楠:《美国"过度海洋主张"理论及实践的批判性分析》,载《国际问题研究》,2017 年第 5 期,第 112 页。

了解决这些法律障碍,美国与部分国家签订了《登临协议》。不过,由于与美国签订协议的国家并不具备相应的实力对美国的船舶行使登临权,其实际效果便成了美国唱独角戏的领域,[①]从而为美国干涉公海航行自由打开了缺口,促进了有利于美国的法律秩序的形成。

第四,通过签订多边或双边协议,意图开发"区域"和外大陆架资源。对《公约》第十一部分不满,是美国不愿批准《公约》的重要原因之一。早在1980年,美国就通过了《深海底固体矿产资源法》,并在1982年9月联合英国、法国和联邦德国,签订了《关于深海海底多金属结核临时安排协定》,以期规避《公约》中所规定的义务,确保自身利益最大化。尽管1994年的《执行协定》对这些国家做出了重大让步,但美国仍然认为《执行协定》赋予了国际海底管理局过高的权力,亦没有平衡好缔约国之间的权利和义务,可能会导致美国蒙受巨大的经济损失。同时,美国通过与周边国家缔结双边条约,确定其外大陆架的范围。[②] 美国认为,沿海国对外大陆架所享有管辖权和开发权是固有的,不取决于是否加入《公约》或是国际社会的认可。换言之,置身于《公约》之外,美国不仅可以开发利用外大陆架,而且还可免于向管理局缴付相关的费用。然而,当与美国海岸相邻或相向的国家按照《公约》规定提交有关外大陆架的申请并获得大陆架界限委员会的建议后,这些国家的行动便有了国际法依据,而美国关于外大陆架的主张或单边行动的效力并不具有确定性。[③]

总之,在海洋领域,美国往往先发制人地参与国际制度建设,确保国际规则对自身有利;否则就寻求改变规则,或者在力有不逮时弃之不理,走向单边;美国对国际条约的态度也完全视本国的利益而定,或者加入遵守,或者弃之不

---

① 牟文富:《美国在〈联合国海洋法公约〉之外塑造海洋秩序的战略》,载《中国海洋法学评论》,2014年第2期,第201-206页。

② Steven Groves, "Accession to Convention on the Law of the Sea Unnecessary to Advance Arctic Interests", *The Heritage Foundation*, No. 2912, June 26, 2014, p. 1.

③ 晁译:《美国对〈联合国海洋法公约〉的态度》,载《国际法研究》,2015年第3期,第32页。

顾,体现了鲜明的实用主义色彩和双重标准。[①] 可以断言,根据美国的一贯做法,未来美国会继续以利己主义为导向,一方面利用《公约》中对其有利的部分,另一方面又会超越《公约》,塑造并引领对其有利的国际海洋法规则。

三、强权政治结构对国际海洋法律规则的现实影响

国际法是国际法主体之间特别是国家间意志协调的产物。从《公约》的缔结过程来看,确实也反映了这一本质。然而,不可否认的是,近代国际法深受欧洲中心主义的影响,包括中国在内的亚非拉国家曾长期被排除在西方国家所认可的"文明国家"之外,它们被视为国际法的客体而非主体。尽管新兴大国逐渐崛起对原有的力量格局带来了较大冲击,致使传统的西方强国的地位有所下降,但其崛起是在现有国际秩序和规则体系内实现的,并没有构成对这个秩序和体系的根本性挑战和威胁,西方在总体上仍然主导着国际规则体系。[②] 有能力的强者不会在意是否签订契约,因为其不用担心受到惩罚和无法报复的情形,尽管人们可以期望他们通过与社会中的其他成员展开合作而不是进行斗争,会更有效地增进其利益,但是必须承认和面对契约被允许体现一些人有着比他人更大的商谈实力这一事实,如果契约不能反映商谈实力的差异,那些实力与所得份额不成比例的人们将产生推翻这一协议的动机。[③] 因此,条约从缔结、适用和解释到国际争端的解决,无一不受到大国有形或无形的支配,在习惯国际法的论证上,大国也具有天然的话语权,从而能更有效地在国际法的框架下保护其国家利益。[④]

---

① 沈雅梅:《美国与〈联合国海洋法公约〉的较量》,载《美国问题研究》,2014 年第 1 期,第 72 - 73 页。

② 高风:《南海争端与〈联合国海洋法公约〉》,载《国际政治研究》,2013 年第 3 期,第 159 页。

③ 丁玮:《海洋法中的正义观》,载《清华法治论衡》第 23 辑,清华大学出版社,2015 年,第 276 - 278 页。

④ 江河:《海洋法的特性演变与中国的海洋权益——以海洋基本属性为框架的研究与建议》,载《学术前沿》,2016 年第 23 期,第 58 页。

国际海洋法领域亦是如此，随着广大发展中国家海权意识的觉醒，这些国家开始积极参与国际海洋法规则的制定，国际海洋政治也向多极化转变。发展中国家通过坚持不懈地努力和顽强地斗争，使得其支持和倡导的多项主张被纳入《公约》之中，特别是专属经济区制度和"区域"及其资源是人类共同继承财产的确立，被赋予了非常高的评价。有学者甚至声称《公约》是发展中国家的胜利"。然而，发展中国家中得益于天然的地理条件能够充分主张专属经济区的只是少数，相反，位列专属经济区面积前列的是美国、法国、澳大利亚、新西兰、英国等发达国家。① 经《执行协定》修正的"区域"制度，发展中国家做出了巨大让步，极大地满足了发达国家的利益诉求。在当前的国际政治体系下，由于各国实力与权力大小的差距，导致传统的海洋强国依旧在议题设置、资源分配、制度设计等方面占据优势地位；新兴海洋国家要想突破原有的政治体系仍受到多种限制；较为弱小国家的利益则往往处于被忽略的境地。② 秩序背后是规则，规则背后依旧是实力。既然是以实力为基础，那么就必然会更多地反映强国的意志，体现强国的海洋权益。③ 因此，现有的国际海洋法律秩序不可避免地带有大国的色彩。

大国对国际海洋法的影响，不仅体现在海洋立法方面，还体现在海洋法的适用和解释上。以"菲律宾南海仲裁案"为例，所谓的"仲裁庭"④的组成、运行、裁决结果和各方对所谓"裁决"的态度等都说明，其明显受到了欧洲中心主义的影响，特别是最终实现了美国对航行自由的地缘政治需要。⑤ 所谓的"仲裁庭"

---

① 路易斯·B. 宋恩等著，傅崐成等译，《海洋法精要》，上海：上海交通大学出版社 2014 年版，第 136 页。
② 王琪、崔野：《将全球治理引入海洋领域——论全球海洋治理的基本问题与我国的应对策略》，载《太平洋学报》，2015 年第 6 期，第 20 页。
③ 车丕照：《国际经济秩序"导向"分析》，载《政法论丛》，2016 年第 1 期，第 3 页。
④ 仲裁庭由 5 位仲裁员组成，其中 4 位欧洲籍、1 位非洲籍。欧洲籍和非洲籍的仲裁员对于亚洲的海洋争端无法深入了解，裁决时可能会先入为主地注重法律形式主义，而忽略争端的实质。
⑤ 田士臣：《论中国关于南海仲裁案立场对维护国际法律秩序的意义》，载《边界与海洋研究》，2017 年第 4 期，第 77 页。

的"裁决"结果过于偏袒菲律宾,丧失了作为中立第三方应秉持的基本的公平与正义。可见,国家政治,特别是大国和强国的国家政治,可以使国际法的实施和解释变得缺少确定性和融贯性,致使国际法被割裂和被倾向性地选取适用。[①]

第三节　构建国际海洋法律新秩序的发展趋势

随着全球化进程的推进,国家间围绕海洋权益的竞争呈现出一系列新的特点,《公约》创制的法律秩序已不能完全适应和满足国际社会新的发展需求。为了缓和乃至解决国家间的海洋争端,维持世界和平与安全,应对全人类所面临的共同挑战,国际社会应竭力推动现有国际海洋法律秩序的革新,使之转变成一套兼具安全保障、公平利用和共同发展等价值取向,同时能妥善处理现存秩序中的若干矛盾的包容性体系,而各国在这一过程中应采取更加理性的态度,以坦诚务实的态度与其他国家展开合作。

一、构建国际海洋法律新秩序的价值取向

国际法律秩序的重构或是完善,不仅涉及权力与利益的重新分配以及国际制度的调整与改革,而且也涉及新的规范和理念得到更广泛的认同。由于国际社会中缺乏强制性的权威机构,国际秩序主要依靠各种非强制方式来实现,从而使国际秩序比国家内部的治理更多地依赖于国家的自愿服从。[②] 因此,国际社会在推动海洋法律秩序的完善时,应努力探寻共识性的价值理念,

---

① 夏丁敏:《论南海仲裁案的法律与政治——国际批判法学视角》,载《西南政法大学学报》,2017年第2期,第31页。
② 章前明:《从国际合法性视角看新兴大国群体崛起对国际秩序转型的影响》,载《浙江大学学报(人文社会科学版)》,2013年第1期,第6-9页。

这既是国际秩序合法性的基础,也是保障新秩序具有稳定性的基础,同时也是确保新规则能得到合理解释与适用的基础。

(一) 安全保障

国际关系的演变以及全球化所带来的更加激烈的竞争加剧了一些国家的不安全感。安全问题涉及国家的根本利益,因此保障海上安全是国际海洋法律秩序所追求的最重要的价值目标,离开了安全,该秩序所确立的其他诸如公平、发展等价值目标也就失去了依托。历史上,为争夺渔业权、航行权和制海权,国家之间不断爆发战争,海洋霸权的更替是通过战争的方式来实现的。当今国际社会,"和平与发展"已取代"战争与革命"成为新的时代主题,《联合国宪章》要求各会员国在其国际关系上不得使用威胁或武力,依仗坚船利炮横行世界,依靠殖民和剥削称霸世界已成为历史。尽管如此,海上并未太平,传统安全威胁虽然下降,非传统安全威胁却日益凸显。在科技不太发达的时代,海洋是沿海国天然的防御屏障,但现在海洋反而成为沿海国安全最易受到攻击的窗口。在国际贸易高度依赖海洋,人口越来越向沿海集中的趋势下,国际海洋法律秩序必须为国家的海上安全提供制度保障。这种保障至少包括以下三个方面:一是授权性规定。海洋法应提供确定性的制度和规则来保障各国能顺利开发和利用海洋。二是禁止性规定。海洋法应为各国的行为设定边界,防止各国在追求本国的合法海洋利益时,非法侵犯和干扰其他国家的权益,禁止国家采用武力手段过度主张本国的海洋权益。三是合作性规定。海洋法应为各国共同应对海上非传统安全威胁、维护和平稳定的海上安全秩序提供有效的制度供给。如前所述,目前海上安全威胁的性质已然发生了重大改变,国家的海上安全问题变得不再孤立,所有国家在海上安全方面都享有共同的利益,且没有一个国家能提供保障全球海洋安全所需要的资源。

(二) 公平利用

公平原则是各国在追求海洋权益过程中所应遵循的最为重要的原则,也是国际海洋法平衡各国海洋关系的根本性原则。① 多元的权利主体和多样的权利内容，必然要求国际海洋法能保证实质公平。尽管《公约》在一定程度上体现了公平价值，例如，从主体来看，《公约》保障了沿海国与内陆国、海洋大国与海洋小国、发展中国家与发达国家之间的主体地位平等；在内容方面，不同缔约国在《公约》中所享有的权利与承担的义务，是根据需求和能力等标准来加以分配。② 但《公约》在对海洋进行法律分割时，主要依据的是地理特征，尽管其中部分内容照顾了发展中国家和地理条件不利国，但是获益最多的还是海岸线较长的国家。而且《公约》是不同利益集团妥协与平衡的产物，在诸多制度的设计上缺乏可操作性，加之国际社会是一个平权社会，不存在凌驾于主权国家之上的世界政府来保障《公约》的实施，因而《公约》所确立的公平价值的实现效果难以得到保障。

与其他领域的国际秩序演变规律类似，国际海洋秩序的发展脉络大体上是从实力导向进化到规则导向，再进化到公平价值导向，前一个转化的重点是法律规则成为秩序的主要支撑，后一个转化的重点则是实力决定的法律规则向以公平为目标的法律规则的转化。③ 正如古希腊著名哲学家亚里士多德所言："法治包含两重含义：已成立的法律获得普遍的服从，而大家服从的法律又应该本身是制定的良好的法律。"如果说现今的国际海洋秩序是属于有"法"之"治"的话，那么，下一阶段的国际海洋秩序就应该是"良法善治"。当然，海洋法所体现的公平并不意味着要在国家间均等地分配海洋利益，这既不现实，也非真正的公平。因为每个国家的地理情况不一，经济发展情况不同，利益诉求也各异。有的国家可能需要通过海洋法给其创造和平的发展环境，有的国家

---

① 郭渊：《海洋权益与海洋秩序的构建》，载《厦门大学法律评论》，2005 年第 2 期，第 140 页。

② 张光耀：《〈联合国海洋法公约〉的法律价值与实效分析》，载《武大国际法评论》，2017 年第 3 期，第 105 页。

③ 车丕照：《国际经济秩序"导向"分析》，载《政法论丛》，2016 年第 1 期，第 10 页。

则希望获取满意的经济利益,还有的国家希冀以此来换取更强大的政治利益。国际海洋法中的公平应包括如下内涵:第一,各国能够平等地参与国际海洋事务;第二,各国从国际海洋法律制度中所获得的权益应该是均衡的,特别是发达国家诉求的满足不应建立在以牺牲发展中国家利益的基础上;第三,海洋法规则应该是清晰的具有可操作性的,而且存在相应的机制保障这些规则所确立的公平价值得以实现。

(三) 共同发展

现代国际秩序发端于欧洲,且欧洲各国在现代国际秩序的形成与演进中占据主导地位,但现代国际秩序不是欧洲(或西方)的"专利",当它演进到一定阶段时,就必然要超越欧洲的地理局限,将世界各国纳入其中。在这个体系内,所有参与者必须摒弃"零和"的思维和"兴替"的逻辑,摒弃所谓崛起国与霸权国必然冲突的"修昔底德陷阱"的思维。[1] 在以主权国家为核心构成的国际体系下,几乎所有的国家关系和国际合作秩序都必须建立在共同利益的基础上才能稳定。[2] 一套公正合理的海洋法律秩序,必须是各国共商、共议并能创造共赢结果的秩序。如果只是强者立法、弱者守法,甚至是让强者更强、弱者更弱的法律秩序,势必难以得到普遍认同和有效维护。

尽管一国的利益与其他国家和国际社会的整体利益存在某种程度的冲突,且从表面上看,他们处于国际关系矛盾天平的两端,各主权国家以维护国家海洋权益为目标来参与国际海洋事务无可厚非。但是,经济全球化造就了一个紧密相连的全球利益体系,该体系决定了各国寻求利益最大化的方式不再是排他性的零和博弈,而是合作与竞争下的共赢。[3] 对人类而言,海洋依然

---

① 王鸿刚:《现代国际秩序的演进与中国的时代责任》,载《现代国际关系》,2016 年第 12 期,第 7 页。

② 曹泳鑫:《国际秩序分层与新的国际关系体系》,载《现代国际关系》,2005 年第 6 期,第 15 页。

③ 贾庆军:《南海区域秩序的建构、解构与重构——基于海权视角的认知》,载《太平洋学报》,2015 年第 10 期,第 60 页。

具有太多的未知领域,在开发利用海洋的过程中,仍面临诸多风险和技术难题,从长远看合作还是最理性的选择。而且,海洋资源大多具有流动性和不可分割性的特点,各沿海国在海洋生态保护、海洋资源开发利用等方面都拥有天然的共同利益。[①] 同时,冷战结束后,国际安全形势发生了重大变化,威胁人类生存与发展的因素已突破了政治、军事等传统领域的边界,海盗、恐怖主义、海上走私、海洋污染、海上自然灾害等海上非传统安全威胁日益突出,而非传统安全威胁具有突发性、跨国性、复杂性以及和传统安全威胁相互交织、转化的特点,单凭一国的力量不足以应对这些威胁,只有国际社会特别是区域内国家展开积极互动,在海洋法的框架下采取富有成效的措施进行合作治理,才能有效克服这些困难。这也意味着,国家单方面的利益与其他国家和国际社会的整体利益并不一定是排斥的,而是可以兼容的。因此,国际海洋法律秩序必须兼顾所有国家的发展需求,让国际社会共享规则所带来的发展红利,特别是要让发展中国家积极融入进来,成为秩序演进的重要推动力量。

总之,安全保障、公平利用与共同发展是新的海洋法律秩序必须具备的三种价值理念。海洋安全为国家的发展提供保障,公平利用使海洋价值的正义得到彰显,共同发展则使得海洋法律秩序更加稳定与符合时代进步的要求。

二、构建国际海洋法律新秩序的路径选择:《公约》架构下的修正与完善

尽管《公约》存在诸多缺陷,但它在当今国际海洋法中的宪章地位是毋庸置疑的,抛开《公约》来构建一套新的海洋法律秩序显然是不现实的。尽管美国尚未批准《公约》,并在《公约》之外积极倡导对其有利的法律秩序,但是美国国内一直有一股力量推动批准《公约》,以便在未来的国际海洋法律规则制定

---

① 胡波:《中国海洋强国的三大权力目标》,载《太平洋学报》,2014 年第 3 期,第 89 页。

中掌握更大的主动权。

(一) 程序运用:启动《公约》修正机制

运用《公约》的修正机制对其进行完善,使之与时俱进,以适应新的海洋形势,是使《公约》焕发新的生命力的路径之一。《公约》第312条和第313条规定了两种修正程序:一种是召开缔约国会议审议修正案,此种程序必须获得不少于半数缔约国的支持;另一种是简易程序,此种程序不能有任何缔约国反对修正案或反对以该程序通过修正案。考虑到不同利益集团所侧重的因素存在差异,达成获得半数缔约国赞成的提案并非易事,而以简易程序推动《公约》的修改更是难以取得成功。当然,如果能在《公约》中建立一个组织机构审议和监督缔约国的履约情况,那么缔约国的海洋政策和立法将可能趋于一致,从而使其行为符合《公约》的目的和宗旨。① 无论如何,《公约》是精心平衡各个利益集团权益的产物,对其进行修改是一项牵一发而动全身的系统工程,必定会涉及一系列复杂问题,故而自《公约》生效以来,修正程序尚未被启用。

(二) 实体补充:制定《公约》项下的执行协定或补充文件

针对某些特定问题制定执行协定,是完善和发展《公约》行之有效的路径,这在实践中也有先例可循。1994年关于执行《公约》第十一部分的协定和1995年关于执行《公约》有关养护和管理跨界鱼类种群的协定均是例证。2015年联合国大会通过第69/292号决议,拟建立《公约》项下的第三个执行协定,即"国家管辖范围外海域生物多样性养护和可持续利用协定"。2017年7月,关于该问题的国际文件谈判预委会第四次会议在纽约召开,并在闭会时向联大提交了最终建议性文件。此外,为更好地规范"区域"资源的勘探工作,国际海底管理局分别于2000年、2010年和2012年就多金属结核、多金属硫

---

① Timo Koivurova, "A Note on the European Union's Integrated Maritime Policy", *Ocean Development & International Law*, Vol. 40, No. 2, 2009, p. 171.

化物和富钴锰铁结壳三种资源的探矿与勘探活动出台相应的规章,并在 2013年对多金属结核探矿和勘探规章进行了修正,使"区域"内的活动更为具体。可见,以执行协定等形式对《公约》进行修改与完善更容易取得成效。

(三) 协同合作:建立与相关国际组织间的规制性合作

国际组织是推动国际海洋法发展的重要力量,特别是一些专门性国际组织出台了一系列法律文件,对于填补《公约》的漏洞,促进国家间和平友好的开发利用海洋起到了极为重要作用。比如国际海事组织自成立以来,已经制定了四十多个公约或者公约修正案,为缔约国在海上航行安全、防止海上污染和海上救助等方面的行为提供了指引;国际渔业组织为海洋渔业资源的利用与保护制定了很多规则,改变了世界渔业资源被部分国家垄断的局面。[①] 此外,由于区域内的国家往往在历史传统、文化观念、现实需求上有相似之处,对于区域性问题,采用区域治理办法可能会产生更好的效果。全球性海洋秩序并不排斥区域性海洋秩序,甚至需要区域性海洋秩序进行补充。《公约》在专属经济区、闭海或半闭海、海洋环境的保护和保全、争端解决等部分均规定了通过区域手段或进行区域合作,以解决相关问题。一些区域性组织也制定了有关区域治理的文件,促进了区域海洋法律秩序的形成。

三、构建国际海洋法律新秩序应妥善解决的主要问题

(一) 海洋自由的正当性边界

海洋自由是现代海洋法的基础,而航行自由是海洋自由的首要原则。[②]某种意义上,海洋航行自由是海洋法治的主线索,一直贯穿于海洋秩序立法之

---

① 杨华:《海洋法权论》,载《中国社会科学》,2017 年第 9 期,第 171 - 172 页。
② 张磊:《论国家主权对航行自由的合理限制——以"海洋自由论"的历史演进为视角》,载《法商研究》,2015 年第 5 期,第 175 页。

中。① 随着国家主权不断向海洋纵深推进,海洋自由受到的限制越来越多。特别是自从《公约》通过以来,国际社会一直稳步地朝着更加限制自由的方向发展,公海本身也成为一个"受管理的公共区域",而不是自由可以充分行使的地区,在航行和捕鱼方面尤其如此。② 国际海洋法确立航行自由的本质在于促进国际社会的经贸往来,维护各国和平利用海洋的权利。而海洋强国主张的"海洋自由",一方面倡导、主张和维护最狭窄的领海宽度,另一方面是适用范围最广的航行自由,其主要目的在于保持其海军、空军能享有最大的行动自由,以实现其军事战略目标。③ 正是因为如此,尽管美国基于其自身地理优势而在专属经济区和大陆架制度中获益匪浅,然而其在谈判中始终坚持主张国际海峡和专属经济区的航行与飞越自由、科学研究自由以及"区域"的开发自由。④ 国家主权与海洋自由的博弈在短期内不会有定论,如何合理界定航行自由的边界,特别是对专属经济区内的军事活动达成广泛接受的确定性规则,是国际海洋法律秩序变革成功与否的重要标准之一。

(二)《公约》与其他国际海洋法之间的关系

尽管越来越多的习惯国际法规则被编纂为国际条约,使得习惯国际法的重要性有所下降,但是没有任何一部条约可以囊括所有的习惯国际法规则,即便两者有重叠之处,它们也是平行共存的关系。正如国际法院在"尼加拉瓜军事和准军事活动案"中所言,"即便习惯规则与条约规则内容相同,这也不是法院认为习惯法规则已被纳入条约法中,并剥夺习惯规则作为独立于条约规则

---

① 马得懿:《海洋航行自由的体系化解析》,载《世界经济与政治》,2015 年第 7 期,第 129 页。

② Michael Young, "Then and Now: Reappraising Freedom of the Seas in Modern Law of the Sea", *Ocean Development & International Law*, Vol. 47, No. 2, 2016, p. 180.

③ 牟富文:《美国在〈联合国海洋法公约〉之外塑造海洋秩序的战略》,载《中国海洋法学评论》,2014 年第 2 期,第 188 页。

④ 罗国强:《〈联合国海洋法公约〉的立法特点及其对中国的影响》,载《云南社会科学》,2014 年第 1 期,第 128 页。

而适用的理由……即使两项规则属于两个国际法渊源,而且其内容相同……这些规则仍然是各自独立存在的"。①《公约》虽然对国际海洋法中的习惯法规则进行了大规模编纂,但《公约》并未涵盖所有习惯法规则,《公约》亦不是国际海洋法的全部。事实上,《公约》序言就明确指出:"确认本公约未予规定的事项,应继续以一般国际法的规则和原则为准据。"《公约》第 74/83 条第 1 款规定海岸相向或相邻的国家间专属经济区/大陆架的界限,应在国际法院规约第 38 条所指国际法的基础上以协议划定,以便得到公平解决。而《国际法院规约》第 38 条所指国际法包括国际条约、国际习惯、一般法律原则、司法判例及各国权威最高之公法学家学说。《公约》第 293 条第 1 款规定:"根据本节具有管辖权的法院或法庭应适用公约和其他与公约不相抵触的国际法规则。"上述规定均表明,并非所有海洋法问题都由《公约》规范和调整,包括习惯国际法在内的其他国际法仍是国家主张海洋权利和解决海洋争端不可或缺的依据。而且,仍有一部分国家没有加入《公约》,根据"条约的相对性"原则,《公约》的内容只有成为习惯国际法时才会对非当事国具有约束力,而习惯国际法的认定又是一个非常复杂的问题。因此,推动海洋法律秩序变革的过程中,需要协调好《公约》与其他国际海洋法的关系。

(三) 守成与变革的诉求平衡

守成大国是国际规则的主要建立者,是既有国际体系的主导者,它们在全球地缘战略上力图维持一种除自身外的均势和平衡;崛起大国则试图改革甚至颠覆对其不利的现有国际规则与国际体系。② 冷战结束以来,现有守成大国与崛起的新兴国家间围绕国际秩序变革的斗争变得十分激烈,这同样反映

---

① Military and Paramilitary Activities in and against Nicaragua (Nicaragua v. United States of America), Judgment, *I. C. J. Reports*, 1986, paras. 177 - 178.

② 李文:《告别霸权时代:新型国际秩序的四个重要特点》,载《学术前沿》,2017 年第 4 期,第 18 页。

在国际海洋法领域。对于从《公约》中获利甚丰的海洋大国而言,推动海洋法律秩序革新的动力不足,即便对于其中的模糊之处,由于这些国家在运用和解释国际法规则上具有优势,《公约》某种程度上的模糊性反而给这些国家按照利己原则来解释预留了空间。然而,随着新兴大国的崛起,新的规则必须适当满足其合理的诉求,否则将难以推行。在全球化的背景下,国家仅仅依赖自身经济基础、政治外交关系、民族文化传统所形成的对国家边界和主权的限制,只能滋生更多的海洋争议。① 为了取得有效成果,各国必须在协商过程中追求更为理性的利益,特别是西方大国应在某种程度上满足新兴大国有关海洋法律秩序变革的合理要求。

对于美国在国际海洋法律秩序中该扮演何种角色的问题,美国内部也陷入了意识形态斗争之中:国际法制主义和单边例外主义何者更能使美国受益?经济自由主义和国际社会主义,何者更具优势? 说到底,问题的根本可归结为主权私利与国际公利之间的取舍。② 目前来看,在这种竞争中,主权私利取得了最终胜利。然而,国家对其个体利益的过度追求必然会损害他国利益甚至全人类的共同利益。一个理性的国家不应漫无边际地提出自己的权利主张,而是会在实施自己权利主张时做好两件事情:一是尽可能通过一系列制度安排提高自身权利主张内的收益获取效率和总量;二是尽可能避免国内、国际社会要求自己为获取的收益支付不合理成本。③ 因此,国际海洋法律秩序革新的过程中,各国不能一味地追求本国利益最大化,而是要适当顾及其他国家和国际社会的整体利益,不仅要寻找利益交汇点,争取创造共赢,甚至在必要的

---

① 张光耀:《〈联合国海洋法公约〉的法律价值与实效分析》,载《武大国际法评论》,2017 年第 3 期,第 106 页。

② Christopher C. Joyner, "International Law", in Alexander DeConde, Richard Dean Burns, and Fredrik Logevall ,eds. , *Encyclopedia of American Foreign Policy*, Vol. 2, New York: Charles Scribner's Sons Gale Group, 2002, p. 277.

③ 孔志国:《〈联合国海洋法公约〉与中国海权策略选择》,载《问学馆》,2010 年第 3 期,第 44 页。

时候要让渡部分自身的权益。只有国际社会所有成员，尤其是传统海洋大国和新兴大国都赞同的海洋法规则得以形成，国际海洋法律秩序的革新才能得以实现。

第四节　中国在国际海洋法律新秩序构建中的角色定位

　　总的来看，《公约》对国际海洋法律秩序的建立起到积极作用，但"《公约》的原则可能存在问题，因为其很大程度上是在亚洲语境之外形成的。《公约》缺乏对该地区历史上主权间关系和朝贡关系的关注，也忽视了大多数亚洲国家惨痛的殖民经历"。[①] 且对于亚太国家而言，由于所处的亚太海域较为狭长，没有一个国家声称的大陆架界限或划出的 200 海里专属经济区不会与其他国家的主张发生重叠。[②] 具体到中国，作为一个"地理相对不利的国家"，在以《公约》为核心的国际海洋法律秩序下，中国海洋权益的维护面临着岛礁被侵占、海域被瓜分、资源被掠夺、生态被破坏、安全受到威胁等诸多挑战。中国作为崛起中的新兴大国以及安理会常任理事国，应承担历史赋予的使命，积极推动国际海洋法律秩序向更加公正合理的方向发展。当然，这并不意味着中国另起炉灶去倡导一套不同于《公约》的海洋法律秩序，而是应努力推动《公约》的完善和发展，同时要跳出《公约》的窠臼，积极探寻和充分利用《公约》之外的国际海洋法，以更好地维护国家海洋权益。

　　[①]　Kun-Chin Lin, Andres Villar Gertner, *Maritime Security in the Asia-Pacific: China and the Emerging Order in the East and South China Seas*, London: Chatham House London, 2015, p. 22.

　　[②]　Phiphat Tangsubkul, *ASEAN and the Law of the Sea*, Singapore: Institute of Southeast Asian Studies, 1982, p. 111.

一、现有国际海洋法律秩序下中国海洋权益维护面临的挑战

中国海域辽阔,拥有漫长的大陆和岛屿海岸线,但是中国属于"海洋地理位置相对不利国家"。中国与8个海上邻国存在主张重叠海域,海洋权利正遭到这些邻国的蚕食。在黄海,中国与韩国、朝鲜存在海域划界纠纷。在东海,中国固有领土钓鱼岛及其附属岛屿问题上,日本不时挑起事端,且中日双方关于海域划界的原则也存在较大的分歧。在南海,海洋权益受到侵犯更加严重。一是岛礁被侵占。中国南沙群岛的许多岛礁被越南、马来西亚、菲律宾等国非法侵占。二是海洋资源被掠夺。其他南海争端当事国在"九段线"内打钻了大量油气井,每年攫取的油气超5 000万吨。此外,中国自1999年开始,在南海实施伏季休渔,旨在促进渔业资源的持续发展,但其他争端当事国完全不理会中方养护渔业资源的措施,乘机大肆捕捞,致使南海渔业资源锐减。三是域外国家势力不断向南海渗透。特别是随着"亚太再平衡"战略的实施,美国对南海的介入逐渐由幕后走向前台,不仅对南海地区的和平与稳定构成了极大的挑战,也使中国海洋权益的维护更加艰难。

中国是被西方列强强行纳入现代国际秩序的,并长期被排除在国际海洋规则的制定之外。直到20世纪70年代,中国才有机会参与国际海洋法律秩序的构建。第三次联合国海洋法会议是中国恢复在联合国合法席位后首次参加的重要国际多边谈判,虽然中国政府代表团全程参与了各期会议,但正如有学者所言,在整个谈判过程中,中国除了参与程序性规则的构建及支持广大发展中国家的要求之外,并没有发挥突出的作用。[①] 其主要原因在于:海洋法会议议题众多且非常复杂,会议谈判期间,中国经历了从"文革"到改革开放的历

---

① Hungdah Chiu, "China and the Law of the Sea Conference", *Occasional Papers/ Reprint Series in Contemporary Asian Studies*, Vol. 41, 1981, p. 25.

史巨变,可谓百废待兴,①中国不仅缺乏相关的法律专家,而且本身的海洋立法、执法和管理体制均非常落后,海洋开发利用技术也远不如其他海洋强国。加之当时中国面临复杂的国际环境,反帝、反殖、反霸是当时的重要外交任务之一,因此,尽管中方代表团逐渐意识到中国的利益未必与第三世界国家一致,但为了实现外交目标,中国需要赞成其主张,以获得他们相应的支持。可以说,中国采取包容开放态度,接受了一些不甚满意甚至是与中国立场相悖的条款,作出了较大的让步,为《公约》的早日通过做出了重要贡献。然而,一个不可回避的严峻事实是,中国支持和同意的很多制度给自己造成了严重的不利和困扰。② 在《公约》制定过程中话语权的缺失,也是造成目前我国维权面临诸多困境的重要原因。

二、中国的国际海洋法律秩序观及其实现路径

(一) 角色与责任

纵观海洋法律秩序的变迁过程,每一次变迁都是由当时最具实力的国家,主动提出和选择最有利于扩大自己权益的规则所导致的,无论是西班牙和葡萄牙最初提出的"闭海论"原则,后起的荷兰要求的"海洋自由"原则,还是英国和美国坚持的3海里领海权原则,都是为了保证处于优势地位国家获取最大的海洋权益。③ 秩序主导者的接力棒在这些国家间交接时都历经战争,故而

---

① 高风:《南海争端与〈联合国海洋法公约〉》,载《国际政治研究》,2013年第3期,第156页。

② 例如,当时中国基于军事安全的考虑,坚持军舰在通过他国领海前须征得同意。但随着我国对外开放的发展,我国商船通过别国领海日益频繁,军用船舶必要时也开始远航。因此,从长远看,根据对等原则,要求外国军舰通过领海必须事先同意,未必对我国有利。再如,《公约》第十一部分创设了"区域"这一新的概念,在中国等广大发展中国家与发达国家的博弈下,最终将"单一开发制"改成"平行开发制"。而现在中国已具备开发"区域"的能力,"平行开发制"便成为一种束缚。罗国强:《〈联合国海洋法公约〉的立法特点及其对中国的影响》,载《云南社会科学》,2014年第1期,第129页;赵理海:《〈联合国海洋法公约〉的批准问题》,载《北京大学学报(哲学社会科学版)》,1991年第4期,第59页。

③ 李亚敏、杨值珍:《国际海洋秩序演进中的中国》,载《新远见》,2007年第2期,第73页。

传统国际关系理论认为,新兴国家在崛起中必然会挑战现有国际体系和国际秩序,甚至会爆发战争,因为一方面传统大国要维护其霸权地位,另一方面新兴大国又有修正现有体系的抱负。① 也正因如此,面对中国的高速发展,国家社会表现出种种犹疑甚或猜忌,部分政治家和媒体借机妖魔化中国,"中国威胁论"一时间甚嚣尘上。

目前,中国在国际社会的身份具有多重性。首先,中国仍是发展中国家,这意味着中国在推动国际海洋法律秩序革新时,不能完全脱离这些国家的立场和利益诉求。其次,中国是发展最为迅速且国际影响力日益凸显的新兴大国,故而对于美国推动的一些服务于其全球性强国利益的新规制和标准及其所催生的新秩序,中国最终也可能受益。② 再次,中国是一个负责任的大国及安理会的常任理事国。作为国际体系的积极参与者、建设者、贡献者,中国在积极谋求有利于自身利益规则的同时,也必须为维护人类共同利益而承担力所能及的责任与义务。③

(二)新型海洋秩序观

中国通过对自身与国际社会关系的清醒认识,明确自身的角色定位与责任后,在和平、发展、共赢等核心内涵的基础上,奉行"亲、诚、惠、容"的周边外交理念、践行"共同、综合、合作和可持续"的"亚洲安全观",提出了新型大国关系、人类命运共同体等重要主张,积极倡导和推动"一带一路"建设,不断完善

---

① 秦亚青:《世界格局、国际制度与全球秩序》,载《现代国际关系》,2010 年庆典特刊,第 15 页。

② 例如,约有 90%与海洋遗传资源有关的专利掌握在 10 个国家手中,这似乎意味着中国应该站在发展中国家的立场一边。然而,中国已在海洋遗传资源的勘查方面取得重大进展,并处于世界领先地位,这似乎又意味着采取先来先得的立场对中国最为有利。胡仕胜:《对当前国际秩序转型的几点看法》,载《现代国际关系》,2014 年第 7 期,第 9 页;余民才:《中国与〈联合国海洋法公约〉》,载《现代国际关系》,2012 年第 10 期,第 62 页。

③ 石斌:《秩序转型、国际分配正义与新兴大国的历史责任》,载《世界经济与政治》,2010 年第 12 期,第 95 页。

符合国际秩序发展规律、适应本国发展与国际秩序共同需求的国际秩序观。[①]
在海洋领域，中国倡导"和平、合作、和谐的海洋安全观"；发展"蓝色伙伴关
系"；主张"构建和维护和谐海洋秩序，加强国际合作与协调，保障海洋的和平、
安全与开放，促进各国共同发展；统筹兼顾海洋的科学保护与合理利用，实现
海洋的可持续发展；平衡处理沿海国利益和国际社会整体利益；妥为顾及所有
国家合法利用海洋的权利和自由，尤其对发展中国家、内陆国和地理不利国的
海洋活动应给予特别关注；和平解决海洋争端，维护相关海域的和平与稳
定"。[②] 这些立场也同样反映了中国的海洋法律秩序观。将自身的海洋权益
的维护与建立公正合理的国际海洋法律秩序结合起来，将国际海洋法律新秩
序置于人类社会共同发展的框架之下，打造海洋命运共同体，意味着中国所倡
导的国际海洋法律秩序更具包容性，[③]这种包容性根植于中华传统文化和社
会主义制度所独有的优越性，以及长期外交实践的经验积累和总结。无论如
何，有别于历史上推崇实力政治的国际海洋法律秩序逻辑，在和平与发展成为
当今时代的主题下，维护国家海洋权益一直是中国海洋政策的出发点。但是，
中国应该以第三次海洋法会议为鉴，在推动与参与国际海洋秩序变革中，不能
以静止的眼光盲目地跟从发展中国家的脚步，而是要具有前瞻性的战略眼光，
在实力增长与利益诉求的扩大之间寻求平衡。

（三）新秩序塑造的行为选择

中国已经过了纯粹参与西方大国主导国际规则的阶段，也不再是片面与
国际规则接轨的阶段。因此，中国不能以"搭便车"的心态享受秩序变革的成
果，不能仅仅作为国际海洋法律秩序变革的因变量，而是要通过积极主动的提

---

① 董贺、袁正清：《中国国际秩序观：形成与内核》，载《教学与研究》，2016 年第 7 期，第 50 页。
② 中国常驻联合国副代表王民大使在"关于纪念《联合国海洋法公约》开放签署 30 周年的发
言"，http://www.fmprc.gov.cn/ce/ceun/chn/hyyfy/t939870.htm.
③ 郑志华：《中国崛起与海洋秩序的建构——包容性海洋秩序论纲》，载《上海行政学院学报》，
2015 年第 3 期，第 96 - 105 页。

案,成为变革的自变量。当然,这并不意味着中国要完全颠覆现有的国际海洋法律秩序和话语体系,这既无必要也不可能,对于现有海洋法律秩序中的合理部分应该予以支持并加以利用,对于不合理的部分,则应该极力摒弃和革新。

1. 积极倡导并参与《公约》的修改与完善

在新的国际形势下,《公约》暴露出来的缺陷越来越多,而且以现在的眼光来看,当初中国所坚持的一些观点并不利于自身海洋权益的维护,有学者甚至指出,《公约》中没有哪一项新制度是特别眷顾中国的。① 特别是菲律宾单方面提出所谓"南海仲裁案"后,一系列海洋争端给中国海洋维权带来诸多困境和挑战,于是有学者建议中国应该根据《公约》第 317 条所赋予的权利,退出《公约》。他们认为,退出《公约》后,中国可以不受《公约》限制,从而在解决与周边国家的南海纠纷时,有更大的处理空间。② 很显然,这一做法无法从根本上解决中国与海上邻国之间的海洋争端,甚至会阻碍中国海洋事业的长期发展。退出《公约》不仅仅是一个法律行动,而且还是一件重大的外交和政治事件,作为一个负责任的大国,对此必须慎重考虑。目前来看,中国并未有退出《公约》的迹象:一方面,中国一直高度评价《公约》在国际海洋事务中的作用,积极参与《公约》设立的三大机构的工作,参与缔约国会议以及其他涉及《公约》事项的机制,致力于维护《公约》的完整性和权威性;③另一方面,《公约》获得广泛接受,特别是与中国存在南海纷争的邻国均已批准了《公约》,即便中国退出《公约》,其中所包含的许多习惯法规则对于非缔约国仍然可以适用。事实上,很多纷争在《公约》出台之前就已存在,退出后未必就能得到妥善解决,

---

① 余民才:《中国与〈联合国海洋法公约〉》,载《现代国际关系》,2012 年第 10 期,第 57 页。

② 马英杰等:《〈联合国海洋法公约〉退出机制及我国的考量》,载《太平洋学报》,2013 年第 5 期,第 30 页。

③ 余民才:《中国与〈联合国海洋法公约〉》,载《现代国际关系》,2012 年第 10 期,第 59 页。

甚至并不是通过法律手段可以完全解决。中国依据《公约》所获得的权益并不限于南海一地，①一旦中国退出《公约》，将无法有效参与到全球海洋政策的决策中去，例如无法向《公约》设立的三大机构推荐相关法官、委员和专家等，从而丧失部分海洋事务发言权，失去推动有利于自身发展的海洋规则形成的机会。② 而且，退出《公约》将不利于塑造中国遵守国际法的形象，未来中国在倡导相关海洋法规则时，其他国家也会心存疑虑。因此，目前对中国来说较为现实的做法，还是留在《公约》体系内；但要注意以辩证的态度来重新审视中国与《公约》之间的关系。③ 同时，中国可联合其他国家，利用《公约》的修正机制，推动《公约》的完善，特别是对于争议较大的无害通过制度、专属经济区内军事活动制度、岛礁制度制度、大陆国家洋中群岛基线制度，中国应提出建设性方案，为制定相关执行协定而努力。

2. 主动创制并推进《公约》之外国际海洋新规则的建设

当然，这并不意味着中国应该拘泥于《公约》的窠臼，不去探寻和塑造其他有效的规则。当前，中国已位列全球第二大经济体，而美欧则因为债务危机导致经济增速放缓，影响力相对下降，这为中国提升在国际海洋事务中的话语权，积极塑造国际海洋法律秩序提供了契机。特别是对于现行海洋法中久拖不决的争议问题和由于时代发展涌现出来的新兴问题，中国应提出具有建设性的方案。为此，中国必须在全球、区域和双边三个层面加强自身的议题设置能力。在全球层面，中国需要超越传统地区视角和维度在全球范围内定位合

---

① 例如，《公约》第十一部分所规定的"区域"总面积约 2.517 亿平方公里，占地球表面积约 49%，其中蕴藏着种类多样、储量丰富的矿产资源。中国依据《公约》及相关制度的规定积极申请，于 2001 年获得东太平洋多金属结核勘探矿区、2011 年获得西南印度洋多金属硫化物勘探矿区、2013 年获得西太平洋富钴结壳勘探矿区、2017 年获得东太平洋克拉里昂—克利帕顿断裂区多金属结核勘探矿区、2019 年获得西太平洋多金属结核勘探矿区，成为在"区域"拥有最多资源专属勘探矿区的国家。

② 高风：《南海争端与〈联合国海洋法公约〉》，载《国际政治研究》，2013 年第 3 期，第 156 页。

③ 罗国强：《〈联合国海洋法公约〉的立法特点及其对中国的影响》，载《云南社会科学》，2014 年第 1 期，第 131 页。

作者,在这一过程中作为发展中国家和新兴大国的代表,中国需要团结这些国家,提出真正代表中国和这些国家共同诉求的议题主张和秩序理念,与它们一道推动国际海洋法律秩序的改良。① 考虑到一些专门性国际组织在塑造国际海洋法方面的重要作用,中国还应积极参与相关国际组织的活动,充分借助这些平台表达自身的观点和立场,推动和促进海洋法特定领域文件的出台,以协调国家的实践和促进海洋法的丰富与发展。

中国的崛起离不开稳定的周边环境,与我国存在海洋权益纠纷的国家主要也是周边国家。由于地理上的毗邻,周边国家在历史传统、文化理念等方面存在很多共同之处,与这些国家达成共识,不仅能够有效解决彼此之间的争端,同时还可以形成一股重要的力量推动国际海洋法律秩序的变革。目前,我国仅与越南签订了北部湾划界协定,而与其他邻国的海上界线均未划定。为缓和与周边国家的争端,促进共同发展,我国与争端当事国签订了一系列划界前的临时安排,如 1997 年《中日渔业协定》、2000 年《中韩渔业协定》、2005 年《中朝海上共同开发石油协定》。在多边协定方面,我国与东盟国家于 2002 年签署了《南海各方行为宣言》(以下简称《宣言》)。遗憾的是,《宣言》并未得到有效落实。自 2009 年以来,菲律宾、越南、马来西亚等国多次公然挑战地区规则,致使南海争端不断升温,特别是 2013 年菲律宾单方面提起所谓"南海仲裁案",更是导致南海地区出现剑拔弩张的局面。这表明《宣言》的制度设计和内容构建存在较大的缺陷,无法有效起到保障区域稳定的作用。为防止域外国家在南海地区的影响力进一步扩大,给区域秩序的构建增添不可控因素,在区域层面,中国需要和东盟制定出更具约束力和可操作性的准则,建构更加公正、适应地区形势的海洋秩序。事实上,近年来的一系列纠纷也为争端当事国

① 高程:《从规则视角看美国重构国际秩序的战略调整》,载《世界经济与政治》,2013 年第 12 期,第 97 页。

加快探索"南海行为准则"（以下简称"准则"）提供了契机。2017年8月，第50届东盟外长会正式通过了"准则"框架；2018年8月，"准则"单一磋商文本草案形成。这些文件包含了"准则"的目标、原则、基本承诺等内容，从而为下一步磋商奠定了基础。当然，各方围绕"准则"的法律约束性、适用海域范围、执行措施与仲裁机制等关键问题的博弈不会停息，甚至在东盟内部也尚未达成共识，"准则"案文的磋商可能会是一个较为漫长的过程。①

再次，在双边层面，中国应加强与大国和邻国的互动。并非所有问题都可以在《公约》的框架内解决。对于通过修改仍无法纳入或是不宜纳入《公约》的规则，只要不恶意损害第三方或国际社会的利益，中国可以通过双边或多边方式来加以规制，这些协定可以成为习惯国际法的重要证据。为此，中国要和传统海洋大国特别是美国之间积极对话、客观理性看待彼此的诉求和意愿，摒弃二元对立思维，尊重彼此的利益关切，通过缔结相关协定，规范双方在特定领域的行为，确保相关海域的秩序和安全。在与海上邻国的互动方面，中国与东盟各成员在关系亲密程度和利益诉求等方面存在差别，各方在利益认知和理解上也存在差异，这需要我们在加强与东盟整体的海洋伙伴关系的同时，还要注重提升与单个国家的合作水平，从而形成整体合作和双边合作共同驱动的良性格局。②

3. 努力提高对国际海洋法的理解能力和运用水平

有学者将国际秩序所蕴含的内容分为两类，一类是以联合国为中心的国际规则体系（包括《公约》），称之为"基础制度"，它们大多是各种政治力量相互妥协与折中的产物，虽然西方在联合国的优势地位仍然明显，但这个体系毕竟

---

① Ian Storey, "Assessing the ASEAN-China Framework for the Code of Conduct for the South China Sea", *ISEAS Perspective*, No. 62, 2017, pp. 5－7.

② 韦红、颜欣：《中国—东盟合作与南海地区和谐海洋秩序的构建》，载《南洋问题研究》，2017年第3期，第8页。

是当今大多数穷国弱国参与世界事务最民主和最有效的平台,至少保证了"法律上的平等"(相对于事实上的平等),是相对公平的、中性的;另一类是国际关系中的传统和惯例、国际力量对比和结构性变迁、各种结盟关系和地缘政治格局等等,称之为"国际结构",其反映的是现实世界中的权力关系,它不是完全中性的,且是可变的。① 随着中国与国际接轨的程度不断加深,特别是在国际经贸领域参与了一系列司法或仲裁程序,我们会发现越来越多的国际规则可以被认定为技术中性的。未来的海洋争端中,法律战将更加激烈,有关其解释与适用在博弈中的权重也会进一步上升。"法律适用者并非机械、被动地利用凝固在历史时间中的立法者作品,而是通过'解释'来参与法律意义的重构,不断在规范与规范之间、规范与事实之间的双向对流解释中将其意义期待目的愿望和功能意向重构'投射'于法律之上,从而澄清法律文本的意义。"②如果我们能够加强对这些规则的理解和运用,它们同样能够符合中国的利益诉求。因此,中国要加强对《公约》的解释和应用能力,主动驾驭《公约》,善意与灵活地解释《公约》,而非疲于应对其他国家提出的挑战,这不仅是维护中国海洋权益的需要,也是中国参与国际海洋法律秩序,作出负责任贡献的需要。③

中国历来主张用协商与谈判的方式来解决与邻国的领土主权及海洋划界争端,这种温和的立场,反映了东方民族厌诉与"和为贵"的传统,也暗含着中国对国际司法的不信任心态。④ 造成这一现象的原因在于,近代中国是被欧洲列强用坚船利炮强行纳入其主导的国际制度,然而,当中国被迫纳入现代国际秩序后,并未被以主权国家体系为基础的近代国际秩序所代替,被代替的是

---

① 高风:《南海争端与〈联合国海洋法公约〉》,载《国际政治研究》,2013 年第 3 期,第 160 - 161 页。

② 舒国滢:《法哲学沉思录》,北京:北京大学出版社 2010 年版,第 302 页。

③ 胡波:《中国海权策:外交、海洋经济及海上力量》,北京:新华出版社 2012 年版,第 173 页。

④ 季烨:《国际法的局限性:钓鱼岛主权争端的一个补论》,载《台湾研究集刊》,2013 年第 1 期,第 19 页。

一种不平等条约的秩序，中国对外关系所适用的不是国际法原则和规则，而是不平等条约。① 这一现实使中国很难对采取法律手段解决国际争端抱有乐观态度。因此，2006 年 8 月 25 日，中国根据《公约》第 298 条规定，向联合国秘书长提交声明，对于涉及海洋划界、历史性海湾或所有权、军事和执法活动等方面的争端，不接受《公约》规定的任何强制争端解决程序。这也导致中国严重缺乏通过司法或仲裁方式解决国际争端的实践。然而，实践表明，无论是全球还是亚洲范围内，越来越多的国家将海洋划界等争端诉诸第三方争端解决机构来处理。可以预见，今后中国可能还会遭遇类似"菲律宾南海仲裁案"闹剧的挑战。因此，无论怎样从法律上、政治上还是道德上分析该案的后果，中国应该以此为鉴，制定适应国际争端解决司法化的长期战略，做好海洋法律治理能力建设和海洋法律人才建设，而不能一味地轻视司法或仲裁解决争端的方法。② 通过参与国际司法或仲裁机构的程序，中国可将其关于国际海洋法规则的解读系统地呈现出来，这无疑有利于提升中国塑造国际海洋法律秩序的能力。同时，也可以扭转某些国家将中国视为国际规则的"破坏者"的偏见。

三、提升国际海洋法律秩序塑造能力的保障

"打铁还需自身硬"。中国要想在国际舞台上有所作为，必须努力加强自身能力建设，解决好自身存在的问题，只有"发展自己"，才能"影响世界"。

（一）推进海洋强国的建设

党的十八大报告提出"提高海洋资源开发能力，发展海洋经济，保护海洋生态环境，坚决维护国家海洋权益，建设海洋强国"。党的十九大报告提出"坚持陆海统筹，加快建设海洋强国"。建设海洋强国的战略目标，是应对日益激

---

①　王铁崖：《国际法引论》，北京：北京大学出版社 1998 年版，第 391 页。
②　江河：《海洋法的特性演变与中国的海洋权益——以海洋基本属性为框架的研究与建议》，载《学术前沿》，2016 年第 23 期，第 63 页。

烈的岛礁主权纠纷和海域划界纠纷的有效措施,也是提升中国在国际海洋法律秩序构建中话语权的有力保障。建设海洋强国是一个庞大的系统工程,不仅需要发达的海洋经济、先进的海洋科技、健康的海洋生态,更重要的是具备强有力的维护本国海洋权益的能力,因为任何一项战略目标的实现都需要以一定的实力为基础。历史反复证明,国际海洋事务话语权的变迁,硬实力特别是强大的军事实力是根本。新兴国家要推动国际海洋利益格局的变革必须以强大的实力为后盾,否则该国所提出的权利主张难以获得其他国家的积极响应。从地理大发现到 20 世纪初,先后存在葡萄牙、西班牙、荷兰、英国这些强大的海权国家,这些国家的海洋力量处于鼎盛时期也是它们塑造海洋秩序力度最强的时期。[1] 也正因如此,无论是马汉的海权论、日本的海洋战略,还是欧洲乃至俄罗斯的海洋战略,均把建设强大海军作为首要任务。[2] 当今美国与其他海洋强国能够主导国际海洋事务的话语权,强大的海军力量起到了决定作用。而一些国家近年来之所以敢明目张胆地非法侵占中国岛礁、抢夺中国海洋资源,就是因为有美国在背后撑腰。[3] 虽说中国的崛起是"和平崛起",且在"新型安全观"的前提下,中国奉行的是防御性国防政策,但这并不意味着放弃发展军事力量,相反,强大的军事力量能为中国的持续发展创造稳定的周边环境。为此,中国必须加快海军现代化步伐,提高海军装备水平和技术水平,提升海军的远洋作战能力。当然,中国必须利用各种平台阐明:中国的海洋强国战略目标的实施,不会对任何国家产生威胁,中国亦不会称霸世界。从而减少既有海洋大国的猜忌,化解友好国家对中国的误解和担忧,营造有利于建设海洋强国的舆论环境。

---

① 牟文富:《海洋元叙事:海权对海洋法律秩序的塑造》,载《世界经济与政治》,2014 年第 7 期,第 70 页。
② 翟勇:《国家海洋战略及其法治基础》,载《社会科学战线》,2015 年第 4 期,第 203 页。
③ 张尔升:《海洋话语弱势与中国海洋强国战略》,载《世界经济与政治论坛》,2014 年第 2 期,第 142 - 143 页。

(二) 完善国内海洋法律体系

无论是海洋强国的建设,还是"一带一路"的推进,抑或是中国海洋秩序观的提倡,都离不开完善的国内海洋立法作支撑。世界上的海洋强国,均非常重视海洋法制建设,特别是美国,虽然是典型的判例法国家,但在海洋领域走了成文法的路,其海洋立法几乎涵盖了海洋的各个方面,这些法律促进了美国海洋事业的快速发展,使其在国际海洋法律秩序的构建中占据了制高点。[①]

新中国成立后,尤其是在签署和批准《公约》后,中国依据《公约》的原则和精神出台了一系列涉海法律法规,初步构筑起中国的海洋法律体系,但该体系仍存在许多问题。例如,中国缺乏全面规范海洋的基本法律,也没有诸如海上执法法、海岸带管理法等具体法规,以及诸如《领海及毗连区法》《专属经济区和大陆架法》的配套性法规。海洋法律制度的健全是一个动态的过程,因而零星地制定一些海洋法规范只是解决当下问题的权宜之计,对整个海洋法律体系的建设并无太大裨益,完善海洋法体系应从海洋事业建设的全局出发。[②]这一体系应当是国家根本法(宪法)、海洋基本法、各涉海行业的法律以及相关法规的系统组合,如此才能使中国的海洋主张和权益得到进一步的强化和明确,在处理海洋问题争端中,用法律武器为中国海洋强国保驾护航。[③]当前,中国特别要制定一部《海洋基本法》,对外维护国家海洋权益与协调国际海洋事务、对内实施海洋综合管理和理顺涉海法律法规的适用关系,并在此基础上,对中国的涉海法律法规进行立、改、废。至于涉海法律法规所包含的范围,有学者非常形象地指出:"近海、远海、深海构成了三位一体的海洋体之经;海

---

①　自 20 世纪中叶以来,美国的海洋立法举措常常引发其他国家的效仿,并最终被纳入国际海洋法规则体系。王森、冯梁:《对美国维护"基于法理的海洋体系"的批判研究》,载《亚太安全与海洋研究》,2018 年第 2 期,第 15 - 16 页。

②　王珂:《海洋执法法律体系建设的模式与进路》,载《净月学刊》,2017 年第 2 期,第 69 页。

③　张尔升:《海洋话语弱势与中国海洋强国战略》,载《世界经济与政治论坛》,2014 年第 2 期,第 142 页。

洋之上的空间、海洋水域本身以及海洋底部的资源空间构成了海洋体之纬。这种经纬交错的空间里,需要资源开发、权益维护、污染防治及纠纷解决的立体式立法的体系化构建。"①可以说,如果中国的海洋立法体系能够涵盖上述领域,并在立法内容上体现国际性、实用性、开放性和先进性,那么这套海洋法体系不仅能解决当前海洋事业发展中面临的现实问题,还能提前预判国际海洋法律制度的发展趋势,为中国在国际海洋事务中发挥建设性作用奠定基础。除此之外,中国还应推动"海洋入宪"。现行宪法虽历经五次修订,但均未触及海洋问题。可见,从根本上扭转"重陆轻海"的思想,推动"海洋入宪"之路还任重道远。

(三) 改进国内海洋管理体制

科学合理的海洋管理制度有助于引导和规范中国海洋事业的发展,为中国推动国际海洋法律秩序的革新提供制度保障。为加大对海洋权益维护的力度,在 2013 年 3 月通过的《国务院机构改革和职能转变方案》(以下简称《方案》)中,中国将原国家海洋局及其中国海监、公安部边防海警、农业部中国渔政、海关总署海上缉私警察五支队伍及其职能进行了整合,重组国家海洋局,由国土资源部管理,国家海洋局以中国海警局的名义开展海上维权执法,结束了"五龙闹海"的混乱局面,标志着我国海上执法力量开始由分散向集中转变。但也应该看到,重组后的海警局仍面临很多改革难题。例如,海洋行政管理和执法的关系尚未理顺。根据《方案》,海警局与国家海洋局是一个机构两块牌子,但在国务院印发的"三定"方案中,海警局仅是国家海洋局内设的海警司,其地位与作用难以匹配。这种海洋事务决策权与执行权合而为一的机构设置格局,不利于提升海上执法效能,与国外所流行的决策与执行相对分开的趋势亦不符。国家海洋局进行海上维权执法时,是以海警局名义进行的,并接受公

---

① 杨华:《海洋法权论》,载《中国社会科学》,2017 年第 9 期,第 180 页。

安部的业务指导,这表明重组后的海警局存在双重领导。即便是在海警局内部,其整合尚处于起步阶段,各执法部门尽管在对外执法领域通常采取联合执法,但对内执法时仍保持原来的工作模式,尚未实现真正的融合。而且,侧重海上交通执法的交通运输部海事局未纳入此次机构整合,从而导致海警局与海事局的机构归属不一,两者在防治船舶海洋污染等方面的职能存在交叉,难免会出现争相执法或者规避执法的情况。

鉴于此,2018 年 6 月 22 日,按照党中央批准的《深化党和国家机构改革方案》和《武警部队改革实施方案》决策部署,海警队伍整体划归中国人民武装警察部队领导指挥,调整组建武装部队海警总队,称中国海警局,统一履行海上维权职责,并行使其他相关职权。[①] 2021 年 2 月 1 日,《中华人民共和国海警法》正式实施,其第 2 条规定:"人民武装警察部队即海警机构,统一履行海上维权执法职责。"但是,这一改革尚未全面完成,无论是重组后海警局的内部职责分工(例如,如何确定远洋维权执法队伍与近海执法队伍),还是与其他部门(例如,与公安机关和有关行政机关)的协作机制,抑或是相关配套立法的出台,均有待进一步筹划。总之,如何加强顶层设计,完善和改革我国的海洋管理体制仍需要继续探索。

综上所述,西方海洋大国通过武力征服、商业扩张和制度创新确立了在国际海洋法律秩序中的主导地位,其中所蕴涵的社会达尔文主义核心价值观,既不能消除国家、民族间的不平等,更不可能根除全球格局中的垄断、霸权与战争。[②] 以《公约》为核心的现代国际海洋法律秩序,虽然在一定程度上反映了广大发展中国家的利益,但是从根本上还是有利于海洋大国,特别是海洋地理

[①]　根据 2018 年 3 月通过的《深化党和国家机构改革方案》,国家海洋局的职责被整合到新组建的自然资源部、生态环境部、国家林业和草原局等部门,自然资源部对外保留国家海洋局牌子。

[②]　石斌:《秩序转型、国际分配正义与新兴大国的历史责任》,载《世界经济与政治》,2010 年第 12 期,第 91 页。

条件优越的大国。而且由于《公约》是不同利益集团妥协与平衡的产物,其中很多规定比较模糊,未能有效消除国家间的海洋纠纷,甚至某些矛盾是由于《公约》的生效而产生或是加剧。作为当今世界实力最强的国家,美国一直游离于《公约》之外,并极力塑造一套对其有利的海洋法律秩序,其行为使国家间的海洋纷争更为复杂。从整体上看,当今国际海洋法律秩序仍由传统的西方大国所控制。为有效化解和平息各国之间的海洋争端,让广袤无垠的海洋更好地为人类服务,对现有的国际海洋法律秩序进行革新已势在必行。当然,这并不意味着要推倒重来,对于《公约》等国际海洋法中合理的规则,当然需要继承与保留,但是不能适应时代发展,不符合大多数国家利益的规则则应该进行改革与调整。新的国际海洋法律秩序要被广泛接受且保证一定程度的稳定性,必须谋求具有共识性的价值取向,并妥善处理好现有秩序中的一系列紧张关系,而各国必须采取更加理性与包容的态度,在追求本国利益的同时,找到兼顾他国利益和国际社会共同利益的契合点,构建海洋命运共同体。中国的海洋事业发展和海洋维权面临艰巨的任务和挑战,造成这种困境的重要原因之一便是在国际海洋法律秩序中话语权的缺失。为更好地维护国家的海洋权益,在国际海洋法律秩序的革新过程中,中国必须做规则的"引领者"而非"接受者"与"追随者"。相对传统的海洋霸权国家,中国所倡导的"和平、合作、和谐的海洋安全观"更具包容性。为使新的国际海洋法律秩序体现这种理念,中国一方面要倡导《公约》的修改与完善,另一方面要塑造《公约》之外的国际海洋法,同时还要加强对国际海洋法的理解与运用。从国内层面来讲,中国应加快海洋强国建设步伐,完善国内海洋法体系,推动海洋管理体制进一步改革。

第五章

国际海洋划界法律秩序:渊源、方法与制度走向
（张　华）

第一节　国际海洋划界及其规则渊源

一、问题缘起

国际海洋划界是指两个或两个以上的国家,在海洋权利发生重叠的情况下,确立其相互间海洋边界的过程。[①] 在人类历史初期,海洋曾被视为和空气、淡水一样的"人类公有之物"。随着人类开发利用海洋能力的增强,尤其是现代民族国家的产生,主权国家开始将邻近海岸的水域视为领土主权涵盖的范围,由此产生了"领海"这一概念。领海以外即公海。这一传统理念在"二战"结束后发生了改变。

---

① 高健军:《国际海洋划界论——有关等距离/特殊情况规则的研究》,北京:北京大学出版社
2005 年版,第 1 页。

1945 年,美国总统杜鲁门宣告:"……邻接美国海岸的公海水下之大陆架的底土与海床中的自然资源属于美国,处于美国的管辖和控制之下……。"①大陆架从一个地质学概念逐渐演变为法律概念,并在 1958 年的《大陆架公约》中得以制度化。早在 1952 年,智利、阿根廷和厄瓜多尔就联合发表《圣地亚哥宣言》,主张在 200 海里海域内享有主权和管辖权。进入 20 世纪 60 年代,许多国家颁布国内立法,谋求拓展专属渔区的管辖范围,甚至因此产生了国际争端。② 典型例子如,英国和德国反对冰岛设立的 50 海里专属渔区制度,并在 1972 年将此争端提交国际法院裁决。③ 针对沿海国拓展专属渔区的动向,第三次联合国海洋法会议讨论了专属经济区制度,并在 1982 年达成的《联合国海洋法公约》(简称"UNCLOS")中得以体现。

相应地,伴随着海域类型的增加,相关国家有关领海、专属经济区和大陆架的主张发生重叠的概率也大大增加,海洋划界争端自然更加突出。考虑到 UNCLOS 规定了 200 海里的专属经济区和大陆架范围,甚至是 200 海里以外的大陆架,海域范围的扩大加剧了海洋划界争端。根据著名海洋划界专家普雷斯科特和斯科菲尔德的统计,在 UNCLOS 生效后,世界上约有 427 条潜在的海洋边界,其中只有 168 条(约占 39%)得到了正式确定。④ 因此,当今世界许多国家都受到海洋划界争端的困扰。相应地,熟谙国际海洋划界的法律秩序对于相关国家化解争端意义重大。

二、渊源体系

在历次联合国海洋法会议的编撰过程中,国际海洋划界的法律规则均成

---

① 陈德恭:《现代国际海洋法》,北京:海洋出版社 2009 年版,第 26 页。
② 参见[美]路易斯·B. 宋恩等著,傅崐成等译,《海洋法精要》,上海:上海交通大学出版社 2014 年版,第 136－138 页。
③ *Fisheries Jurisdiction Case* (*UK v. Iceland*), Merits, Judgment, *I. C. J. Reports* 1974, p. 9.
④ [澳]维克托·普雷斯科特、克莱夫·斯科菲尔德著,吴继陆、张海文译:《世界海洋政治边界》,北京:海洋出版社 2014 年版,第 148 页。

为谈判各方争论的焦点。从国际法渊源的角度来看,国际海洋划界的秩序主要体现在相关海洋法公约当中——尽管总体上较为原则抽象。而由于国家实践较为多样,很难说目前在海洋划界问题上已经形成了国际习惯法规则。不过,层出不穷的国际司法判例事实上为国际海洋划界法律秩序的演变提供了长足的动力和质料。

(一) 国际条约

1. 领海划界:《联合国海洋法公约》第 15 条

1982 年的 UNCLOS 第 15 条规定海岸相向或相邻国家间的领海划界规则:

"如果两国海岸彼此相向或相邻,两国中任何一国在彼此没有相反协议的情形下,均无权将其领海伸延至一条其每一点都同测算两国中每一国领海宽度的基线上最近各点距离相等的中间线以外。但如因历史性所有权或其他特殊情况而有必要按照与上述规定不同的方法划定两国领海的界限,则不适用上述规定。"

该条款实际上继承了 1958 年《领海及毗连区公约》第 12 条的规定,其中所谓"一条其每一点都同测算两国中每一国领海宽度的基线上最近各点距离相等的中间线"就是按照等距离方法确立的领海分界线。需要指出的是,海岸相邻国家之间按照等距离方法确立的海洋边界线称为"侧向等距离线"(lateral equidistance line)或简称"等距离线",而海岸相向国家之间按照等距离方法确立的海洋边界线则称为"中间线"(median line)。① 由于两者的几何学原理相同,所以经常在海洋划界的语境中交替使用。

简言之,《联合国海洋法公约》第 15 条的规定可以理解为:领海划界应首先通过当事国达成协议解决;在无协议的情况下,领海划界一般应适用等距离

---

① 沈文周主编:《海域划界技术方法》,北京:海洋出版社 2003 年版,第 113 页。

方法;当然,如果出现特殊情况(special circumstances),或者当事方主张历史性所有权(historic title),则不适用等距离线划界。此即领海划界中的"等距离/特殊情况"规则(equidistance/special circumstances rule)。至于"特殊情况"的具体类型,《海洋法公约》并没有列举,在具体个案中需要争端当事国或国际司法机构参照权威的国际司法判例和国家实践确定。

例如,在2007年的"圭亚那与苏里南仲裁案"中,针对领海划界问题,仲裁庭首先指出,没有证据显示争端双方对争议中的领海具有历史性所有权,也没有诸如低潮高地或岛屿等海洋地物(geographical features)需在领海划界时加以考虑。不过,仲裁庭在详细考察了国际法委员会关于《领海及毗连区公约》第12条的解释,以及国际法院和国际仲裁庭的判例后,认为苏里南提出的"航行利益"(navigational interest)构成"特殊情况",因此在划分双方领海时并没有适用等距离线,而是采纳了苏里南提出的北偏东10度线。①

2. 专属经济区和大陆架划界:《联合国海洋法公约》第74条和第83条

关于大陆架的划界规则,1958年《大陆架公约》第6条规定:对于海岸相向或相邻的共大陆架国家,其大陆架界限"由有关各国以协议定之。倘无协议,除因情况特殊应另定界线外,以每一点均与测算每一国领海宽度之基线上最近各点距离相等之中间线为界线"。该条首次在条约正文中提出了与大陆架划界相关的"等距离/特殊情况"规则,后成为1969年"北海大陆架案"的争论焦点。

在"北海大陆架案"中,丹麦与荷兰主张《大陆架公约》第6条中的"等距离/特殊情况"规则构成国际习惯法,因此对联邦德国具有法律约束力。但是,国际法院在考察了国际习惯法的构成要素后认为,"等距离/特殊情况"规则并

---

① *Award in the Arbitration regarding the Delimitation of the Maritime Boundary between Guyana and Suriname*, Award of 17 September 2007, RIAA, Vol. 30, pp. 1 – 144, (hereinafter '*Guyana/Suriname Arbitration*'), paras. 297 – 306.

未构成国际习惯法,因而对争端当事方并无拘束力。相反,国际法院在裁决中确认:海洋划界中并不存在适用于所有情形的、强制性的单一划界方法。关于海洋划界的原则和规则,国际法院指出:划界应依据公平原则(equitable principles),通过协议为之,同时考虑所有相关情况(relevant circumstances),并尽可能不侵害(encroachment)作为争端当事方陆地领土在海底自然延伸的大陆架部分。[①]"北海大陆架案"提出了"公平原则—相关情况"规则(equitable principles-relevant circumstances rule),从此开启了海洋划界的方法论之争。

在第三次联合国海洋法会议期间,海洋划界规则成为谈判的焦点议题。以爱尔兰为代表的"公平原则集团"主张:应通过谈判协商解决划界问题,如不可行,则应考虑包括地理、地质、海岸和岛屿等在内的一切相关因素,依据公平原则划界;以西班牙为代表的"中间线集团"虽然同意双方应首先通过谈判协商解决划界问题,但主张在谈判不可行时,应优先采用中间线划界。[②]两大集团围绕海洋划界规则的争执导致 UNCLOS 的谈判久拖不决。在谈判的最后关头,会议主席许通美(Tommy T. B. Koh)提出了一项折中方案,获得各方的支持。[③]这就是 1982 年 UNCLOS 第 74 条和第 83 条规定的由来。

《联合国海洋法公约》第 74 条第 1 款和第 83 条第 1 款以相同的措辞规定:海岸相向或相邻国家间专属经济区和大陆架的界限,"应在《国际法院规约》第 38 条所指国际法的基础上以协议划定,以便得到公平解决(equitable solution)"。对此,有海洋法学者"一针见血"地指出,该条款既没有提及等距

---

①　*North Sea Continental Shelf*, Judgment, *I. C. J. Reports* 1969, p. 3, (hereinafter '*North Sea*')paras. 81,101.

②　参见陈德恭:《现代国际海洋法》,北京:海洋出版社 2009 年版,第 218 - 237 页。

③　参见[斐济]萨切雅·南丹、[以色列]沙卜泰·罗森,吕文正等译:《1982 年〈联合国海洋法公约〉评注(第二卷)》,北京:海洋出版社 2014 年版,第 878 - 879 页。

离原则,也没有提及公平原则,只是规定通过协议划界,因此缺乏实际意义。①

的确,"《国际法院规约》第 38 条所指的国际法"是一个过于宽泛的概念。而"公平解决"强调的是一种公平结果,与之前国际法院在"北海大陆架案"中提及的公平原则存在一定的差别。这是因为,依据布朗利教授的总结,大陆架划界中"公平原则"的内涵至少应包括以下几点:第一,海洋划界应在国际法的基础上以协议为之;第二,一方大陆架的自然延伸不应侵害另一方的大陆架,亦即所谓的"不侵害原则"(principle of non-encroachment);第三,不切断任何一方海岸向海的延伸,亦即"不切断原则"(principle of non-cut off);第四,海洋划界应适用公平标准,并使用能确保公平结果的务实方法,同时考虑地形和相关情况;第五,公平划界意味着平等划分(equal division)争端当事国的大陆架重叠区域。②

此外,在 1982 年的"突尼斯诉利比亚案"中,国际法院对 UNCLOS 第 83 条第 1 款的理解是:"第 1 款没有为相关国家达成公平解决方案提供具体的指导标准,重点在于必须达成公平解决方案"。③ 在稍后的"利比亚诉马耳他案"中,国际法院指出:"公约设定了要实现的目标,但没有提及需要遵循的方法。公约严格限定执行标准,并交由各国或法院为标准设定具体内容。"④

所以,UNCLOS 第 74 条第 1 款和第 83 条第 1 款的规定只是部分吸收了"北海大陆架案"的裁决。作为弥合"公平原则集团"和"中间线集团"分歧的折中方案,这一规定牺牲了法律规则应有的确定性和可预测性。实践中,争端当

---

① R. R. Churchill and A. V. Lowe, *The Law of the Sea*, 3rd edn., Manchester: Manchester University Press, 1999, p. 191.

② Ian Brownlie, *Principles of Public International law*, 7th edn., Oxford: Oxford university Press, 2008, pp. 216 - 217.

③ *Continental Shelf* (*Tunisia/Libya*), Judgment, *I. C. J. Reports* 1982, p. 18 (hereinafter 'Tunisia/Libya'), para. 50.

④ *Continental Shelf* (*Libya/Malta*), Judgment, *I. C. J. Reports* 1985, p. 13 (hereinafter 'Libya/Malta'), para. 28.

事国无法直接依据 UNCLOS 第 74 条第 1 款和第 83 条第 1 款的规定划定海洋边界，而是需要自己从条约、国际习惯法、一般法律原则和国际司法判例中探寻海洋划界的方法论。围绕"公平原则/相关情况"规则和"等距离/特殊情况"规则的争论依然长期困扰着海洋划界的理论和实践。

（二）司法裁决

由于 UNCLOS 第 74 条和第 83 条是顾及各方利益之后的折中产物，缺乏实质内容，所以国际司法机构的裁决成为探寻海洋划界法律秩序最有价值的渊源。自 1969 年的"北海大陆架案"开始，国际司法机构审理了众多的海洋划界案件，逐渐形成了一套相对确定的划界原则和方法。

在 1985 年的"利比亚诉马耳他案"中，国际法院首次概括了海洋划界的"阶段"（stages）。在 2006 年和 2007 年的"巴巴多斯与特立尼达和多巴哥案"以及"圭亚那与苏里南案"中，依据《联合国海洋法公约》附件 7 设立的国际仲裁庭在裁决时总结了海洋划界的方法。进一步地，在 2007 年和 2009 年先后作出裁决的"尼加拉瓜诉洪都拉斯案"[1]和"罗马尼亚诉乌克兰案"（以下简称"黑海划界案"）[2]中，国际法院更加明确地提出了"海洋划界的方法论"（delimitation methodology）这一概念。尤其是"黑海划界案"首次系统地总结了海洋划界的各个阶段，对于海洋划界工作具有相当重要的法律价值。

国际法院在"黑海划界案"集中阐述了海洋划界的方法论。按照国际法院的观点，在划分大陆架、专属经济区，或划分单一的海洋边界时，应按以下阶段进行：首先，通过运用客观的和适合划界区域地理的几何学方法确立临时划界线，除非有令人信服的理由（compelling reasons）排除这一方法，一般应适用

---

[1] *Territorial and Maritime Dispute between Nicaragua and Honduras in the Caribbean Sea* (*Nicaragua v. Honduras*)，Judgment，*I. C. J. Reports* 2007，p. 659（hereinafter '*Nicaragua v. Honduras*'）.

[2] *Maritime Delimitation in the Black Sea* (*Romania v. Ukraine*)，Judgment，*I. C. J. Reports* 2009，p. 61（hereinafter '*Black Sea*'）.

等距离方法划界;其次,考虑是否存在需要调整或改变临时等距离线的相关情况,以确保实现公平结果;最后,对依据相关情况调整过的,或无须调整的临时等距离线进行比例检验,以确保各方海岸线长度的比例与依划界所得海域的比例不致出现重大失衡(mark disproportion),产生不公平的结果。①

"海洋划界的方法论"这一概念试图将"公平原则/相关情况"规则和"等距离/特殊情况"规则合并为一个体系。从形式上来看,大大增强了海洋划界法律秩序的确定性和可预测性。② 在之后的海洋划界案件中,国际法院所创设的"海洋划界方法论"或曰"三阶段划界法"得到了其他国际司法机构的沿袭,遂成为国际法上"司法造法"的典型。③ 严格而言,国际司法裁决本身并不构成国际法的正式渊源。④ 但从国际司法运作的实践经验来看,国际司法裁决事实上发挥着"判例法"的作用。这一点至少在海洋划界问题方面是没有疑问的。因此,后文有关海洋划界法律秩序的剖析将大量依赖国际司法裁决。

第二节　国际海洋划界方法论——三阶段法

在国际司法裁决中,如果能确认争端双方之间存在有关海洋划界的协议的话,那么海洋边界的确立自然有据可循,而无须国际司法机构"越俎代庖"。这正是 UNCLOS 第 15 条、第 74 条和第 83 条规定的体现。例如,在"秘鲁诉智利案"中,基于两国自 20 世纪 40 年代以来的实践和相关法律文件,国际法

---

① *Maritime Delimitation in the Black Sea (Romania v. Ukraine)*,Judgment,*I. C. J. Reports* 2009,paras. 115 – 121.

② 张华:《国际司法裁决中的海洋划界方法论解析》,载《外交评论》,2012 年第 6 期,第 153 页。

③ 张华:《国际海洋争端解决中的司法造法问题——以"南海仲裁案"为例》,载《当代法学》,2017 年第 5 期,第 144 页。

④ [英]切斯特·布朗著,韩秀丽等译:《国际裁决的共同法》,北京:法律出版社 2015 年版,第 328 页。

院裁决两国之间存在有关海洋边界的默示协定,亦即两国 80 海里以内的海洋边界线是一条以两国陆地边界终端为起点的纬线平行线。①

　　问题是,在绝大多数案例中,争端当事方有关默示协定的主张很难获得国际司法机构的支持。例如,在"加纳诉科特迪瓦案"②中,加纳极力主张与科特迪瓦之间存在默示协定——亦即双方的海洋边界应当是一条习惯性的等距离线。ITLOS 特别分庭强调:"有关默示协定的证据必须令人信服。确立永久的海洋边界属于极为重要的事情,因此协定不容轻易假设"。特别分庭坚持默示协定的证明须满足高标准,因而拒绝了加纳的主张。③ 总体而言,国际司法机构对默示协定的存在持非常谨慎的态度。争端方通常无法以油气开发活动和渔业活动成功证明存在有关海洋边界的默示协定。④ 国际法院在"秘鲁诉智利案"中偶然采纳有关默示协定的主张,恐怕是该案特定的事实所致。相应地,在一般情况下,国际司法机构都会在完成相关海岸和相关海域的识别和计算工作后,按照"三阶段划界法"裁决海洋边界。

一、前奏:相关海岸和相关海域的识别与计算

　　识别相关海岸与相关海域是海洋划界工作的前奏。这是由"陆地统治海洋"原则决定的。相关海岸的地理特征——如海岸的凹陷与凸起,相邻或相向关系,海岸线长度的重大差异等——很大程度上决定着划界方法的选择、临时海洋边界线的调整乃至比例检验。尤其值得注意的是,由于相关海岸和相关海域与比例检验密切相关,所以国际司法裁决往往同时涉及这三个概念。

---

　　① *Maritime Dispute (Peru v. Chile)*, Judgment, *I. C. J. Reports* 2014, p. 3, para. 81.

　　② *Dispute Concerning Delimitation of the Maritime Boundary between Ghana and Côte d'Ivoire in the Atlantic Ocean*, ITLOS Case No. 23, Judgment of 23 September 2017(hereinafter '*Maritime Delimitation Case (Ghana/Côte d'Ivoire)*').

　　③ *Maritime Delimitation Case (Ghana/Côte d'Ivoire)*, paras. 211 - 228.

　　④ 参见张华:《争议海域油气资源开发活动对国际海洋划界的影响》,载《法商研究》,2018 年第 3 期,第 163 - 164 页。

以"加纳诉科特迪瓦案"为例。加纳主张,其相关海岸应当是从两国陆地边界的终端向东南方向延伸至三角海岸(Cape Three Points)的那一段。这是因为,从三角海岸开始,加纳的海岸突然朝东北方向转向,因此与划界区域无关。关于科特迪瓦的相关海岸,加纳认为,应当是从陆地边界终端延伸至萨桑德拉(Sassandra)附近的那一段。自萨桑德拉往西的科特迪瓦海岸不能产生与加纳海岸重叠的海洋投射,因此西段海岸不构成相关海岸。相应地,加纳的相关海岸长度是 121 km,科特迪瓦的相关海岸长度为 308 km,两者比例为 1∶2.55。科特迪瓦并不反对加纳主张的相关海岸,但同时主张自己的整个海岸构成相关海岸,亦即自萨桑德拉往西直至利比里亚的科特迪瓦海岸不应被排除在相关海岸之外。科特迪瓦同意加纳的相关海岸长度为 121 km,并计算出自己的相关海岸长度为 510 km,两者比例为 1∶4.2。[①]

ITLOS 特别分庭指出,在构建临时等距离线之前,应首先识别双方的相关海岸,标准就是一方海岸向海的投射必须与另一方海岸向海的投射发生重叠。特别分庭采纳了加纳的主张,认为其相关海岸为:自两国陆地边界的终端向东南方向延伸至三角海岸,而科特迪瓦的相关海岸为:自两国陆地边界的终端延伸至萨桑德拉海岸的那一段。两者的长度分别为 139 km 和 352 km。特别分庭解释,由于使用了不同的计算技术,这一数据和两国计算出的数据有所差别。具体而言,特别分庭在计算相关海岸长度时,采用了世界海岸线矢量数据(World Vector Shoreline data),并去除了一些海岸弯曲(indentation)。[②]在确定了相关海岸之后,相关海域作为相关海岸的投射也就自然可以识别了。特别分庭计算出相关海域的面积大致为 198 723 km²。[③]

从司法实践来看,相关海岸和相关海域的识别,以及相关海岸长度和相关

---

① *Maritime Delimitation Case* (*Ghana/Côte d'Ivoire*), paras. 362 - 371.

② *Maritime Delimitation Case* (*Ghana/Côte d'Ivoire*), paras. 372 - 380.

③ *Maritime Delimitation Case* (*Ghana/Côte d'Ivoire*), para. 386.

海域面积的测算并没有统一的标准,由此导致了国际司法裁决中的争议。以相关海岸的识别而言,早期国际司法机构有时依据临时等距离线的基点确定相关海岸——例如"扬马延案"①,有时依据相关海域反推相关海岸——例如"利比亚诉马耳他案"②。这两种方式有本末倒置之嫌。毕竟,依据"陆地统治海洋原则",应当是先确立相关海岸,然后再决定临时等距离线的基点,或者基于相关海岸向海方向的投射所产生的权利重叠区域来确立相关海域。就相关海岸长度的测算而言,在国际司法诉讼中,争端方往往从本国利益出发,力主较长的海岸线,从而适用不同的测量方法。有主张低潮线(low water line)、直线基线(straight baseline),或者是反映海岸一般走向(general direction)的海岸前沿(coastal front)或海岸面(coastal façade)等。而且多大程度上考虑海岸弯曲(sinuosities),或使用不同比例尺的地图,也会得出截然不同的结论。从国际司法裁决来看,似乎使用反映海岸一般走向的海岸前沿或海岸面应当是主流方式。但是在选择海岸前沿和海岸面时,国际司法机构也没有提供统一的标准,往往拥有很大的自由裁量空间,难免引发学者的批评。

例如,在 2018 年做出裁决的"哥斯达黎加诉尼加拉瓜案"中,国际法院先后划分了两国在加勒比海和太平洋的海洋边界。在识别和计算两国加勒比海的相关海岸时,国际法院认为两国加勒比海地区的海岸不存在弯曲,因而以海岸的自然形状(natural configuration)作为计算相关海岸的标准;③在识别和计算两国太平洋的相关海岸长度时,国际法院认为哥斯达黎加的太平洋海岸存在一定程度的弯曲,尼加拉瓜的太平洋海岸大体上呈现出一条直线,因而以

---

① *Maritime Delimitation in the Area between Greenland and Jan Mayen*, Judgment, *I. C. J. Reports* 1993, p. 38 (hereinafter '*Jan Mayen*'), paras. 20 – 21.

② *Libya / Malta*, paras. 67 – 68.

③ *Maritime Delimitation in the Caribbean Sea and the Pacific Ocean* (*Costa Rica v. Nicaragua*), I. C. J. Judgment of 2 February 2018 (hereinafter '*Costa Rica v. Nicaragua*'), paras. 110 – 114.

大致反映两国海岸一般走向的直线为计算标准。①

此外,相关海域面积的测算也存在争议。不产生权利重叠的海域自然应当排除在"相关海域"之外,但领海和内水的面积是否也应排除? 与第三国权利重叠海域如何处理? 这些问题在国际司法裁决中处理方式不一。国际司法机构在识别相关海岸和相关海域,以及测算其长度和面积方面存在的主观性和不确定性,成为学者诟病成比例检验的重要原因。不过,考虑到成比例检验不以追求数学意义上的绝对精确为目标,对国际司法机构的做法也无须过多批评。

二、阶段一:确立临时海洋边界线

海洋划界的第一步,通常是考虑争议海域的地理特征,选择一种或一种以上的划界方法,确立一条临时的海洋边界线。从国际司法判例和国家实践来看,等距离线、夹角平分线(bisector)、垂直线(perpendicular)、经线(latitude)或纬线(parallel)都是通常使用的划界方法。其中,等距离方法使用较为频繁,以至于国际司法判例和国家实践通常都会首先考虑以等距离/中间线作为临时海洋边界线。当然,在有重大理由的情况下也不排除适用其他划界方法。毕竟仅从第 74 条和第 83 条第 1 款的措辞来看,任何一种划界方法都不具有优先性。②

在"巴巴多斯与特立尼达和多巴哥案"中,国际仲裁庭指出:"尽管不存在公认的强制性的海洋划界方法,也没有国际法院或法庭认可这一点,但是避免主观判断的需要要求海洋划界方法应以一种确定的方式开始——这正是等距离方法的长处——并随后在有正当理由的情况下进行修正。使用等距离以外

---

① *Costa Rica v. Nicaragua*, paras. 179 - 181.
② 参见[斐济]萨切雅·南丹、[以色列]沙卜泰·罗森著,吕文正等译:《1982 年〈联合国海洋法公约〉评注(第二卷)》,北京:海洋出版社 2014 年版,第 882 页。

的方法要求有非常充分的理由,并且争端任何一方都没有提出替代方法"。①
在"尼加拉瓜诉洪都拉斯案"中,国际法院指出:等距离方法之所以在海洋划界
实践中被广泛运用,原因在于其具有科学性和便于使用的特质。不过,该方法
并不自动优先于其他划界方法,在特殊情况下,有因素会导致等距离方法不宜
适用。②

例如,在"尼加拉瓜诉洪都拉斯案"中,绘制临时等距离线并非双方的首
选。尼加拉瓜主张,位于尼加拉瓜和洪都拉斯两国陆地边界终点的科科河
(Coco River)入海口位置不稳定,这使得选择基点并绘制等距离线存在困难,
因此该案不应使用"等距离—特殊情况"的划界方法,而应适用"反映两国海岸
总体走向的两条线"的夹角平分线。洪都拉斯则极力主张,双方有默示协定
(tacit agreement)表明15度纬线构成单一的海洋边界。国际法院首先考虑了
海岸的地理环境和地貌特征,认为无法选择基点以构建临时等距离线,因此有
必要考虑争端双方提出的替代方法。③

尼加拉瓜主张"夹角平分线法"符合公平原则,理由是:第一,该方法有效
地反映了海岸之间的关系;第二,该方法产生的划界结果恰恰体现了公平划分
争议中的海域的原则;第三,该方法遵守了不侵害原则;第四,该方法尽可能地
避免了对任何一方海岸向海的延伸造成切断的效果;第五,该方法确保了争端
双方的发展权。为证明"夹角平分线法"的公平性质,尼加拉瓜还提及了大量
的相关情况,包括:该方法在自然资源分配方面产生了公平结果;该方法满足
了公平获取自然资源的标准;该方法尊重了尼加拉瓜海隆(Nicaraguan Rise)
的整体性;该方法在安全考虑方面产生了一条能确保有效控制各自海洋区域

---

① See Arbitration between Barbados and the Republic of Trinidad and Tobago, relating to the delimitation of the exclusive economic zone and the continental shelf between them, decision of 11 April 2006, RIAA, Vol. XXVII(hereinafter 'Barbados/Trinidad and Tobago Arbitration'), para. 306.

② Nicaragua v. Honduras, para. 272.

③ Nicaragua v. Honduras, paras. 273 – 275, 280.

的直线。不过,国际法院在裁决时指出,尼加拉瓜列举的上述因素在划界时没有法律意义,选择划界方法的关键因素应该是海岸的地理构造(geographical configuration)和陆地边界终点所在区域的地形特征(geomorphological features)。① 国际法院强调,相关海岸与相关海域的地理构造和地形特征才是适用"夹角平分线法"的主要理由。当划界基点不稳定时,就应考虑适用近似于等距离方法的"夹角平分线法"。②

正因为在 2007 年的"尼加拉瓜诉洪都拉斯案"中国际法院例外地使用了"夹角平分线",所以在此后的国际司法裁决中,但凡有争端当事国欲主张等距离/中间线以外的划界方法,都会以该案作为论证依据。值得注意的是,从 2007 年至今,国际司法裁决中鲜见在第一阶段偏离等距离/中间线的裁决,这似乎预示着国际司法机构在竭力维持"海洋划界方法论"形式上的确定性。相应地,争端当事国不得不将论证重点转移到海洋划界的第二阶段,"相关情况"由此实质性地决定了海洋划界的命运。

三、阶段二:考虑相关情况和调整临时海洋边界线

海洋划界的第二步,是判断是否存在要求调整临时海洋边界线的相关情况或特殊情况,并据此作出适当调整,以确保实现公平结果。近年来国际司法机构的裁决经常交替使用"相关情况"和"特殊情况"的措辞。③ 但严格而言,这两个概念还是有一定的区别的:首先,从起源来看,"相关情况"这一措辞在"北海大陆架案"中与"公平原则"一道被国际法院确立为海洋划界的方法,而"特殊情况"一般与等距离划界有关;其次,"特殊情况"在《领海及毗连区公约》

---

① *Nicaragua v. Honduras*, paras. 290 - 292.
② *Nicaragua v. Honduras*, para. 287.
③ 国际司法机构有时也使用"应考虑的因素"(factors to be taken into account)或"辅助标准"(auxiliary criteria)之类的措辞。

《大陆架公约》《联合国海洋法公约》中有明确提及，因而是一个相对正式的法律概念，而"相关情况"主要是由国际司法机构的判决使用，范围比较宽泛。不过，早在"扬马延案"中，国际法院就明确指出："尽管在起源和名称上有所不同，1958 年《大陆架公约》第 6 条中的'特殊情况'和习惯法中的'相关情况'不可避免地出现了同化的趋势，这是因为两者都以实现公平的划界结果为目标。"①因此，国际法院交替使用"相关情况"和"特殊情况"这两个概念可以理解为：在海洋划界方法论日趋融合的态势下，"相关情况"与"特殊情况"的区分已经不再像以前那么严格了。②

　　UNCLOS 虽提及"特殊情况"，但没有列举具体类型。有学者指出，海洋划界中应考虑的因素广泛，其中地理因素最为重要，在有限的范围内也会考虑历史性的因素和争端方的实践。③ 布朗利教授根据以往国际法院和国际仲裁庭的判决，以及争端当事国的主张，总结了在公平原则下进行海洋划界有可能涉及的"相关情况"，包括：争端双方海岸的整体地形；某些次要的地理特征，如凹陷的海岸，离岸较远的岛屿等；海底的地质构造和地貌；相关海岸长度的差异；总体的地理构造或背景；争端双方的行为，如在争议海域的石油开采活动所形成的事实上的界线；争议海域自然资源的影响范围；公平获取争议海域自然资源的原则；争端当事国的国防与安全利益；争端当事国的航行利益；与陆

---

① *Jan Mayen*, para. 56.

② 埃文斯教授在早期研究中认为，特殊情况的作用在于检验作为临时界限的等距离线的公平性，并在必要性上修正它；相关情况的作用是用来指示特定案件中应当适用的划界方法。See Malcolm D. Evans, *Relevant Circumstances and Maritime Delimitation*, Oxford: Clarendon Press, 1989, p. 80. 不过，从本文涉及的案例来看，似乎国际法院和国际仲裁庭并没有刻意强调两者的区别。在"巴巴多斯与特立尼达和多巴哥案"中，虽然国际仲裁庭在阐述海洋划界一般方法论阶段偶尔提及："识别相关情况是确定划界方法的必要步骤"，但在裁决中基本上是将"相关情况"作为"特殊情况"的同义词使用的。See *Barbados/Trinidad and Tobago Arbitration*, paras. 233, 238-243.

③ Donald R. Rothwell and Tim Stephens, *The International Law of the Sea*, Oxford: Hart Publishing, 2010, p. 403.

地边界整体方向保持一致。①

　　需要指出的是,上述列举不可能穷尽所有的类型。傅崐成教授曾经把公平划界中应该考量的因素更为广泛地归纳为:1. 地理考量——包括自然延伸,不侵占或不割断,距离,比例分配,平等划分重叠主张区,海岸形状,争议国所采之基线,以及海岸附近的岛屿;2. 地质考量——重大的地质结构变化;3. 地文考量——海床的形状变化;4. 历史利益;5. 社会经济考量——包括经济之依赖性与相对财力,自然资源之保全,以及安全、国防或其他利益;6. 国家行为与禁止反言;7. 未来争执之防止;8. 最后界线之简化。② 此外,随着时间的变化,有一部分因素对海洋划界的影响逐渐减弱。③ 即便是同一种因素,在不同的划界案件中所发挥的作用程度也不尽相同。

　　1. 海岸凹陷

　　在孟加拉国和缅甸之间的"孟加拉湾划界案"中,ITLOS强调:"如果因为海岸凹陷的影响,两国之间所划的等距离线对其中一个国家的海洋权利产生了切断效应(cut-off effect),那么也许就有必要对那条线进行调整"。④ 当然,并非所有的海岸凹陷都会构成相关情况。在孟加拉国和印度之间的"孟加拉湾仲裁案"中,仲裁庭指出,为了保证临时等距离界线调整的合理性,以上这样的截断效应必须:第一,阻碍一个国家将自己的海洋边界延伸到国际法所允许的范围;第二,阻碍一个公平解决方案的达成。⑤ 由于孟加拉湾海岸的凹陷所

---

① See Ian Brownlie, *Principles of Public International law*, 7th edn. , Oxford: Oxford University Press, 2008, pp. 217 - 218.

② 傅崐成:《海洋法专题研究》,厦门:厦门大学出版社 2004 年版,第 179 - 180 页。

③ 典型例如,自然延伸原则最初在"北海大陆架"案中被视作一重要因素,但由于《海洋法公约》第 76 条将 200 海里距离标准引入大陆架定义,自然延伸原则在大陆架划界中的作用受到削弱。

④ *Delimitation of the Maritime Boundary in the Bay of Bengal* (*Bangladesh/Myanmar*), *Judgment*, ITLOS Reports 2012, p. 4, at p. 81 (hereinafter '*Bay of Bengal* (*Bangladesh/Myanmar*)'), para. 292.

⑤ *Bay of Bengal Maritime Boundary Arbitration between Bangladesh and India*, Award of 7 July 2014 (hereinafter '*Bay of Bengal Arbitration* (*Bangladesh/India*)'), para. 417.

造成的切断效应非常明显,所以 ITLOS 和仲裁庭先后在"孟加拉湾划界案"和"孟加拉湾仲裁案"中将海岸凹陷视为相关情况。但是,在"加纳诉科特迪瓦案"中,尽管科特迪瓦主张其海岸凹陷,同时加纳海岸的突出加剧了这种凹陷,并因此产生了切断效应,但 ITLOS 特别分庭并未将这一因素认定为相关情况。其理由是:切断效应对科特迪瓦的损害没有严重到需要调整临时等距离界线的程度。相反,为了有利于科特迪瓦而调整临时等距离界线,事实上将会损害加纳的利益,因为这样的调整将切断加纳海岸向海洋的延伸。①

2. 宏观地理背景

争端双方所处的宏观地理背景(overall geographical context)亦有可能因为产生切断效应而被国际司法机构接受为相关情况。例如,在 2012 年作出裁决的"尼加拉瓜诉哥伦比亚案"中,双方围绕加勒比海中若干海洋地物的主权,以及相关的海洋划界问题产生了争端。在裁决第一阶段,国际法院依据"有效控制原则"裁决相关海洋地物归哥伦比亚所有。问题是,这些海洋地物距离尼加拉瓜大陆海岸仅 125 海里,而距离哥伦比亚大陆海岸则达到了 380 海里。②鉴于加勒比海是一个半闭海,这些远离哥伦比亚本土的海洋地物与尼加拉瓜海岸线大致平行,明显会切断尼加拉瓜海岸向加勒比海的延伸。因此,在第二阶段裁决海洋边界时,国际法院部分采纳了尼加拉瓜的主张,认为该案的宏观地理背景会产生切断效应。国际法院强调:根据公平划界的原则,划界线应允许双方海岸以一种合理和相互平衡的方式产生海洋权利。本案中,临时中间线将会切断尼加拉瓜海岸延伸的 3/4 相关海域。更何况这一切断效应是由一些彼此之间相距甚远的小岛所造成,因此不能和绵延 100 海里以上的尼加拉瓜大陆海岸相提并论。最终,国际法院认为有必要调整临时中间线,以尽可能

---

① *Maritime Delimitation Case (Ghana/Côte d'Ivoire)*, paras. 424 - 425.

② Territorial and Maritime Dispute (Nicaragua v. Columbia), Judgment, *I. C. J. Reports* 2012, p. 624 (hereinafter '*Nicaragua v. Columbia*'), paras. 18 - 22.

避免切断效应。[1]

3. 海岸线长度的重大差异

海洋划界争端双方海岸线长度的重大差异(substantial difference)亦有可能构成相关情况。例如,在"利比亚诉马耳他案"中,马耳他与利比亚相关海岸线长度的比例是1∶8;在"扬马延案"中,挪威扬马延岛和丹麦格陵兰岛相关海岸线长度的比例是1∶9。国际法院因此认为海岸线长度存在重大差异,并调整了临时海洋边界线。值得一提的是,在早先的"缅因湾案"中,虽然加拿大和美国相关海岸长度的比例是1∶1.38,国际法院特别分庭认为这构成两国第二段海洋边界线的相关情况。[2] 在"巴巴多斯与特立尼达和多巴哥案"中,仲裁庭并没有计算相关海岸的长度,而是直截了当地认为特立尼达和多巴哥较长的海岸构成调整临时等距离线的相关情况。值得注意的是,国际仲裁庭在调整临时等距离线时承认:"不存在精确调整临时海洋边界线的神奇公式,但仲裁庭的自由裁量权必须在法律允许的范围内实施"。[3] 在"尼加拉瓜诉哥伦比亚案"中,由于哥伦比亚相关海洋地物的海岸线长度和尼加拉瓜的海岸线长度的比例是1∶8.2,所以国际法院将"两国相关海岸线长度的差异"视为相关情况。[4]

4. 岛屿或半岛

早在1978年的"英法大陆架案"中,岛屿就曾经被仲裁庭采纳为海洋划界的"相关情况"。在此后的海洋划界案中,虽然争端当事方往往会主张岛屿或半岛构成海洋划界的相关情况,但国际司法机构并不一定会采纳。值得注意的是,在2018年作出裁决的"哥斯达黎加诉尼加拉瓜案"中,岛屿被再次认定

---

[1] *Nicaragua v. Columbia*,para. 215.

[2] *Delimitation of the Maritime Boundary in the Gulf of Maine Area*,Judgment,*I. C. J. Reports* 1984,p. 246,paras. 222 - 223.

[3] *Barbados/Trinidad and Tobago Arbitration*,para. 373.

[4] *Nicaragua v. Columbia*,para. 247.

为海洋划界的"相关情况"。就加勒比海划界而言,哥伦比亚主张,位于加勒比海的玉蜀黍岛(Corn Islands)距离尼加拉瓜大陆海岸较远,不应被赋予任何效力。尼加拉瓜则认为玉蜀黍岛的地理位置并不构成相关情况,必须赋予该岛以完全的效力。国际法院裁决:虽然玉蜀黍岛有权享有专属经济区和大陆架,但其距离大陆海岸 26 海里,对临时等距离线的影响与其有限的面积不成比例。鉴于其有限的面积以及与海岸的距离,国际法院赋予该岛以半效力,并据此调整了临时等距离线。①

就太平洋划界而言,尼加拉瓜主张,位于太平洋的临时等距离线对本国的海岸投射产生了一个显著的、不公平的切断效应。在尼加拉瓜看来,圣埃伦娜半岛(Santa Elena Peninsula)和尼科亚半岛(Nicoya Peninsula)的海岸走向并不能反映出哥斯达黎加海岸真实的一般走向,这些半岛上的基点会使得临时等距离线过于向北偏斜,从而切断尼加拉瓜的海岸投射,因此有必要进行调整。尼加拉瓜认为公平的解决方案是赋予圣埃伦娜半岛和尼科亚半岛以半效力。② 国际法院在裁决时指出:在专属经济区和大陆架划界中,圣埃伦娜半岛对临时等距离线的影响会对尼加拉瓜的海岸投射造成显著的切断效应。在国际法院看来,这一切断是不公平的。国际法院因此赋予圣埃伦娜半岛以半效力,以避免对尼加拉瓜海岸的投射造成切断效应,从而实现公平的结果。③

值得一提的是,在海洋划界案件中,争端双方往往会提出诸多相关情况,以争取对临时海洋边界线做出有利于己方的调整。但是,国际司法机构的裁决倾向于谨慎,甚至会完全拒绝争端当事方主张的相关情况。例如,在"黑海划界案"中,罗马尼亚和乌克兰各自提出了有利于本国的临时等距离线,并主张划界时应考虑六种"相关情况":海岸线长度的差异;黑海的封闭性质和区域

---

① *Costa Rica v. Nicaragua*, paras. 152 - 154.
② *Costa Rica v. Nicaragua*, para. 191.
③ *Costa Rica v. Nicaragua*, paras. 193 - 198.

内已完成的划界;划界区域中蛇岛的存在;争端双方的行为;不切断原则;争端方的安全考虑。双方依据这些因素得出了相反的结论:罗马尼亚认为,其主张的临时等距离线不需要调整;乌克兰则认为,其主张的临时等距离线应向罗马尼亚海岸方向移动。国际法院在裁决中首先区分了争端双方提出的临时等距离线和国际法院绘制的临时等距离线。① 之后,国际法院对上述六种"相关情况"逐项审查,最终得出了否定的结论。类似地,在"加纳诉科特迪瓦案"中,双方主张的相关情况包括:海岸的凹陷和凸起、加莫若(Jomoro)的地理特殊性、资源分布的位置、争端双方的行为。ITLOS 特别分庭强调了公平原则在海洋划界过程中的重要性,但经过仔细分析后逐项否定了所有的相关情况。②

　　总而言之,"相关情况"虽然种类甚多,但国际司法机构在考虑是否要依据这些因素调整临时边界线时较为谨慎。因此,同类"相关情况"在不同的案件中所发挥的"矫正"作用可能不尽相同。而且,近年来的判决也表明,国际司法机构在确立临时边界线阶段往往已经事先考虑或排除了一些因素,因此争端双方提出的"矫正因素"在划界第二阶段并不能完全得到国际法院和国际仲裁庭的支持。例如,岛屿的存在通常是调整临时海洋边界线的一个重要因素。但在"黑海划界案"中,由于国际法院在选择基点确定临时等距离线时就已经排除了蛇岛的作用,所以在划界第二阶段自然就无必要考虑蛇岛对临时等距离线的影响了。③ 此外,近期的判决也表明,海岸凹陷、宏观地理背景、海岸线长度差异、岛屿之类的地理因素更有可能构成要求调整临时边界线的"相关情况",而捕鱼、石油开采、地震勘探、海军巡逻、海上安全、海洋边界谈判等国家

---

　　① *Black Sea*, para. 157.
　　② *Maritime Delimitation Case (Ghana/Côte d'Ivoire)*, paras. 480 - 481.
　　③ 有学者指出,国际法院在绘制临时等距离线之前即排除某些特征的影响比较罕见,但也许是未来可以借鉴的模式。不过,这一模式将会导致争端当事方争论细微特征(small features)在划界中的作用,以及排除这一特征的理由。See Coalter G. Lathrop, "International Decisions: Maritime Delimitation in the Black Sea", *American Journal of International Law*, Vol. 103, 2010, pp. 548 - 549.

活动能否构成"相关情况"则存在很大的不确定性。[①] 这也印证了埃文斯教授（Malcolm Evans）的观点："实际上，在海洋划界中只需考虑一个因素，那就是海岸地理（coastal geography）。"[②]

国际法院和国际仲裁庭在判断"相关情况"时的谨慎做法，很大程度上是因为避免在司法上"重塑地理"（refashion geography）的考虑。早在 1969 年的"北海大陆架案"中，国际法院指出："公平（equity）并不必然意味着均等（equality）。海洋划界中不能出现完全重塑自然（refashion nature）的问题……划界不是一个无视事实重塑地理的过程，而毋宁是这样一个过程——即在大致相等的基础上，考虑到各个国家之间的地理情况后，削弱可能导致不合理差别待遇之次要因素的影响。"[③]在"喀麦隆诉尼日利亚案"中，国际法院沿袭了"北海大陆架案"的判决，并且强调："国际法院并没有义务考虑所有的地理细节（geographical peculiarities）以调整临时海洋边界线。"[④]在"圭亚那与苏里南仲裁案"中，国际仲裁庭也明确指出："处理海洋划界问题的国际法院和国际仲裁庭应当牢记不得改变或完全重塑自然，而是应当尊重自然。"[⑤]由此可见，即便是地理因素，国际法院和国际仲裁庭也尽量持谨慎态度。

四、阶段三：比例检验

海洋划界的第三步，是对海洋划界的结果进行比例检验。简言之，依据调整后的，或无须调整的临时海洋边界线所得的海域面积比例与争端双方海岸

① 张华：《国际司法裁决中的海洋划界方法论解析》，载《外交评论》，2012 年第 6 期，第 150 页。

② Malcolm D. Evans, "Maritime Boundary Delimitation: Where Do We Go from Here?", in David Freestone et al. (eds.), *The Law of the Sea: Progress and Prospects*, Oxford: Oxford University Press, 2006, p. 157.

③ *North Sea*, para. 91.

④ *Case concerning the Land and Maritime Boundary between Cameroon and Nigeria*, Judgment, *I. C. J. Reports* 2002, p. 441 (hereinafter'*Cameroon v. Nigeria*'), para. 295.

⑤ *Guyana/Suriname Arbitration*, paras. 373－374.

线长度的比例如果不致出现重大失衡,则表明划界结果公平,该临时性的边界线成为最终的海洋边界线,否则仍需作进一步调整。不过,最初"北海大陆架案"只是将比例问题作为划界时的考虑因素。[①] 这是因为,在早期的海洋划界中,划界通常只有两个阶段:第一步,确立临时海洋边界线;第二步,审查"相关情况",以确定是否有必要对临时边界线进行调整。所以在海洋划界方法论尚未成熟的初期,海岸线的比例问题通常作为"相关情况"发挥作用,不存在单独的比例检验阶段。不过,近期国际法院和国际仲裁庭的裁决表明,随着海洋划界方法论日臻成熟,比例检验形式上构成海洋划界的第三阶段。

在"黑海划界案"中,国际法院强调,比例检验的目的在于:确保海洋划界的结果不会导致海岸线长度的比率和划界所得海域比率之间出现严重的不成比例(significant disproportionality),但这种检验只能是近似的(approximate)。原因是:以往测算相关海岸长度的方法多种多样,国际法上没有明确要求是否应按照真实的海岸线进行测算,或使用基线,或者与内水相邻的海岸是否应排除在外。国际法院同时也无奈地承认:"……多年来,不同的国际法庭——就连国际法院自身——在关于何种海岸线长度的失衡能构成重大的不成比例这一问题上莫衷一是。在具体个案中,这仍然属于国际法院自由裁量的范畴……。"[②]具体到案件本身,国际法院指出,它测算相关海岸长度的标准是海岸的总体走向,而非争端双方提出的基线,因此海湾或河湾内部的海岸线就没有计算在内。考虑到海洋划界最终阶段的目的是确保不出现严重的不成比例,这些计算结果必然只是近似的。基于上述认识,国际法院认为,罗马尼亚和乌克兰的相关海岸长度之比为:1∶2.8,而划界所得相关海域之比为:1∶2.1,这表明划界线无须再作调整。[③]

---

① *North Sea*, para. 101 (D).
② *Black Sea*, paras. 210 - 213.
③ *Black Sea*, paras. 214 - 216.

在"尼加拉瓜诉哥伦比亚案"中,国际法院对比例检验中的"重大不成比例"进行了非常详细的阐释。国际法院强调:"比例检验并非适用严格的比例原则。海洋划界并不等于是纠正争端方相关海岸长度和划界所得海域面积之间的任何误差……国际法院的任务是检验是否出现重大的不成比例。何者构成这类不成比例将取决于具体个案的情势,因为这一阶段的工作不能使法院忽视之前阶段中确定的重要因素。"①国际法院进一步指出:"第三阶段的任务甚至也不是在争端方相关海岸长度的比率和划界所得相关海域面积的比率之间实现近似的矫正,而毋宁是确保不会产生有损划界结果公平性的严重比例失衡。至于多大程度的比例失衡会产生这一不利后果,并没有精确的数学公式可供参考,这只能依据特定案件的所有情势进行权衡。"②具体到案件本身,国际法院指出,哥伦比亚和尼加拉瓜划界所得的相关海域面积之比为 1∶3.44,而之前确立的相关海岸长度之比为:1∶8.2。这一差异是否构成"重大失衡"呢? 国际法院首先指出,其确立的海洋边界线除了考虑到争端方相关海岸长度的差异外,还考虑了避免对双方海岸延伸产生"切断效应"。言下之意是,如果严格遵守比例,则无视其他相关情况③的作用,同样有违划界的公平原则。其次,国际法院还援引了"利比亚诉马耳他案"和"扬马延案"中的比例标准。在前一个案例中,国际法院虽然在比例检验阶段没有明确指出划界所得海域面积之比,④但显然没有达到马耳他和利比亚的相关海岸长度之比(即1∶8);在后一个案例中,格陵兰和扬马延海岸长度之比为 1∶9,而划界所得海域之比经估算大约为 1∶2.7,国际法院并没有认为这一差异有失公平。据

---

① *Nicaragua v. Columbia*,para. 240.

② *Nicaragua v. Columbia*,para. 242.

③ 国际法院确定"相关海岸长度差异"和"宏观地理背景"(general geographical context)构成"相关情况",后者主要是考虑案件的特殊地理环境以及避免由此产生切断效应。

④ 国际法院没有指明划界相关海域面积之比的理由或许可以理解为,由于尊重意大利的海洋权利,划界海域本身受到一定的限制,因此识别相关海域存在一定的难度。这反映了早期国际法院判决的不完善之处。

此,国际法院认为尼加拉瓜和哥伦比亚的海洋边界线并没有产生不公平的结果。[1]

表面上看来,国际司法机构有关比例检验的裁决的确流于形式。尤其是在那些已经事先依据比例原则或"海岸线长度差异"调整了临时等距离线的案件中,最后阶段的比例检验不仅流于形式,而且似乎陷入了循环论证的逻辑怪圈。这不能不让人对比例检验的实际作用产生怀疑。那么,能否以此为由取消比例检验呢?

答案是否定的。应该承认,在海岸线长度存在重大差异的情况下,国际司法机构之所以调整临时等距离线,正是因为一定程度地考虑了比例因素。在这一特定情境中,比例原则已经提前发挥了一定的平衡作用。但影响海洋划界的相关情况并不限于海岸线长度差异,其他因素——如宏观地理背景、海岸凹陷、岛屿的存在等地理因素以及航行利益、捕鱼活动、石油开采许可、国家安全等经济、社会和安全因素——都有可能要求对临时海洋边界线进行调整。在此意义上,成比例检验不是可有可无的点缀,它仍然是确保海洋划界公平性的最终一环。[2]

问题是,相关海岸长度的比率和划界所得海域面积的比率之间多大程度的差别方能构成"重大的不成比例"?有西方学者曾经依据"扬马延案"提出"严重不成比例因子"(grossness factor)这一概念,亦即相关海岸长度比率与划界所得海域面积比率之间的比值如果大于 3:1,则构成"严重不成比例"。[3]从 2012 年的"尼加拉瓜诉哥伦比亚案"来看,国际法院的裁决似乎与"严重不

---

① *Nicaragua v. Columbia*, paras. 244 - 247.

② 张华:《论比例原则在国际海洋划界中的功能与缺陷》,载《南洋问题研究》,2014 年第 1 期,第 14 页。

③ See Phaedon John Kozyris, "Lifting the Veils of Equity in Maritime Entitlements: Equidistance with Proportionality around Islands", *Denver Journal of International Law and Policy*, Vol. 26, 1998, pp. 362 - 366.

成比例因子"保持了一致。但是,仅有个别案件的佐证似乎说服力有限,或许未来有更多的案件可以佐证这一点。

另外一个相关,但又更为棘手的问题是,如果确认存在"重大的不成比例",国际司法机构是否有义务,以及如何调整海洋边界线? 在"圣皮埃尔和密克隆案"中,仲裁员普鲁斯佩尔·维耶(Prosper Weil)在反对意见中提出了类似的问题:"如果比例检验表明相关海岸长度的比率和相关海域的比率之间存在不合理的失衡,将会出现何种情况? 为达到更加符合比例的结果,法官或仲裁员是否有义务调整依其他方法确立的临时海洋边界线? 否定的答案将使比例检验毫无意义,而肯定的答案将使比例因素转化为主导性的划界原则……不利的检验结果是不可能的,并且也从未发生过。但这不正是因为比例检验所依据的数据是有选择的,以便确认预定的结果么?"[①]维耶的这一诘问固然尖锐,但也一定程度地暴露出比例检验的主观性所导致的尴尬情境。因此,就现阶段而言,比例检验似乎只是发挥"橡皮图章"式的作用。

第三节　国际海洋划界的法制走向

一、划界方法的主流趋势:单一海洋边界

(一) 200 海里以内的功能性海域划界

领海划界与专属经济区和大陆架的划界存在一定的区别。国际法院通常将专属经济区和大陆架界定为"功能性的海域"(functional maritime areas),

---

① Dissenting Opinion of Mr. Prosper Weil in Delimitation of Maritime Areas between Canada and France (St. Pierre and Miquelon), *International Legal Materials*, Vol. 31, 1992, p. 1207, para. 25.

以同主权范畴内的领海区别开来。《联合国海洋法公约》第15条明确规定了"等距离/特殊情况"作为领海划界的方法,而第74条第1款和第83条第1款对于专属经济区和大陆架划界的方法持回避态度。因此,在方法论方面,领海划界比功能性海域的划界更为成熟。如果说"等距离/特殊情况"规则在领海划界中构成习惯法争议不大的话,①那么该规则在专属经济区和大陆架划界中是否达到这一地位尚存争议。例如,高健军教授认为,尽管"等距离/特殊情况"规则在国家划界行为实践中获得广泛适用,但由于缺乏法律确信,因此其目前尚未成为划界习惯法规则。② 但是,日本著名海洋法学者田中嘉文(Yoshifumi Tanaka)将"等距离—特殊情况"规则界定为一种"矫正公平"式的方法(corrective equity approach),认为无论是在相向海岸还是在相邻海岸的海洋划界中,"矫正正义"式的方法都构成习惯法规则。③ 此外,埃文斯教授在阐述海洋划界的方法时甚至主张,"等距离—特殊情况"规则构成强制性的规则(an imperative rule)。④ 无论如何,现阶段国际法上尚无法就等距离—特殊情况规则的国际习惯法地位问题达成一致意见。究其本源,等距离线在领海中所产生的扭曲效果相对较小,但在领海之外的功能性海域中则容易产生重大的扭曲效果。⑤

值得注意的是,近年来国家实践和国际司法判例越来越多地表明,在重叠海域——尤其是功能性海域——划定一条200海里以内的单一海洋边界

① Malcolm D. Evans, "The Law of the Sea", in Malcolm D. Evans (ed.), *International Law*, 3rd edn., Oxford: Oxford University Press,2010, p. 677.

② 高健军:《国际海洋划界论——有关等距离/特殊情况规则的研究》,北京:北京大学出版社2005年版,第188页。

③ See Yoshifumi Tanaka, "Reflections on Maritime Delimitation in the Cameroon/Nigeria Case", *International and Comparative Law Quarterly*, vol. 53, 2004, pp. 381–388.

④ Malcolm D. Evans, "Maritime Boundary Delimitation: Where Do We Go from Here?", in David Freestone et al. (eds.), *The Law of the Sea: Progress and Prospects*, Oxford: Oxford University Press, 2006, p. 144.

⑤ *North Sea*, para. 59.

(single maritime boundary)似乎成为趋势。专属经济区与大陆架原本是两种法律制度不同的海域,①如果分别划定边界,则会出现一方对上覆水体行使管辖权,而另一方对水体下的海床和底土行使管辖权的尴尬情况。为避免这种管辖权的冲突,出于现实方便的考虑,争端当事国往往要求划定单一的海洋边界。② 另外,由于《联合国海洋法公约》第 76 条在大陆架定义中引入了和专属经济区类似的 200 海里距离标准(distance criteria),使得原本作为大陆架唯一权利基础的自然延伸原则(natural prolongation)受到了很大的冲击,③客观上也促使争端当事国在划分 200 海里的专属经济区和大陆架时,倾向于使用单一的海洋边界线。当然,国家并没有划定单一海洋边界的法律义务,毕竟《联合国海洋法公约》没有规定这一点。④ 国际法院在"卡塔尔诉巴林案"的裁决中指出:"单一海洋边界的概念并非源于多边国际条约,而是源自国家实践,国家希望确定一条不中断的边界线以划分其部分重叠的管辖海域"。⑤ 在 2007 年的"圭亚那与苏里南案"中,仲裁庭更为全面地指出,单一海洋边界的概念源于国家实践以及国际法院和仲裁庭的裁决。⑥ 根据西方学者的统计,

① 参见《联合国海洋法公约》第五部分和第六部分有关专属经济区和大陆架法律制度的规定。

② 例如,在出现海洋污染时,如果专属经济区和大陆架分属两个国家管辖,就会带来合作上的难题,当事国必须有充分的善意才能有效地防止和管理海洋污染的跨界性。

③ 参见冯洁菡:《大陆架的权利基础:自然延伸与距离标准》,载《法学论坛》,2010 年第 5 期,第 22 - 28 页。国际法院在"利比亚与马耳他大陆架案"中指出:"尽管可能存在无专属经济区的大陆架,但不存在无对应大陆架的专属经济区。因此出于法律和现实的理由,距离标准现在必须同时适用于大陆架和专属经济区……但这并不意味着距离标准已经取代了自然延伸。其确切含义是当大陆边缘距离海岸不超过 200 海里时,自然延伸……部分地是在距离标准之内……因此,自然延伸和距离这概念不是相对的,而是互补的,两者都是法律上的大陆架概念的基本要素"。See *Libya/Malta*, para. 34.

④ 有西方学者认为,划分不同的海洋边界不是没有可能,但会产生一些现实问题,例如共同开发和区分管辖权。See Stuart Kaye, "The Use of Multiple Boundaries in Maritime Boundary Delimitation: Law and Practice", *Australian Yearbook of International Law*, Vol. 19, 1998, pp. 57 - 61.

⑤ See Case concerning Maritime Delimitation and Territorial Questions between Qatar and Bahrain, Merits, Judgment, *I. C. J. Reports* 2001, p. 94 ('*Qatar v. Bahrain*'), para. 173.

⑥ *Guyana/Suriname Arbitration*, para. 334; *Barbados/Trinidad and Tobago Arbitration*, paras. 234 - 235.

自 UNCLOS 生效以来,在划分专属经济区和大陆架界限时,不仅国际司法裁决均使用单一的海洋边界线,而且经谈判达成的海洋划界协定亦大多采用单一的海洋边界线。①

追求单一海洋边界线的目标一定程度上使领海划界与功能性海域划界的方法出现了同化趋势。一方面,国际法院近年来在裁决中经常将功能性海域划界中的"公平原则/相关情况"规则与领海划界中的"等距离/特殊情况"规则画等号。例如,在"喀麦隆诉尼日利亚案"中,国际法院在裁决中指出:"'公平原则/相关情况'方法与领海划界中的'等距离/特殊情况'方法类似,即首先划出一条临时等距离线,然后考虑是否存在要求调整这条线以实现'公平结果'的因素。"②另一方面,"特殊情况"以往在领海划界和功能性海域划界中的功能区别也趋于模糊:在功能性海域的划界中,"特殊情况"通常作为调整临时海洋边界线的考虑因素;在领海划界中,"特殊情况"通常作为排除等距离方法的合法理由,而非单纯的"矫正因素"。但是,在"卡塔尔诉巴林案"中,国际法院对《海洋法公约》第 15 条有关领海划界的"等距离/特殊情况"规则的解释是:"……首先划出一条临时等距离线,然后考虑这条线是否必须根据特殊情况进行调整,这是最符合逻辑,也最为广泛操作的方法……"。③ 在"尼加拉瓜诉洪都拉斯案"中,国际法院一开始在阐述领海划界规则时从《联合国海洋法公约》第 15 条的文本出发,认为"特殊情况"可以排除等距离方法的适用,而非矫正因素。而后来在划分尼加拉瓜与洪都拉斯之间五个岛礁的重叠领海时,国际法院又认为不存在要求调整临时等距离线的"特殊情况"。④

---

① *Report on the Obligations of States under Article 74(3) and 83(3) of UNCLOS in respect of Undelimited Maritime Areas*, BIICL 2016, pp. 7 - 8.

② *Cameroon v. Nigeria*, para. 288.

③ *Qatar v. Bahrain*, para. 176.

④ *Territorial and Maritime Dispute between Nicaragua and Honduras in the Caribbean Sea (Nicaragua v. Honduras)*, Judgment, I. C. J. Reports 2007, p. 659, para. 304.

　　不无巧合的是,国际法院在上述案件中的划界结果都是一条单一的海洋边界线。因此,领海划界中的"等距离/特殊情况"规则越来越频繁地被用作功能性海域的划界,以及"特殊情况"在领海划界和功能性海域划界中的功能界限趋于模糊,一定程度地体现了单一海洋划界的趋势与海洋划界方法论的同化之间的内在联系。

(二) 200 海里以外的大陆架划界

　　近年来另外一个引人瞩目的趋势是,单一海洋边界不仅适用于 200 海里以内功能性海域的划界,甚至还适用于 200 海里以外的大陆架划界。在 2012 年的"孟加拉湾划界案"中,ITLOS 首次将"三阶段划界法"拓展适用于 200 海里以外大陆架的划界。ITLOS 认为,有关大陆架划界的 UNCLOS 第 83 条并没有限定划界区域,因此同样适用于 200 海里以内和以外的大陆架划界。相应地,200 海里以外大陆架的划界方法与 200 海里以内大陆架的划界方法相同,亦即适用等距离/相关情况方法。由于孟加拉湾海岸的凹陷所产生的切断效应延续到 200 海里以外的大陆架,ITLOS 认为海岸凹陷同样构成 200 海里以外大陆架划界的相关情况。而鉴于 200 海里内大陆架和专属经济区的边界线已经基于该相关情况进行了调整,所以 200 海里以外大陆架的界限应当是此前边界线在 200 海里以外继续延伸,直至到达可能影响第三国的海域。[①]在 2014 年的"孟加拉湾仲裁案"中,国际仲裁庭沿袭 ITLOS 的裁决,适用单一的海洋边界线划分了争端双方 200 海里以内和以外的大陆架。[②]

　　在"加纳诉科特迪瓦案"中,ITLOS 特别分庭在完成 200 海里以内的专属经济区和大陆架划界后,同样面临着划分 200 海里以外大陆架的问题。尽管争端双方同意特别分庭对 200 海里以外大陆架的划界问题享有管辖权,特别

---

①　*Bay of Bengal* (*Bangladesh/Myanmar*), paras. 450 – 462.

②　*Bay of Bengal Arbitration* (*Bangladesh/India*), paras. 456 – 475.

分庭仍然决定自行裁决其管辖权和可受理性。特别分庭强调在法律上只有单一性质的大陆架,因此无须人为割裂 200 海里内的大陆架和单独的 200 海里外大陆架。特别分庭能否开展 200 海里以外大陆架的划界工作取决于本案是否存在此类大陆架。这一点从争端双方向联合国外大陆架界限委员会(简称"CLCS")提交划界案的情况来看可以得到确定的答案。在考虑可受理性问题时,特别分庭重点关注其裁决是否会干涉 CLCS 的职能。基于 ITLOS 在"孟加拉湾划界案"中的裁决,特别分庭认为法庭与 CLCS 的职能不同,因此不妨碍其开展海洋划界工作。① 几无悬念,特别分庭沿袭了"孟加拉湾划界案"中有关 200 海里外大陆架划界的裁决。特别分庭强调单一大陆架这一立场,认为 200 海里以内大陆架和 200 海里以外大陆架划界应适用相同的划界方法。故此,200 海里以外大陆架的界限应当是此前等距离线的延伸,一直到达 200 海里外大陆架的外部界限。②

从目前国际司法机构裁决 200 海里外大陆架边界的相关案例来看,只要满足以下几个方面的条件,国际司法机构就会在裁决 200 海里以内海洋边界的同时,一道裁决 200 海里以外的大陆架边界:第一,争议海域特殊的地质和地貌条件足以使国际司法机构确定争端双方存在 200 海里外大陆架。第二,争端当事国已经向 CLCS 提交了 200 海里外大陆架的完整提案。第三,争端当事国同意国际司法机构对此划界实施管辖权。第四,CLCS 已经就争端当事国提交的 200 海里外大陆架申请做出了肯定的建议。③ 简言之,只要没有明显的"科学上的重大不确定性",国际司法机构便倾向于发挥"司法能动主义",积极划分 200 海里外大陆架的边界。

---

① *Maritime Delimitation Case*(*Ghana/Côte d'Ivoire*),paras. 485 – 495.

② *Maritime Delimitation Case*(*Ghana/Côte d'Ivoire*),paras. 526 – 527.

③ 参见张华:《国际海洋划界裁判中的"司法能动主义"——以 200 海里外大陆架划界问题为例》,载《外交评论》,2019 年第 1 期,第 143 – 146 页。

二、争端当事方义务的共性诠释:克制与合作

海洋划界的原则和方法基本上是在国际司法实践中得以创设,从而弥补了 UNCLOS 的不足。不仅如此,国际司法裁决还详细阐述了海洋划界争端解决前争端当事方的义务。单从 UNCLOS 第 74 条第 3 款和第 83 条第 3 款的规定来看,存在海洋划界争端的国家之间至少应履行如下义务:第一,尽一切努力作出实际性的临时安排;第二,在过渡期间内,不危害或阻碍最后协议的达成。然而,UNCLOS 并没有就这两项义务的内涵做出更为详细的规定,使得海洋划界争端当事方的义务显得过于抽象而缺乏可操作性。令人欣慰的是,在"圭亚那与苏里南仲裁案"和"加纳诉科特迪瓦案"中,国际仲裁庭和 ITLOS 特别分庭先后对 UNCLOS 第 74 条第 3 款和第 83 条第 3 款进行了详细的阐释,极大程度地促进了海洋划界法律秩序的发展。

(一)"圭亚那与苏里南仲裁案"裁决中的解析

在"圭亚那与苏里南仲裁案"中,国际仲裁庭首次详细剖析了这两项义务。仲裁庭认为,"尽一切努力作出实际性的临时安排"这一义务意在促进临时制度和现实措施的建立,从而为划界之前争议海域的临时使用铺平道路。该义务隐含承认了在争议海域避免中止经济开发活动的重要性——只要此类活动不影响最终协议的达成。此种安排有利于实现公约的一项目标,即公平和高效地使用海洋资源。此外,虽然"尽一切努力"这一措辞给相关国家或争端解决机构留有余地,但仲裁庭认为,规定该义务的语言为争端方施加了善意谈判的义务。"应基于谅解与合作的精神"这一措辞表明了起草者的意图,即要求争端方以一种和解性的姿态展开谈判,据此在谋求建立临时安排的过程中准备做出让步。鉴于临时安排本身为暂时性质,且并不妨碍最后的划界,争端双方应该能采取此种和解性的姿态。作为临时安排的实例,仲裁庭提及了共同开发协定,并指出国际司法机构实际上鼓励共同开发那些跨越海洋边界的资

源。最后,仲裁庭特别强调了实际性的临时安排与公约目标之间的工具性联系,这也正是公约为争端当事国施加该义务的理由所在。①

关于"不危害或阻碍最后协议的达成"这一义务,国际仲裁庭认为,这是公约关于促进各国和平和友好关系,以及和平解决国际争端之目标的体现。该义务显然无意排除争议海域的所有活动。就油气勘探和开发活动而言,有两种活动是允许的:第一,争端双方根据临时安排所开展的活动;第二,争端方不危害或阻碍最后协议达成的单方活动。后者例如,那些不会对海洋环境造成物理性变更(physical change)的单方活动,反之则须依据争端方的协议才能开展。根据国际法院在"爱琴海大陆架案"中的裁决,仲裁庭区分了两种单方活动:第一,造成永久性物理变更的活动,如油气资源的勘探和开发活动,第二,其他允许的单方活动,如地震勘测。值得一提的是,国际仲裁庭强调,对"不危害或阻碍最后协议的达成"这一义务的解释需保持一种平衡:一方面,不允许争端一方的单方活动对另外一方的权利造成永久性损害;另一方面,国际司法机构应避免压制争端方在争议海域谋求经济发展的能力,毕竟海洋划界争端解决通常旷日持久。国际仲裁庭认为,区分对海洋环境造成永久性物理影响的活动和其他活动,既能够实现这一平衡,同时也符合其他方面的海洋法和国际法。②

在"圭亚那与苏里南仲裁案"中,苏里南和圭亚那同时主张对方违反了"尽一切努力作出实际性的临时安排"的义务。有趣的是,国际仲裁庭最终裁决两者分别违反了该义务。在2000年6月3日的"CGX事件"③中,苏里南使用武

---

① *Guyana/Suriname Arbitration*, paras. 459 - 464.

② *Guyana/Suriname Arbitration*, paras. 465 - 470.

③ 1998年,圭亚那授予加拿大CGX公司(CGX Resources Inc.)石油开采特许权。CGX公司于1999年开始在争议海域大陆架进行地震勘测活动。2000年5月11日和5月31日,苏里南先后两次通过外交渠道,要求圭亚那停止在争议海域的一切石油勘探活动。5月31日,苏里南同时命令CGX公司立即停止相关活动。2000年6月3日,苏里南海军的两艘巡逻船靠近CGX公司的石油钻塔和钻探船。苏里南巡逻船勒令CGX的钻探船和相关的服务船只在12小时以内离开争议海域。巡逻艇上的海军人员同时登上CGX公司的钻探船,并将钻塔从海底分离出来。在苏里南巡逻船的尾随下,CGX公司的钻探船被迫离出争议海域。See *Guyana/Suriname Arbitration*, paras. 150 - 151.

力威胁 CGX 公司在争议海域的地震勘测活动。在仲裁庭看来，当苏里南知悉 CGX 公司在争议海域拟开展钻井活动时，苏里南尤其应履行"尽一切努力作出实际性的临时安排"这一义务。然而，苏里南不仅未能以公约所要求的合作与谅解精神与圭亚那接触，相反采取了更为强硬的立场。即便圭亚那试图以对话方式接触，苏里南仍然诉诸自助，使用武力威胁 CGX 钻井活动，违反了公约。为履行"尽一切努力作出实际性的临时安排"的义务，苏里南原本应积极地将圭亚那带到谈判桌上，或至少应接受圭亚那 2000 年 6 月 2 日的最后邀请，善意进行谈判。苏里南亦可以坚持以 CGX 公司停止钻井活动作为参加谈判的条件。但是，苏里南未采取上述任何一种替代方案，因此在"CGX 事件"中违反了公约第 74 条第 3 款和第 83 条第 3 款。

仲裁庭裁决圭亚那在"CGX 事件"中亦违反该义务。圭亚那在"CGX 事件"发生之前一段时间一直在准备钻井活动，原本应以一种合作的精神直接将此计划通知苏里南。CGX 公司在媒体上发布公告，但这一行为并不足以支持圭亚那满足了公约第 74 条第 3 款和第 83 条第 3 款。圭亚那原本应尽早就钻井活动与苏里南进行讨论。圭亚那在 2000 年 6 月 2 日邀请苏里南讨论钻井作业的方式，尽管有缓和紧张局势的意图，但不足以证明圭亚那履行了公约中的义务。仲裁庭指出，为履行"尽一切努力作出实际性的临时安排"的义务，圭亚那可以采取如下措施：第一，将计划中的钻井活动正式和详细地通知苏里南；第二，在开展钻井活动时寻求苏里南的合作；第三，主动提议与苏里南分享开发收益，并给予苏里南以观察开发活动的机会；第四，主动提议分享由开发活动所带来的所有财政收入。由于在"CGX 事件"后，双方开展了一系列的会谈和沟通，仲裁庭认为双方此后遵守了"尽一切努力作出实际性的临时安排"的义务。①

---

① *Guyana/Suriname Arbitration*, paras. 471 - 478.

在裁决是否违反"不危害或阻碍最后协议的达成"这一义务时,仲裁庭首先强调了地震勘测活动与钻井活动的区别。仲裁庭认为,钻井活动会对海洋环境造成永久性的物理损害,而地震勘测在争议海域是允许的。单方的钻井活动改变了现状,影响海洋划界争端另外一方的立场,因此违反了"不危害或阻碍最后协议的达成"这一义务。相应地,圭亚那授权其油气特许权者在争议海域从事钻井活动的做法违反了该义务。至于苏里南的行为,仲裁庭认为,苏里南实际上可以使用和平方式来应对圭亚那授权钻井的行为:即首先应该与圭亚那讨论实际性的临时安排,以确立油气勘探和开发的模式。在谈判失败的情况下,苏里南可以援引公约第 15 部分第 2 节的强制争端解决程序。与此同时,苏里南可以请求法庭发布临时保全措施"以维护其权利……或防止对海洋环境造成严重损害"。然而,苏里南在争议海域威胁使用武力的行为危害了国际和平与安全,损害了最终划界协议的达成,同样违反了"不危害或阻碍最后协议的达成"的义务。①

(二)"加纳诉科特迪瓦案"裁决中的延伸

在"加纳诉科特迪瓦案"中,ITLOS 特别分庭在"圭亚那与苏里南仲裁案"的基础上更加全面地阐述了争端当事方在海洋划界争端解决之前的法律义务。特别分庭首先指出,UNCLOS 第 83 条第 1 款蕴含着善意谈判的义务,该义务属于行为义务而非结果义务。②

关于 UNCLOS 第 83 条第 3 款,特别分庭认为,该条款包含两个相互联系的义务,亦即"尽一切努力作出实际性的临时安排",以及"在此过渡期间内,不危害或阻碍最后协议的达成"。"尽一切努力作出实际性的临时安排"属于行为义务。从该条款的措辞来看,该义务并不要求就临时安排达成协议,争端当

---

① *Guyana/Suriname Arbitration*, paras. 479 – 484.

② *Maritime Delimitation Case (Ghana/Côte d'Ivoire)*, para. 604.

6000

事方仅仅负有善意行动的义务,此类行动应"基于谅解和合作的精神"开展。特别分庭认为,应当由科特迪瓦提议建立"实际性的临时安排"并开启必要的谈判。但是,在本案中,科特迪瓦只是请求加纳停止油气活动,并没有请求加纳就达成临时安排展开谈判,因此不得再主张加纳违反了谈判临时安排之义务。[1]

"在此过渡期间内,不危害或阻碍最后协议的达成"亦属于行为义务。"过渡期"是指自海洋划界争端确立直至划界协议最终达成或划界裁决最终做出这一期间。过渡期内会出现两种情况:双方达成临时安排以规制争端方在争议海域的行为,或者双方未达成临时安排。在不存在临时安排的争议海域,争端双方的义务正是"不危害或阻碍最后协议的达成"。特别分庭强调,在解释第 83 条第 3 款时应考虑争端方有"基于谅解和合作的精神"开展行动的一般性义务。[2]

在考察加纳在争议海域的油气活动是否危害或损害最后划界协议的达成方面,特别分庭从两个方面做出了否定的回答:一方面,加纳遵守特别分庭于2015 年 4 月 25 日发布的临时保全措施命令,确保在争议海域不再开展新的钻井活动,因而中止了油气活动;另一方面,科特迪瓦的第 2 项诉讼请求之第3 点是要求特别分庭裁决加纳在科特迪瓦海域的单方油气活动违反了第 83条第 3 款中"不得危害或损害最后协议的达成"这一义务。由于特别分庭此前已经裁决这些科特迪瓦所主张的海域属于加纳,所以加纳只是在自己的海域开展油气活动,自然也就没有违反第 83 条第 3 款之义务。[3]

根据上述裁决,可以认为,在海洋划界争议解决之前:一方面,争端当事方应就共同开发问题争取达成临时安排,此临时安排不影响未来的海洋划界;另

① *Maritime Delimitation Case* (*Ghana/Côte d'Ivoire*), paras. 626 - 628.
② *Maritime Delimitation Case* (*Ghana/Côte d'Ivoire*), paras. 629 - 630.
③ *Maritime Delimitation Case* (*Ghana/Côte d'Ivoire*), paras. 632 - 634.

一方面,争端当事方可以在争议海域开展地震勘测活动,已经启动的油气开发活动可以不必中止,但不应在油气特许权区块从事新的油气开发活动。总体而言,海洋划界争端当事方至少应该在争议最终解决之前恪守保持克制的义务。①

三、国际海洋划界法律秩序的变迁规律

国际海洋划界法律秩序的变迁整体上构成国际法漫长演变历程中的一个缩影,反映了平权型国际社会中国际造法的特殊性,国际条约在规制海洋划界争端时的局限性,以及国际司法机构发扬司法能动主义的创造性。应当承认,如果各国享有控制权的海域局限于领海的话,海洋划界争端断不会像现在这样层出不穷、旷日持久,复杂而多变。自"二战"结束以来,历次联合国海洋法会议在制定海洋法公约时不断引进新的海域类型,其实是对沿海国谋求更广阔海域之控制权的一种法律回应。但是,UNCLOS 未能就专属经济区和大陆架的划界问题提供具体和可操作的方法。国际司法裁决及时弥补了UNCLOS 的这一缺陷,事实上构成了国际海洋划界法律秩序最重要的原动力和载体。基于上述分析,可以就国际海洋划界法律秩序得出以下几点规律性的认识:

第一,海洋划界法律秩序因海域类型的不同而呈现出发展程度的异质性。相对于专属经济区和大陆架,领海划界的规则和方法较为成熟。在无特别协定、历史性所有权和特殊情形时,领海划界应适用等距离/中间线方法。UNCLOS 第 15 条的这一规定业已成为公认的国际习惯法规则。但是,等距离/中间线方法能否无条件地适用于专属经济区和大陆架划界?答案仍然是

---

① 参见张华:《争议海域油气资源开发活动对国际海洋划界的影响》,载《法商研究》,2018 年第 3 期,第 167 - 169 页。

不确定的。专属经济区和大陆架法律制度的本质区别,以及功能性海域涵盖面积之广阔注定了争端方不太情愿接受"等距离/中间线"为海洋划界的通则——除非缺少更具优势的竞争性权利主张。

第二,海洋划界法律秩序的确定性和可预测性形式上获得了提升,但实践中不可能摆脱灵活性。基于先前国际司法裁决的一般规律,国际法院在"黑海划界案"中首度系统阐述了"海洋划界的方法论",之后得到了 ITLOS 和国际仲裁庭的沿袭。从增强海洋划界进程的确定性和可预测性的角度来看,国际法院创设"三阶段划界法"的努力值得称道。然而,近年来的国际司法裁决呈现出一定的反复:国际司法机构坚持在形式上适用"三阶段划界法",但实质上仍然回归"公平划界"。国际司法机构纵使在划界第一阶段适用了等距离/中间线,但在第二阶段确定相关情况后,会对临时的海洋边界线进行实质性的调整。调整的方法和依据毫无规律可循,最终的边界线与等距离/中间线毫无关联。国际司法机构存在较大的自由裁量空间。这难免令人质疑"三阶段划界法"流于形式。

第三,与海岸地理无关的因素越来越难以构成海洋划界的相关情况。在早期的国际司法裁决中,争端双方的油气开发活动,渔民对争议海域渔业资源的高度依赖、对第三方海洋权益的影响等人为因素亦有可能构成调整临时海洋边界线的相关情况。但从 21 世纪以来的一系列司法实践来看,唯有与海岸地理相关的因素——诸如海岸线长度的差异、海岸凹陷、近岸存在岛屿、宏观地理背景和切断效应——才最有可能被国际司法机构采纳为相关情况。在海岸较为规整的情况下,争端当事方有关相关情况的主张很难获得国际司法机构的支持。这某种程度上可以理解为国际司法机构尽量避免司法重塑自然的考虑,又或许可以归结为国际司法机构对海洋划界法律秩序迈向确定性和可预测性的有限支持。

第四,单一海洋边界成为海洋划界的主流趋势。尽管并无国际法规则明确要求争端当事方有义务适用单一的海洋边界以划分领海、专属经济区和大陆架，但从国家缔结划界协定的实践和国际司法裁决的最终结果来看，单一海洋边界逐渐成为常态。海洋划界争端解决的重要目标在于避免沿海国因为主张海域的重叠而产生无穷无尽的纠纷，单一海洋边界有助于实现这一目标，且有利于沿海国更好地开发和利用海洋资源，符合 UNCLOS 的宗旨和目标。当然，不排除国家之间就不同的海域适用不同的海洋边界线达成协议，或者国际司法机构裁决的结果出现水体和海底分属两个国家的"灰色区域"。这种例外会导致潜在的海洋争端。

第五，海洋划界争端当事方的克制义务和合作义务得以强化。国际海洋划界争端获致圆满和最终的解决往往旷日持久，争端当事国在此漫长的岁月中不可能"无所作为"——更何况 UNCLOS 鼓励海洋资源的开发和利用。长期以来，UNCLOS 第 74 条第 3 款和第 83 条第 3 款中施加给争端当事方的消极义务和积极义务并未引起争端当事国的重视，以至于在争议海域屡屡出现扩大或加剧争端的冲突事件，乃至武力对抗。"圭亚那与苏里南仲裁案"和"加纳诉科特迪瓦案"中的相关裁决向海洋划界争端当事国发出了一定的警示：任何妨害最终划界协议达成的措施都在禁止之列，谋求达成临时性的安排才是务实的选择，善意谈判的义务须一以贯之，保持克制的义务与合作义务之间相辅相成。

早在 20 世纪 80 年代末，法国著名的国际法专家普鲁斯佩尔·维耶就已经指出：海洋划界的法律制度基本上是法官造法的产物。① 本文分析时所依托的一系列司法裁决也足以证明：国际海洋划界的法律秩序当仁不让地成为国际法上"司法造法"的典型。时至今日，有关海洋划界的国际司法裁决仍然

---

① Prosper Weil, *The Law of Maritime Delimitation-Reflections*, Cambridge: Grotius Publications Ltd., 1989, p. 8.

处于演进中状态,相关国家的划界实践也难以实现绝对的一致性和统一性。总体而言,海洋划界法律秩序的变迁彰显国际法是一个持续不断的动态发展进程。条约作为国际造法的首要形式,并不总能及时对国际社会的规制需求作出有效的回应,国际司法裁决不可否认地发挥着替代性的造法功能。现阶段海洋划界法律秩序中存在的不确定性和争议有待未来的国际司法裁决进一步澄清。

第六章
外层空间国际法律秩序:规范构造与制度体系
（罗　超）

第一节　外层空间国际秩序的规范性构造

"外层空间"一词最早出现在美国的官方文件中,1957年1月时任美国总统艾森豪威尔在国情咨文中表示,美国愿与其他国家缔结相互控制外层空间的导弹和卫星研制的任何可靠协定。作为法律术语,"外层空间"也是在20世纪50年代初,为一些国际法学者所使用,当时被用来泛指国家主权范围以外的整个高层空间。[①]

迄今为止,"外层空间"仍没有一个普遍公认的法律定义,人们主要是通过划分空气空间与外层空间的界限,以描述出外层空间的大致范围,即一般包括地球空气空间以外的整个空间。

---

① 霍干:《大气上层和大气以外外层空间的法律用语》,载《美国国际法学报》,第51卷第2期。转引自邵津主编:《国际法》,北京:北京大学出版社、高等教育出版社2011年版,第186页。

在具体标准上,一般以人造卫星距离地面的最低高度作为界限,划分空气空间与外层空间。根据各国发射人造卫星的实践,这个高度约为距离海平面100千米至110千米,[①]在这个高度以上人们可以开展探索、开发和利用外层空间的各种活动。该标准具有较强的可操作性,为大多数国家所接受,也是目前国际社会采用的一般标准。

经过人类半个多世纪的探索,外空逐渐形成了较为稳定的秩序,可以从主体、规则与合作机制三个层面梳理出这一秩序的现状与特点。

一、主体格局

外空活动及其形成的秩序具体包括客体、内容和主体三类要素。首先,外空活动的载体,外空权利义务所指向的对象即为客体,主要包括:物,如外空器等射入外空的物体;人身,如紧急情况下宇航员的人身权利;行为,如发射人造卫星等外空物体的行为。其次,外空秩序的内容抽象表现为规则层面权利义务关系,这些权利和义务关系表现为外空活动的原则、规则和制度。最后,外空主体是直接参与外空活动的行为体,它们受到外空法律政策的调整,是具体享有权利、承担义务的一切人、组织、机构或者其他实体。

客体、内容和主体的交织互动形成一种较为稳定的权利义务关系,这种关系既构成外空社会的基础,即外空秩序,也是外空规则的调整对象。外空主体类型主要包括国家、国际组织、法人、自然人等,它们都是参与外空活动,并且享有权利、承担义务的人、组织、机构或者其他实体。

(一) 国家

国家是外空最初始的、基本的、当然的主体。国家具有完全的国际法律人

---

① 1979年6月,苏联在向联合国和平利用外层空间委员会提交的一份工作文件中,提出建议在海拔100千米至110千米之间划分界限。1996年,同样是在提交该委员会的工作文件中,俄罗斯仍支持该建议。

格,能够独立地享有权利并承担义务。作为外空主体的国家,除应当具备国家的一般要素外,还应当具备外空活动能力,能够通过一定的国家行为(如发射人造卫星、载人外空活动、登陆月球等)进入、探索外空,才具有实践层面的行为能力。全球范围内,以是否具有独立发射人造卫星能力作为标志,仅有 11个国家具备此种能力。①

现行外空领域的国际条约,主要都是规定了国家的有关权利和义务。例如,《关于各国探索和利用外层空间包括月球与其他天体活动所应遵循原则的条约》主要规范的是各个国家和平利用外空的行为准则;《空间物体造成损害的国际责任公约》第 2 条规定:"发射国对其空间物体在地球表面或给飞行中的飞机造成损害,应负有赔偿的绝对责任。"

(二) 国际组织

一般而言,凡是两个以上的国家或政府、人民或个人、民间团体基于特定的目的,以一定协议的形式而建立的各种机构,均可以认为是国际组织。② 外空法所调整的国际组织主要是政府间国际组织,它们是"这样一种通过条约建立的国家联合:具有宪章和共同的机构、区别于其成员国的人格,并且享有缔约能力而可以成为国际法的主体"③。

国际组织的法律人格是其能够独立地享有权利、承担义务的一种资格,也是其能够成为国际法主体的前提条件。在"为联合国服务而受损害的赔偿咨询意见"中,针对联合国是否具有法律人格从而有权提出国际赔偿的问题,国

---

① 这 11 个国家按照成功发射人造卫星的年份依次为苏联/俄罗斯、美国、法国、日本、中国、英国、印度、以色列、伊朗、韩国和朝鲜。法国、英国目前一般在欧洲空间局框架内合作发射。朝鲜分别于 1998 年、2009 年、2012 年三次发射人造卫星,直至 2016 年发射的卫星进入了预定轨道。

② 梁西著、杨泽伟修订:《梁著国际组织法》,武汉:武汉大学出版社 2011 年版,第 5 页;饶戈平主编:《国际组织法》,北京:北京大学出版社 1996 年版,第 10 页。

③ G. Fitzmaurice, "First Report on the Law of Treaties", *Yearbook of International Law Commission* (1956), ii, p. 108.

际法院认为,该组织是一个国际人格者,但并不等于说它的法律人格和权利义务与国家相同,它是一个国际法主体,具有国际权利和义务的能力,并且有权提出国际赔偿请求以维持其权利的能力。在该案中,国际法院进而指出国际组织法律人格的来源和范围,即一个国家具有国际法所承认的全部国际权利义务,而国际组织的权利义务必须视其组织文书中所明定或暗含的和实践中发展的那些目的和职能而定。[①]

一些外空条约,明确规定了国际组织在外空活动中的有关权利义务,使其成为外空活动、外空法的主体类型之一。当然,国际组织的主体地位是有条件的,并在范围上有所限制。根据《外空条约》第 13 条的规定,该条约的规定应适用于缔约国探索和利用外空的活动,不论是缔约国单独进行或与其他国家联合进行的此类活动,包括在政府间国际组织的范围内进行的活动;政府间国际组织进行外空活动所产生的任何实际问题,应由该公约缔约国与有关国际组织,或与该国际组织内的公约缔约国成员解决。可见,《外空条约》的规定也适用于政府间国际组织,缔约国可以直接与此类组织解决外空活动产生的任何实际问题。根据《责任公约》第 22 条的规定,如果从事外空活动的政府间国际组织声明接受该公约规定的权利义务,其一半成员系该公约及《外空条约》的缔约国,则公约对国家的所有实体性规定,应完全适用于该组织;如果政府间国际组织根据该公约的规定对损害负有责任,该组织及其成员中的公约缔约国,应承担共同及个别责任。可见,在特定条件下和一定范围内,政府间国际组织也应为空间物体造成的损害承担相应的国际法责任。《外空条约》和《责任公约》等国际外空条约的规定,都是赋予国际组织主体地位的有力证明。

此外,国际电信联盟(ITU)、世界气象组织(WMO)、国际海事组织

---

① See Reparation for injuries suffered in the service of the United Nations. Advisory Opinion, *I. C. J Reports*, 1949, pp. 179 - 185.

(IMO)、国际通信卫星组织（INTELSAT）、国际海事卫星组织（INMARSAT）和欧洲通信卫星组织（EUTELSAT）、欧洲空间局（ESA）等国际组织直接参与了国际外空活动，尤其是在卫星通信、气象监测、卫星导航以及对于人造卫星的管理等领域，均发挥了不可或缺的作用。

（三）法人、自然人等其他主体

在外空活动国内立法层面，法人、自然人是参与外空活动、外空法律关系，并且享有权利、承担义务最主要的主体。尤其是在外空大国，外空技术、活动的民用化和商业化，为法人、自然人直接参与外空探索利用创造了现实条件。

多数国家的外空立法明确将法人、自然人纳入其适用范围，并规定了相应的权利义务。例如，根据 2004 年法国《空间活动法》第 1 条第 2 款和第 2 条的规定，空间活动运营人是指任何独立从事空间活动并承担责任的自然人或法人，而上述运营人，不论其国籍，只要意图在法国领土内从事或利用位于该国管辖范围内的设施或装置发射或回收空间物体的，须经特定行政机关事先许可。2006 年荷兰《关于空间活动与设立空间物体登记册的规定》（《空间活动法》）规定，通过议会的法令，该法也可适用于荷兰境内的自然人或法人组织的外空活动。

当然，法人、自然人的具体资格和条件，还应根据各国民事法律的规定予以确定。根据中国民法的规定，法人是具有民事权利能力和民事行为能力，依法独立享有民事权利和承担民事义务的组织。法人的具体形式可以是多样的，包括企业（含公司）、机关、社会团体等，1964 年《苏俄民法典》规定，一切享有取得财产的权利或人身非财产权利，能够承担义务，并能在法院、仲裁机关或公断法庭起诉和应诉的机关、社会团体和其他组织，都是法人。

二、规则构成

总体上，外层空间规则主要由立法和政策构成，此处"立法"采狭义内涵，特指有关国际组织制定、通过或者国家之间缔结的具有法律约束力的国际性文书。

(一) 国际法层面

1. 国际条约

联合国框架内的五大外空条约《外空条约》《营救协定》《登记公约》《责任公约》《月球协定》所确立的原则、规则和制度构成当下外空治理的主要规则体系。

条约是外空法最主要、最重要的国际法渊源,也是国际外空立法的主要形式。自 20 世纪 60 年代开始,国际外空立法的主要成果包括:1967 年《关于各国探索和利用外层空间包括月球与其他天体活动所应遵循原则的条约》(Treaty on Principles Governing the Activities of States in the Exploration and Use of Outer Space, including the Moon and other Celestial Bodies)、[1] 1968 年《营救宇航员、送回宇航员和归还射入外层空间的物体的协定》(Agreement on the Rescue of Astronauts, the Return of Astronauts and Return of Objects Launched into Outer Space)、[2] 1972 年《空间物体造成损害的国际赔偿责任公约》(Convention on International Liability for Damage Caused by Space Objects)、[3] 1975 年《关于登记射入外层空间物体的公约》(Convention on Registration of Objects Launched into Outer Space)、[4] 1979 年《指导各国在月球和其他天体上活动的协定》(Agreement Governing the Activities of States on the Moon and other Celestial Bodies)[5] 等。这 5 项条约均由联合国大会通过,它们构成了国际外空法的基石。

---

① 该公约共有 111 个当事国。
② 该公约共有 98 个当事国。
③ 该公约共有 98 个当事国。
④ 该公约共有 71 个当事国。
⑤ 该公约共有 18 个当事国。

其他领域的一些国际条约也涉及外空活动,如 1932 年《国际电信公约》、1963 年《禁止在大气层、外层空间和水下进行核试验条约》(Treaty Banning Nuclear Weapon Tests in the Atmosphere, in Outer Space and under Water)、1974 年《关于人造卫星项目运载信号传输分配公约》(Convention Relating to the Distribution of Programme-Carrying Signals Transmitted by Satellite)、1992 年《国际电信宪章与公约》(International Telecommunication Constitution and Convention)等。例如,《国际电信公约》规定了"无线电频谱和地球静止卫星轨道的合理使用",要求公约当事国应努力将其使用的频率数目和频谱宽度限制到业务所需的最低限度;在使用外空无线电业务频带时,各当事国应认识到无线电频率和地球静止卫星轨道是有限的自然资源,必须有效、节约使用,以使得各国可以根据无线电规则及各自的技术设施,公平地使用无线电频率和地球静止卫星轨道。

此外,还有建立外空、空间领域有关国际组织的条约,如 1971 年《关于国际电信卫星组织的协定》(Agreement Relating to the International Telecommunications Satellite Organization)、1975 年《建立欧洲空间局的公约》(Convention for the Establishment of a European Space Agency)、1976 年《国际移动人造卫星组织公约》(Convention on the International Mobile Satellite Organization)等。这些国际组织在特定外空领域承担职责,它们的组织目的、宗旨、活动能力、具体职权的设置均会影响到国际外空合作的开展,因而它们构成国际外空立法不可或缺的组成部分。

2. 国际政策

与国际外空立法相比,国际外空政策的范围更广、形式更加多样化,它既包括不具有法律约束力的"软法"类国际文书,如联合国大会通过的决议,也包括有关国际组织、机构专门制定的外空领域各类政策性文件。

历史证明,国际外空立法正是始于国际外空政策的制定。1963 年 12 月,联合国大会通过了《各国探索和利用外层空间活动的法律原则宣言》（Declaration of Legal Principles Governing the Activities of States in the Exploration and Uses of Outer Space），明确提出各国探索和利用外层空间活动所应遵循的原则，在外空法领域具有开创性意义，之后 1967 年《外空条约》将这些原则以国际法形式确立，形成了当下外空法条约体系的基本框架。

此外，联合国大会还针对外空活动中的特定事项，通过了一系列决议、原则和宣言，主要包括：1961 年《和平利用外层空间的国际合作》、1982 年《各国利用人造地球卫星进行国际直接电视广播所应遵守的原则》（Principles Governing the Use by State of Artificial Earth Satellites for International Direct Television Broadcasting）、1986 年《关于从外层空间遥感地球的原则》（Principles Relating to Remote Sensing of the Earth from Outer Space）、1992 年《关于在外层空间使用核动力源的原则》（Principles Relevant to the Use of Nuclear Power Sources in Outer Space）、1996 年《关于开展探索和利用外层空间的国际合作，促进所有国家的福利和利益，并特别要考虑到发展中国家的需要的宣言》（Declaration on International Cooperation in the Exploration and Use of Outer Space for the benefit and in the Interest of All States，Taking into Particular Account the Needs of Developing Countries）、1999 年《空间千年：关于空间和人的发展的维也纳宣言》（The Space Millennium：Vienna Declaration on Space and Human Development）、2002 年《防止弹道导弹扩散国际行为准则》、2007 年《关于加强国家和国际政府间组织登记空间物体的做法的建议》、2007 年《联合国和平利用外层空间委员会空间碎片减缓指南》、2010 年《外层空间核动力源应用问题安全框架》等。

2013 年，联合国大会先后通过了《防止外层空间的军备竞赛》《和平利用外层空间的国际合作》《外层空间活动中的透明度和建立信任措施》《就有关和平探索和利用外层空间的国家立法提出的建议》等一系列外空决议，以解决当前国际社会面临的外空问题。《防止外层空间的军备竞赛》确认防止外层空间的军备竞赛可使国际和平与安全免于严重危险,强调严格遵守与外层空间有关的包括双边协定在内的现有军备限制和裁军协定以及现有法律制度至关重要,意识到在军事领域建立信任和安全措施的益处,确认谈判缔结一项或多项防止外层空间军备竞赛的国际协定仍然是裁军谈判会议的优先任务,而有关建立信任措施的各项具体建议可以构成这种协定的组成部分,呼吁所有国家,特别是拥有强大外空能力的国家,对和平利用外层空间和防止外空军备竞赛的目标作出积极贡献。①《和平利用外层空间的国际合作》深切关注空间环境的脆弱性和外空活动的长期可持续面临的挑战,尤其是空间碎片的影响,这是一个事关所有国家的问题;一些国家已经通过国内机制,按照机构间空间碎片协调委员会②和联合国大会核可的《空间碎片缓减准则》,自愿采取减少空间碎片措施。③《外层空间活动中的透明度和建立信任措施》鼓励联合国会员国通过相关国家机制在符合其国家利益的情况下,尽最大可能自愿审查和执行有关透明度和建立信任措施。④

联合国大会通过的这些决议、原则和宣言,虽然不具有法律约束力,但在一定程度上反映了主要国家在外空法领域取得的共识,对于各国外空活动具有一定的建议和指引作用,既有一定的灵活性优势,又可以作为未来外空法编纂与发展的目标、理念和原则基础,具有不可替代的借鉴价值。

---

① 联合国大会决议:防止外层空间的军备竞赛,A/68/409,2013 年 12 月 5 日通过。

② 即 Inter-Agency Space Debris Coordination Committee (IADC),该机构于 1993 年正式成立,其宗旨在于促进各国外空机构交换空间碎片研究活动的有关信息、资料,审议空间碎片合作活动进展,增进空间碎片研究合作,提出减缓空间碎片方案等。截至 2014 年 5 月,该机构共有意大利、法国、加拿大、德国、印度、日本、美国、俄罗斯、乌克兰、英国的外空政府部门和欧洲空间局等 12 个正式成员,中国国家外空局于 1995 年正式加入该机构,并在北京举办了该机构第 32 届会议。

③ 联合国大会决议:和平利用外层空间的国际合作,A/68/423,2013 年 12 月 11 日通过。

④ 联合国大会决议:外层空间活动中的透明度和建立信任措施,A/68/411,2013 年 12 月 5 日通过。

（二）国内法层面

1. 美国

（1）美国国家航空航天局。

1957 年 10 月，苏联成功将人类历史上第一颗人造地球卫星送入外空，美国各界深受震动，并要求政府采取行动。1958 年 1 月，美国成功发射本国的第一颗人造地球卫星。经过反复酝酿和慎重考虑，时任美国总统艾森豪威尔决定，在国家航空咨询委员会（NACA）的基础上改组成立新的国家机构，以领导民用航空外空活动。1958 年 10 月，美国国会通过了《国家航空航天法案》，美国国家航空航天局（National Aeronautics and Space Administration, NASA）正式成立。

美国国家航空航天局设局长作为负责人，在美国总统的领导下，负责该局的所有工作和活动。经美国国会的建议和批准，局长由美国总统在平民（即非军事人员）中任命。美国国家航空航天局的主要职责包括：（1）规划、指导和管理航空外空活动，具体又包括：组织科学界人士通过使用航空外空设备，参与科学观测；尽可能提供与其活动及结果相关的实际且适当的情报；最大程度地寻求和促进对于空间的全商业化利用；根据联邦政府的需求，促进并为其提供商业化空间服务和硬件。（2）研究和发展地面推进技术和太阳能加热、冷却技术。为了履行其法定职责，《美国国家航空航天法》还赋予了美国国家航空航天局一定的权力。例如，该局有权制定、颁布、发行、废止和修改与其运作方式和实施法定权力相关的规章制度，并具有在人事、财政、订立契约、处分动产和不动产，负责有关索赔或赔偿问题等方面的广泛权力。[①]

可见，美国国家航空航天局的地位和职权具有以下特点：（1）民用性质。早在酝酿设立该局时，如何定位新机构的性质和功能，便是一个涉及美国国家

---

① 参见美国《航空航天法》第 20111 条、第 20112 条和第 20113 条的规定。

战略走向的重要问题。经过慎重考虑，美国政府最终认为，和平利用外空并保证外空计划的透明、公开，更加符合美国的国家战略和利益。因此，一个民用性质的国家航空航天局由此设立，其人员构成、职责和权力均具有民用性质，与军用航空外空活动分离。（2）协调中枢。尽管美国国家航空航天局是指导、管理和实施民用航空外空活动的负责机构，但其地位并非制定航空外空国家战略的"大脑"，而是协调不同机构、项目，实施具体航空外空活动的"中枢"。也就是说，美国外空战略的主要决策权属于总统及其决策层，航空航天局是具体负责有关活动协调、管理和实施的职能机构。自20世纪50年代以来，美国历任总统对于国家外空计划的走向影响深远，无论是冷战时期里根总统的"星球大战"计划，还是晚近小布什总统的"重返月球"计划，都是如此。（3）合作功能。美国国家航空航天局还具有促进航空外空领域合作的功能，可以认为这是其另一个方面的重要职能。在与美国军队、国防部的合作方面，经总统批准，航空航天局有权与陆海空、海军陆战队签订合作协定，任用其人员执行法定职能；该局与美国国防部还应通过总统，在航空外空活动各自管辖的领域相互进行建议和咨询，并保证彼此沟通的充分和顺畅。在国际合作方面，航空航天局有权在总统外交政策指引下，根据美国缔结的协定，参与国际合作，和平利用合作成果。①

此外，美国还曾设立国家航空航天委员会和军民联络委员会，作为航空外空领域的专门性机构。美国国家航空航天委员会的地位，类似于国家安全委员会，属于总统政策咨询机构。该机构的职责包括审查航空外空活动政策、计划、项目及其成果，制定政府机构从事航空外空活动的总体计划等，其主席曾由美国副总统兼任，之后主要负责管理总统安排的日常工作，于1973年7月被撤销。美国军民联络委员会的设立，主要是为了确保国家航空航天局与军

---

① 参见美国《航空航天法》第20113条(1)、第20114条和第20115条的规定。

事、国防部门在航空外空领域的协调与合作,该委员会成员由航空航天局代表和军方代表各占一半,就各自管辖的事项进行磋商、互通情报,其分歧最终可由总统裁决,该委员会于 1965 年 7 月被撤销。[①]

（2）美国的外空法律。

除了基本法律中的有关条款,美国现行的外空法律主要包括:1958 年《国家航空航天法》、1984 年《商业空间发射法》和 1998 年《商业空间活动法》等。

1958 年《国家航空航天法》并不是一部名副其实的综合性航空外空法律,正如上文所述,这部法律主要规定了美国国家航空航天局的职责和地位,并由此对美国的航空外空事业发展方向作了"民用"的定性。该法律还规定了外空活动的一些附属权利和义务,如信息的有限公开,除了涉及国家安全和商业秘密,航空航天局履行职责的有关信息应当向公众公开;特定情形下,为执行公务、保卫国家财产,携带武器和逮捕的授权;工作发明的知识产权归属;设立贡献奖励等。根据美国《国家航空航天法》的规定,为履行航空航天局合同约定的工作任务而产生的发明,该局局长认定具有如下条件之一,该项发明的知识产权归于美国专属享有:(1) 发明人受雇或被指派从事研发工作,其发明与上述工作有关或在其受雇职责范围内,无论发明是否在工作时间完成,是否得益于政府设施、设备、材料、资金、信息等,或政府雇员工作时间内的服务;(2) 发明人没有受雇或被指派从事研发工作,但发明与合同或受雇、指派从事的工作有关,并且是在工作时间内完成,或者得益于前款列举的政府资源。此外,该法还规定了申请专利的程序性事项。

1984 年《商业空间发射法》主要确立了商业外空发射许可证制度。在美国运输部,由联邦航空局(FAA)主管商业空间运输的副局长负责受理、审查

---

① 王翼莲、李剑刚:《〈美国航空航天法〉立法经过及主要内容》,载《中国航天》,2012 年第 11 期,第 58 - 60 页。

413

和批准商业空间发射的申请。申请许可证的人包括：在美国境内从事发射活动或经营发射场的任何个人；在美国境外从事发射活动或经营发射场的美国公民或受美国法律管辖的实体；根据国际条约在不属于美国管辖的国际性区域从事发射活动的实体，同时美国公民对该实体具有控制权。经过申请前协商、政策性评估、安全评估、有效载荷评估、赔偿能力的确认、环境评估等六个阶段，决定是否发放许可证。许可证包括一次性的"特定发射许可证"和 5 年有效期的"发射经营者许可证"。此外，该法还建立了商业外空发射强制保险制度，要求许可证持有者按照规定的金额购买第三方责任险，赔偿责任超出保险金额的，政府将承担最高不超过 15 亿美元的补充赔偿责任。① 2000 年，美国以《商业空间运输竞争法》替代了《商业空间发射法》，并延长了第三方责任的期限。2004 年 3 月，美国国会众议院通过该法修正案，修正案详细定义了载人外空产业及有关外空飞行术语，明确将商业外空发射行业交由美国联邦航空局商业空间运输助理办公室（FAA-AST）予以监管。

1998 年《商业空间活动法》的主要内容分为两大部分：（1）商业空间机会的促进。这一部分主要对空间站的商业化、商业空间发射法修正、发射许可演示程序、全球定位系统标准的推广、空间科技信息的取得、商业空间中心的管理、遥感信息来源等内容作了详细的规定。（2）外空运输服务的联邦获取。这一部分主要对实现商业空间运输服务的条件、商业空间运输服务的获取、1990 年发射服务购买法的修正、外空飞机的私有化、过量洲际导弹的使用、国家发射能力研究等方面作出了规定。

近年来，美国国会还审议了一批外空法案，如 2003 年《空间投资促进法案》《零重力零税收法案》《国家空间委员会法案》等。《空间投资促进法案》大力支持外空产业私营化，通过调查强调了商业化外空航行产业对美国国民经

---

① 刘小红：《美国的商业发射许可证制度》，载《中国航天》，2000 年第 7 期，第 8-10 页。

济、国家安全和外交政策的重要性。《零重力零税收法案》对与外空有关的商品和服务免征所得税,对于购买开展外空活动的特定公司的股票,银行可以提供信贷支持,对于上述公司的投资,还可以享受所得税豁免。《国家空间委员会法》将设立一个常设委员会来负责美国的空间政策,监督国家航空航天局的改革,其职责包括:对未来利用外层空间进行探测开发、科学研究、保护国家和公共安全的状况进行评估,确保此种利用符合外层空间的长期经济发展,且尽可能地增强工业和商业化的空间航行能力。[①]

此外,美国的部分外空活动还要涉及其他领域相关法律,这些法律对于外空领域的特定主体、行为和活动予以调整。例如,空间通信活动要受到1934年《通信法》、1962年《通信卫星法》、1996年《电信法》和2000年《轨道法》等法律的调整,其中《轨道法》对《通信卫星法》作了修改。又如,在陆地遥感领域,美国于1984年颁布《陆地商业遥感法》,明确对私营实体的遥感系统予以许可,确立非歧视利用遥感数据原则,并由商务部负责该法的实施。1987年,美国国会通过《陆地商业遥感修正法案》对该法进行了修正。1992年,美国又通过了《陆地遥感政策法》,规定由商务部负责私营遥感经营者的许可、管理活动。为了实施《陆地商业遥感法》及其修正案,美国国家海洋与气象局于2006年通过了《陆地空间遥感系统许可规则》,以促进美国商业遥感产业的发展及其广泛利用。[②]

与大陆法系法典化的外空立法不同,美国的外空立法并不追求体系化,而是针对特定领域的活动、目标,政府部门的职责分工以及具体项目的实施计划等内容,制定、通过具体问题具体应对的法律。这与英美法系国家主要依靠基

---

① 哈佛大学法学院:《外层空间的商业化:论〈2004年商业空间发射法修正案〉》,载《哈佛法律与技术》,2004年春季卷。转引自高国柱主编:《外层空间法前沿问题研究》,北京:法律出版社2011年版,第408-409页。

② 李寿平:《外层空间的商业化利用及中国的对策》,载《北京理工大学学报(社科版)》,2013年第1期,第99-101页。

本法律和法院判例来调整主体行为、活动的特点有关,外空活动也是如此,一方面受到美国联邦宪法等基本法律在根本性问题上的调整,如美国总统和政府的权力界限;另一方面,其具体问题主要通过法院在司法过程中个案解决。因此,从整体上看,无论其名称如何,美国并不存在一部统一的外空法律,相反这些法律却显示出显著的碎片化、专业化和技术化特点。

(3) 美国的外空政策。

自 20 世纪 50 年代艾森豪威尔总统在任时起,历任美国总统都会发布其国家空间政策,明确一段时期内美国外空事业的总体发展方向。2010 年 6 月,美国总统奥巴马签署颁布《美国国家空间政策》,将发展具有活力和竞争力的空间产业,在卫星制造、发射基地服务、外空发射运载、陆地遥感等领域不断突破,拓展和占领国际市场作为首要发展目标,继续执行载人和无人外空探索任务,并重申了和平利用外空以及开展广泛国际合作的方针。该政策文件还针对基础能力建设,国际合作,空间环境保护和外空有效利用,产业出口政策,外空核能利用,无线电频谱、空间轨道资源保护和干扰防护,商用领域,空间科学和外空探索发现、地球环境、气候及陆地观测研究等民用领域,国家安全领域等重点领域制定了实施准则。

在外空活动领域,美国的有关行政部门还会发布、实施一些政策性文件,这些文件对于美国国家外空战略、外空产业的发展也发挥了不可替代的作用。1988 年《关于国家空间政策的总统指示》将美国的空间活动划分为军用、民用和商用三个独立的部门;1994 年《商业遥感政策》放松了政府对于高分辨率遥感数据商业化活动的限制,但保留了战时的管控权力;1994 年《美国极轨气象卫星宣言的一致意见》在美国国家极轨业务环境卫星系统计划中,就其商业和军事项目达成了一致的意见;1999 年《新世纪国家安全战略》重申了美国政府将保持国家在外空和信息情报领域的优势地位,作为美国的国家安全目标之一,包括对于外空出口的管控和强化国际合作。

2013 年 11 月,美国发布《国家空间运输政策》,对国家空间运输政策总目标作出定位,并就空间运输能力建设、商业空间运输的发展和各有关政府部门的落实方案作出了具体的指引。该政策文件指出,对于国家科技进步、科学发现、国家安全和经济增长而言,空间活动至关重要;对于致力于保持空间大国的美国而言,空间运输能力为其提供进入不同空间区域的方式,在空间活动中发挥了关键性作用。为了支持民用和国家安全任务,确保美国能够进入从亚轨道到地球轨道再到深空的不同空间区域,美国政府和私营部门共同提供这种空间运输的能力。同时,美国政府应最大程度地购买和使用美国商业空间运输能力和服务,并尽量避免开展妨碍、阻止或与美国商业空间运输活动相竞争的美国政府空间运输活动。在空间发射方面,美国政府鼓励私营部门、各州、地方政府的投资和参与,以发展、改善和维持空间基础设施,并提供稳定、可预期的准入要求。

可见,美国政府定期或不定期发布国家外空政策,主要目的在于为不同阶段美国的外空事业发展作出政策定位,并指引联邦政府部门、各州地方政府机构、私营实体等各种主体的有效参与,为其设立明确、稳定的标准和要求,以最大程度地协调政府部门与非政府实体的职能和作用,充分发挥民间、商业和社会力量的积极性。与国会制定法律的"刚性"特点相比,国家外空政策的制定和发布更具有灵活性优势,既能针对当前时效性问题,又能有效地配合有关法律的具体实施,是外空领域举足轻重的一项工具。

2. 俄罗斯

在外空活动领域,俄罗斯建立了一整套由联邦总统、联邦政府、联邦空间活动执行机构以及联邦国防执行机构共同组成的,由联邦垂直领导管理的行政体制。俄联邦总统负责审批外空活动国家基本政策、重大外空方案、计划和政策问题。俄联邦政府则主要负责国家外空政策、方案和计划的实施,协调外空领域各机构、组织的活动,发布政府令,审查、批准外空设施、设备的研制、生产和供应,协调俄联邦在外空活动领域的国际合作事项等。

(1) 俄罗斯航空航天局。

1992年2月,俄罗斯联邦总统签发了《关于俄罗斯联邦空间活动管理机构的总统令》,正式建立联邦航天局,后于1999年改组为航空航天局。该局作为俄罗斯联邦的行政机构以及航空外空活动的执行机构,主要职责在于与俄罗斯国防部、科学院以及其他主体,制定联邦航空外空计划草案,实现联邦政府的航空外空发展规划、专门计划;实施航空外空领域国家政策,制定相关行政令,发放航空外空活动许可证,协调、管理有关机构、企业和组织的航空外空活动;实施有关国家战略意义的技术研发、科学实验工作,维护空间基础设施和设备的认证工作;在职权领域内开展与俄联邦其他部门的合作以及国际合作等。该局既可以代表联邦政府作为有关项目研发、实施的发包方,也具有在特定领域内独立自主开展活动的职能。

俄罗斯航空航天局设局长一职,由联邦政府任免,对联邦政府负责,全面负责该局的管理和运行;并设立由局内各部门负责人和科学家、专家组成的委员会,负责审议探索、利用外空,研发航空外空科学技术等方面的重要问题,审议航空航天局的活动、机构设置、人事任免等方面的事项。此外,俄航空航天局还设立了由有关负责人、专家、代表组成的专门的咨询机构,为有关组织机构开展航空外空活动提供专业建议。

(2) 俄罗斯外空法律。

俄罗斯的外空法律体系主要由宪法、外空活动基本法律、总统令、政府令和有关行业规章制度共同构成。1993年8月,经过时任俄罗斯总统叶利钦的签署,《俄罗斯联邦外空活动法》正式颁布,这也是俄罗斯历史上第一部专门调整外空活动的国内法。该法的颁布和施行,其目的在于为俄罗斯经济、科学技术的发展,巩固国防和国家安全,进一步促进俄罗斯的国际合作提供法律规范,并规定了俄联邦外空活动的基本事项。例如,根据该法规定,外空活动的具体范围包括:外空研究;将外空技术用于通信、电视、无线电广播;从外空遥感地球,包括生态监测与气象;利用卫星导航与地形测量系统;载人外空飞行;在外空生产原材料或产品;利用外空技术实施的其他活动。1996 年 11 月修改后的《外空活动法》新增了三种外空活动的类型:将外空设备、材料和技术应用于国家国防利益和国家安全;观测外空天体、现象;在外空测试技术。作为俄罗斯外空立法体系中的基本法律,《俄罗斯联邦外空活动法》后经多次修改,它既是俄罗斯其他外空法律渊源的"母法",也对其他前独联体国家的外空立法产生了深远的影响。

根据 1993 年《俄罗斯联邦宪法》,俄罗斯实行以总统制为中心,立法、司法、行政权三权分立的政权组织形式。作为俄罗斯的国家元首,总统拥有规定国内外政策基本方针、向联邦会议(议会)提交有关国内形势和国内外政策基本方针的年度咨文、发布命令和指示的权力。因而在外空领域,总统为实施法律或行使行政权力,有权制定、签署总统令,包括 1992 年《关于俄罗斯联邦空间活动管理机构的总统令》、1998 年《俄罗斯联邦在火箭工业领域实施国家政策的总统令》、1998 年《关于俄罗斯联邦国家奖励的总统令》、1999 年《关于联邦执行权力机构结构的总统令》等。

俄罗斯联邦的执行权力由联邦政府行使,后者有权制定、实施相应的国家政策,履行行政职权。俄罗斯联邦政府在外空领域,也制定、颁布了许多政府令,它们有的是为了制定外空领域国家政策、政府制度,有的是为了执行法律和总统令。这些政府令包括 1993 年《俄罗斯联邦政府关于俄罗斯联邦空间活动的国家支持与保障的决定》、1994 年《俄罗斯联邦政府关于提高效率、火箭工业部门结构重建措施的决定》、1994 年《俄罗斯联邦政府关于特定活动项目许可的决定》、1995 年《俄罗斯联邦政府关于实施有利于经济、科学、俄罗斯联邦安全的空间活动的决定》、1996 年《俄罗斯联邦政府关于批准空间活动许可证条例的决定》、1996 年《俄罗斯联邦政府关于同意俄罗斯联邦国家外空政策的决定》、1998 年《俄罗斯联邦政府关于〈在火箭工业领域实施国家政策的总统法令〉的实施措施决定》、1999 年《俄罗斯联邦政府关于以军事目的利用空间系统和空间群在空间活动领域提供服务的决定》、1999 年俄罗斯联邦政府《关于俄罗斯航空航天局问题的决定》《关于批准俄罗斯航空航天局章程的决定》、2000 年《俄罗斯联邦政府关于特定活动项目许可的决定》、2000 年《俄罗斯联邦政府关于批准空间系统与空间群飞行试验国家委员会章程的决定》等。其中,1996 年《俄罗斯联邦政府关于批准空间活动许可证条例的决定》具体规定了空间活动许可制度的种类、期限、审批程序等事项。①

外空领域的行业规章制度是俄罗斯外空法体系中最复杂、数量最多的一类规范性文件,主要包括外空领域各个部门、组织机构的规章、规定,内容涉及外空活动的各个环节和方面。②

可见,一方面,从法治的角度看,俄罗斯的外空活动主要受到俄联邦宪法、基本法律、联邦的其他法律及规范性文件、俄罗斯参加或缔结的国际条约等法律渊源的共同调整。其中,作为俄联邦外空基本法律的《外空活动法》发挥了制度核心的作用,其他各种法律、规范性文件均是针对外空活动特定问题的规定,或是对基本法律的具体规定,因而俄联邦外空法律在整体上形成了基本法律加特别法律法规配套实施的立法模式。另一方面,与美国相似,考虑到外空活动涉及国家安全与战略意义,俄联邦最重要的外空计划、规划和政策均出自国家元首总统之手,再由联邦政府和航空航天局予以具体实施,并且俄联邦总统、政府和航空航天局均有权颁布特定的行政令,这既是一种行政行为,又是对外空法律一种有效的补充。因此,俄联邦外空活动实际上受到法制和行政

---

① 于纯海:《俄罗斯联邦空间立法概述》,载《黑龙江省政法管理干部学院学报》,2007 年第 3 期,第 110 - 113 页。
② 尹玉海、田炜:《俄罗斯空间立法发展对我国的启示》,载《中国航天》,2004 年第 7 期,第 23 - 26 页。

两只"看不见的手"的双重调整。此外,值得注意的是,俄罗斯特别强调外空活动应遵守公认的国际法原则和俄参加、缔结的国际条约,①这实际上保障和促进了国际外空法在俄联邦国内层面的适用。

（3）俄罗斯外空政策。

俄联邦政府发布的外空计划,是俄罗斯典型的外空政策形式。2005年10月,俄联邦政府批准发布《俄罗斯联邦2006—2015年外空计划》,以5年为一个发展周期,从两个阶段规划了十年内俄罗斯外空活动的发展方向以及相应的外空立法。

2013年4月,俄罗斯总统签署《俄罗斯联邦2030年前关于空间活动国家政策及发展前景的基本规定》（以下简称"《基本规定》"）,全面规定了俄罗斯在空间研究、开发和利用方面的国家利益、政策原则、主要目标、优先（重点）事项、进入外空保障任务、发展社会经济与科学的任务、国际合作的任务、安全保障的任务以及国家政策目标执行的结果等内容。该政策性文件体系完整,内容丰富、具体,将在很长一段时期内指引俄罗斯外空活动的发展。

在外空活动定位方面,《基本规定》指出,外空活动的状态是俄罗斯对于现代世界发展及影响力的重要指标之一,是国家科学技术发展水平的体现。因此,俄罗斯从国家战略的高度,通过国家计划来确定和实现外空活动的诸多目标。在外空领域国家利益方面,与美国相似,俄罗斯也将"进入外空"作为其首要的国家利益,并保证外空利用出于社会经济发展、学术科研活动的需要。与此相适应,《基本规定》要求加强和确保俄罗斯在外空活动领域的竞争优势,包括在国际市场上外空产品、工程和服务的领先地位,以最终保证俄罗斯作为领先的外空大国。在外空活动国家政策原则方面,《基本规定》一方面指出,俄罗

---

① 1996年11月修改后的《俄罗斯联邦外空活动法》第1条规定:"外空活动法律关系的调整,应遵守俄罗斯联邦宪法、公认的国际法原则与规则、俄罗斯联邦参加或缔结的国际条约、本法、联邦的其他法律及规范性法律文件。"

斯有权根据国际法,保障其在外空活动领域的所有国家利益,包括《联合国宪章》中的自卫权;另一方面,也要求俄罗斯无条件地遵守外空活动中普遍公认的国际法原则和规则,并承担国家应当承担的国际义务。为了落实国家政策的主要目标,《基本规定》确立的优先(重点)事项包括:发展和使用空间技术、工程服务的建设、发展外空工业、履行国际义务,发展空间资源与学术活动,实现载人外空的活动,包括对太阳系行星、其他天体飞行的相关活动等。在国际合作方面,《基本规定》强调建立国家之间合作的有效形式,通过外空业务往来拓展空间技术的需求,发放技术使用许可证,开展空间通信系统的服务、导航、地球遥感、飞船发射以及为俄罗斯企业建立所需的空间系统,并积极参与解决外空垃圾的预防、清除等空间污染问题等。

3. 欧洲地区

(1) 欧盟外空法律。

建立欧洲联盟的基本条约中,并没有直接规定外空活动的法律条款,但在公共安全、通信、交通、环境保护等领域,存在着与外空活动密切相关的法律规定。例如,《马斯特里赫特条约》(也即《欧洲联盟条约》)规定的欧共体工业政策、研究和发展政策、跨欧洲交通网、环境保护等条款,均可以适用于欧盟的外空活动。例如,欧洲的全球导航卫星系统(即"伽利略"系统)和欧洲对地观测服务系统(即 GMES 系统)属于民用部门控制的民用系统,任何军方部门的使用也必须遵循授权原则,对于这一原则的修改必须在《欧洲联盟条约》第五篇,尤其是其第 17 条和第 23 条的规定以及《建立欧洲空间局条约》的框架内进行。

值得注意的是,随着近年来欧盟基本条约的不断发展,欧盟的有关权能也在发生变化,这也将影响到欧盟的外空活动。2007 年 12 月 13 日,欧洲联盟 27

个成员国政府在葡萄牙首都里斯本签署了《里斯本条约》（Treaty of Lisbon）[①]，以替代 2005 年遭到法国与荷兰公民投票否决，而未能生效的《欧洲宪法条约》（Treaty Establishing a Constitution for Europe）[②]。然而，欧盟一体化进程总是充满波折。2008 年 6 月 12 日，爱尔兰公民投票否决了《里斯本条约》，此后欧盟 26 个成员国相继批准了该条约。2009 年 6 月召开的布鲁塞尔峰会同意，爱尔兰在税收、军事中立和堕胎方面展开法律审查，确保其在这些领域保持国家主权。2009 年 10 月 3 日，爱尔兰举行第二次公民投票批准《里斯本条约》。之后，波兰总统签署该条约，捷克总统根据捷克宪法法院的裁定，签署该条约。至此，《里斯本条约》历经两年批准程序，于 2009 年 12 月 1 日正式生效，当日，条约新设的欧洲理事会主席与欧盟外交和安全政策高级代表也正式就任。

《里斯本条约》继承了《欧洲宪法条约》有关欧盟权能的条款，全面而详细地规定了欧盟权能的原则、类型以及各种类型权能所适用的具体领域，从而最为系统性地设计了欧盟权能的制度框架。该条约将欧盟权能具体分为专属权能（exclusive competence）、欧盟与成员国间的分享权能（shared competence）、经济就业与社会政策的协调权能以及欧盟在其他领域的支持、协调或补充权能，并规定了每一种类型权能所应当适用的领域。

涉及外空活动的，主要是在欧盟与成员国分享权能方面。"当条约授予联盟与成员国在特定领域分享权能时，联盟与成员国可以在该领域立法和制定具有法律约束力的文件。成员国应在联盟尚未实施其权能的情况下实施自身

[①]　《里斯本条约》的全称是《修改〈欧洲联盟条约〉与〈欧洲共同体条约〉的里斯本条约》（Treaty of Lisbon Amending the Treaty on European Union and the Treaty Establishing the European Community）。Treaty of Lisbon, Official Journal of the European Union, 2007, C306.

[②]　Treaty Establishing a Constitution for Europe, Official Journal of the European Union, 2004, C310.

的权能。成员国应在联盟决定停止实施其权能的情况下实施自身的权能。"①分享权能的主要领域包括:(1) 内部市场;(2) 本公约所界定的社会政策;(3) 经济社会与地方联结;(4) 不含海洋生物资源保护在内的农业和渔业;(5) 环境;(6) 消费者保护;(7) 交通运输;(8) 跨欧洲网络;(9) 能源;(10) 自由、安全与正义领域;(11) 本公约所界定的公共健康事项中的共同关切。②此外,"在研究、技术开发与空间领域,联盟应享有开展活动的权能,尤其是确立和实施计划的权能;但这一权能的实施不应妨碍成员国实施它们的权能","在发展合作与人道主义援助领域,联盟应享有开展活动和采取共同政策的权能;但这一权能的实施不应妨碍成员国实施它们的权能"。③

可见,在分享权能的领域,外空活动大多属于成员国主权的管辖范围,成员国没有将这些主权权利全部让渡于欧盟,而是设计了一种平行式的权能,欧盟和成员国是权能的二元主体,这就决定了分享权能只带有"超国家"的色彩。但是,分享权能也不是在欧盟和成员国间同等分配,而是赋予了欧盟行使权能的优先性。

(2) 欧盟外空政策。

2003 年 10 月,欧洲共同体与欧洲空间局之间达成《框架协议》,使得欧盟理事会和欧洲空间局理事会在保持各自不同的目标、任务和职责的同时,为其相互之间的稳固合作建立一个框架。这一合作框架的建立,对于欧洲外空政策的发展产生了深远的影响,欧洲空间理事会通过了一系列新的外空政策性文件。

---

① Article 2 (2), Consolidated versions of the Treaty on the functioning of the European Union, Council of the European Union, 6655/1/08, Rev1.

② Article 2 (1), Consolidated versions of the Treaty on the functioning of the European Union, Council of the European Union, 6655/1/08, Rev1.

③ Article 4 (3), Article 4 (4), Consolidated versions of the Treaty on the functioning of the European Union, Council of the European Union, 6655/1/08, Rev1.

2007 年《欧洲外空政策决议》着重指出外空是欧洲"可持续发展战略"的重要组成部分，关系到共同外交与安全政策，并可以通过提供有关气候变化、人道主义援助等关键性全球问题的重要信息，以保障该目标的实现。重视欧洲的外空活动，将有利于实现联合国《外空条约》所确立的目标和原则。在欧洲安全与防务方面，该决议认定需要建立欧盟成员国主管部门之间、欧盟第二和第三支柱及欧洲空间局内部的建设性对话，从而在现行权能归属框架内优化《欧洲外空政策》各方面的协同性。在进入外空能力方面，欧洲高度重视以其可承受的条件保持独立、可靠和高效费比的进入外空的能力，而一定数量的运载器是该行业得以生存的前提条件。同时，欧洲重视国际空间站和外空探索工作的政治、科学意义。

2008 年《欧盟部长理事会关于推进欧洲空间政策的决议》将"一流的空间领导者"作为欧洲外空政策的目标，而太阳系探索、地球环境和可持续发展是实现国际合作的优先领域，并将发展具有竞争力的世界级发射器和一个欧洲空间业务港口。该决议将"伽利略计划"和"全球环境与安全监测计划"作为欧洲外空领域当前的优先事项，又将空间和气候变化、空间对里斯本战略的贡献、空间和安全以及空间探索列为欧洲未来一段时期内外空政策的重点事项。在空间对里斯本战略的贡献方面，强调空间应用，如卫星电信、欧洲同步卫星导航覆盖系统、伽利略系统和全球环境监测系统等，将通过高增值的下游服务为全球市场创造大量的机会，尤其对于中小型企业而言；欧盟、欧洲空间局和各自的成员国应采取相应的措施，促使这些空间资产的价值最大化。

2013 年 5 月，欧盟委员会通过修订版《外层空间活动国际行为准则（草案）》，向所有国家开放签署。该准则包括五大部分，分别为序言、核心原则和目标、外空活动的安全、安保和可持续性，合作机制以及组织层面。

在序言中，准则强调了外空能力对于国家安全、维护国际和平与安全的重要性，外空国家与非外空国家、政府实体与非政府实体在外空活动国际合作中的贡献,防止外空军备竞赛,和平解决外空争端以及保持外空的可持续利用等。在核心原则和目标部分,准则明确适用于单个签署国、多个签署国、签署国管辖范围内的非政府实体以及政府间国际组织框架内的外空活动,而外空活动主要是指涉及发射进入或越出地球轨道的所有空间物体的活动。准则不具有法律约束力,不影响有关国际法和国内法的适用,并向所有国家开放签署。

准则重申了对于《联合国宪章》、外空条约体系、联合国大会通过的原则和声明的遵守,并提出了四项原则:(1)各国承认负有国际法义务,为和平目的不受干扰地进入、使用和探索外空的自由,充分尊重空间物体的安保、安全和完整。保持外空活动的可持续发展,尤其应遵守外空活动安全相关的国际惯例、操作程序、技术标准和政策。(2)承认不使用武力或以武力相威胁任何国家的领土完整和政治独立,不以任何方式违背《联合国宪章》的宗旨,承认宪章赋予各国的单独或集体自卫的固有权利。(3)承认采取一切适当措施,开展善意合作的责任,防止空间物体、活动造成有害干扰。(4)承认在从事科学、民事、商事行为和军事活动时,有责任为了人类的共同利益,促进外空的和平利用,并采取一切适当措施防止外空成为冲突区域。

在保障外空活动的安全、安保和可持续性方面,准则规定了空间操作和空间碎片减缓措施,要求签署国避免采取有损空间物体的行为,最大限度地减少空间碎片的产生,采取适当措施最大限度地减少碰撞危险,遵守并执行国际电信联盟在分配无线电波段、空间服务和解决有害的无线电干扰方面的建议和规定。

在具体实施方面,准则建立了空间活动通报、空间活动信息分享、磋商机制等签署国合作机制;建立了签署国会议,定期举行会议,解释、审议和发展该准则,确保其有效实施;还建立了联络中心,承担秘书处的职能,负责签署国的信息建设和互换等工作。

(3) 法国。

2008 年 6 月,法国颁布《空间活动法》,该法共八编三十条,全面规定了空间活动的许可、空间物体的登记、空间活动法律责任、知识产权以及空间数据等内容,是法国外空领域的基本法律。

在适用范围上,法国《空间活动法》适用于"空间活动的运营人",即任何独立从事空间活动并承担责任的自然人或法人;而所有旨在发射或者试图向外空发射物体,或者为确保空间物体停留在包括月球或其他天体的外空期间,或必要时,对其返回地球进行控制而从事的活动。

在空间活动许可方面,须经法定行政机关事先许可授权的事项包括:(1) 任何空间活动运营人,不论其国籍,意图在法国领土内从事或利用处于法国管辖范围内的设施、装置,发射或者回收空间物体的;(2) 任何法国空间活动运营人,意图在外国领土内从事或利用处于外国管辖范围内的设施、装置,发射或者回收空间物体,或者从不属于任何国家管辖的区域发射或回收空间物体的;(3) 任何拥有法国国籍的自然人或住所位于法国的法人,不论其是不是空间活动的运营人,意图促成空间物体的发射,或者任何法国运营人意图在空间物体停留外空期间,对其进行控制。此处的"控制"是指,从发射工具与空间物体分离时起,至最后的脱轨操控和钝化活动完成,或者运营人失去对空间物体的控制,或者空间物体返回地球或在大气层完全解体时止。行政机关应对申请人的股东、品行、财政和职业证明,将要运行的系统和程序是否符合相关技术规范,尤其是公共卫生、环境保护以及人身、财产安全方面的规定予以审查。如果申请的空间活动,具有危害国家国防利益或违反法国承担的国际义务,则不能授予许可。行政机关在颁发许可时,可以附带保障人身、财产安全,公共卫生、环境保护,尤其是控制空间碎片风险等方面的要求。同时,许可证还应针对发射及发射之后的阶段,分别规定一个金额,在满足法定条件下,空间活动运营人在该金额以内承担损害赔偿责任,高出该金额则由国家提供担保,但运营人应提供保险或财产担保,以证明其具备上述金额的赔偿能力。

对于第三方责任,运营人对于在地面或空气空间造成的损害承担严格责任,对于其他领域造成的损害,只承担过错责任。除运营人故意外,在依法许可的空间活动中,如果是通常作为空间活动一部分的空间物体造成了损害,则赔偿责任应限于许可证中规定的相应的金额。

此外,法国《空间活动法》还规定了发射物体的登记、知识产权归属、空间数据的报告等内容。可见,该法承袭了大陆法系国家法典编纂的传统优势,结构严谨、内容丰富,在外空活动领域建立了许可制度、登记制度、最高赔偿限额制度、保险制度和对第三方责任制度等,既在国内法层面保持了与联合国《外空条约》《登记公约》和《责任公约》的一致性,又结合法国实际有效地转化了上述国际外空法的有关原则、规则和制度。正因为如此,法国2008年《空间活动法》堪称各国外空立法的典范。

(4)英国。

1986年7月,经国会两院通过,英国女王颁布《外层空间法》。该法旨在授予国务大臣有关外空领域权力,建立外空活动许可和空间物体登记制度,以确保英国能够对其外空活动承担相应的国际法责任。

在外空活动许可方面,根据该法第3条、第4条的规定,未经国务大臣授予许可,任何适用该法的人都不得从事外空活动,除非出现法定豁免情形;只有当外空活动不危害公众健康、人身和财产安全,不与英国承担的国际义务相抵触,不损害英国的国家安全才能获得许可;国务大臣还有权制定规章,规定申请许可的格式和内容、审批程序和期限、费用缴纳等方面的具体内容。许可证应允许国务大臣检查、检测持证人的设施、设备,要求持证人提供外空活动的详细信息,并要求持证人保证承担因许可活动造成的第三方责任。

在空间物体登记方面,国务大臣应保留一份空间物体登记册,并根据英国承担的国际义务,登记空间物体有关信息。国务大臣有权对其许可的外空活动予以监管和控制，在必要时可以通过强制令的方式，作出指示停止有关活动或处置任何空间物体。特殊情况下，治安法官也可以代表国务大臣签发强制令。如果英国对于有关人员的外空活动造成的损害给予了赔偿，则前者有权向后者追偿。

（5）瑞典。

瑞典是最早通过国内立法规范外空活动的国家之一，其 1982 年《空间活动法》和 1982 年《空间活动法令》主要建立了空间活动许可制度。

首先，除瑞典国家外，未取得许可证的任何自然人或法人，不得在瑞典领土内从事空间活动；未取得许可证的瑞典自然人或法人，也不得在任何其他地方从事空间活动。其次，许可证的申请应以书面形式递交国家空间委员会，后者应向有关部门、机构咨询，并将问题和意见呈交瑞典政府；瑞典政府有权授予申请人从事空间活动的许可证，必要时可以加以限制，国家空间委员会对于持证者从事的空间活动实施控制、检查和监管。最后，如果出现特定的事由，瑞典政府可以作出决定撤销许可证；无证或违反许可条件从事空间活动的人，将被处以罚金或监禁刑罚。

此外，根据瑞典《空间活动法》第 6 条的规定，如果由于履行国际条约义务，瑞典国家须对他人造成的空间活动损害承担责任，则从事该空间活动的人应向国家赔偿上述款项，除非出现反诉的特殊情形。瑞典《空间活动法令》第 4 条还就履行联合国《登记公约》有关义务作了规定。

4. 其他国家

（1）日本。

1970 年 2 月，日本成功发射其第一颗人造地球卫星"大隅号"，使之成为继苏联、美国、法国之后，世界上第四个使用本国运载火箭发射自主研制卫星的国家。此后，日本在研制高复杂度外空硬件、组件及其产品方面，一直保持着世界领先的优势，美欧等大国外空器也多采用其器件。"二战"之后，在"和平宪法"框架内,日本的国家外空政策也奉行"和平目的"的原则,联合国《外空条约》通过后,日本国会于 1969 年 5 月通过外空基本法,将其外空活动限于"和平目的",即"非军事"目的,确定由日本科学技术厅、文部省等民用部门管理有关外空活动。20 世纪 80 年代,日本政府开始突破卫星民用的限制,将其扩大至日本自卫队的使用。20 世纪末和 21 世纪初,日本独立发射了用于军事目的的侦察卫星,使之保持在研发侦察卫星方面的世界领先地位。

2008 年 5 月,日本众、参两院先后通过《外空基本法》,该法于同年 8 月正式施行。该法共分 5 章,分别为总则、基本措施、外空开发基本计划、宇宙开发战略本部、外空活动的法律问题。其中,新的《外空基本法》强调了外空开发、外空活动对于日本国家安全、产业发展以及社会进步的重要性,日本应建立独立的卫星系统、掌握先进的外空科技,并对国家外空事业进行规划、预算和评估;新设立的外空开发战略本部,以日本首相为本部长,作为内阁中一个独立的部门,并配套以相应的经费预算和设施设备;删除了旧法中外空活动限于和平目的的条款,明确在自卫权的范围内,可以将卫星用于军事目的。[①]

新《外空基本法》施行后,日本政府也对外空政策作出了调整。2012 年,日本自民党执政,安倍内阁将 2013 年定为"日本外空产业化元年",强调外空开发能力的应用,外空产品研发能力的提高,以及提高日本在国际外空市场中的地位。2013 年 1 月,安倍内阁公布新的外空计划,确立了加速推进外空产业化的基本目标,将安全保障和防止灾害、振兴产业和外空科学等新领域作为三大重点项目,具体规定了导航卫星、遥感卫星、通信广播卫星、空间运输系统等四项基础设施的建设,以及相应的夯实产业基础、情报收集调查、外空外交

---

① 赵炜渝:《日本〈航天基本法〉的实施及其影响分析》,载《国际太空》,2009 年第 2 期,第 20 - 22 页。

合作、安全保障、环境保护问题等具体配套措施。[①]

（2）印度。

20 世纪 60 年代，印度建造了顿巴赤道外空发射站，开始发展外空事业。目前，印度是世界上 6 个具备地球同步转移轨道发射能力的国家之一，它在应用卫星、运载火箭的研发等外空领域，处于世界领先水平。

在外空活动管理方面，1969 年 8 月印度建立了印度空间研究组织（Indian Space Research Organization，ISRO）。1972 年，又建立了外空委员会和外空部，前者负责制定国家外空政策，促进外空科技和社会发展；后者下辖印度空间研究组织、卫星计划办公室、国家自然资源管理系统、国家遥感局、国家大气层雷达监测系统和物理研究所等机构，负责国家外空政策的具体实施。印度空间研究组织下辖多个外空中心和应用研究机构，主要承担印度外空科技的探索、研发职能，包括实施外空委员会的指示和决定，承担火箭、卫星的设计、开发和发射任务，开展和平利用外空的国际合作等。印度外空委员会、外空部和空间研究组织三者分工合作，共同组成了印度外空活动管理体制，并且其负责人由同一人担任，以实现国家外空政策的统一实施。

印度外空部在促进外空科技与应用，进而实现国家全面、自主地发展方面，承担主要责任。为此，印度将发展国家卫星项目，建设管理自然资源的遥感项目，自行设计、开发卫星及其相关技术的能力，设计和开发发射工具等外空项目作为其重点发展目标。[②]

（3）澳大利亚。

1998 年 12 月，澳大利亚《空间活动法》正式生效，该法建立了一整套外空活动管理制度，旨在对澳大利亚境内或其公民的私人外空活动予以规制。同

---

① 王存恩：《新航天基本法——日本产业振兴的源动力》，载《国际太空》，2014 年第 5 期，第 6－9 页。

② *Annual Report* 2014－2015，Department of Space，Government of Indian.

时,该法也是澳大利亚作为条约当事国,通过国内立法转化适用联合国 1967 年《外空条约》、1968 年《营救协定》、1972 年《责任公约》、1975 年《登记公约》和 1979 年《月球协定》的成果之一。其中,又以《外空条约》和《责任公约》与商业、私人外空活动联系密切,二者对于澳《空间活动法》许多条款的规定产生了直接的影响。

根据澳大利亚《空间活动法》的规定,该法适用于发生在澳领土内的外空活动,以及澳国民在澳境外进行的外空活动,无论该主体是个人还是法人。澳大利亚现有的政府机构联邦民航安全局和联邦航空安全调查局,主要承担了民用航空安全监管和保障,以及民航安全事故调查等方面的职责,新法将建立新的空间许可与安全办公室(Space Licensing and Safety Office,SLASO),具体行使该法赋予的职责和权力。在外空活动许可证制度方面,该法要求在澳经营发射设施的个人或法人,应为该设施和特定种类的发射工具获取"空间许可证",受理机构应当根据该法的规定全面审查申请人是否具备条件,涉及环境和土地使用规划的,申请人还应通过州政府的审查。发射运营商除了应持有空间许可证外,在澳境内的设施上发射空间物体的人还应获取"发射许可证",并应消除或最大程度降低外空活动对于公共卫生、国家外交关系、国家安全等方面的负面影响。与《责任公约》的规定相一致,澳大利亚《空间活动法》也要求空间发射运营商要么投保足以支付从发射日 30 日内联邦政府履行《责任公约》项下的保险责任,要么应提供金额相等的保证金或银行担保。在澳作为发射国的前提下,如果运载火箭对第三方造成损害,且第三方无重大故意、过失或疏忽行为,发射运营商应对此承担相应的赔偿责任。如果发射运营商没有违反许可证等监管制度,其赔偿责任仅限于保险金额,澳政府还会给予发射运营商补偿。

三、国际合作机制

(一) 全球性:联合国和平利用外层空间委员会

在全球范围内,联合国和平利用外层空间委员会(The Committee on the Peaceful Uses of Outer Space, COPUOS,简称"联合国外空委")无疑是外空领域最重要的国际机构。半个多世纪以来,该机构担负着研究、制定国际外空法的主要职责。

1958 年,人类第一颗人造地球卫星成功发射之后,联合国大会根据第 1348 号决议,决定设立"和平利用外层空间特设委员会",以考虑到联合国及其特别机构、其他有关和平利用外空组织的活动和资源,在联合国支持下开展合适的国际合作和项目,组织化安排有利于在联合国框架内开展有关国际合作,探索外空项目中可能引发的法律问题。成立之时,该特设委员会包括 18 个成员国。

1959 年,联合国大会根据第 1472 号决议,将上述特设委员会改为常设机构,即现在的"和平利用外层空间委员会"。1961 年,联合国大会考虑到联合国应就和平探索、利用外空的焦点问题提供国际合作,要求该委员会与联合国秘书长开展合作,充分利用联合国秘书处的职能和资源,以促使有关外空事务的政府间组织与非政府间组织保持密切联系,进行外空活动信息的交换,协助促进外空活动国际合作方式的研究。上述两个决议的有关内容,构成了联合国外空委活动的一般指引。

2019 年 12 月,联合国外空委第 47 届会议决定接纳新加坡、卢旺达、多米尼加成为该委员会的成员,至此该委员会的成员国数量已由 1959 年的 24 个,发展为 95 个,它已成为联合国最大的委员会之一。除了国家成员之外,许多政府间和非政府间国际组织也成为该组织的常驻观察员,前者如亚洲太平洋空间合作组织、欧洲南半球天文研究组织、欧洲空间局、欧洲通信卫星组织、伊斯兰空间科学和技术网络、国际空间通信组织和北非国家遥感区域中心等；后者如空间探索者协会、欧洲国际空间年组织、欧洲空间政策研究所、国际宇航科学院、国际宇航联合会、国际空间法学会等，这些国际组织均有权派遣观察员出席联合国外空委年会，并作一般性发言。其他一些国际组织，如欧洲联盟、亚洲及太平洋经济社会委员会、国际电信联盟等，也可以接受外空委的邀请，派遣观察员出席其会议。

联合国外空委下设两个小组委员会，即科学和技术小组委员会与法律小组委员会。外空委员会及其两个小组每年举行会议，审议联合国大会、各成员国提出的问题和报告，它们在协商一致的基础上，向联合国大会提出建议。截止到2014年6月，联合国外空委共举行了57届会议。

在第57届会议上，联合国外空委除了一般性交换意见之外，还分别审议了维持外层空间用于和平目的的方法和途径、科学和技术小组委员会第51届会议报告、法律小组委员会第53届会议报告、空间与可持续发展、空间技术的附带利益（现况审查）、空间与水、空间与气候变化、空间技术在联合国系统内的使用、委员会今后的任务、提交联合国大会的报告以及其他事项。在法律小组委员会第53届会议报告中，下设国际政府间组织和非政府组织与空间法有关的活动情况、联合国五项外层空间条约的现状和适用情况、与外层空间的定义和划界以及地球静止轨道的性质和利用有关的事项、与和平探索和利用外层空间有关的国家立法、空间法能力建设、审查并视可能修订《关于在外层空间使用核动力源的原则》、与空间碎片减缓措施有关的法律机制、关于不具有法律约束力的联合国外空文书的一般信息交流、审查和平探索及利用外空的国际合作机制等。此外，外空委还听取了中国代表所作的"中国空间法研究"的专题介绍。①

---

① 联合国：《和平利用外层空间委员会报告》，第57届会议，2014年，A/69/20。

近期,法律小组委员会继续审议"关于空间交通管理所涉法律问题的一般性意见交流"和"关于对小卫星活动适用国际法的一般性意见交流"两项议题,前者涉及众多复杂的政策和技术问题,也有必要与科技小组委员会等其他组织机构加强协调;小卫星应用日益广泛,具有降低外空活动门槛、传播外空技术的潜在优势,但其也具有特殊性,在监管层面需要充分重视,尤其应避免给外空环境造成负面影响。"联合国外层空间五项条约现状和适用情况"工作组主席将起草"提高外空条约普遍性指导文件"草案,该文件涵盖广泛,旨在为各国加强外空法落实、制订国家外空政策提供参考,从而增强外空领域各项条约的普遍性。

概括而言,联合国外空委的职能主要包括两个方面,一方面是促进外空活动的国际合作,包括外空科研信息的共享、为国家开展外空科研活动提供项目支持等;另一方面是促进外空领域国际法、规则的研究和制定,促进外空法律问题在国际社会的共同解决。当然,外空科技的发展与外空法律的研究密切相关,有必要在联合国外空委框架内加强科技小组委员会与法律小组委员会的互动,以使外空法的逐步发展与该领域科技的主要发展情况同步。

(二) 区域性:欧洲空间局

1975 年 5 月,在法国巴黎举行的欧洲空间会议通过了《建立欧洲空间局的公约》,供参会各国签署。根据上述公约规定,截至 1975 年 12 月 31 日,共有 11 个国家签署公约,[①]它们也成为欧洲空间局(The European Space Agency,ESA,简称"欧空局")的创始成员国。之后,随着欧洲一体化进程的发展,欧盟的不断扩大,迄今已有 20 个国家批准或接受《建立欧洲空间局的公

---

① 这 11 个国家分别是德国、比利时、丹麦、西班牙、法国、意大利、荷兰、英国、瑞典、瑞士和爱尔兰。

约》，①从而成为欧洲空间局的正式成员。此外，爱沙尼亚和匈牙利也已签署公约，它们的加入将使欧洲空间局的成员扩大至 22 个国家，已经接近欧盟 28 个成员国的总数。②

根据《建立欧洲空间局的公约》的规定，欧洲空间局是一个欧洲区域性的政府间国际组织，其宗旨是指导成员国以和平为目的，对空间进行研究和开发。自国际空间理事会解散以来，欧洲空间局在很长一段时间内是国际社会唯一一个专门致力于空间研究和开发的国际组织。该组织拥有独立的法律人格，能够以自己的名义对外开展活动并承担法律责任，它以声明的方式接受了联合国《营救协定》《登记公约》和《责任公约》，受到国际法的调整。

欧洲空间局总部设在法国巴黎，理事会和总干事是其最主要的两个常设机构，负责该局的运行。理事会由各个成员国组成，定期或在必要时召开部长级或外交代表会议。部长级会议每隔 2 到 3 年制定一次政策，以实现空间局的宗旨，并可以就未来几年的主要发展方向通过决议，还可以决定实施新的项目或终止项目。总干事由理事会任命，对外代表空间局履行职务。定期召开的外交代表会议，有权审议各种项目，决定它们的先后顺序和实施过程；有权表决预算、财政和人事规章以及其他执行空间局目标的必要措施。此外，欧洲空间局还设立了行政与财政委员会、工业政策委员会、国际关系委员会、安全委员会、科学项目委员会以及若干个项目董事会等附属机构。例如，国际关系委员会的职能是协助理事会协调各成员国的空间政策，以达到一个对外的共同立场；就空间局与其他国际组织或非成员国政府、组织开展合作，向理事会、总干事和附属机构提供咨询和建议。

欧洲空间局与欧洲联盟既有联系又有区别。一方面，二者秉着富强欧洲、

---

① 按照批准或接受公约的先后顺序，这 20 个国家分别是瑞典、瑞士、德国、丹麦、意大利、英国、比利时、荷兰、西班牙、法国、爱尔兰、奥地利、挪威、芬兰、葡萄牙、希腊、卢森堡、捷克、罗马利亚和波兰。

② 2013 年 7 月克罗地亚加入欧盟，2020 年 1 月，英国退出欧盟，欧盟成员国总数为 27 个。

惠及民众的共同宗旨,它们经常为了共同的目标而合作,前者约 20% 的行政
经费预算来源于后者。另一方面,二者区别明显,前者是一种政府间国际组
织,后者带有明显的"超国家"性质;前者的职能主要限于空间活动,后者的职
能显然更加广泛;二者在法律人格、组织机构方面相互独立,受到不同的法律
和程序约束,它们的成员国存在交叉关系。例如,瑞士是欧洲空间局的成员国
却不是欧盟成员国,一些国家则反之。

2004 年 5 月,《欧盟/欧洲空间局合作框架协议》生效,协议规定两个组织
的理事会应定期举行联席会议,确保合作活动的协调并提供便利;二者各自选
派行政管理人员组成一个共同秘书处,执行会议决议,开展更为密切的合作。
2007 年 5 月,欧盟委员会和欧洲空间局总干事共同制定了《欧洲空间政策》,
由两个组织部长组成的"空间理事会"通过,为外空部门设定了基本前景和战
略,涉及安全与防御、进入外空与探索等事项。这是欧洲范围内首次为外空活
动专门制定共同的政治框架,得到了 29 个欧洲国家的认同,它将促进欧洲空
间研究与探索,为新的挑战做好准备,并为欧盟对外关系提供了一个新的维
度。欧洲空间局、欧盟及其成员国将在外空领域开展更为紧密的合作,而欧洲
的外空政策也将趋于统一化。

可见,外层空间现行国际秩序主要包括以下特点:1. 在主体层面,尽管外
空科技在全球范围内不断突飞猛进,但其核心技术仍掌握在少数外空强国之
手,仅有少数国家拥有进入外空的自主能力。半个多世纪以来,除了一些国家
近期通过技术创新跻身外空强国之外,外空国际秩序的主体格局并未发生显
著变化。2. 在规则层面,目前调整外空秩序的核心规则仍是 20 世纪 60、70
年代联合国框架内的条约体系,之后虽在个别技术应用领域有所发展,但这些
发展多为宣言、指引、框架协议等"软法"性质,既未能发展出新的基石条约,也
未能对原有五大条约作出实质性发展或完善,短时间内国际社会通过全新条
约的时机尚不成熟。所有的外空强国均制定了国内外空法律与政策,以规范、

支持和保障本国主体的外空活动,促使本国外空技术和外空活动能力在全球范围内保持优势,其中有关国家战略与安全、技术研发与转化、行政登记与许可、商业性应用是其关注的焦点。3. 在合作机制层面,全球性合作机制仅有联合国外空委,受多边因素的制约,其职能主要集中于技术和法律政策领域的常规性工作;区域层面最有活力的合作机制便是欧洲空间局,该局得益于欧盟国家"紧密"的合作关系以及欧盟法"上位"制度设计与安排。外空合作机制的建立与运行须以成员间的高度信任为基础,有利于促进域内国家外空人员、技术和资源方面实现优势互补,也有利于鼓励和支持外空技术在域内的转化和利用。

第二节 外层空间的国际法律制度体系

一、基本原则及其内涵

现有国际规则体系主要由外空法的基本原则、核心制度构成。外空法的基本原则是为国际社会普遍公认,可以适用于外空法的不同领域,具有普遍约束力的基础性、根本性准则。就其本质而言,外空法的基本原则是外空法各种理念、制度和规则的高度抽象,对于具体制度、规则的设定以及外空活动的开展具有根本指导性,它们也是外空法基本价值的载体。

1963 年 12 月 13 日,联合国大会一致通过了《各国探索和利用外层空间活动的法律原则宣言》(以下简称《外空法律原则宣言》),即第 1962(ⅩⅧ)号决议,首次提出了国际社会探索和利用外空活动应当遵循的 9 项法律原则。在此基础上,1967 年 1 月 27 日联合国大会通过了第 2222(ⅩⅪ)号决议,将外空活动法律原则条约化,形成了《关于各国探索和利用包括月球和其他天体在内外层空间活动的原则条约》(以下简称《外空条约》)供各国开放签署,使之成为国际社会普遍公认的行为准则。目前,上述两份国际文件是确定外空法的基本原则的主要依据。

根据《外空法律原则宣言》和《外空条约》的有关规定,外空法的基本原则主要包括以下九个方面:

(一) 共同利益原则

共同利益原则是外空法律、外空活动的首要原则。各国探索、开发和利用外层空间,应本着为所有国家谋福利和利益的精神,以最终促进国际社会的共同利益和全人类的福祉。《外空法律原则宣言》第 1 条明确指出:外空之探测及使用应为全体人类之福祉与利益而进行之。《外空条约》第 1 条第 1 款规定:探索和利用外层空间,包括月球与其他天体在内,应为所有国家谋福利与利益,而不论其经济或科学发展的程度如何,这种探索和利用应是全人类的事情。

共同利益原则不仅确立了各国探索和利用外空的根本目的,也为外空的平等、自由探索和进入,在外空领域开展国际合作,对于航天员的国际协助等权利义务的设立设置了前提。正是在全人类共同利益价值取向的指引下,外层空间的和平探索和利用才真正成为可能,并能够为了维护国际和平与安全,增进国际合作与谅解而进行。

(二) 自由探索和利用原则

国际社会中的各个国家,无论大小、强弱、贫富,均有权利平等地按照国际法自由探索和利用外层空间,不得存在任何歧视。正如《外空法律原则宣言》第 2 条所指出,"外空及天体可任由各国在平等基础上并依国际法规定探测及使用之"。《外空条约》第 1 条第 2 款也规定:外层空间,包括月球与其他天体在内,应由各国在平等基础上按国际法自由探索和利用,不得有任何歧视,天体的所有地区均得自由进入。

自由探索和利用原则还暗含了"平等性"和"合法性"两个方面的内涵。一方面,该原则保证了各国进入、探索、利用外空的机会均等,从应然性角度将外空视为全人类的共同财产,各国均有权自由探索和利用,这也是国家主权平等的国际法原则在外空法上的表现。另一方面,该原则虽以"自由"探索和利用外空作为重点,但这一"自由"并非毫无限制,而应当按照国际法的规定行动,从而将各国探索和利用外空的活动纳入国际法的调整范畴。

此外,平等权的保护即预示着对于任何歧视的禁止,后者包括所有违反国际法、明显不合理或者有损各国平等行使外空进入、探索、利用权利的各种行为,所有国家、国际组织等国际法主体均不得采取歧视性做法。与《外空法律原则宣言》相比,《外空条约》增加了"天体的所有地区均得自由进入",从而与"不得据为己有原则"相呼应。

(三) 不得据为己有原则

外层空间包括月球和其他天体,均为人类共同财产,任何国家不得对其提出主权主张,或以其他任何方式,将其据为己有。《外空法律原则宣言》第3条指出:外空及天体不得由各国以主张主权,借使用或占领,或以任何其他方法,而据为本国所专有。《外空条约》第2条专门规定了这一原则,即外层空间,包括月球与其他天体在内,不得由国家通过提出主权主张,通过使用或占领,或以任何其他方法,据为己有。

尽管,《外空条约》并未明确外空的法律地位,但"不得据为己有原则"的确立,实际上确认了外空包括月球和其他天体应属于人类共同所有,在法律上"冻结"了任何国家对此提出主权诉求的可能性,并明确禁止任何国家通过使用、占领或其他任何方式"事实上"将其据为己有。因此,正是这一"禁止性"原则,成为一把法律利器,为外空活动的共同利益原则、自由探索和利用原则保驾护航。

(四) 遵守国际法原则

各国探索和利用外层空间,从事外空活动,应当遵守国际法的规定,包括《联合国宪章》在内。《外空法律原则宣言》第 4 条指出:各国进行外空探测及使用工作,应遵守国际法规定,包括《联合国宪章》在内,以利国际和平及安全之维持及国际合作与了解之增进。《外空条约》第 3 条规定:本条约各缔约国探索和利用外层空间,包括月球与其他天体在内的活动,应按照国际法,包括联合国宪章,并为了维护国际和平与安全及增进国际合作与谅解而进行。

遵守国际法原则强调了各国从事外空活动应当遵守国际法的规定,依法进行,在此前提下才有探索和利用外空的"自由"。此处的国际法范围广泛,既包括专门调整外空活动的国际外空法,也包括一般国际法,《联合国宪章》就属于后者。条约是最重要的国际外空法渊源,但条约只对其当事国具有法律约束力,在适用范围上具有一定的局限性,不排除有个别国家通过不加入或者退出有关条约的方式规避国际责任。因此,将包括《联合国宪章》在内的一般国际法纳入该原则,就显得十分必要。该原则还确认,外空活动事关国际和平与安全、增进国际合作与谅解,后两者也与《联合国宪章》的根本宗旨相一致。

(五) 和平目的使用原则

各国应出于和平目的使用外空,包括月球和其他天体,禁止在特定的区域内装置武器、军事设施或进行军事活动。根据《外空条约》第 4 条的规定,这一原则包括三个方面的内容:

首先,武器禁止。各缔约国承诺,不在环绕地球的轨道上放置任何载有核武器或任何其他种类大规模毁灭性武器的物体,不在天体上装置这种物体,也不以任何其他方式在外层空间设置这种武器。

其次,军事设施、活动禁止。所有缔约国应专为和平目的使用月球和其他天体,禁止在天体上建立军事基地、军事设施和工事,试验任何类型的武器和进行军事演习。

最后,禁止的例外。不禁止为了科学研究或任何其他和平目的而使用军事人员,为和平探索月球与其他天体所必需的任何装置或设备,也不在禁止之列。

这一原则的目的在于最大限度地保证外空、天体的非军事化利用,而这正是近年来国际社会重点关注的外空问题之一。原先《外空法律原则宣言》中并无这一条款,《外空条约》将其发展得来,并设专条予以规定,列于诸多原则的前列,足见其重要性。

(六) 协助航天员原则

各国应把航天员视为人类在外层空间的使者,当其遇到意外事故、危难或紧急降落时,应给予他们一切可能的协助,并将其安全、迅速地送回外空器登记国。《外空法律原则宣言》第9条指出:各国应视航天员为人类在外空之使节,遇其发生意外,遭受危难,或在外国领土或公海上紧急降落时,应给予一切可能之救助。对作此种降落之航天员,应安全迅速送回其所乘外空飞器之登记国。

《外空条约》第5条第1款基本沿袭了上述规定,并新增两个条款分别作为该条第2款、第3款,即在外层空间及天体上进行活动时,任一缔约国的航天员应给予其他缔约国的航天员一切可能的协助,各缔约国如发现在包括月球与其他天体在内的外层空间有对航天员的生命或健康可能构成危险的任何现象,应立即通知本条约其他缔约国或联合国秘书长。可见,除各缔约国对于航天员应不分国籍予以协助外,外空中不同国籍的航天员也应相互协助,各缔约国还承担有"危险通知"的责任,以预防可能危及航天员生命或健康事件的发生。

这一原则从协助、保护航天员的角度,在外空活动、领域中突破了传统上"属人管辖"的限制,促使国际社会共同协助、保护航天员,有利于各国将探索和利用外空活动视为全人类共同的事业。

(七) 国际责任原则

各国政府对于本国的外空活动应当承担国际责任,以保证本国活动符合有关国际法的规定,并对有关空间物体造成的损害承担国际责任。此处的国际责任又可以分为两个方面,一方面是违反条约引发的责任,即违约责任;另一方面是空间物体造成损害的责任,即损害责任。

其一,违约责任。《外空法律原则宣言》第5条指出:各国对本国之外空工作,不论由政府机关或非政府团体进行,以及对保证本国工作符合本宣言所定原则,皆负有国际责任。非政府团体在外空之工作须经所属国家之核准与经常监督。国际组织从事外空工作时,其遵守本宣言所定原则之责任由该国际组织及参加该组织之国家负之。《外空条约》第6条明确规定了违约责任的各类主体,即各缔约国对本国在外层空间,包括月球与其他天体在内的活动应负国际责任,不论这类活动是由政府机构还是由非政府团体进行的,以保证本国的活动符合该条约的规定。对于非政府团体的外空活动,应当经过有关缔约国的批准并受其不断的监督。国际组织的外空活动,其遵守该条约的责任应由该国际组织和参加该组织的缔约国共同承担。

因此,对于国家而言,应对该国的外空活动承担国际责任,而不论其具体实施主体;非政府团体的外空活动应经过其所属国家的批准并接受其持续监督;国际组织因外空活动而产生的违约责任,应由该国际组织和参加该组织的缔约国共同承担。

其二,损害责任。《外空法律原则宣言》第8条指出:凡发射或促使发射物体进入外空之国家及自其境内或设施发射物体之国家,对于此项物体或其构成部分在地球空间或外空所加于外国或其所属自然人或法人之损害,在国际上皆应负责任。根据《外空条约》第7条的规定,凡发射或促使发射物体进入外空的缔约国,包括月球和其他天体在内,以及以其领土或设备供发射物体用的缔约国,对于这种物体或其组成部分在地球上、大气空间或外层空间,包括月球与其他天体在内,使另一缔约国或其自然人或法人遭受损害时,应负国际责任。

总之,在损害责任方面,对于空间物体及其组成部分在地球上、大气空间或外层空间造成的损害,无论受害人是国家、自然人或法人,其损害责任均由该空间物体的发射国、促使发射国以其领土或设备供发射物体用的国家承担。关于空间物体造成损害的国际责任问题,如责任的类型、归责及其承担方式等,《责任公约》对此有着更加具体、详细的规定。

(八) 空间物体的管辖权、控制权和所有权原则

空间物体的登记国,对处于外层空间或天体上的空间物体及其所载人员,仍享有管辖权和控制权,向外空发射物体的所有权保持恒定,登记国有权要求返还空间物体及其组成部分。《外空法律原则宣言》第 7 条、《外空条约》第 8 条对于这一原则作了具体的规定,主要包括登记国管辖权和控制权、空间物体所有权恒定、返还空间物体请求权三个方面。

首先,射入外空物体的登记国,对于该物体及其所载人员,当其在外层空间或在某一天体上时,应保有管辖权和控制权。此处,空间物体的登记国对该物体突破了属地管辖权的限制,而行使"超越领土"(quasi-territorial)的管辖和控制权,并暗含了空间物体的登记制度及其与登记国之间的法律关系。其次,向外空发射的物体包括在某一天体上着陆或建筑的物体及其组成部分的所有权,不因其在外层空间或在某一天体上或因返回地球而受影响,即空间物体的所有权保持恒定。最后,空间物体或组成部分如果在其登记国境外发现,登记国对于该物体享有返还请求权,有关国家应当交还该登记国,如经请求,登记国应在交还前提供认证资料。

(九) 合作与互助原则

各国探索和利用外空应遵循合作互助的精神,尽量避免对他国及外空造成妨害,对于可能发生的妨害各国应通过协商解决。《外空法律原则宣言》第6条确立了这一原则,要求各国探测及使用外空,应遵依合作与互助原则,所有外空工作之进行,应妥为顾及他国之同类利益。一国倘有理由相信该国或其国民所计划之外空工作或试验对他国之和平探测及使用外空工作可能有妨害时,应在进行此种工作或试验之前,举行适当之国际会商。一国倘有理由相信他国所计划之外空工作或试验可能妨害其和平探测及使用外空工作时,得请求就此项工作或试验举行会商。

《外空条约》第9条重申,各缔约国探索和利用外空,应以合作和互助的原则为指导,其外空活动应充分注意其他缔约国的相应利益;如果某一缔约国有理由认为该国或其国民计划进行的外空活动或实验,可能对其他缔约国和平探索和利用外空产生有害干扰,则应在活动或实验开展之前,进行适当的国际磋商;如果某一缔约国有理由认为,另一缔约国的上述活动对于和平探索和利用外空可能产生有害干扰,则该国可以请求就该活动或实验进行磋商。除此之外,《外空条约》第9条还新增了关于外空、地球环境保护的规定,要求各缔约国在对外空包括月球与其他天体在内进行研究和探索时,应避免使它们受到有害污染,以及将地球外物质带入而使地球环境发生不利变化,并应在必要时为此目的采取适当措施。

《外空条约》第10条、第11条和第12条还分别规定了空间物体飞行观察、外空活动信息共享、外空设施装备参观开放等方面的国际合作。在空间物体飞行观察方面,各缔约国应在平等基础上,考虑其他缔约国就提供机会对其发射的外层空间物体的飞行进行观察所提出的任何要求,这种观察机会的性质和提供这种机会的条件,应由有关国家议定。在外空活动信息共享方面,为了促进国际合作,各缔约国同意在最大可能和实际可行的范围内,将外空活动的性质、进行情况、地点和结果通知联合国秘书长,并通告公众和国际科学界,联合国秘书长在接到上述情报后,应准备立即做有效传播。在外空设施装备参观开放方面,在月球与其他天体上的一切站所、设施、装备和外空器,应在对等的基础上对其他缔约国的代表开放,这些代表应将所计划的参观,在合理的时间内提前通知,以便进行适当的磋商和采取最大限度的预防措施,以保证安全并避免干扰所要参观的设备的正常运行。

可见,外空法的基本原则首先承载着外空法的基本价值取向,即各国应本着国际社会共同利益的出发点和落脚点,和平、自由、互助地探索和利用外层空间,包括月球和其他天体,上述九个方面的基本原则均是这一精神在不同方面的体现。

其次,外空法的基本原则在整个外空法体系中具有基础性、根本性的地位,这些原则统摄所有外空法律规则和制度,是指引、规范各国开展外空活动的根本准则,是外空法体系中的"宪章性"基本规则。

最后,与许多部门法基本原则不同,外空法的基本原则还具有法定性和法律约束力,如果说《外空法律原则宣言》的最初制定主要表达了国际社会对于外空活动法律原则的共识,那么《外空条约》的制定和签署,无疑通过条约的形式赋予了外空法基本原则法律约束力,所有条约当事国都应当遵守,这些基本原则获得了法律适用的效力。尤其对于外空法的发展而言,新生法律难免存在不足和空白,基本原则可以弥补现行法律的不足,在法律解释、法律适用中充当"补白"的角色。

截至 2021 年 5 月,《外空条约》共有 111 个当事国和 23 个签署国,对比联合国 193 个会员国,一方面可见该条约为国际社会多数国家所接受和认可,这在一定程度上将促使外空法基本原则向国际习惯法的转化;另一方面,还有较多的国家尚未批准、加入该条约,尽管其原因可能是多样的,但《外空条约》本身及其代表的国际外空条约体系还有漫长的道路要走。在联合国和平利用外层空间委员会法律小组第 53 届会议上,有代表团提出该委员会的成员资格,应以至少批准一项联合国外空条约为条件,但也有代表团提出反对,认为如此将导致委员会的封闭性,不利于其任务的实现。

二、核心制度

在外空法基本原则的统摄下,外空法领域形成了若干核心制度,它们均是外空活动不同方面规则的系统化,通过条约的形式确立,在实践中具有普适性,在法律上具有特定的法律约束力,因而也是各国开展外空实践活动不可或缺的制度指引。具体而言,现行外空法的核心制度主要包括外层空间营救与归还制度、空间物体损害赔偿制度、空间物体登记制度、月球和其他天体活动制度。①

(一) 外层空间营救与归还制度

1967 年,《营救宇宙航行员送回宇宙航行员和归还发射到外层空间的物体的协定》确立了外层空间营救与归还制度。根据《营救协定》的规定,这一制度主要包括发现宇航员的通知、对宇航员的营救和帮助、宇航员的归还、空间物体的保护和返还、费用的承担以及对国际组织的适用等方面。

1. 发现宇航员的通知

《营救协定》第 1 条规定:"每个缔约国获悉或发现宇宙飞船人员在其管辖的区域、在公海、在不属任何国家管辖的地方,发生意外、处于灾难状态进行紧急或非预定的降落时,要立即:(1)通知发射当局;在不能判明发射当局或不能立即将此情况通知发射当局的情况下,要立即用它所拥有的一切适用的通信手段,公开通报这个情况;(2)通知联合国秘书长,他要立即动用他所拥有的一切适用的通信手段,传播这个消息。"

---

① 为了便于对照和检索,这一部分的论述尽量保留了有关国际条约中文作准文本的原文表述,尽管个别翻译之处值得商榷,总体上五大国际外空条约中文本翻译得比较粗糙和晦涩。最明显的莫过于《月球协定》第 15 条第 2 款,对于该条同一个英文词语 consultations 却前后翻译成协商和磋商两个中文词语。无独有偶,著名国际法学家李浩培先生曾在其专著《条约法概论》中,重新翻译了《联合国条约法公约》的中文本,以纠正作准文本中的错误和疏漏。

通知或公开通报宇航员遭遇意外或紧急情况,是对其采取营救、帮助宇航员措施的前提,如宇航员信息的确认、降落区域的确定、发射当局以及有关发射活动情况的判明等,以有利于立即开展有效的后续工作。因此,《营救协定》将其作为缔约国的首要义务予以规定。

在通知的对象方面,宇航飞船的发射当局和联合国秘书长具有显著的地位,前者对于发射活动中的人、物和行为承担法律责任,并享有有关管辖权,联合国秘书长根据协定的规定,负有传播消息的职责。

2. 对宇航员的营救和帮助

对于遭遇意外的宇航员立即开展营救和帮助,是具有管辖权国家最重要的国际义务。根据《营救协定》第2条的规定,宇宙飞船人员如因意外事故、遇难和紧急的或非预定的降落,降落在任一缔约国管辖的区域内,则该国应当立即采取一切可能的措施营救飞船人员,并给予他们一切必要的帮助;该国应当把它采取的措施和取得的结果,通知发射当局和联合国秘书长。

另一方面,宇宙飞船的发射当局负有合作的义务。如果发射当局的帮助能保证迅速营救,或在很大程度上有助于有效的寻找和营救工作,发射当局应与具有管辖权的缔约国合作,以便有效地实施寻找和营救工作;这项工作将在具有管辖权的缔约国的领导和监督下,缔约国与发射当局密切磋商进行。①可见,在具有国家管辖的区域内,降落地国家在营救、帮助宇航员方面负有主要责任,此处降落地国的属地管辖权优于发射当局的属人管辖权。

如获悉或发现宇宙飞船人员在公海或在不属任何国家管辖的其他任何地方降落,必要时凡力所能及的缔约国,均应协助寻找和营救这些人员。保证他们迅速得救,缔约国得将其所采取的措施和所取得的结果通知发射当局和联

---

① 参见《营救协定》第2条的规定。

合国秘书长。① 这是《营救协定》对于遭遇意外的宇航员在不属任何国家管辖的其他任何地方降落时，开展寻找、营救的安排。不属于任何国家管辖的地方包括公海、南极、北极等区域，而"力所能及的缔约国"通常是这些区域的毗邻国家并且有能力开展营救工作的国家。与《营救协定》第 2 条的规定不同，"力所能及的缔约国"并不承担寻找、营救宇航员的主要责任，而是一种"协助"发射当局的辅助责任，并且是在"必要时"，而"力所能及"也存在具体判定的空间。

3. 宇航员的归还

宇宙飞船人员如因意外事故、遇难和紧急的或非预定的降落，不论是其在任一缔约国管辖的区域内着陆，还是在公海等不属于任何国家管辖的任何地方被发现，他们的安全应予保证，并立即交还给发射当局的代表。②

根据宇航员意外降落的不同区域，具有管辖权的国家、参与寻找营救的国家以及最终实际控制宇航员的国家等，都有保证其安全，并且立即交还给发射国当局的义务。

4. 空间物体的保护和返还

《营救协定》第 5 条规定了空间物体的保护和返还制度：第一，通知的义务。每个缔约国获悉或发现空间物体或其组成部分返还地球，并落在它所管辖的区域内、公海，或不属于任何国家管辖的其他任何地方时，应通知发射当局和联合国秘书长。可见，此处通知是一项普遍的义务，不论空间物体落入的区域。第二，空间物体的保护义务。每个缔约国若在它管辖的区域内发现空间物体或其组成部分时，应根据发射当局的要求和有关请求，在该当局的协助下，采取它认为是切实可行的措施，来保护该空间物体或其组成部分。据此，

---

① 参见《营救协定》第 3 条的规定。
② 参见《营救协定》第 4 条的规定。

保护空间物体虽然是具有管辖权国家的一项义务,但应根据发射当局的要求和请求进行,后者还应提供相应的协助。第三,空间物体的归还义务。射入外层空间的物体或其组成部分若在发射当局管辖的区域外发现,应在发射当局的要求下归还给发射当局的代表,或交给这些代表支配。如经请求,这些代表应在物体或其组成部分归还前,提出证明资料。可见,对于发射当局管辖权之外的空间物体,有关实际控制国家都负有返还的义务,但有权要求发射当局的代表提出证明资料,以证明空间物体的权属。第四,消除危险的义务。如果缔约国有理由认为,在其管辖的区域内出现的或在其他地方保护着的空间物体或其组成部分,就其性质来说,是危险的和有害的时候,则可以通知发射当局在该缔约国的领导和监督下,立即采取有效措施消除可能造成危害的危险。这是在保护和返还空间物体的一般前提下,具有管辖权的国家有权通知和要求发射当局,在其领导和监督下,消除潜在的危险。

5. 费用的承担

《营救协定》明确规定,对于履行该协定第 5 条第 2 款、第 3 款的规定,保护和返还空间物体或其组成部分所花费的费用,应由发射当局支付。但对于营救、帮助和交还宇航员的费用,《营救协定》没有作出规定。对此,一般认为如果没有特殊的约定,该项费用应由实际营救、帮助和交还宇航员的国家承担。

6. 对国际组织的适用

《营救协定》第 6 条明确界定,就该协定的宗旨而言,"发射当局"是指对发射负责的国家和特定的政府间国际组织,并要求后者声明承担该协定规定的权利义务,而其大多数成员应为该协定和《外空条约》的缔约国。可见,对于符合上述条件的国际组织,《营救协定》有关权利义务可以对其适用,从而将其调整对象由国家扩展至政府间国际组织。截至 2015 年 4 月,欧洲外空局和欧洲气象卫星开发利用组织已经发表声明,接受《营救协定》规定的权利和义务。

外层空间营救与归还制度是落实《外空法律原则宣言》第 9 条、《外空条约》第 5 条"协助航天员原则"的具体体现。正因为各缔约国应将宇航员视为"人类在外层空间的使者"，从而尽一切可能地给予不同国家的宇航员同等的援助和保护，并安全和迅速送回外空器的登记国，这也是各国在外空活动中开展人道主义合作，促进国际社会共同利益的体现。截至 2015 年 4 月，《营救协定》共有 94 个当事国，24 个国家签署了协定，2 个国际组织发表声明接受该协定规定的权利义务。在联合国 5 个外空条约中，《营救协定》的当事国数量和接受程度仅次于《外空条约》，各国对其解释和适用方面的争议也较少。

（二）空间物体损害赔偿制度

考虑到从事发射空间物体的国家及政府间国际组织虽然采取种种预防性措施，但有关损害仍会发生，1972 年《空间物体造成损害的国际责任公约》（以下简称《责任公约》）为此类责任规定了有效的国际法规则和程序，建立了空间物体损害赔偿制度，以保证对于遭受损害的受害人给予迅速、充分和公正的赔偿。

1. 损害赔偿的责任主体

《责任公约》确立了空间物体损害赔偿责任的主体，包括发射国和特定的政府间国际组织两类。"发射国"是主要的损害赔偿责任主体，它是指发射或促使发射空间物体的国家以及从其领土或设施发射空间物体的国家，而"空间物体"包括空间物体的组成部分、物体的运载工具和运载工具的部件，"发射"也包括发射未成功在内。[①] 因此，即使实际从事空间物体发射活动的是自然人或法人，也只能由相应的发射国承担国际法上的责任，如果遭受了损害，其求偿主体也是有关公约缔约国。

联合国外空委法律小组委员会依照第 42 届会议商定的三年期工作计划，设立了一个工作组审查"发射国"的概念。工作组建议各国应考虑采取步骤实

---

① 参见《责任公约》第 1 条的规定。

施国内法,履行其《责任公约》所载国际义务,并可以考虑实行自愿性的统一做法,例如订立协定或采取非正式做法简化参与发射各国单独颁发外空发射许可证的手续等。但是,工作组的结论并不构成对《责任公约》和《登记公约》的权威性解释或拟议的修正,它们有利于澄清外空活动商业化、私营化中出现的新的法律问题。① 2004年12月,联合国大会第59届会议针对"适用发射国概念"议题,通过决议强调,《责任公约》和《登记公约》生效以来外空活动发生了许多变化,新技术的开发与国际合作的加强,使得外空活动主体也发生了变化,非政府实体外空活动增加,包括政府机构和非政府实体联合开展活动,以及一个或多个国家的非政府实体组成伙伴关系,这些现象都对"发射国"的概念产生了深远的影响。②

从事空间活动的政府间国际组织,在《责任公约》第12条规定的条件下,对空间物体损害承担国际责任,但其作为受害方不能独立提出赔偿要求。

2. 损害赔偿的范围

(1) 责任的范围

《责任公约》区分了不同损害的类型,以确定其各自损害赔偿的范围。根据损害发生的地理区域不同,发射国应当承担的责任范围也不同。

首先,对于空间物体在地球表面或给飞行中的飞机造成损害,发射国应当承担绝对责任。③ 所谓的"绝对责任"一般是指,英美法中"侵权行为和轻罪法中的损害赔偿责任,它们由某些法律规定予以加强,无须考虑注意程度或已采取的预防措施,也不需要提供有关过失或过错的证据"④。在绝对责任的场合,即根据法律规定,行为人没有任何的抗辩事由主张抗辩,以减免其法律责

---

① 联合国和平利用外层空间委员会报告大会正式记录,第57届会议,A/57/20,2002。
② 联合国大会决议,第59届会议,A/RES/59/115,2005。
③ 参见《责任公约》第2条的规定。
④ 〔英〕戴维·M.沃克:《牛津法律大词典(中文版)》,北京:光明日报出版社1988年版,第5页。

任。绝对责任与严格责任、无过错责任均有所区别，它也是最严格的一种法律责任类型。[①] 可见，空间物体只要在地球表面或给飞行中的飞机造成损害，其发射国一概应当承担法律责任，除非损害全部或部分是因为受害方的重大疏忽或蓄意而造成的，发射国的责任才可以予以减免。

其次，对于空间物体在地球表面以外的其他地方，对另一发射国的空间物体，或其所载人员或财产造成损害时，只有损害是因前者的过失或其负责人员的过失而造成的条件下，发射国才对损害负有责任。[②] 可见，对于此类损害，发射国承担的是过错责任，包括对其过失和故意行为造成的损害承担责任，如果其行为没有任何过错，例如损害完全是由于不可抗力或者受害方自身行为造成，发射国将不承担法律责任。显然，空间物体在地球表面或给飞行中的飞机造成损害的责任，要严格于对另一发射国的空间物体，或其所载人员或财产造成损害的责任，这主要考虑到前者造成的损害一般要严重于后者，尤其是在人身损害方面，《责任公约》选择了区分对待的制度设计。

再次，针对混合行为造成损害的情形，根据《责任公约》第4条第1款的规定，任一发射国的空间物体在地球表面以外的其他地方，对另一发射国的空间物体，或其所载人员或财产造成损害，并因此对第三国，或第三国的自然人或法人造成损害时，前两国应在下述范围内共同和单独对第三国负责任：① 若对第三国的地球表面或飞行中的飞机造成损害，前两国应对第三国负绝对责任；② 若在地球表面以外的其他地方，对第三国的空间物体，或其所载人员或财产，造成损害，前两国对第三国所负的责任，要根据他们的过失，或所属负责人员的过失而定。对于此类特殊情形，基本沿袭了《责任公约》按照损害发生

---

① 张新宝：《侵权责任法原理》，北京：中国人民大学出版社2005年版，第40页。马俊驹、余延满：《民法原论》，北京：法律出版社2005年版，第1005页。

② 参见《责任公约》第3条的规定。此处中文译本中的"过失"应相当于中国国内民法上的"过错"，即包括故意和过失两种主观形态。

的地理区域区分归责的思路,只是其中还涉及造成损害的发射国之间的责任分摊问题。

最后,《责任公约》第21条特别强调,如果空间物体所造成的损害严重地危及人的生命,或严重干扰人民的生命条件或重要中心的功能,各公约缔约国,特别是发射国,在受害国请求时应审查能否提供适当与迅速的援助。

(2) 责任的分摊

对于混合行为造成损害的情形,根据《责任公约》第4条第2款的规定,在有关共同及单独承担责任的所有案件中,对损害的赔偿责任应按两国过失的程度分摊;如果前两国的过失程度无法断定,赔偿应由两国平均分摊;但分摊赔偿责任,不得妨碍第三国向共同及单独负有责任的发射国的任何一国或全体,索取根据《责任公约》的规定应予偿付的全部赔偿的权利。可见,当任一发射国的空间物体在地球表面以外的其他地方,对另一发射国的空间物体,或其所载人员或财产造成损害,并因此对第三国,或第三国的自然人或法人造成损害时,上述两个国家对于受害第三国,即外部责任而言,应承担连带责任,第三国有权向其中任意一国或全体,索取损害的全部赔偿;两国之间的内部责任的确定,原则上按照过失的程度分摊,无法确定过失程度的,赔偿应由两国均摊。

在两个或两个以上国家共同发射空间物体造成损害的情形下,对于其造成的任何损害应共同及单独承担责任。发射国在赔偿损害后,有权向共同参加发射的其他国家要求补偿。参加共同发射的国家应缔结协定,根据其承担的共同及个别责任,分摊财政义务;但这种协定,不得妨碍受害国向承担共同及个别责任的发射国的任何一国或全体,索取根据《责任公约》的规定应予偿付的全部赔偿的权利。从其领土或设施上发射空间物体的国家,应视为参加共同发射的国家。[①]

———————

① 参见《责任公约》第5条的规定。

（3）免责事由

根据《责任公约》第 6 条的规定,发射国如果因为进行不符合国际法,特别是不符合联合国宪章及《外空条约》的活动而造成损害,其责任绝不能予以免除。除此之外,发射国如果证明,全部或部分是因为要求赔偿国,或其所代表的自然人或法人的重大疏忽,或因为它(他)采取行动或不采取行动蓄意造成损害时,该发射国对损害的绝对责任,应依证明的程度予以免除。

（4）损害的范围

就适用《责任公约》而言,"损害"的概念是指,生命丧失、身体受伤或健康的其他损害,国家、自然人、法人的财产,或政府间国际组织的财产遭受损失或损害。

但是,该公约的规定不适用于发射国的空间物体对下列人员所造成的损害:该发射国的国民;在空间物体从发射至降落的任何阶段内参加操作的,或在空间物体从发射至降落的任何阶段内,应发射国的邀请而留在紧接预定发射或回收区地带的外国国民。对于上述两类人员的损害,不属于《责任公约》规定的损害的范围。[①]

（5）损害赔偿额的确定

① 确定依据

发射国根据《责任公约》负责偿付的损害赔偿额,应按照国际法、公正合理的原则来确定,以使得对损害所作出的赔偿,能够保证提出赔偿要求的自然人或法人、国家或国际组织把损害恢复到未发生前的原有状态。[②] 可见,《责任公约》并未具体规定空间物体损害赔偿金额的确定依据,而是笼统指出应按照"国际法与公正合理的原则"确定;其损害赔偿金额的范围主要针对实际造成

---

① 参见《责任公约》第 1 条第 1 款和第 7 条的规定。

② 参见《责任公约》第 12 条的规定。

的损失,最终使得损害可以弥补至恢复原状的状态。

② 赔偿方式

除要求赔偿国与按照《责任公约》规定应当进行赔偿的国家,就赔偿方式另行达成协议外,赔偿应以要求赔偿国的货币支付,如果求偿国请求以赔偿国的货币偿付,则依其请求。①《责任公约》将损害赔偿金作为主要的赔偿形式,其赔偿方式又包括三种:求偿国与赔偿国达成协议,按照协议确定的方式赔偿;没有协议的,一般应以求偿国的货币支付赔偿金;如果求偿国请求,则依其请求以赔偿国的货币偿付。

③ 赔偿限额

现行《责任公约》中,并无关于空间物体损害赔偿最高限额的规定,但在该公约的制定过程中,这一问题曾被提出,各国对此分歧较大。由于多数国家反对设立空间物体损害的最高赔偿限额,公约最终作出了现在的选择。

然而,在航空运输承运人责任、核损害民事责任等领域国际、国内立法中,均确立了最高赔偿限额制度,同时引入第三方保险赔偿机制、政府资金补偿机制等,以平衡受害方与赔偿方之间的权利义务,保护这些产业、行业的良性发展。

在航空运输承运人责任方面,1999 年《蒙特利尔公约》第 21 条设立了最高赔偿限额,对于因旅客死亡或者身体伤害而产生的损失,只要造成死亡或者伤害的事故是在航空器上或者在上、下航空器的任何操作过程中发生的,承运人对每名乘客应当承担最高不超过 10 万特别提款权的损害赔偿责任。2006年,中国民航局颁布的《国内航空运输承运人赔偿责任限额规定》也规定,国内航空运输承运人对每名旅客的赔偿责任限额为 40 万元人民币。

在核损害赔偿责任领域,2007 年 6 月,中国国务院向国家原子能机构下

---

① 参见《责任公约》第 13 条的规定。

发了《国务院关于核事故损害赔偿责任问题的批复》，明确规定核电站的营运者和乏燃料贮存、运输、后处理的营运者，对一次核事故造成的损害的最高赔偿额为 3 亿元人民币，其他营运者对一次核事故造成损害的最高赔偿额为 1 亿元人民币，核事故损害应赔总额超过规定的最高赔偿额的，国家提供最高限额为 8 亿元人民币的财政补偿。[①]

在联合国 5 个外空条约中，《责任公约》的规定最为细致，其内容的法律性也最强。其中，有关空间物体损害赔偿的区分归责、混合损害的责任承担、要求赔偿委员会及其程序的设立等制度借鉴了一些国家侵权责任法的有关理论和规则，是在一定程度上的探索和创新。尤其值得思考的是，该公约将空间物体损害责任制度类推适用于特定的国际组织，从国际条约层面开启了国际组织的法律责任问题，突破了法律责任仅限于国家主体的传统国际法理论，但公约概括性的类推适用，显然不能也不试图具体解决这一问题，并由此引发了当时苏联等国家的批评和反对，有关国际组织责任问题的争议一直持续。

另一方面，《责任公约》无疑存在一些明显的不足，如对于该公约第 2 条中发射国"绝对责任"的理解及其与第 6 条免责事由的关系、第 3 条中发射国"过失"的范围界定、第 5 条中所谓"共同及个别责任"的解释等，这些问题都存在较大分歧。

此外，《责任公约》受其自身适用范围的限制，当事国仍有必要制定有关空间物体损害的国内法，既与该公约的原则和精神保持一致，也弥补其在适用中的不足。例如实践中，如果一个公司在甲国注册，却在另一个国家乙国发射其拥有或运营的空间物体，按照《责任公约》的规定，甲国不应对该公司空间物体造成的损害承担赔偿责任，但具体责任的归属和分摊问题，则需要甲国与乙国

[①]　罗超：《论中国原子能法核损害民事责任制度的建立》，载《三晋法学》第八辑，北京：中国法制出版社 2013 年版，第 115 页。

之间协商解决,包括通过缔结双边条约或谅解备忘录的形式解决。

(三) 外空物体登记制度

为了拟订由发射国登记其射入外层空间物体的规定,设立一个强制性的由联合国秘书长保持的射入外空物体总登记册,为各国提供帮助其辨认外空物体的方法和程序,1975 年《登记公约》确立了空间物体登记制度。

1. 登记范围

发射国在发射一个外空物体进入或越出地球轨道时,应登记该外空物体;如果外空物体有两个以上发射国,各国应共同决定由其中一国负责登记该物体,同时应注意到《外空条约》第 8 条有关外空物体管辖权和控制权的规定,并且不妨碍各发射国间就外空物体及外空物体上任何人员的管辖和控制问题所缔结的或日后缔结的适当协定。

为了《登记公约》的目的,"发射国"是指一个发射或促使发射外空物体的国家,或者一个从其领土上或设备发射外空物体的国家;"外空物体"一词包括一个外空物体的组成部分以及外空物体的发射载器及其零件;"登记国"一词是指将外空物体登入其登记册的发射国。①

2. 登记方式

根据《登记公约》第 2 条和第 3 条的规定,外空物体的登记分为发射国层面和联合国层面。发射国应以适当登记册的方式登记外空物体,并将其设置此种登记册情事通知联合国秘书长。联合国秘书长应保持一份登记册,记录有关情报,这份登记册所载情报应充分公开,听任查阅。

3. 登记事项

发射国登记册的内容项目和保持登记册的条件应由有关登记国决定。每一登记国应在切实可行的范围内尽速向联合国秘书长供给有关登入其登记册

---

① 参见《登记公约》第 1 条和第 2 条的规定。

的每一个外空物体的下列情报：（1）发射国或多数发射国的国名；（2）外空物体的适当标志或其登记号码；（3）发射的日期和地域或地点；（4）基本的轨道参数包括：① 交点周期；② 倾斜角；③ 远地点；④ 近地点；⑤ 外空物体的一般功能。

每一登记国得随时向联合国秘书长供给有关其登记册内所载外空物体的其他情报。每一登记国应在切实可行的最大限度内，尽速将其前曾提送情报的原在地球轨道内但现已不复在地球轨道内的外空物体通知联合国秘书长。

每当发射进入或越出地球轨道的外空物体具有有关标志或登记号码，或二者兼有时，登记国在依据《登记公约》第 4 条提送有关外空物体情报时，应将此项事实通知秘书长，联合国秘书长应将此项通知记入登记册。①

4. 辨认协助

如果《登记公约》各项规定的施行不能使一个缔约国辨认对该国或对其所辖任何自然人或法人造成损害，或可能具有危险性或毒性的外空物体时，其他缔约各国，特别包括拥有空间监视和跟踪设备的国家，应在可行的最大限度响应该缔约国提出或经由联合国秘书长代其提出，在公允和合理的条件下协助辨认该物体的请求。提出这种请求的缔约国应在可行的最大限度内提供关于引起这项请求的事件的时间、性质及情况等情报。给予这种协助的安排应由有关各方协议商定。②

5. 对国际组织的适用

与其他外空国际条约类似，《登记公约》第 7 条也规定了公约适用于国际组织的具体条件。除了公约第 8 条至第 12 条涉及国家主权事项外，凡提及国家的规定，应视为适用于从事外空活动的任何政府间国际组织，但该组织必须

---

① 参见《登记公约》第 4 条和第 5 条的规定。
② 参见《登记公约》第 6 条的规定。

满足两个条件:(1)声明接受该公约规定的权利和义务;(2)该组织的多数会员国须为《登记公约》和《外空条约》的缔约国。

作为上述国际组织的公约缔约会员国,应采取一切适当步骤,保证该组织依照公约规定发表声明。截至 2015 年 4 月,欧洲外空局、欧洲通信卫星组织和欧洲气象卫星开发利用组织已经发表声明,接受《登记公约》规定的权利和义务。

《登记公约》是国际社会、各当事国建立外层空间物体登记制度的主要国际法依据,具有较强的技术性和实践性。许多国家都制定了本国的空间物体登记法律、法规,或并入或转化了该公约的主要规定。现行外层空间物体"双轨"登记制度业已建立,并成为国际、国内外空活动的一项基础性法律、行政制度。

(四)月球和其他天体活动制度

随着各国在月球和其他天体的探索和利用方面取得越来越显著的成就,国际社会认识到了月球作为地球天然卫星的重大作用,为了促使各国在平等的基础上开展合作,以进一步探索和利用月球和其他天体,1979 年联合国大会通过的《月球协定》确立了月球和其他天体活动制度。

1. 月球活动总原则

月球上的一切活动,包括其探索和利用在内,应当遵循国际法。[①] 此处的国际法指一般国际法,尤其包括《联合国宪章》的规定和《建立友好关系及合作之国际法原则之宣言》在内。《联合国宪章》既是现代国际法的基础性条约,也是建立联合国、构建"二战"以后国际政治经济新秩序的纲领性文件。1970年,联合国大会一致通过了《关于各国依联合国宪章建立友好关系及合作之国际法原则之宣言》,以《联合国宪章》为依据,确立并具体阐述了七项国际法原

---

① 参见《月球协定》第 2 条的规定。

则,这些宣言构成国际法的基本原则,呼吁所有国家在其国际行为上遵循此等原则,并以严格遵守此等原则作为发展其彼此关系之基础。

月球上的一切活动还应顾及维持国际和平与安全、促进国际合作与相互谅解的利益以及所有其他缔约国的相应利益。①

2. 月球的和平利用

月球应供全体缔约国专为和平目的而加以利用,具体包括以下三个方面的要求:(1) 禁止使用武力或以武力相威胁。在月球上使用武力或以武力相威胁,或从事任何其他敌对行为或以敌对行为相威胁一概在禁止之列。利用月球对地球、月球、宇宙飞行器、宇宙飞行器或人造外空物体的人员实施任何此类行为或从事任何此类威胁,也应同样禁止。(2) 禁止放置核武器及其他大规模毁灭性武器。缔约各国不得在环绕月球的轨道上或飞向或飞绕月球的轨道上,放置载有核武器或任何其他种类的大规模毁灭性武器的物体,或在月球上或月球内放置或使用此类武器。(3) 禁止军事工事建立、武器试验及军事演习。禁止在月球上建立军事基地、军事装置及防御工事,试验任何类型的武器及举行军事演习,但不禁止为科学研究或为任何其他和平目的而使用军事人员,也不禁止使用为和平探索和利用月球所必要的任何装备或设备。②

3. 合作与互助原则

这一原则确立了月球探索和利用的宗旨、目的以及各国合作的模式。月球的探索和利用应是全体人类的事情并应为一切国家谋福利,不问它们的经济或科学发展程度如何。应依照联合国宪章规定,充分注意今世与后代人类的利益,以及提高生活水平,促进经济和社会进步、发展的需要。缔约各国应遵循合作和互助原则从事一切有关探索和利用月球的活动。按照《月球协定》

---

① 参见《月球协定》第 2 条的规定。
② 参见《月球协定》第 3 条的规定。

进行的国际合作,应尽量扩大范围,并可在多边基础上、双边基础上或通过政府间国际组织进行。①

4. 情报公开

为了保障探索活动、人类生命健康的安全,促进信息情报的共享,各国应当对有关情报予以公开。《月球协定》要求缔约各国应在实际可行的范围内尽量将它们在探索和利用月球方面的活动告知联合国秘书长以及公众和国际科学界。

具体而言,每次飞往月球的任务的时间、目的、位置、轨道参数和期间的情报应在发射后立即公布,而关于每次任务的结果包括科学结果在内的情报则应在完成任务时公布。如果一次飞行任务的期间超过 60 天,应将任务进行情况的情报,包括科学结果在内,每隔 30 天公布一次。如果飞行任务超过 6 个月,则在 6 个月以后,只需将这方面的重要补充情报予以公布。

如果一个缔约国获知另一个缔约国计划同时在月球上的同一区域,或环绕月球的同一轨道,或飞向或飞绕月球的同一轨道进行活动时,应立即将其自己进行活动的时间和计划通知该缔约国。

缔约各国在进行《月球协定》所规定的活动时,应将其在外层空间,包括月球在内所发现的可能危及人类生命或健康的任何现象,以及任何有机生命迹象,通知联合国秘书长、公众和国际科学界。②

5. 科学研究的自由

所有缔约各国都享有不受任何种类的歧视,在平等基础上,并按照国际法的规定在月球上从事科学研究的自由。这也涉及对于月球上矿物标本的采集、移走和使用事项。

---

① 参见《月球协定》第 4 条的规定。
② 参见《月球协定》第 5 条的规定。

缔约各国为促进《月球协定》各项规定的实施而进行科学研究时,应有权在月球上采集并移走矿物和其他物质的标本。发动采集此类标本的缔约各国可保留其处置权,并可为科学目的而使用这些标本。缔约各国应考虑到是否将此类标本的一部分供给感兴趣的其他缔约国和国际科学界科学研究之用。缔约各国在进行科学研究时,也可使用适当数量的月球矿物和其他物质以支援它们的任务。

在人员方面,缔约各国同意于派遣人员前往月球或在其上建立装置时,在实际可行的范围内尽量交换科学和其他人员。[①]

6. 月球环境保护

缔约各国在探索和利用月球时,应采取措施防止月球环境的现有平衡遭到破坏,不论这种破坏,是由于在月球环境中导致不利变化,还是由于引入环境外物质使其环境受到有害污染,或由于其他方式而产生。缔约各国也应采取措施防止地球环境由于引入地球外物质或由于其他方式而受到有害影响。缔约各国应将上述措施通知联合国秘书长,并应尽一切可能预先将它们在月球上放置的一切放射性物质以及放置的目的通知秘书长。

缔约各国应就月球上具有特殊科学重要性的地区向其他缔约国和秘书长提出报告,以便在不损害其他缔约国权利的前提下,考虑将这些地区指定为国际科学保护区,并经同联合国各主管机构协商后,商定对这些地区特别保护办法。[②]

7. 设备人员配置

缔约各国可在月球的表面或表面之下的任何地点进行其探索和利用的活动,但应当遵守《月球协定》的其他规定,这些活动包括:(1) 在月球上降落及

---

① 参见《月球协定》第 6 条的规定。

② 参见《月球协定》第 7 条的规定。

从月球发射外空物体;(2) 将缔约国的人员、外空运载器、装备、设施、站所和装置放置在月球的表面或表面之下的任何地点。人员、外空运载器、装备、设施、站所和装置可在月球表面或表面之下自由移动或自由被移动。缔约国进行上述活动不应妨碍其他缔约国在月球上的活动,如果发生此种妨碍,有关缔约各国应当按照《月球协定》的有关规定进行协商。

缔约各国可在月球上建立配置人员及不配置人员的站所。建立站所的缔约国应只使用为站所进行业务所需要的地区,并应立即将该站所的位置和目的通知联合国秘书长。以后每隔一年该缔约国应同样将站所是否继续使用及其目的有无变更通知秘书长。

设置站所应不妨碍依照《月球协定》和《外空条约》第 1 条规定在月球上进行活动的其他缔约国的人员、运载器和设备自由进入月球所有地区。[①]

8. 保护和营救宇航员

缔约各国应采取一切实际可行的措施,以保护在月球上的人的生命和健康。为此目的,缔约各国应视在月球上的任何人为《外空条约》第 5 条所称的宇宙航行员,并视其为《营救协定》所称外空飞行器人员的一部分。

缔约各国应以其站所、装置、运载器及其他设备供月球上遭难人员避难之用。[②]

9. 月球及其自然资源的性质

《月球协定》第 11 条明确规定了月球及其自然资源的性质、有关开发的国际制度。

首先,月球及其自然资源均为全体人类的共同财产。一方面,月球本身不得由国家依据主权要求,通过利用或占领,或以任何其他方法据为己有。另一

---

① 参见《月球协定》第 9 条的规定。
② 参见《月球协定》第 10 条的规定。

方面,月球的表面、表面下层或其任何部分、其中的自然资源,均不应成为任何国家、政府间或非政府间国际组织、非政府实体、任何自然人的财产;在月球表面或表面下层,包括与月球表面或表面下层相连接的构造物在内,安置人员、外空运载器、装备设施、站所和装置,不应视为对月球或其任何领域的表面或表面下层取得所有权。

其次,缔约各国有权在平等基础上,按照国际法和《月球协定》的规定探索和利用月球,不得有任何性质的歧视。

最后,缔约各国承诺当月球自然资源的开发即将可行时,建立指导此种开发的国际制度,包括适当的程序在内。为了便于此种国际制度的建立,缔约各国应在实际可行的范围内,尽量将它们在月球上发现的任何自然资源告知联合国秘书长以及公众和国际科学界。即将建立的国际制度的主要宗旨应为:(1) 有秩序地和安全地开发月球的自然资源;(2) 对这些资源作合理的管理;(3) 扩大使用这些资源的机会;(4) 所有缔约国应公平分享这些资源所带来的惠益,而且应当对发展中国家的利益和需要,以及各个直接或间接对探索月球做出贡献的国家所作的努力,给予特别的照顾。

根据《月球协定》第18条的规定,上述国际制度的建立,应在该协定的审查会议上,根据"月球及其自然资源均为全体人类共同财产"的原则,在特别考虑到任何有关的技术发展的情况下,审议执行。

10. 管辖权和控制权

缔约各国对其在月球上的人员、运载器、装备、设施、站所和装置应保有管辖权和控制权,外空运载器、装备、设备、站所和装置的所有权不因其在月球上而受影响。

凡在预定位置以外的场地发现的运载器、装置及装备或其组成部分应当依照《营救协定》第5条的规定处理,包括通知发射当局和联合国秘书长,采取切实可行的措施保护空间物体及其组成部分,归还有关空间物体给发射当局的代表，采取有效措施消除可能造成危害的危险等，因此支出的费用应由发射当局支付。

缔约各国如果遇到足以威胁人命的紧急情况时，可使用其他缔约国在月球上的装备、运载器、装置、设施或供应品，此种使用应迅速通知联合国秘书长或有关缔约国。

一个缔约国获悉并非其本国发射的外空物体在月球上坠毁、强迫着陆或其他非出自本意的着陆时，应迅速通知发射该物体的缔约国和联合国秘书长。①

11. 国际责任的承担

《月球协定》缔约各国对于本国在月球上的各种活动应当承担国际责任，不论此类活动是否由政府机构或非政府团体所进行，并且应负国际责任保证本国活动的进行符合该协定所载的各项规定。

对于所辖非政府团体，缔约各国应保证它们只有在该国的管辖和不断监督下，方可在月球上从事各种活动。②

各缔约国还承认，由于在月球上活动的增加，除了《外空条约》和《责任公约》的条款以外，或许需要有关在月球上引起的损害赔偿责任的细节办法，此类办法的拟订应依照《月球协定》第18条所规定的审查、修正该协定的程序进行。③

12. 对其他天体的适用

根据《月球协定》第1条的规定，该协定内关于月球的条款也适用于太阳系内地球以外的其他天体，除非此类天体已有现已生效的特别法律规则。

---

① 参见《月球协定》第12条和第13条的规定。

② 参见《月球协定》第14条的规定。

③ 《月球协定》第18条规定："本协定生效后十年，联合国大会应在临时议程内列入审查本协定的问题，以便参照本协定过去的实施情况，审议是否需加修正。但在本协定生效五年后的任何时候，作为协定保存人的联合国秘书长，经本协定三分之一的缔约国提出要求，并经多数缔约国同意，即应召开缔约国会议，以审查本协定。审查会议还应按照第11条第1款所述原则，并且在特别考虑到任何有关的技术发展的情况下，审议执行第11条第5款的各项规定的问题。"

在月球的适用范围上，该协定中"月球"一词包括环绕月球的轨道或其他飞向或飞绕月球的轨道。但是，该协定不适用于遵循自然方式到达地球表面的地球外物质，如陨石等。

《月球协定》自 1979 年 12 月开放签署，1984 年 7 月正式生效，目前仅有16 个国家批准或加入该协定，包括澳大利亚、奥地利、比利时、荷兰等发达国家，几乎所有的外空大国都不是该协定的当事国；法国、印度等 4 个国家签署了该协定。

可见，《月球协定》及其确立的原则、制度适用范围有限，尚没有为国际社会所普遍接受，尤其是外空大国均采取"观望"态度。这是因为《月球协定》在制度设计上具有明显的超前性，绝大多数国家对于月球及其他天体的探索、利用尚未达到需要受其调整的程度，因而不急于加入或批准该协定；对于美国等外空大国而言，该协定的部分原则、制度过于理想化，对于各国外空技术差距较大、外空大国外空战略利益的考虑尚不充分，如月球及其自然资源的性质、国际开发制度的建立原则等规定，受到了美俄、西方一些国家的批评和不满。因此，未来月球及其他天体有关原则、制度的确立，不仅仅是一个法律层面的问题，更是一个事关各国国家安全、战略利益的国际性问题。

三、运行保障

从现行外空规则制度可以看出，在现有国际关系和国际法框架下，外空活动以合作为主线，和平开发和利用外空的精神内核贯穿始终。由外空五大条约确立的外空国际合作机制，尤其值得关注。外空国际合作机制的有效运行有利于避免外空领域因资源有限、军事应用而陷入恶性竞争之中。

（一）损害赔偿的求偿程序

1. 求偿主体

《责任公约》第 8 条明确规定了空间物体损害赔偿的求偿主体，即遭受损害的国家,或遭受损害的任一国家的自然人或法人,可以向发射国提出损害赔偿的要求。对于同时具有属人管辖权的多个国家,该公约还规定了受害自然人或法人的原籍国、所在国和居住国提出求偿的顺序。受害自然人或法人的原籍国享有优先提出赔偿的权利,只有当其未提出赔偿要求时,该自然人或法人的所在国可就其所受的损害,向发射国提出赔偿要求。如果永久居民的原籍国或永久居民在其境内遭受损害的国家,均未提出赔偿要求,或均未通知有意提出赔偿要求,永久居民的居住国可以就其所受的损害,向发射国提出赔偿要求。

2. 外交谈判程序①

赔偿损害的要求,应通过外交途径向发射国提出。要求赔偿国如果与发射国无外交关系,可以请求另一国家代其向发射国提出赔偿要求,或以其他方式代表其在《责任公约》内的所有利益。求偿国也可以通过联合国秘书长提出赔偿要求,但应以求偿国与发射国均为联合国会员国作为条件。

在求偿期间方面,赔偿损害的要求,应于损害发生之日起,或判明应负责任的发射国之日起一年内向发射国提出。如果不知损害业已发生的国家,或未能判明应负责任的发射国的国家,应于获悉上述事实之日起一年内,提出赔偿要求;如果有理由认为,要求赔偿国由于关心留意,已经知道了上述事实,提出要求赔偿的时间,从知道上述事实之日起,无论如何不得超过一年。上述关于期间的限制,也适用于对损害程度不完全了解的情况,在此种情况下,求偿国有权从该时限期满起至全部了解损害程度后一年止,修订其要求,提出补充文件。

一方面,根据《责任公约》向发射国提出赔偿损害要求,无须等到要求赔偿国,或其代表的自然人或法人可能有的一切当地补救办法用完后才提出,即

---

① 参见《责任公约》第 9 条至第 13 条的规定。

《责任公约》框架下的损害赔偿要求不适用"用尽当地救济"的原则。另一方面，《责任公约》不妨碍一国，或其可能代表的自然人或法人向发射国的法院、行政法庭或机关提出赔偿要求，但如果一国已在发射国的法院、行政法庭或机关提出了赔偿损害的要求，就不得根据《责任公约》或其他对有关各国均有约束力的国际协定，为同一损害再提出赔偿要求，即适用"一事不再理"的原则。

3. 赔偿委员会程序①

(1) 要求赔偿委员会(Claims Commission)的成立

如果在要求赔偿国通知发射国已提出赔偿要求文件之日起一年内，赔偿要求依据《责任公约》的规定，通过外交谈判仍未获得解决，有关各方应于任一方提出请求时，成立要求赔偿委员会。

(2) 要求赔偿委员会的组成

该委员会应由三人组成：一人由要求赔偿国指派，一人由发射国指派，第三人由双方共同选派，并担任主席。每一方应于请求成立要求赔偿委员会之日起两个月内指派出其人员。如果选派主席未能于请求成立委员会之日起四个月内达成协议，任一方得请求联合国秘书长另于两个月内指派。如果一方未于规定的期限内指派出其人员，主席应根据另一方的要求，组成仅有一个委员的要求赔偿委员会。不管委员会由于什么原因，而出现委员空缺时，委员会应按原定的指派程序进行补派。

要求赔偿委员会的委员人数，不得因有两个或两个以上的要求赔偿国或发射国共同参加委员会处理任一案件，而有所增加。共同参加的要求赔偿国，应按与一个要求赔偿国相同的方式和条件，共同指派一名委员会的委员。两个或两个以上的发射国参加时，应按同样的方式共同指派一名委员会的委员。求偿国或发射国如果未在规定期限内指派出人选，主席应组成单一委员的委

---

① 参见《责任公约》第 14 条至第 20 条的规定。

员会。

（3）要求赔偿委员会的程序

该委员会应自行决定它的程序,应当选定一个或数个开会的地点,并决定其他一切行政事项。除单一委员的委员会所作的决定和裁决外,委员会的一切决定和裁决均应以过半数的表决通过。

（4）要求赔偿委员会的决定或裁决

委员会应决定赔偿的要求是否成立,在需要赔偿的情况下,确定应付赔偿的总额。该委员会应按照国际法、公正合理的原则来确定,以使得对损害所作出的赔偿,能够保证提出赔偿要求的自然人或法人、国家或国际组织把损害恢复到未发生前的原有状态。

如果各方同意,委员会的决定应是最终的,并具有约束力;否则委员会应提出最终的建议性裁决,由各方认真加以考虑。委员会应提出其决定或裁决的理由。委员会应尽速作出决定或裁决,至迟应在委员会成立之日起一年内作出,除非委员会认为有必要延长此期限。委员会应公布其决定或裁决,并将其正式副本送交各方和联合国秘书长。

（5）要求赔偿委员会的经费

除非委员会另有规定,要求赔偿委员会的经费应由各方平等分担。

（二）开放与协商程序

最典型的开放与协商程序规定在《月球协定》中,主要包括以下方面:

1. 查明权利与开放义务

《月球协定》的每一缔约国有权查明其他缔约国从事探索及利用月球的活动确是符合本协定的规定。为此目的,在月球上的一切外空运载器、装备、设施、站所和装置应对其他缔约国开放。这些缔约国应于合理期间事先发出所计划的参观通知,以便举行适当协商和采取最大限度的预防措施,以保证安全和避免干扰被参观设备的正常操作。为实施上述规定,任何一个缔约国可使用其自己的手段,亦可在任何其他缔约国的全面和局部协助下,或经由联合国体制内的适当国际程序遵照宪章的规定采取行动。

2. 协商的要求、回应与参加

如果一个缔约国有理由相信另一缔约国未能履行协定义务,或者相信另一缔约国妨害其在本协定规定下所享有的权利时,可要求与该国举行协商。接获此种要求的缔约国应立即开始协商,不得迟延。任何其他缔约国如提出要求,应有权参加协商。每一参加此等协商的缔约国,应对任何争议寻求可以相互接受的解决办法,并应体念所有缔约各国的权利和利益。上述协商结果应通知联合国秘书长,并由秘书长将所获情报转送一切有关缔约国。

3. 协商未果与争端解决

如果协商结果未能导致一项可以相互接受而又适当顾及所有缔约国权利和利益的解决办法,有关各国应采取一切措施,以他们所选择的并且适合争端的情况和性质的其他和平方法解决这项争端。如果在开展协商方面发生困难,或协商结果未能导致一项可以互相接受的解决办法,任何缔约国可无须征求任何其他缔约国的同意,要求联合国秘书长协助解决争端。一个缔约国如果没有同另一有关缔约国保持外交关系,则应自行选择由其自己出面参加协商,或经由另外的缔约国或秘书长作为中间人参加协商。①

（三）对国际组织的适用

由于外空活动的主体不限于主权国家,许多国际组织甚至私人公司也置身其中,国际社会在制定相关规则时对此予以充分考虑。国际组织是国家之间为特定目的宗旨或事项领域合作需要而建立的一种实体,外空规则通过适用于国际组织,在相关国家间也形成一种合作联系机制。

《责任公约》第22条规定了适用于国际组织的具体条件。如果任何从事

---

① 参见《月球协定》第15条的规定。

空间活动的国际政府间组织声明接受公约规定的权利和义务,其一半成员系该公约和《外空条约》的缔约国,则除去《责任公约》第 24 条至第 27 条有关国家主权事项的规定外,其他所有规定完全适用于上述国际组织。如果一个国家既是上述国际组织的成员国,又是《责任公约》的缔约国,则应当采取一切适当步骤,保证该组织按照规定发表声明。截至 2015 年 4 月,欧洲外空局、欧洲通信卫星组织和欧洲气象卫星开发利用组织(European Organization for the Exploitation of Meteorological Satellites)已经发表声明,接受《责任公约》规定的权利和义务。

在损害赔偿责任的分担方面,如果政府间国际组织根据《责任公约》对损害负有责任,该组织及其成员国中的公约缔约国,应承担共同及个别责任。其中,国际组织应对此承担首要责任,对于损害的任何赔偿要求,应首先向该组织提出,只有该组织于 6 个月内,未支付经协议或决定规定为赔偿损害而应付的款额时,求偿国才能要求该组织成员国中的公约缔约国负责支付该款项。

如果作出上述声明的国际组织受到损害,则有关损害赔偿要求应由该组织内的公约缔约国根据公约规定提出。在《责任公约》框架下,国际组织不具有独立提出求偿要求的主体资格。

与其他外空国际条约类似,《月球协定》第 16 条也规定了公约适用于国际组织的具体条件。除了公约第 17 条至第 21 条涉及国家主权事项外,凡提及国家的规定,应视为适用于从事外空活动的任何政府间国际组织,但该组织必须满足两个条件:(1) 声明接受该协定规定的权利和义务;(2) 该组织的多数会员国须为《月球协定》和《外空条约》的缔约国。

作为上述国际组织的公约缔约会员国,应采取一切适当步骤,保证该组织依照《月球协定》的规定发表声明。目前,尚无国际组织发表声明,接受《月球协定》规定的权利和义务。

第三节　外层空间国际法制的变革因素与中国贡献

一、变革因素

进入 21 世纪以来，人类外空探索活动在科学技术、国家战略与安全、国家力量对比、法律与政策等方面出现了许多新的因素，一方面拓展了外空治理深度和广度，另一方面也对此提出了新挑战。如何把握这些因素对于外空治理的影响，以引导发挥出其积极的一面，避免其消极影响的扩张，将是未来较长一段时期内外空治理与协作的重要课题。

（一）科学技术发展

1957 年 10 月 4 日，苏联人造卫星成功发射进入外空轨道，揭开了人类探索、利用外空的新篇章，外空法自此开始发展起来。毋庸置疑，外空科技的进步决定了人类外空活动能力的提高，使得外空法的发展成为一种现实需要。一方面，正是外空科技的进步、人类外空活动能力的提高为外空法的创立提供了社会基础，它们是促进外空法不断完善的不竭动力，外空法的调整领域也将随之不断拓展。例如，人类外空活动由近地到深空、由载人外空到实现登月的每一次发展，几乎都与火箭推进技术的进步密切相关。另一方面，外空法为外空科技的发展提供法制环境，并将人类探索、开发和利用外空、天体的活动纳入法治化轨道，保证外空科技、外空活动服务于全人类的共同利益。诚如有学者所言，"科学技术对国际关系的深刻影响，也必然会反映在国际法的发展上，从而使国际法伴随着科学技术的进步而不断变化。……外层空间法是在科学

473

技术的推动下产生的一个国际法的新分支。"①可见,外空法与外空科技有着密切的关联。

总之,科技进步拓展了人类在外空领域的活动范围,火星探测器的登陆、深空探索的开展将为人类和平开发利用外空资源提供了更为广阔的空间,如何平衡外空主体各方权益,建构和谐共处的外空关系,这些都为未来外空治理提出了更高要求,甚至导致外空治理模式的变革。

(二) 国家战略与安全

航空外空技术早已打破了空气空间与外层空间的绝对界限,"空天一体化"在科技、军事领域的突飞猛进,使得国家不得不将外空与传统空气空间一道,纳入国家安全的空天立体防御战略考虑。实践证明,以卫星为代表的外空科技在侦查监视、通信联络、定位导航、预警探测和精确打击等军事活动方面,发挥着不可替代的作用。现代化的运载火箭、人造卫星、弹道导弹、宇宙飞船、外空飞机、宇宙空间站等,其发射、运转和返回必须经过外空,它们拉近了外空与国家传统领土之间的距离,外空能够直接影响到国家本土的安全。

正因为外空在现代军事、未来战争中显著的地位和作用,许多国家尤其是外空、军事大国都将本国的国家安全战略与外空安全相互联系在一起,将外空安全作为国家安全的有机组成部分,密切关注外空安全形势的发展和变化。

19 世纪 50 年代末,美苏两国竞相研发和发射民用、军用卫星,以国家安全名义在外空上演了一幕幕太空军备竞赛。1958 年 2 月,美国空军施里弗准将提出,美国的国家安全依赖于"太空优势",几十年后的关键战争不是发生在海上或空中,而是太空。这位将军被誉为美国空军太空和导弹之父,他的观点直接影响了美国之后发展外空武器的进程,位于科罗拉多州的一个空军基地以他命名,2001 年 1 月的那场著名的太空战演习,正是在上述基地展开。此

---

① 杨泽伟:《国际法》,北京:高等教育出版社 2012 年版,第 35 页。

后,美国空军开始研制太空轰炸机、军用侦察卫星、反弹道导弹系统等,在外空实施核试验,甚至提出在月球上建立基地以控制其他天体;苏联也毫不示弱,在这些领域亦步亦趋。正是美苏在导弹部署与反导系统之间的明争暗斗,直接引发了古巴导弹危机,而美国的军用侦察卫星"日冕"号在此事件中侦查、监视了苏联的一举一动,使得美国占据了先机。

美苏两国在外空的军备竞赛以"星球大战"战略防御计划的提出和实施达到高潮。1983 年 3 月,时任美国总统里根提出了这一计划,主要是在 200 千米～1 000 千米的外空中建立多层次、多手段的反弹道导弹系统,针对苏联发射洲际导弹的不同阶段,建立分层防御网,采用不同手段予以拦截,使其能够到达美国本土的导弹所剩无几,从而保卫美国本土免遭苏联导弹的攻击。反卫星武器的研发也是该计划的组成部分,美国曾多次进行反卫星导弹的试验,而苏联则研究采用激光武器摧毁卫星的方式。

近年来,美国仍不断研发、试验先进的外空装备。2010 年 4 月,美国首次试飞了"轨道试验飞行器"X - 37B 可复用无人驾驶外空器(即空天飞机),2011 年 3 月,第二架空天飞机试飞。在军事用途上,空天飞机具有巨大的潜力,它在轨道上飞行的时间长,可以携带核武器,将彻底打破目前美俄之间的外空力量平衡。空天飞机处在被打击的目标上面,可以将导弹的飞行时长缩短至几分钟,使现在的反导系统来不及反应,早期预警系统也无法锁定从空天飞机上发射的导弹。X - 37B 空天飞机将用于部署太空打击武器,作为美国实施"全球闪电打击"战略的主要环节之一,这对于俄罗斯来说,显然是一项非常严重的现实挑战。①

针对美国天基武器系统的现实威胁,俄军提出了抗击敌方空天袭击的"空

---

① 马建光:《俄罗斯空天防御战略浅析》,新华网,http://txjs. chinamil. com. cn/zhuanjia/2012 - 01/11/content_4765785. htm,访问时间:2018 年 11 月 18 日。

天防御"理论,开始分阶段建立"集防空、反导和太空防御为一体"的"国家空天防御系统"。俄罗斯还计划研制和装备高超音速武器、空天飞行器、侦查突击无人飞行器等空天进攻兵器;创建空天防御部队,统一俄军的空防系统与天防系统,加速落实"空天一体防御"的构想,通过这些实质性举措应对美国的太空威胁。

在美国发展外空军事设备、力量的背后,是其不断发展的外空战略思想和理论作为支撑。1997年,美国太空司令部发布《2020年构想》,确保美军及其盟友有能力进出、监视太空,保护己方太空系统,必要时通过干扰、破坏、摧毁等方式阻止他国利用太空的能力,以实现"太空控制"。1999年7月,美国国防部发布《太空政策》,提出"太空威慑"的概念,威慑、警告和抵御敌方攻击,将针对美国太空系统故意干扰的行为视为侵犯美国主权,并将采取合理的自卫措施,包括使用武力反击对方太空系统。"9·11事件"之后,在"先发制人"思想下,美军又制定了《太空行动的联合条令》,在原有太空政策的基础上,强调更加积极的"否定"敌方的太空力量,使敌方的太空能力混乱、退化,进而摧毁这一能力。由此,美军"太空控制"的策略扩展为太空监视、保护、防止和否定等部分。

从历史上看,俄罗斯也一直重视空天军事力量的建设。俄前总统叶利钦颁布了《关于建立俄联邦防空组织》,这是俄第一部"空天一体"建设的法规性文件,首次提出了建立"俄空天一体防御"的构想。2001年1月,俄罗斯总统普京主持召开外空工作会议,决定用一年的时间,将俄军事外空部队和空间导弹防御部队从战略火箭军中分离出来,组建一个新军种,即俄罗斯外空部队。2006年4月,俄总统批准了新的《空天防御构想》,明确了俄军空天防御体系的建设原则、结构组成、作战目标、建设步骤、未来发展方向等一系列重要的事宜。2011年年初,时任俄罗斯总统梅德韦杰夫要求俄国防部在年底前将防空系统、反导系统、导弹预警系统及太空监视系统整合为空天防御部队。2011年年底,俄空天防御部队正式组建并开始执勤。此外,俄罗斯计划分阶段建立

"三位一体"的"国家空天防御体系"，即防空、反导和太空防御"三位一体"的空天防御体系，以机动防御为主要发展方向，在未来战争中，综合应用反导技术和防空军力对抗空天之敌。

在俄罗斯国内，关于空天防御的理论研究，主要包括：（1）空天防御的定位问题。《空天防御》杂志刊载了各派学者就"空天防御""空天防御系统""空天防御任务"等概念进行的长期辩论，其主流观点认为"空天防御是指俄联邦在空天范围内用于军事活动的所有系统，涉及政治、经济、军事、军事技术、法律等多个领域。空天防御是俄罗斯国防体系的重要组成部分"。（2）空天防御的指挥体制问题。从 20 世纪 90 年代初，俄军就围绕着这一问题不断讨论和探索，主要有三种方案：第一种方案是保持现有的三军种（即空军、陆军、海军）、三兵种（战略火箭兵、空降兵和外空兵）体制不变，增设空天防御联合战略司令部，其地位与各军兵种司令部是平级关系。空天防御联合战略司令部是作战指挥机构，融合了空军、陆军、海军、战略火箭兵、外空兵、总部机关（如总参作战总局、总参情报总局、总参电子战总局）的相关职能。平时，通过空军总司令部对空军所辖部队实施行政管理，战时则通过空天防御联合战略司令部对所有的空天防御力量进行作战指挥。第二种方案是打破现有军兵种体制，在原外空兵基础上组建一个新的兵种——空天防御兵。第三种方案是将空天防御的主力部队置于某一军种内，便于实施统一的行政管理和作战指挥；解散外空兵，原隶属于外空兵的太空导弹防御部队并入空军；空天防御联合战略司令部与空军总司令部联合办公。多数观点认为，要解决空天防御部队的指挥问题，主要不是组建兵种司令部，而是建立具有空天防御部队、防空航空兵指挥职权的战略指挥机关，这一机关建议称为"空天司令部"。[①]

---

① 谢德：《空天防御：俄罗斯新型国家安全战略》，中国社会科学在线，http://news.hexun.com/2013 - 10 - 11/158638735.html，访问时间：2018 年 11 月 18 日。

同样,中国也开始高度重视外空安全在国家安全体系中的地位和作用,并将外空安全防御纳入国家军事战略之中。2015 年 7 月,第 12 届全国人大常务委员会第 15 次会议通过了《国家安全法》,从立法层面确立了总体国家安全观,是中国维护各领域国家安全,构建国家安全体系的基础性法律。该法第 32 条明确将外层空间列入维护国家安全的领域范畴,即"国家坚持和平探索和利用外层空间、国际海底区域和极地,增强安全进出、科学考察、开发利用的能力,加强国际合作,维护我国在外层空间、国际海底区域和极地的活动、资产和其他利益的安全"。

2015 年 5 月,中国国务院新闻办公室发布《中国的军事战略》明确提出,实行新形势下积极防御军事战略方针,优化军事战略布局,应对太空、网络空间等新型安全领域威胁,维护共同安全。要求空军按照空天一体、攻防兼备的战略要求,实现国土防空型向攻防兼备型转变,构建适应信息化作战需要的空天防御力量体系,提高战略预警、空中打击、防空反导、信息对抗、空降作战、战略投送和综合保障能力。

可见,外空活动与一国国家战略与安全密切相关,尤其是卫星导航系统、空天一体化战略思想在现代军事中的应用后,国家战略与安全日益成为外空格局和治理的重要因素,未来对于外空军事化与军事化利用的态度和限制也将是国际社会面临的一个重要议题。

(三) 其他因素

首先,中国、印度等新兴外空大国的崛起改变了外空既有格局,尤其是"9·11 事件"、世界金融海啸等标志性事件发生之后,主要国家间的力量对比发生微妙变化,以"金砖国家"等为代表的新兴发展中大国在处理国际事务方面权重增加,这一影响也将延伸至外空治理领域,引发原有格局的改变甚至是变革。

2017 年 6 月,印度迄今为止威力最大的国产火箭成功发射升空,这是该国本土外空计划的又一里程碑。这种最新型号的火箭配备了印度多年研发的大功率发动机,可以使其降低对于欧洲火箭发动机的依赖,属于第三代地球同步卫星运载火箭,携带有一颗重量超过 3 吨的卫星,将其送入地球上空的高位轨道。近年来,印度正在争夺商用卫星领域更大的市场份额。2017 年 2 月,印度用一枚火箭将 104 颗卫星送入轨道,超过了俄罗斯 2014 年 6 月一次将 39 颗卫星送入外空的纪录。当时该火箭装载的主要是一颗 714 克的地球观测卫星,其他的 103 颗"纳米卫星"几乎全部来自其他国家。印度希望有朝一日能将本国宇航员送入外空,并在考虑木星、金星探测计划。[①]

　　其次,外空大国国内法律与政策因素,在长远范围内也会影响外空治理走向。2015 年 11 月,美国通过了《2015 外空资源探索与利用法》,为私人实体进行月球、其他行星采矿提供法律依据,赋予了私人实体对其开采的小行星资源或外空资源,在占有、拥有、运输、使用和出售方面的权利,[②]引发了国际社会的关切和质疑。行星采矿及其权益归属事关外空资源开发与利用的战略考量,但又与现行外空国际规则的价值理念有所冲突。摆在国际社会面前一个迫切的问题是,如何在外空治理中有效地协调一国国内法律政策与国际法律政策,使其相辅相成,至少并行不悖。

　　最后,外空资源稀缺性、外空领域未知性等因素也是影响外空治理不可忽略的因素。外空领域的未知性对于各国探索和利用外空提出了不少挑战,当外空探索进入火星、深空等未知领域,势必给现行国际规则体系和外空治理架构带来一定的冲击,如何及时制定相应的国际规则,以确立、平衡和保障有关国家、国际社会的权益,搭建适应未来需要的外空治理结构将成为新的考验。

　　2017 年 5 月,美国航空航天局在"人类登陆火星峰会"上公布载人登陆火星计划及其时间表,该计划分为四个阶段,包括多次前往近月空间,以便建造

---

　　① 《印度成功发射国产重型火箭》,载《参考消息》,2017 年 6 月 6 日,第 7 版。
　　② 王国语:《拉开外空采矿竞赛的序幕?——美国行星采矿立法的法律政策分析》,载《国际太空》,2016 年第 5 期,第 12 - 21 页。

一个空间站,作为前往火星的中转站,在此建造搭载航天员的"深空运输"飞行器。该计划具体内容和时间表如下:(1) 阶段 0:现在,继续在国际空间站进行研究和测试以解决外空探索中的挑战,评估月球资源的潜力并制定标准;(2) 阶段 1:从现在至 21 世纪 20 年代,开始进行月球轨道飞行,建造"深空之门"空间站,开始组装"深空运输"飞行器;(3) 阶段 2:21 世纪 20 年代至 30 年代,建成"深空运输"飞行器,在月球轨道进行为期一年的火星模拟飞行;(4) 阶段 3 和阶段 4:2030 年后,开始进行持续的前往火星系统和火星表面的载人长途飞行。①

二、中国外层空间活动及其法制现状

近年来,随着"神州"系列外空飞船的成功发射,"嫦娥"探月工程、"北斗"导航卫星应用的成功推进,以载人外空为代表的中国外空事业取得了世人瞩目的成就,外空科技的革新与外空活动的开展始终与中国的国家战略、国际地位紧密联系。

仅以载人外空事业为例,2003 年 10 月,中国航天员驾驶"神舟五号"飞船圆满完成首次载人飞行,标志着中国独立掌握了载人外空技术。2005 年 10 月,两名航天员乘坐"神舟 6 号"实现了 2 人 5 天、航天员直接参与空间科学实验活动的新跨越。2008 年 9 月,中国第三艘载人飞船"神舟七号"成功发射,三名航天员翟志刚、刘伯明、景海鹏顺利升空;27 日,翟志刚身着我国研制的"飞天"舱外外空服,在身着俄罗斯"海鹰"舱外外空服的刘伯明的辅助下,进行了 19 分 35 秒的出舱活动。中国随之成为世界上第三个掌握空间出舱活动技术的国家。2011 年 9 月 29 日 21 时 16 分,中国无人太空实验舱"天宫一号"由酒泉卫星发射中心改进后的"长征二号 FT1"火箭成功发射送入低地球轨

---

① 《NASA 公布载人登陆火星四阶段计划》,载《参考消息》,2017 年 5 月 12 日,第 7 版。

道,在相继实现航天员上天、太空行走之后,为建设探索外空的前哨——永久载人空间站,迈出了关键一步。2011 年 11 月 1 日 5 时 58 分,"神舟八号"飞船发射升空,583 秒后成功进入预定轨道。在随后的飞行过程中,"神舟八号"飞船与在轨运行的"天宫一号"目标飞行器进行交会对接,实施中国首次空间无人交会对接试验。中国也成为世界上第三个掌握空间交会对接技术的国家。神舟十二号载人飞船入轨后于 2021 年 6 月成功对接天和核心舱,与此前已对接的天舟二号货运飞船构成三舱组合体,3 名航天员从载人飞船进入天和核心舱。

在行星探测领域,天问一号首次实现中国探测器地外行星软着陆、表面巡视、远距离测控通信。嫦娥五号在月表最年轻的月海玄武岩区域,采集到共1 731 克月球样品,用以完善研究月球岩浆演化历史。

我国"祝融号"火星车于 2021 年 5 月成功实现火星着陆,在火星表面运行行驶、开机探测,获取原始数据,完成巡视探测任务。

历史经验表明,人类科学技术的进步必然推动有关法律制度的建立、变革、发展和完善,外空科技也是如此。千百年来人类探索外空奥秘的梦想,正是促进外空法不断发展的不竭动力。良好、完善的外空法律制度也能反作用于外空科技、外空活动的现实需要,鼓励创新,理顺法律关系,激发政府、市场与社会的活力。

然而,与美国、俄罗斯等世界其他外空大国相比,中国的外空法制建设仍比较滞后,甚至与当下中国的国际外空地位极不相称。在外空制度政策建设、参与国际规则制定、与国际组织合作等方面仍面临不少挑战。这不仅是中国外空活动能力建设的一大缺憾,长远来看也将不利于外空活动的可持续发展。总体上,中国外空活动面临的挑战主要包括:

(一) 制度建设薄弱

与许多外空大国不同,中国尚无外空领域基础性法律,如《外空法》。这一状况的缺陷是明显的，一方面，这就使得许多调整外空活动的基本原则、规则、制度和理论无法纳入一部统一的、专门的法律文件中，从根本上调整各个领域、方面的外空活动；另一方面，外空领域其他规则、制度也缺少基础性法律的统摄，法律法规之间的协调性减弱。由于外空基础性法律的缺位，外空法作为一个法律部门，在中国现行法律体系中的地位不明确，同时也较弱，甚至处于比较边缘的地位。

从国内法的角度看，目前中国专门针对外空活动的立法，仅有原国防科学技术工业委员会颁布的两部部门规章：2001 年《空间物体登记管理办法》和 2002 年《民用外空发射项目许可证管理暂行办法》，还有一些与外空活动相关的部门规章和行政法规，前者如《国防科技工业民用专项科研经费办法》，后者如中国国务院和中央军委于 1997 年联合颁布的《军品出口条例》，后于 2002 年作出修订；国务院又于 2002 年颁布《导弹及相关物项和技术出口管制条例》及其清单等。

外空法的主要渊源来自国际法，但它又必须具备国内法的属性，才能在一国国内发挥实效。外空法的制定和发展必须兼顾国际法和国内法有关理论、规则和制度，在积极转化国际法规则的同时，力求与国内其他部门法协调一致。国际法与国内法相互作用的理论与实践，在外空法上将得以彰显。中国国内外空制度性研究总体上仍处于起步阶段，与美国、加拿大、荷兰、法国等国家半个多世纪的学术积累相比，仍然存在许多不足和滞后之处。外空科技的突破和进步必然推动外空法律制度的革新和完善，这就要求外空法律体系的建设、外空法学的研究不能故步自封，必须直面外空科技、外空活动的前沿问题，建立一种不断开放、发展的体系；必须积极研究和吸纳有关科学技术、实践活动的最新进展，不仅力求解决现实中的问题，还应当为未来外空活动的开展留有制度空间。

可见，中国现行外空法律法规的数量较少，效力层级也比较低，主要靠部门规章予以调整,尚无一部严格意义上的法律。这既与中国外空事业的发展极不相称,又导致了外空法律部门的不成体系化。面对当下中国外空法数量少、层级低、不成体系化的现状,应加强外空立法能力的建设,根据实际需要,一方面充分发挥不同形式法律渊源的作用,从数量上增加外空法律法规、规范性文件的制定,不妨采用基础性法律加配套法律、法规的立法模式,通过外空领域基本法律确立基本原则、主要制度、主管机关、监管体系等内容,再通过配套法律或法规,将外空活动的各个方面均纳入法治的轨道。另一方面,也要提高外空法的立法质量,各种法律之间、法规之间以及其他规范性文件之间相互分工、协调,避免存在相互孤立、隔离、矛盾甚至冲突的情形,上位法还应统摄下位法,下位法不得违反上位法,促使外空法最终形成有机统一的法律部门。

值得注意的是,中国外空基本法律的立法工作目前已经启动,这一方面为外空法学在中国实现跨越式发展注入了新的机遇和动力,建构中国外空法律体系的"漫漫长路"已经"始于足下";另一方面,从法律体系的角度看,未来中国外空法的制定与发展都将充满挑战。

(二) 政策的即时性、针对性不足

政策具有天然的先导性、试验性优势,即时性地出台具有针对性的外空政策,有利于明确一国外空活动的重点领域和优先发展方向。对于外空大国,由于外空活动、外空法涉及国家安全、战略和利益,一国的外空政策、军事战略都会对其外空活动的战略定位、布局发展产生深远的影响。各国一般通过制定一段时期内的国家外空政策引导外空项目、外空活动和外空法律法规的发展、完善;而国家军事的战略则是通过引导外空技术在军事活动中的应用,进而影响这个国家的外空产业和制度。

在中国,国家外空政策与国家整体战略与安全、外空产业与活动、外空法制建设等多个方面均有着密切的联系。中国也定期制定了如外空白皮书、外空发展五年规划、空间科学五年发展规划、中国的军事战略等文件,是一定时

期内中国国家外空政策与战略的集中表现。但是,这些政策较为宏观,且多以五年及以上为政策发布周期,对于发展飞速的外空科技、外空活动而言,即时性不足,许多政策由于时过境迁,失去了实际应用价值。通过制定、发布针对宏观层面的定期外空政策和针对具体领域的不定期政策,有利于搭建起国家外空事业的发展、国家安全与军事战略、外空法制建设之间的桥梁,加强它们之间的互动。

(三) 活动的市场化、商业化局限较多

与其他外空大国相比,中国的外空活动、航天事业发展大多以具有官方、军队或公立背景的科研院所、企事业单位主导或者承担具体研发、制造任务,体制、官方主导因素非常明显,这一方面有利于外空活动与国家战略、国家安全的紧密结合,但另一方面也会导致民用航天事业发展受到限制,外空活动市场化、商业化程度不充分,难以激发市场活力。

美国是外空活动市场化、商业化程度最高的国家,全球知名的外空技术探索、运输公司 Space X 由 PayPal 早期投资人埃隆·马斯克(Elon Musk)于2002 年 6 月创建。2018 年 2 月,该公司一次完成两大壮举:成功首次试射"猎鹰重型"(Falcon Heavy)火箭,同时完好无损地回收了其中两个助推器。尽管其中一个回收失败,但能成功回收三个助推器中的两个,仍然是全球瞩目的一项成就。这不仅证明了 Space X 在回收助推器方面的进步,同时也为开发可回收航天飞船这一愿景提供了新的概念证明。Space X 致力于能在不到 24小时内连续发射火箭,并重复使用助推器。据数据显示,猎鹰重型火箭的运载能力在世界各国的现役火箭中是最强的,一次能将 63 吨的物资送入近地轨道。近期,猎鹰 9 已经成功着陆超过 70 次了;星舰 SN-15 第五次试飞获得成功;SpaceX 成为美国阿尔忒弥斯登月计划中唯一的登月舱承包商。

近年国内民用卫星发射产业取得了一定的进步,甚至成为许多风险投资资本瞄准的下一个风口。2018 年 2 月,"风马牛一号"作为国内的首颗私人卫

星,在酒泉卫星发射中心发射升空。"风马牛一号"的长度仅有 30 厘米,相当于一个鞋盒的大小,重量也不到 4 千克,主要搭载了 4K 全景摄像头,可以呈现 360 度太空高清照片,卫星入轨后将每天过境中国三次,向地球实时传输音频和图片内容,可应用于互动娱乐、新媒体等领域。从资本市场上看,航天科工火箭技术有限公司于 2017 年年底在上海联合产权交易所举行 A 轮增资签约仪式,与 8 家社会投资机构(含部分民营社会资本)签订协议,募集资金 12 亿元。2019 年 6 月,国家国防科技工业局、中央军委装备发展部发布《关于促进商业运载火箭规范有序发展的通知》,一方面明确鼓励商业运载火箭健康有序发展,进一步降低进入空间成本,补充和丰富进入太空的途径,大力推进航天运输系统技术和产业创新,加快提升我国进入空间的能力和国际市场竞争力;另一方面强调该项活动应以满足国家安全和公众利益为前提,按照国家安全监管要求和市场运作机制予以实施。总体上,以民用卫星发射为代表的国内商业航天活动在资金、技术和政策方面的需求空间较大,仍处于探索发展阶段。

2017 年 11 月,中国国务院发布《推动国防科技工业军民融合深度发展的意见》,明确将外空领域统筹作为其首要的重点领域,要求面向军民需求,加快空间基础设施统筹建设。加快论证实施重型运载火箭、空间核动力装置、深空探测及空间飞行器在轨服务与维护系统等一批军民融合重大工程和重大项目。以遥感卫星为突破口,制定国家卫星遥感数据政策,促进军民卫星资源和卫星数据共享。探索研究开放共享的航天发射场和航天测控系统建设。[1] 以外空领域军民融合作为通道,促进中国外空活动的市场化、商业化程度,将是中国由外空大国迈向外空强国的有效路径之一。

---

[1] 《国务院办公厅关于推动国防科技工业军民融合深度发展的意见》,中华人民共和国中央人民政府网站,http://www.gov.cn/zhengce/content/2017 - 12/04/content_5244373.htm,访问时间:2018 年 6 月 20 日。

（四）国际规则制定中话语权缺失

尽管中国作为外空大国，积极参加了联合国框架内几乎所有的外空机构和会议，但是中国在外空国际规则制定工作中的实际贡献，仍不充分，并且与中国日益提升的外空国际地位不相称，其原因是多方面的。

首先，中国国内外空规则仍局限于空间物体登记制度、空间物体发射许可制度等传统领域，既未能调整外空气象、卫星电视直播、外空遥感地球、外空核动力源使用等实际应用领域，也未能关注由载人外空、空间站建设、空间碎片、深空探测等外空活动带来的新型法律问题。与突飞猛进的外空事业相比，中国的外空规则内容已严重滞后。

其次，中国现行外空法仅仅停留在规则、制度等操作层面，未能形成自身的价值和特点，造成外空法地位与功能的不明确。在国际外空法层面，以联合国外空条约体系为代表，发展形成了一整套具有独特价值取向和鲜明特点的法律体系，人类共同财产原则、营救宇航员制度等都已成为外空法的"名片"，也使得国际外空法在国际法体系中占有非常重要的席位。围绕着国际外空法的价值和特点，众多学者展开了较为深刻、广泛的理论性研究，形成了独具特色的国际外空法学。

最后，中国外空法的价值和特点不明，没有形成可以为本部门法律提供一系列学理支撑的自足性理论，具有中国特色的外空法学也才刚刚起步，任重而道远。这主要是由于外空立法的匮乏阻碍了外空法理论的研究，而外空法理论研究的滞后性又影响到了外空法的发展，二者之间相互制约，陷入悖论之中。

2017 年 11 月，我国在西昌卫星发射中心用长征三号乙运载火箭，以"一箭双星"首次成功发射北斗三号组网卫星，开启了北斗为全球民航提供全天时全天候卫星导航服务的新时代。在同年召开的国际民航组织导航系统专家组会议上，中国民航局空管办已正式提出北斗三号新增全球信号的国际民航组织标准及建议措施修改草案，并积极参与了北斗星基增强系统的标准及建议措施修订工作。北斗全球导航定位系统计划 2020 年前后建成并服务全球，目前在轨运行卫星已达 50 多颗，其中包括近年发射的北斗三号卫星。可以预见的是，在卫星导航领域，中国"北斗"系列导航系统将与美、俄、欧导航系统并行广泛应用于世界范围内，中国参与相关国际规则的制定、修改和完善工作也将随之得以深化。

三、完善中国外层空间法制的对策建议

由于外空基础性法律的长期缺失，导致外空法律部门极不健全，这也在很大程度上制约了中国外空法在有关社会领域运行中的实际作用。应适时考虑制定外空基础性法律的可行性，加强外空法在中国特色社会主义法律体系中的地位。

2012 年 12 月，十一届全国人大五次会议期间，有代表提出议案，建议制定中国外空法，中国国防科工局、解放军总装备部等也支持外空法的制定，认为这是推动中国外空事业可持续发展，促进国际合作、维护国家安全和外空权益的重要保障，全国人大财经委也同意上述意见。目前，中国外空法的立法工作已纳入第十二届、第十三届全国人大常委会立法规划中，由国务院、中央军委牵头中国国家航天局正加紧起草外空法，其立法调研工作正在全国人大财经委的牵头组织下开展中，待条件成熟时提交审议。

中国外空基础性法律的制定，建议充分考虑如下方面：

（一）外空法的功能定位

如何对外空法作出功能定位，应结合外空活动基本原则予以明确，并可将《外空条约》的重要原则转化为国内法，再根据中国外空事业的需要确立本国的若干条基本原则，作为中国境内外空活动的根本性规则，统摄整个外空法律与政策。鉴于国际外空条约的重要性，应对这些条约在中国国内的效力作出

原则性规定。

（二）外空活动的监管与保障

鉴于外空活动涉及国家战略、利益与安全，并且属于风险较高的一类活动，应当加强对此类活动的监督、管理和安全保障，具体分为两个部分："外空活动监督管理"，可包括外空活动的监管体制、主管机关、其他监管机构和部门、各监管机构之间的关系、具体监管职能、措施等内容；"外空活动保障"，可包括开展外空活动的具体条件、必备证照、外空活动的保障措施、安全保障方案与措施、应急预案与措施等内容，尤其应重点关注空间数据与应用管理、宇航产品与技术出口、科研生产许可管理等领域。

（三）外空活动主体

主要涉及外空活动的有关主体，包括自然人、法人和其他机构、组织，应当具体规定不同主体从事外空活动的资质、条件，明确可以在中国境内从事外空活动的主体类型、资本类型和组织形式。对于法人主体，应具体规定设立外空活动企业的条件及其形式，明确是否允许外国法人在中国境内从事外空活动，是否允许外资参与境内投资、运营外空活动等。对于其他机构和组织，应明确规定有权代表国家从事外空活动的机构，其法律地位如何；非法人组织、境外组织、国际组织能否在中国境内从事外空活动，又应当以怎样的形式进行等内容。另外，在这一部分还可以分门别类地规定各类主体在外空活动中的权利和义务。

（四）外空设备有关权利

主要围绕外空设备的民事权利展开，包括外空设备所有权、抵押权、租赁权、知识产权设立、转让、变更和消灭的具体规则。一方面，这些权利性规则应与《移动设备利益国际公约》和中国《民法典》物权编相协调，通过浮动抵押、最高额抵押、融资租赁等制度的设立，充分利用外空设备的融资功能。另一方面,通过外空设备知识产权的法律条文有利于进一步明确有关知识产权归属,保护权利人的合法权益。

(五) 空间物体的登记

为了在中国国内实施《登记公约》的主要义务,应在这一部分建立空间物体的登记制度,具体内容包括发射国等概念的界定、登记制度的具体要求和条件、登记主管机关、国家登记册、国内登记的内容、登记程序和手续、登记信息的查询、国际登记和共同登记事项、与《登记公约》的关系等。

具体条款的拟定可以充分借鉴中国原国防科工委颁布的《空间物体登记管理办法》在实施过程中的经验,必要时可以制定新的办法,规定登记制度的具体细则,配套施行。

(六) 外空发射许可

外空发射许可是各国普遍建立的一项外空活动基本制度,中国原国防科工委通过颁布实施《民用外空发射项目许可证管理暂行办法》,建立和落实该项制度。中国外空法应在本章中以立法形式确立外空发射许可制度。具体内容可以包括:外空发射许可制度的适用范围、主管机关和主要权限、申请人、申请条件、申请程序和手续、审查结果与复议、许可证的内容、被许可人的主要权利和义务、保险事项、监督与检查等。必要时可以考虑制定该制度的实施办法,进一步明确具体操作制度流程。

(七) 特殊领域的外空活动

外空科技和外空活动的类型发展迅速,为了保证中国外空法能否面向外空事业发展的未来,在内容上也应具备一定的开放性。有关外空权利及其保护、外空安全、外空非军事化、人造卫星的应用、电信与直播、空间站、外空旅游、外空核动力源的使用、空间碎片与外空垃圾、灾害管理与应急处理、外空与气象等事项,也可视实际需要和可行性予以集中规定。在规定尺度把握上,既要使不同类型外空活动的宗旨和原则得以确立,也要为未来外空发展保留一定的制度空间。

(八) 军用、涉外外空活动

鉴于中国外空法将民用和军用外空活动合一立法,需要重点考虑的是军用外空活动的具体范围、主管机关、与民用外空活动的协调、军事保密性保障等事项。外空活动中的主体、客体和标的物均可能具有涉外因素,包括外空活动涉外主体、外空设备涉外权利、涉外外空活动的监管、军用及特殊外空活动领域的涉外限制等内容。应注意借鉴有关外空理论和实践,注意与中国《涉外民事关系法律适用法》相协调,作为涉外外空活动的特殊法律规则发挥作用。

(九) 法律责任

外空活动中的法律责任问题应作出集中规定,尤其应当注重转化和落实《责任公约》所载明的国际义务,发射国的国家责任、运营人的法律责任和外空活动其他主体的法律责任,外空活动对于第三人造成损害的法律责任。[①]

总之,外空法的创新与发展需要有关理论的支撑,一个国家外空法是否公平正义,是否科学合理,是否能够有效应对外空活动中的各种法律问题,是否能够满足该国外空事业发展的实践需要,这些在很大程度上都要取决于该国有无不断创新的外空法理论。纵观世界各国,外空大国往往也是外空法、外空法理论的强国。只有不断进行外空法理论的创新和发展,才能总结提炼出外空法的一般规律和根本精神,才能发展出足以支撑整个外空法律体系的一套理论,外空法律部门才可能具有自身的理论自足性,才可能充分发挥其独特的属性和功能。外空法理论的创新与发展,外空法理论自足性的增强,既有利于丰富中国法学理论和法律实践,也是丰富中国法学理论和法律实践的应有之

---

① 罗超:《航天法律责任的立法挑战与应对》,载《中国航天》,2017 年第 8 期,第 51－55 页。

义。只有不断进行外空法理论创新,增强外空法的理论自足性,才能进一步丰富中国法学理论和法律实践。

四、外层空间国际秩序法治化的中国作用

(一) 国际治理的独立力量

作为全球范围内为数不多的发展中外空大国,一直以来中国都是国际外空治理的一支独立力量,其重要性具体表现在三个方面:第一,中国航天科技的突破和发展,使得国际范围内外空整体科技实力提升,国家进入外空能力的逐步多元化,通过国家间技术合作,打破了少数发达国家垄断航天科技,设置各种技术、政策、知识产权壁垒的困境。第二,中国和平发展、建设和谐世界、构建"人类命运共同体"的国际关系理念与现有外空条约体系基石性原则、价值理念实现了共通,如外空资源、月球等天体不得据为己有,应为全人类共同利益。中国通过自身参与和国际合作,将这些价值理念融入、贯彻至国际外空治理实践中。第三,外空资源的稀缺性、外空的战略地位,使得外空竞争日益激烈,一种和平、稳定又能造福国际社会共同利益的新型秩序成为现实需要,中国将作为平衡未来外空治理权益与力量分配格局的一极,投身于新型外空治理的建构中。

实践中,中国也通过系列外交方式,联合其他发展中国家,通过联合国大会、外空委、裁军会议上多方面博弈,为维护外空治理秩序的稳定和平衡发挥了积极的作用。① 随着外空战略地位日益突出,外空资源的开发与利用日渐迫切,国际外空治理的局面将更加复杂,中国作为外空治理中一支独立的力量,对于国际外空治理贡献者和平衡器的地位和作用也将得以强化。

---

① 何其松:《国际太空新秩序与中国的责任》,载《世界经济与政治》,2016 年第 8 期,第 123－128 页。

（二）国际法制发展的重要推进者

中国现行外空法内容有限、年代已久，缺乏创新发展的动力，多年以来固步不前。与之相比，国外许多外空大国的法律开始面向未来领域，将外空资源开发利用、外空环境保护、外空旅游业开发、空间站的权利归属、卫星的发射与民用等实践活动，纳入法律调整的视野之中。

外空法的内容不仅应充分落实有关国际外空条约项下义务，将有关国际法原则、规则和制度转化为国内法，予以具体实施，如具体规定有关营救、援助宇航员、空间物体返还、损害责任等方面的制度、措施。另外，还应当面向外空活动的未来发展，根据外空活动的实践需要，尤其是有效应对未来发展的种种可能，如外空资源的开发利用、外空知识产权的保护、外空环境保护等问题，不断丰富外空法的内容，形成具有中国外空发展特点的外空法律制度。同时，这也要求外空法的制定和完善应当是开放的、不断变化发展的，并具有制度创新和发展的内在动力。通过外空规则在国际与国内两个层面上的互通交融，既能保持外空法的实效性与活力，也有利于中国本国制度规则、价值理念的"溢出"，为外空国际规则的制定提供"质变"意义上的贡献。

尽管，外空事业主要依赖于外空科技的发展，外空领域的探索和利用仍有较大的未知空间，但科技一旦取得突破和飞跃，将对整个外空形势、力量格局带来巨大的影响。外空活动实践的需要层出不穷，这应该成为中国外空法不断创新发展的不竭动力，以应对和满足未来外空活动的实践需要。

（三）多边、区域合作的积极践行者

积极为国际外空组织和多边合作作出贡献，提升外空治理与合作国际话语权。2018 年 6 月，纪念联合国外空会议 50 周年高级别会议在维也纳召开，会议通过系列成果文件，采纳了中国代表团的提议，呼吁"在和平利用外空领域加强国际合作，以实现命运共同体愿景，为全人类谋福利与利益"。这一提

议体现了中国将外空命运共同体的价值理念与《外空条约》确立的"探索和利用外空应为所有国家谋福利和利益"相辅相成，契合了国际社会保护外空环境、促进外空活动可持续发展实际需要，为未来外空治理与合作指明了方向。

2019 年 6 月，中国载人航天工程办公室和联合国外层空间事务办公室在维也纳联合宣布，来自 17 个国家的 9 个项目从 42 项申请中脱颖而出，成为中国空间站科学实验首批入选项目。中国正在建造的空间站预计于 2022 年前后建成并投入使用，之前通过联合发布倡议向世界各国遴选合作项目。中国此举表明了其践行和平利用外空应惠及全人类的这一基本原则，既是对国际空间合作的实质性贡献，也是对其长期被屏蔽于国际空间站运行之外的有力回应。此外，中国政府始终秉持人类命运共同体愿景，以开放包容姿态积极开展和平利用外空国际交流与合作，分享外空发展成果。中国已与 30 多个国家和国际组织签订了 100 多项空间合作协定。中国"嫦娥四号"卫星探测器、"鹊桥"中继卫星、首颗地震电磁监测卫星"张衡一号"等卫星分别搭载了德国、瑞典、荷兰、沙特、意大利、奥地利等国研制的有效载荷。中国分别为委内瑞拉和阿尔及利亚成功在轨交付遥感卫星三号和通信卫星一号。中国利用卫星资源优势，先后就国内突发灾害和斯里兰卡与孟加拉洪涝灾害、墨西哥地震、危地马拉火山喷发等重大自然灾害提供卫星遥感数据。

加强本地区外空组织建设与合作，提升地区外空治理与合作主导权。2005 年 10 月 28 日建立亚太空间合作组织（APSCO）的《亚太空间合作组织公约》签字仪式在北京举行。目前，亚太空间合作组织有中国、孟加拉国、伊朗、蒙古、巴基斯坦、秘鲁、泰国、印度尼西亚、土耳其、墨西哥、埃及共 11 个成员国，其宗旨是推动成员国间开展空间科学、技术及其应用领域的多边合作，并在技术研发、应用、人才培训等方面相互协助，发布有《亚太空间合作组织发展战略高层论坛北京宣言》《亚太空间分作组织 2030 年发展愿景》。中国应充分发掘该组织在亚太地区空间合作领域的平台效应。中国高度重视利用外空科技为"一带一路"沿线国家服务,将与沿线国家共同建设"一带一路"空间信息走廊,促进沿线地区信息互联互通。例如,中国调整了"风云二号"H气象卫星定点位置,以便为"一带一路"沿线国家和区域提供气象服务。

总之,中国作为外空大国之一,在外空秩序与治理中应扮演的角色及其国际责任定位,一方面与外空科技的发展状况紧密联系,另一方面需要在外空治理、外空法治化进程中通过积极参与规则制定,逐步提升国际话语权,既适应未来外空秩序发展与变革的需要,又为中国自身的国家战略与利益服务。

参考文献

（一）中文著作及译著

1. 《马克思恩格斯全集》（第二十三卷），北京：人民出版社 1972 年版。

2. ［德］卡尔·施米特著，林国基、周敏译：《陆地与海洋：古今之"法"变》，上海：华东师范大学出版社 2006 年版。

3. ［德］哈拉尔德·米勒著，郦红等译：《文明的共存——对塞缪尔·亨廷顿"文明冲突论"的批判》，北京：新华出版社 2002 版。

4. ［德］康德著，庞景仁译：《法的形而上学原理——权利的科学》，北京：商务印书馆 1978 年版。

5. ［斐济］萨切雅·南丹、［以色列］沙卜泰·罗森主编：《1982 年〈联合国海洋法公约〉评注（第二卷）》，吕文正等译，北京：海洋出版社 2014 年版。

6. ［加］安德鲁·F.库珀、［波兰］阿加塔·安特科维茨主编：《全球治理中的新兴国家：来自海利根达姆进程的经验》，上海：上海人民出版社 2009 版。

7. ［加］黛布拉·斯蒂格主编，汤蓓译：《世界贸易组织的制度再设计》，上海：上海人民出版社 2011 年版。

8. ［加］约翰·汉弗莱著，庞森等译：《国际人权法》，北京：世界知识出版社 1992 年版。

9. ［阿尔及利亚］穆罕默德·贝贾维著，欣华、任达译：《争取建立国际经济新秩序》，北京：中国对外翻译出版公司 1982 年版。

10. [日]村濑信也著,秦一禾译:《国际立法:国际法的法源论》,北京:中国人民公安大学出版社2012年版。

11. [日]松井芳郎等著,辛崇阳译:《国际法》,北京:中国政法大学出版社2004年版。

12. [日]大沼保昭著,王志安译:《人权、国家与文明:从普遍主义的人权观到文明相容的人权观》,上海:生活·读书·新知三联书店2003年版。

13. [荷]格劳秀斯著,[美]A. C. 坎贝尔英译,何勤华等译:《战争与和平法》,上海:上海人民出版社2005年版。

14. [意]安东尼奥·卡塞斯著,蔡从燕等译:《国际法》,北京:法律出版社2009年版。

15. [奥]曼弗雷德·诺瓦克著,柳华文译:《国际人权制度导论》,北京:北京大学出版社2010年版。

16. [奥]阿·菲德罗斯等著,李浩培译:《国际法》(上册、下册),北京:商务印书馆1981年版。

17. [苏联]童金主编,邵天任、刘文宗译:《国际法》,北京:法律出版社1988年版。

18. [韩]柳炳华著,朴国哲等译:《国际法》(上卷),北京:中国政法大学出版社1997年版。

19. [澳]维克托·普雷斯科特、克莱夫·斯科菲尔德著,吴继陆、张海文译:《世界海洋政治边界》,北京:海洋出版社2014年版。

20. [澳]杰里·辛普森著,朱利江译:《大国与法外国家——国际法律秩序中不平等的主权》,北京:北京大学出版社2008年版。

21. [澳]约瑟夫·A. 凯米莱里、吉米·福尔克著,李东燕译:《主权的终结?——日趋"缩小"和"碎片化"的世界政治》,杭州:浙江人民出版社2001年版。

22. 〔英〕赫德利·布尔著,张小明译:《无政府社会——世界政治中的秩序研究(第四版)》,上海:上海人民出版社 2015 年版。

23. 〔英〕切斯特·布朗著,韩秀丽等译:《国际裁决的共同法》,北京:法律出版社 2015 年版。

24. 〔英〕莫里齐奥·拉佳齐著,池漫郊等译:《国际对世义务之概念》,北京:法律出版社 2013 年版。

25. 〔英〕苏珊·马克斯主编,潘俊武译:《左翼国际法——反思马克思主义者的遗产》,北京:法律出版社 2013 年版。

26. 〔英〕马尔科姆·N·肖著,白桂梅等译:《国际法(第六版)(下)》,北京:北京大学出版社 2011 年版。

27. 〔英〕尼古拉斯·惠勒著,张德生译:《拯救陌生人:国际社会中的人道主义干涉》,北京:中央编译出版社 2011 年版。

28. 〔英〕亚当·罗伯茨、〔新西兰〕本尼迪克特·金斯伯里主编,王生才译:《全球治理:分裂世界中的联合国》,北京:中央编译出版社 2010 年版。

29. 〔英〕戴维·赫尔德、安东尼·麦克格鲁主编:《全球化理论:研究路径与理论论争》,北京:社会科学文献出版社 2009 年版。

30. 〔英〕蒂莫西·希利尔著,曲波译:《国际公法原理》(第二版),北京:中国人民大学出版社 2006 年版。

31. 〔英〕戴维·赫尔德、安东尼·麦克格鲁编,曹荣湘、龙虎等译:《治理全球化——权力、权威与全球治理》,北京:社会科学文献出版社 2004 年版。

32. 〔英〕伊恩·布朗利著,曾令良、余敏友等译:《国际公法原理》,北京:法律出版社 2003 版。

33. 〔英〕R. J. 文森特著,凌迪等译:《人权与国际关系》,北京:知识出版社 1998 年版。

34. 〔英〕弗里德里希·奥古斯特·冯·哈耶克著,邓正来译:《自由秩序原理》

（上），北京三联出版社 1997 年版。

35. ［英］哈特著，张文显等译：《法律的概念》，北京：中国大百科全书出版社 1996 年版。

36. ［英］詹宁斯、瓦茨著，王铁崖等译：《奥本海国际法》（第九版），北京：中国大百科全书出版社 1995 年版。

37. ［英］劳特派特修订，王铁崖、陈体强译：《奥本海国际法》（上卷），北京：商务印书馆 1989 年版。

38. ［英］丹尼斯·罗伊德著，张茂柏译：《法律的理念》，台北：联经出版事业公司 1984 年版。

39. ［英］阿库斯特著，汪瑄等译：《现代国际法概论》，中国社会科学出版社 1981 版。

40. ［美］亨利·基辛格著，胡利平等译：《世界秩序》，北京：中信出版集团 2015 年版。

41. ［美］路易斯·B. 宋恩等著，傅崐成等译，《海洋法精要》，上海：上海交通大学出版社 2014 年版。

42. ［美］约翰·H. 巴顿、朱迪思·L. 戈尔斯坦、蒂莫西·E. 乔思林、理查德·R. 斯坦伯格著，廖诗评译：《贸易体制的演进：GATT 与 WTO 体制中的政治学、法学和经济学》，北京：北京大学出版社 2013 年版。

43. ［美］罗伯特·基欧汉、约瑟夫·奈著，门洪华译：《权力与相互依赖》，北京：北京大学出版社 2012 年版。

44. ［美］亨利·基辛格著，顾淑馨、林添贵译：《大外交》，北京：人民出版社 2010 年版。

45. ［美］托马斯·伯根索尔、黛娜·谢尔顿、戴维·斯图尔特著，黎作恒译：《国际人权法精要》（第 4 版），北京：法律出版社 2010 年版。

46. ［美］布鲁斯·琼斯、卡洛斯·帕斯夸尔、斯蒂芬·约翰·斯特德曼著，秦亚青、朱立群、王燕等译:《权力与责任:构建跨国威胁时代的国际秩序》,北京:世界知识出版社 2009 年版。

47. [美]玛莎·芬尼莫尔著,袁正清、李欣译:《干涉的目的:武力使用信念的变化》,上海:上海人民出版社 2009 年版。

48. [美]迈克尔·巴尼特、玛莎·芬尼莫尔著,薄燕译:《为世界定规则:全球政治中的国际组织》,上海:上海人民出版社 2009 年版。

49. [美]小查尔斯·爱德华·梅里亚姆著,毕洪海译:《卢梭以来的主权学说史》,北京:法律出版社 2006 年版。

50. [美]科依勒·贝格威尔、罗伯特·W.思泰格尔著,雷达、詹弘毅等译:《世界贸易体系经济学》,北京:中国人民大学出版社 2005 年版。

51. [美]路易斯·亨金著,张乃根等译:《国际法:政治与价值》,北京:中国政法大学出版社 2005 版。

52. [美]朱迪斯·戈尔茨坦、罗伯特·O.基欧汉编,刘东国、于军译:《观念与外交政策:信念、制度与政治变迁》,北京:北京大学出版社 2005 年版。

53. [美]罗伯特·吉尔平著,杨宇光、杨炯译:《全球政治经济学——解读国际经济秩序》,上海:上海人民出版社 2003 年版。

54. [美]本杰明·N·卡多佐著,董炯、彭冰译:《法律科学的悖论》,北京:中国法制出版社 2002 年版。

55. [美]约翰·H.杰克逊著,张玉卿等译:《GATT/WTO 法理与实践》,北京:新华出版社 2002 年版。

56. [美]约翰·H.杰克逊著,张乃根译:《世界贸易体制——国际经济关系的法律与政策》,复旦大学出版社 2001 年版。

57. [美]杰克·唐纳利著,王浦劬等译:《普遍人权的理论与实践》,北京:中国社会科学出版社 2001 年版。

58. [美]罗伯特·基欧汉著,苏长和等译:《霸权之后——世界政治经济中的合作与纷争》，上海：上海人民出版社 2001 年版。

59. 〔美〕伯纳德·霍克曼、迈克尔·考斯泰基著，刘平、洪晓东、许明德等译：《世界贸易体制的政治经济学——从关贸总协定到世界贸易组织》，北京：法律出版社 1999 年版。

60. 〔美〕E·博登海默著，邓正来译：《法理学：法律哲学与法律方法》，北京：中国政法大学出版社 2004 年版。

61. 〔美〕伊曼纽尔·沃勒斯坦著，郭方、刘新成、张文刚译：《现代世界体系（第一卷）：16 世纪的资本主义农业与欧洲世界经济体的起源》，北京：高等教育出版社 1998 年版。

62. 〔美〕汉斯·摩根索著，杨岐鸣等译；《国家间政治：权力斗争与和平》（第五版修订版），北京：商务印书馆 1993 年版。

63. 〔美〕凯尔森著，王铁崖译：《国际法原理》，北京：华夏出版社 1989 版。

64. 〔美〕J. E. 斯贝茹著，储祥银、李同忠、谢岷译：《国际经济关系学》，北京：对外贸易教育出版社 1989 年版。

65. 〔美〕詹姆斯·M. 布坎南著，平新乔等译：《自由、市场与国家》，上海：上海三联书店 1989 年版。

66. 〔美〕罗伯特·吉尔平著，杨宇光等译：《国际关系政治经济学》，北京：经济科学出版社 1989 年版。

67. 〔美〕戴维·M·沃克著：《牛津法律大辞典》（中文版），北京：光明日报出版社 1988 年版。

68. 邵津主编：《国际法》，北京：北京大学出版社、北京：高等教育出版社 2011 年版。

69. 高国柱主编：《外层空间法前沿问题研究》，北京：法律出版社 2011 年版。

70. 梁西著、杨泽伟修订：《梁著国际组织法》，武汉：武汉大学出版社 2011 年版。

71. 肖冰、何鹰、彭岳、吴一鸣编著:《国际经济法学》(第二版),北京:科学出版社 2011 年版。

72. 肖冰等著:《WTO 争端解决中的中国现象与中国问题研究》,北京:法律出版社 2020 年版。

73. 万鄂湘、王贵国、冯华建主编:《国际法:领悟与构建——W. 迈克尔·赖斯曼论文集》,北京:法律出版社 2007 年版。

74. 曾令良、余敏友主编:《全球化时代的国际法——基础、结构与挑战》,武汉:武汉大学出版社 2005 年版。

75. 沈文周主编:《海域划界技术方法》,北京:海洋出版社 2003 年版。

76. 纪宝成主编:《转型经济条件下的市场秩序研究》,北京:中国人民大学出版社 2003 年版。

77. 梁西主编:《国际法》,武汉:武汉大学出版社 2003 年版。

78. 世界贸易组织秘书处编,索必成、胡盈之译:《乌拉圭回合协议导读》,北京:法律出版社 2001 年版。

79. 饶戈平主编:《国际组织法》,北京:北京大学出版社 1996 年版。

80. 王铁崖主编:《国际法》,北京:法律出版社 1995 年版。

81. 陈安、刘智中编选:《国际经济法资料选编》,北京:法律出版社 1991 年版。

82. 何志鹏:《国际经济法治:全球变革与中国立场》,北京:高等教育出版社 2015 年版。

83. 宋伟:《捍卫霸权利益——美国地区一体化战略的演变(1945—2005)》,北京:北京大学出版社 2014 年版。

84. 胡波:《中国海权策:外交、海洋经济及海上力量》,北京:新华出版社 2012 年版。

85. 杨泽伟:《国际法》,北京:高等教育出版社 2012 年版。

86. 曲延英、张磊、冯陆炜:《WTO 贸易政策审议机制功能与运行》,北京:法律出版社 2012 年版。

87. 庞中英:《全球治理与世界秩序》,北京:北京大学出版社 2012 年版。

88. 张曙光:《经济制裁研究》,上海:上海人民出版社 2010 年版。

89. 舒国滢:《法哲学沉思录》,北京:北京大学出版社 2010 年版。

90. 陈德恭:《现代国际海洋法》,北京:海洋出版社 2009 年版。

91. 代中现:《中国区域贸易一体化法律制度研究——以北美自由贸易区和东亚自由贸易区为视角》,北京:北京大学出版社 2008 年版。

92. 赵维田:《中国入世议定书条款解读》,湖南:湖南科学出版社 2006 年版。

93. 徐泉:《国家经济主权论》,北京:人民出版社 2006 年版。

94. 张新宝:《侵权责任法原理》,北京:中国人民大学出版社 2005 年。

95. 马俊驹、余延满:《民法原论》,北京:法律出版社 2005 年版。

96. 高健军:《国际海洋划界论——有关等距离/特殊情况规则的研究》,北京:北京大学出版社 2005 年版。

97. 王贵国:《国际贸易法》,北京:北京大学出版社 2004 年版。

98. 黄瑶:《论禁止使用武力原则:联合国宪章第二条第四项法理分析》,北京:北京大学出版社 2003 年版。

99. 李浩培:《李浩培文选》,北京:法律出版社 2000 版。

100. 赵维田:《世贸组织(WTO)的法律制度》,长春:吉林人民出版社 2000 年版。

101. 王铁崖:《国际法引论》,北京:北京大学出版社 1998 年版。

102. 王铁崖:《国际法》,北京:法律出版社 1995 年版。

103. 李浩培:《国际法的概念与渊源》,贵阳:贵州人民出版社 1994 年版。

104. 张克文:《关税与贸易总协定及其最惠国待遇制度》,武汉:武汉大学出版社 1992 年版。

105. 王贵国:《国际贸易秩序——经济、政治、法律》,北京:法律出版社 1987 年版。

（二）中文论文

1. 王毅：《国家间权力妥协：概念、历史和作用》，华中师范大学 2008 年博士学位论文。

2. 毛燕琼：《WTO 争端解决机制问题与改革》，华东政法大学 2008 年博士论文。

3. 石静霞、白芳艳：《应对 WTO 上诉机构危机：基于仲裁解决贸易争端的角度》，载《国际贸易问题》，2019 年第 4 期。

4. 石静霞：《世界贸易组织上诉机构的危机与改革》，载《法商研究》，2019 年第 3 期。

5. 肖冰、陈瑶：《论国际规范秩序下国际经济法律体制的变革思路》，载《南京大学学报（哲学·人文科学·社会科学）》，2020 年第 1 期。

6. 张华：《争议海域油气资源开发活动对国际海洋划界的影响——基于"加纳与科特迪瓦大西洋划界案"的思考》，载《法商研究》，2018 年第 3 期。

7. 梁咏：《国际投资仲裁机制变革与中国对策研究》，载《厦门大学学报（哲学社会科学版）》，2018 年第 3 期。

8. 石静霞、董暖：《"一带一路"倡议下投资争端解决机制的构建》，载《武大国际法评论》，2018 年第 2 期。

9. 于文婕：《"一带一路"倡议下中西亚 ISDS 机制解析：二元困境与现实选择》，载《河南师范大学学报（哲学社会科学版）》，2018 年第 2 期。

10. 王森、冯梁：《对美国维护"基于法理的海洋体系"的批判研究》，载《亚太安全与海洋研究》，2018 年第 2 期。

11. 张华：《国际海洋划界裁判中的"司法能动主义"——以 200 海里外大陆架划界问题为例》，载《外交评论》，2019 年第 1 期。

12. ［美］苏珊·伦德、菲利普·哈勒：《全球金融体系重建》，载《金融与发展》，

2017 年第 12 期。

13. 杨华:《海洋法权论》,载《中国社会科学》,2017 年第 9 期。

14. 罗超:《航天法律责任的立法挑战与应对》,载《中国航天》,2017 年第 8 期。

15. 项南月、刘宏松:《二十国集团合作治理模式的有效性分析》,载《世界经济与政治》,2017 年第 6 期。

16. 杜明:《WTO 框架下公共道德例外条款的泛化解读及其体系性影响》,载《清华法学》,2017 年第 6 期。

17. 张华:《国际海洋争端解决中的"司法造法"问题——以"南海仲裁案"为例》,载《当代法学》,2017 年第 5 期。

18. 包毅楠:《美国"过度海洋主张"理论及实践的批判性分析》,载《国际问题研究》,2017 年第 5 期。

19. 张文显:《推进全球治理变革,构建世界新秩序——习近平治国理政的全球思维》,载《环球法律评论》,2017 年第 4 期。

20. 杨剑、郑英琴:《"人类命运共同体"思想与新疆域的国际治理》,载《国际问题研究》,2017 年第 4 期。

21. 田士臣:《论中国关于南海仲裁案立场对维护国际法律秩序的意义》,载《边界与海洋研究》,2017 年第 4 期。

22. 蒋昌建、潘忠岐:《人类命运共同体理论对西方国际关系理论的扬弃》,载《浙江学刊》,2017 年第 4 期。

23. 李文:《告别霸权时代:新型国际秩序的四个重要特点》,载《人民论坛·学术前沿》,2017 年第 4 期。

24. 韦红、颜欣:《中国—东盟合作与南海地区和谐海洋秩序的构建》,载《南洋问题研究》,2017 年第 3 期。

25. 张光耀:《〈联合国海洋法公约〉的法律价值与实效分析》,载《武大国际法评论》,2017 年第 3 期。

26. 王燕:《国际投资仲裁机制改革的美欧制度之争》,载《环球法律评论》,2017 年第 2 期。

27. 王珂:《海洋执法法律体系建设的模式与进路》,载《净月学刊》,2017 年第 2 期。

28. 夏丁敏:《论南海仲裁案的法律与政治——国际批判法学视角》,载《西南政法大学学报》,2017 年第 2 期。

29. 张建:《俄罗斯国际观的新变化及其特点、原因和影响分析》,载《国际观察》,2017 年第 1 期。

30. 江河:《海洋法的特性演变与中国的海洋权益——以海洋基本属性为框架的研究与建议》,载《人民论坛·学术前沿》,2016 年第 23 期。

31. 毛维准:《"国际责任"概念再审视:一种类型学分析框架》,载《世界经济与政治》,2016 年第 12 期。

32. 刘仑:《网络攻击构成"使用武力"的判定——对〈联合国宪章〉第 2 条第 4 款的阐释》,载《社会科学战线》,2016 年第 12 期。

33. 马得懿:《海洋航行自由的制度张力与北极航道秩序》,载《太平洋学报》,2016 年第 12 期。

34. 王鸿刚:《现代国际秩序的演进与中国的时代责任》,载《现代国际关系》,2016 年第 12 期。

35. 罗杰宇:《西方国际关系理论秩序观演变与世界秩序重构》,载《学理论》,2016 年第 9 期。

36. 何奇松:《国际太空新秩序与中国的责任》,载《世界经济与政治》,2016 年第 8 期。

37. 董贺、袁正清:《中国国际秩序观:形成与内核》,载《教学与研究》,2016 年第 7 期。

38. 孙笑侠:《论司法多元功能的逻辑关系——兼论司法功能有限主义》,载

《清华法学》2016 年第 6 期。

39. 王国语:《拉开外空采矿竞赛的序幕?——美国行星采矿立法的法律政策分析》,载《国际太空》,2016 年第 5 期。

40. 孙志煜:《中国—东盟自贸区争端解决机制的制度反思与路径优化》,载《政法论丛》,2016 年第 4 期。

41. 孙笑侠、吴彦:《论司法的法理功能与社会功能》,载《中国法律评论》2016 年第 4 期。

42. 赵宏:《论世界贸易组织的谈判机制》,载《国际贸易》,2016 年第 2 期。

43. 车丕照:《国际经济秩序"导向"分析》,载《政法论丛》,2016 年第 1 期。

44. 贾庆军:《南海区域秩序的建构、解构与重构——基于海权视角的认知》,载《太平洋学报》,2015 年第 10 期。

45. 张乃根:《论国际法与国际秩序的"包容性"——基于〈联合国宪章〉的视角》,载《暨南学报(哲学社会科学版)》,2015 年第 9 期。

46. 祝太文:《中国视角下世界海洋秩序变迁与海洋权益维护》,载《理论观察》,2015 年第 7 期。

47. 马得懿:《海洋航行自由的体系化解析》,载《世界经济与政治》,2015 年第 7 期。

48. 王琪、崔野:《将全球治理引入海洋领域——论全球海洋治理的基本问题与我国的应对策略》,载《太平洋学报》,2015 年第 6 期。

49. 王衡:《〈联合国海洋法公约〉附件七仲裁:定位、表现与问题——兼谈对"南海仲裁案"的启示》,载《国际法研究》,2015 年第 5 期。

50. 张磊:《论国家主权对航行自由的合理限制——以"海洋自由论"的历史演进为视角》,载《法商研究》,2015 年第 5 期。

51. 翟勇:《国家海洋战略及其法治基础》,载《社会科学战线》,2015 年第 4 期。

52. 郑志华:《中国崛起与海洋秩序的建构——包容性海洋秩序论纲》,载《上海行政学院学报》,2015 年第 3 期。

53. 晁译:《美国对〈联合国海洋法公约〉的态度》,载《国际法研究》,2015 年第 3 期。

54. 张乃根:《反思 WTO 法:二十年即未来——兼评"WTO 法是模范国际法"》,载《国际经济法学刊》,2015 年第 3 期。

55. 肖军:《建立国际投资仲裁上诉机制的可行性研究——从中美双边投资条约谈判说起》,载《法商研究》,2015 年第 2 期。

56. 丁玮:《海洋法中的正义观》,载《清华法治论衡》,2015 年第 2 期。

57. 蔡从燕:《公私关系的认识论重建与国际法发展》,载《中国法学》,2015 年第 1 期。

58. 蔡拓:《全球治理的反思与展望》,载《天津社会科学》,2015 年第 1 期。

59. 戴轶:《请求(同意)原则与武力打击"伊斯兰国"的合法性》,载《法学评论》,2015 年第 1 期。

60. 汤凌霄、欧阳峣、黄泽先:《国际金融合作视野中的金砖国家开发银行》,载《中国社会科学》,2014 年第 9 期。

61. [以]雅库布·哈拉比著,钟晓辉译:《全球治理扩展至第三世界:利他主义、现实主义还是建构主义》,载《国外理论动态》,2014 年第 8 期。

62. 胡仕胜:《对当前国际秩序转型的几点看法》,载《现代国际关系》,2014 年第 7 期。

63. 牟文富:《海洋元叙事:海权对海洋法律秩序的塑造》,载《世界经济与政治》,2014 年第 7 期。

64. 孙志煜:《东盟争端解决机制的兴起、演进与启示》,载《东南亚研究》,2014 年第 6 期。

65. 赵建文:《和平共处五项原则与〈联合国宪章〉的关系》,载《当代法学》,2014 年第 6 期。

66. 王存恩：《新航天基本法——日本产业振兴的源动力》，载《国际太空》，2014年第5期。

67. 孙志煜：《区域贸易协定争端解决机制中的制度选择：基于交易成本的分析》，载《暨南学报（哲学社会科学版）》，2014年第5期。

68. 赵晨：《并未反转的全球治理——论全球化与全球治理地域性的关系》，载《欧洲研究》，2014年第5期。

69. 张颖军：《国际法上的民族自决权原则：基于〈联合国宪章〉和国际法院的解释》，载《武汉大学学报（哲学社会科学版）》，2014年第5期。

70. 胡波：《中国海洋强国的三大权力目标》，载《太平洋学报》，2014年第3期。

71. 贺双荣：《全球治理：中国与拉美构建伙伴关系的机遇与挑战》，载《拉丁美洲研究》，2014年第3期。

72. 牟文富：《美国在〈联合国海洋法公约〉之外塑造海洋秩序的战略》，载《中国海洋法学评论》，2014年第2期。

73. 张尔升：《海洋话语弱势与中国海洋强国战略》，载《世界经济与政治论坛》，2014年第2期。

74. 王明国：《机制碎片化及其对全球治理的影响》，载《太平洋学报》，2014年第1期。

75. 朱天祥：《多层全球治理：地区间与次国家层次的意义》，载《国际关系研究》，2014年第1期。

76. 胡建国：《美欧执行WTO裁决的比较分析——以国际法遵守为视角》，载《欧洲研究》，2014年第1期。

77. 黄登学：《新版〈俄罗斯联邦对外政策构想〉述评——兼论普京新任期俄罗斯外交走势》，载《俄罗斯研究》，2014年第1期。

78. 罗国强：《〈联合国海洋法公约〉的立法特点及其对中国的影响》，载《云南社会科学》，2014年第1期。

79. 张华:《论比例原则在国际海洋划界中的功能与缺陷——基于国际司法裁决的考量》,载《南洋问题研究》,2014 年第 1 期。

80. 沈雅梅:《美国与〈联合国海洋法公约〉的较量》,载《美国问题研究》,2014 年第 1 期。

81. 高程:《从规则视角看美国重构国际秩序的战略调整》,载《世界经济与政治》,2013 年第 12 期。

82. 于洪君:《树立人类命运共同体意识推动中国与世界良性互动》,载《当代世界》,2013 年第 12 期。

83. 罗超:《论中国原子能法核损害民事责任制度的建立》,载《三晋法学》,2013 年第八辑。

84. 马英杰、张红蕾、刘勃:《〈联合国海洋法公约〉退出机制及我国的考量》,载《太平洋学报》,2013 年第 5 期。

85. 秦亚青:《全球治理失灵与秩序理念的重建》,载《世界经济与政治》,2013 年第 4 期。

86. 何帆、冯维江、徐进:《全球治理机制面临的挑战及中国的对策》,载《世界经济与政治》,2013 年第 4 期。

87. 高风:《南海争端与〈联合国海洋法公约〉》,载《国际政治研究》,2013 年第 3 期。

88. 简军波:《欧盟参与联合国全球治理——基于"冲突性依赖"的合作》,载《欧洲研究》,2013 第 2 期。

89. 张乃根:《试论国际经济法律秩序的演变与中国的应对》,载《中国法学》,2013 年第 2 期。

90. 季烨:《国际法的局限性:钓鱼岛主权争端的一个补论》,载《台湾研究集刊》,2013 年第 1 期。

91. 陈亚芸:《论联合国宪章在欧盟法律体系中的地位——由卡迪案引发的思

考》,载《国际论坛》,2013 年第 1 期。

92. 章前明:《从国际合法性视角看新兴大国群体崛起对国际秩序转型的影响》,载《浙江大学学报(人文社会科学版)》,2013 年第 1 期。

93. 李寿平:《外层空间的商业化利用及中国的对策》,载《北京理工大学学报(社会科学版)》,2013 年第 1 期。

94. 王翼莲、李剑刚:《〈美国航空航天法〉立法经过及主要内容》,载《中国航天》,2012 年第 11 期。

95. 徐崇利:《新兴国家崛起与构建国际经济新秩序——以中国的路径选择为视角》,载《中国社会科学》,2012 年第 10 期。

96. 吴志成、杨娜《全球治理的东亚视角》,载《国外理论动态》,2012 年第 10 期。

97. 赵洲:《论联合国接纳新会员国的审查标准与国际责任——以巴勒斯坦申请加入联合国为例》,载《暨南学报(哲学社会科学版)》,2012 年第 10 期。

98. 余民才:《中国与〈联合国海洋法公约〉》,载《现代国际关系》,2012 年第 10 期。

99. 俞可平:《全球治理的趋势及我国的战略选择》,载《国外理论动态》,2012 年第 10 期。

100. 蔡丛燕:《国际法上的大国问题》,载《法学研究》,2012 年第 6 期。

101. 刘兴华:《印度的全球治理理念》,载《南开学报(哲学社会科学版)》,2012 年第 6 期。

102. 刘志云:《后危机时代的全球治理与国际经济法的发展》,载《厦门大学学报(哲学社会科学版)》,2012 年第 6 期。

103. 黄海涛:《南非视野下的全球治理》,载《南开学报(哲学社会科学版)》,2012 年第 6 期。

104. 王翠文:《拉美国家参与全球治理的历史与现实》,载《南开学报(哲学社会科学版)》,2012 年第 6 期。

105. 赵洲:《国际承认与国家身份建构的全球治理》,载《北京理工大学学报
    (社会科学版)》,2012 年第 6 期。

106. 杨雷:《俄罗斯的全球治理战略》,载《南开学报(哲学社会科学版)》,2012
    年第 6 期。

107. 张华:《国际司法裁决中的海洋划界方法论解析》,载《外交评论》,2012
    年第 6 期。

108. 赵洲:《联合国会员国的身份获得与主权国家身份建构——以巴勒斯坦
    申请加入联合国为例》,载《太平洋学报》,2012 年第 5 期。

109. 陈一峰:《不干涉原则作为习惯国际法之证明方法》,载《法学家》,2012
    年第 5 期。

110. 杨泽伟:《国际社会的民主和法治价值与保护性干预——不干涉内政原
    则面临的挑战与应对》,载《法律科学(西北政法大学学报)》,2012 年第
    5 期。

111. 赵洲:《巴勒斯坦入联的国际博弈与体系责任》,载《西亚非洲》,2012 年
    第 4 期。

112. 戴祥玉、巩建华:《世界海洋秩序变迁与中国海权建设》,载《辽宁行政学
    院学报》,2012 年第 3 期。

113. 黄瑶:《从使用武力法看保护的责任理论》,载《法学研究》,2012 年第
    3 期。

114. 曲星:《联合国宪章、保护的责任与叙利亚问题》,载《国际问题研究》,
    2012 年第 2 期。

115. 齐飞:《WTO 争端解决机构的造法》,载《中国社会科学》,2012 年第
    2 期。

116. 古祖雪:《从体制转换到体制协调:TRIPS 的矫正之路——以发展中国家

的视角》，载《法学家》，2012 年第 1 期。

117. 吴卡：《条约演化解释方法的最新实践及其反思》，载《法学家》，2012 年第 1 期。

118. 蔺捷：《金融危机背景下 IMF 贷款条件性改革》，载《国际商务研究》，2011 年第 5 期。

119. ［日］星野昭吉著，刘小林译：《全球治理的结构与向度》，载《南开学报（哲学社会科学版）》，2011 年第 3 期。

120. ［英］戴维·赫尔德著，杨娜译：《重构全球治理》，载《南京大学学报（哲学·人文科学·社会科学版)》，2011 年第 2 期。

121. 盛红生：《再论〈联合国宪章〉》，载《武汉大学学报（哲学社会科学版）》，2011 年第 1 期。

122. 蔡从燕：《国际投资仲裁的商事化与"去商事化"》，载《现代法学》，2011 年第 33 卷第 1 期。

123. 石斌：《秩序转型、国际分配正义与新兴大国的历史责任》，载《世界经济与政治》，2010 年第 12 期。

124. 黄萃、纪文华：《区域贸易协议争端解决机制构建与实效反差研究》，载《国际贸易问题》，2010 年第 12 期。

125. 石斌：《有效制裁与"正义制裁"——论国际经济制裁的政治动因与伦理维度》，载《世界经济与政治》，2010 年第 8 期。

126. 冯洁菡：《大陆架的权利基础：自然延伸与距离标准》，载《法学论坛》，2010 年第 5 期。

127. 孔志国：《〈联合国海洋法公约〉与中国海权策略选择》，载《中国法律》，2010 年第 3 期。

128. 严蓉：《区域贸易协定与 WTO 争端解决机制管辖权博弈——美墨糖类产品系列争端引发的思考》，载《国际经济法学刊》，2010 年第 3 期。

129. 孔令杰:《大国崛起下海洋法的形成与发展》,载《武汉大学学报(哲学社会科学版)》,2010 年第 1 期。

130. 姜世波:《互惠与国际法规则的形成——博弈论视角的考察》,载《政法论丛》,2010 年第 1 期。

131. 秦亚青:《世界格局、国际制度与全球秩序》,载《现代国际关系》,2010 年庆典特刊。

132. 李亚敏:《海洋大发现与国际秩序的建立》,载《世界知识》,2009 年第 8 期。

133. 钟立国:《从 NAFTA 到 AUSFTA:区域贸易协定争端解决机制的晚近发展及其对两岸经济合作框架协议的启示》,载《时代法学》,2009 年第 6 期。

134. 刘中民:《中国国际问题研究视域中的国际海洋政治研究述评》,载《太平洋学报》,2009 年第 6 期。

135. 冯玉军:《俄罗斯国际观的变化与对外政策调整》,载《现代国际关系》,2009 年第 3 期。

136. 赵炜渝:《日本〈航天基本法〉的实施及其影响分析》,载《国际太空》,2009 年第 2 期。

137. 姜世波:《国际法院的司法能动主义与克制主义政策之嬗变》,载《法律方法》,2009 年第 2 期。

138. 唐贤兴:《国家管辖权与国际制度的治理缺陷——对土耳其越境军事行动的国际法思考》,载《国际论坛》,2009 年第 2 期。

139. 高永富:《中国参与制定区域贸易协定争端解决机制初探》,载《世界经济研究》,2008 年第 7 期。

140. 王逸舟:《重塑国际政治与国际法的关系——面向以人为本、社会为基的国际问题研究》,载《世界经济与政治》,2007 年第 4 期。

141. 于纯海:《俄罗斯联邦空间立法概述》,载《黑龙江省政法管理干部学院学报》,2007 年第 3 期。

142. 李亚敏、杨值珍:《国际海洋秩序演进中的中国》,载《新远见》,2007 年第 2 期。

143. 古祖雪:《现代国际法的多样化、碎片化和有序化》,载《法学研究》,2007 年第 1 期。

144. 傅明、张讷:《论〈北美自由贸易协定〉之分散型争端解决机制》,载陈安主编《国际经济法学刊》第 13 卷第 2 期,北京大学出版社 2006 年版。

145. 黄志雄:《WTO 自由贸易与公共道德第一案——安提瓜诉美国网络赌博服务争端评析》,载《法学评论》,2006 年第 2 期。

146. 秦娅:《"超 WTO 义务"及对 WTO 法律体制的影响:评中国加入世贸组织议定书》,载《国际经济法研究》,2006 年第 1 卷。

147. 约翰·格雷著,张达文译:《世界是圆的——评〈世界是平的:21 世纪简史〉》,载《国外社会科学文摘》,2005 年第 9 期。

148. 曹泳鑫:《国际秩序分层与新的国际关系体系——构建中国国际关系体系的三个利益层面》,载《现代国际关系》,2005 年第 6 期。

149. 郭渊:《海洋权益与海洋秩序的构建》,载《厦门大学法律评论》,2005 年第 2 期。

150. 尹玉海、田炜:《俄罗斯空间立法发展对我国的启示》,载《中国航天》,2004 年第 7 期。

151. 蒋红珍、李学尧:《论司法的原初与衍生功能》,载《法学论坛》2004 年第 19 卷第 2 期。

152. 黄瑶:《联合国宪章的解释权问题》,载《法学研究》,2003 年第 2 期。

153. 车丕照:《身份与契约——全球化背景下对国家主权的观察》,载《法制与社会发展》,2002 年第 5 期。

154. 徐崇利:《双边投资条约的晚近发展评述——兼及我国的缔约实践》,载《国际经济法学刊》(第 5 卷),法律出版社 2002 年版。

155. 刘小红:《美国的商业发射许可证制度》,载《中国航天》,2000 年第 7 期。

156. 陈致中:《国际法院与国际经济争端的解决》,载《中山大学学报(社会科学版)》,1996 年增刊。

157. 赵理海:《〈联合国海洋法公约〉的批准问题》,载《北京大学学报(哲学社会科学版)》,1991 年第 4 期。

158. 孙书贤:《国际海洋法的历史演进和海洋法公约存在的问题及其争议》,载《中国法学》,1989 年第 2 期。

(三) 英文著作

1. Lisa Toohey et al. , *China in the International Economic Order*: *New Directions and Changing Paradigms*, Cambridge: Cambridge University Press, 2015.

2. Kun-Chin Lin, Andres Villar Gertner, *Maritime Security in the Asia-Pacific*: *China and the Emerging Order in the East and South China Seas*, London: Chatham House London, 2015.

3. Kopela S. , *Dependent Archipelagos in the Law of the Sea*, Leiden, Boston: Martinus Nijhoff Publishers, 2013.

4. Shirley V. Scott, International Law, *US power*: *The United States' Quest for Legal Security*, Cambridge: Cambridge University Press, 2012.

5. Donald R. Rothwell, Tim Stephens, *the International Law of the Sea*, Oxford: Hart Publishing, 2010.

6. Matthew Saul, Nigel D. White, eds. , *International Law and Dispute Settlement*: *New Problems and Techniques*, Oxford: Hart Publishing,

2010.

7. Malcolm D. Evans (ed.), *International Law*, 3rd edition, Oxford: Oxford University Press, 2010.

8. Christine Gray, *International Law and the Use of Force*, 3rd ed., Oxford: Oxford University Press, 2008.

9. Ian Brownlie, *Principles of Public International law*, 7th edition, Oxford: Oxford University Press, 2008.

10. Gary Clyde Hufbauer, Jeffrey J. Schott, Kimberly Ann Elliott, *Economic Sanctions Reconsidered*, Washington: Peterson Institute, 2007.

11. Mohamed Shahabuddeen, *Precedent in the World Court*, Cambridge: Cambridge University Press, 2007.

12. Marci Hoffmana, Mary Rumsey, *International and Foreign Legal Research: A Course Book*, Leiden: Martinus Nijhoff Publishers, 2007.

13. John H. Jackson, *Sovereignty, the WTO, and Changing Fundamentals of International Law*, Cambridge: Cambridge University Press, 2006.

14. Rüdiger Wolfrum, Peter-Tobias Stoll, Karen Kaiser, *WTO-Institutions and Dispute Settlement*, Leiden: Martinus Nijhoff Publishers, 2006.

15. David Freestone et al. (eds.), *The Law of the Sea: Progress and Prospects*, Oxford: Oxford University Press, 2006.

16. Jon Western, *Selling Intervention and War: The Presidency, the Media, and the American Public*, Baltimore, Maryland: Johns Hopkins University Press, 2005.

17. Jan Aart Scholte, *Globalization: A Critical Introduction*, 2nd ed., Palgrave Macmillan, 2005.

18. Antonio Cassese, *International Law*, Oxford: Oxford University Press, 2005.

19. K. J. Holsti. , *Taming the Sovereign: Institutional Change in International Politics*, Cambridge: Cambridge University Press, 2004.

20. R. James Woolsey, ed. , *the National Interest on International Law & Order*, New Brunswick/London: Transaction Publishers, 2003.

21. Martin Loughlin, *the Idea of Public Law*, Oxford: Oxford University Press, 2003.

22. Alexander DeConde, Richard Dean Burns, Fredrik Logevall, eds. , *Encyclopedia of American Foreign Policy*, Vol. 2, New York: Charles Scribner's Sons Gale Group, 2002.

23. David Cortright, George Lopez, *Sanctions and the Search for Security: Challenges to UN Action*, London: Lynne Rienner Publishers, 2002.

24. David Cortright, George Lopez, eds. , *Smart Sanctions: Targeting Economic Statecraft*, New York: Rowman & Littlefield, 2002.

25. John O'Brien, *International Law*, London: Cavendish Publishing Limited, 2001.

26. Neil MacCormick, *Questioning Sovereignty: Law, State, and Nation in the European Commonwealth*, Oxford: Oxford University Press, 1999.

27. Daniel Drezner, *the Sanction Paradox*, Cambridge: Cambridge University Press, 1999.

28. Mark W. Janis, *An Introduction to International Law*, 3rd edition, Gaithersburg/New York: Aspen Law & Business, 1999.

29. R. R. Churchill and A. V. Lowe, *The Law of the Sea*, 3rd edition, Manchester: Manchester University Press, 1999.

30. Donald B. Keesing, *Improving Trade Policy Reviews in the World Trade Organization*, Washington DC: Institute for International Economics, 1998.

31. Abram Chayes, Antonia Handler Chayes, *the New Sovereignty: Compliance with International Regulatory Agreements*, Cambridge Massachusetts: Harvard University Press, paperback edition, 1998.

32. Harry G. Gelber, *Sovereignty through Interdependence*, London: Kluwer Law International, 1997.

33. Francis M. Deng, ed., *Sovereignty as Responsibility: Conflict Management in Africa*, Washington DC: Brookings Institution Press, 1996.

34. Margaret P. Doxey, *International Sanctions in Contemporary Perspective*, London: Palgrave Macmillan, 1996.

35. Commission on Global Governance, *Our Global Neighborhood*, Oxford: Oxford University Press, 1995.

36. A. Shearer, *Starke's International Law*, 11th edition, London: Butterworths, 1994.

37. Kele Onyejekwe, *GATT, Agriculture, and Developing Countries*, Hamline Law Review Fall, 1993.

38. Prosper Weil, *The Law of Maritime Delimitation-Reflections*, Cambridge: Grotius Publications Ltd., 1989.

39. Malcolm D. Evans, *Relevant Circumstances and Maritime Delimitation*, Oxford: Clarendon Press, 1989.

40. Phiphat Tangsubkul, *ASEAN and the Law of the Sea*, Singapore: Institute of Southeast Asian Studies, 1982.

41. Hersch Lauterpacht, *The Development of International Law by the International Court*, London: Stevens & Sons Limited, 1958.

42. G. Fitzmaurice, *First Report on the Law of Treaties*, Yearbook of International Law Commission, 1956, ii.

43. Pitman B. Potter, *the Freedom of the Seas in History*, *Law and Politics*, Longmans: Green and Co., 1924.

(四) 英文论文

1. Ernst-Ulrich Petersmann, "How Should the EU and Other WTO Members React to Their WTO Governance and Appellate Body Crisis?" *Robert Schuman Center for Advanced Studies Research Paper*, No. 71, 2018.

2. Pieter J. Kuijper, "From the Board: The U. S. Attack on the WTO Appellate Body", *Legal Issues of Economic Integration*, Vol. 45, No. 1, 2018.

3. Michael Lind, "America vs. Russia and China: Welcome to Cold War II", *National Interest*, 2018, Vol. May-June.

4. Christopher Paul, "Resisting Protectionism in the Era of Trump: A Role for the Courts in Anti-Dumping and Countervailing Duty Law", *Fed. Cir. B. J.*, Vol. 27, 2017.

5. Ian Storey, "Assessing the ASEAN-China Framework for the Code of Conduct for the South China Sea", *ISEAS Perspective*, No. 62, 2017.

6. Scott Andersen et. al., "Using Arbitration under Article 25 of the DSU to Ensure the Availability of Appeals", *Centre for Trade and Economic Integration (CTEI) Working Paper*, 2017－17, 2017.

7. Arie Reich, "The Effectiveness of the WTO Dispute Settlement System: A Statistical Analysis", *EUI Working Paper*, LAW 2017 - 11, 2017.

8. Jeffrey L. Dunoff, Mark A. Pollack, "The Judicial Trilemma", *AJIL*, Vol. 111, 2017.

9. Jennifer Hillman, "Independence at the Top of the Triangle: Best Resolution of the Judicial Trilemma?" *AJIL*, Vol. 111, 2017.

10. Louise Johannesson, Petros C. Mavroidis, "The WTO Dispute Settlement System 1995 - 2016: A Data Set and Its Descriptive Statistics", *Journal of World Trade*, No. 3, 2017.

11. Michael Young, "Then and Now: Reappraising Freedom of the Seas in Modern Law of the Sea", *Ocean Development & International Law*, Vol. 47, No. 2, 2016.

12. Giorgio Sacerdoti etc., "The WTO in 2015: Systemic Issues of the Dispute Settlement System and the Appellate Body's Case Law", *Italian Yearbook of International Law*, 2016.

13. Robert Howse, "The World Trade Organization 20 Years On: Global Governance by Judiciary", *European Journal of International Law*, Vol. 27, No. 1, 2016.

14. Gregory Schaffer, Manfred Elsig, Sergio Puig, "The Extensive (but Fragile) Authority of the WTO Appellate Body", *Law and Contemporary Problems*, Vol. 79, No. 1, 2016.

15. Gracia Marín Durán, "Measures with Multiple Competing Purposes after EC-Seal Products: Avoiding a Conflict between GATT Article XX-Chapeau and Article 2. 1 TBT Agreement", *Journal of International Economic Law*, Vol. 19, No. 2, 2016.

16. Alexander V. Sverdlov, "Change is Coming: What to Expect from the Recent Amendments to the Trade Remedy Laws", *GEO. J. INT'L L.*, Vol. 47, 2015.

17. Nico Krisch, "The Decay of Consent: International Law in an Age of Global Public Goods", *American Journal of International Law*, Vol. 108, No. 1, January 2014.

18. Oliver Stuenkel, "The BRICS and the Future of R2P", *Global Responsibility to Protect*, Vol. 6, No. 1, 2014.

19. Nora Neufeld, "The Long and Winding Road: How WTO Members Finally Reached a Trade Facilitation Agreement", *Staff Working Paper ERSD* – 2014 – 06, Economic Research and Statistics Division of World Trade Organization.

20. Gabrielle Marceau, "A Comment on the Appellate Body Report in EC-Seal Products in the Context of the Trade and Environment Debate", *Review of European, Comparative and International Environmental Law*, Vol. 23, Issue 3, 2014.

21. Steven Groves, "Accession to Convention on the Law of the Sea Unnecessary to Advance Arctic Interests", *Heritage Foundation*, No. 2912, June 26, 2014.

22. Claude Chase, Alan Yanovich, Jo-Ann Crawford, and Pamela Ugaz, "Mapping of Dispute Settlement Mechanisms in Regional Trade Agreements—Innovative or Variations on a Theme?", *Staff Working Paper ERSD* – 2013 – 07, 2013.

23. Gabriellem Marceau, Arnau Izaguerri and Vladyslav Lanovoy, "The WTO's Influence on Other Dispute Settlement Mechanisms: A

Lighthouse in the Storm of Fragmentation", *Journal of World Trade*, Vol. 36, 2013.

24. Zhiguo Gao, Bing Bing Jia, "The Nine-dash Line in the South China Sea: History, Status, and Implications", *American Journal of International Law*, Vol. 107, No. 1, 2013.

25. Ernst-Ulrich Petersmann, "Human Rights and International Economic Law: Common Constitutional Challenges and Changing Structures", *EUI Working Paper*, LAW No. 2012/07.

26. Kenkel, Kai Michael, "Brazil and R2P: Does Taking Responsibility Mean Using Force?" *Global Responsibility to Protect*, Vol. 4, No. 1, 2012.

27. Luke Glanville, "Christianity and the Responsibility to Protect", *Studies in Christian Ethics*, Vol. 25, No. 3, 2012.

28. Paul D. Williams, Alex J. Bellamy, "Principles, Politics, and Prudence: Libya, the Responsibility to Protect, and the Use of Military Force", *Global Governance*, Vol. 18, Issue 3, 2012.

29. Daniel H. Levine, "Some Concerns About 'The Responsibility Not to Veto' ", *Global Responsibility to Protect*, Vol. 3, No. 3, 2011.

30. Raul (Pete) Pedrozo, "A Response to Cartner's and Gold's Commentary on 'Is it Time for the United States to Join the Law of the Sea Convention?'" *Journal of Maritime Law and Commerce*, Vol. 42, Issue 4, 2011.

31. Walter Lotze, "A Tale of Two Councils—The African Union, the United Nations and the Protection of Civilians in Côte d'Ivoire", *Global Responsibility to Protect*, Vol. 3, No. 3, 2011.

32. Luke Glanville, "The Antecedents of 'Sovereignty as Responsibility'", *European Journal of International Relations*, Vol. 17, No. 2, 2011.

33. Stevie Martin, "Sovereignty and the Responsibility to Protect Mutually Exclusive or Codependent?" *Griffith Law Review*, Vol. 20, No. 1, 2011.

34. Musifiky Mwanasali, "The African Union, the United Nations, and the Responsibility to Protect: Towards an African Intervention Doctrine", *Global Responsibility to Protect*, Vol. 2, No. 4, 2010.

35. Arunabha Ghosh, "Developing Countries in the WTO Trade Policy Review Mechanism", *World Trade Review*, Vol. 9, No. 3, 2010.

36. Timo Koivurova, "A Note on the European Union's Integrated Maritime Policy", *Ocean Development & International Law*, Vol. 40, No. 2, 2009.

37. K. Wellens, "Revisiting Solidarity as a (Re-) Emerging Constitutional Principle: Some further Reflections", in R. Wolfrum and C. Kojima eds., *Solidarity: A Structural Principle of International Law*, Heidelberg: Springer, 2009.

38. Jennifer A Hillman, "Conflicts between Dispute Settlement Mechanisms in Regional Trade Agreements and the WTO—What should the WTO Do?" *Cornell International Law Journal*, Vol. 42, 2009.

39. Donald McRae, "Measuring the Effectiveness of the WTO Dispute Settlement System", *Asian Journal WTO & International Health & Policy*, Vol. 3, Issue 1, 2008.

40. Julien Chaisse, Debashis Chakraborty, "Implementing WTO Rules through Negotiations and Sanctions: The Role of Trade Policy Review

Mechanism and Dispute Settlement System", *U. Pa. J. Int'l Econ. L.* , Vol. 28, 2007.

41. Christopher C. Joyner, "'The Responsibility to Protect': Humanitarian Concern and the Lawfulness of Armed Intervention", *Virginia Journal of International Law*, Vol. 47, Issue 3, 2007.

42. Ernst-Ulrich Petersmann, "Justice in International Economic Law? From the 'International Law among States' to 'International Integration law' and 'Constitutional Law'", *European University Institute Working Paper*, LAW No. 2006/46.

43. Alex J. Bellamy, "Whither the Responsibility to Protect? Humanitarian Intervention and the 2005 World Summit", *Ethics & International Affairs*, Vol. 20, Issue 2, 2006.

44. Peter Sutherland et al. , The Future of the WTO: Addressing Institutional Challenges in the New Millennium, Report by the Consultative Board to the former Director-General Supachai Panitchpakdi, WTO, 2004.

45. Erika De Wet, "The Relationship between the Security Council and Regional Organizations during Enforcement Action under Chapter VII of the United Nations Charter", *Nordic Journal of International Law*, Vol. 71, Issue 1, 2002.

46. Hartmut Hillgenberg, "A Fresh Look at Soft Law", *European Journal of International Law*, Vol. 10, No. 3, 1999.

47. Robert Jackson, "Sovereignty in World Politics: a Glance at the Conceptual and Historical Landscape", *Political Studies*, Vol. 47, Issue 3, 1999.

48. Sam Laird, "The WTO's Trade Policy Review Mechanism—From through the Looking Glass", *The World Economy*, Vol. 22, Issue 6, 1999.

49. Paul Wapner, "Reorienting State Sovereignty: Rights and Responsibility in the Environmental Age", in Karen T. Litfin edited, *The Greening of Sovereignty in World Politics*, Cambridge: The MIT Press, 1998.

50. John H. Jackson, "The Great 1994 Sovereignty Debate: United States Acceptance and Implementation of the Uruguay Round Results", *Columbia Journal of Transnational Law*, Vol. 36, Issues 1&2, 1998.

51. Jan Klabbers, "The Redundancy of Soft Law", *Nordic Journal of International Law*, Vol. 65, Issue 2, 1996.

52. Thomas J. Biersteker, Cynthia Weber, "The Social Construction of State Sovereignty", in Thomas J. Biersteker and Cynthia Weber edited, *State Sovereignty as Social Construction*, Cambridge: Cambridge University Press, 1996.

53. Jack Donnelly, "State Sovereignty and International Intervention: The Case of Human Rights", In Gene M. Lyons and Michael Mastanduno edited, *Beyond Westphalia? State Sovereignty and International Intervention*, Baltimore and London: The Johns Hopkins University Press, 1995.

54. Francis Snyder, "Soft Law and Institutional Practice in the European Community", in Steve Martin ed., *The Construction of Europe*, Dordrecht: Kluwer Academic Publishers, 1994.

55. R. B. Mitchell, "Regime Design Matters: Intentional Oil Pollution and Treaty Compliance", *International Organization*, Vol. 48, Issue 3,

1994.

56. Jonathan Charney，"Central East Asian Maritime and the Law of the Sea"，*American Journal of International Law*，Vol. 89，No. 4，1989.

57. Stephen Krasner，"Structural Cause and Regime Consequences：Regimes as Intervening Variables"，*International Organization*，Vol. 36，1982.

58. Hungdah Chiu，"China and the Law of the Sea Conference"，*Occasional Papers/ Reprint Series in Contemporary Asian Studies*，Vol. 41，1981.

（五）国际文件

1. 中国—哈萨克斯坦 BIT（1992）

2. 中国—阿联酋 BIT（1993）

3. 中国—也门 BIT（1998）

4. 中国—巴林 BIT（1999）

5. 中国—卡塔尔 BIT（1999）

6. 中国—伊朗 BIT（2000）

7. 中国—塞浦路斯 BIT（2001）

8. 中国—乌兹别克斯坦 BIT（2011）

9.《伊斯兰合作组织促进、保护及保障投资协议》

10.《阿拉伯投资统一协定》

11.《欧亚经济联盟法院规约》

12. 威胁、挑战和改革问题高级别小组报告；《一个更安全的世界：我们的共同责任》，A/59/565。

13. 联合国秘书长的报告：《大自由：实现人人共享的发展、安全和人权》，A/59/2005。

14. 联大第六十届会议决议,《2005 年世界首脑会议成果》,A/RES/60/1。

15. 干预和国家主权国际委员会报告,《保护的责任》(中文),2001 年 12 月。

16. 《中华人民共和国政府与东南亚国家联盟成员国政府全面经济合作框架协议投资协议》

17. UNCTAD, World Investment Report 2016.

18. Appellate Body,Annual Report for 2016,WT/AB/27,16 May 2017.

19. USTR,2018 Trade Policy Agenda and 2017 Annual Report.

20. UNCTAD,World Investment Report 2018.

21. WTO,Annual Report 2018.

22. World Bank,Annual Report of World Bank (IBRD&IDA),2017.

23. Declaration of the Summit on Financial Markets and the World Economy,November 15,2008.

24. Declaration on the TRIPS Agreement and Public Health,Adopted on 14 November 2001,Ministerial Conference fourth Session,WT/MIN/(01)/DEC/2.

25. London Summit:Leaders' Statement,2 April 2009.

26. Leader' Statement of the Pittsburgh Summit,September 24 – 25 2009.

27. The G20 Toronto Summit Declaration,June 26 – 27,2010.

28. The G20 Seoul Summit Leaders' Declaration,November 11 – 12,2010.

29. Cannes Summit Final Declaration,November 4,2011.

30. G20 Leaders Declaration of Los Cabos Summit,June 18 – 19,2012.

31. G20 Leaders' Declaration of Saint Petersburg Summit,September 5 – 6,2013.

32. G20 Leaders' Communique of Brisbane Summit,November 15 – 16,2014.

33. G20 Leaders' Communique of Antalya Summit, November1 5 - 16, 2015.

34. G20 Leaders' Communique of Hangzhou Summit, September 4 - 5, 2016.

35. G20 Leaders' Declaration: Shaping an Interconnected World, Hamburg, 7/8 July 2017.

36. G20 Leaders' Declaration: Building Consensus for Fair and Sustainable Development, 30 November - 1 December, 2018.

37. Joint Statement by the United States, European Union and Japan at MC11, 12 December 2017.

38. Joint Readout from Meeting of the United States, European Union and Japan in Brussels, 3 March 2018.

39. Joint Statement on Trilateral Meeting of the Trade Ministers of the United States, Japan, and the European Union, 31 May 2018.

40. Joint Statement on Trilateral Meeting of the Trade Ministers of the United States, Japan and the European Union, 25 September 2018.

41. Joint Statement on Trilateral Meeting of the Trade Ministers of the European Union, Japan and the United States, 9 January 2019.

42. Joint Statement on Trilateral Meeting of the Trade Ministers of the United States, European Union, and Japan, 23 May 2019.

43. Joint Statement on Trilateral Meeting of the Trade Ministers of Japan, the United States and the European Union, 14 January 2020.

44. Concept Note on the Responsibility to Protect Populations from Genocide, War Crimes, Ethnic Cleansing and Crimes against Humanity, A/63/958. 9 September 2009.

45. Legal Department of the IMF, Guidelines on Conditionality, Selected Decisions and Selected Documents of the IMF, Thirty-Eighth Issue, February 29, 2016.

46. An Undifferentiated WTO: Self-Declared Development Status Risks Institutional Irrelevance, Communication from United States, WT/GC/W/757.

47. General Council, Amendment of the TRIPS Agreement, 8 Dec., 2005, WT/L/641.

48. Negotiations on Agriculture Report by the Chairman, Mr. Stuart Harbinson, to the TNC, TN/AG/10, 7 July 2003.

49. The Continued Relevance of Special and Differential Treatment in Favour of Developing Members to Promote Development and Ensure Inclusiveness, Communication from China, India, South Africa and The Bolivarian Republic of Venezuela, WT/GC/W/765.

50. OECD Investment Committee, Transparency and Third Party Participation in Investor-State Dispute Settlement Procedures, 2018.

51. ICC, ICC Dispute Resolution Figures 2017, 28 June 2018.

52. ICC, Major Survey Confirms ICC as Preferred Arbitral Institution in All Continents, 28 June 2018.

53. Ministerial Conference of WTO, Appraisal of the Operation of the Trade Policy Review Mechanism, WT/MIN (99)/2, 8 October 1999.

54. Trade Policy Review Body of WTO, Trade Policy Review Mechanism-Report of the Trade Policy Review Body for 2009, WT/TPR/249, 29 October 2009.

55. WTO, Regional Trade Agreements-Facts and Figures: How many

Regional Trade Agreements Have Been Notified to the WTO? , 13 September 2009.

56. Trade Policy Review Body of WTO, Sixth Appraisal of the Operation of the Trade Policy Review Mechanism, WT/TPR/389, 22 December 2016.

57. Dispute Settlement Body, Minutes of Meeting on 21 and 23 July 2003, WT/DSB/M/153, 24 September 2003.

58. Dispute Settlement Body, Minutes of Meeting on 20 June 2005, WT/DSB/M/192, 15 July 2005.

59. Dispute Settlement Body, Minutes of Meeting of 26 September 2014, WT/DSB/M/350, 21 November 2014.

60. Dispute Settlement Body, Minutes of Meeting of 31 August 2015, WT/DSB/M/367, 30 October 2015.

61. Dispute Settlement Body, Minutes of Meeting on 28 October 2015, WT/DSB/M/369, 20 January 2016.

62. Dispute Settlement Body, Minutes of Meeting on 25 November 2015, WT/DSB/M/370, 12 February 2016.

63. Dispute Settlement Body, Minutes of Meeting on 23 May 2016, WT/DSB/M/379, 29 August 2016.

64. Dispute Settlement Body, Resignation of Appellate Body Member, WT/DSB/73, 1 August 2017.

65. Dispute Settlement Body, Minutes of Meeting on 23 November, WT/DSB/M/389, 23 January 2017.

66. Dispute Settlement Body, Minutes of Meeting on 25 January 2017, WT/DSB/M/391, 27 February 2017.

67. Dispute Settlement Body, Minutes of Meeting on 31 August 2017, WT/DSB/M/400, 31 October 2017.

68. Report of the Secretary-General, Implementing the responsibility to protect, A/63/677, 12 January 2009.

69. Report of the Secretary-General, Early warning, assessment and the responsibility to protect, A/64/864, 14 July 2010.

70. Report of the Secretary-General, The role of regional and subregional arrangements in implementing the responsibility to protect, A/65/877-S/2011/393, 28 June 2011.

71. Report of the Secretary-General, Responsibility to protect: timely and decisive response, A/66/874-S/2012/578, 25 July 2012.

72. Report of the Secretary-General, Responsibility to protect: State responsibility and prevention, A/67/929-S/2013/399, 9 July 2013.

73. Report of the Secretary-General, Fulfilling our collective responsibility: international assistance and the responsibility to protect, A/68/947-S/2014/449, 11 July 2014.

74. Report of the Secretary-General, A vital and enduring commitment: implementing the responsibility to protect, A/69/981-S/2015/500, 13 July 2015.

75. Report of the Secretary-General, Mobilizing collective action: the next decade of the responsibility to protect, A/70/999-S/2016/620, 22 July 2016.

76. ICJ, Military and Paramilitary Activities in and against Nicaragua (Nicaragua v. United States of America), Jurisdiction of the Court and Admissibility of the Application, Judgement, *I. C. J. Reports*, 1984,

p. 392.

77. ICJ, Maritime Delimitation in the Black Sea (Romania v. Ukraine), *I. C. J. Reports*, 2009.

78. ICJ, Military and Paramilitary Activities in and against Nicaragua (Nicaragua v. United States of America), Judgment, *I. C. J. Reports*, 1986.

79. ICJ, Legal Consequences for States of the Continued Presence of South Africa in Namibia (South West Africa) Notwithstanding Security Council Resolution 276 (1970), Advisory Opinion, 1971 I. C. J. 16 (June 21).

80. ICJ, Reparation for Injuries Suffered in the Service of the United Nations. Advisory Opinion, *I. C. J. Reports*, 1949.

81. Panel Reports, *European Communities—Measures Prohibiting the Importation and Marketing of Seal Products*, WT/DS400/R, WT/DS401/R.

82. Panel Report, *China—Raw Materials*, WT/DS394/R, WT/DS395/R, WT/DS398/R.

83. Panel Report, *United States—Measures Affecting the Cross-Border Supply of Gambling and Betting Services*, WT/DS285/R.

84. Appellate Body Report, *India—Certain Measures Relating to Solar Cells and Solar Modules*, WT/DS456/AB/R.

85. Appellate Body Report, *Argentina—Measures Relating to Trade in Goods and Services*, DS453/AB/R.

86. Appellate Body Reports, *European Communities—Measures Prohibiting the Importation and Marketing of Seal Products*, WT/DS400/AB/R,

WT/DS401/AB/R.

87. Appellate Body Report，*United States—Customs Bond Directive for Merchandise Subject to Anti-Dumping/Countervailing Duties*，WT/DS345/AB/R.

88. Appellate Body Report，*United States—Measures Relating to Shrimp from Thailand*，WT/DS343/AB/R.

89. Appellate Body Report，*United States—Continued Suspension of Obligations in the EC-Hormones Dispute*，WT/DS320/AB/R.

90. Appellate Body Report，*US—Measures Affecting The Cross-Border Supply of Gambling and Betting Services*，WT/DS285/AB/R.

91. Appellate Body Reports，*United States—Import Prohibition of Certain Shrimp and Shrimp Products*，WT/DS58/AB/R.

92. Appellate Body Report，*Argentina—Measures Affecting Imports of Footwear，Textiles，Apparel and other Items*，WT/DS56/AB/R.

93. Appellate Body Report，*European Communities—Measures Concerning Meat and Meat Products（Hormones）*，WT/DS48/AB/R.

94. Appellate Body Report，*Turkey—Restrictions on Imports of Textile and Clothing Products*，WT/DS34/AB/R.

95. Appellate Body Report，*Australia—Measure Affecting Importation of Salmon*，WT/DS18/AB/R.

96. Appellate Body Reports，*Japan—Taxes on Alcoholic Beverages*，WT/DS8/AB/R，WT/DS10/AB/R，WT/DS11/AB/R.

（六）重要报纸文献

1. 习近平:《在联合国教科文组织总部的演讲》,载《人民日报》,2014 年 3 月

28 日第 03 版。

2. 习近平:《携手共建合作共赢新伙伴　同心打造人类命运共同体——在第七十届联合国大会一般性辩论时的讲话》,载《人民日报》,2015 年 9 月 29 日第 02 版。

3. 习近平:《共同构建人类命运共同体——在联合国日内瓦总部的演讲》,载《人民日报》,2017 年 1 月 20 日第 02 版。

4. 杨洁篪:《推动构建人类命运共同体》,载《人民日报》,2017 年 11 月 19 日第 6 版。

5. 习近平:《携手推进"一带一路"建设——在"一带一路"国际合作高峰论坛开幕式上的演讲》,载《人民日报》,2017 年 5 月 15 日第 3 版。

6. 习近平:《继承和弘扬联合国宪章宗旨和原则　构建以合作共赢为核心的新型国际关系　打造人类命运共同体》,载《人民日报》,2015 年 9 月 29 日第 1 版。

7. 杜尚泽、李秉新、李晓宏:《习近平出席联合国发展峰会并发表重要讲话》,载《人民日报》,2015 年 9 月 27 日第 001 版。

8. 王丽颖:《多哈谈判打赢"救赎之站"》,载《国际金融报》,2013 年 12 月 09 日第 01 版。

9. 《NASA 公布载人登陆火星四阶段计划》,载《参考消息》,2017 年 5 月 12 日第 7 版。

10. 《印度成功发射国产重型火箭》,载《参考消息》2017 年 6 月 6 日,第 7 版。

索 引